Der Synkopenlotse

Hans-Holger Ebert
Hans Volkmann
Kamil Zelenák

382 Abbildungen
60 Tabellen

Georg Thieme Verlag
Stuttgart · New York

Dr. med. Hans-Holger Ebert
A. Puschkin-Platz 4
01587 Riesa

Prof. Dr. med. Hans Volkmann
Erzgebirgsklinikum Annaberg
Klinik für Innere Medizin/Kardiologie
Chemnitzer Straße 15
09456 Annaberg-Buchholz

MU Dr. Kamil Zelenák, MD
Universitätsklinikum Martin-Jessenius-Fakultät
Radiodiagnostische Klinik (Dept. of Radiology,
University Hospital Martin, Jessenius-faculty)
Kollárova 2
036 59 Martin, (SK)

Bibliographische Information
Der Deutschen Bibliothek

Die Deutsche Bibliothek verzeichnet diese Publikation in der Deutschen Nationalbibliographie; detaillierte bibliographische Daten sind im Internet über http://dnb.dn-b.de abrufbar.

Publikation mit freundlicher Unterstützung der Medtronic GmbH, Meerbusch.

© 2009 Georg Thieme Verlag KG
Rüdigerstraße 14
70469 Stuttgart
Telefon: +49/0711/8931-0
Unsere Homepage: http://www.thieme.de

Printed in Germany

Umschlaggestaltung: Thieme Verlagsgruppe
Umschlaggrafik: Martina Berge, Erbach
Grafiken: Ziegler + Müller, Kirchentellinsfurt
Satz: Ziegler + Müller, Kirchentellinsfurt
 System: APP/3B2 (V. 9)
Druck: AZ Druck und Datentechnik, Kempten

ISBN 978-3-13-145981-7   1 2 3 4 5 6

Wichtiger Hinweis: Wie jede Wissenschaft ist die Medizin ständigen Entwicklungen unterworfen. Forschung und klinische Erfahrung erweitern unsere Erkenntnisse, insbesondere was Behandlung und medikamentöse Therapie anbelangt. Soweit in diesem Buch eine Dosierung oder eine Applikation erwähnt wird, darf der Leser zwar darauf vertrauen, dass Autoren, Herausgeber und Verlag große Sorgfalt darauf verwandt haben, dass diese Angabe dem **Wissensstand bei Fertigstellung des Werkes** entspricht.

Für Angaben über Dosierungsanweisungen und Applikationsformen kann vom Verlag jedoch keine Gewähr übernommen werden. **Jeder Benutzer ist angehalten,** durch sorgfältige Prüfung der Beipackzettel der verwendeten Präparate und gegebenenfalls nach Konsultation eines Spezialisten festzustellen, ob die dort gegebene Empfehlung für Dosierungen oder die Beachtung von Kontraindikationen gegenüber der Angabe in diesem Buch abweicht. Eine solche Prüfung ist besonders wichtig bei selten verwendeten Präparaten oder solchen, die neu auf den Markt gebracht worden sind. **Jede Dosierung oder Applikation erfolgt auf eigene Gefahr des Benutzers.** Autoren und Verlag appellieren an jeden Benutzer, ihm etwa auffallende Ungenauigkeiten dem Verlag mitzuteilen.

Geschützte Warennamen (Warenzeichen) werden **nicht** besonders kenntlich gemacht. Aus dem Fehlen eines solchen Hinweises kann also nicht geschlossen werden, dass es sich um einen freien Warennamen handelt.

Das Buch, einschließlich aller seiner Teile, ist urheberrechtlich geschützt. Jede Verwertung außerhalb der engen Grenzen des Urheberrechtsgesetzes ist ohne Zustimmung des Verlages unzulässig und strafbar. Das gilt insbesondere für Vervielfältigungen, Übersetzungen, Mikroverfilmungen und die Einspeicherung und Verarbeitung in elektronischen Systemen.

*Für Elena, Daniela
und meine Eltern*

Danksagung

Im Namen der Koautoren Herrn Prof. Dr. med. H. Volkmann F.E.S.C. und Herrn MUDr. K. Zeleňák PhD sowie im eignen Namen möchte ich denjenigen Personen herzlichsten Dank aussprechen, die an der Entstehung des Buches beteiligt waren und die sich für dessen Gelingen eingesetzt haben.

Größter Dank gilt Herrn Wolfgang Zobel, einerseits für die langjährige und gute Zusammenarbeit sowie für den persönlichen Einsatz bei der Wegbereitung, der Planung und Umsetzung des Werkes.

Meiner Frau Elena kann nicht genug gedankt werden; sie hat im Rahmen ihrer Tätigkeit in unserer Rhythmus- und Stimulationsabteilung interessante Befunde gesammelt, diese in mühevoller Arbeit aufbereitet und für die Publikation fertiggestellt. Desweiteren half sie mir unermüdlich bei den Literaturrecherchen.

In den vielen Jahren bester enger Zusammenarbeit in unserer gemeinsamen Praxis haben wir unzählige interessante Fälle gesehen und besprochen – ein herzliches Dankeschön gilt auch meinem Praxispartner und gutem Freund Herrn Dr. med. G. Stenzel sowie dem gesamten Team unserer Praxis.

Bei der Lösung schwieriger klinischer Probleme konnten wir immer auf die Hilfe von Frau Prof. Dr. med. R. H. Strasser F.E.S.C. zählen; hierfür sowie für die wichtigen Anmerkungen zum Synkopenlotsen und das Geleitwort zum Buch – vielen herzlichen Dank.

Nicht zuletzt gilt unser aller Dank den Kollegen, die mit uns seit vielen Jahren zusammenarbeiten und durch deren Anregungen, Hinweise und Diskussionen einem solchen Werk erst Leben eingehaucht und somit die Verbindung zum reellen Fall in der täglichen Praxis hergestellt werden kann.

Riesa,　　　　　　　　　　Hans-Holger Ebert F.A.H.A.
im Sommer 2009

Geleitwort

Liebe Leserin, lieber Leser,

der vorliegende Synkopenlotse führt exzellent strukturiert durch das sehr schwierige Gebiet der gesamten Diagnostik, Differenzialdiagnostik und Therapie der Synkopen. Schon bei der ersten Durchsicht wurde die ganze Spannbreite dieses in der täglichen Praxis häufig doch sehr komplexen Symptombildes klar.

Es gibt im Grunde nicht *die* Synkope, sondern eine Vielzahl von verschiedensten Krankheitsbildern des Kreislaufs, des Herzens, des Gehirns einschließlich psychiatrischer Erkrankungen, die zu einer Synkope führen können. Durch diese Vielzahl an zunächst diagnostischen Wegen, versucht der Synkopenlotse uns zu steuern. In schneller und logisch aufgebauter Informationsfolge mit praxiserprobter und konsequent pragmatischer Schrittfolge wird zur Diagnose und zu den Therapieoptionen geführt.

Es ist dies ein sehr wertvolles Referenzwerk für Studierende der Medizin, für Allgemeinärzte, Internisten aller Fachbereiche, aber auch Neurologen und Psychiatern. Ein überaus wertvolles Nachschlagewerk auch für die Prüfungsvorbereitung, das in dieser kompakten Form einmalig ist.

Also alles in allem: ein extrem lesenswertes Werk – kurz, prägnant, praxisrelevant und hochaktuell.

Dresden, im Sommer 2009

Univ.-Prof. Dr. med. Ruth H. Strasser, F.E.S.C.
Ärztliche Direktorin
Herzzentrum Dresden
Technische Universität Dresden

Inhaltsverzeichnis

| 1 | Einleitung | 2 |

1.1	Definition	2
1.2	Historische Betrachtungen	2
1.3	Synkopen-Mechanismus	2
1.4	Epidemiologie	3
1.5	Mortalität bei Patienten mit Synkopen	4
1.6	Prognostische Beurteilung von Synkopen und Risikostratifizierung	7
1.6.1	Patienten mit guter Prognose	7
1.6.2	Risikostratifizierung bei initialem Kontakt	7
1.7	Klinische Bedeutung von Synkopen	10
1.7.1	Bestimmte Synkopen können dennoch der Vorbote des plötzlichen Herztodes oder das Symptom einer anderen schwerwiegenden Erkrankung sein!	10
1.7.2	Synkopen beeinflussen die Lebensqualität	13
1.7.3	Diagnostik und Therapie von Synkopen sind oft zeitaufwendig und kostenintensiv?!	14
1.7.4	Synkope führt zu Verletzungen und unangenehmen Situationen	17
1.8	Indikation zur stationären Aufnahme von Synkopenpatienten	18
1.9	Übersicht über mögliche Synkopenursachen	18
1.10	Zusammenfassung	19

Diagnostik von Synkopen

| 2 | Untersuchungsmethoden | 20 |

2.1	Diagnostik von Synkopen	20
2.1.1	Allgemeiner Teil	20
2.1.2	Initiale Diagnostik	26
2.2	Das Elektrokardiogramm (EKG)	40
2.2.1	Elektrokardiogramm: 12-Kanal-Oberflächen-EKG	40
2.2.2	Diagnostische EKG-Befunde	41
2.2.3	„Verdächtige" EKG-Befunde	54
2.3	EKG-Monitoring	62
2.4	Die Kipptischuntersuchung	68
2.4.1	Einleitung	68
2.4.2	Klinische Ereignisse bei Kipptischuntersuchung	69
2.4.3	Pathologische Reaktionsmuster bei Kipptischuntersuchung	71
2.4.4	Sensitivität und Spezifität der Kipptischuntersuchung	76
2.4.5	Reproduzierbarkeit der Kipptischuntersuchung	76
2.4.6	Prognostische Wertigkeit der Kipptischuntersuchung	77
2.4.7	Korrelation zwischen Kipptischbefund und klinischer Synkope	78
2.4.9	Komplikationen bei Kipptischuntersuchungen	78
2.5	Elektrophysiologische Untersuchung (EPU)	80
2.5.1	Einleitung	80
2.5.2	Bewertung erhobener Befunde bei EPU	81
2.5.4	Verbesserung der diagnostischen Effektivität der EPU	88
2.6	Weitere Untersuchungsmethoden	90
2.6.1	Echokardiografie	90
2.6.2	Andere Untersuchungen	91
2.6.3	Belastungs-EKG	92
2.6.4	Pharmakologische Provokationstests	93
2.6.5	Signalmittelungs-EKG	93
2.6.6	Laboruntersuchungen	93
2.6.7	Neurologisch-fachärztliche Untersuchung	94

2.6.8	Psychiatrisch-fachärztliche Untersuchung		94
2.6.9	Zusammenfassung		95
2.7	Diagnostikoptionen bei Patienten mit unklaren Synkopen		96
2.7.1	Einleitung		96
2.7.2	Das ISSUE-1-Programm		96
2.7.3	Das Diagnostikkonzept der frühen ILR-Versorgung		100
2.7.4	Einsatz des ILR im klinischen Alltag		101
2.7.5	Prognose bei Patienten mit Synkopen mit primär ungeklärter Ursache		102
2.7.6	Diagnostisches Vorgehen bei unklaren Synkopen		106
2.7.7	Indikationen zur Versorgung mit einem ILR sowie diagnostischer Stellenwert der Befunde		107
2.7.8	Implantation eines kardialen Monitors (ICM)		108
2.7.9	Kontrolle und Einstellung des kardialen Monitors (ICM)		109

3 Neural-reflektorisch bedingte Synkopen 110

3.1	Reflektorisch bedingte Synkopen		110
3.2	Neurokardiogene Synkopen (NCS)		112
3.3	Karotissinussyndrom (CSS)		134
3.3.1	Definition des Karotissinussyndroms		134
3.3.2	Pathophysiologie des Karotissinussyndroms		134
3.3.3	Einteilung des Karotissinussyndroms		135
3.3.4	Häufigkeit des Karotissinussyndroms		137
3.3.5	Diagnostik des Karotissinussyndroms		137
3.3.6	Klinik des Karotissinussyndroms		138
3.3.7	Wertigkeit der Karotissinusmassage		139
3.3.8	Therapie des Karotissinussyndroms		141
3.3.9	Kasuistiken		145
3.4	Situativ bedingte Synkopen		160
3.4.1	Einleitung		160
3.4.2	Formen		161

Spezielle Krankheitsbilder, die mit Synkopen einhergehen

4 Synkopen bei orthostatischer Hypotonie und posturalem orthostatischem Tachykardiesyndrom (POTS) 163

4.1	Die Orthostase und deren Regulationsmechanismen		163
4.1.1	Die Autoregulation der aufrechten Haltung		163
4.1.2	Klinische Manifestation der orthostatischen Antwort		164
4.1.3	Der Baroreflex		164
4.2	Synkopen bei orthostatischer Hypotonie		165
4.2.1	Einleitung		165
4.3	Störungen des autonomen Nervensystems (ANS) mit Orthostasedysregulation		167
4.3.1	Einleitung		167
4.3.2	Definition der Dysautonomie		167
4.3.3	Einteilung der dysautonomen Störungen		167
4.4	Klinische Einteilung von Synkopenursachen mit orthostatischer Intoleranz		168
4.5	Erkrankungen mit primär autonomer Dysfunktion, sog. Synukleinopathien		169
4.5.1	Einleitung		169
4.5.2	Erkrankungen		169
4.5.3	Differenzialdiagnostische Überlegungen		170
4.6	Postprandiale Hypotonie		171
4.7	Orthostatische Hypotonie bei Hypertonie im Liegen		171
4.8	Diagnostisches Vorgehen/Evaluierung		172
4.9	Therapie der orthostatischen Hypotonie		172
4.10	Posturales orthostatisches Tachykardiesyndrom (POTS)		176

5 Bradykarde Herzrhythmusstörungen als Synkopenursache 180

5.1	Einleitung		180
5.1.1	Die Herzfrequenz und Rhythmusbesonderheiten in der „Normalbevölkerung"		180
5.1.2	Anatomie und Physiologie des Reizbildungs- und Reizleitungssystems		180
5.1.3	Ursachen einer Bradykardie		181
5.1.4	Diagnostisches Vorgehen bei V. a. bradykardiebedingte Synkopen		181

5.2	Sinusknotensyndrom (Sick-Sinus-Syndrom, SSS)	182	5.3	AV-Leitungsstörungen	186
5.2.1	Definition und Charakteristik	182	5.3.1	Definition und Charakteristik	186
5.2.2	Epidemiologie	182	5.3.2	Epidemiologie der AV-Leitungsstörungen	186
5.2.3	Ätiologie	182	5.3.3	Ätiologie	187
5.2.4	Pathophysiologische Aspekte des Sinusknotensyndroms	182	5.3.4	AV-Blockierungen und Synkopen	187
5.2.5	Elektrokardiografische Präsentation ...	182	5.4	Schenkelblockierungen und faszikuläre Blockierungen	195
5.2.6	Klinische Manifestation des Sinusknotensyndroms	182	5.4.1	Epidemiologische Daten	195
5.2.7	Sinusknotensyndrom und Synkopen ...	183	5.4.2	Entwicklung eines höhergradigen AV-Blockes	195
5.2.8	Synkopenursachen bei Patienten mit Sinusknotensyndrom	183	5.4.3	Schenkelblockierungen/faszikuläre Blockierungen und Synkopen	196
5.2.9	AV-Leitungsstörungen bei Sinusknotensyndrom	183			

6 Tachykarde Herzrhythmusstörungen als Synkopenursache 198

6.1	Einleitung	198	6.3	Ventrikuläre Tachyarrhythmien	208
6.1.1	Epidemiologische Betrachtungen	198	6.3.1	Einteilung	208
6.1.2	Diagnostisches Vorgehen bei V. a. tachykardiebedingten Synkopen ...	198	6.3.2	Ventrikuläre Tachyarrhythmien und Synkopen – Klinische Aspekte	209
6.1.3	Diagnostische Überlegungen bei tachykarden Herzrhythmusstörungen ..	198	6.3.3	Ventrikuläre Tachyarrhythmien – Pathophysiologische Aspekte bei Synkopen	209
6.2	Tachykarde Herzrhythmusstörungen mit Vorhofbeteiligung („supraventrikuläre Tachykardien")	199	6.4	Spezielle Erkrankungen und ventrikuläre Tachyarrhythmien	211
6.2.1	Einleitung	199	6.4.1	Brugada-Syndrom	211
6.2.2	Symptomatik „paroxysmaler supraventrikulärer Tachyarrhythmien" (PSVT)	199	6.4.2	Long-QT-Syndrom (LQTS)	213
6.2.3	Pathophysiologische Aspekte	201	6.4.3	Short QT-Syndrom	219
6.2.4	AV-nodale Reentrytachykardie (AVNRT) und AV-Reentrytachykardie (AVRT)	201	6.4.4	Katecholaminsensitive polymorphe ventrikuläre Tachykardie	220
6.2.5	Vorhoftachyarrhythmien mit tachykarder Überleitung auf die Herzkammern	203	6.4.5	Idiopathische ventrikuläre Tachykardien	221
6.2.6	Therapieprinzipien bei Tachyarrhythmien mit Vorhofbeteiligung	207	6.4.6	Rechtsventrikuläre arrhythmogene Dysplasie/Kardiomyopathie	223

7 Synkopen bei struktureller Herzerkrankung 226

7.1	Synkopen bei hypertropher Kardiomyopathie (HKMP)	226	7.2.1	Einleitung	230
7.1.1	Einleitung	226	7.2.2	Synkopen bei DCM: Mechanismus und Beziehung zur Mortalität	230
7.1.2	Synkopen und deren Mechanismus bei Patienten mit HKMP	226	7.2.3	Defibrillatortherapie bei Patienten mit DCM und Synkopen unklarer Genese ...	232
7.1.3	Diagnostisches Vorgehen bei hypertropher Kardiomyopathie (HKMP) und Synkopen	227	7.2.4	Risikostratifizierung bei Patienten mit dilatativer Kardiomyopathie	233
7.1.4	Risikostratifizierung von Patienten mit HKMP	227	7.2.5	Therapieprinzipien	233
7.1.5	Therapiekonzepte bei hypertropher Kardiomyopathie (HKMP)	228	7.3	Synkopen bei koronarer Herzkrankung (KHK) und anderer Formen der Koronarischämie	235
7.2	Synkopen bei dilatativer Kardiomyopathie	230	7.3.1	Einleitung	235

7.3.2	Synkopen bei akutem Koronarsyndrom (ACS) 235	7.3.4	Synkopen bei koronarer Herzerkrankung und deutlich reduzierter linksventrikulärer Pumpfunktion 238
7.3.3	Synkopen bei kongenitalen Koronaranomalien 237	7.3.5	Synkopen bei koronarer Herzerkrankung und nicht hochgradig eingeschränkter linksventrikulärer Pumpfunktion 244

8 Synkopen bei mechanischer Obstruktion 246

8.1	Synkopen bei Herzklappenfehlern 246	8.3	Rolle der elektrophysiologischen Untersuchung zur Diagnostik und Therapie bei Patienten mit Vitium cordis und Synkope 249
8.1.1	Aortenstenose (AS) 246		
8.2	Andere Klappenerkrankungen und Synkopen 249	8.4	Synkopen bei anderen Erkrankungen mit Flussobstruktion im Herz 250
8.2.1	Mitralstenose (MS) 249	8.4.1	Synkopen bei Herztumoren 250
8.2.2	Mitralklappenprolaps (MKP) 249	8.4.2	Synkopen bei Lungenembolie (LE) 250
8.2.3	Pulmonalklappenstenose 249	8.4.3	Synkopen bei pulmonaler Hypertonie (PHT) 252
8.2.4	Patienten mit Z. n. Klappenersatz 249		

9 Synkopen bei vaskulären Erkrankungen 253

9.1	Zerebrovaskuläre Ursachen für Synkopen 253	9.1.2	Klinik 253
		9.1.3	Steal Syndrome 253
9.1.1	Epidemiologie 253	9.1.4	Andere zerebrovaskuläre Erkrankungen 257

10 Neurologische Erkrankungen mit Bewusstseinsverlust 261

10.1	Einleitung 261	10.4	Nicht synkopale Bewusstseinsverluste .. 263
10.2	Übersicht über neurologische Erkrankungen mit Bewusstseinsverlust . 261	10.5	Neurologische Erkrankungen mit Symptomen ähnlich einem Bewusstseinsverlust 264
10.3	Neurologische Erkrankungen mit echten Synkopen 261		

11 Störungen der Psyche und Synkopen 265

11.1	Einleitung und Übersicht über Erkrankungen der Psyche und Bewusstseinsstörungen 265	11.2	Erkrankungen der Psyche und Bewusstseinsstörungen 265

12 Synkopen bei speziellen klinischen Entitäten 268

12.1	Synkopen bei „älteren" Menschen 268	12.3	Synkopen bei Sporttreibenden und Athleten 272
12.2	Synkopen bei Kindern und Jugendlichen 269		

13 Fahrtauglichkeit und Synkopen 274

Sachverzeichnis 276

Abkürzungen

ACS	akutes Koronarsyndrom (Acute coronary syndrome)
ARVC/D	arrhythmogene Rechtsventrikuläre Kardiomyopathie/Dyplasie
AVNRT	AV-nodale Reentry-Tachykardie
AVRT	AV-Reentry-Tachykardie
BBRT	Bundle branch reentry tachycardia
CI	chronotrope Inkompetenz
COPD	chronisch obstruktive Lungenerkrankung (chronic obstructive pulmonary dissease)
EAT	ektop-atriale Tachykardie
ELR	externer Schleifenrekorder (external loop recorder)
EPU	elektrophysiologische Untersuchung
HF	Herzfrequenz
ICM	implantierbarer kardialer Monitor (insertable cardiac monitor)
ILR	implantierbarer Schleifenrekorder (implantable loop recorder)
KI	Vertrauensintervall (Confidence interval)
KSKEZ	korrigierte Sinusknotenerholungszeit
LE	Lungenembolie
LJ	Lebensjahr
LVEF	linksventrikuläre Ejektionsfraktion
LVOT	linksventrikulärer Ausflusstrakt (left ventricular outflow tract)
NCS	neurokardiogene Synkope (neurocardiogenic syncope) = Vasovagale Synkope
NSTEMI	Nicht-ST-Hebungsinfarkt (Non-ST-elevation myocardial infarction)
nsVT	nicht beständige ventrikuläre Tachykardie (non sustained VT)
OI	orthostatische Intoleranz
OH	orthostatische Hypotonie
POTS	posturales Tachykardiesyndrom
RR	Riva-Rocchi (nicht invasive Blutdruckmessung nach Riva-Rocchi)
RVOT	rechtsventrikulärer Ausflusstrakt (right ventricular outflow tract)
SKEZ	korrigierte Sinusknotenerholungszeit
STEMI	ST-Hebungsinfarkt (ST-elevation myocardial infarction)
SVES	supraventrikuläre Extrasystolie
TDP	Torsade-de-point-Tachykardie
TVT	tiefe Venenthrombose
V.a.	Verdacht auf
VES	ventrikuläre Extrasystolie
VT	ventrikuläre Tachykardie
ZL	Zykluslänge

Leitlinien und Evidenzgrad

Die im Buch zitierten Leitlinien sind anhand ihres Evidenzgrades angeordnet. Die Definition des Evidenzgrades sowie des Evidenzniveus sind nachfolgend angegeben:

Empfehlungsgrad

I. Evidenz oder allgemeine Übereinkunft, dass eine Therapieform oder eine diagnostische Maßnahme effektiv, nützlich oder heilsam ist
II. Widersprüchliche Evidenz und/oder unterschiedliche Meinungen über den Nutzen/die Effektivität einer Therapieform oder einer diagnostischen Maßnahme
IIa Evidenzen/Meinungen favorisieren den Nutzen bzw. die Effektivität einer Maßnahme
IIb Nutzen/Effektivität einer Maßnahme ist weniger gut durch Evidenzen/Meinungen belegt.

Evidenzniveau

A Die Empfehlung wird mindestens durch zwei randomisierte Studien gestützt
B Die Empfehlung wird durch eine randomisierte Studie und/oder eine Metaanalyse nicht randomisierter Studien gestützt
C Konsensusmeinung von Experten, basierend auf Studien und klinischer Erfahrung

Nach Seidel, Schuchert, Tebbenjohanns, Hartung. Kommentar zu den Leitlinien zur Diagnostik und Therapie von Synkopen – der Europäischen Gesellschaft für Kardiologie 2001 und dem Update 2004, Z Kardiol 2005; 94: 592–612

1 Einleitung

1.1 Definition

„syn"   = mit (griech.)
„koptein" = abschneiden, unterbrechen (griech.)

- Kurzdauernde Bewusstlosigkeit infolge einer globalen zerebralen Minderdurchblutung, charakterisiert durch einen plötzlichen Beginn, eine kurze Dauer sowie eine spontane komplette Erholung
- Weitere Charakteristika sind für eine Synkope typisch:
  - vorübergehend, selbstlimitierend
  - führt zum Sturz
  - bei manchen Formen finden sich Prodromi
  - nach Erholung schnelle Wiederherstellung von Orientierung und adäquatem Verhalten
  - nicht selten retrograde Amnesie

> **Merke:** Die Synkope ist ein Symptom und keine Erkrankung!

1.2 Historische Betrachtungen

Lüderitz B. Geschichte der Herzrhythmusstörungen. Berlin, Heidelberg. Springer Verlag; 1993
- 1580 Mercuriale, G.: Zusammenhang von niedrigem Puls und Synkope „Ubi pulsus sit rarus semper expectanda est syncope"
- 1717 Gerbezius, M.: Symptome der Bradykardie beschrieben
- 1761 Morgagni, G. B.: Analyse des klinischen Bildes eines Herz-Kreislauf-Stillstands in Beziehung zu langsamem Puls
- 1827 Adams, R.: Herz als Ursache von niedrigem Puls von 30/min vermutet, der zerebrale Symptome bei einem 68-jährigen Offizier verursachte
- 1846 Stokes, W.: Fallbeschreibungen zu Ohnmachten und niedrigem Puls

> **Merke:** Das **Morgagni-Adams-Stokes Syndrom** ist ein passagerer, akuter Kreislaufstillstand, bedingt durch eine Bradykardie oder Asystolie mit entsprechender Klinik; z.B. Synkopen oder plötzlichem Schwindel bzw. „Schwarzwerden vor den Augen" etc.

1.3 Synkopen-Mechanismus

Folgende Mechanismen können alleinig oder in Kombination eine Synkope bedingen bzw. auslösen.
- Plötzliche Unterbrechung des zerebralen Blutflusses ab 6–8 s oder
- Absenkung des systolischen Blutdrucks unter 60 mmHg oder
- 20%ige Absenkung der intrazerebralen Sauerstoffsättigung

Woher stammen viele unserer Erkenntnisse über den Mechanismus bei Synkopen?

Rossen R, Kabat H, Anderson JP. Acute arrest of cerebral circulation in man. Arch Neurol Psychiatr 1943; 50: 510–528
- Untersuchung der Wirkung einer plötzlichen kompletten Unterbindung der zerebralen Zirkulation ohne Beeinträchtigung der Atmung (somit nahezu identisches Verhältnisses wie bei Synkopen) an 126 gesunden freiwilligen Männern und 11 Personen mit Schizophrenie.
- Verwendung des sog. „Rossen-Kabat-Anderson-apparatus", wobei eine spezielle zirkuläre Manschette um das untere Drittel des Halses angebracht und innerhalb eines Achtels einer Sekunde mit 600 mmHg aufgepumpt wurde! Die extrem schnelle Insufflation der Manschette verhinderte eine unerwünschte Blutstauung mit Erweiterung der intrazerebralen Gefäße. Proband und Untersucher waren jederzeit in der Lage, die Manschette innerhalb einer Sekunde komplett zu entlasten.

Klinische Befunde

1. *Plötzliche Fixation der Augen in der Mittellinie:* frühestes und stabilstes Zeichen des akuten Sauerstoffmangels (Abb. 1.1), Proband konnte noch sehen, aber seine Augen nicht mehr bewegen.
2. *Verdrehen der Augen:* ca. 0,5 s nach Augenfixation
3. *Sehstörungen:* kurz vor dem Bewusstseinsverlust plötzliche, rapide Einengung des Sehfeldes, verschwommenes Sehen, „grau vor Augen", Visusverlust („schwarz vor Augen")

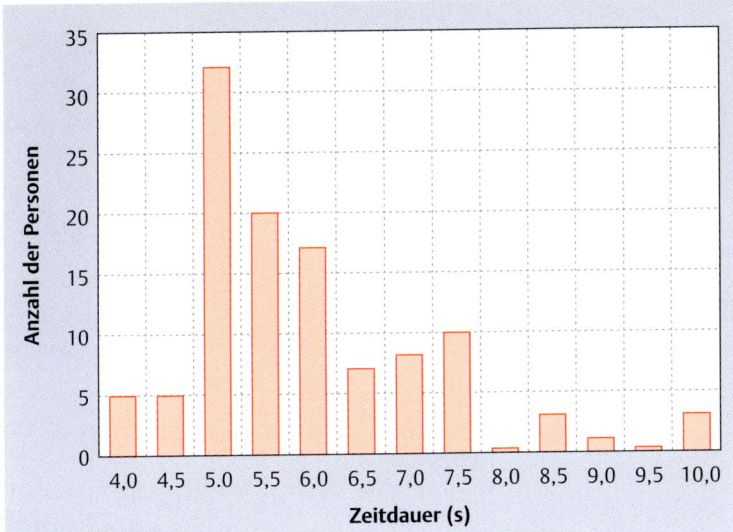

Abb. 1.1 Zeitlicher Abstand des Auftretens der sog. „Augenfixation" nach Unterbrechung der zerebralen Zirkulation, Häufigkeitsmaximum bei 5,0 s, allerdings deutliche intraindividuelle Unterschiede (nach Rossen et al.).

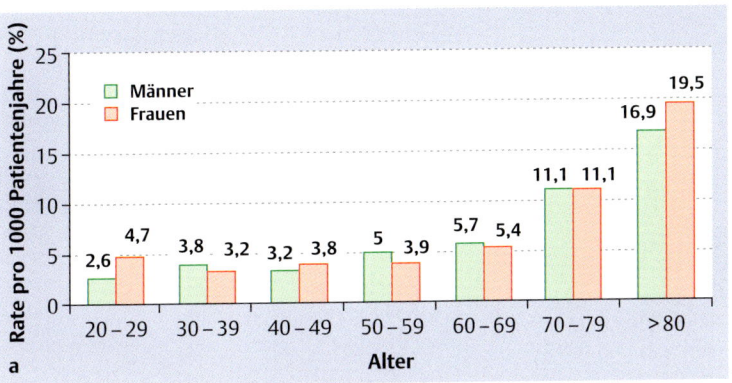

Abb. 1.2 a Altersabhängiger Anstieg der Synkopeninzidenz (Erstereignis) (mod. nach Soteriades et al.).

4. *Parästhesien:* Taubheitsgefühl, plötzlicher Schmerz (Beginn stets wenige Sekunden vor Bewusstseinsverlust)
5. *Kompletter Bewusstseinsverlust:* Trat in der Regel eine Sekunde nach Augenfixation auf, begleitet von anoxischen Konvulsionen: generalisiert, tonisch-klonisch, kein Zungenbiss
6. *Erholungsphase:* In der Regel zwischen 3,0 und 11,5 s ohne neurologische Defizite

> **Merke:** Bei plötzlicher Unterbrechung der zerebralen Zirkulation tritt in der Regel nach ca. 5 s eine Störung der Sehfähigkeit ein. Nach einer weiteren Sekunde kommt es zum Verlust des Bewusstseins. Trotz großer intraindividueller Unterschiede kann man somit das Auftreten einer Synkope ca. 6 s nach Unterbindung der zerebralen Zirkulation erwarten.

1.4 Epidemiologie

Soteriades et al. Framingham-Studie: Incidence and prognosis of syncope. N Engl J Med 2002; 347 (September, 12)

- Analyse von 7814 Personen (4251 Frauen, 3563 Männer) über eine mittlere Dauer von 17 Jahren, mittleres Alter 51,1 ± 14,4 Jahre
- 822 Personen = 10,5 % erlitten eine Synkope – Einschluss in Nachbeobachtung: 727 Personen
- Inzidenz des erstmaligen Synkopenereignisses: 6,2 pro 1000 Patientenjahre
- altersadjustierte Inzidenz (sowohl für Frauen als auch für Männer): 7,2 pro 1000 Patientenjahre
- kumulative 10-Jahres-Inzidenz: 6 %
- Rezidivrate 21,6 %
- altersabhängiger Anstieg der Synkopeninzidenz besonders ab dem 70. Lebensjahr (Erstereignis) (Abb. 1.2 a)

Weitere epidemiologische Untersuchungen beschreiben eine:
- Synkopeninzidenz in einem Zeitraum von 10 Jahren:
  - zu 16% bei Männern zwischen 40–59 Jahren
  - zu 19% bei Frauen zwischen 40–49 Jahren
  - zu 23% bei Personen älter als 70 Jahre
- mindestens 1 Ereignis:
  - bei 15% aller Kinder bis zum Alter von 18 Jahren
  - bei 20–25% von Armeeangehörigen zwischen 17–26 Jahren
- Im „Alter" eine jährliche Inzidenz von ca. 6%, dabei 30% Rezidivrate

Merke: Ca. 50% aller Menschen erleiden in ihrem Leben mindestens eine Bewusstlosigkeit.

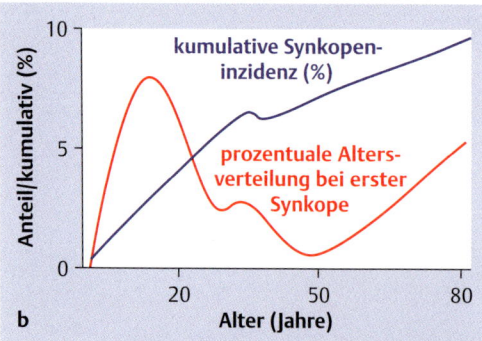

Abb. 1.2b Darstellung der prozentualen Altersverteilung bei erster Synkope (rote Linie); dabei zeigt sich eine hohe Prävalenz zwischen dem 10. und 30. Lebensjahr mit Gipfel um das 15. Lebensjahr; anschließend deutlicher Abfall bis zum 50. Lebensjahr und erneuter starker Anstieg im weiteren Verlauf, zusätzlich Darstellung der kumulativen Synkopeninzidenz (blaue Linie), nach Moya A, Sutton R et al. Guidelines for the diagnosis and management of syncope (version 2009), www.escardio.org/guidelines.

1.5 Mortalität bei Patienten mit Synkopen

Soteriades et al. Framingham-Studie: Incidence and prognosis of syncope. N Engl J Med 2002; 347 (September, 12)
Verlaufskontrolle von insgesamt 2181 Personen, 722 mit Z. n. Synkope, 1454 Kontrollpersonen

Endpunkte: Gesamtmortalität, Tod durch Herzinfarkt oder KHK (plötzlich oder nicht plötzlich), tödlicher und nicht tödlicher Schlaganfall

Einteilung der Synkopen nach ihrer Ursache: Zunächst 8 Kategorien an Ursachen, die für die Analyse zu 4 Kategorien zusammengefasst wurden:

1. Vasovagal und andere Ursachen (inkl. vasovagal, orthostatisch, medikamentös, seltene Ursachen – Husten. Miktion, situativ bedingt u. a.)
2. Unbekannte/ungeklärte Ursache
3. Neurologisch bedingt (inkl. Schlaganfall oder TIA, Krampfleiden = „seizure disorder")
4. Kardial bedingt (Ischämie, Arrhythmie)

Mittlere Nachbeobachtungszeit: 8,6 Jahre (Median 7,7 Jahre)

Ergebnisse:
Gesamttodesfälle: n = 847 (39%)
Myokardinfarkte/Tod durch KHK: n = 263 (12%)
Schlaganfälle: n = 178 (8%)

1. *Patienten mit kardialer Synkope:*
   höchste Mortalität aller Gruppen, doppelt so hohe Mortalität wie Kontrollpersonen ohne Synkopen
2. *Neurologische Ursache:*
   erhöhte Gesamtmortalität, allerdings nicht so hoch wie kardiale Synkope, erhöhtes Schlaganfallrisiko
3. *Unklare Ursache:*
   ebenfalls erhöhte Mortalität, möglicherweise bedingt durch nicht diagnostizierte kardiale Ursachen
4. *Vasovagale Synkope:*
   keine Übersterblichkeit im Vergleich zum Kollektiv ohne Synkope

Merke: Bei Patienten mit kardial bedingten Synkopen ist die höchste Mortalität zu erwarten. Vasovagale u. ä. bedingte Synkopen weisen keine Übersterblichkeit auf. Das Auftreten ursächlich unterschiedlicher Synkopen war nicht an das Vorhandensein oder Fehlen einer kardialen Grunderkrankung gebunden (Tab. 1.1)! Allerdings erleiden Patienten mit struktureller Herzerkrankung häufiger kardial bedingte Synkopen und vaskulär-neurologisch bedingte Bewusstlosigkeiten (Schlaganfall/TIA); Patienten ohne strukturelle Herzerkrankung erleiden am häufigsten vasovagale Synkopen. In ca. ⅓ aller Fälle konnte die Synkopenursache nicht geklärt werden (Tab. 1.1).

1.5 Mortalität bei Patienten mit Synkopen

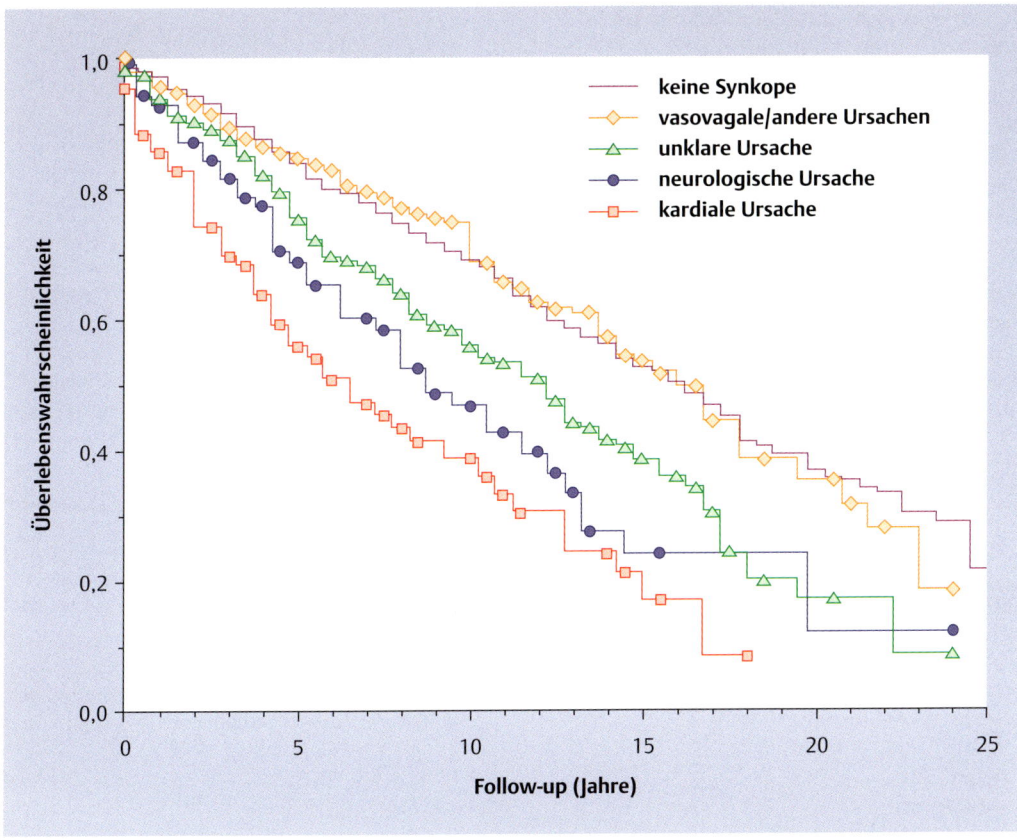

Abb. 1.3 Kumulatives Überleben nach Synkope in Abhängigkeit der Grunderkrankung (mod. nach Soteriades et al.).

Tabelle 1.1 Prozentuale Verteilung der Synkopenursachen in Abhängigkeit einer vorhandenen oder fehlenden kardialen Grunderkrankung (mod. nach Soteriades et al.).

Ursache	keine kardiovaskuläre Grunderkrankung n = 599		kardiovaskuläre Grunderkrankung n = 223		Gesamt n = 822
	Männer n = 232	Frauen n = 367	Männer n = 116	Frauen n = 107	
kardial (%)	6,5	3,8	26,7	16,8	9,5
unbekannt (%)	31,0	41,7	31,0	37,4	36,6
Schlaganfall/TIA (%)	1,7	2,5	9,5	9,4	4,1
Epilepsie (%)	7,3	3,3	6,9	2,8	4,9
vasovagal (%)	24,1	24,5	11,2	14,0	21,2
orthostatisch (%)	9,5	10,9	6,9	6,5	9,4
medikamentenbedingt (%)	7,3	6,5	4,3	9,4	6,8
andere (inkl. Husten-, Miktions-, Situationssynkope) (%)	13,0	6,8	3,5	3,7	7,5

Synkope als eigenständiger Risikofaktor einer schlechten Prognose?

Kapoor et al. Is Syncope a risk factor for poor outcomes? Comparison of patients with and without syncope. Am J Med 1996; 100: 646–655

Nachbeobachtung von 470 Patienten mit Synkope (52,5 Jahre) und 470 Patienten mit vergleichbarem Alter, Geschlecht, Herzerkrankung und Behandlungsstrategie ohne Synkope = Kontrollgruppe (allerdings traten häufiger Diabetes mellitus und Herzinsuffizienz in der Kontrollgruppe auf!)

Analyse der Gesamtsterblichkeit, der kardialen Sterblichkeit, kardiovaskulärer Ereignisse, Synkopenrezidive

Synkopenursache:
- nicht kardial: 14%
- kardial bedingt: 49,8%
- unklar: 35,5%

Die Therapie in beiden Patientengruppen (inkl. Synkopenursache) erfolgte jeweils anhand entsprechender Richtlinien!

Nachbeobachtungszeit: 12 Monate

Ergebnisse:
1. *Mortalität:*
   - Synkopengruppe 9% (n = 43)
   - Kontrollgruppe 11% (n = 53)
2. *Kardiale Mortalität:*
   - Synkopengruppe 3% (n = 15)
   - Kontrollgruppe 6% (n = 26)
3. *Plötzlicher Herztod:*
   - Synkopengruppe 1,7% (n = 8)
   - Kontrollgruppe 2,1% (n = 13)
4. *Synkopenrezidive:*
   - Synkopengruppe 20,2%
   - Kontrollgruppe 2,1%
5. *Mortalität bei kardial bedingter Synkopenursache:*
   - Synkopengruppe 22%
   - Kontrollgruppe 20%

> **Merke:** Nach einer richtliniengerechten Behandlung haben Patienten mit Synkopen keine Übersterblichkeit im Vergleich zur Kontrollgruppe!
> Das entscheidende Kriterium für eine gesteigerte Mortalität war nicht die Synkope per se, sondern das Vorhandensein einer kardialen Grunderkrankung; insbesondere das Vorliegen einer Herzinsuffizienz war mit einer schlechten Prognose vergesellschaftet. Patienten versterben demnach häufiger, je kränker sie kardialerseits sind!
> Dabei weisen Patienten mit kardial bedingter Synkope die höchste Mortalität auf, da sie am häufigsten mit einer kardialen Grunderkrankung verbunden ist.

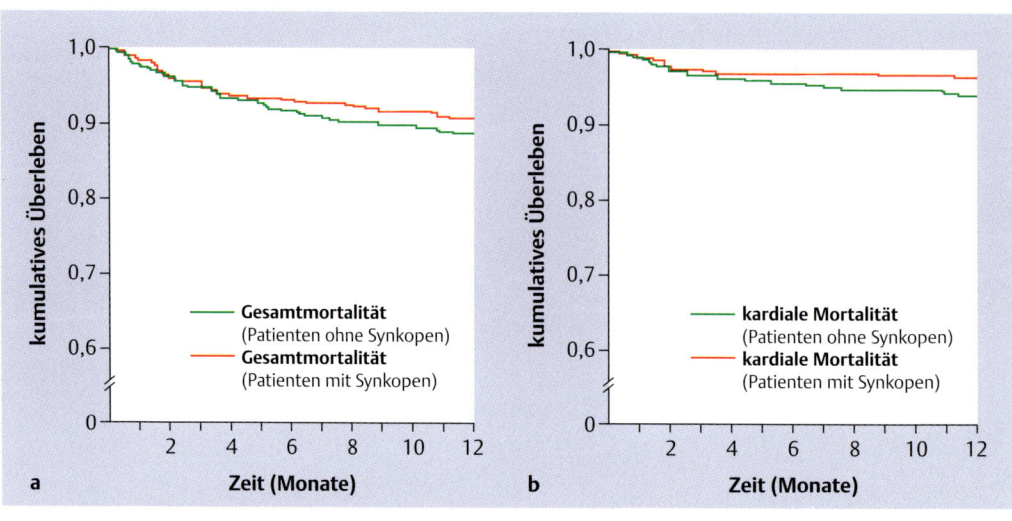

Abb. 1.4 a, b Überlebenswahrscheinlichkeit bei Patienten mit und ohne Synkope, **a** Gesamtmortalität, **b** kardiale Todesfälle (mod. nach Kapoor et al.).

1.6 Prognostische Beurteilung von Synkopen und Risikostratifizierung

1.6.1 Patienten mit guter Prognose

Brignole et al. Guidelines on management (diagnosis and treatment) of syncope. Eur Heart J 2001; 22: 1256–1306
Folgende Kriterien charakterisieren Patienten mit Z. n. Synkope und guter Prognose:
- „jung, herzgesund, normales EKG"
- nachgewiesene neurokardiogene Synkope
- nachgewiesene orthostatische Hypotonie/Synkope
- unklare Synkopen nach Ausschluss einer strukturellen Herzerkrankung

Merke: Wichtigster prognostischer Prädiktor einer schlechten Prognose ist das Vorhandensein einer strukturellen Herzerkrankung.

1.6.2 Risikostratifizierung bei initialem Kontakt

Martin TP, Hanusa BH, Kapoor WN. Risk stratification of patients with syncope. Annals Emerg Med 1997; 29: 459–466
Bildung von 2 Patientenkohorten:
- Entwicklung des Scores: n = 252 (Einschluss zwischen 1981–1984!)
- Validierung des Scores: n = 374 (Einschluss zwischen 1987–1991)

4 Risikofaktoren wurden in der Entwicklungsgruppe identifiziert:
- *Alter > 45 Jahre*
  OR 3,2 (95%-KI 1,3–8,1)
- *Herzinsuffizienz in der Anamnese*
  OR 3,1 (95%-KI 1,3–7,4)
- *ventrikuläre Arrhythmien in der Vorgeschichte*
  OR 4,8 (95%-KI 1,7–13,9)
- *abnormales EKG*
  OR 3,2 (95%-KI 1,6–6,4)
  („nicht Sinusrhythmus", ventrikuläre Arrhythmien, Schenkelblockierungen, AV-Blockierungen II und III, PQ-Zeit < 0,1 s, alter Myokardinfarkt, links- oder rechtsventrikuläre Hypertrophie)

Kombinierter Endpunkt: 1-Jahres-Mortalität oder Auftreten von Arrhythmien:
- keine Risikofaktoren: 4,4–7,3%
- bei > 3 Risikofaktoren: 57,6–80,4%

Gesamtmortalität und kardiale Mortalität s. Abb. 1.5.

Merke: Mittels vier einfacher Parameter (s. o.) ist eine sehr gute Risikostratifizierung bei initialem Kontakt möglich (allerdings dürfte die hohe 1-Jahres-Mortalität [Abb. 1.5] nicht mehr dem aktuellen medizinischen Stand von 2008 entsprechen – s. nächste Seite).

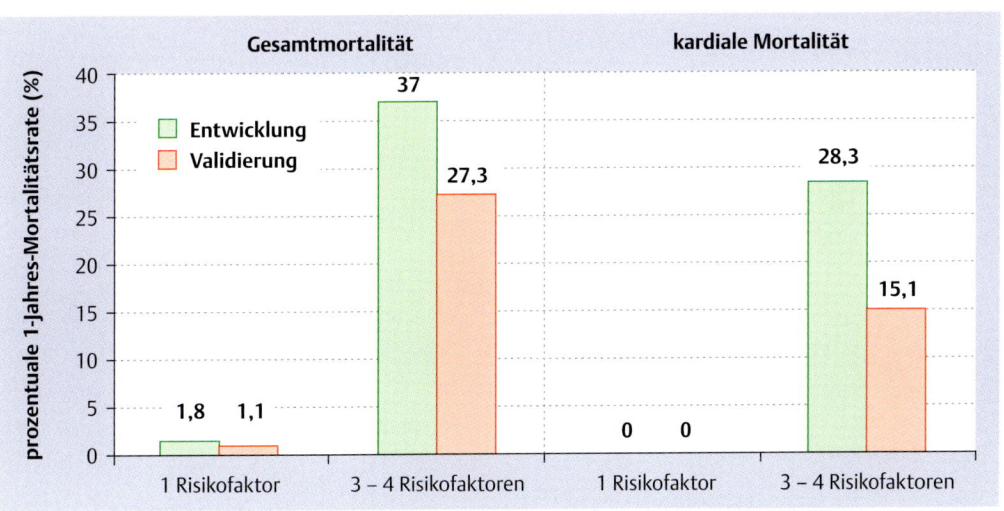

Abb. 1.5 1-Jahres-Gesamtmortalität und 1-Jahres-kardiale Mortalität bei Patienten mit Z. n. Synkope in Abhängigkeit des Vorhandenseins von Risikoparametern (nach Martin et al.).

Einjahresmortalität bei Synkope und ihre Vorhersage, der „San Francisco Syncope Rule-Score"

Quinn et al. Death after emergency department visits for syncope: How common and can it be predicted? Ann Emerg Med 2008; 51: 585–590

Prospektive Analyse von 1418 Patienten (mittleres Alter 62 Jahre) mit Z. n. Synkope, die sich während der Screeningphase in einer Notfallaufnahme vorstellten und damit 1,2% aller Patientenkontakte darstellten. Beurteilung der Gesamtsterblichkeit nach 30 Tagen, 6 und 12 Monaten.

Einteilung der Patienten in ein Niedrigrisiko- und ein Hochrisiko-Kollektiv unter Verwendung des modifizierten „San Francisco Syncope Rule"; Hochrisiko, wenn mindestens ein folgender Risikofaktor vorhanden war:

1. *abnormales EKG* („Nicht-Sinusrhythmus, bereits minimale Änderung der Erregungsleitung und/oder Erregungsausbreitung/-repolarisation),
2. *Herzinsuffizienz in der Anamnese,*
3. *Beklagen von Luftnot,*
4. *persistierender niedriger Blutdruck < 90 mmHg,*
5. *Hämatokrit < 30%.*

Nachbeobachtungszeit: 18 Monate

Patientencharakteristik und Synkopenursachen: (Tab. 1.2)

Tabelle 1.2 Patientencharakteristik, Einteilung nach Risikoprofil (mod. nach Quinn et al.)

Charakteristik	Alle Patienten n = 1474 (100%)	Hochrisiko n = 718 (49%)	Niedrigrisiko n = 756 (51%)
mittleres Alter (Jahre)	62	69	56
weiblich (%)	830 (56)	339 (47)	481 (64)
stationär aufgenommen (%)	840 (57)	639 (76)	201 (24)

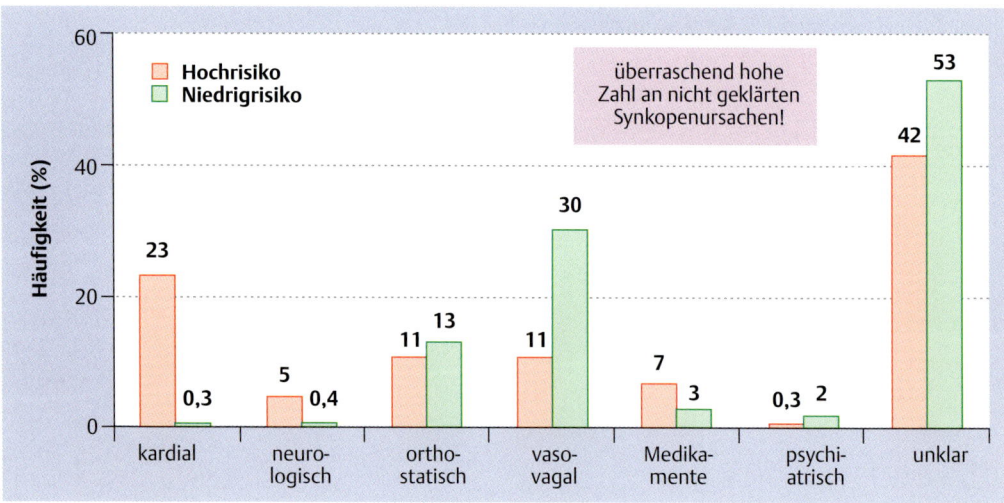

Abb. 1.6 Prozentuale Häufigkeit von Synkopenursachen bei verschiedenen Risikogruppen (rot: Hochrisiko, grün: Niedrigrisiko) (mod. nach Quinn et al.).

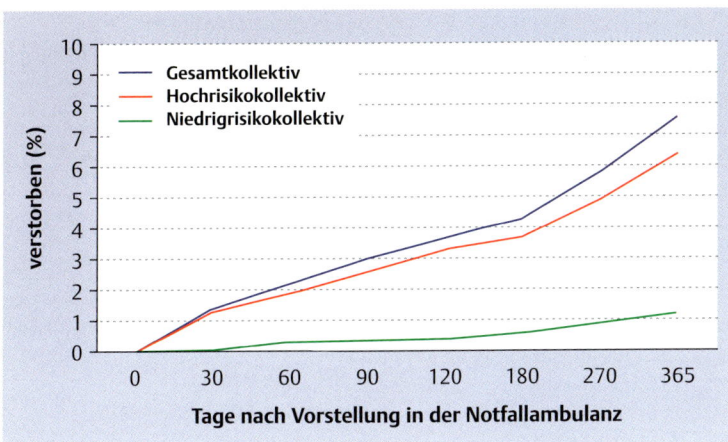

Abb. 1.7 Vergleich der Gesamtmortalität nach Risikogruppen bei Synkopenpatienten 1 Jahr nach Vorstellung in der Notfallaufnahme (nach Quinn et al.).

Tabelle 1.3 Sensitivität und Spezifität des San Francisco Syncope Rule zur Vorhersage der Mortalität (mod. nach Quinn et al.).

Mortalität	Sensitivität % (95%-KI)	Spezifität % (95%-KI)
6-Monats-synkopenbezogen	100	52
12-Monats-synkopenbezogen	93	53
6-Monats-synkopenbezogen	89	53
12-Monats-synkopenbezogen	83	54

Quinn et al. Death after emergency department visits for syncope: How common and can it be predicted. Ann Emerg Med 2008; 5: 585–590

Ergebnisse:
insgesamt 112 Todesfälle nach 1 Jahr

1. Gesamtmortalität (Abb. 1.7):
    - 30 Tage: 1,4%
    - 6 Monate: 4,3%
    - **12 Monate: 7,6%**

2. synkopenbezogene Mortalität:
    - 30 Tage: 1,3%
    - 6 Monate: 2,3%
    - **12 Monate: 3,8%**

3. 1-Jahres-Mortalität bei unterschiedlichem Risikoprofil (s. Abb. 1.7):
    - Hochrisiko: ca. 6%
    - Niedrigrisiko: ca. 1%

Merke: Die 1-Jahres-Mortalität im Gesamtkollektiv von 7,6% liegt im Vergleich zu früheren Veröffentlichungen deutlich niedriger und ist fast ausschließlich durch die Rate von über 6% in der Hochrisikogruppe bedingt. Patienten ohne Risikomarker weisen eine 1-Jahres-Mortalität von etwas mehr als 1% auf. Durch die hohe Sensitivität und akzeptable Spezifität des Scores ist eine Differenzierung der Patienten möglich, die einer aggressiveren Diagnostik und Therapie zugeführt werden sollten.
„CHESS" – (history of **C**ongestive heart failure, **H**ematocrit 30, abnormal **E**CG result, a patient complaint of **S**hortness of breath and a triage **S**ystolic blood pressure 90 mmHg).

Weitere Risikoscores (OESIL und EGSYS) können unter: www.escardio.org/guidelines: Moya A, Sutton R et al. Guidelines for the diagnosis and management of syncope (version 2009) nachgesehen werden.

1.7 Klinische Bedeutung von Synkopen

1.7.1 Bestimmte Synkopen können dennoch der Vorbote des plötzlichen Herztodes oder das Symptom einer anderen schwerwiegenden Erkrankung sein!

„Der einzige Unterschied zwischen einer Synkope und dem plötzlichen Herztod ist: in einem von beiden Fällen wacht man wieder auf." (Engel GL. Psychologic stress, vasodepressor syncope, and sudden death. Ann Intern Med 1978; 89: 403–412)

Maligne Synkopen sind insgesamt erfreulicherweise eher selten; treten aber v. a. bei Patienten mit strukturellen Herzerkrankungen auf (z. B. Kardiomyopathien, koronare Herzerkrankung etc.) – s. Mortalität).

Kapoor et al. A prospective evaluation and follow up of patients with syncope. NEJM 1983; 309: 197–204
Analyse von 204 Patienten mit Synkope, Einteilung nach Ursache (kardial: n = 53, non-kardial n = 54, unbekannt: n = 97)

Nachbeobachtungszeit: 12 Monate

Ergebnisse:
1. Mortalität:
   kardiale Synkopen: 30 ± 6,7 %
   nicht kardiale Synkopen: 12 ± 4,4 %
   unbekannte Ursache: 6,4 ± 2,8 %
2. Plötzlicher Herztod:
   kardiale Synkopen: 24 ± 6,6 %
   nicht kardiale Synkopen: 4 ± 2,7 %
   unbekannte Ursache: 3 ± 1,8 %

> **Merke:** Eine signifikant höhere Mortalität tritt bei Patienten mit kardialen Synkopen auf; der plötzliche Herztod ist dabei häufigste Ursache!

Bedeutung der linksventrikulären Pumpfunktion bei der Prognosebeurteilung von Synkopenpatienten

Middlekauff et al. Prognosis after syncope: impact of left ventricular function. Am Heart J 1993; 125: 121–127
Retrospektive Analyse von 88 Patienten mit Z. n. unklarer Synkope und elektrophysiologischer Untersuchung (mittleres Alter 57 Jahre ± 18 Jahre, mittlere LVEF 41 ± 20 %, strukturelle Herzerkrankung n = 66 [75 %]), Beurteilung der Sterblichkeit, insbesondere plötzlicher Herztod

Nachbeobachtungszeit: 790 Tage ± 688 Tage

Synkopenursachen: kardiale Ursache: n = 49 (56 %); unklare Ursache: n = 39 (44 %)

Ergebnisse: 9 Patienten verstarben im Nachbeobachtungszeitraum am plötzlichen Herztod; davon lag bei 8 Patienten die LVEF < 30 %; die zuvor ermittelte Synkopenursache war ohne prädiktiven Wert. (Allerdings wurden alle Patienten mit induzierbarer ventrikulärer Tachykardie medikamentös therapiert und nicht mit einem ICD versorgt – somit Ergebnisse auf heutige Verhältnisse nur eingeschränkt anwendbar!)

> **Merke:** Die stark verminderte linksventrikuläre Pumpfunktion stellt einen unabhängigen Risikofaktor für das Auftreten eines plötzlichen Herztodes dar, auch wenn bei elektrophysiologischer Untersuchung keine ventrikuläre Arrhythmie induzierbar ist (ICD-Versorgung heutzutage gefordert!).

Synkope bei Herzinsuffizienz

Syncope in advanced heart failure: high risk of sudden death regardless of origin of syncope. Middlekauff et al. JACC 1993; 21: 110–116

Analyse von 491 Patienten mit schwerer Herzinsuffizienz (NYHA III–IV, mittlere linksventrikuläre Ejektionsfraktion 20,0 ± 0,07 % bisher ohne Z. n. Herzstillstand) hinsichtlich des Auftretens einer Synkope in der Anamnese.

Patienten mit koronarer Herzerkrankung n = 234 (48 %), Patienten mit dilatativer Kardiomyopathie n = 224 (46 %), Herzklappenerkrankung n = 25 (5 %), undeterminiert n = 8 (1 %).

Nachbeobachtungszeit: 365 Tage ± 419 Tage

Ergebnisse: n = 165 (35 %) am Leben, n = 148 (30 %) Herztransplantation, n = 60 (14 %) plötzlicher Herztod, n = 66 (13 %) an Herzinsuffizienz verstorben, n = 19 (4 %) nicht kardialer Tod, n = 24 (4 %) „verloren gegangen".

Signifikant erhöhte Mortalität in der Synkopengruppe gegenüber der Gruppe ohne Synkopen infolge des deutlich häufiger aufgetretenen plötzlichen Herztodes. Gleiche Mortalität innerhalb der Synkopengruppe unabhängig des Synkopenmechanismus (kardiale oder nicht kardiale Ursache). Zusammenfassung s. Abb. 1.8.

> **Merke:** Patienten mit schwerer Herzinsuffizienz (NYHA III–IV) und deutlich eingeschränkter linksventrikulärer Pumpfunktion, die eine Synkope erleiden, weisen eine deutlich erhöhte Mortalität insbesondere infolge eines plötzlichen Herztodes auf.
> Die Ursache sowie der Mechanismus der Synkope sind dabei von untergeordneter Bedeutung!
> Das Auftreten von Synkopen scheint bei diesen Patienten somit eher das Zeichen einer deutlich verminderten Belastbarkeit gegenüber klinischen Ereignissen zu sein, welches aber trotzdem als Vorbote eines schwerwiegenden Ereignisses gewertet werden kann.
> Diese Patientengruppe sollte besonders aggressiv therapiert werden!

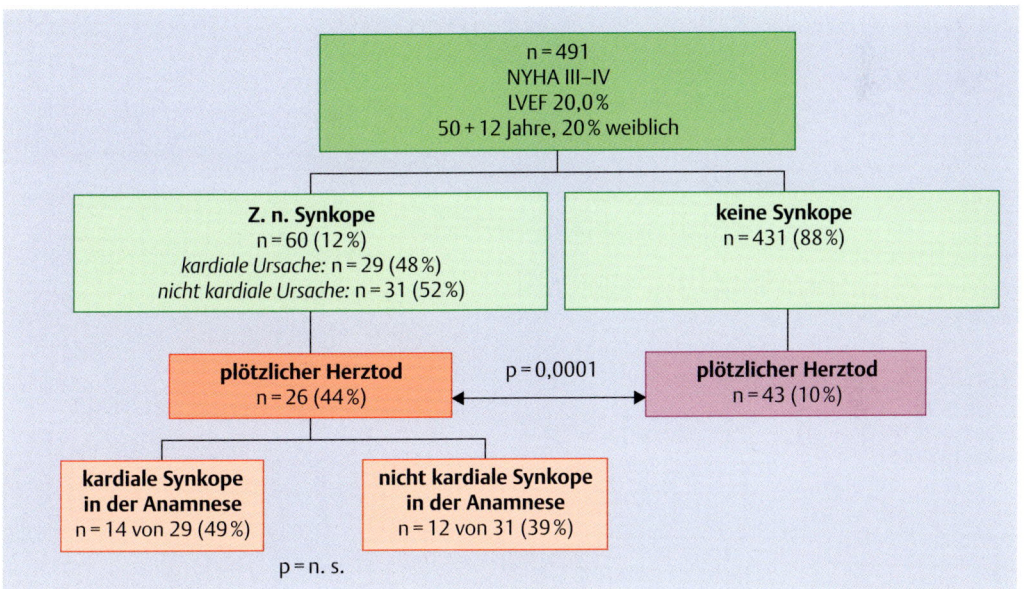

Abb. 1.8 Vergleich der 1-Jahres-Mortalität bei Patienten mit schwerer Herzinsuffizienz mit und ohne Synkope (mod. nach Middlekauff et al.).

Plötzlicher Herztod und Synkopen – Beispiele

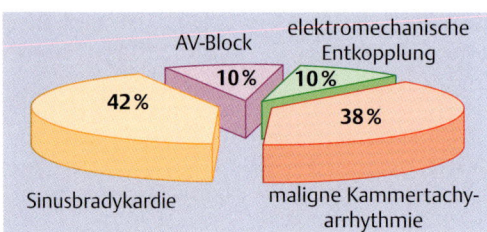

Abb. 1.9 Prozentuale Verteilung von Herzrhythmusbefunden bei Patienten mit schwerer Herzinsuffizienz und plötzlichem Herztod (modifiziert nach Luu et al.).

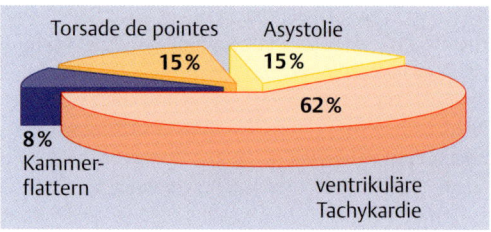

Abb. 1.10 Prozentuale Verteilung von Herzrhythmusbefunden bei Patienten mit plötzlichem Herztod während Holter-Registrierung (modifiziert nach Exner et al.).

Langzeitelektrokardiografische Registrierungen bei plötzlichem Herztod

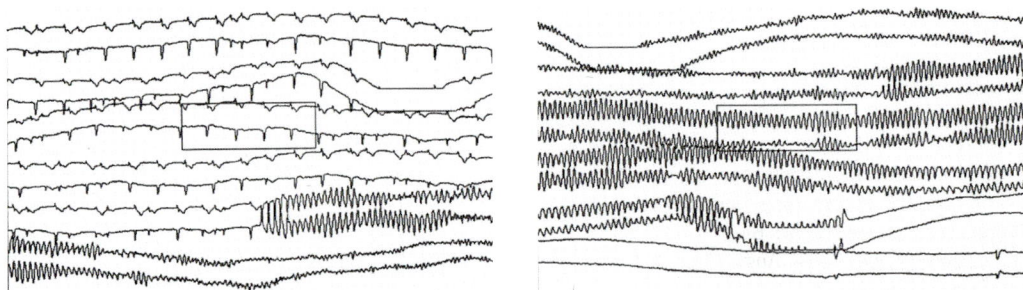

Abb. 1.11 LZ-EKG-Registrierung eines Kammerflimmerns mit Spontanterminierung und nachfolgender Asystolie, Eigenrhythmus am Ende der Episode, „spontan überlebter plötzlicher Herztod".

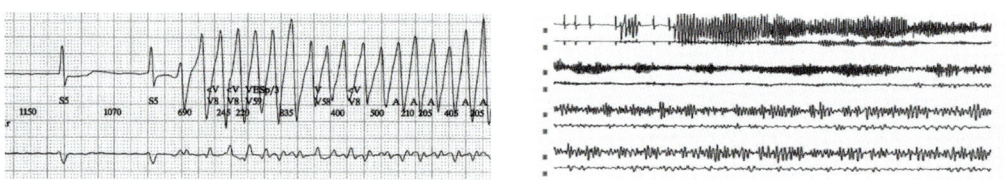

Abb. 1.12 LZ-EKG-Befund: torsadeartige Kammerarrhythmie mit Übergang in Kammerflimmern, Z. n. erfolgreicher Reanimation.

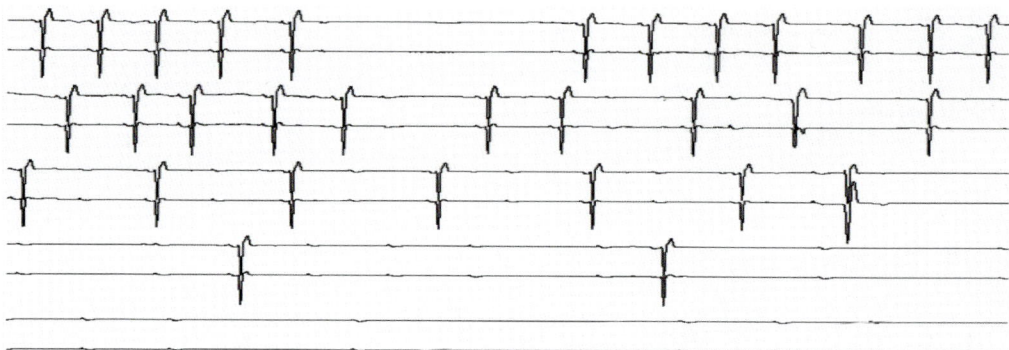

Abb. 1.13 LZ-EKG-Registrierung, plötzlicher Herztod infolge eines totalen AV-Blockes.

1.7 Klinische Bedeutung von Synkopen

1.7.2 Synkopen beeinflussen die Lebensqualität

Linzer et al. Impairment of physical and psychosocial function in recurrent syncope. J Clin Epidemiol 1991; 44: 1037–1043

Analyse der Einschränkung der Lebensqualität bei 62 Patienten (mittleres Alter 49 Jahre, 71% weiblich) mit rezidivierenden Synkopen (61%) oder Präsynkopen (14%) oder beidem (26%) unterschiedlicher Ätiologie (Abb. 1.14) unter Verwendung des „Sickness Impact Profile" – SIP und der „Symptom Checklist 90" – SCL-90-R.

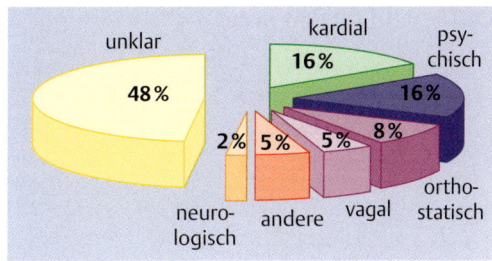

Abb. 1.**14** Ätiologie von Synkopen bei 62 Patienten, (nach Linzer et al.).

Ergebnisse:
▶ Einschränkung der Lebensqualität bei rezidivierenden Synkopen ist vergleichbar mit anderen chronischen Erkrankungen (Abb. 1.15) – im Vergleich liegt der SIP Total in der Normalbevölkerung bei 3,0!
▶ psychosoziale Einschränkung ist die dominierende Störung – (s. Abb. 1.15, SIP psychosozial)
▶ Einschränkungen im täglichen Leben bei 58 Patienten: Aktivitäten im täglichen Leben: 76%, Teilnahme am Straßenverkehr: 64%, Arbeitsleben: 39%, Beziehungsleben: 26%, Angst oder Depression infolge von Synkopen: 73%

Rose et al. The relationship between health-related quality of life and frequency of spells in patients with syncope. J Clin Epidemiol 2000; 53: 1209–1216

▶ Analyse der Einschränkung der Lebensqualität „health-related quality of life (HRQL)" bei 136 Patienten (mittleres Alter 40 Jahre, 58% weiblich) mit rezidivierenden Synkopen
▶ Verwendung des EuroQol EQ-5D Scores (visuelle Analog-Skala ähnlich einem „Thermometer") Klassifizierung der HRQL in 5 Dimensionen:

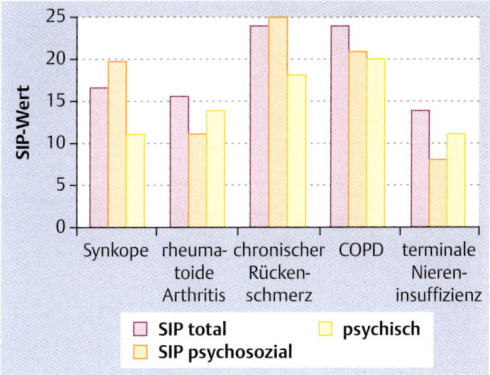

Abb. 1.**15** Einschränkung der Lebensqualität durch rezidivierende Synkopen, Darstellung anhand des SIP-Scores und Vergleich mit anderen chronischen Erkrankungen (nach Linzer et al.).

1. Mobilität
2. gewöhnliche Aktivitäten
3. Selbstständigkeit
4. Angst oder Depression
5. Schmerz und Diskomfort

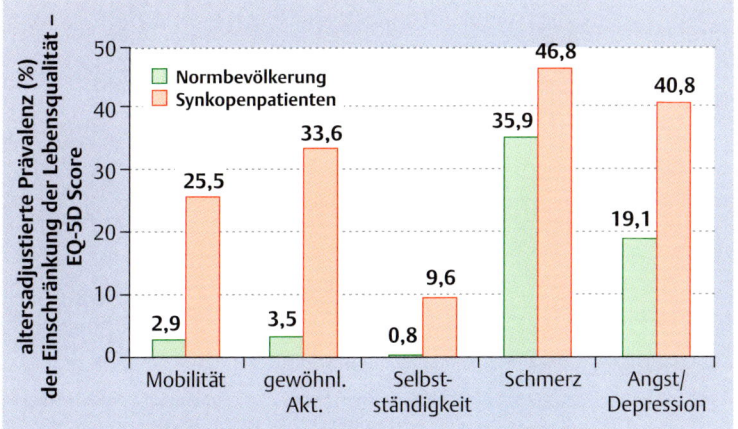

Abb. 1.**16** Einschränkung der Lebensqualität bei Patienten mit rezidivierenden Synkopen (rot), Darstellung anhand des EuroQol EQ-5D Scores; Vergleich zur Normalpopulation (grün) (nach Rose et al.).

- ▶ gleichzeitig Beurteilung der Komorbidität mittels „Charlson comorbidity index"
- ▶ Differenzierung in Patienten mit weniger als 6 oder 6 und mehr Synkopen

Ergebnisse:
- ▶ In allen 5 Dimensionen kommt es im Vergleich zur Normalpopulation zu einer deutlichen Einschränkung der Lebensqualität (Abb. 1.16)
- ▶ Besonders sind Patienten mit 6 oder mehr Synkopen betroffen!

Merke: Patienten mit Synkopen leiden oft unter der Angst vor erneuten Rezidiven; es kommt zu Einschränkungen im Arbeitsleben inkl. der Fahrtauglichkeit. Die Reduktion der Lebensqualität bei Synkopenpatienten ist mit der bei chronischen Erkrankungen vergleichbar!

1.7.3 Diagnostik und Therapie von Synkopen sind oft zeitaufwendig und kostenintensiv?!

Synkopen bedingen:
- ▶ bis zu 5% aller Notfallambulanzbesuche
  - davon 35–65% stationäre Aufnahmen
- ▶ 1–3% aller stationären Akuteinweisungen

Blanc et al. Prospective evaluation and outcome of patients admitted for syncope over a 1 year period. European Heart Journal 2002; 23: 815–820
Prospektive Analyse von 454 Synkopenpatienten (1,21%) aus insgesamt 37475 Akutvorstellungen
- ▶ 296 (62,5%) Patienten mit Erstereignis, 158 (37,5%) Rezidivsynkope
- ▶ 285 (62,8%) Patienten (66 ± 19 Jahre) stationär aufgenommen
- ▶ 169 Patienten (43 ± 23 Jahre) sofort wieder entlassen (n = 97 [57%] neurokardiogene Synkope, n = 13 [8%] Hypoglykämie, n = 40 [24%] – unklar)
- ▶ Diagnosestellung in 75,7%, wobei in 16,3% nicht synkopale Bewusstseinsstörungen diagnostiziert wurden (Hypoglykämie in 9% [n = 31], Transitorisch ischämische Attacke in 2% [n = 7] u. a.) – welche die stattgefundene Synkope nicht erklärten!
- ▶ Weniger Aufnahmen in den Sommermonaten sowie an Freitagen und Montagen (Abb. 1.17, 1.18)
- ▶ Aufnahme auf verschiedene Abteilungen (Allgemeine Innere Medizin n = 151, Kardiologie n = 65, Neurologie n = 65, Endokrinologie n = 14, Chirurgie n = 11)

Kostenanalyse bei Synkopenpatienten

USA: jährliche Kosten für Diagnose und Behandlung von Synkopen ca. 2,4 Milliarden US $

Daten von 1993 aus den USA: Kosten bei Entlassung: 4132 US $ pro Patient, bei Neueinweisung wegen Rezidiv 5281 US $

Kostenreduktion kann durch strenge richtlinienkonforme Diagnostik erfolgen

EGSYS 2: Bei Vergleich zwischen standardisierter (richtlinienkonformer, softwaregestützter) und „üblicher" Diagnostik in Notfallaufnahmen:
- ▶ niedrigere Hospitalisationsrate, kürzere Aufenthaltsdauer, weniger „unnötige" Untersuchungen (Tab. 1.4) und niedrigere Kosten (Tab. 1.5) unter standardisierter Diagnostik bei Verwendung der sog. EGSYS-Software

Merke: Eine standardisierte und streng leitliniengerechte Diagnostik reduziert die Anzahl an notwendigen Untersuchungen, verkürzt damit die Liegedauer und führt zu einer deutlichen Kostenreduktion.

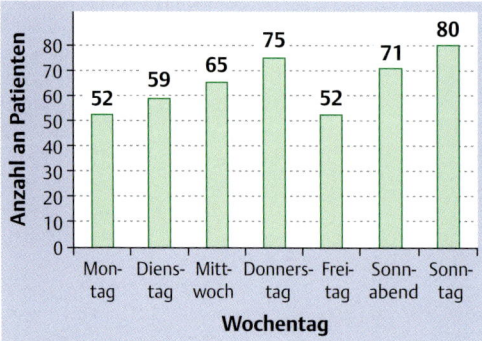

Abb. 1.17 Vorstellung in Notfallaufnahme in Abhängigkeit des Wochentages (nach Blanc et al.).

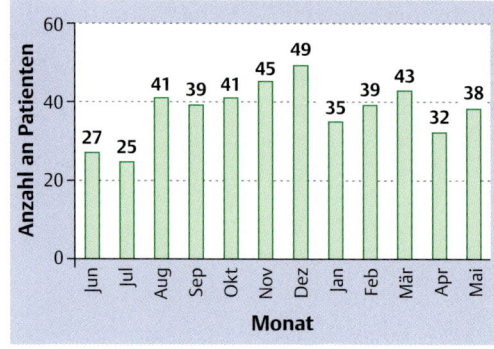

Abb. 1.18 Vorstellung in Notfallaufnahme in Abhängigkeit des Monats (nach Blanc et al.).

Tabelle 1.4 EGSYS 2, Effektivitätsvergleich zwischen standardisierter vs. „üblicher" Synkopendiagnostik (modifiziert nach Brignole et al.).

	Standard-diagnostik	übliche Diagnostik	Signifikanz-niveau (p)
Untersuchte Patientenzahl	n = 745	n = 929	
Hospitalisierung wegen Synkope (%)	39	47	0,001
Aufenthaltsdauer (Tage)	7,2 ± 5,7	8,1 ± 5,9	0,04
Anzahl an Untersuchungen	2,6	3,4	0,01

Tabelle 1.5 EGSYS 2, Kostenanalyse zwischen standardisierter vs. „üblicher" Synkopendiagnostik (modifiziert nach Brignole et al.).

Kosten	Standard-diagnostik (EUR)	übliche Diagnostik (EUR)	Signifikanz-niveau (p)
total	839 449	1 295 000	
Krankenhauskosten	633 149	1 005 202	
für Untersuchungen	206 300	289 789	
pro Patient	1 127 ± 1 383	1 394 ± 1 850	0,0001
Patient nicht aufgenommen	180 ± 75	180 ± 63	0,88
Patient aufgenommen	2 621 ± 1 878	2 785 ± 2 168	0,001
pro Diagnosestellung	1 240 ± 1 521	1 753 ± 2 326	0,0001
Patient nicht aufgenommen	198 ± 83	226 ± 79	0,001
Patient aufgenommen	2 880 ± 2 064	3 506 ± 2 729	0,0001

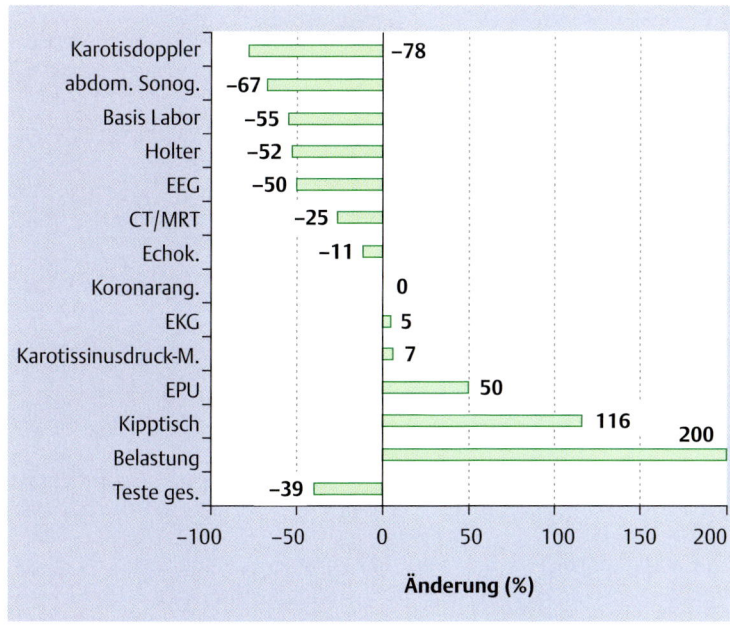

Abb. 1.19 EGSYS 2. Prozentuale Änderung an Untersuchungen durch standardisierte (SD) vs. übliche (ÜD) Diagnostik, modifiziert nach Brignole et al. (zu beachten ist, dass es sich bei einigen Tests um nur geringe Absolutzahlen handelt, die sich aber in einen großen prozentualen Betrag ändern, so z. B. Anstieg der Belastungstests von 11 [1,0 % ÜD] auf 23 [3,0 % SD]; elektrophysiologische Untersuchung [EPU] von 19 [2,0 %] auf 22 [3,0 %]) (Brignole et al. Standardized-care pathway vs. usual management of syncope patients presenting as emergencies at general hospitals. Europace 2006, 8: 644–650).

Unterschiedliche Erkrankungen mit Synkopen verursachen unterschiedlich hohe Kosten

Baron-Esquivias G et al. Cost of diagnosis and treatment of syncope in patients admitted to a cardiology unit. Europace 2006; 8: 122–127
Analyse von 203 konsekutiven Patienten mit Synkope, mittleres Alter 68 ± 14 Jahre, 49% weiblich; 70 Patienten (34%) hatten eine zuvor bekannte Herzerkrankung:

Enddiagnosen: Medikamenteninduzierte Synkope n = 10, vasovagal n = 11, Synkope infolge einer myokardialen Ischämie n = 18, Herzklappenerkrankung n = 4, schnelle supraventrikuläre Arrhythmien n = 20, ventrikuläre Arrhythmien n = 19, AV-Blockierung n = 90, ungeklärte Ursache n = 31 (prozentuale Verteilung s. Abb. 1.**20**).

Die kostenintensivste Therapie bleibt die Behandlung von ventrikulären Arrhythmien, gefolgt von AV-Blockierungen und ischämisch bedingten Synkopen (Abb. 1.**21**).

Hoher Anteil von Patienten mit kardial bedingter Synkope spricht für sehr gute Selektion stationär aufgenommener Personen!

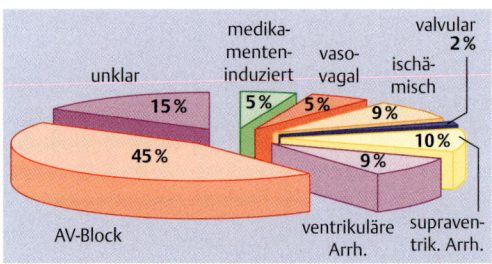

Abb. 1.**20** Prozentuale Verteilung von Synkopenursachen bei stationärer Behandlung (nach Baron-Esquivias et al.).

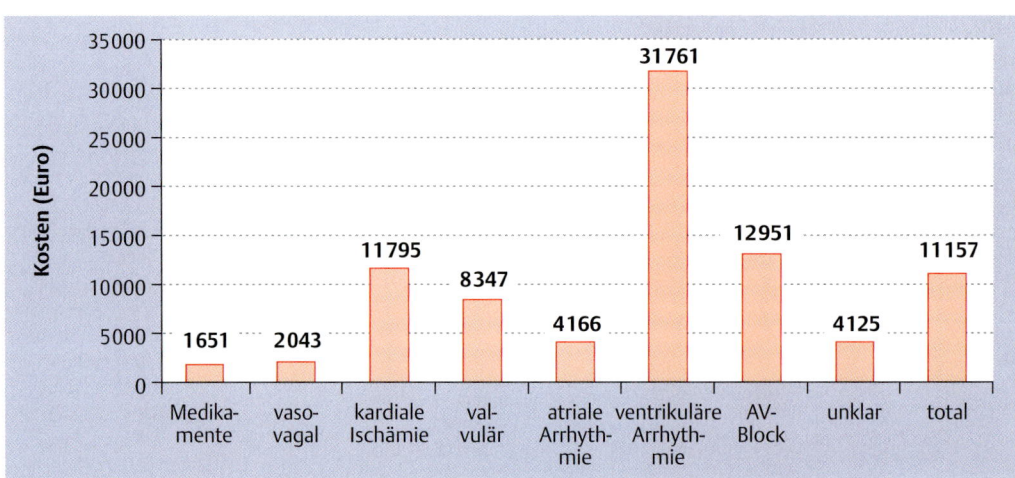

Abb. 1.**21** Behandlungskosten von Synkopen bei unterschiedlichen Erkrankungen (nach Baron-Esquivias et al.).

1.7 Klinische Bedeutung von Synkopen

1.7.4 Synkope führt zu Verletzungen und unangenehmen Situationen

Verletzungen in **älteren Untersuchungen**
bei stationärer Aufnahme   17–35%

EGSYS-2:
- schwere Verletzungen
  (Knochenbrüche, Hirnkontusion)   8–10%
- kleinere Verletzungen
  (Hämatome etc.)   21%

(Brignole et al. Standardized-care pathway vs. usual management of syncope patients presenting as emergencies at general hospitals. Europace 2006; 8: 644–650)

SEEDS:
- Verletzungen (ohne nähere Differenzierung): 33%
- Inkontinenz: 6–10%
- Verwirrtheit: 27–31%

(Shen et al. Syncope evaluation in the Emergency Department Study [SEEDS]. Circulation 2004; 110: 3636–3645)

> **Merke:** Die Gefahr von Verletzungen entsteht immer dann, wenn Synkopen ohne Prodromi auftreten oder ein Sturz nicht ausreichend abgefangen werden kann (z. B. bei älteren Menschen)!
> Verletzungen während Synkopen sind per se jedoch kein Zeichen einer lebensbedrohlichen Grunderkrankung!
> Prinzipiell ist bei Verletzungen jedoch aggressiveres Vorgehen bei Diagnostik empfohlen!

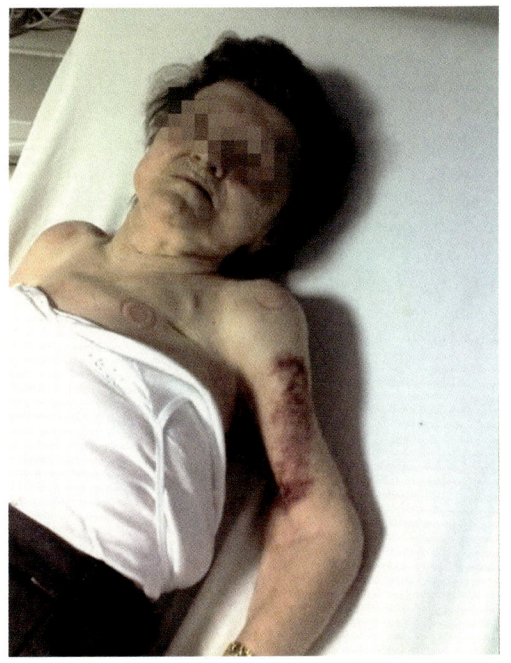
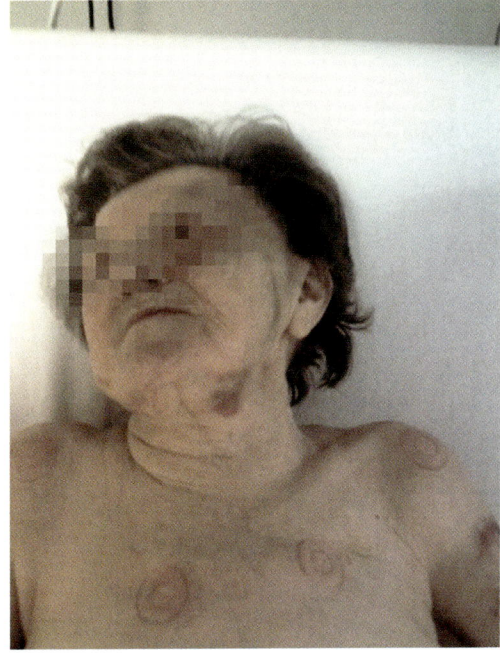

Abb. 1.**22** Patientin mit Verletzungen, Hämatom linker Oberarm, am Hals/Kinn sowie periorbital nach rezidivierenden Synkopen.

1.8 Indikation zur stationären Aufnahme von Synkopenpatienten

Einweisungen in eine stationäre Einrichtung können aus diagnostischer oder aus therapeutischer Sicht erfolgen. Die Entscheidung wird in der Regel nach erfolgter Basisdiagnostik getroffen.

Hauptkriterien für eine stationäre Aufnahme sind:
1. Gefahr eines Rezidivs in naher Zukunft mit möglicher Verletzung
2. Gefahr, in naher Zukunft zu versterben

Diagnostische Indikation
Verdacht auf eine kardial bedingte Synkope
- Verdacht oder bekannte relevante strukturelle Herzerkrankung (evtl. mit schlechter Pumpfunktion)
- EKG-Veränderungen mit Verdacht/Nachweis einer arrhythmogenen Synkope (s. S. 40, Tab. 2.**4** u. 2.**5**)
- EKG-Veränderungen mit Nachweis einer Myokardischämie
- belastungsinduzierte Synkope
- schwere Verletzung
- positive Familienanamnese hinsichtlich des plötzlichen Herztodes
- andere:
  - keine relevante Herzerkrankung, aber Palpitationen kurz vor Synkope
  - Synkope im Liegen
  - sehr häufige Rezidive
  - geringe strukturelle Herzerkrankung, jedoch Verdacht auf kardiale Genese

Therapeutische Indikation
- Kardiale Synkope:
  - arrhythmiebedingt
  - ischämiebedingt
- andere relevante kardiovaskuläre Erkrankung, die Auslöser der Synkope ist (u. a. Aortenstenose, obstruktive Kardiomyopathie, Aortendissektion, Perikarderkrankung, Lungenembolie u. a.)
- akuter Schlaganfall/TIA/neurologische Dysfunktion
- (Schrittmacherversorgung bei kardioinhibitorischer neurokardiogener Synkope)
- Versorgung einer Verletzung (ggf. chirurgisch) nach Synkope

Modifiziert nach Brignole et al. Guidelines on management (diagnosis and treatment) of syncope. Eur Heart J 2001; 22: 1256–1306 und Seidel, Schuchert, Tebbenjohnns, Hartung. Kommentar zu den Leitlinien zur Diagnostik und Therapie von Synkopen – der Europäischen Gesellschaft für Kardiologie 2001 und dem Update 2004. Z Kardiol 2005; 94: 592–612

1.9 Übersicht über mögliche Synkopenursachen

- Große Unterschiede in der Häufigkeit von Erkrankungen, die Synkopen verursachen (Abb. 1.**23**)!
- Statistiken insgesamt schwierig vergleichbar, oft abhängig von durchführender Einrichtung und Diagnostikprogramm, Jahr der Analyse, Alter der untersuchten Patienten u. a.
- in moderneren Veröffentlichungen: Diagnostikschemata mit höherer Aufklärungsrate – Anzahl der ungeklärten Synkopen nimmt ab! Die meisten früher ungeklärten Synkopen dürften dabei reflektorischen Ursprungs (vasovagale Synkopen) sein (Abb. 1.**24**)
- Einteilung nach häufigen und seltenen Erkrankungen aus klinischer Sicht sinnvoll!

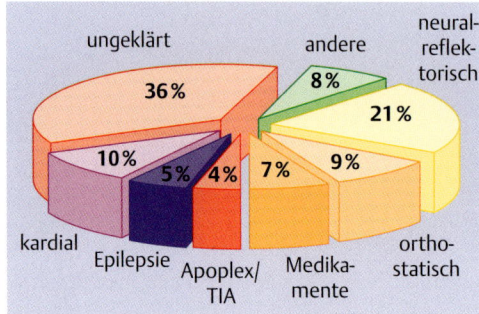

Abb. 1.**23** Prozentuale Häufigkeitsverteilung von Synkopenursachen (nach Soteriades et al. N Engl J Med 2002; 347: 878–885).

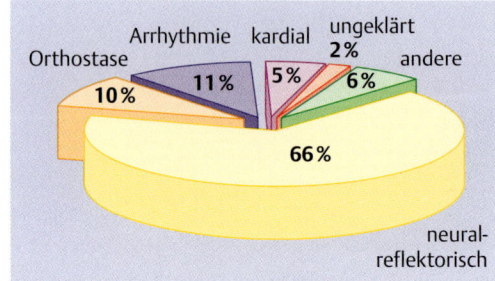

Abb. 1.**24** Prozentuale Häufigkeitsverteilung von Synkopenursachen EGSYS (nach Brignole et al. European Heart Journal 2006; 27: 76–82).

1.10 Zusammenfassung

Ursachen von Synkopen und deren Häufigkeit

Neurokardiogene Synkopen (23%)

- Karotissinus-Syndrom
- vasovagale Synkope (vermittelt durch emotionalen Distress, Schmerz, Blutphobie, Eingrife oder vermittelt durch orthostatischen Stress)
- situationsbedingte Synkope (Schreck, Husten, Niesen, Erbrechen, Stuhlgang, Miktion, nach Belastung, Blasinstrumente)
- andere (postprandial, Gewichtsabnahme)
- atypische Formen (ohne klassische Trigger oder atyp. Erscheinungsbild)

Orthostatische Synkope (8%)

- autonome Dysregulation (Unfähigkeit des autonomen Nervensystems zur adäquaten Vasokonstriktion)
- primär (z. B. bei Parkinson, alleinige autonome Insuffizienz, multiple Systematrophie, Lewy-Körperchen Demenz)
- sekundär (z. B. diabetische Neuropathie, Amyloidose, Urämie, Rückenmarkläsionen)
- Volumenmangel (Hämorrhagie, Diarrhö, M. Addison)
- medikamenteninduzierte orthostatische Synkope (Vasodilatatoren, Diuretika u. a.)

Rhythmogene Synkope (14%)

- Syndrom des kranken Sinusknotens
- AV-Überleitungsstörungen
- supraventrikuläre oder ventrikuläre Tachykardie
- angeborene rhythmogene Syndrome (z. B. Brugada-Syndrom, Long-QT-Syndrom)
- medikamenteninduzierte Proarrhythmie
- Gerätemalfunktion

Mechanische Ursachen für Synkopen bei strukturellen Herz-Gefäß-Erkrankungen (4%)

- Klappenfehler (insbesondere Aortenstenose, Prothesendysfunktion)
- obstruktive Kardiomyopathie
- Myxom/andere Tumoren
- akuter Myokardinfarkt
- akute Aortendissektion
- Perikardtamponade
- Lungenembolie/pulmonale Hypertonie
- Koronaranomalien

Synkope bei zerebrovaskulären Erkrankungen

- Steal-Syndrome

Bewusstseinsstörungen anderer Ursachen

Mit Verschlechterung des Bewusstseins bzw. mit Bewusstlosigkeit:
- metabolische Störungen (Hypoglykämie, Hypoxie, Hyperventilation)
- Epilepsien
- Intoxikation
- TIA (vertebrobasiliärer Ursprung)

Ohne Bewusstlosigkeit:
- Kataplexie
- „drop attacks"
- psychogen (Somatisierung)

Nach Seidel, Schuchert, Tebbenjohnns, Hartung. Kommentar zu den Leitlinien zur Diagnostik und Therapie von Synkopen – der Europäischen Gesellschaft für Kardiologie 2001 und dem Update 2004 (Z Kardiol 2005; 94: 592–612) und Brignole et al. Guidelines on management (diagnosis and treatment) of syncope. Eur Heart J 2001; 22: 1256–1306.

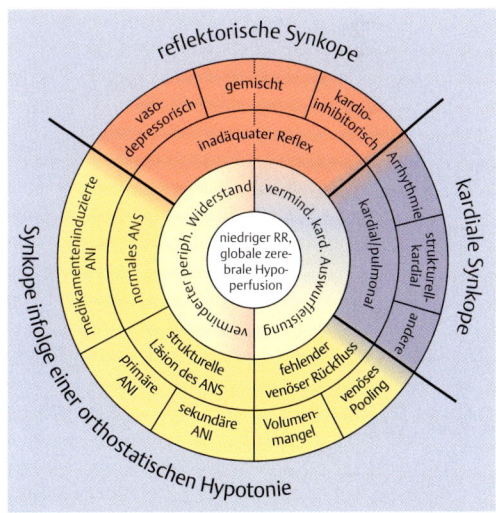

Abb. 1.**25** Pathophysiologische Basis der Synkopenklassifikation. ANS: Autonomes Nervensystem, ANI: Autonome Insuffizienz. Nach Moya A, Sutton R et al. Guidelines for the diagnosis and management of syncope (version 2009). www.escardio.org/guidelines.

2 Untersuchungsmethoden

2.1 Diagnostik von Synkopen

2.1.1 Allgemeiner Teil

Prinzipielle Überlegungen

Das diagnostische Vorgehen richtet sich stets nach der initialen Beurteilung!

Spezielle Untersuchungen sollten gezielt anhand der Ergebnisse der initialen Untersuchung erfolgen.

Bei nicht erfolgreicher Diagnostik müssen ergänzende Untersuchungen oder ggf. eine Wiederholung der bereits durchgeführten Tests erwogen werden.

Bei initialer Beurteilung sind **drei Schlüsselfragen** zu klären:
1. Ist der Bewusstseinsverlust tatsächlich eine Synkope gewesen (Synkope oder nicht synkopaler Anfall)?
2. Gibt es Hinweise auf das Vorhandensein einer strukturellen Herzerkrankung (wichtig für die Prognoseabschätzung)?
3. Welche Vorgeschichte der Synkope macht eine bestimmte Ursache wahrscheinlich (anamnestische/klinische Hinweise auf eine bestimmte Synkopenursache)?

Merke: Die häufigste Synkopenursache ist neural-reflektorisch; dies sollte bei der Wahl des diagnostischen Vorgehens berücksichtigt werden.

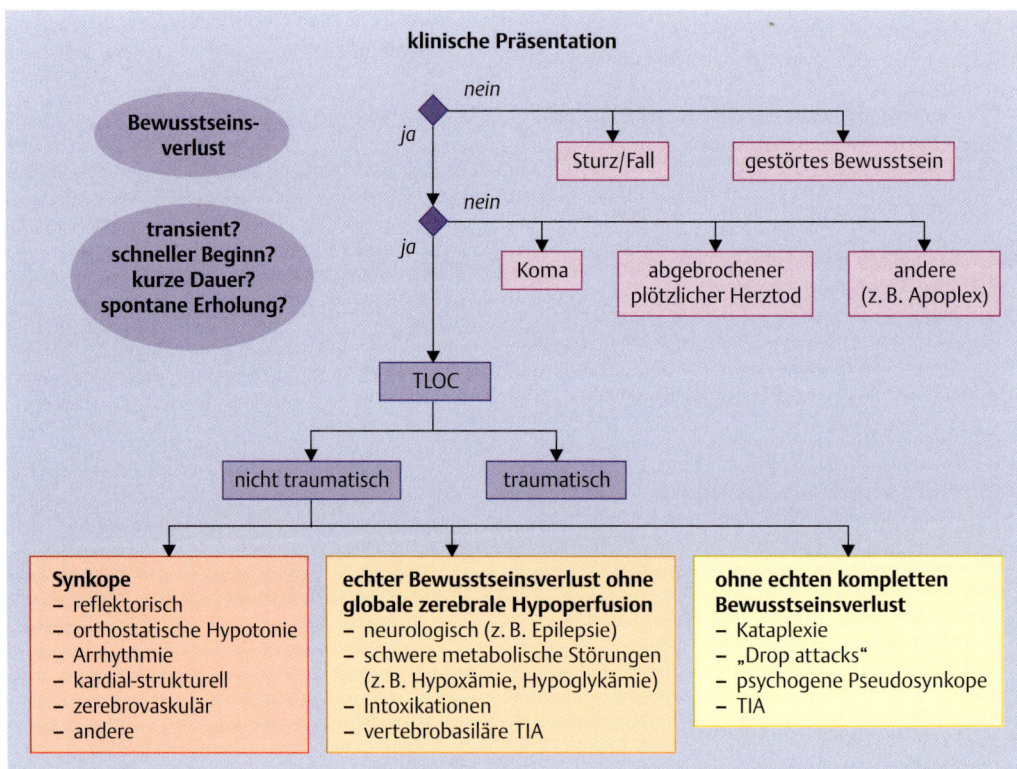

Abb. 2.1 Synkope im Kontext der Bewusstseinsverluste. TLOC: Transient loss of consciousness. Modifiziert nach Moya A, Sutton R et al. Guidelines for the diagnosis and management of syncope (version 2009). www.escardio.org/guidelines.

Folgende Fragen sollten zur Diagnosestellung „Echte Synkope" positiv beantwortet werden:
1. War der Bewusstseinsverlust komplett?
2. War der Bewusstseinsverlust transient, mit schnellem Beginn und von kurzer Dauer?
3. Hat sich der Patient spontan, komplett und ohne Folgen erholt?
4. Gab es einen Tonusverlust?

Diagnostische Strategie (Abb. 2.2)
1. **Initiale Untersuchung**
   a) sichere Diagnose
      - basierend auf Symptomen, klinischen Befunden und v.a. EKG-Registrierung, danach keine weitere Diagnostik erforderlich, Beginn der Therapie (s. S. 22)
   b) Verdachtsdiagnose
      - Am häufigsten führt die initiale Diagnostik zu einer Verdachtsdiagnose, die durch einen gezielten Test bestätigt werden muss, bei negativem Testergebnis Neubeurteilung erforderlich! (s. S. 23)
   c) keine Diagnose – unklare Ursache:
      - Wichtigstes Moment bei der Beurteilung von Patienten mit unklarer Synkope ist der Nachweis oder Ausschluss einer strukturellen Herzerkrankung (Herzinsuffizienz, pathologisches EKG, bekannte eingeschränkte linksventrikuläre Pumpfunktion usw.!), da dies prognostische Bedeutung besitzt!
      - die weitere Diagnostik richtet sich nach der Schwere sowie der Häufigkeit der Episoden, wobei reflektorisch bedingte Synkopen v.a. bei singulären Ereignissen zahlenmäßig am stärksten vertreten sind.
2. **Spezielle Untersuchungen**
   - sind in der Regel Untersuchungen, die eine Verdachtsdiagnose bestätigen sollen!
   - oder eine bestimmte Synkopenursache anhand einer Vortestwahrscheinlichkeit nachweisen bzw. ausschließen sollen (z.B. kardiale Ursache bei bekannter schwerer Pumpfunktionsminderung des linken Ventrikels: → kardiale Diagnostik)
   - Labordiagnostik: nur bei Diabetikern, bei Verdacht auf eine Hypovolämie oder länger bewusstseinsgetrübtem Patienten sinnvoll
   - neurologische Diagnostik: Auftreten von neurologischen Symptomen, besonders bei Verdacht auf Epilepsie
   - MRT, CT, Duplexsonografie der hirnversorgenden Gefäße in Ausnahmefällen
3. **Vorübergehender Bewusstseinsverlust** (Transient loss of consciousness = TLOC)
   - Bei weiter unklarer Ursache und Zweifel an einer „echten" Synkope sollte der Begriff „vorübergehender Bewusstseinsverlust" verwendet und eine diagnostische Reevaluierung erfolgen.
4. **Reevaluierung**
   - Sofern die durchgeführte Diagnostik ohne Erfolg bleibt, ist ein nochmaliges Aufarbeiten der Anamnese/Vorgeschichte inkl. Wiederholung der Befragung des Patienten und der Angehörigen sowie die nochmalige kritische Beurteilung der bisher durchgeführten Untersuchungen etc. erforderlich.
   - Bei neuen Erkenntnissen insbesondere für das Vorliegen einer Herzerkrankung oder einer neurologischen Ursache → nochmalige spezielle Diagnostik ggf. Konsiliar
   - Ergänzende Konsultation eines Psychiaters dann sinnvoll, wenn häufige Ereignisse mit weiteren multiplen somatischen Beschwerden verbunden sind, u.a. geschilderte Stresssituationen, Angst sowie bekannte psychische Erkrankungen.
   - Implantation eines EKG-Loop-Recorders (implantierbarer kardialer Monitor); dadurch oftmals Nachweis oder Ausschluss einer arrhythmogenen Ursache möglich (allerdings Synkopenrezidiv erforderlich)!

Mod. nach Moya A, Sutton R et al. Guidelines for the diagnosis and management of syncope (version 2009). The Task Force for the Diagnosis and Management of Syncope of the European Society of Cardiology (ESC), www.escardio.org/guidelines und Seidel, Schuchert, Tebbenjohnns, Hartung. Kommentar zu den Leitlinien zur Diagnostik und Therapie von Synkopen – der Europäischen Gesellschaft für Kardiologie 2001 und dem Update 2004

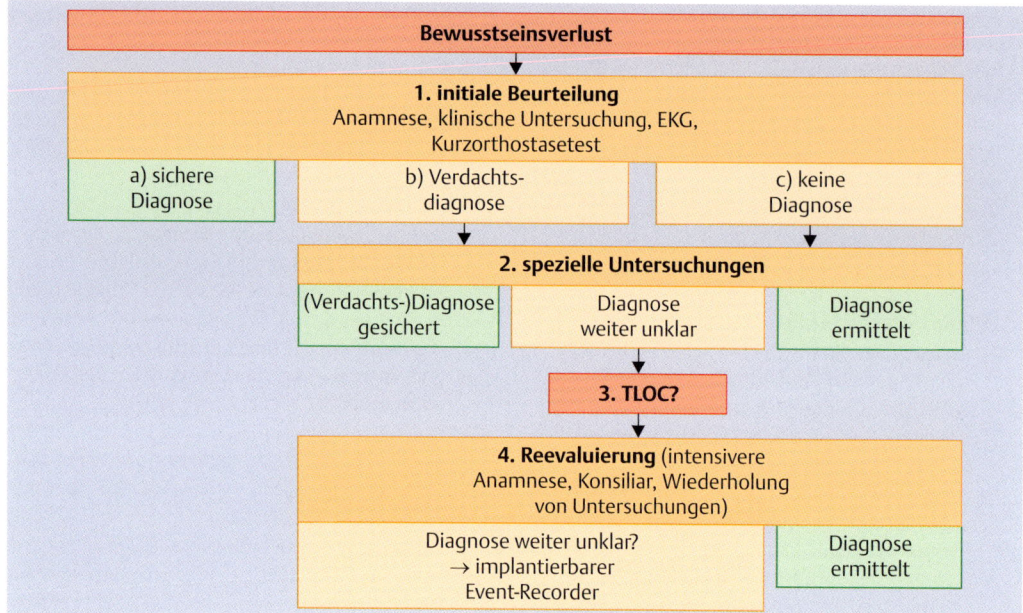

Abb. 2.2 Diagnostische Strategie bei Synkopenpatienten (mod. nach Brignole et al.). TLOC = Transient loss of consciousness.

Gesicherte Diagnose

1. **Klassische vasovagale Synkope:** wenn der Synkope Ereignisse wie Angst, starke Schmerzen, emotionale Bedrängung, Eingriff (Venenpunktion) oder längeres Stehen sowie typische Prodromi vorausgingen.
2. **Situationssynkope:** wenn die Synkope während oder unmittelbar nach Miktion, Defäkation, Husten oder Erbrechen auftrat.
3. **Orthostatische Synkope:** wenn eine dokumentierte orthostatische Hypotension in Verbindung mit einer Synkope oder Präsynkope auftrat (Nachweis einer orthostatischen Hypotonie im Kurzorthostasetest: Abfall des systolischen Blutdrucks um > 20 mmHg oder Abfall des systolischen Blutdrucks auf < 90 mmHg unabhängig vom Auftreten klinischer Beschwerden).
   Gesonderter Kommentar der DGK: Die Diagnose „orthostatisch bedingte Synkope" liegt bereits bei anamnestischem Verdacht (z.B. Volumenmangel, antihypertensive Medikamente) in Verbindung mit einer pathologischen orthostatischen Blutdruckmessung nahe.
4. **Kardiale, ischämiegetriggerte Synkope:** wenn die Synkope zusammen mit EKG-Veränderungen als Hinweis für eine akute Myokardischämie mit oder ohne Myokardinfarkt unabhängig vom Mechanismus auftrat.
5. **Arrhythmieinduzierte Synkope** liegt bei bestimmten EKG-Veränderungen vor:
   a) Sinusbradykardie < 40/min oder wiederholte sinusatriale Blockierungen oder Sinuspausen > 3 Sekunden
   b) AV-Blockierungen (2. Grades Typ Mobitz II, 3. Grades)
   c) alternierender Links- und Rechtsschenkelblock
   d) schnelle paroxysmale supraventrikuläre oder ventrikuläre Tachykardien
   e) Schrittmacherfehlfunktion mit Pausen
   s. auch S. 40–61

Mod. nach Seidel, Schuchert, Tebbenjohnns, Hartung. Kommentar zu den Leitlinien zur Diagnostik und Therapie von Synkopen – der Europäischen Gesellschaft für Kardiologie 2001 und dem Update 2004, Z Kardiol 2005; 94: 592–612 und Brignole et al. Guidelines on management (diagnosis and treatment) of syncope. Eur Heart J 2001; 22: 1256–1306

Verdachtsdiagnose

Wichtige klinisch-anamnestische Merkmale, die bestimmte Ursachen suggerieren

1. neural-reflektorisch vermittelte Synkopen:
   - Fehlen einer strukturellen Herzerkrankung
   - lange Synkopenanamnese
   - nach unangenehmem Anblick, Geräusch, Geruch, oder Schmerz
   - langes Sitzen oder Stehen in überfüllten, heißen Plätzen
   - Erbrechen, Brechreiz mit Synkope
   - während der Nahrungsaufnahme oder kurz danach
   - bei Kopfrotation, Druck auf Karotissinus (Rasur, enger Hemdkragen, Tumoren)
   - nach körperlicher Belastung

2. Synkope infolge orthostatischer Hypotonie:
   - beim oder nach dem Aufstehen
   - nach Beginn/Einnahme einer blutdrucksenkenden Medikation
   - langes Sitzen oder Stehen in überfüllten, heißen Plätzen
   - Vorhandensein einer autonomen Neuropathie oder M. Parkinson
   - nach körperlicher Belastung

3. kardiale Synkope:
   - Vorhandensein einer schweren strukturellen Herzerkrankung
   - während körperlicher Belastung
   - im Liegen
   - vorangegangene Palpitationen oder Herzrasen
   - vorangegangener Thoraxschmerz/Angina pectoris
   - plötzlicher Herztod in der Familienanamnese

4. zerebrovaskuläre Synkope:
   - bei Armbewegungen, Anstrengung mit einem Arm
   - Blutdruckdifferenz zwischen beiden Armen

Brignole (Chairman) et al. Guidelines on management (diagnosis and treatment) of syncope – Update 2004. European Heart J 2004; 25: 2054–2072

EKG-Abnormalitäten, die eine arrhythmogene Synkope suggerieren

Neben diagnostisch beweisenden elektrokardiografischen Veränderungen findet man häufig Befunde, die auf eine mögliche rhythmogene Ursache hinweisen (s. Kapitel Diagnostik, Das Elektrokardiogramm [EKG], S. 40–61). Eine weiterführende Diagnostik ist allerdings bei o. g. Veränderungen in der Regel erforderlich.

Brignole (Chairman) et al. Guidelines on management (diagnosis and treatment) of syncope – Update 2004. European Heart J 2004; 25: 2054–2072

Empfehlungen zur weiterführenden Diagnostik

1. Bei Patienten mit Verdacht auf Herzerkrankung werden als erste diagnostische Maßnahmen Echokardiografie, EKG-Monitoring und wenn dieses nicht diagnostisch beweisend ist, eine elektrophysiologische Untersuchung empfohlen.[1]
2. Allgemeine laborchemische Untersuchungen sind nur dann indiziert, wenn ein Verlust des zirkulierenden Volumens die Synkope verursacht oder wenn synkopenähnliche Beschwerden eine metabolische Ursache haben könnten.
3. Bei Patienten mit Palpitationen in Verbindung mit einer Synkope werden als erste diagnostische Maßnahme EKG-Monitoring und Echokardiografie empfohlen.
4. Bei Patienten mit Brustschmerzen als Hinweis für eine Koronarischämie vor oder nach dem Bewusstseinsverlust werden als erste diagnostische Maßnahmen Belastungstests, Echokardiografie, und EKG-Monitoring empfohlen.[2]
5. Bei jungen Patienten ohne Anhalt für kardiale oder neurologische Erkrankungen und rezidivierende Synkopen wird als erste diagnostische Maßnahme der Kipptischtest, bei älteren Patienten die Karotissinusmassage empfohlen.[3]
6. Bei Patienten mit Synkope bei Halsdrehung wird eine Karotissinusmassage empfohlen.
7. Bei Patienten mit Synkope nach körperlicher Anstrengung werden als erste diagnostische Maßnahmen die Echokardiografie und nach Ausschluss einer LV-Obstruktion, zum Beispiel Aortenstenose, ein Belastungstest empfohlen.
8. Bei Patienten mit Zeichen autonomer Dysfunktion oder neurologischen Erkrankungen ist die spezifische neurologische Diagnostik einzuleiten.
9. Bei Patienten mit häufigen rezidivierenden Synkopen, die multiple andere somatische Beschwerden haben und bei der ersten Evaluation sich Hinweise auf Stress, Angst und andere mögliche psychiatrische Auffälligkeiten ergeben, wird eine psychiatrische Untersuchung empfohlen.
10. Wenn nach kompletter Abklärung die Ursache der Synkope unklar bleibt, ist ein implantierbarer Ereignisrekorder bei solchen Patienten indiziert, bei denen die Klinik oder EKG-Veränderungen wie in Tab. 2.3b und 2.4 aufgelistet auf eine arrhythmogene Synkope hinweisen oder anamnestisch rezidivierende Synkopen mit Verletzungsfolge auftraten.

Mod. nach Seidel, Schuchert, Tebbenjohanns, Hartung. Kommentar zu den Leitlinien zur Diagnostik und Therapie von Synkopen – der Europäischen Gesellschaft für Kardiologie 2001 und dem Update 2004, Z Kardiol 2005; 94: 592–612 und Brignole (Chairman) et al. Guidelines on management (diagnosis and treatment) of syncope. Eur Heart J 2001; 22: 1256–1306

Kommentar der DGK:
[1] Obwohl die Leitlinien der Europäischen Kardiologischen Fachgesellschaft bereits bei Verdacht auf eine organische Herzerkrankung eine elektrophysiologische Untersuchung empfehlen, soll eine solche Untersuchung erst bei zusätzlichem Verdacht auf arrhythmogen bedingte Synkope in Verbindung mit kardialer Erkrankung erfolgen (Klasse I Level C).
[2] Bei Patienten mit Brustschmerzen ist ein akutes Koronarsyndrom auszuschließen. In diesem Falle sind Belastungstests nicht angezeigt. Es sollte zunächst eine Koronarangiografie erfolgen.
[3] Bei klaren klinischen Zeichen einer vasovagalen Synkope (s. spezielle Untersuchungen „Kipptisch") kann auf eine Kipptischuntersuchung verzichtet werden. Die Indikation zum Kipptisch bei Patienten mit unklaren Synkopen sollte gestellt werden, wenn eine kardiale oder neurologische Ursache unwahrscheinlich gemacht wurde.

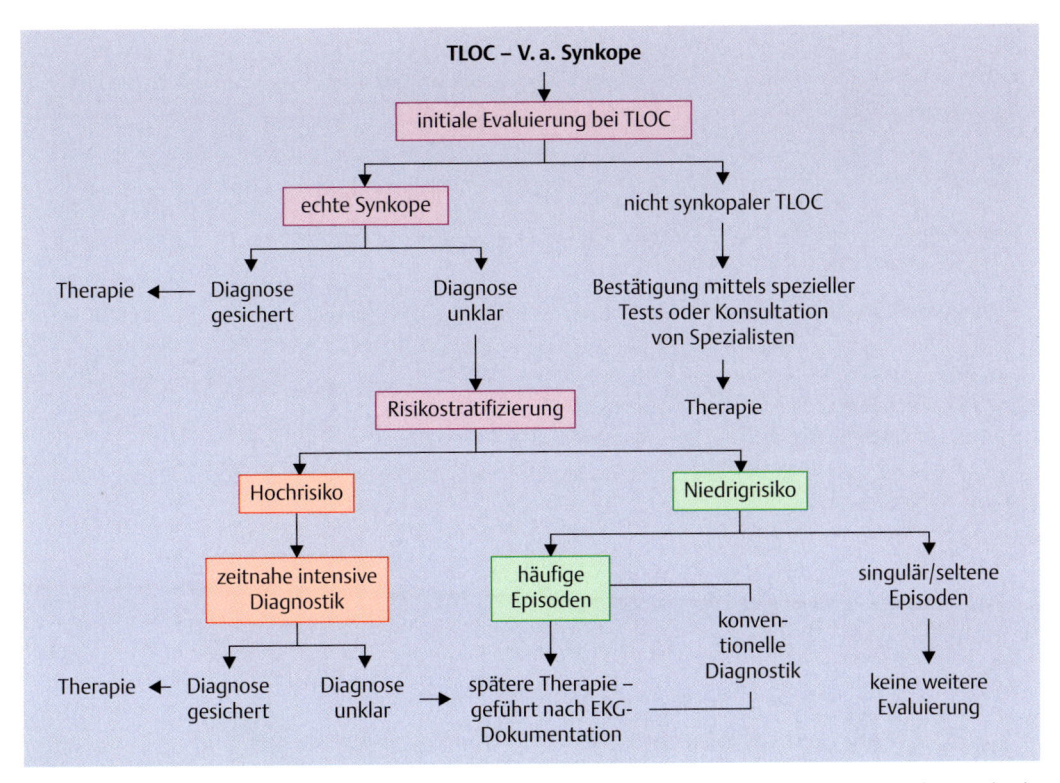

Abb. 2.3 Die neuen Leitlinien empfehlen ein sehr pragmatisches diagnostisches Vorgehen, welches nach Abschluss der initialen Beurteilung bei unklaren Synkopen das weitere diagnostische Vorgehen vorrangig an der Prognose des Patienten ausrichtet. Nach erfolgter Risikostratifizierung wird die Dringlichkeit der weiterführenden Diagnostik festgelegt. Patienten mit hohem Kurzzeitrisiko (s. Tab. 2.1a) werden einer umgehenden Hospitalisation oder umfangreichen und zeitnahen ambulanten konventionellen Diagnostik zugeführt. Bei Niedrigrisikopatienten hingegen entscheidet die Synkopenhäufigkeit über das weitere Procedere. Singuläre bzw. seltene Episoden bedürfen keiner weiteren Diagnostik, da eine gute Prognose und ein geringes Rezidivrisiko bestehen und beide Faktoren durch eine Therapie nicht beeinflusst werden können. Treten Episoden jedoch gehäuft auf, ist eine Abklärung ihrer Ursache indiziert, um einen therapeutischen Einfluss auf das Rezidivrisiko zu nehmen. Hierbei kommt dem Konzept der „EKG-geführten Therapie" zunehmende Bedeutung zu, welches im Vergleich zu einer konventionellen Diagnostik (kardiale und neural-reflex-vermittelte Diagnostik) eine höhere diagnostische Wertigkeit besitzt und u. U. kostengünstiger ist (mod. nach Moya A, Sutton R et al. Guidelines for the diagnosis and management of syncope [version 2009]. The Task Force for the Diagnosis and Management of Syncope of the European Society of Cardiology (ESC), www.escardio.org/guidelines).

2.1.2 Initiale Diagnostik

Einleitung

Die Initialdiagnostik umfasst die ausführliche Anamnese, die klinische Untersuchung, das Ruhe-Elektrokardiogramm, den Kurzorthostase-Test (Abb. 2.4).

Sorgfältig durchgeführt kann die initiale Diagnostik bereits 23–50% aller Synkopenursachen erklären (nach Moya A, Sutton R et al. Guidelines for the diagnosis and management of syncope [version 2009], www.escardio.org/guidelines)

Anamnese

Wertigkeit der Anamnese im Rahmen der Synkopendiagnostik

In mehreren Studien konnte gezeigt werden, dass die Anamnese bei nahezu ¾ aller Patienten mit geklärter Synkopenursache bereits wichtige Hinweise gab und somit eine gezielte Diagnostik ermöglichte (Tab. 2.1b).

Merke: Die Anamnese besitzt einen sehr hohen, oft bereits entscheidenden Stellenwert bei der Diagnostik von Synkopen. In ca. ¾ aller Fälle liefert die Anamnese wichtige Hinweise auf den zugrunde liegenden Mechanismus.

Tabelle 2.1a   Risikostratifikation bei Patienten mit Synkopen.

Kriterien für ein hohes Kurzzeit-Risiko, die eine umgehende Hospitalisation oder eine zeitnahe intensive Diagnostik erfordern
1. Situationen, in denen entsprechend den aktuellen Richtlinien eine klare Indikation zur ICD- oder Schrittmacherversorgung besteht; unabhängig einer definitiven Klärung der Synkopenursache
2. Schwere strukturelle kardiovaskuläre oder koronare Herzerkrankung; incl. Herzinsuffizienz, eingeschränkte LVEF, vorangegangener Myokardinfarkt)
3. Klinische oder EKG-Befunde, die eine arrhythmogene Synkope nahelegen: ■ Synkope während Belastung oder im Liegen ■ Palpitationen zum Zeitpunkt der Synkope ■ Plötzlicher Herztod in der Familienanamnese ■ EKG-Veränderungen (s. S. 40, Tab. 2.4 und 2.5) – Höhergradige AV-Blockierung, Bifaszikulärer Block oder intraventrikuläre Leitungsstörungen > 120/min, – Inadäquate Sinusbradykardie < 50/min oder SA-Block bei Fehlen bradykardisierender Medikamente oder Training, – nicht beständige VT, präexzitierter QRS-Komplex, – verlängertes oder verkürztes QT-Intervall, – Brugada-Zeichen, – EKG-Veränderungen wie bei ARVC
4. Bedeutende Komorbidität (schwere Anämie, Elektrolytveränderungen etc.)

Nach Moya A, Sutton R et al. Guidelines for the diagnosis and management of syncope (version 2009). The Task Force for the Diagnosis and Management of Syncope of the European Society of Cardiology (ESC), www.escardio.org/guidelines und Brignole et al. Indications for the use of diagnostic implantable and external ECG loop recorders. Europace 2009; 11: 671–687

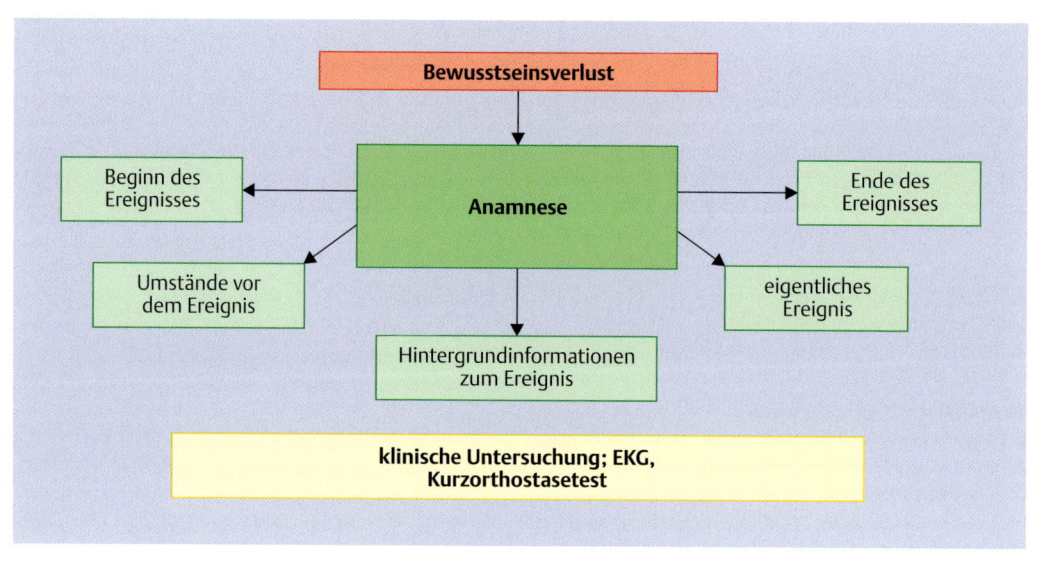

Abb. 2.4   Initiale Untersuchung bei der Synkopenabklärung.

2.1 Diagnostik von Synkopen

Tabelle 2.1 b Analyse mehrerer Studien zur diagnostischen Wertigkeit der Anamnese von Synkopen.

Autor	Aufnahmeort	n	Diagnose gestellt	Anamnese hilfreich n	
Day	Notaufnahme	198	173	147	84%
Silverstein	Intensivstation	108	57	42	74%
Kapoor	verschieden	204	107	52	49%
Eagle	verschieden	100	61	52	85%
Martin	Notaufnahme	170	106	90	85%
gesamt		780	524	383	73%

Ort der Patientenaufname: „IST" = Intensivtherapiestation, „Notaufnahme" = Notaufnahme einer stationärer Einrichtung, „alles" – verschiedene Krankenhausaufnahmen

Anamneseerhebung

Bei Erhebung der Anamnese sollte Folgendes in den Fragen berücksichtig werden:

Fragen zu den Umständen kurz vor Beginn der Synkope:
- Position (Liegen, Sitzen, Stehen)
- Aktivität (Ruhe, Änderung der Position, während oder nach Belastung, während oder kurz nach Wasserlassen, Stuhlgang, Husten, Schlucken usw.)
- prädisponierende Faktoren (überfüllte warme Umgebung, langes Stehen, postprandiale Periode)
- Ereignisse (Angst, Schmerz, Kopfdrehung)

Fragen zum Synkopenbeginn:
- Brechreiz, Erbrechen, abdominelle Beschwerden, Kältegefühl, Schwitzen
- Aura
- Schmerzen im Nacken oder Schulter
- verschwommenes Sehen – Visionen

Fragen zur Synkope selbst (Augenzeugen):
- Art des Umfallens (vornüber oder nach hinten fallen, auf die Knie fallen)
- Hautkolorit (Blässe, Zyanose, Flush)
- Dauer der Attacke
- Atmungsmuster (Schnarchen)
- Bewegungen (tonisch, klonisch, tonisch-klonisch, Myokloni, Automatismen)
- Beginn der Bewegungen in Beziehung zum Fall (erst gefallen, dann gekrampft – oder umgekehrt)
- Zungenbiss

Fragen zum Synkopenende:
- Auftreten von Brechreiz, Erbrechen, Kältegefühl, Schwitzen
- postsynkopale Verwirrtheit und deren Dauer
- Muskelschmerzen
- Hautkolorit
- Verletzungen (auch kleinere Verletzungen erfragen)
- Brustschmerz
- Palpitationen
- Inkontinenz (Urin-, Stuhlabgang)

Hintergrundfragen zu Synkopen:
- Familienanamnese betreffs des plötzlichen Herztodes, angeborene Herzerkrankungen insbesondere rhythmologische Erkrankungen, Synkopen bei Familienangehörigen
- bekannte Herzerkrankung
- neurologische Erkrankungen (z.B. M. Parkinson, Epilepsie, Narkolepsie)
- Stoffwechselerkrankungen (z.B. Diabetes mellitus)
- komplette Medikamentenanamnese (zeitlicher Zusammenhang zwischen Einnahme und Ereignis, Antihypertensiva, Antidepressiva, Antianginosa, Antiarrhythmika, Diuretika, QT-Zeit-verlängernde Medikamente)
- Bei rezidivierenden Synkopen: Anzahl, erstmaliges Ereignis, Umstände

Nach Moya A, Sutton R et al. Guidelines for the diagnosis and management of syncope (version 2009). The Task Force for the Diagnosis and Management of Syncope of the European Society of Cardiology (ESC), www.escardio.org/guidelines

Anamnestische Differenzierung zwischen vasovagaler und arrhythmiebedingter Synkope

Sheldon et al. Diagnostic criteria for vasovagal syncope based on a quantitative history. Eur Heart J 2006; 27: 344–350 (Syncope Symptom Study; von den Autoren wird auch das Synonym „Calgary Syncope Symptom Study" – „CSSS" verwendet)

▶ Multizentrisches Projekt zur Entwicklung von standardisierten, evidenzbasierten Diagnosefragebögen
▶ Analyse der Anamnese bei Patienten ohne bekannte strukturelle Herzerkrankung, bei denen die Diagnose gesichert war (vasovagale Synkope n = 235, rhythmogene Synkope n = 88) s. Tab. 2.2
▶ Zusätzlich Anamneseauswertung bei 95 Patienten mit unklarer Synkopenursache (s. Tab. 2.2)
▶ Verwendung des Anamnesescores nach Calkins et al. (Beurteilung der Symptomlast, provokative Situationen, perisynkopale Symptome, Symptome, die auf eine krampfbedingte Ursache hinweisen, Augenzeugenberichte, Medikamentenanamnese)
▶ Aus insgesamt 118 Fragen wurde ein 7-Fragen-Score erstellt (s. Abb. 2.5 und Tab. 2.3 a)

Tabelle 2.2 Patientencharakteristika der Syncope Symptom Study (nach Sheldon et al.).

Charakteristik	primäre (vasovagale) Synkope	sekundäre (rhythmogene) Synkope	unklare Synkope
Anzahl	235	88	95
Alter (Jahre)	42 ± 18	63 ± 16	49 ± 21
weiblich (%)	61	45	54
Anzahl an Synkopen	6 (3–20)	2 (1–5)	5 (3–132)
Symptomdauer (Monate)	100	1	29

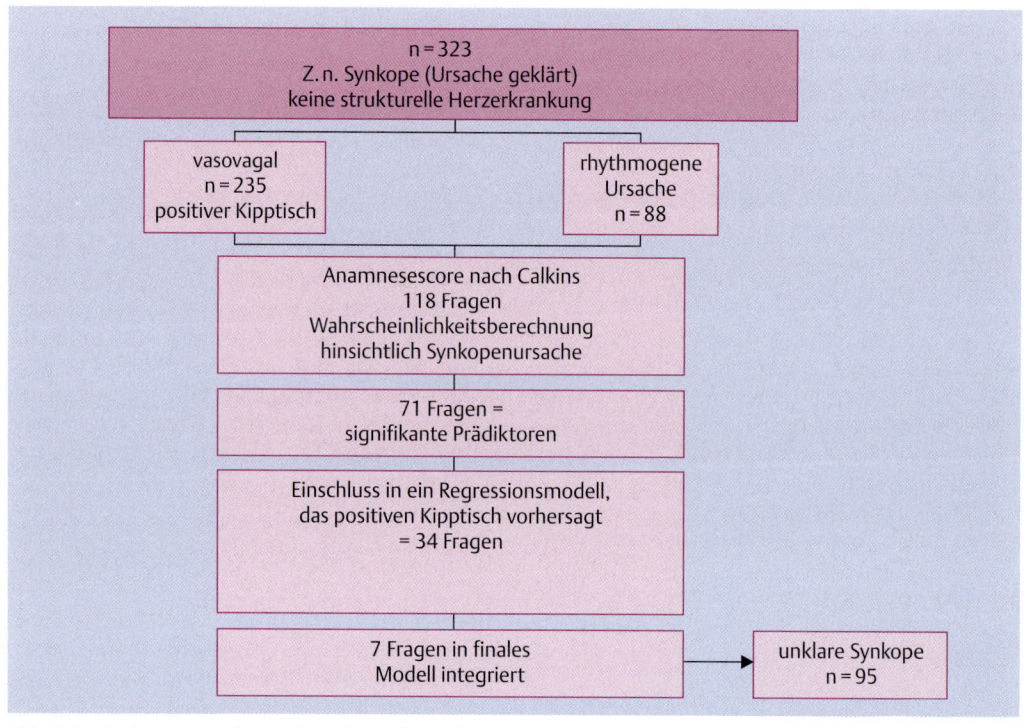

Abb. 2.5 Patientencharakteristik und Erstellung des Anamnesemodells (mod. nach Sheldon et al.).

2.1 Diagnostik von Synkopen

Tabelle 2.3a Anamnesescore zur Differenzierung vasovagaler und arrhythmiebedingter Synkopen (mod. nach Sheldon et al.).

Frage	positiv beantwortet
1. Ist eine der folgenden Störungen bekannt: ▪ bifaszikulärer Block ▪ Asystolie ▪ supraventrikuläre Tachykardie ▪ Diabetes mellitus?	– 5 Punkte
2. War während der Synkope das Gesicht blau gefärbt (Augenzeugen)?	– 4 Punkte
3. Alter bei erster Synkope ≥ 35 Jahre?	– 3 Punkte
4. Erinnern Sie sich an irgendetwas im Rahmen des Ereignisses?	– 2 Punkte
5. Präsynkope oder Synkope bei langem Sitzen oder Stehen (Leeregefühl im Kopf oder Schwächeanfälle)?	+ 1 Punkt
6. Schwitzen oder Wärmegefühl vor dem Ereignis?	+ 1 Punkt
7. Präsynkope oder Synkope bei Schmerzen oder medizinischen Eingriffen (Leeregefühl im Kopf oder Schwächeanfälle)?	+ 1 Punkt

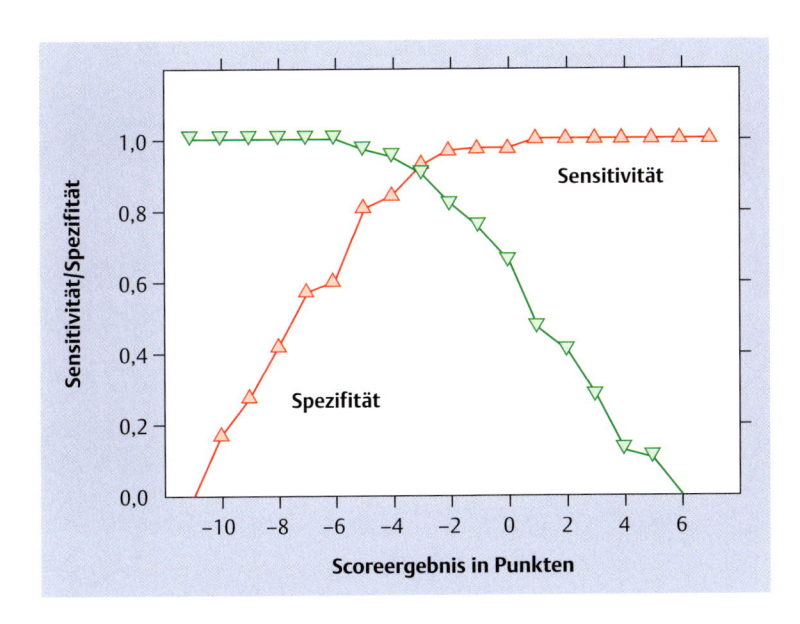

Abb. 2.6 Sensitivität und Spezifität für die Diagnose eines positiven Kipptischergebnisses im Vergleich zu einer sekundären Synkope unter Verwendung eines Punktescores (nach Sheldon et al.).

Der Wert von **–2 Punkten** scheint zwischen vasovagaler und rhythmogener Synkope zu unterscheiden!
Punktzahl ≥ –2 Punkte: vasovagale Synkope
Punktzahl < –2 Punkte: rhythmogene Synkope
(s. Abb. 2.6)

Der Score war in der Lage, 90% der Patienten mit vasovagaler Synkope zu diagnostizieren (Sensitivität 89,3%, Spezifität 90,8%)!

Patienten mit unklarer Synkope

In 68% der Fälle ist nach Durchführung des Anamnesescores eine vasovagale (neurokardiogene) Ursache anzunehmen!

Übersicht 2.1 Beitrag der Anamnese zur Differenzialdiagnostik bei Synkopen – neurokardiogen – kardial.

Anamnese	neurokardiogene Synkope	kardiale Synkope
Prodromi, Nausea, Erbrechen, Lichtempfindlichkeit (vor – nach Synkope)	ja	selten
Plötzlicher Beginn	ungewöhnlich	ja
Assoziation mit Husten, Essen, Trinken kalter Flüssigkeiten, Wasserlassen, Stuhlgang	ja	nein
Positionsabhängig	ja	nein
Prolongierter Bewusstseinsverlust	nein	ja (Aortenstenose)
Belastungsinduziert	ja (nach Belastung)	ja (unter Belastung)

Binder W et al. N Engl J Med 2005; 353: 824–832

Übersicht 2.2 Beitrag der Anamnese zur Differenzialdiagnostik zwischen Synkopen und Krampfanfall.

klinische Hinweise	Krampfanfall	Synkope
während des Bewusstseinsverlusts	tonisch-klonische Bewegungen in der Regel prolongiert, beginnen gleichzeitig mit dem Beginn des Bewusstseinsverlust hemilaterales klonisches Krampfen	tonisch-klonische Bewegungen in der Regel kurz dauernd (< 15 s), beginnen immer nach dem Bewusstseinsverlust
Zungenbiss	Zungenbiss (zentral)	kein Zungenbiss
Gesichtsfärbung	blaue Gesichtsfärbung, Zyanose	Blässe
Symptome vor dem Ereignis	Aura (z. B. komischer Geruch)	Brechreiz, Erbrechen, Kältegefühl, Schwitzen
Symptome nach dem Ereignis	verlängerte Verwirrtheit, Muskelschmerz	selten Verwirrtheit (kurz), Brechreiz, Erbrechen, Pallor
andere klinische Befunde mit geringerer Wertigkeit als Hinweis auf eine „Seizure" (deutlich niedrigere Spezifität)	positive Familienanamnese Timing (nachts) Lichtempfindlichkeit Nadelstechen vor dem Ereignis nach dem Ereignis: Verletzungen, Inkontinenz, Kopfschmerz, Schlafdrang	

Nach: Brignole (Chairman) et al. Guidelines on management (diagnosis ans treatment) of syncope. Update 2004. European Heart J 2004; 25: 2054–2072

Tabelle 2.3b Wesentliche Fragen und Befunde bei plötzlichem Bewusstseinsverlust.

Symptom der plötzlichen Bewusstlosigkeit	wahrscheinliche Ursache
nach unerwartet aufgetretenem Schmerz, Angst, Anblick, Geräusch, Geruch; nach längerem Stehen	vasovagale Ursache
während Miktion, Defäkation, Husten, Erbrechen	Situationssynkope
unmittelbar nach dem Aufstehen/Aufrichten	orthostatische Synkope
nach Kopfbewegungen	Karotissinussyndrom
nach Medikamenteneinnahme oder nach Änderung der Medikation (insbesondere QT-Zeit verlängernde; bradykardisierende und hypotonisierende Medikamente)	medikamenteninduzierte Synkope
positive Familienanamnese für den plötzlichen Herztod	Long-QT-Syndrom, Brugada-Syndrom, arrhythmogene rechtsventrikuläre Dysplasie
ohne Prodromi, kurzzeitig	Arrhythmien
Schwindel, Dysarthrie, Doppeltsehen	TIA, zerebrale Durchblutungsstörung Subclavian-steel-Syndrom
bei Kopfschmerzen	Migräne, Krampfleiden
bei Verwirrtheit > 5 min nach Ereignis oder Bewusstseinsverlust > 5 min	Krampfleiden
bei Armbewegungen	Subclavian-steel-Syndrom
bei Lagewechsel mit Herzgeräusch	Myxom, Thrombus
unter körperlicher Anstrengung	Aortenstenose, hypertroph-obstruktive Kardiomyopathie, Mitralstenose, pulmonale Hypertonie, koronare Herzerkrankung

Nach: Seidel, Schuchert, Tebbenjohnns, Hartung. Kommentar zu den Leitlinien zur Diagnostik und Therapie von Synkopen – der Europäischen Gesellschaft für Kardiologie 2001 und dem Update 2004, Z Kardiol 2005; 94: 592–612 und Brignole et al. Guidelines on management (diagnosis and treatment) of syncope. Eur Heart J 2001; 22: 1256–1306

Zusammenfassung Anamneseerhebung

Während des Erstkontakts mit dem Patienten sollte nach Folgendem gefragt werden:

- Umstände der Synkope (physische/psychische Belastungssituation, langes Stehen, Miktion, Valsalvamanöver …)
- Triggerfaktoren (starke Emotionen, Angst, Schmerzen, Venenpunktion …)
- Prodromi (Übelkeit, Schwindel, Herzrasen)
- Medikamente, Alkohol, Nahrungsaufnahme
- synkopales Ereignis (Krampfen, Zungenbiss …)
- postsynkopaler Zeitraum (Erwachen, Befinden nach Synkope)
- Verletzungen
- Häufigkeit; Dauer der Synkopen
- kardiale Anamnese; Familienanamnese

Klinische Untersuchung

Neben der Beurteilung des Allgemeinzustands sollte unbedingt nach speziellen Ursachen für Synkopenursachen bereits bei der klinischen Untersuchung geforscht werden.

Die klinische Untersuchung liefert wichtige Hinweise vor allem zu kardiovaskulären und neurologischen Erkrankungen, die die Ursachen von Synkopen bzw. die Prognose beeinflussender Faktor sein können.

1. **Beurteilung des Allgemeinzustands:**
   – Blutdruck und Puls (Schocksymptome?)
   – Haut: Schweiß, Blässe, Rötung
   – Beurteilung des Hydratationszustands (Hautfalten)
   – respiratorische Zeichen:
     • Hyperventilation (Hyperventilationssynkope) oder Tachypnoe (Lungenembolie?)
   – kardiale Dekompensationszeichen:
     • Rechtsherzdekompensation (Ödeme – prätibial? Unterschenkel?, Leberstauung, Halsvenenstauung)
     • Linksherzdekompensation (pulmonale Rasselgeräusche)

Organbeurteilung bei verschiedenen Synkopenursachen

Kopf/neurologische Symptome:
– TIA/Apoplex, M. Parkinson

Halsschlagader (A. carotis):
Strömungsgeräusche –
Hinweis auf eine Karotisstenose, fortgeleitet bei Aortenstenose

A. subclavia:
Strömungsgeräusche
– Hinweis auf eine Subclaviastenose

Lungen:
– Rasselgeräusche bei Stauung
– kein Atemgeräusch bei Pneumothorax

Herz:
– perkutorisch Herzverbreiterung, hebende Herzspitze, 3. Herzton bei Herzinsuffizienz
– Geräusche bei Vitien oder hypertropher Kardiomyopathie

abdominelle Empfindlichkeit –
Blutverlust, vasovagale Synkope

Pulsunregelmäßigkeiten:
– Arrhythmien?

einseitige Beinschwellung:
– Thrombose? Lungenembolie?

beidseitige Ödeme:
– Herzinsuffizienz?

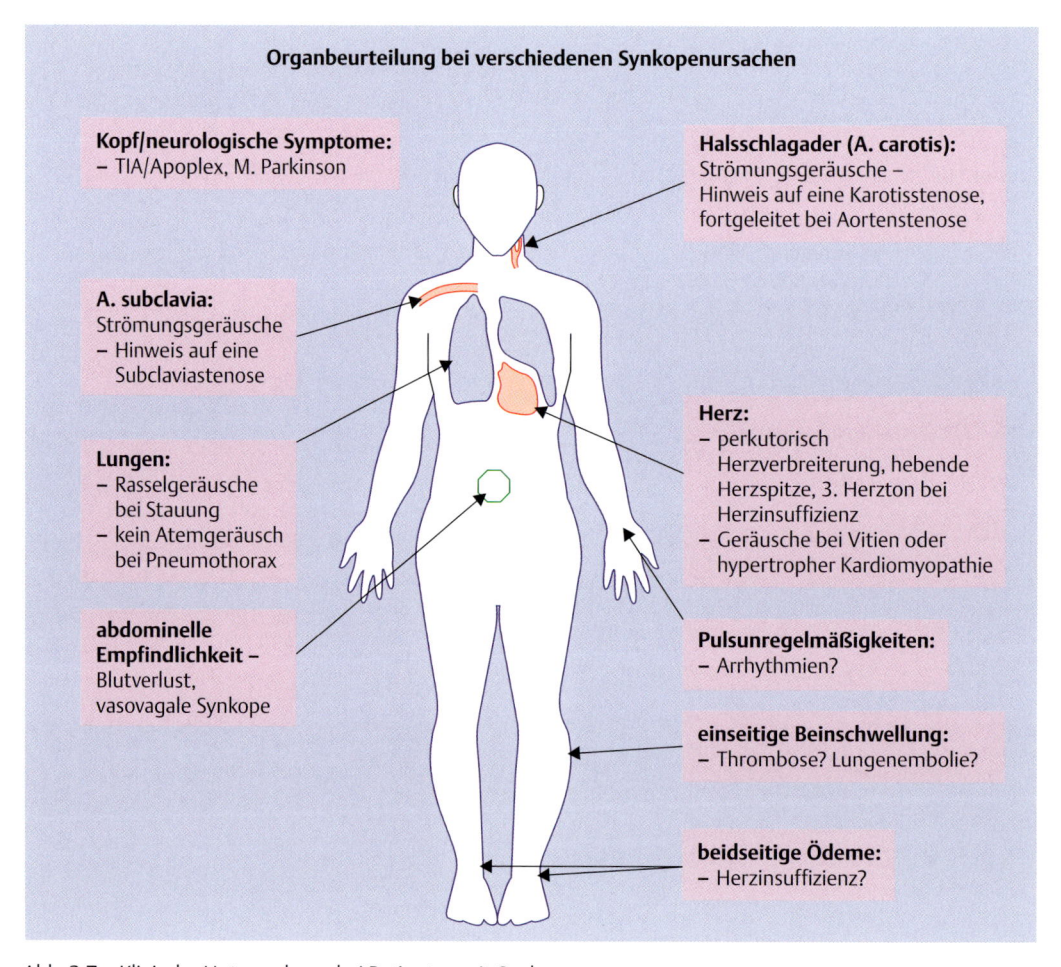

Abb. 2.7 Klinische Untersuchung bei Patienten mit Synkopen.

2. **Beurteilung des kardiovaskulären Systems**
   a) Herz
   - perkutorische Herzverbreiterung, hebende Herzspitze sowie 3. Herzton – Hinweis auf Herzinsuffizienz
   - systolisches Geräusch mit p. m. über:
     – Erb-Punkt: Aortenstenose, je stärker der 2. Herzton abgeschwächt ist, desto höhergradig ist die Stenose
     – links parasternal: hypertrophe obstruktive Kardiomyopathie, Verstärkung des Geräuschs bei Valsalva-Manövern
     – Mitralklappe: holosystolisch – schwere Mitralklappeninsuffizienz, spätsystolisch – Mitralklappenprolaps
     – Trikuspidalklappe: Karzinoid (sehr seltene Synkopenursache)
   - diastolisches Geräusch mit p. m. über:
     – Mitralklappe: Mitralklappenstenose
   - Tumor-Plop: Myxom
   b) Gefäßauskultation
   - Karotiden:
     einseitiges Strömungsgeräusch
     → Karotisstenose
     beidseitiges Strömungsgeräusch
     → fortgeleitet bei Aortenstenose oder beidseitige Karotisstenose
   - A. subclavia:
     Strömungsgeräusch
     → Subclaviastenose → Hinweis auf Subclavia-steal-Syndrom

3. **Untersuchung der Lungen**
   - Rasselgeräusche:
     - beidseits basal
       → Hinweise auf eine Herzinsuffizienz
     - einseitig
       → Pneumonie?
   - fehlendes Atemgeräusch, hypersonorer Klopfschall: → Pneumothorax
   - spastische Phänomene (Pfeifen, Giemen, Brummen) → posttussive Synkope, hypoxämische Synkope.

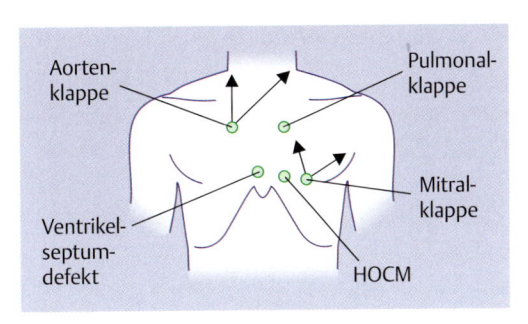

Abb. 2.8 Auskultationspunkte, Herz.

4. **Untersuchung des Abdomens**
   - Abwehrspannung:
     → akutes Abdomen – Blutverlust?
   - Druckempfindlichkeit:
     → vagale Reaktion – reflektorische Synkopen, aber auch bei akutem Abdomen
   - Teerstuhl:
     → obere gastrointestinale Blutung

5. **Neurologische Beurteilung** (sollte bei Auffälligkeiten ggf. zusätzlich durch Konsiliar ergänzt werden)
   - einseitige Motorikstörungen:
     → TIA, Schlaganfall, Blutung
   - Tremor:
     → M. Parkinson?
   - Sehstörungen:
     → TIA, Schlaganfall, Blutung

Merke: Die klinische Untersuchung ist besonders bei organisch-strukturell bedingten Synkopenursachen hilfreich! Patienten mit schlechter Prognose können erkannt werden.

Kurzorthostasetest (Stehtest)

Gute Screeninguntersuchung zum Nachweis einer orthostatischen Hypotonie oder des posturalen Tachykardiesyndroms (POTS).

Anforderungen

Patient: über Untersuchung ausreichend aufgeklärt, spezielle Einwilligung nicht erforderlich; venöser Zugang nicht erforderlich.

Personell: erfahrene Schwester/Pfleger, Arzt in Rufweite.

Räumlichkeit: ruhig, gedämpftes Licht.

Technische Ausrüstung: nicht invasive Blutdruckmessung; am besten beat-to-beat, in der Regel wird aber meist ein Sphygmomanometer verwendet, ggf. zusätzlich EKG.

Protokoll

Ruhephase vor Testbeginn von 5 min (Patient sollte liegen), Blutdruck- und Puls-Kontrolle (ggf. EKG); anschließend Aufstehen und Messung des Blutdrucks und Pulses (EKG) nach 1 und 3 Minuten im Stehen, Fortführung der Messungen, wenn der Blutdruck nach 3 Minuten weiter fällt (niedrigster systolischer Blutdruck ist dabei entscheidend).

Beurteilung – Diagnostisch beweisende Kriterien

Orthostatische Hypotonie: Abfall des systolischen Blutdrucks um ≥ 20 mmHg oder auf weniger als 90 mmHg oder diastolisch ≥ 10 mmHg, mit Auftreten von Symptomen = Klasse I/C, ohne Symptome = Klasse IIa/C.

POTS: überschießende Tachykardie innerhalb der ersten 10 min nach Untersuchungsbeginn, Anstieg der Herzfrequenz um mindestens 30/min gegenüber dem Ausgangswert, kein relevanter Blutdruckabfall, oft Auftreten klinischer Symptome (Schwindel, Schwäche, Palpitationen etc.).

> **Merke:** Ein Kurzorthostasetest ist besonders bei älteren Menschen mit Zustand nach Synkope diagnostisch hilfreich.

Karotissinusmassage (KSM)

Nachweis eines hypersensitiven Karotissinus bei V. a. Karotissinussyndrom (KSS).

Anforderungen

Patient: über Untersuchung ausreichend aufgeklärt, spezielle Einwilligung nicht erforderlich.

Personell: Arzt mit Erfahrungen im Manöver.

Räumlichkeit: ruhig.

Technische Ausrüstung: nicht invasive Blutdruckmessung; am besten beat-to-beat, in der Regel wird aber meist ein Sphygmomanometer verwendet, kontinuierliches EKG-Monitoring!

Prinzipiell

- unbedingt zuvor Auskultation beider Karotiden zum Ausschluss von Stenosen (Duplexuntersuchung ist vor KSM nicht zwingend erforderlich),
- Patient sollte nach der KSM noch 10 min liegen bleiben, dadurch Reduktion neurologischer Komplikationen.

Protokoll 1

Methode: Massage des Karotissinus nur im Liegen über maximal 5 s. (Es ist stets darauf zu achten, dass der Sinus carotis nur massiert und nicht durch starken Druck komprimiert wird!) (s. Abb. 2.**9**)

Beurteilung: Pathologische Reaktionen sind Asystolie > 3 s und/oder ein systolischer Blutdruckabfall > 50 mmHg, dabei keine Reproduktion von klinischen Symptomen erforderlich!

Wertigkeit: bei asymptomatischen Patienten kann in bis zu 38 % ein pathologischer Befund induziert werden.

> **Indikation zum Kurzorthostasetest**
>
> 1. Im Rahmen der Initialdiagnostik bei Verdacht auf eine orthostatische Hypotonie mittels manueller RR-Bestimmung (Sphygmomanometer) im Liegen und während aktivem Stehens für 3 min (Klasse I Level B)
> 2. Eine kontinuierliche Schlag-zu-Schlag Druckmessung kann hilfreich sein (Klasse IIb Level C)
>
> Nach Moya A, Sutton R et al. Guidelines for the diagnosis and management of syncope (version 2009). www.escardio.org/guidelines

Protokoll 2

Methode: Massage über 10 s sowohl im Liegen als auch im Stehen (am besten im Rahmen einer Kipptischuntersuchung)

Beurteilung: wie bei 1.; zusätzlich Reproduktion von Symptomen (= Synkope)

Wertigkeit: pathologischer Befund bei 49 % von Patienten mit unklarer Synkope und 69 % älterer Patienten mit Synkopen; aber auch 4 % in einer Kontrollgruppe ohne Synkope

Komplikationen: neurologische Symptome (TIA, Schlaganfall) 0,8 %, prolongierte Asystolien (s. Abb. 2.11–2.13), ventrikuläre Arrhythmien wurden nie beobachtet.

Kontraindikationen: akuter Myokardinfarkt, vorangegangene TIA oder Schlaganfall bis 3 Monate, auskultierbares Strömungsgeräusch über der A. carotis (dann zunächst Sonografie! KSM bei Stenosen > 70 % vermeiden!, bei 50–70 %igen Stenosen KSM nur im Liegen durchführen).

Nach Seidel, Schuchert, Tebbenjohnns, Hartung. Kommentar zu den Leitlinien zur Diagnostik und Therapie von Synkopen – der Europäischen Gesellschaft für Kardiologie 2001 und dem Update 2004 Z Kardiol 2005; 94: 592–612; Parry K. Carotid sinus hypersensitivity in syncope. Malden, Oxford, Carlton: Blackwell-Futura, 2005

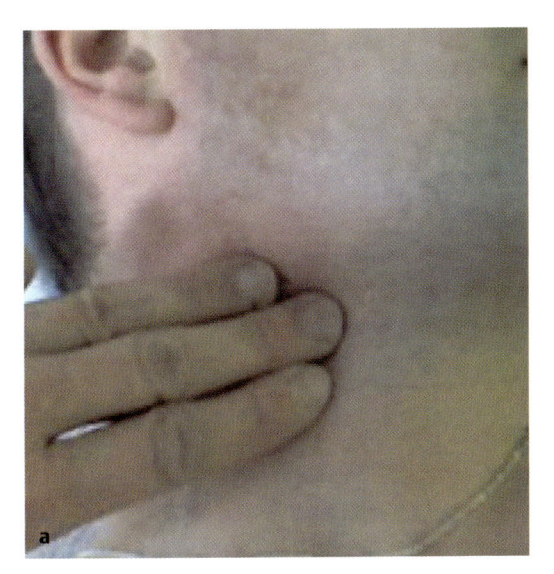

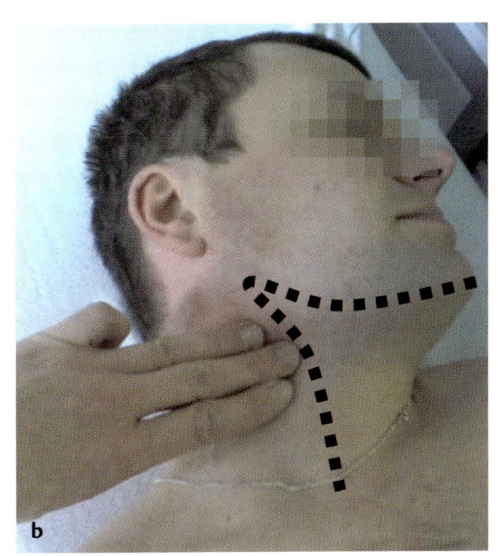

Abb. 2.**9a, b** Durchführung der KSM durch leichten Druck (Massieren) auf die Stelle des maximalen Pulses zwischen dem Unterkieferwinkel (Angulus mandibulae) und dem Krikoidknorpel (Cartilago cricoidea) am anterioren Rand des M. sternocleidomastoideus, Kopf auf die kontralaterale Seite rotiert.

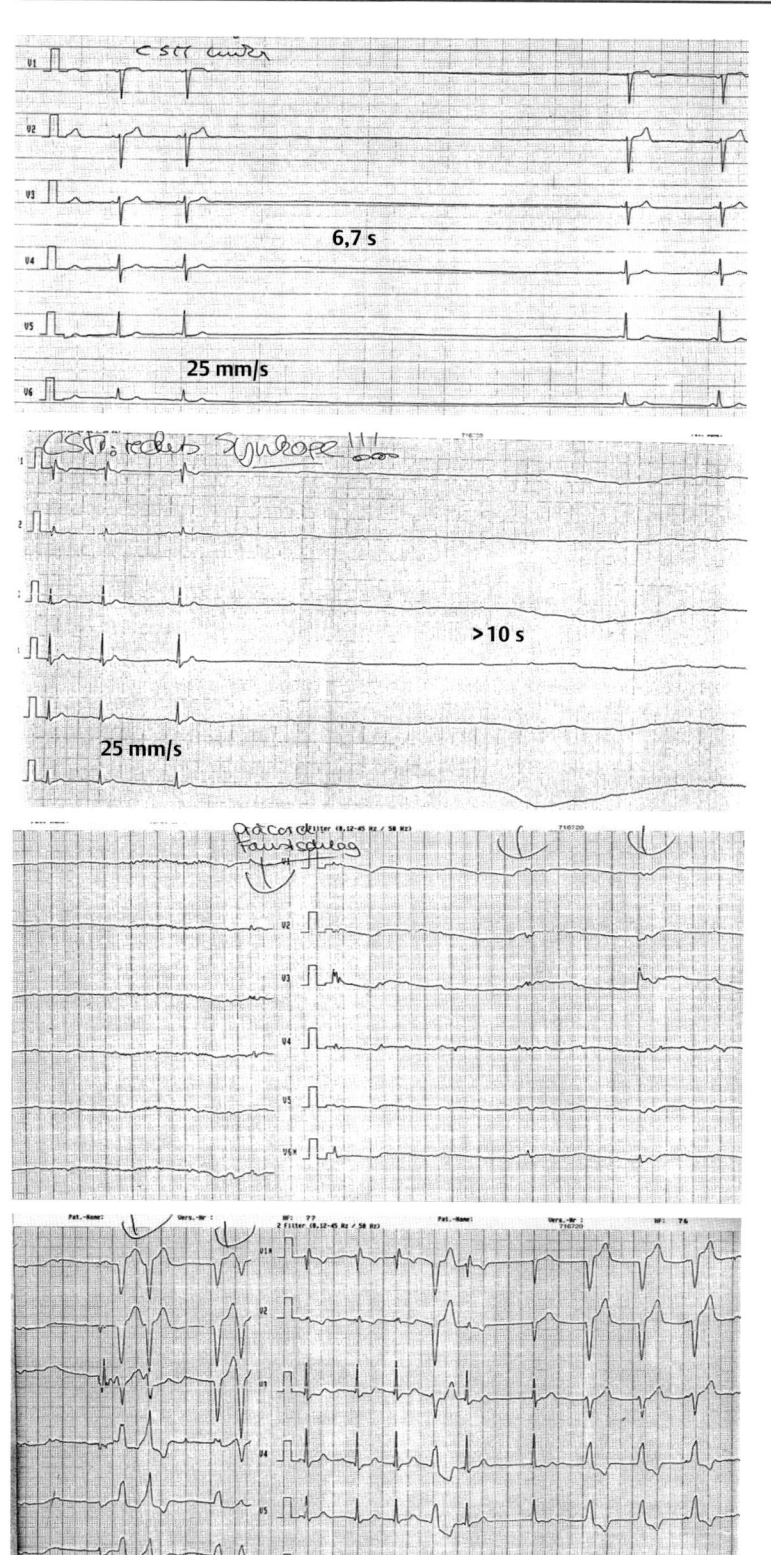

Abb. 2.10 Positive Karotissinusmassage mit Asystolie von Vorhof und Kammer (Sinusknotenstillstand).

Abb. 2.11 Positive Karotissinusmassage mit Kammerasystolie (komplette AV-Blockierung).

Abb. 2.12 Gleicher Patient wie in Abb. 2.**11**. Prolongierte Asystolie infolge kompletter AV-Blockierung (die präkordialen Faustschläge sind ineffektiv – keine Induktion von Extrasystolen!).

Abb. 2.13 Gleicher Patient wie in Abb. 2.**11** und 2.**12**; jetzt effektive präkordiale Faustschläge mit Terminierung der Asystolie.

Wertigkeit der Karotissinusmassage

Puggioni et al. Results and complications of the carotid sinus massage performed according to the "method of symptoms". Am J Cardiol 2002; 89: 599–601

- Analyse von 1719 konsekutiven Patienten mit Z.n. Synkope, unklare Ursache, mittleres Alter 63 ± 16 Jahre, 44% weiblich.
- Durchführung der KSM unter kontinuierlicher EKG und RR-Kontrolle nach der Methode der Symptome (s. Protokoll 2).
- Differenzierung zwischen hypersensitivem Karotissinus (Asystolie > 3,0 s und/oder RR-Abfall > 50 mmHg ohne Synkopenreproduktion) und Karotissinussyndrom (Kriterien mit Reproduktion der Synkope), nativ und mit Wiederholung des Testes unter Atropin im Liegen und im Stehen.

A) Definition der Reaktionen auf Karotissinusmassage

1. Kardioinhibitorisch: Asystolie ≥ 3,0 s mit Symptomen; nach Atropingabe keine Induktion von Asystolie oder Symptomen

2. Mischform: Asystolie ≥ 3,0 s mit Symptomen; nach Atropingabe persistierende Symptome durch Abfall des Blutdrucks ≥ 50 mmHg

3. Vasodepressorisch: Symptome durch Abfall des Blutdruckes ≥ 50 mmHg nativ und unter Atropingabe

B) Zusätzlich erfolgte die Beurteilung der Hämodynamik nach dem Aufrichten hinsichtlich der orthostatischen Reaktion

Orthostatische Hypotonie: Abfall des systolischen Blutdrucks um > 20 mmHg oder auf weniger als 90 mmHg in den ersten 3 min nach Beginn

Ergebnisse:

- positiver Test (n = 443) (s. Abb. 2.14)
  - rechts: 55%
  - links: 21%
  - beiderseits: 24%
- zusätzlich orthostatische Hypotonie: 16%
- Testergebnisse, Altersverteilung bei KSS, Einteilung der positiven Teste nach hämodynamischen Veränderungen, s. Abb. 2.15 und s. 2.16

Komplikationen: transitorisch ischämische Attacke (TIA) bei 3 Patienten (0,17%) mit kompletter Erholung innerhalb einer Stunde

> **Merke:** Die systematische Untersuchung auf ein KSS sollte bei unklaren Synkopen besonders bei älteren Patienten erfolgen.
> Die Untersuchung (KSM) sollte unbedingt auch im Stehen durchgeführt werden, da 51% aller positiven Teste erst nach dem Aufstehen auftraten.
> Die Methode ist sicher, Komplikationen sind selten.

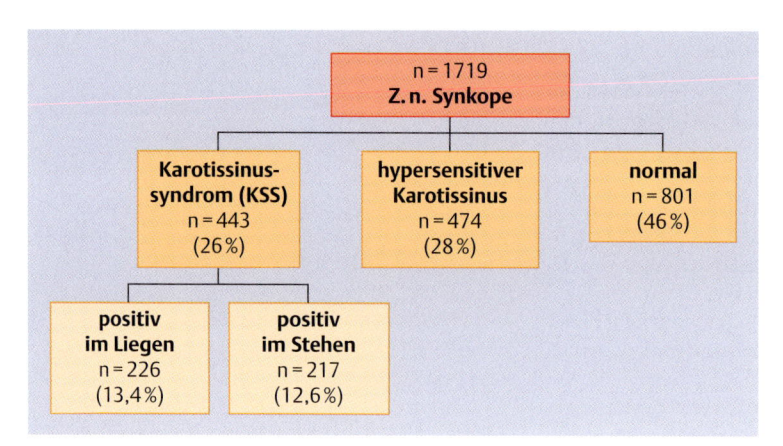

Abb. 2.14 Ergebnisse bei Durchführung der KSM bei Patienten mit Z. n. unklarer Synkope (nach Puggioni et al.).

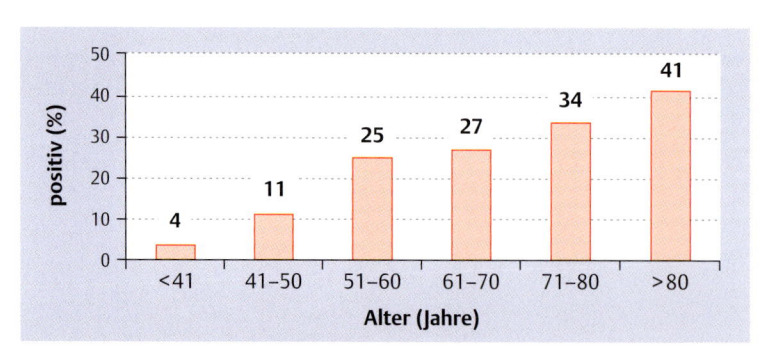

Abb. 2.15 Prozentuale Altersverteilung bei Patienten mit unklarer Synkope und mit „induziertem" KSS (nach Puggioni et al.).

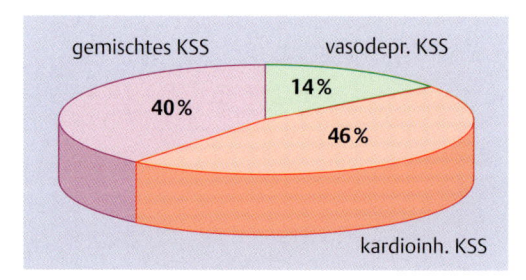

Abb. 2.16 Häufigkeitsverteilung der hämodynamischen Veränderungen bei induziertem KSS (nach Puggioni et al.).

Probleme bei Bewertung der KSM bei Patienten mit Z. n. unklarer Synkope

▶ Vom sog. „spontanen" KSS (s. entsprechendes Kapitel), genau definiert durch das Auftreten von Synkopen mit klassischer Anamnese und einer positiven KSM, ist das sog. „induzierte" KSS zu differenzieren, welches man zu ¼ bei Patienten mit ungeklärten Synkopen finden kann.
▶ Weiterhin ist ein hypersensitiver Karotissinusreflex von einem Karotissinussyndrom abzugrenzen. Ein hypersensitiver Karotissinusreflex findet sich in bis zu 17 % asymptomatischer Patienten, in 20 % bei Patienten mit einer kardiovaskulären Erkrankung, und in 38 % bei Patienten mit einer hochgradigen Karotisstenose.
▶ Die „Methode der Symptome" zeigt insgesamt eine niedrige Rate falsch positiver Ergebnisse (ca. 4 %).
▶ Die Spezifität beträgt bei o. g. Methode ca. 95 % gegenüber der verkürzten Methode mit 85 %.

Nach Puggioni et al. Am J Cardiol 2002; 89: 599–601

Zusammenfassung Karotissinusmassage

Empfehlungen zu Indikationen und Methode (Klasse I, Level C)

1. Die Karotissinusmassage wird bei Patienten über 40 Jahren empfohlen, wenn die initialen Untersuchungen ohne diagnostisch wegweisenden Befund waren (Klasse I, Level B). Bei einer Karotisarterienerkrankung sollte wegen des Risikos eines Schlaganfalls keine Massage erfolgen. Ebenso sollte auf eine KSM innerhalb der ersten 3 Monate nach TIA oder Apoplex verzichtet werden (Klasse III, Level C).
2. Während der Karotissinusmassage sind unbedingt EKG-Monitoring und kontinuierliche Blutdruckmessungen notwendig. Der Karotissinus ist minimal 5 bis maximal 10 s zu massieren. Die Karotissinusmassage ist sowohl im Liegen als auch im Stehen durchzuführen.

▶ Nach den Leitlinien der DGK ist eine kontinuierliche Blutdruckmessung ist nur im Einzelfall zum Nachweis einer vasopressorischen Form des Karotissinussyndroms erforderlich (Klasse I, Level C).

▶ Obwohl anhaltende neurologische Komplikationen mit 0,1 % selten sind, sollte die Indikation trotzdem streng gestellt werden; eine Duplexsonografie wird bei Patienten ohne auskultierbares Strömungsgeräusch als nicht zwingend notwendig erachtet (Klasse I, Level C).

Diagnostischer Stellenwert (Klasse I, Level B)

Die Karotissinusmassage ist als positiv anzusehen, wenn sich während oder unmittelbar nach der Massage eine Asystolie > 3 s und/oder ein Blutdruckabfall > 50 mmHg reproduzieren lässt. Ein positiver Test ist bei Fehlen anderer Befunde diagnostisch (Klasse I, Level B).

Nach Seidel, Schuchert, Tebbenjohanns, Hartung. Kommentar zu den Leitlinien zur Diagnostik und Therapie von Synkopen – der Europäischen Gesellschaft für Kardiologie 2001 und dem Update 2004 Z Kardiol 2005; 94: 592–612 und Moya A, Sutton R et al. Guidelines for the diagnosis and management of syncope (version 2009). The Task Force for the Diagnosis and Management of Syncope of the European Society of Cardiology (ESC), www.escardio.org/guidelines

2.2 Das Elektrokardiogramm (EKG)

2.2.1 Elektrokardiogramm: 12-Kanal-Oberflächen-EKG

Wertigkeit des Elektrokardiogramms

Dovgalyuk et al. The electrocardiogram in the patient with syncope. American Journal of Emergency Medicine 2007; 25: 688–701

Das Elektrokardiogramm dient zum Nachweis oder Ausschluss einer Arrhythmie als Synkopenursache. Es gehört zu den Standarduntersuchungen bei der initialen Beurteilung von Synkopenpatienten. In Kombination mit der Anamnese, der klinischen Untersuchung kann das EKG in bis zu 60% eine Synkopenursache klären.

▶ In den meisten Fällen finden sich jedoch ein unauffälliges EKG bzw. unspezifische Befunde!
▶ Diagnostisch beweisend ist das EKG alleinig in bis zu 10% aller Fälle (Tab. 2.4).

EKG-Befunde werden hinsichtlich ihrer diagnostischen Wertigkeit bei Synkopendiagnostik in
1. „diagnostisch" (Tab. 2.4),
2. „verdächtig auf eine Synkopenursache" (Tab. 2.5) oder
3. „unspezifisch" eingeteilt.

Tabelle 2.4 Diagnostische EKG-Befunde.

Bei Vorliegen folgender Befunde kann von einer arrhythmieinduzierten Synkope ausgegangen werden. Eine weitere Diagnostik ist nicht mehr erforderlich!
1. Sinusknotenfunktionsstörungen: ▪ Sinusbradykardie < 40/min ▪ Sinuspausen > 3,0 s ▪ wiederholte sinuatriale Blockierungen
2. AV-Blockierungen ▪ AV-Block III. Grades ▪ AV-Block II. Grades, Typ Mobitz
3. Alternierender Links- und Rechtsschenkelblock
4. Schnelle Tachykardien ▪ supraventrikuläre Tachykardien ▪ ventrikuläre Tachykardien ▪ nicht beständige polymorphe VT bei verlängerter oder verkürzter QT-Zeit
5. Schrittmacherfehlfunktionen mit Pausen

Nach Moya A, Sutton R et al. Guidelines for the diagnosis and management of syncope (version 2009), www.escardio.org/guidelines

Tabelle 2.5 EKG-Abnormalitäten, die auf eine mögliche arrhythmogene Synkope hinweisen.

Eine weitere Diagnostik sollte den Verdacht auf eine arrhythmogene Synkopenursache bestätigen oder ausschließen!
1. bifaszikulärer Block (Linksschenkelblock, Rechtsschenkelblock mit linksant. oder linkspost. Hemiblock)
2. andere intraventrikuläre Leitungsstörung (QRS-Dauer > 120 ms)
3. AV-Block II, Typ Wenckebach
4. asymptomatische Sinusbradykardie (< 50/min) oder SA-Blockierungen ≤ 3,0 s in Abwesenheit negativ chronotrop wirkender Medikamente
5. Q-Zacke mit V. a. Myokardinfarkt
6. Präexzitationssyndrom
7. verlängertes oder verkürztes QT-Intervall
8. Rechtsschenkelblockmuster und ST-Hebung in V1–3 wie bei Brugada-Syndrom
9. negative T-Wellen in den rechtspräkordialen Ableitungen, Epsilon-Welle, ventrikuläre Spätpotenziale mit Verdacht auf arrhythmogene rechtsventrikuläre Dysplasie
10. nicht beständige VT
11. frühe Repolarisation

2.2.2 Diagnostische EKG-Befunde

Sinusknotenfunktionsstörungen

Sinusbradykardie < 40/min

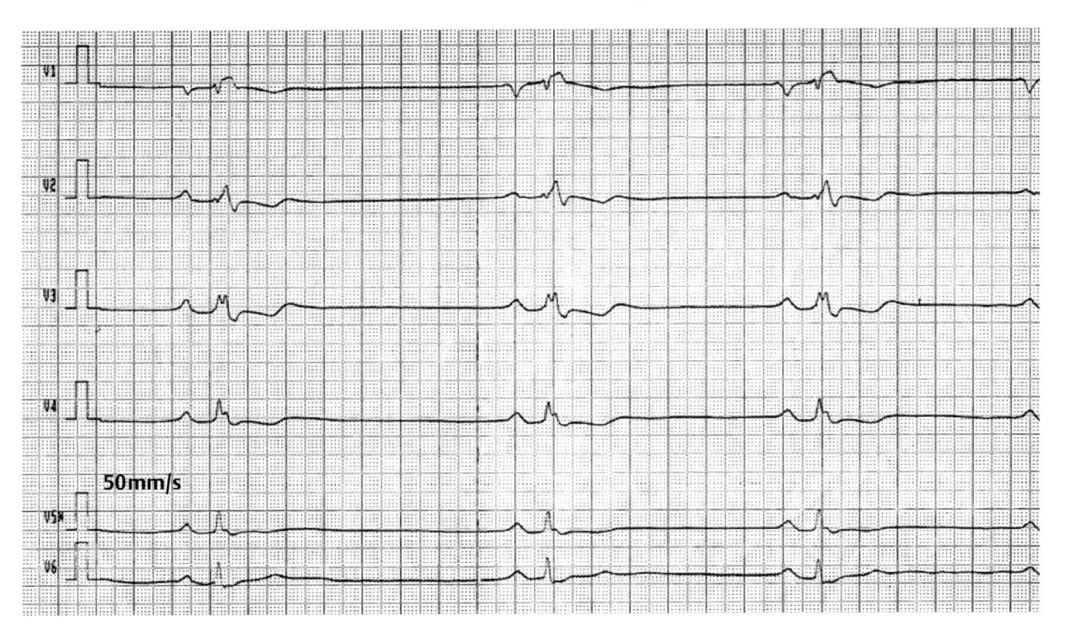

Abb. 2.**17** **Sinusbradykardie.** Oberflächen-EKG, Brustwandableitungen, Sinusbradykardie (36/min), zusätzlich kompletter Rechtsschenkelblock, AV-Überleitung mit 190 ms noch im Normbereich.

Sinuspausen > 3,0 s

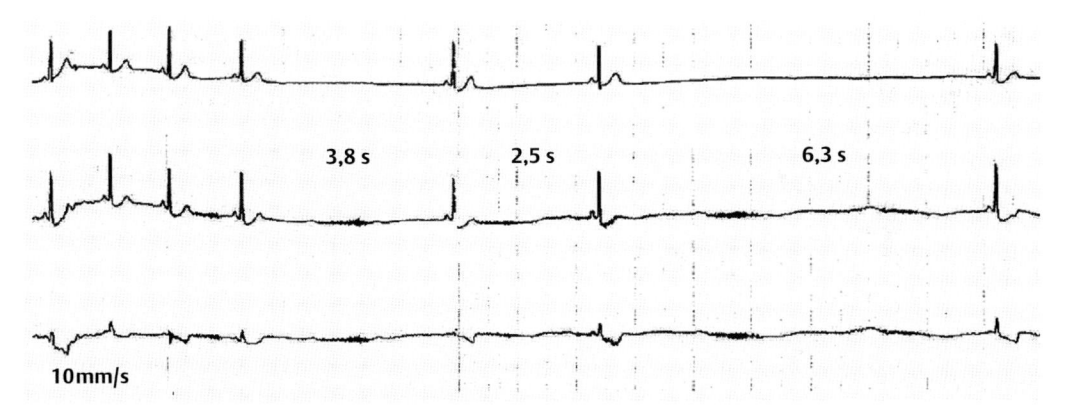

Abb. 2.**18** **Sinuspausen.** Oberflächen-EKG, Einthoven-Ableitungen, Sinusrhythmus mit Auftreten von Sinuspausen (elektrokardiografische Asystolien mit isoelektrischer Linie, keine sichtbaren P-Wellen).

2 Untersuchungsmethoden

Wiederholte sinuatriale Blockierungen

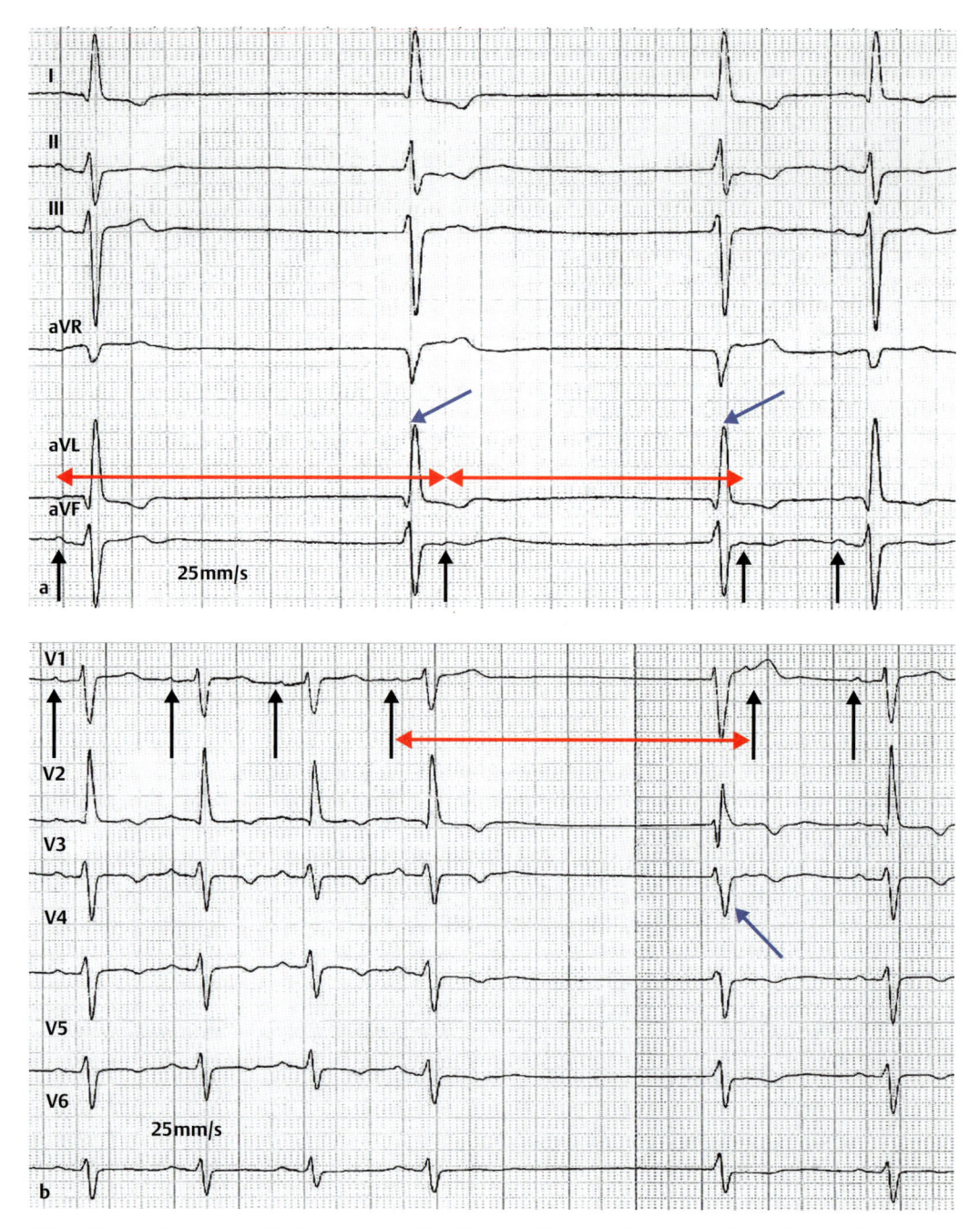

Abb. 2.19 a, b Sinuatriale Blockierungen. Oberflächen-EKG, **a** Einthoven- und Goldberger-Ableitungen, **b** Brustwandableitungen Sinusrhythmus (P-Wellen durch schwarze Pfeile markiert) mit intermittierend sinuatrialen Blockierungen III. Grades (rote Doppelpfeile) – längerdauernde Asystolie wird durch junktionale Ersatzschläge (blaue Pfeile) verhindert.

2.2 Das Elektrokardiogramm (EKG)

Andere

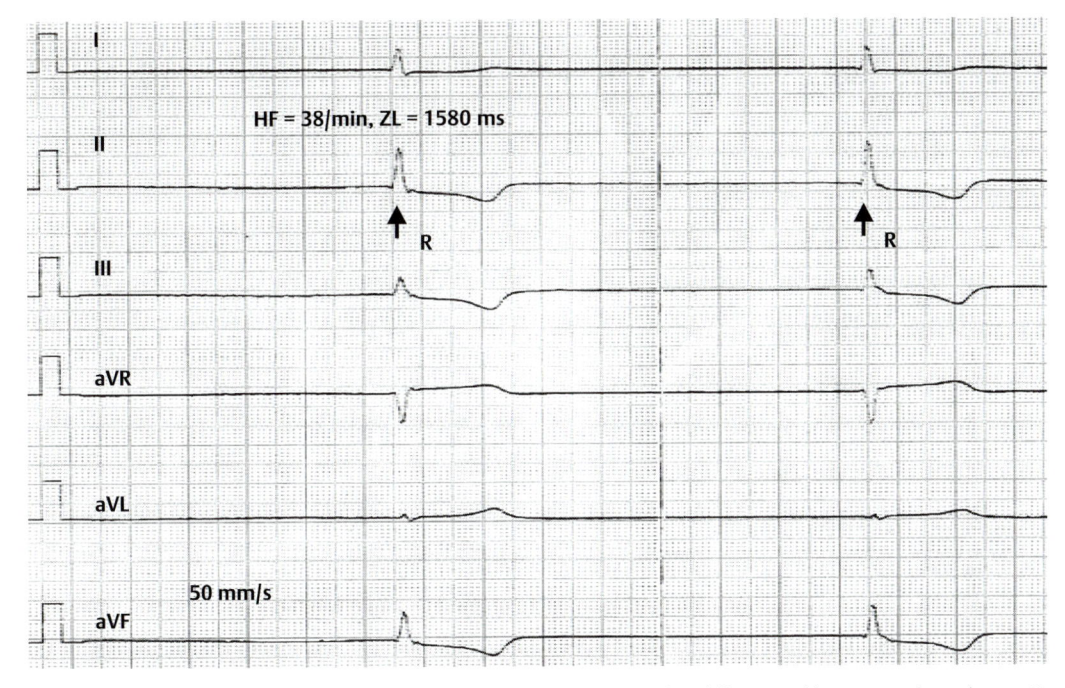

Abb. 2.**20** **Sinusknotenstillstand.** Oberflächen-EKG, Einthoven- und Goldberger-Ableitungen, kompletter Sinusknotenstillstand mit junktionalem Ersatzrhythmus, schwarze Pfeile (R) (Frequenz 38/min).

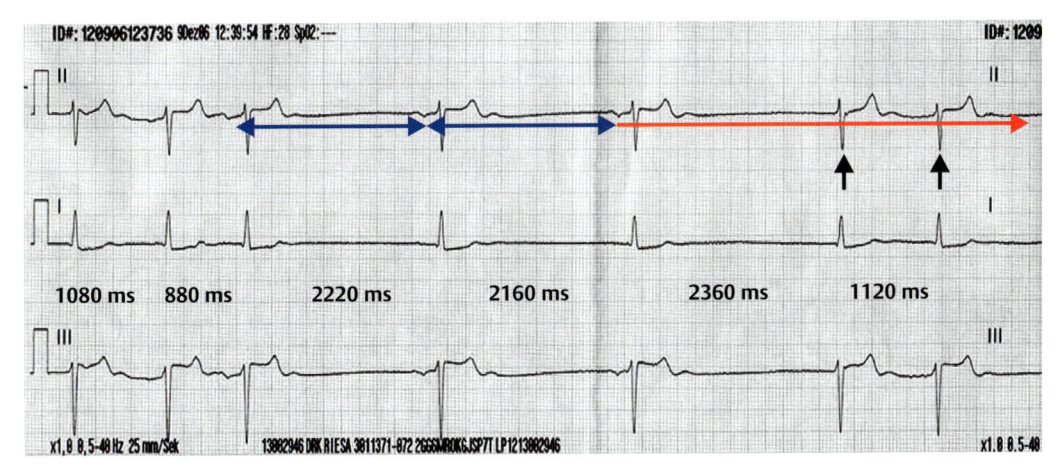

Abb. 2.**21** **Sinuatriale Blockierungen.** Oberflächen-EKG, Einthoven-Ableitungen Sinusrhythmus mit intermittierend sinuatrialen Blockierungen II. Grades (blaue Doppelpfeile) und III. Grades (roter Pfeil) – längerdauernde Asystolie wird durch junktionale Ersatzschläge verhindert (schwarze Pfeile).

AV-Blockierungen

Intermittierender AV-Block 3. Grades (sog. „höhergradiger AV-Block")

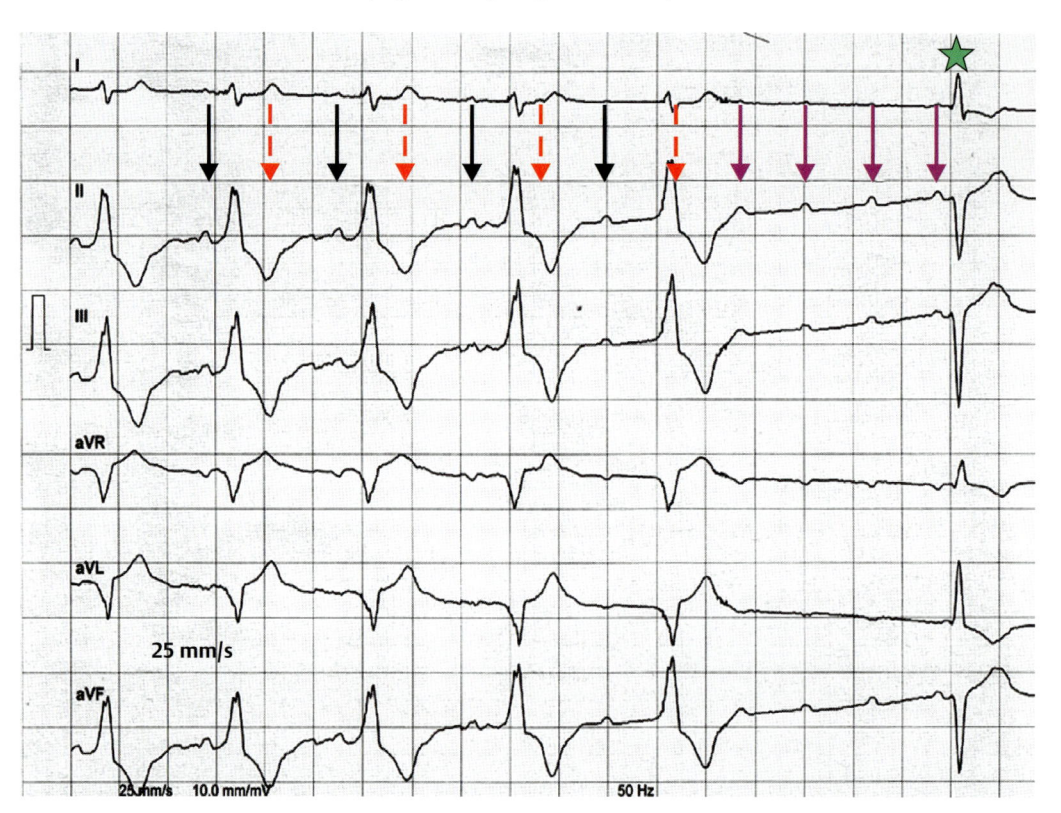

Abb. 2.22 Höhergradiger AV-Block („advanced" oder „high grade" AV-Block). Registrierung des Ruhe-EKG (Extremitätenableitungen) bei einem Patienten mit Z. n. Synkope: Sinusrhythmus (Sinustachykardie; P-Wellen werden durch die Pfeile markiert) mit 2:1-Block und zusätzlich komplettem Linksschenkelblock; dabei projiziert sich jede zweite P-Welle zunächst in die Kammerendteile (rot gestrichelte Pfeile) und täuscht eine Sinusbradykardie vor! Auftreten einer kompletten AV-Blockierung mit Kammerasystolie (violette Pfeile), Beendigung der Asystolie durch Ersatzschlag (grüner Stern).

Kompletter AV-Block, ohne Ersatzrhythmus

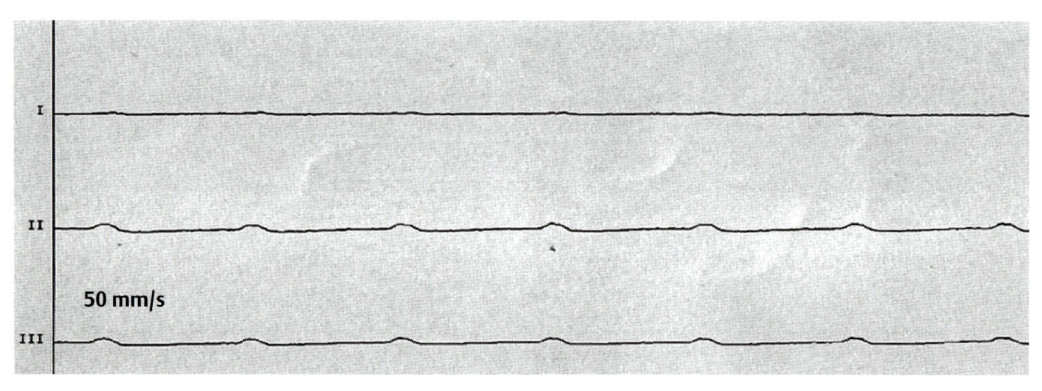

Abb. 2.23 Kompletter AV-Block ohne Ersatzrhythmus.

2.2 Das Elektrokardiogramm (EKG)

Kompletter AV-Block, junktionaler Ersatzrhythmus

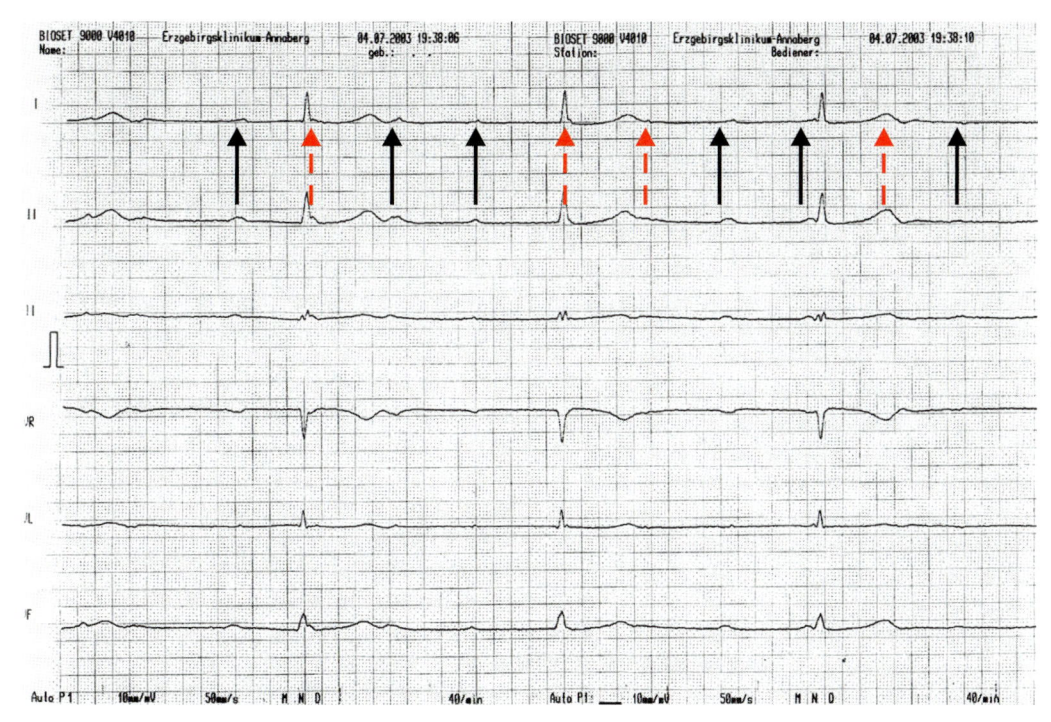

Abb. 2.24 Kompletter AV-Block mit junktionalem Ersatzrhythmus. Extremitätenableitungen: Sinusrhythmus (Sinustachykardie; Vorhoffrequenz ca. 130/min); kompletter AV-Block III. Grades mit junktionalem Ersatzrhythmus (Kammerfrequenz: 40/min), die fehlende Beziehung der P-Wellen (durch Pfeile gekennzeichnet, dabei markieren die rot-gestrichelten Pfeile diejenigen P-Wellen, die durch den QRS-Komplex oder die Kammerendteile verdeckt werden) zu den QRS-Komplexen lässt keinen Zweifel an der kompletten AV-Blockierung, die QRS-Breite des Ersatzrhythmus von 80 ms weist auf ein junktionales Ersatzzentrum hin.

Kompletter AV-Block, ohne Ersatzrhythmus

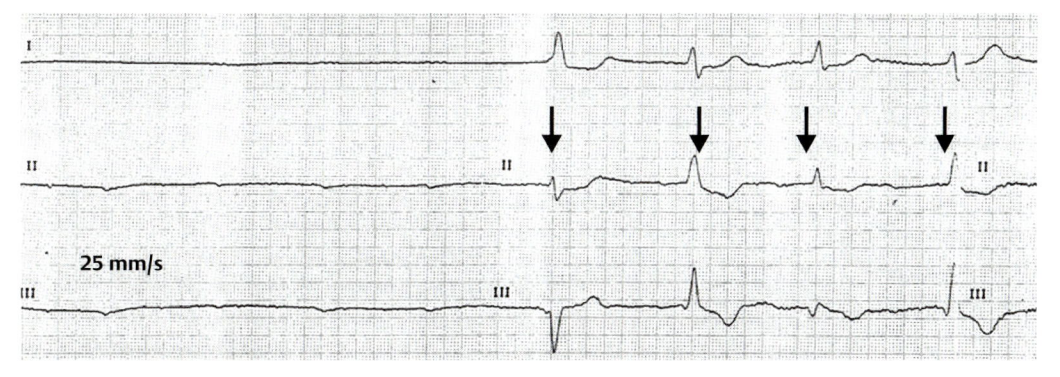

Abb. 2.25 Kompletter AV-Block ohne Ersatzrhythmus. Präkordiale Faustschläge mit Induktion von Extrasystolen (schwarze Pfeile) hier lebensrettend!

Permanenter kompletter AV-Block, ventrikulärer Ersatzrhythmus

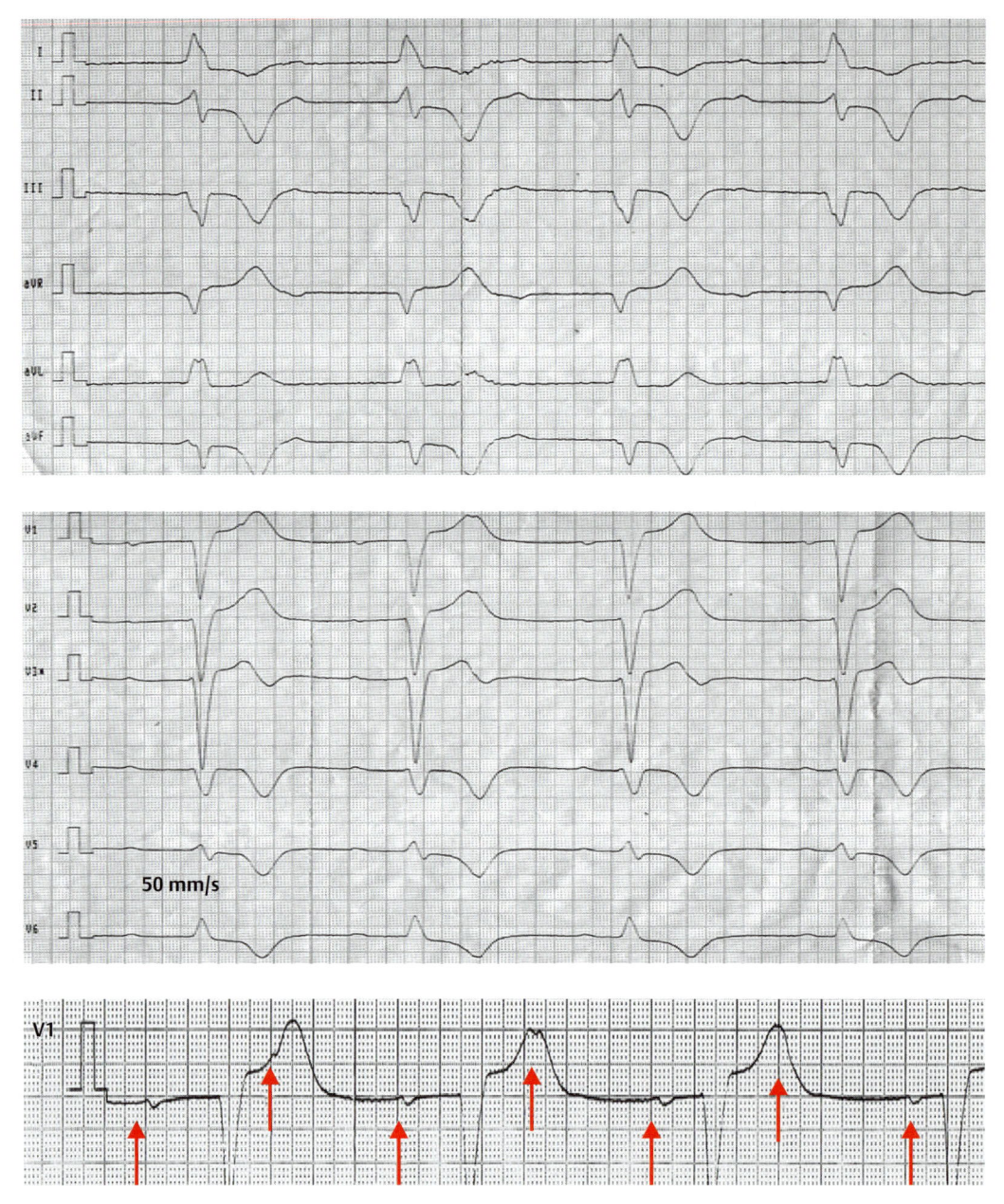

Abb. 2.26 Kompletter AV-Block bei Sinusrhythmus. Kompletter AV-Block mit ventrikulärem Ersatzrhythmus, komplette Dissoziation zwischen Sinusrhythmus und Kammerrhythmus (P-Wellen in Abl. V1 gut sichtbar, rote Pfeile); die Breite der QRS-Komplexe von 140 ms weist auf ein ventrikuläres Ersatzzentrum hin.

Permanenter kompletter AV-Block bei Vorhofflattern

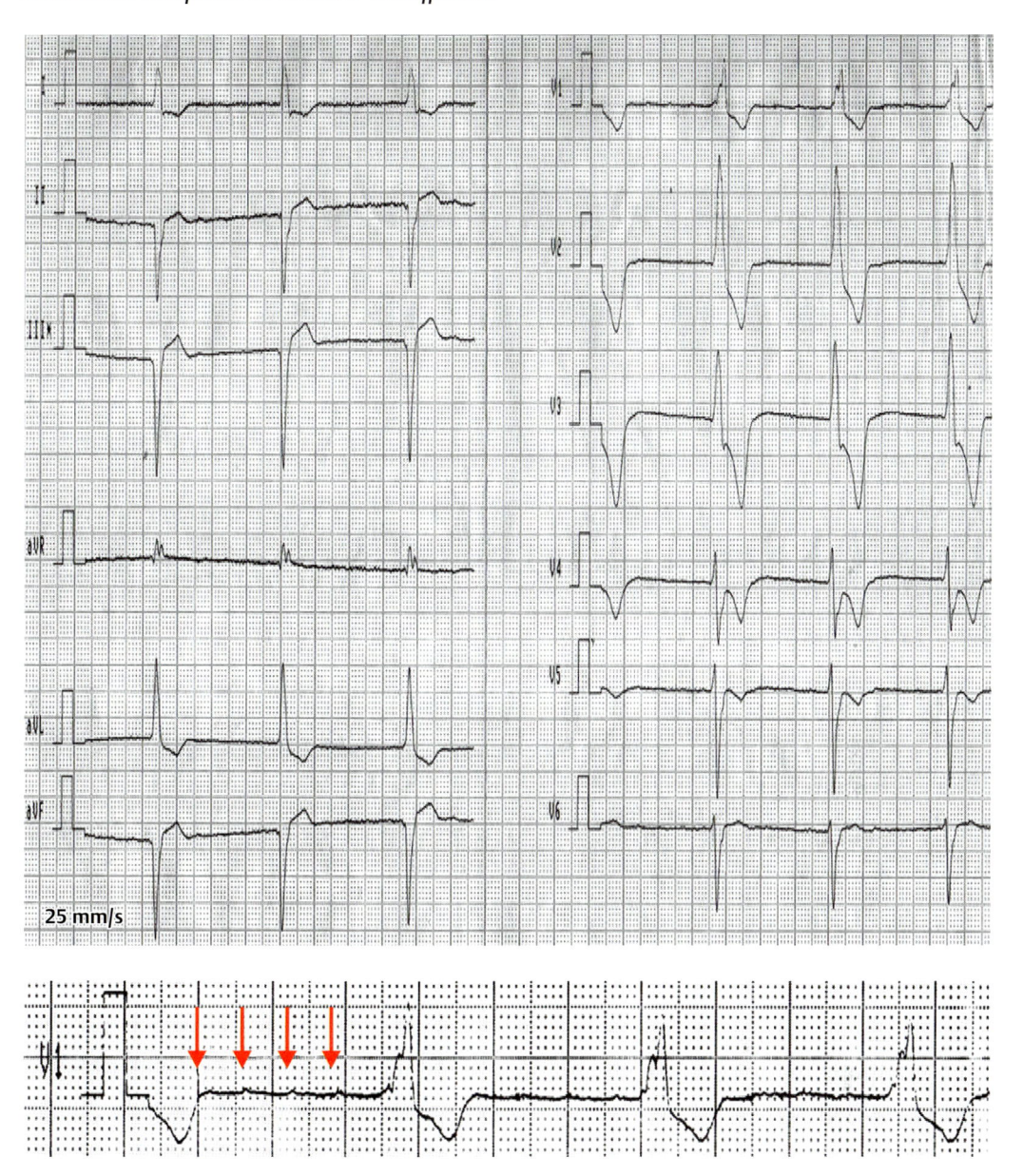

Abb. 2.**27** **Kompletter AV-Block bei Vorhofflattern.** Kompletter AV-Block mit ventrikulärem Ersatzrhythmus. Grundrhythmus ist ein Vorhofflattern (Vorhoffrequenz ca. 240/min), dabei sind die Flatterwellen sehr schwer erkennbar (Ableitung V1, rote Pfeile); die Breite der QRS-Komplexe von 160 ms weist auf ein ventrikuläres Ersatzzentrum hin.

AV-Block II. Grades Typ Mobitz, zusätzlich wechselndes Schenkelblockbild

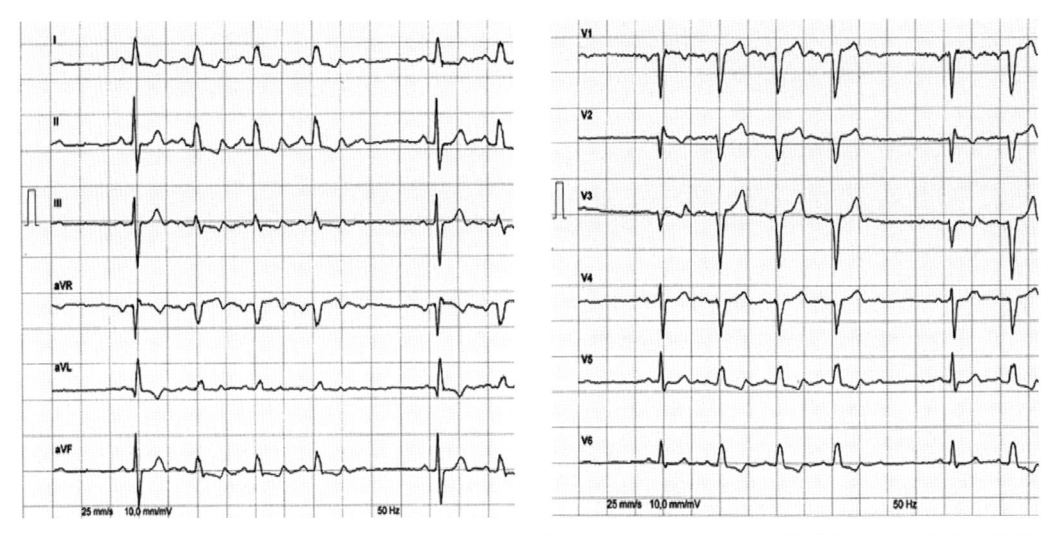

Abb. 2.28 AV-Block II, Typ II. Intermittierender AV-Block II. Grades, Typ Mobitz. Plötzlicher Ausfall eines QRS-Komplexes infolge der AV-Blockierung, die PQ-Zeit bleibt unverändert, zusätzlich besteht ein kompletter Linksschenkelblock. Nach den Pausen zeigt sich einmalig ein schmaler QRS-Komplex infolge einer vorübergehend wiederhergestellten Leitung im linken TAWARA-Schenkel, allerdings dabei inkompletter Rechtsschenkelblock; danach wieder kompletter Linksschenkelblock.

AV-Block II. Grades mit 2:1-Blockierung, zusätzlich bifaszikulärer Block

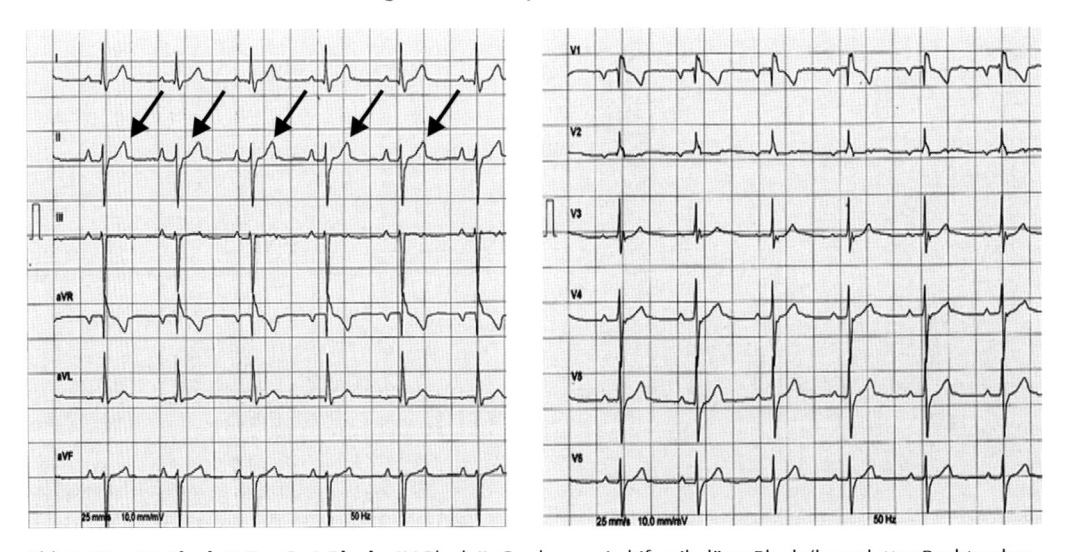

Abb. 2.29 AV-Block II, Typ 2:1-Block. AV-Block II. Grades sowie bifaszikulärer Block (kompletter Rechtsschenkelblock und linksanteriorer Hemiblock); das diagnostische Problem besteht in der Identifizierung der zweiten (AV-blockierten) P-Welle (schwarze Pfeile), die aufgrund der aktuellen Frequenz- und Leitungsverhältnisse sich genau in die T-Welle projiziert, somit wird eine Sinusbradykardie vorgetäuscht! (Kammerfrequenz = 53/min, Vorhoffrequenz = 106/min – Sinustachykardie!).

Alternierender Schenkelblock

Alternierender Rechtsschenkelblock bei permanentem linksanteriorem Hemiblock

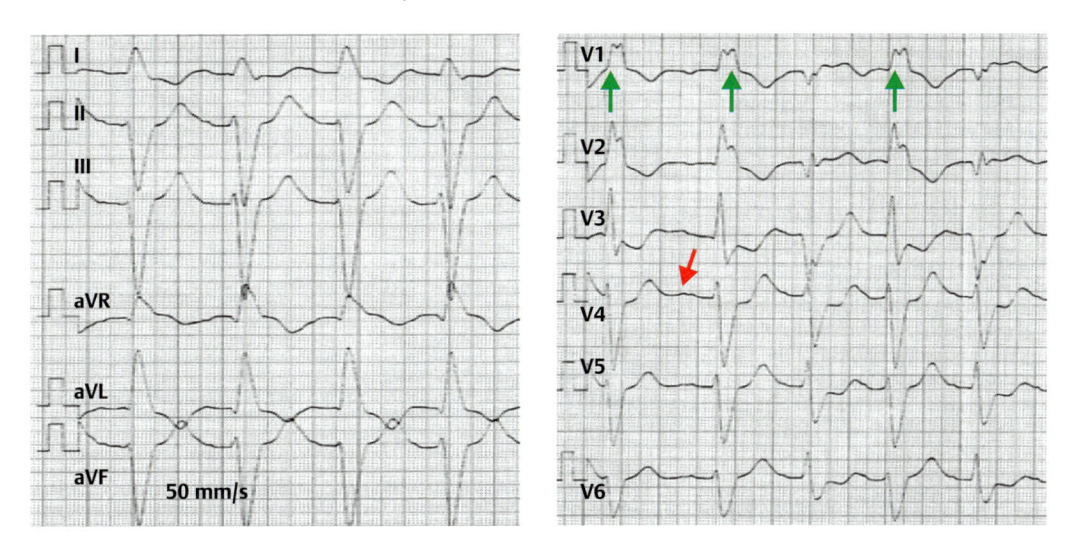

Abb. 2.**30 Oberflächen-EKG.** Sinustachykardie mit 1:1-AV-Überleitung (PQ-Zeit in der einzigen analysierbaren Aktion = 180 ms, roter Pfeil); in den übrigen Aktionen ist der Beginn der P-Welle nicht abgrenzbar). Weiterhin permanenter linksanteriorer Hemiblock sowie zusätzlich ein alternierender kompletter Rechtsschenkelblock (grüne Pfeile).

Alternierender Rechtsschenkel- und Linksschenkelblock

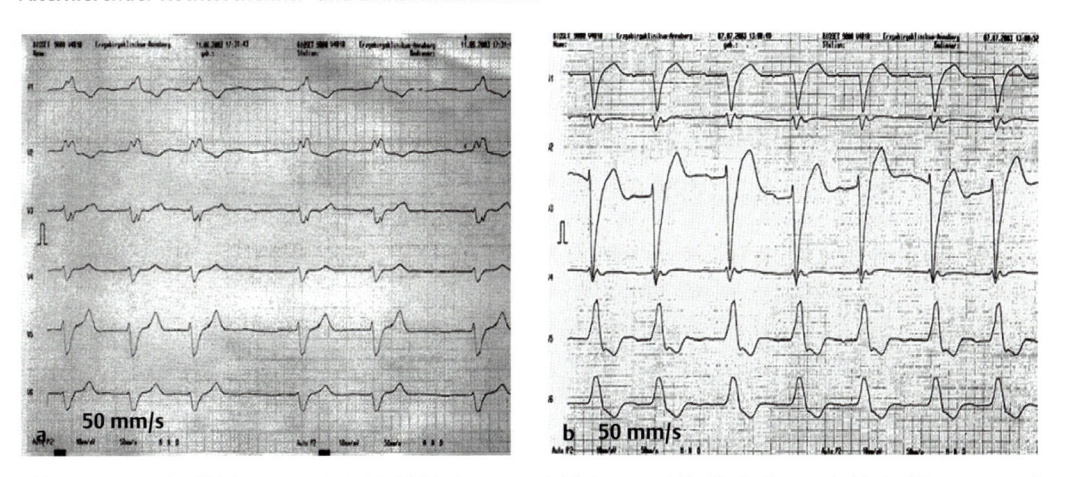

Abb. 2.**31 a Oberflächen-EKG** (11.06.2003; Brustwandableitungen V1–6). Patient mit Vorhofflimmern und komplettem Rechtsschenkelblock, mittlere Herzfrequenz ca. 80/min. **b Oberflächen-EKG** (07.07.2003; Brustwandableitungen V1–6). Gleicher Patient nach Konversion im Sinusrhythmus; AV-Block I. Grades (PQ-Zeit 280 ms) sowie jetzt kompletter Linksschenkelblock. (Der Befund wurde freundlicherweise von Herrn Prof. H. Volkmann, Erzgebirgsklinikum Annaberg-Buchholz überlassen.)

Schnelle supraventrikuläre Tachykardie

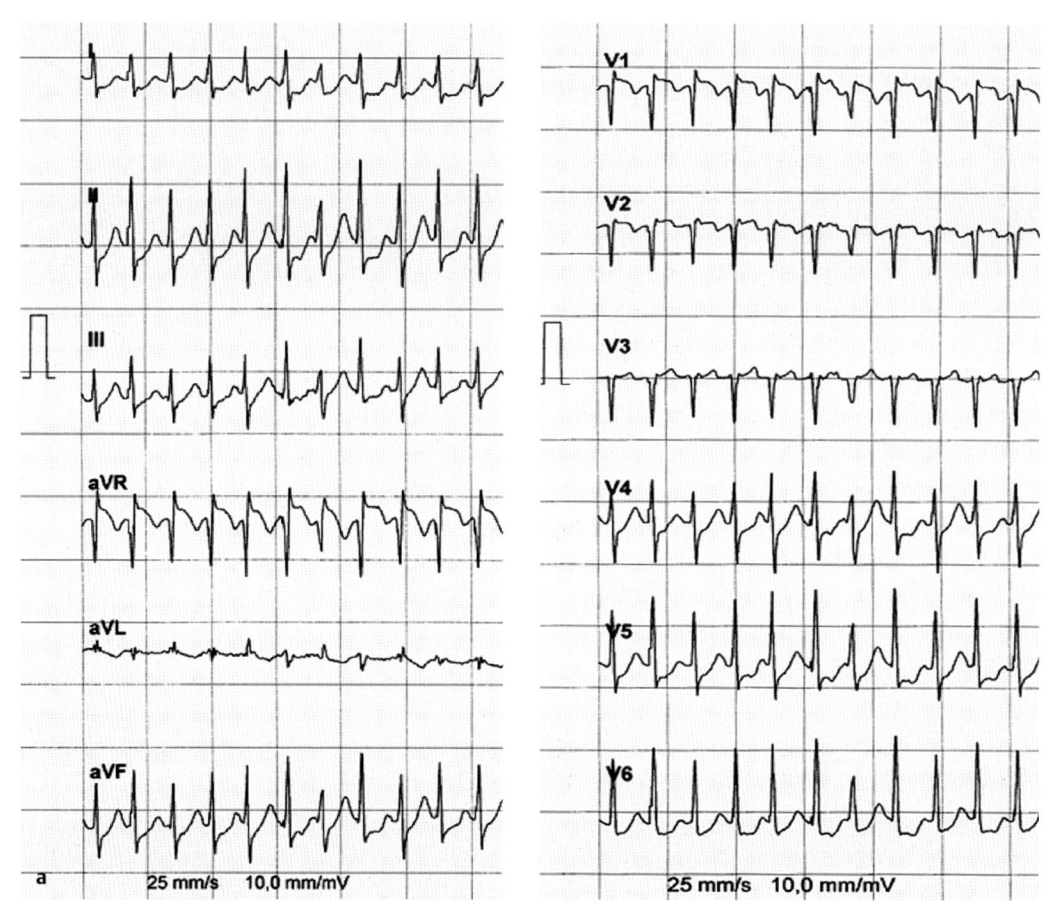

Abb. 2.32 a   Vorhofflattern mit 1 : 1-Leitung im AV-Knoten. Vorhofflattern mit 1 : 1 Leitung, Vorhof- und Kammerfrequenz = 244/min (P-Flatterwellen im Oberflächen-EKG selbstverständlich nicht sichtbar, aber Dokumentation wenige Minuten zuvor, s. Abb. 2.32 b), klinisch Präsynkope.

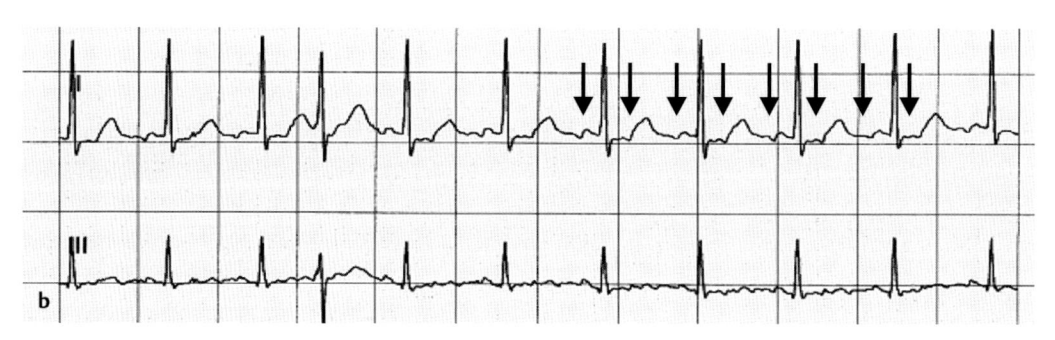

Abb. 2.32 b   Gleiche Patientin wie in (a) kurz vor dem Ereignis. Nicht isthmusbeteiligtes Vorhofflattern mit 2 : 1 Leitung, Vorhoffrequenz = 244/min (P-Wellen gut sichtbar, schwarze Pfeile), Kammerfrequenz = 122/min.

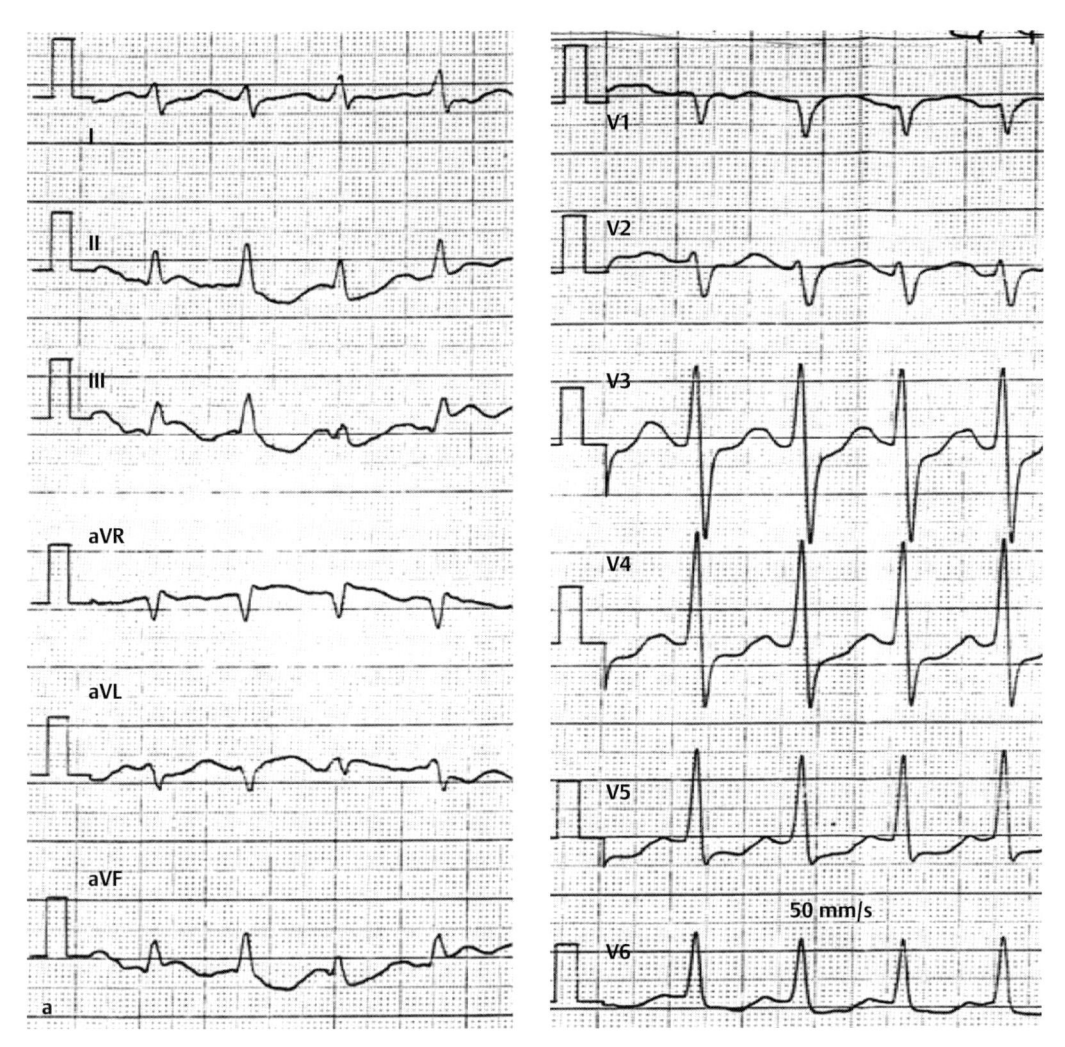

Abb. 2.33a Tachykardes Vorhofflimmern mit sehr schneller Leitung im AV-Knoten. Z. n. Synkope, Registrierung eines tachykarden Vorhofflimmerns sofort nach dem Ereignis, Kammerfrequenz ca. 190–200/min.

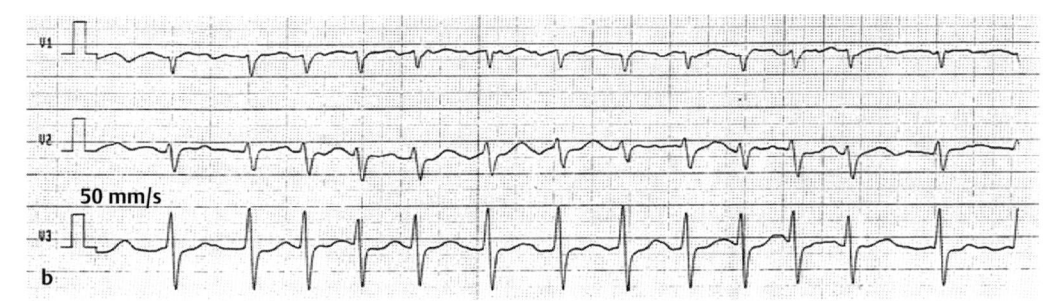

Abb. 2.33b Tachykardes Vorhofflimmern nach partieller Frequenzlimitierung. Gleiche Patientin nach akuter Frequenzlimitierung; Kammerfrequenzen zwischen 145/min und 190/min.

Schnelle ventrikuläre Tachykardie

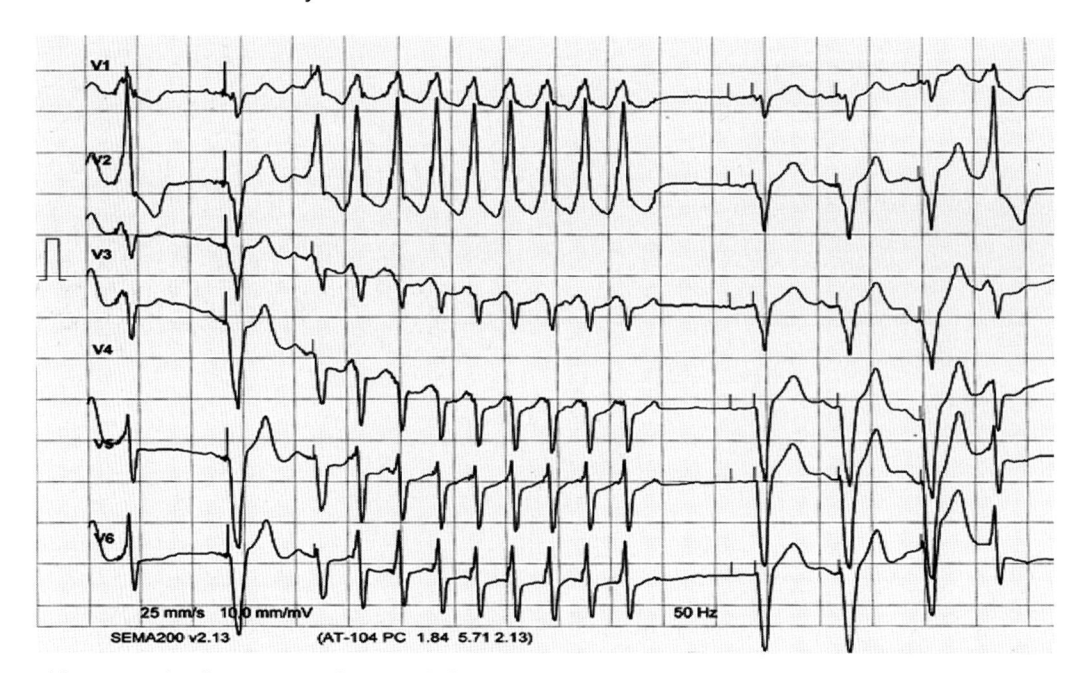

Abb. 2.**34** **Schnelle monomorphe ventrikuläre Tachykardie. Patient mit Z. n. Herzschrittmacherimplantation wegen AV-Block III. Grades.** Registrierung einer hochfrequenten ventrikulären Salve, Kammerfrequenz ca. 200/min – dabei Angabe von Schwindel. Die ventrikuläre Salve wird vom Schrittmacher erkannt, dieser inhibiert regelrecht, ansonsten regelrechte AV-sequenzielle Stimulation im Wechsel mit 1 : 1 vorhofgetriggerter Ventrikelstimulation.

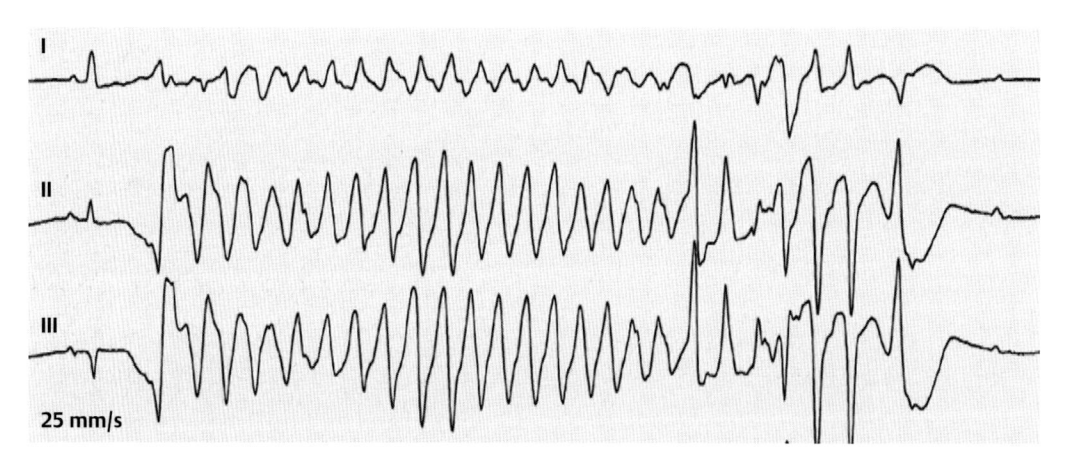

Abb. 2.**35** **Torsade de pointes.** Umkehrspitzentachykardie (Torsade de pointes) – haarnadelförmig deformierte QRS-Komplexe; klinische Präsynkope.

Schrittmacherdysfunktion mit Pausen

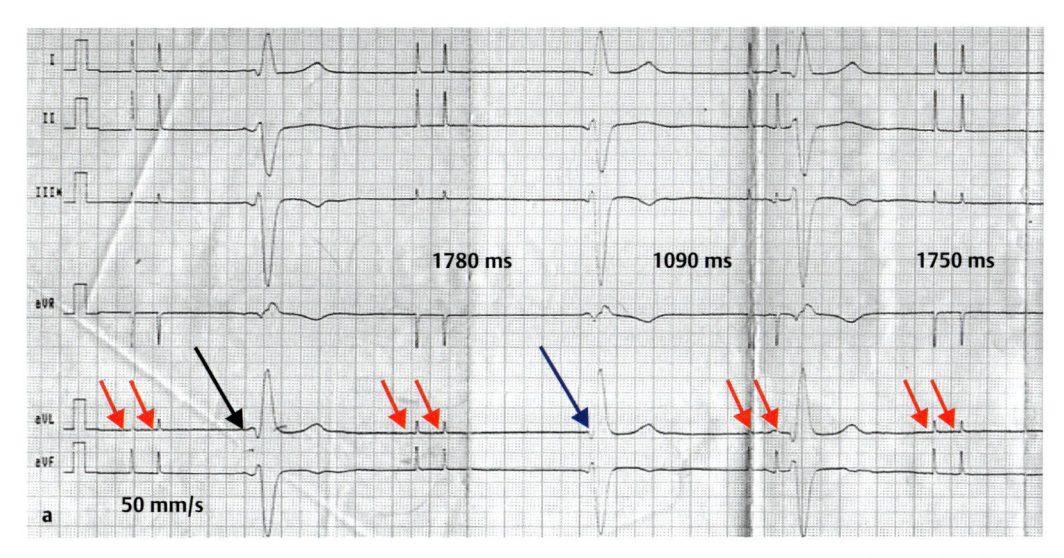

Abb. 2.36 a Z. n. Implantation eines Doppelkammerschrittmachers wegen Sinusknotensyndroms; aktuell DDD-Mode. Extremitätenableitungen: Sinusbradykardie mit AV-Dissoziation (schwarzer Pfeil), nachfolgend Sinusknotenstillstand mit Knotenersatzschlag (blauer Pfeil), zusätzlich bifaszikulärer Block (linksanteriorer Hemiblock, kompletter Rechtsschenkelblock). Kompletter Exitblock von Vorhof- und Ventrikelsonde (rote Doppelpfeile) – Pausen in ms (letzte Pause nicht komplett dargestellt).

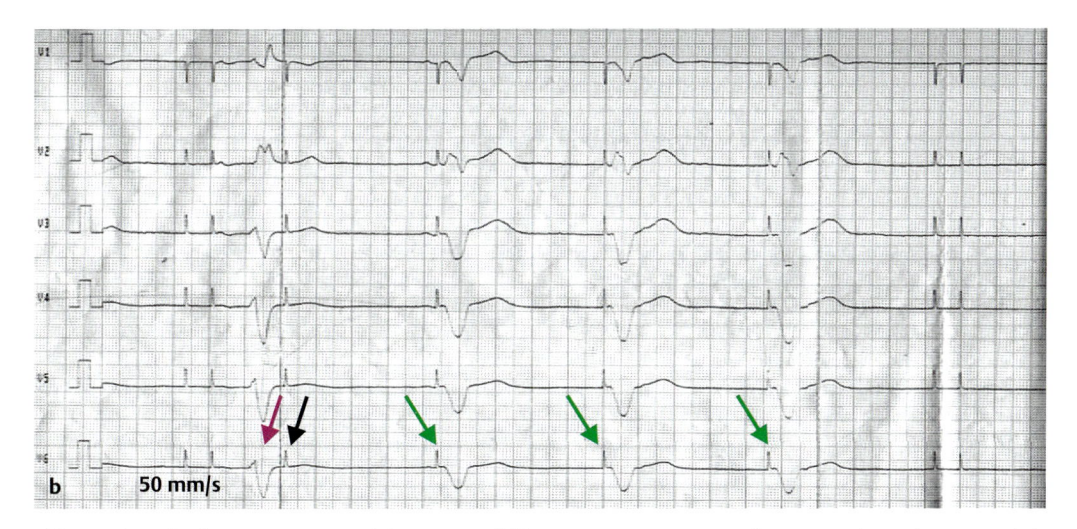

Abb. 2.36 b Gleiche Patientin wie in (**a**). Brustwandableitungen: intermittierend Erregung des rechten Ventrikels durch die Vorhofsonde mit Inhibierung der Ventrikelsonde (somit Nachweis der Makrodislokation der Vorhofsonde; grüne Pfeile). Einmalig wird eine ventrikuläre Eigenaktion durch die Vorhofsonde wahrgenommen und „ventrikulär" getriggert (Stimulationsspike nach einem QRS-Komplex, schwarzer Pfeil); die Kammersonde nimmt den Eigenrhythmus (violetter Pfeil) nicht wahr!

Zusammenfassung: Makrodislokation der Vorhofsonde, Mikrodislokation der Kammersonde.

2.2.3 „Verdächtige" EKG-Befunde

Bifaszikuläre Blockbilder

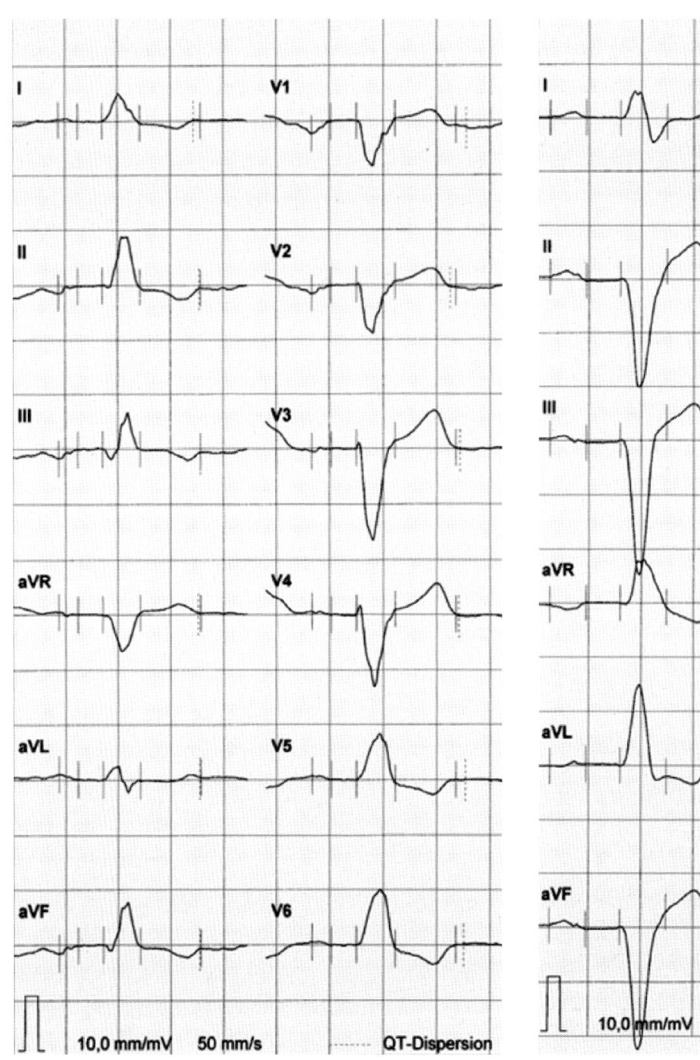

Abb. 2.**37 Kompletter Linksschenkelblock.** EKG-Charakteristik: Indifferenztyp; QRS ≥ 0,12 s, Diskordanz der Kammerendteile; ORS-Konfiguration: V1/2 – „QS", V5/6 – „R'"; OUP in V6: > 0,05 s.

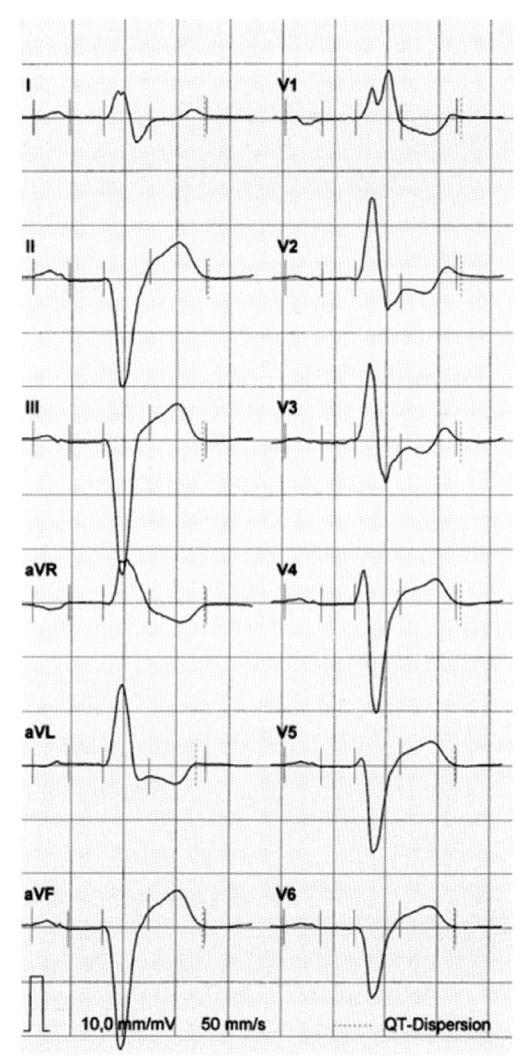

Abb. 2.**38 Linksanteriorer Hemiblock und kompletter Rechtsschenkelblock.** EKG-Charakteristik: überdrehter Linkstyp; QRS ≥ 0,12 s, Diskordanz der Kammerendteile; ORS-Konfiguration: V1/2 – „rSR"; V5/6 – „q RS", dabei tiefes „S" bis V6, OUP in V1: > 0,03 s.

2.2 Das Elektrokardiogramm (EKG)

AV-Block II. Grades Typ Wenckebach und 2:1 Blockierung

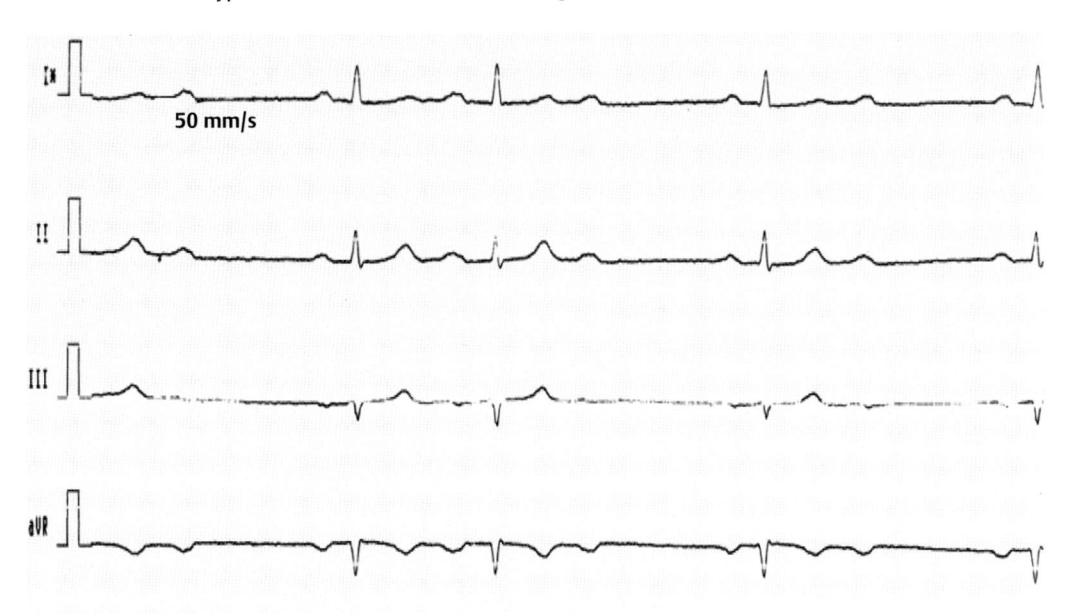

Abb. 2.39 AV-Block II. Grades Typ Wenckebach. Progressive Verlängerung der PQ-Zeit bis zum Ausfall eines QRS-Komplexes, Länge der Pause < 2 × RR-Abstand.

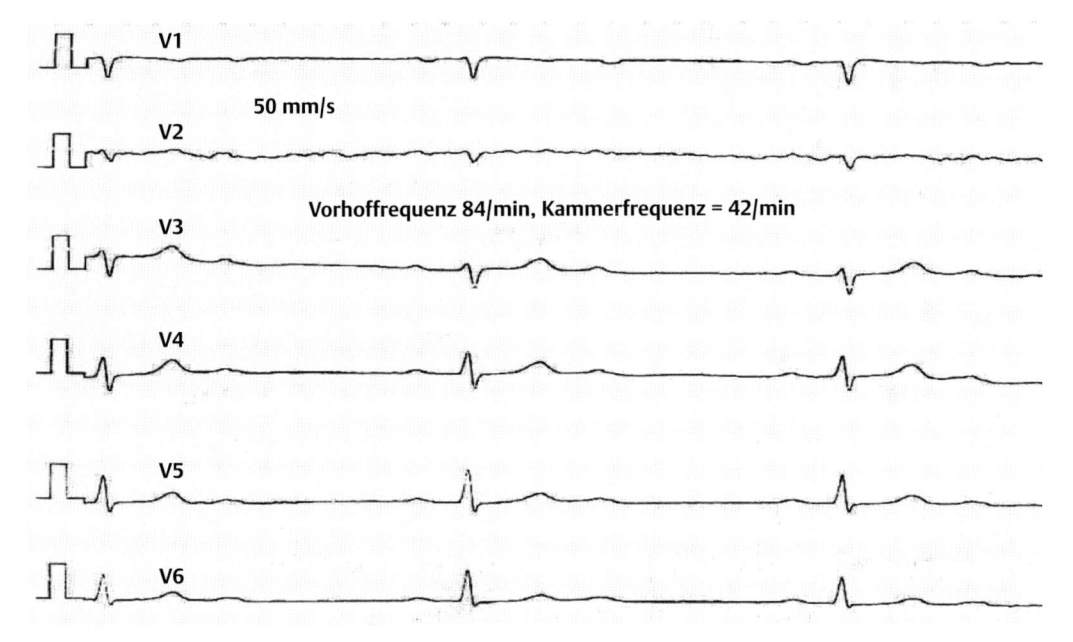

Abb. 2.40 AV-Block II. Grades, Typ 2:1-Block, schmaler Kammerkomplex. AV-Blockierung jeder zweiten Sinusknotenaktion.

Andere intraventrikuläre Leitungsstörungen

Sinusknotenstörungen: Sinusbradykardie

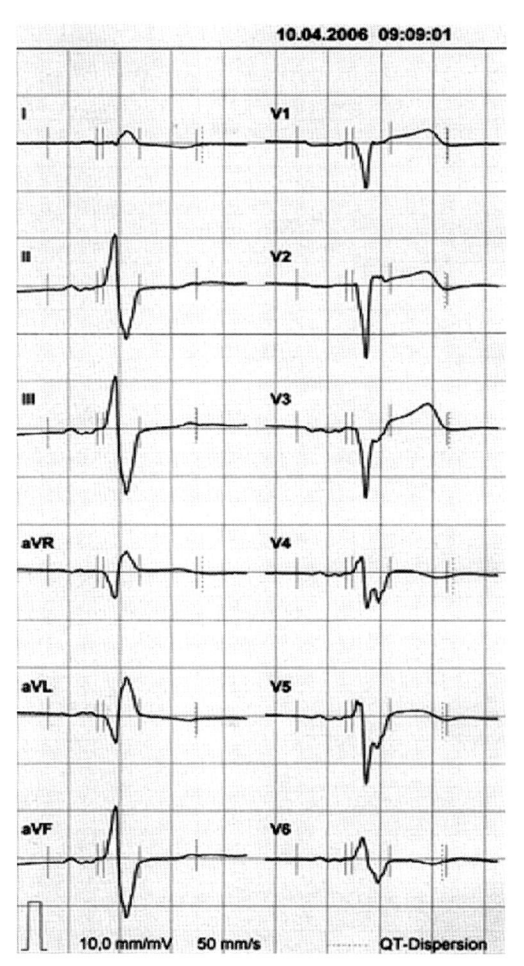

Abb. 2.**41** **Fokalblock nach Infarkt.** Z. n. ausgedehntem Vorderwandinfarkt (Q-Zacke V1–3, R-Reduktion V4–6, Splittung des QRS-Komplexes V3–5 im Sinne eines Fokalblocks.

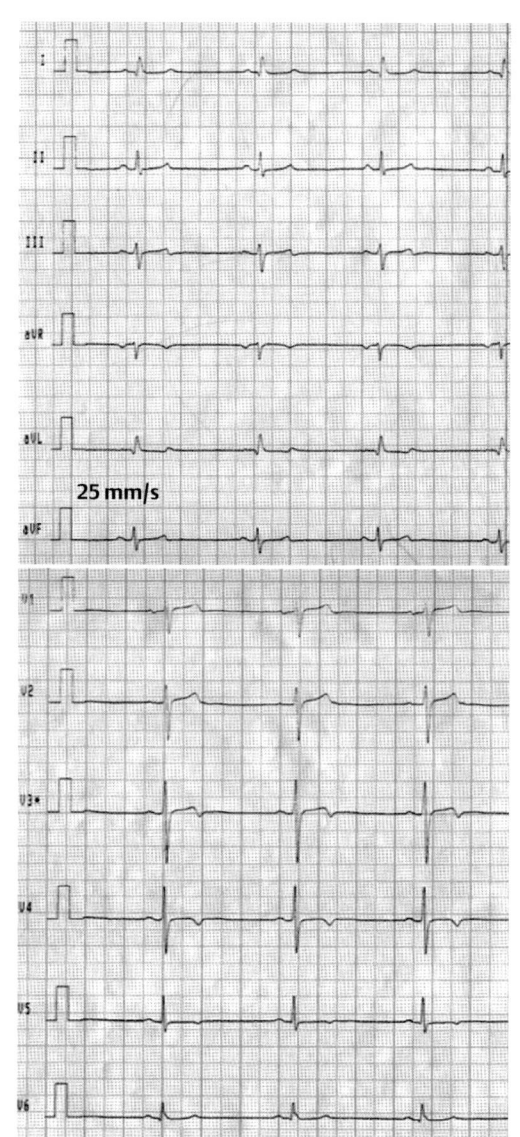

Abb. 2.**42** **Sinusbradykardie.** Sinusbradykardie (44/min), AV-Überleitung im Normbereich, unauffälliger QRS-Komplex.

2.2 Das Elektrokardiogramm (EKG)

Q-Zacke nach Myokardinfarkt

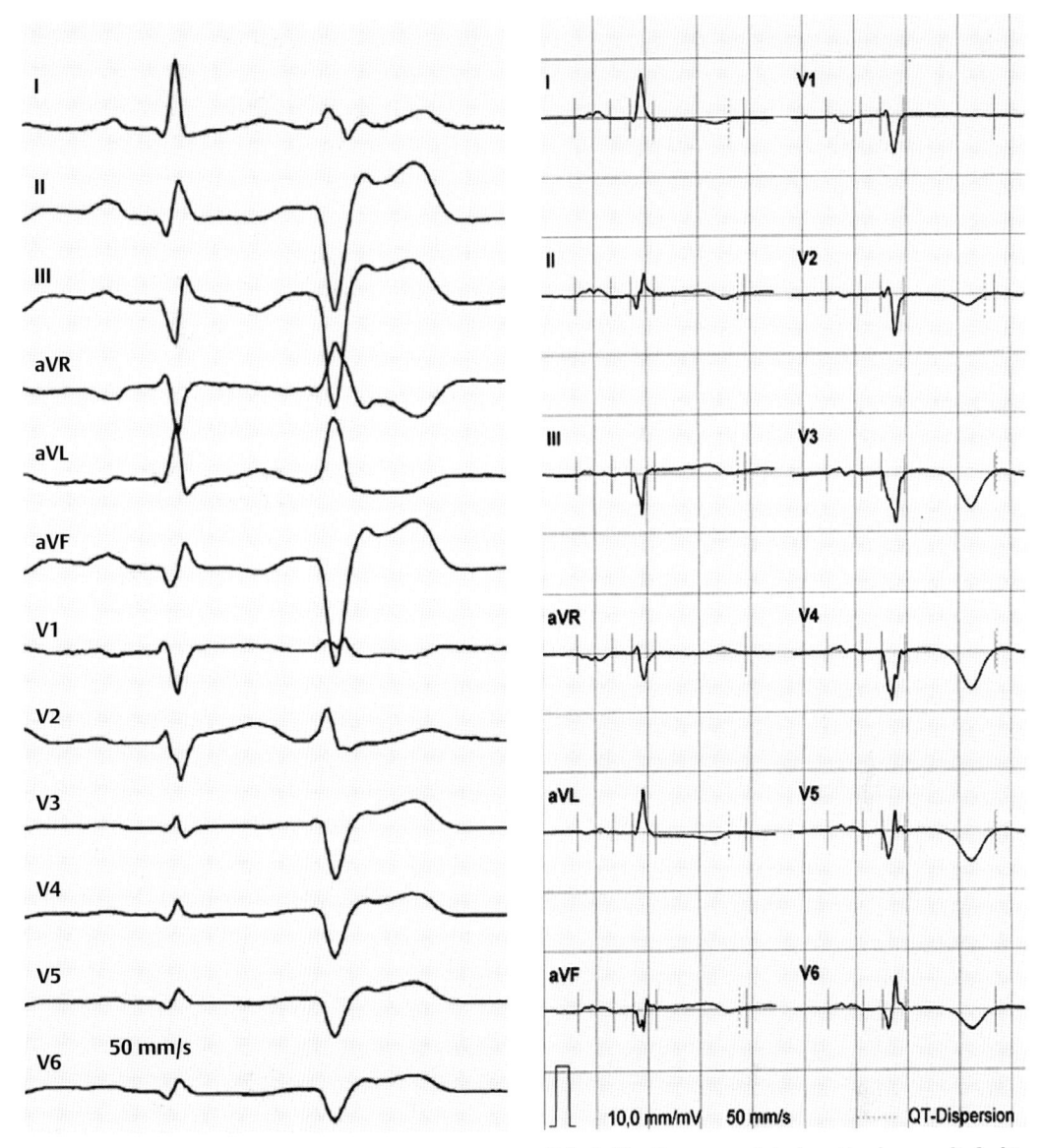

Abb. 2.43 Z. n. Hinterwandinfarkt. Signifikante Q-Zacke in II und III; sowie V4–V6 als Zeichen des alten ausgedehnten Hinterwandinfarkts mit Beteiligung der Lateralwand, ventrikuläre Extrasystolie.

Abb. 2.44 Z. n. ausgedehntem Vorderwandinfarkt. Signifikante Q-Zacke in II (III), V3–6 sowie R-Verlust in V3–4, R-Reduktion in V5–6 als Zeichen des Z. n. Vorderwandinfarkt.

Präexzitationssyndrom

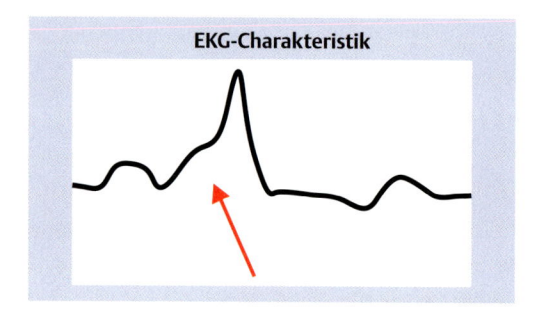

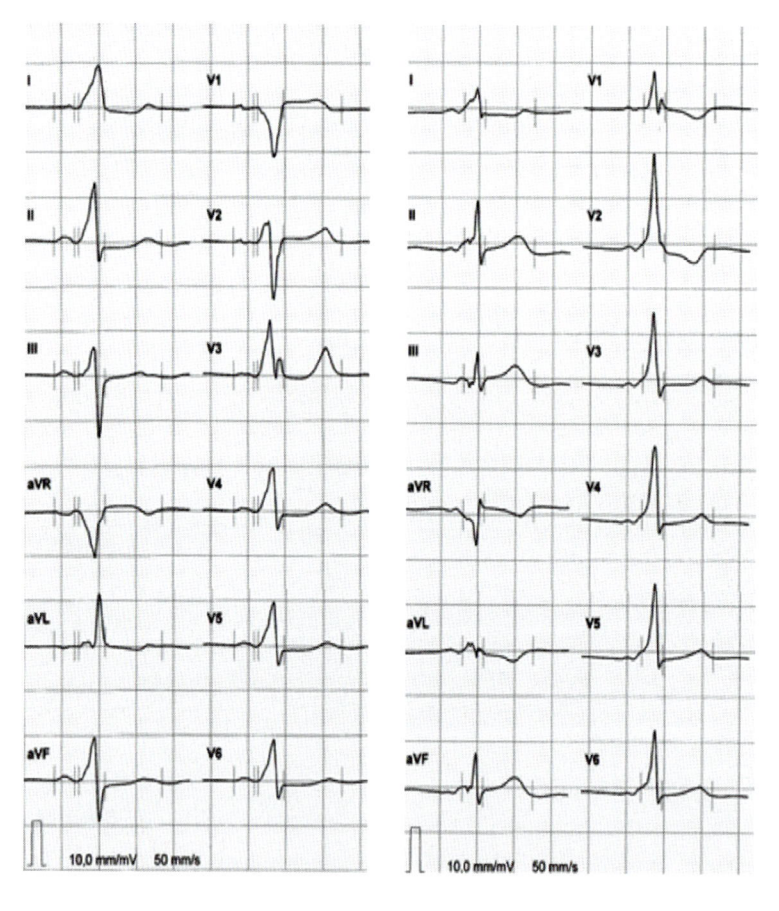

Abb. 2.45 Präexzitationssyndrom mit Deltawelle. Oberflächen-EKG, 12-Kanal-Registrierung, typische Verkürzung der PQ-Zeit < 120 ms sowie Delta-Welle als Zeichen der vorzeitigen Erregung der Kammern durch einen elektrischen „Bypass-Trakt".

Long-QT-Syndrom

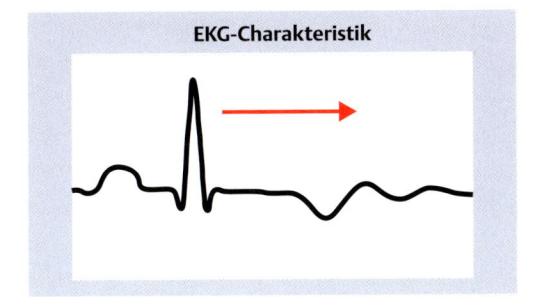

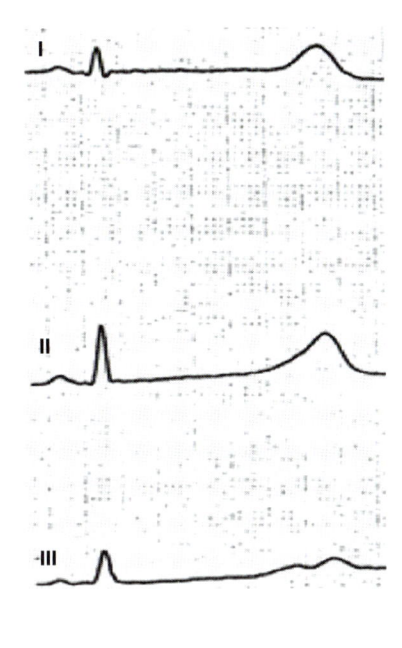

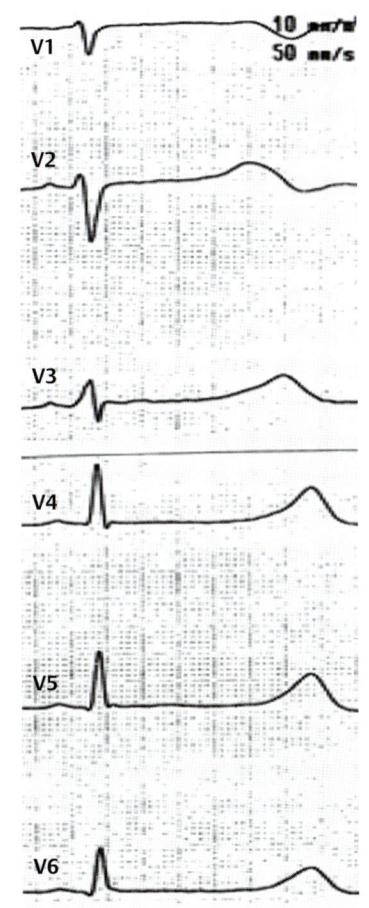

EKG-Charakteristik

Abb. 2.46 Long-QT-Syndrom. Oberflächen-EKG, 12-Kanal-Registrierung. Typische Verlängerung der QT-Zeit sowie Auftreten von U-Wellen.

50 mm/s

Brugada-Syndrom

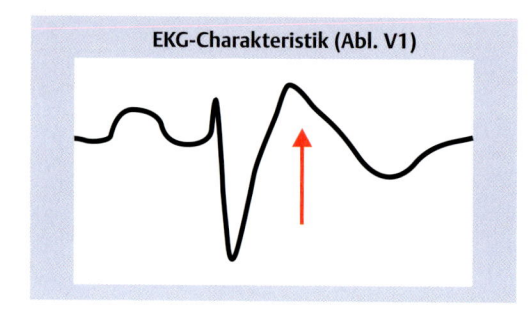

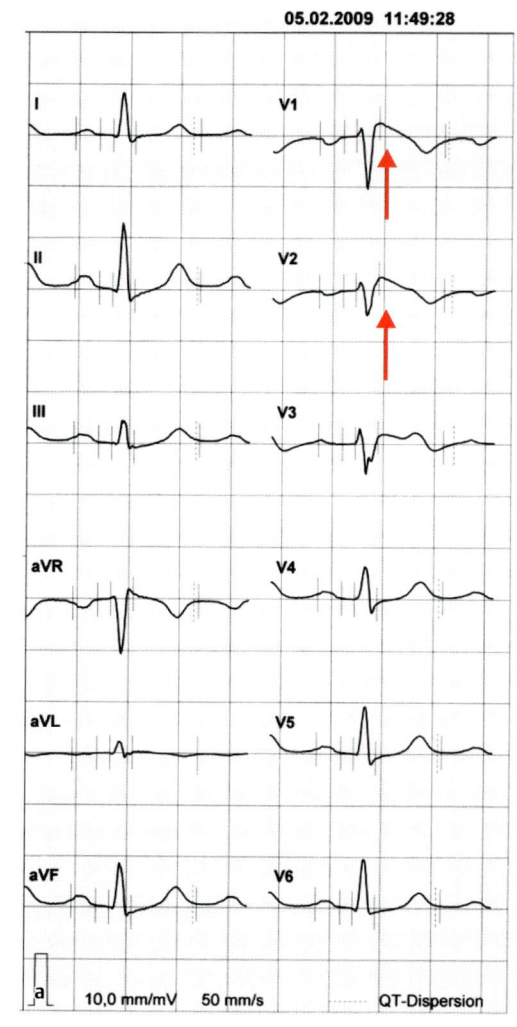

Abb. 2.47 a Brugada-Syndrom. Oberflächen-EKG, 12-Kanal-Registrierung. Typischer zeltförmiger ST-Streckenabgang mit deszendierendem Verlauf in den rechtspräkordialen Ableitungen, Verstärkung durch die Gabe eines Natriumblockers (positiv bei Auftreten von ST-Hebungen ≥ 0,1 mV) in V1–2 (V3); T-Negativierung in V1–3.

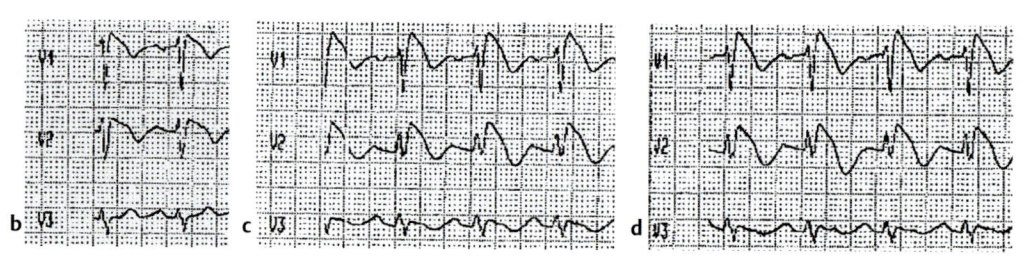

Abb. 2.47 b–d Ajmalintest bei Brugada-Syndrom. b Ausgangsbefund mit zeltförmiger ST-Elevation in V1–2 von 0,2 mV. **c–d** Bereits nach i.v.-Applikation von 25 mg Ajmalin deutliche Verstärkung der ST-Hebung in V1 auf 0,5 mV und in V2 auf 0,6 mV, 25 mm/sec, 1 mm = 0,1 mV, diskrete Veränderungen auch in Abl. V3; ST-Hebung bis 0,1 mV mit zusätzlicher T-Negativierung (die Befunde wurden freundlicherweise von Dres. K. Kleinertz und W. Dänschel, MVZ Am Küchwald, Chemnitz überlassen).

2.2 Das Elektrokardiogramm (EKG) 61

Arrhythmogene rechtsventrikuläre Dysplasie (ARVD)

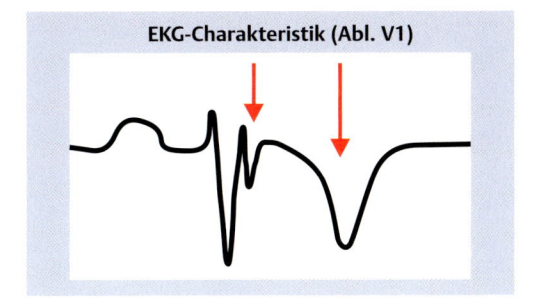

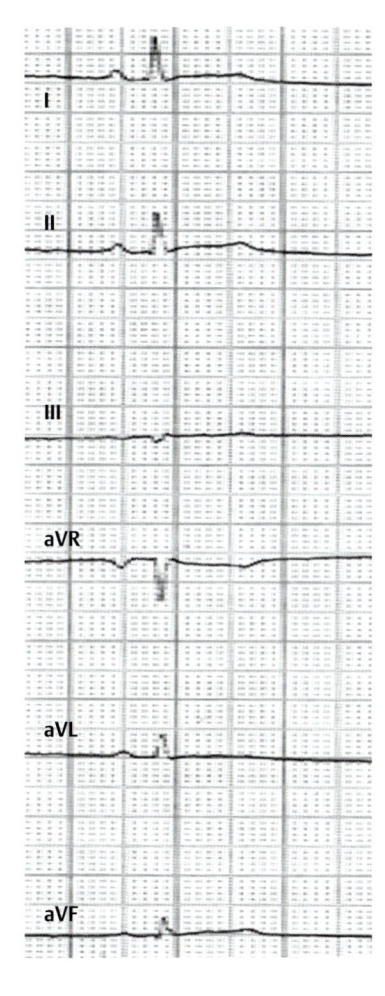

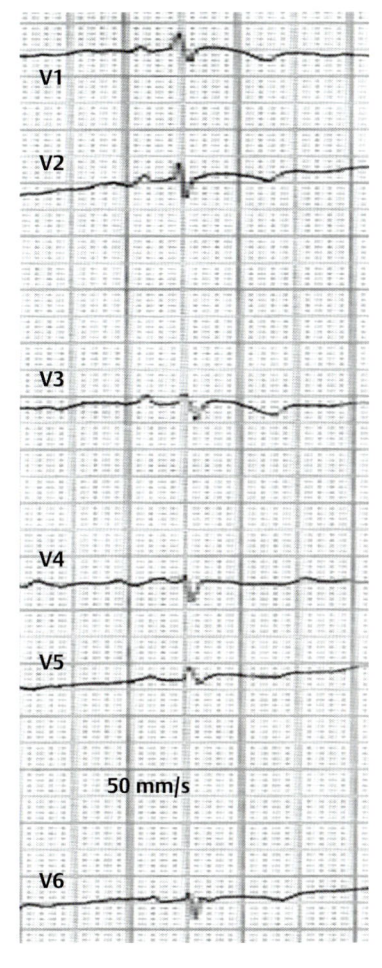

Abb. 2.**48** **ARVD.** Oberflächen-EKG, 12-Kanal-Registrierung. Typische T-Negativierung über die rechtspräkordialen Brustwandableitungen (V1 bis V3), Rechtsschenkelblock, Epsilonwelle (Nachdepolarisation am Ende des QRS-Komplexes).

2.3 EKG-Monitoring

Monitoring: Überbegriff für alle Arten der unmittelbaren systematischen Erfassung, Beobachtung oder Überwachung eines Vorgangs oder Prozesses mittels technischer Hilfsmittel oder anderer Beobachtungssysteme (www.wikipedia.de).

Primäres Ziel des EKG-Monitorings: Nachweis einer Symptom-Rhythmus-Korrelation, d.h. EKG-Registrierung und Rhythmusdokumentation während der Synkope! Prinzipiell können während einer Synkope folgende Befunde auftreten:
1. normofrequenter Sinusrhythmus während Synkope: gleichbedeutend dem Ausschluss einer arrhythmogenen Synkopenursache
2. relevante Arrhythmie während einer Synkope: spricht mit hoher Wahrscheinlichkeit dafür, dass es sich dabei um die Synkopenursache handelt
3. vasovagale Synkopen: bilden einen Sonderfall, da sie entweder mit einem Sinusrhythmus oder mit relevanten Bradykardien (dann differenzialdiagnostische Abgrenzung zur arrhythmogenen Synkope erforderlich) einhergehen können; Anamnese, Klinik und das Rhythmusverhalten vor Eintreten der Synkope sind dann für die Differenzialdiagnostik von entscheidender Bedeutung

---

I. Diagnostischer Stellenwert des Monitorings (ILR/ELR)

Klasse I

1. Monitoringbefunde sind diagnostisch wenn:
   1.1 Eine zeitliche Korrelation zwischen Synkope und Arrhythmie dokumentiert wird (Level B).
   1.2 Bei Fehlen einer solchen Korrelation, aber bei Dokumentation von:
   ▶ Pausen > 3 Sekunden oder Perioden intermittierender AV-Blockierungen Typ Mobitz II oder Grad III beim wachen Patienten (Ausnahmen bei jungen trainierten Personen, während der Schlafphase, unter Medikation oder frequenzkontrolliertem Vorhofflimmern) (Level C)
   ▶ schnellen paroxysmalen supraventrikulären oder ventrikulären Tachykardien (> 160/min und > 32 konsekutive Schläge) (Level C)
2. EKG-Monitoringbefunde schließen eine arrhythmogene Synkopenursache aus, wenn keine Korrelation zwischen Synkope und Rhythmusvariationen nachweisbar ist (Level B).

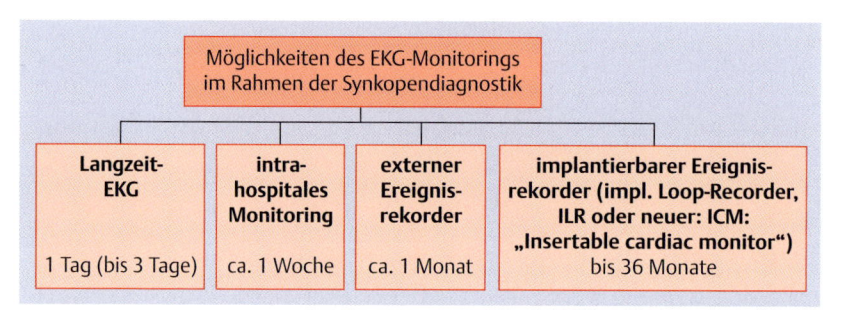

Abb. 2.**49** EKG-Monitoring bei Synkopendiagnostik.

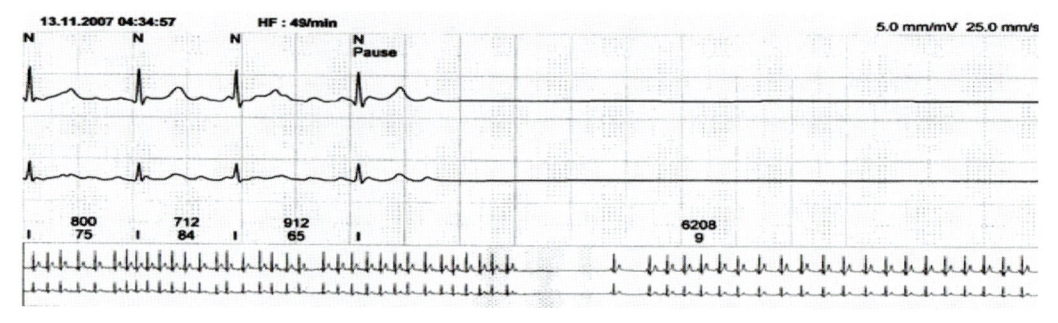

Abb. 2.50 Symptom-Rhythmus-Korrelation bei Patient mit häufigen rezidivierenden Synkopen und Präsynkopen; Dokumentation einer präautomatischen Pause von 6,2 s mit klinischer Präsynkope bei Bradykardie-Tachykardie-Syndrom (das intermittierende Vorhofflimmern wurde nicht bemerkt!).

2.3 EKG-Monitoring

Klasse III Level C

EKG-Monitoringbefunde sind nicht diagnostisch und das Monitoring sollte fortgeführt werden, im Falle von:

1. Präsynkopen ohne relevante Arrhythmien (wie oben aufgelistet)
2. Anderen asymptomatischen Arrhythmien, als die oben aufgelisteten
3. Sinusbradykardie ohne Synkope

Nach Brignole et al. Indications for the use of diagnostic implantable and external ECG loop recorders. Europace 2009; 11: 671–687

Korrelation zwischen Symptomen und EKG-Dokumentation bei Langzeit-EKG-Untersuchungen

Gibson TC et al. Diagnostic efficacy of 24-hour electrocardiographic monitoring for syncope. Am J Cardiol 1984; 53: 1013–1017

Analyse von 1512 LZ-EKG-Untersuchungen bei Patienten mit Z. n. Synkope; Untersuchung der Korrelation zwischen Symptomen und Auftreten relevanter Arrhythmien (SA-Blockierungen, höhergradiger AV-Block, schnelle ventrikuläre Tachykardie und supraventrikuläre Tachykardie).
Ergebnisse: In nur 2 % aller Untersuchungen Auftreten von arrhythmiebedingten Symptomen! In 15 % Auftreten von Symptomen ohne Arrhythmien, s. Abb. 2.**51**.

Kapoor WN. Evaluation and management of the patient with syncope. JAMA 1992; 68: 2553–2560

Metaanalyse von 8 Studien mit Langzeit-EKG-Untersuchungen; in 4 % definitive Symptom-Arrhythmie-Korrelation, in weiteren 15 % der Untersuchungen Auftreten von Symptomen ohne Arrhythmie!

Registrierdauerverlängerung auf 72 h: keine signifikante Verbesserung der diagnostischen Wertigkeit.

Fazit: Während einer Langzeit-EKG-Registrierung kommt es nur sehr selten zum Auftreten von Synkopen und nur die Hälfte davon sind arrhythmiebedingt. Eine Verlängerung der Registrierdauer auf 72 h bringt keine Verbesserung der diagnostischen Aussage. Die Langzeit-EKG-Untersuchung hat von allen Monitoring-Untersuchungen die geringste Symptom-Rhythmus-Korrelation.

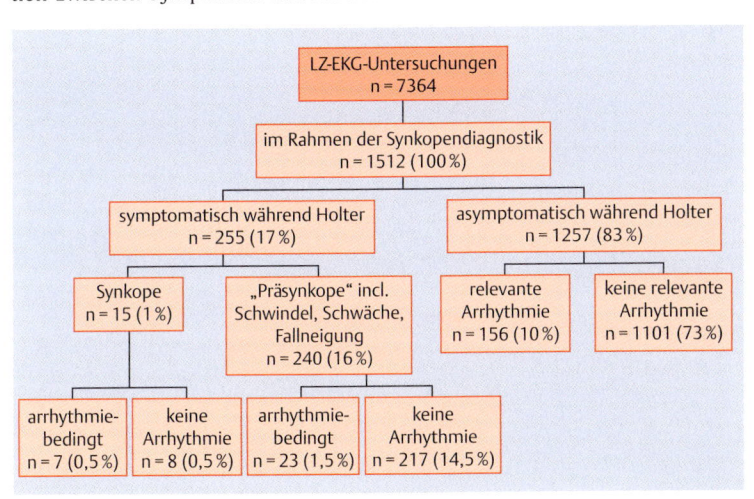

Abb. 2.51 Symptom-Rhythmus-Korrelation bei 1512 LZ-EKG-Untersuchungen (nach Gibson et al.).

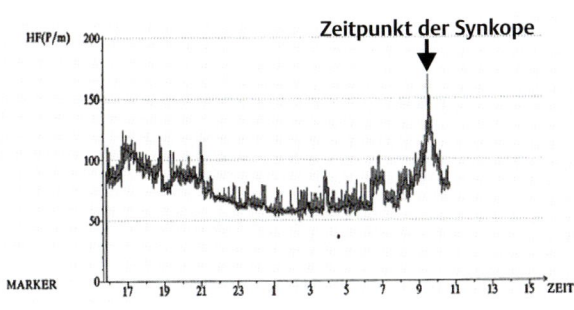

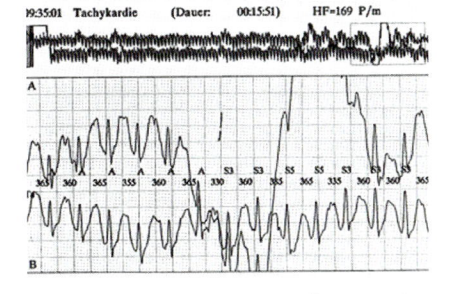

Abb. 2.52 Symptom-Rhythmus-Korrelation. Synkope während der LZ-EKG-Registrierung; Dokumentation einer Sinustachykardie während Synkope, Frequenzanstieg vor Synkope und Ausschluss von Arrhythmien während des Ereignisses weisen in diesem Fall auf eine vasodepressorische Form der neurokardiogenen Synkope hin.

Auftreten von asymptomatischen Indikatorarrhythmien während Langzeit-EKG-Untersuchungen

Kühne et al. Holter monitoring for syncope: diagnostic yield in different patient groups and impact on device implantation. QJ Med 2007; 100: 771–777

Retrospektive Analyse von 4877 Langzeit-EKG-Untersuchungen, 826 Patienten mit Z. n. Synkope. Mittleres Alter: 72 ± 15 Jahre (19–96 Jahre), Frauen: n = 445 (75 ± 15 Jahre), Männer: n = 381 (69 ± 16 Jahre). 45% der Patienten mit struktureller Herzerkrankung. Linksventrikuläre EF: 57 ± 10% (Daten der LVEF bei 626 Patienten verfügbar).

Ergebnisse: Auftreten von Indikatorarrhythmien: nur 8,6% (s. Abb. 2.**53**) während 24-h-Registrierung.

Subgruppenanalyse:
1. 107 Patienten mit Z. n. Myokardinfarkt (LV-EF = 44 ± 12%). Holter diagnostisch in 15 (14%) Fällen (davon nur eine ventrikuläre Tachykardie!)
2. 28 Patienten mit deutlich eingeschränkter LV-EF (<35%). Holter diagnostisch in 6 (21%) Fällen (dabei keine ventrikulären Arrhythmien).

Bass B et al. The duration of Holter monitoring in patients with syncope. Is 24 hours enough? Archives of Internal Medicine 1990; 150: 1073–1078

Analyse von 95 konsekutiven Patienten mit Z. n. Synkope, Mittleres Alter: 61 Jahre, 59% weiblich.

Ergebnisse: Auftreten von Indikatorarrhythmien: bei 26 Patienten (27%) nach insgesamt 72 h Aufzeichnungsdauer!
▶ Nach erster 24-h-Untersuchung: 14 Patienten mit Befund (15%)
▶ Nach zweiter 24-h-Untersuchung: 9 weitere Patienten mit Befund (insgesamt 24%)
▶ Nach dritter 24-h-Untersuchung: 3 weitere Patienten mit Befund (insgesamt 27%)

Arrhythmiebefunde: nicht beständige ventrikuläre Tachykardie n = 19, Asystolie >2,0 s n = 8, kompletter AV-Block n = 1, „schwerwiegende" Bradykardie n = 1.

Risikofaktoren für das Auftreten eines „pathologischen" LZ-EKG-Befundes:
▶ Alter >65 Jahre (2,2-fach),
▶ männliches Geschlecht (2,0-fach),
▶ bekannte Herzerkrankung (2,2-fach),
▶ initial „Nichtsinusrhythmus" (3,5-fach).

> **Fazit:** Asymptomatische Indikatorarrhythmien (Pausen >3 Sekunden, intermittierende AV-Blockierungen Mobitz II oder Grad III, schnelle paroxysmale ventrikuläre Tachykardien; s. diagnostischer Stellenwert) können mittels 24-h-Langzeit-EKG-Untersuchung in 9 bis 15% nachgewiesen werden. Die Verlängerung der Aufzeichnungsdauer auf 72 h kann die diagnostische Aussagekraft auf 27% anheben. Als optimale Aufzeichnungsdauer werden 48 h angesehen, da hierbei bereits in 24% der Untersuchungen Indikatorarrhythmien gefunden werden.

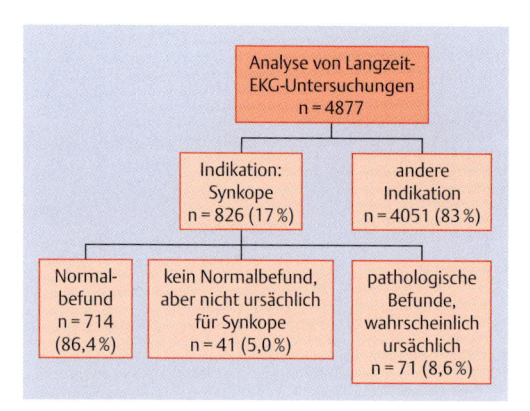

Abb. 2.53 Langzeit-EKG-Untersuchungen bei Patienten mit Z. n. Synkope, Flussdiagramm und Ergebnisse (nach Kühne et al.).

Generelle Indikationen zur Synkopendiagnostik mittels EKG-Monitoring

Das EKG-Monitoring ist bei Patienten indiziert, bei denen die Klinik oder EKG-Veränderungen (s. Kapitel EKG, S. 40 Tab. 2.4 und 2.5) auf eine arrhythmogene Synkope hinweisen. Die Dauer (und Technologie) des Monitorings sollten anhand des Patientenrisikos sowie der Rezidivrate ausgewählt werden! (Klasse I Level B)

Indikation zum intrahospitalen Monitoring

Das intrahospitale Monitoring (am Bett oder telemetrisch) ist bei Hochrisikopatienten indiziert (Risikokriterien s. S. 26, Tab. 2.1 a, z.B. wenn der Patient eine strukturelle Herzerkrankung hat und einem hohen Risiko am Auftreten von lebensgefährlichen Arrhythmien ausgesetzt ist) (Klasse I Level C).

Indikation zum Holter-Monitoring

Das Holter-Monitoring ist indiziert bei Patienten mit häufigen Synkopen oder Präsynkopen > 1 pro Woche.

Indikation zum externen Ereignisrekorder s. S. 67 und zum implantierbaren Ereignisrekorder s. S. 107

Nach Moya A, Sutton R et al. Guidelines for the diagnosis and management of syncope (version 2009). The Task Force for the Diagnosis and Management of Syncope of the European Society of Cardiology (ESC), www.escardio.org/guidelines

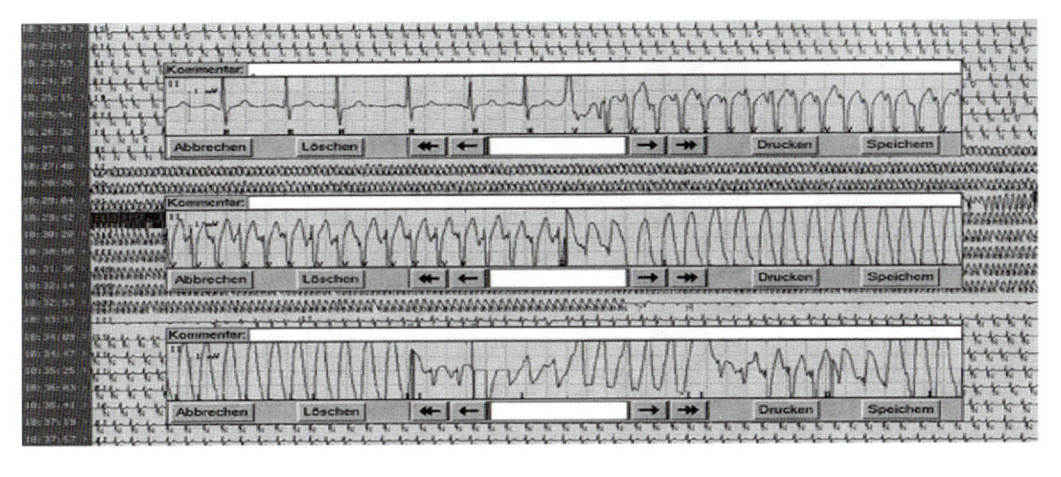

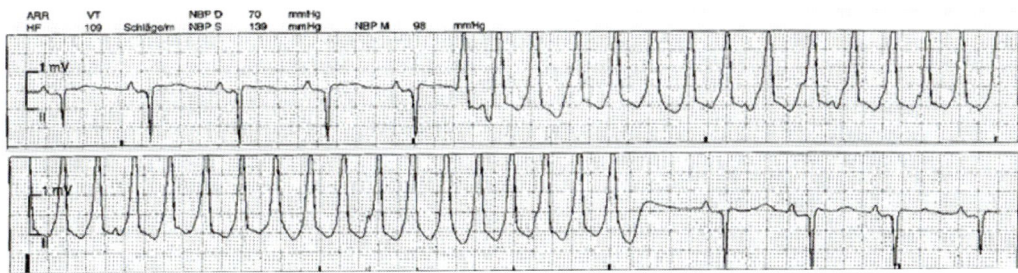

Abb. 2.**54** Monitor-Dokumentation von hochfrequenten ventrikulären Tachykardien während stationärer Überwachung.

Externer Ereignisrekorder („external loop recorder", ELR)

Aufnahme eines 5 bis 10 min langen Elektrokardiogramms und temporäre Speicherung, Möglichkeit der Fixierung des EKGs durch Aktivierung durch den Patienten, danach transtelefonische Übertragung und Auswertung durch geschultes Personal.
- ▶ Vorteile gegenüber dem Holter-Monitoring: längere Aufzeichnungsdauer (bis 4 Wochen) – je nach Patiententoleranz
- ▶ Nachteile: diskontinuierliche EKG-Aufzeichnung, hohe Patientencompliance und -motivation erforderlich.

Sivakumaran et al. A prospective randomized comparison of loop recorders versus Holter monitors in patients with syncope or presyncope (COLAPS-Trial). Am J Med 2003; 115: 1–5

Randomisierung von insgesamt 100 Patienten mit Z. n. Synkope (n = 21), Z. n. Präsynkope (n = 29) oder beidem (n = 50) entweder zu einer 48-h-Holteruntersuchung (HOL) oder zur Versorgung mit einem externen Schleifenrekorder (ELR) für 1 Monat, Cross-over nach ineffektiver Diagnostik zur jeweils anderen Untersuchungsmethode möglich, mittleres Alter 56 ± 20 Jahre, 44 % weiblich.

Ergebnisse (s. Abb. 2.**56**):
1. Symptom-Rhythmus-Korrelation inkl. Cross-over-Patienten: ELR = 56 % (44/78) vs. HOL = 22 % (12/55) p. s.,
2. Nur bei einem Patienten konnte eine Arrhythmie als Synkopenursache dokumentiert werden.
3. Hohe Rate an Aktivierungs-Versagern bei ELR: 23 % (13/57).

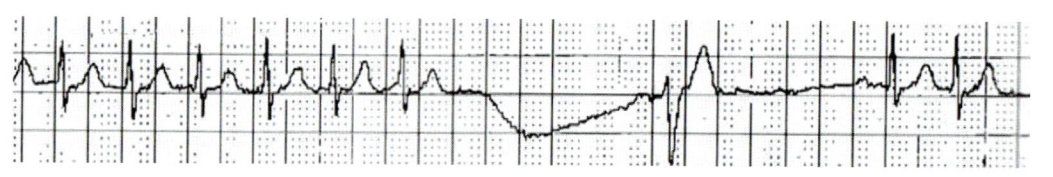

Abb. 2.55 Dokumentation einer präautomatischen Pause mittels externem Monitoring.

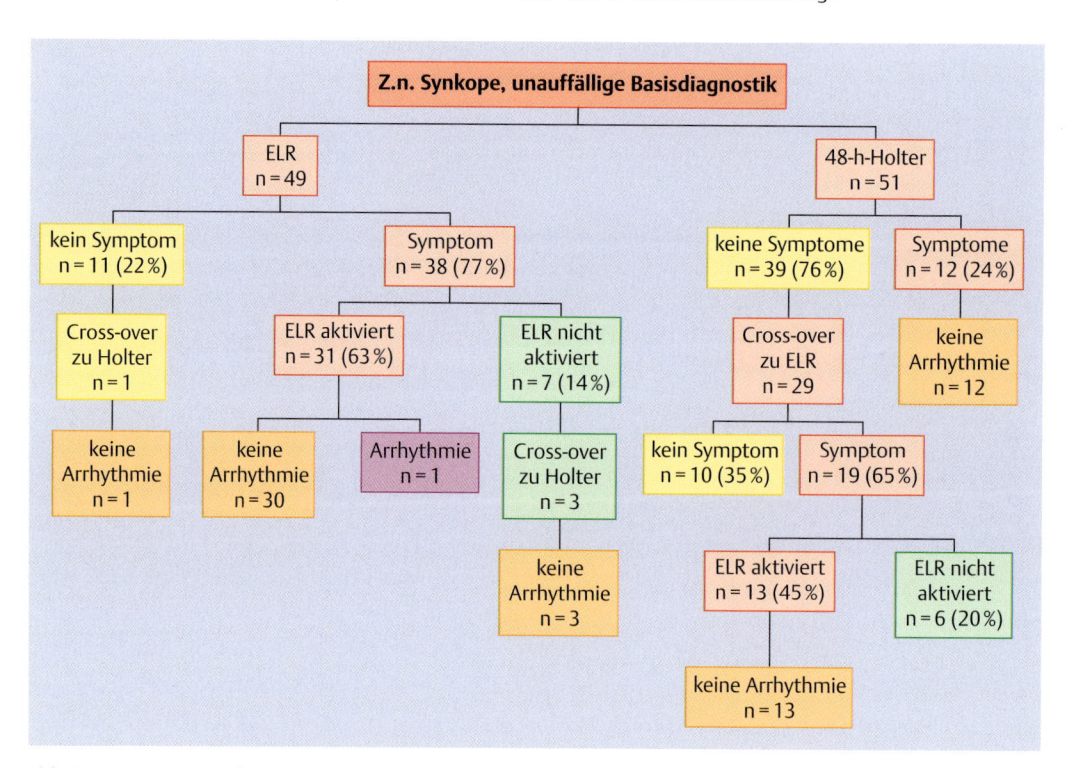

Abb. 2.**56** Diagnostische Wertigkeit von 48-h-Langzeit-EKG-Untersuchung und externem Schleifenrekorder bei Patienten mit Z. n. Synkope/Präsynkope, Flussdiagramm und Ergebnisse, nach Sivakumaran et al.

Rockx MA et al. Is ambulatory monitoring for "community acquired" syncope economically attractive? A cost-effectiveness analysis of a randomized trial of external loop recorders versus Holter monitoring. American Heart Journal 2005; 150: 1065.e1–1065.e5

▶ Kostenanalyse der Studie von Sivakumaran (s. S. 66): Kosten per ELR: 533,56 US$ vs. HOL: 177,64 US$
▶ Folgekosten nach erfolgreicher Diagnostik: ELR: 901,74 US$

Vorgeschlagenes diagnostisches Vorgehen: Zunächst Holter-Monitoring und anschließend bei nicht erfolgreicher Diagnostik ELR-Versorgung; Kosten: 481 ± 267 US$ (bei umgekehrtem Vorgehen höhere Kosten von 551 ± 83 US$).

Gula et al. External loop recorders: Determinants of diagnostic yield in patients with syncope. Am Heart J 2004; 147: 644–648

▶ Datenanalyse aller ELR-versorgten Patienten des COLAPS-Trials, n = 78 (mittleres Alter: 64,3 ± 11,6 Jahre), initiale Randomisierung: n = 49 und Crossover-Patienten: n = 29.
▶ Vergleich der Patienten mit erfolgreicher und nicht erfolgreicher ELR-Aktivierung.

Ergebnisse: Daten von 74 Patienten verfügbar
▶ erneute Symptome: n = 54 (73 %)
▶ Synkopen: n = 3 (4 %)
▶ Präsynkope: n = 51 (69 %)
▶ im Median nach 15 Tagen, Anzahl gestellter Diagnosen in Abhängigkeit von der Dauer des Tragens des ELR, s. Abb. 2.57.

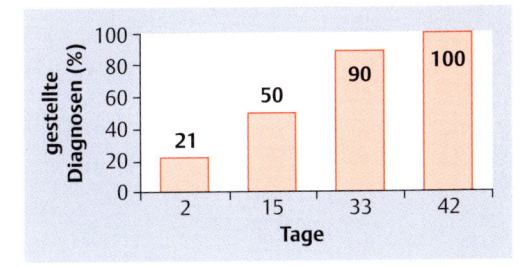

Abb. 2.57 Prozentualer Anteil gestellter Diagnosen in Abhängigkeit von der Dauer des Tragens des ELR (nach Gula et al.).

Patienten mit erfolgreicher Test-Transmission (vor Studienbeginn Unterweisung der Patienten im Umgang mit dem ELR), waren eher in der Lage, den ELR bei Symptomen zu aktivieren (97,6 vs. 70 %). Mittlere Anzahl an klinischen Transmissionen: 3,0.

Patienten mit erfolgreicher Transmission waren außerdem weniger häufig Singles, hatten mehr Angst vor einem erneuten Ereignis, hatten mehr klinische Episoden vor Studienbeginn und waren mehr mit VCR-Geräten vertraut (höherer technologischer Score).

Fazit: Die Symptom-Rhythmus-Korrelation bei ELR liegt zwischen ca. 20 und 50 %. Patienten sollten das Gerät dabei mindestens 30 Tage tragen. Aktivierungsprobleme bzw. -versager findet man bei ca. 1/3 der Patienten. Um die Rate an „Aktivierungsversagern" zu minimieren, sollten die Patienten ausreichend motiviert sein und einer Schulung über den Gebrauch des ELR unterzogen werden.

Indikation zur Synkopendiagnostik mittels externem Ereignisrekorder: Klasse II A

Externe Ereignisrekorder können indiziert sein bei Patienten mit rezidivierenden (Prä)Synkopen und:

▶ einem „Inter-Symptom-Intervall" ≤ 4 Wochen,
▶ dem Verdacht auf eine arrhythmogene Ursache (Klinik oder EKG-Veränderungen, s. Tab. 2.5, S. 40)
▶ sowie dem Fehlen von Hochrisikokriterien (s. Tab. 2.1 a, S. 26, bei deren Vorliegen eine umgehende Hospitalisation oder intensive Evaluierung erforderlich wäre).

Mod. nach Brignole et al. Indications for the use of diagnostic implantable and external ECG loop recorders. Europace 2009; 11: 671–687

Eine Übersicht über die am häufigsten verwendeten externen Ereignisrekorder sowie deren technische Daten ist in den aktuellen Guidelines verfügbar:
Brignole et al. Indications for the use of diagnostic implantable and external ECG loop recorders. Europace 2009; 11: 671–687

2.4 Die Kipptischuntersuchung

2.4.1 Einleitung

Spezielle Untersuchung zur Diagnostik neurokardiogener (vasovagaler) Synkopen.

Rationale

Passives Aufrichten führt zur Verlagerung von ca. 0,5–1 l Blut in die unteren Extremitäten ohne Aktivierung der Muskelpumpe (orthostatischer Stress), nachfolgend sympathische Überaktivierung und Provokation einer Reflexsynkope (s. Pathophysiologie der neurokardiogenen Synkope).

Anforderungen (Abb. 2.58)

Patient: über Untersuchung ausreichend aufgeklärt, Einwilligung unterschrieben, nüchtern, jedoch ausreichend hydriert, antihypertensive Therapie 5 Halbwertszeiten pausiert (sofern vertretbar), venöser Zugang
Personell: erfahrene Schwester/Pfleger, Arzt in Rufweite
Räumlichkeit: ruhig, gedämpftes Licht
Technische Ausrüstung: nichtinvasive Blutdruckmessung; am besten beat-to-beat, in der Regel wird aber meist ein Sphygmomanometer verwendet. Kipptisch mit Fußbrett und Haltegurten für Patient, Erreichen der Ruheposition innerhalb 10 s

Protokoll

Ruhephase 20 min nach venöser Kanülierung (5 min, sofern kein venöser Zugang erfolgt). Ankippen auf 60–70° für 20 min bis max. 45 min (passive Phase), danach medikamentöse Provokation über 15 min bis max. 20 min mittels 300–400 µg Nitroglyzerin sublingual (1 Hub) oder seltener Isoproterenolinfusion 1 bis 3 µg/min bis zur Steigerung der Herzfrequenz auf 20–25 % der Ausgangsfrequenz, danach Beendigung der Untersuchung (Klasse IB).

Beurteilung

- positiv bei Auftreten einer Synkope
- fraglich positiv bei Schwindel/Präsynkope mit Bradykardie < 40/min über 3 min oder intermittierendem AV-Block III. Grades oder Asystolie > 3 s oder systolischer Hypotonie < 90 mmHg
- negativ bei fehlenden Symptomen oder Beschwerden ohne Blutdruck- oder EKG-Veränderungen

Diagnostischer Stellenwert

- Synkopenreproduktion beweisend bei Patienten ohne strukturelle Herzerkrankung (I/B)
- bei struktureller Herzerkrankung erst beweisend nach vorherigem Ausschluss von Arrhythmien oder anderen kardialen Ursachen (IIa/C)
- Induktion einer reflektorischen Hypotonie/Bradykardie ohne Synkope kann beweisend für Reflexsynkopen sein (IIa/B)

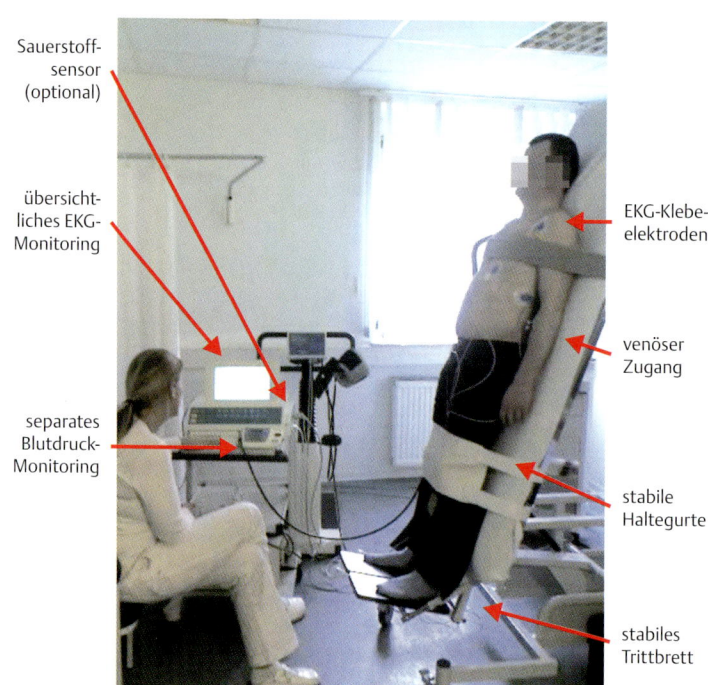

Abb. 2.58 Kipptischuntersuchung in der Praxis – Anforderungen und Durchführung.

2.4 Die Kipptischuntersuchung

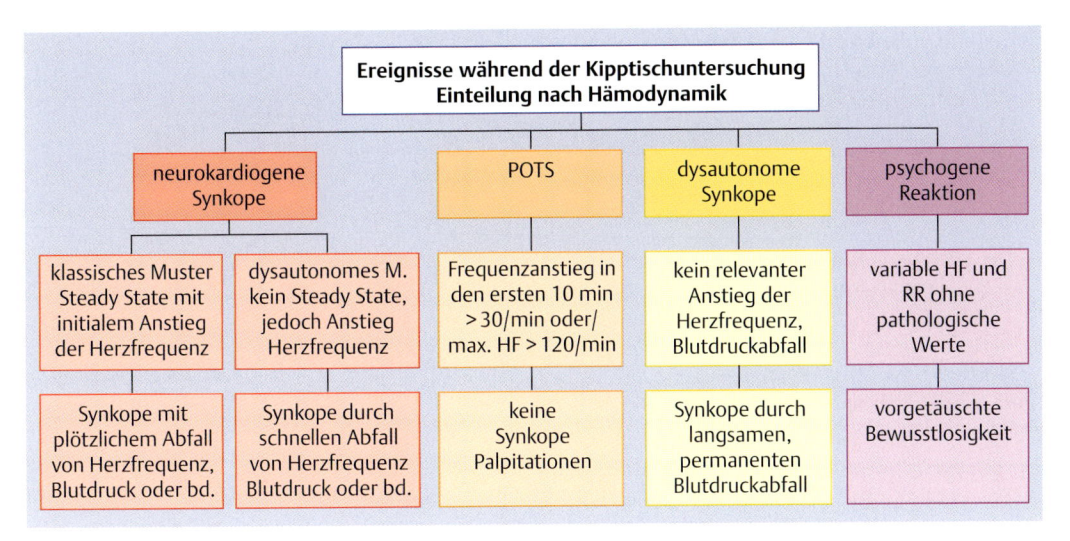

Abb. 2.59 Übersicht über mögliche klinische Ereignisse während einer Kipptischuntersuchung. POTS: posturales Tachykardiesyndrom; dysautonome Synkope: Synkope bei orthostatischer Intoleranz.

▶ Induktion eines „Bewusstseinsverlusts" ohne Hypotonie/Bradykardie sollte diagnostisch hinsichtlich einer psychogenen Pseudosynkope bewertet werden (IIa/C) (nach Moya A, Sutton R et al.)

2.4.2 Klinische Ereignisse bei Kipptischuntersuchung

Einteilung von neurokardiogenen Synkopen während der Kipptischuntersuchung nach der *klassischen* „VASIS"-Klassifikation

Beurteilung des Verhältnisses zwischen Blutdruck und Herzfrequenz während Synkope, dabei keine Beurteilung des Kreislaufverhaltens vor der Synkope.
Typ 1 (Mischtyp): initialer Anstieg der Herzfrequenz mit plötzlichem Abfall von Blutdruck und Herzfrequenz (nicht unter 40/min oder unter 40/min für weniger als 10 s und ohne Asystolie > 3,0 s)
Typ 2 (kardioinhibitorisch): nach initialem Anstieg der Herzfrequenz plötzlicher Abfall der Herzfrequenz unter 40/min für mindestens 10 s oder Asystolie > 3,0 s
▶ 2 A: Blutdruckabfall zeitlich noch vor dem Abfall der Herzfrequenz
▶ 2 B: Blutdruckabfall gleichzeitig mit dem Abfall der Herzfrequenz
(Einteilung in Typ A und B war ursprünglich gedacht, um eine bessere Therapieentscheidung finden zu können, z.B. für Herzschrittmacherversorgung)

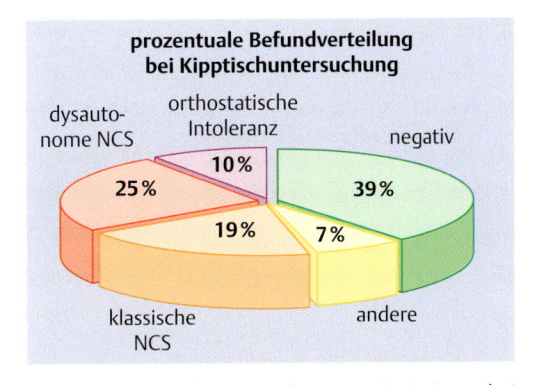

Abb. 2.60 Häufigkeitsverteilung von Ereignissen bei Kipptischuntersuchung, n = 189 (nach Brignole et al. Europace 2000; 2: 66–76).

Typ 3 (vasodepressorisch): stetiger Anstieg der Herzfrequenz mit plötzlichem Abfall des Blutdruckes ohne wesentliche Verringerung der Herzfrequenz (nicht mehr als 10% der Maximalfrequenz)
▶ Ausnahme 1: chronotrope Inkompetenz (CI): kein adäquater Anstieg der Herzfrequenz während der Kipptischuntersuchung (weniger als 10% der Ausgangsfrequenz)
▶ Ausnahme 2: überschießender Frequenzanstieg (HFR): exzessiver und anhaltender Anstieg der Herzfrequenz > 130/min bis kurz vor Synkope

Nach Sutton et al. Proposed classification for tilt induced vasovagal syncope. Eur J Cardiac Pacing 1992; 2: 180–183.

Einteilung von neurokardiogenen Synkopen während der Kipptischuntersuchung nach der modifizierten „VASIS"-Klassifikation

▶ Typ 1 (Mischform), Typ 3 (vasodepressorisch), chronotrope Inkompetenz (CI) und überschießender Frequenzanstieg (HFR) identisch zur klassischen Einteilung
▶ Typ 2 (kardioinhibitorisch):
  – 2 A: ohne Asystolie – keine Asystolie > 3,0 s, Abfall der Herzfrequenz unter 40/min für mehr als 10 s
  – 2 B: mit Asystolie – Asystolie > 3,0 s

Prozentuale Häufigkeitsverteilung s. Abb. 2.**61**.

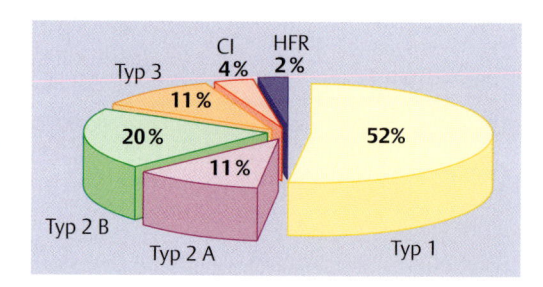

Abb. 2.**61** Häufigkeitsverteilung von neurokardiogenen Synkopen nach modifizierter VASIS-Klassifikation (nach Brignole et al. Europace 2000; 2: 66–76).

Einteilung von Reaktionsmustern bei Synkopen während der Kipptischuntersuchung (Abb. 2.**62**)

Im Unterschied zu der ursprünglichen VASIS-Klassifikation zusätzliche Beurteilung des Blutdruckes in der präsynkopalen Phase!

1. *Klassisches vasovagales (neurokardiogenes) Synkopenmuster:*
   – Nach Aufrichten volle Kreislaufkompensation (Steady State) – Aktivierung des Sympathikus mit Herzfrequenzanstieg und geringem Anstieg des diastolischen Blutdrucks.
   – Beginn der synkopalen Phase mit abruptem Abfall des diastolischen Blutdrucks als Zeichen der sympathischen Blockade, nachfolgend Abfall des systolischen Blutdrucks und der Herzfrequenz, Auftreten von klinischen Symptomen bis zur Synkope.

2. *Dysautonomes vasovagales (neurokardiogenes) Synkopenmuster:*
   – Nach Aufrichten keine volle Kreislaufkompensation (Steady State wird nicht erreicht) – somit langsamer, progressiver Abfall des diastolischen Blutdrucks, jedoch Anstieg der Herzfrequenz, Patienten bleiben in der Regel asymptomatisch.
   – Einleitung der synkopalen Phase anhand eines plötzlich deutlich stärker abfallenden diastolischen Blutdrucks sichtbar (80 mmHg systolisch kritischer Wert), Herzfrequenz steigt nicht mehr an oder beginnt zu fallen.

3. *Orthostase-Intoleranz Synkopenmuster:*
   – Nach Aufrichten progressiver Abfall des diastolischen und später auch des systolischen Blutdruckes bis zur Synkope ohne erkennbare vasovagale Reaktion, insbesondere keine Änderung der Herzfrequenz (inkl. während der Synkope).

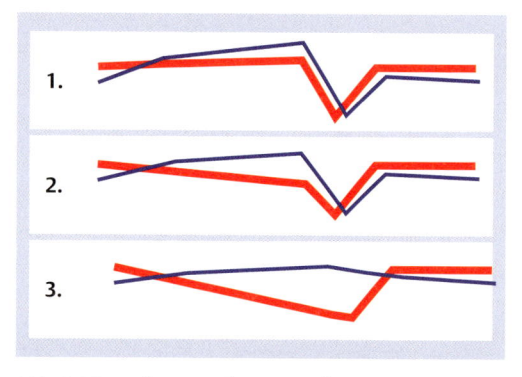

Abb. 2.**62** Schematische Darstellung von Frequenz- (blau) und diastolischem Blutdruckverhalten (rot) bei 1. klassischer vasovagaler Synkope, 2. dysautonomer vasovagaler Synkope und 3. dysautonomer orthostatischer Synkope.

Nach Brignole et al. New classification of haemodynamics of vasovagal syncope: beyond the VASIS classification. Europace 2000; 2: 66–76

2.4.3 Pathologische Reaktionsmuster bei Kipptischuntersuchung

Neurokardiogene Synkopen

Klassische neurokardiogene Synkope vom Mischtyp („VASIS Typ I")

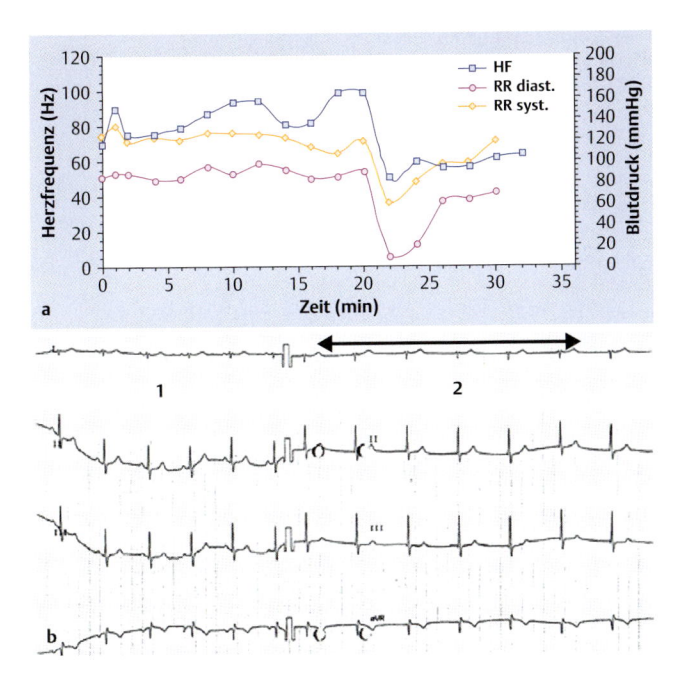

Abb. 2.**63 a, b** **a** Nach initialem Anstieg der Herzfrequenz plötzlicher Abfall von Blutdruck und Herzfrequenz (nicht unter 40/min oder unter 40/min für weniger als 10 s und ohne Asystolie ≥ 3,0 s. **b** EKG-Registrierung (25 mm/s) bei Patienten mit neurokardiogener Synkope (Mischtyp): 1. kurz vor Ereignis: Sinusrhythmus (75/min); 2. während Synkope: Knotenersatzrhythmus (Frequenz 55/min).

Klassische neurokardiogene Synkope vom kardioinhibitorischen Typ („VASIS Typ II")

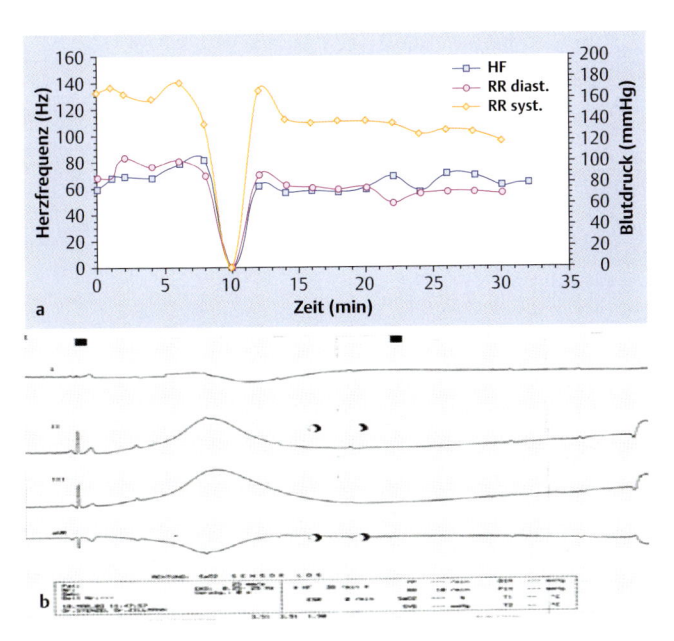

Abb. 2.**64 a, b** **a** Nach initialem Anstieg der Herzfrequenz plötzlicher Abfall der Herzfrequenz unter 40 bpm für mindestens 10 s oder Asystolie > 3,0 s **b** EKG-Registrierung (25 mm/s) bei Patienten mit neurokardiogener Synkope (kardioinhibitorischer Typ): kompletter AV-Block mit Asystolie, kein Ersatzrhythmus. Prozentuale Häufigkeitsverteilung von Bradykardieformen s. Abb. 2.**66**.

Klassische neurokardiogene Synkope vom vasodepressiven Typ („VASIS Typ III")

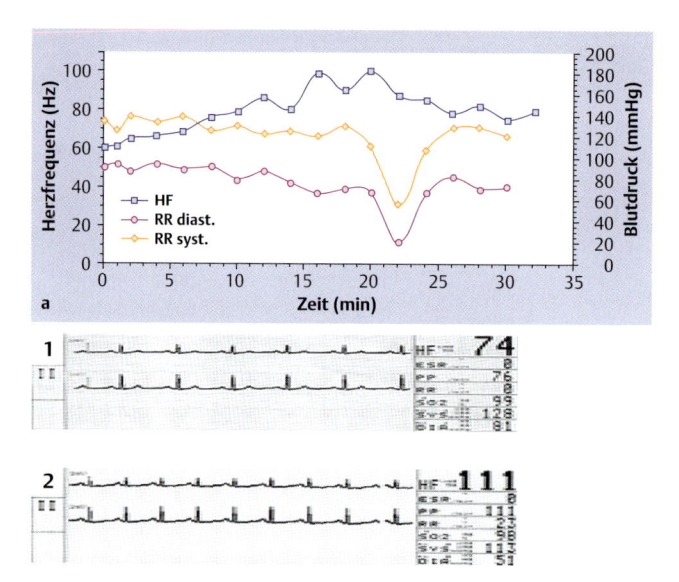

Abb. 2.65 a, b **a** Stetiger Anstieg der Herzfrequenz mit plötzlichem Abfall des Blutdruckes ohne wesentliche Verringerung der Herzfrequenz (nicht mehr als 10 % der Maximalfrequenz).
b EKG-Registrierung (25 mm/s) bei Patienten mit neurokardiogener Synkope („fast" vasodepressorischer Typ):

1. Ausgangswerte:
   RR 128/81 mmHg, HF 74/min
2. kurz vor Synkope:
   RR 113/51 mmHg, HF 111/min
3. während Synkope:
   RR 56/19 mmHg, HF 86/min
   (Frequenzabfall ca. 20 % der Maximalfrequenz)

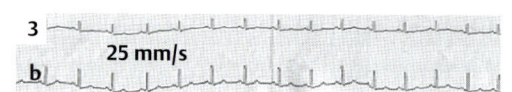

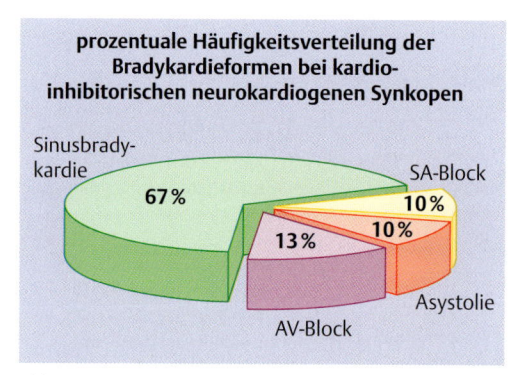

Abb. 2.66 Kardioinhibitorische Synkopen während Kipptischuntersuchung und deren prozentuale Verteilung (nach Fitzpatrick et al. Lancet 1989; 658: 60).

2.4 Die Kipptischuntersuchung

Isoprenalingabe während Kipptischuntersuchung – ohne Synkopeninduktion

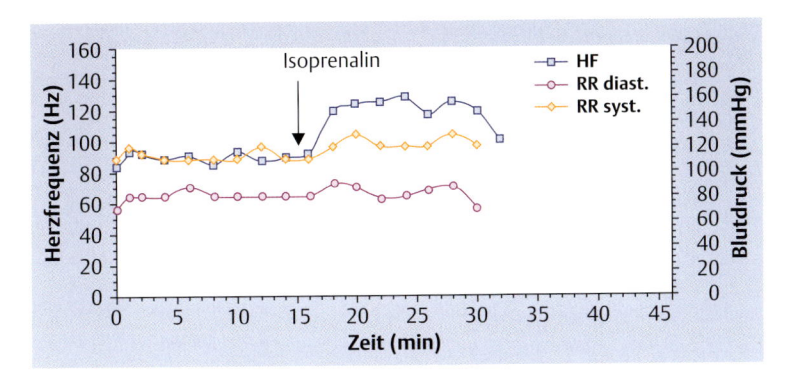

Abb. 2.67 Nach passiver Phase von 16 min Beginn mit der Infusion mit Isoprenalin, Anstieg der Herzfrequenz ohne relevante Veränderung des Blutdrucks, maximale Ausgangsfrequenz von 93/min – angestrebter Frequenzsteigerung um 24/min – Zielfrequenz somit 117/min; wird hier tw. überschritten (Maximalfrequenz 128/min) – bedingt durch individuelles Ansprechen auf die Isoprenalingabe.

Besonderheiten bei Isoprenalintestung: Während der Isoprenalintestung wird ein Frequenzanstieg von 20–25 % der Ausgangsfrequenz angestrebt. Cave: Aufgrund der betamimetischen Wirkung u. a. Induktion von ventrikulären Arrhythmien oder Myokardischämien möglich! Wegen der potenziellen Nebenwirkungen (s. o.) wurde die Isopreanlintestung heutzutage durch die komplikationslosere Testung mit Nitroglyzerin weitestgehend abgelöst.

Nitroglyzerinvermittelte Induktion einer neurokardiogenen Präsynkope vom Mischtyp, dysautonomes Muster

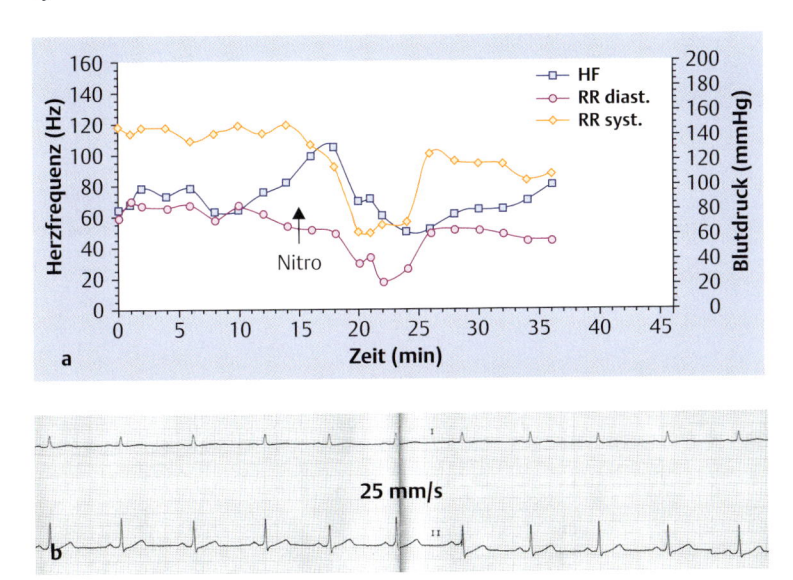

Abb. 2.68 a, b a Nach passiver Phase mit unveränderten Blutdruck- und Frequenzverhältnissen Gabe von 400 μg Nitroglyzerin, zunächst rascher Anstieg der Herzfrequenz, nachfolgend schneller Blutdruck- und Frequenzabfall mit Induktion einer neurokardiogenen Präsynkope vom Mischtyp, Abbruch auf Wunsch der Patientin. **b** EKG-Registrierung (25 mm/s) während der Präsynkope, Sinusbradykardie, HF 50/min.

Orthostatisch-dysautonome Synkope

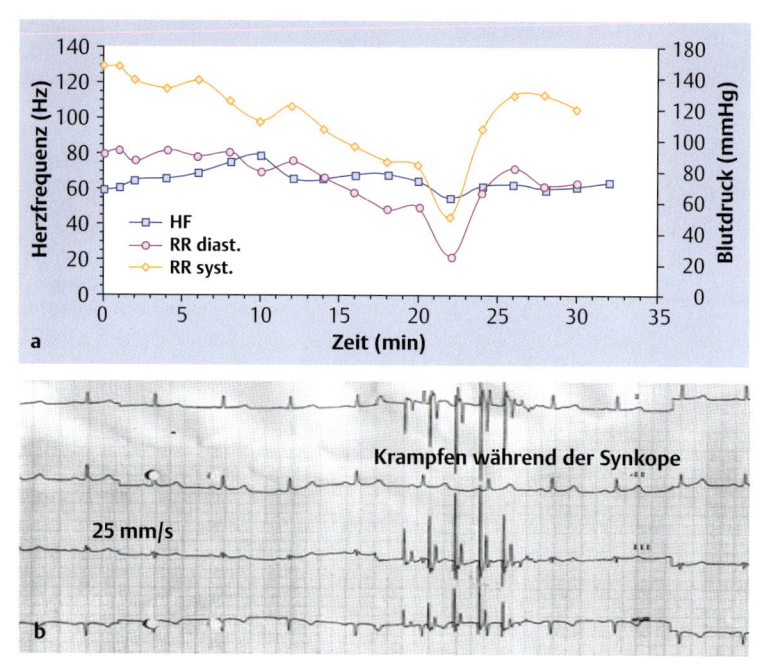

Abb. 2.69 a, b **a** Langsamer stetiger Abfall des Blutdrucks bis zur Synkope, im Unterschied zur neurokardiogenen vasodepressorischen Synkope kein initialer Herzfrequenzanstieg (letztlich keine Änderung der Herzfrequenz während Untersuchung). **b** EKG-Registrierung (25 mm/sec) bei Patienten mit dysautonomer Synkope: Während Synkope: Sinusrhythmus mit regelrechter AV-Überleitung (Frequenz 60/min).

POTS (posturales Tachykardie-Syndrom)

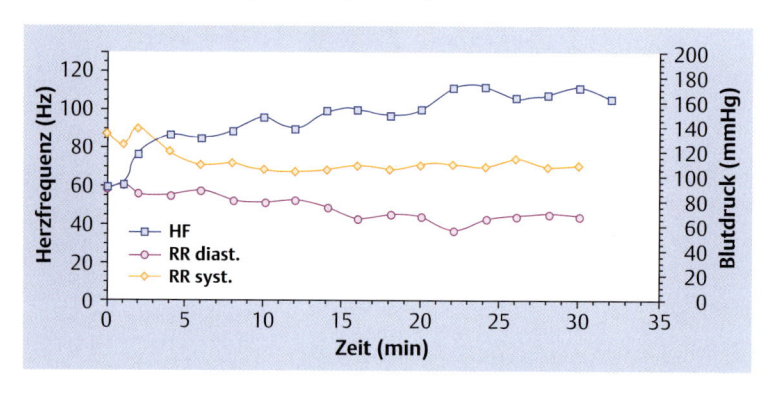

Abb. 2.70 Untersuchung ohne medikamentöse Provokation; Anstieg der Herzfrequenz (in den ersten 10 min nach Beginn um mindestens 30/min oder Überschreiten der maximalen Herzfrequenz von 120/min) bei nur mildem Abfall des Blutdrucks, ohne Provokation einer Synkope.

2.4 Die Kipptischuntersuchung

Medikamentöse Provokation eines POTS mit Nitroglyzerin

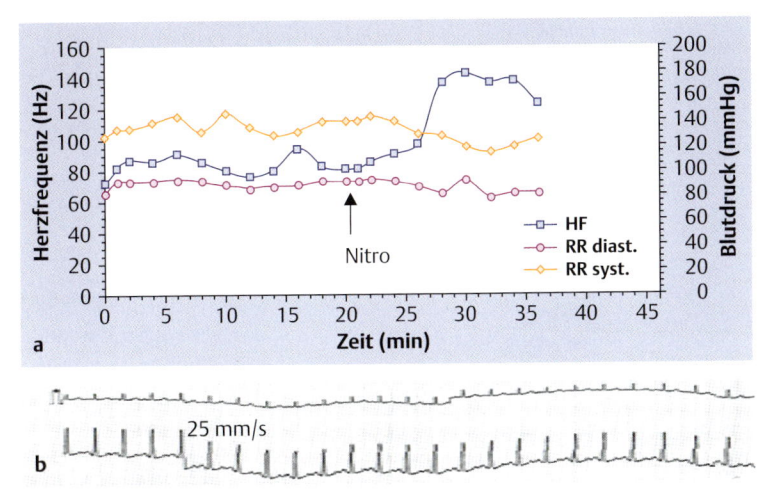

Abb. 2.**71 a, b** **a** Nach passiver Phase von 20 min Gabe von 400 µg Nitroglyzerin, rascher Frequenzanstieg und geringer Blutdruckabfall, Auftreten von Schwindel, Palpitationen (klinisch wiedererkannt). **b** EKG-Registrierung (25 mm/s) während der Beschwerden (HF 140/min).

Psychogene Reaktion

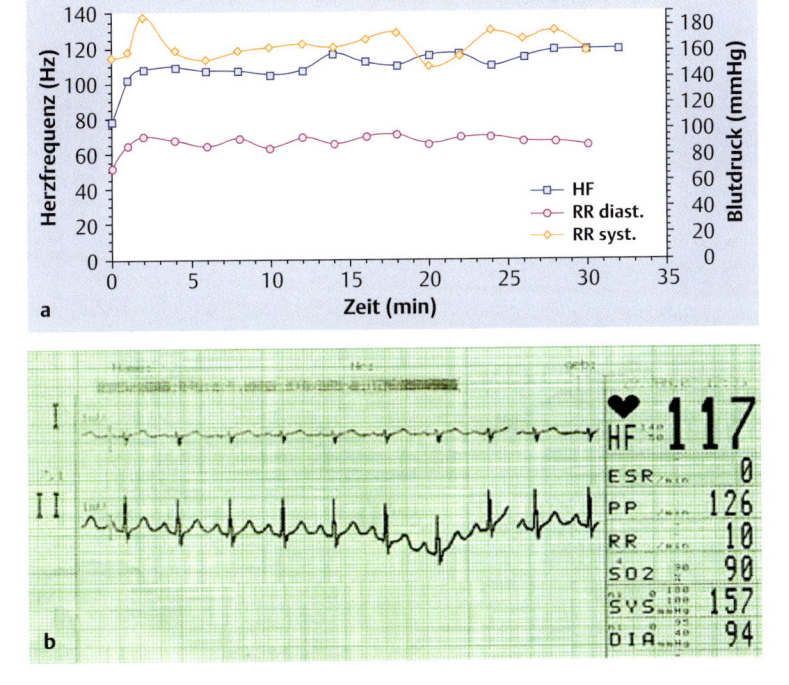

Abb. 2.**72 a, b** **a** Bei Angabe von Beschwerden (Schwindel), Vortäuschen eines Bewusstseinsverlusts, dabei normotensive Werte sowie Sinusrhythmus. **b** EKG-Registrierung (25 mm/s) bei demselben Patienten bei Angabe von Symptomen (Schwindel, Verlust des Bewusstseins).

2.4.4 Sensitivität und Spezifität der Kipptischuntersuchung

Die Sensitivität der Kipptischuntersuchung liegt in Abhängigkeit vom verwendeten Protokoll zwischen 26% und 80%. Die Spezifität wurde in verschiedenen Studien bei ca. 90% bestimmt. Bei Verwendung von medikamentösen Provokationstests (insbesondere Nitroglyzerin oder Isoprenalin) gelingt eine Steigerung der Sensitivität nur zuungunsten der Spezifität.

> **Merke:** Ein eigentlicher Goldstandard zur Diagnostik der neurokardiogenen Synkope existiert nicht; sodass die Beurteilung von Sensitivität und Spezifität der Kipptischuntersuchung nur schwer möglich ist!

2.4.5 Reproduzierbarkeit der Kipptischuntersuchung

Sagrista-Sauleda et al. Reproducibility of sequential head-up tilt testing in patients with recent syncope, normal ECG and no structural heart disease. Eur Heart J 2002; 23: 1706–1713

Patienten mit initial positiver Kipptischuntersuchung: Die Reproduzierbarkeit eines positiven Kipptischergebnisses liegt bei seiner ersten Wiederholung nach 1 Woche bei 81% und nach einer zweiten Wiederholung nach 2 Wochen bei 51% (Abb. 2.73). Liegen zwischen dem Initialtest und der ersten Wiederholungs-Kipptischuntersuchung bereits 2 Wochen, dann findet sich nur noch bei 53% der Patienten ein positives Ergebnis (Abb. 2.73).

Patienten mit initial negativer Kipptischuntersuchung: Nach initial negativer Untersuchung bleibt ein Wiederholungstest nur noch zu ca. 80% erneut negativ; unabhängig des Zeitabstands von der ersten Untersuchung (Abb. 2.74). Bei 20% der Patienten kommt es jedoch bei der Wiederholungsuntersuchung zum Auftreten einer Synkope!

> **Merke:** Intraindividuell kommt es zu einer Abnahme der Reproduzierbarkeit der Kipptischuntersuchung (Induktion von Synkopen) mit zunehmender Anzahl an Wiederholungen der Untersuchung.

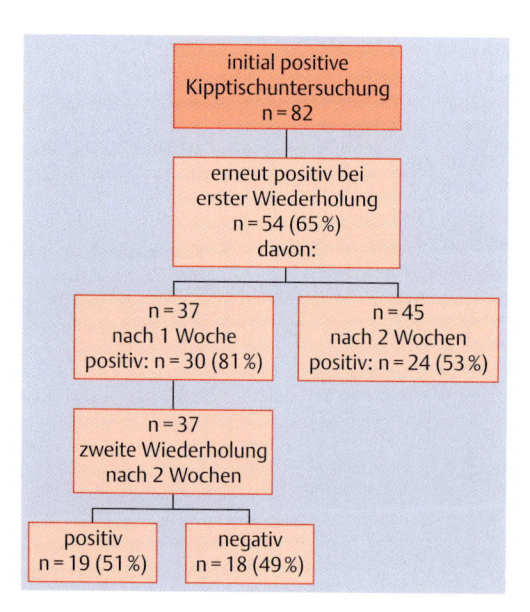

Abb. 2.73 Reproduzierbarkeit einer initial positiven Kipptischuntersuchung (nach Sagrista-Sauleda et al.).

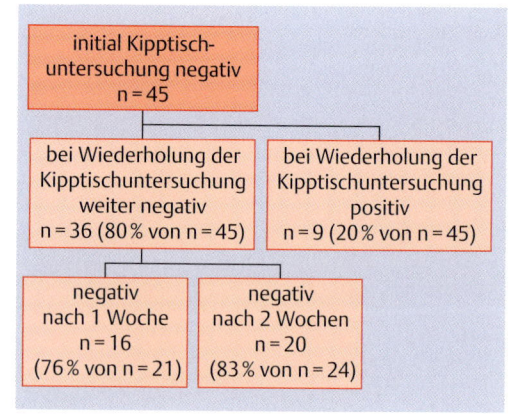

Abb. 2.74 Reproduzierbarkeit einer initial negativen Untersuchung (nach Sagrista-Sauleda et al.).

2.4.6 Prognostische Wertigkeit der Kipptischuntersuchung

Baron-Esquivias et al. Long-term outcome of patients with asystole induced by head-up tilt test. Eur Heart J 2002; 23: 483–489

▶ Analyse von 1322 Patienten mit unklarer Synkope, die einer Kipptischuntersuchung unterzogen wurden sowie Nachbeobachtung jener 330 Personen, die eine positive Antwort während der Kipptischtestung aufwiesen
▶ Unterteilung der Kipptisch-positiven Patienten nach ihrer Reaktion in eine Gruppe mit Asystolie ≥ 3 s und eine Gruppe ohne Asystolie ≥ 3 s.

Fragestellung: Stellt der Nachweis einer Asystolie während der Kipptischuntersuchung einen Marker einer erhöhten Gefährdung im klinischen Verlauf bei NCS dar? Nehmen andere Faktoren auf den klinischen Verlauf Einfluss (Alter, Geschlecht, Therapie …)?

Mittleres Alter:
▶ Asystoliegruppe: 25 Jahre (41 % weiblich)
▶ Nichtasystoliegruppe: 29 Jahre (48 % weiblich)

Mittlere Nachbeobachtungszeit:
▶ Asystoliegruppe: 40,7 Monate
▶ Nichtasystoliegruppe: 51,6 Monate

Asystoliegruppe: mittlere Dauer des Asystolie: 10 s

Ergebnisse:
Synkopenrezidive:
▶ Asystoliegruppe: 20,6 %
▶ Nichtasystoliegruppe: 28,8 %

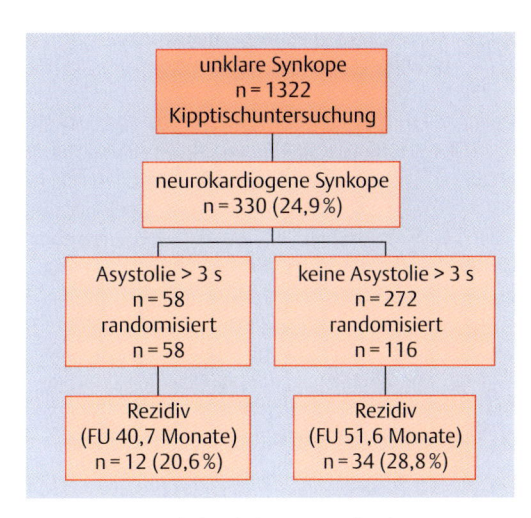

Abb. 2.**75** Rezidivhäufigkeit neurokardiogener Synkopen in Abhängigkeit des EKG-Befunds bei Kipptischuntersuchung (nach Baron-Esquivias et al.).

Vergleich der Patienten mit und ohne Synkopenrezidiv (unabhängig der Gruppe): Alleinig entscheidend für die Vortestwahrscheinlichkeit eines erneuten Synkopenrezidivs war die Anzahl der bisher stattgefundenen Synkopen: so hatten Patienten mit einem Synkopenrezidiv im Mittel 4,5 vorangegangene Synkopen und Patienten ohne Rezidiv nur 3,0 vorangegangene Synkopen in der Anamnese. Die Kipptischuntersuchung war nicht in der Lage, ein erneutes Synkopenrezidiv vorherzusagen! Weder die Schrittmachertherapie noch eine medikamentöse Behandlung nahmen einen signifikanten Einfluss auf die Synkopenrezidivrate.

Merke: Der Nachweis einer Asystolie während Kipptischuntersuchung ist kein Marker einer erhöhten Rezidivrate oder Verletzungsgefahr.

2.4.7 Korrelation zwischen Kipptischbefund und klinischer Synkope

Moya A et al. Circulation 2001; 104: 1261–1267, s. ISSUE I-Studie (s. Kapitel „ungeklärte Synkope")

Bei Patienten ohne strukturelle Herzerkrankung und Z. n. Synkope liegt unabhängig vom Kipptischergebnis (positiv – Induktion einer neurokardiogenen Synkope oder negativ – keine Synkopeninduktion) eine identische Rezidivrate (28 resp. 29%) nach 18 Monaten im Mittel sowie ein identisches elektrokardiografisches Korrelat (am häufigsten prolongierte Asystolie – Dokumentation mittels implantierbarem Eventrekorder) als Ursache von Rezidivsynkopen vor.

> **Merke:** Ein negativer Kipptischbefund schließt bei Patienten ohne strukturelle Herzerkrankung eine neurokardiogene Synkopenursache nicht aus.

2.4.8 Indikationen zur diagnostischen Kipptischuntersuchung

▶ Klasse I
- indiziert im Falle ungeklärter singulärer Synkopen bei „Risikopatienten" (z. B. erlittener körperlicher Schaden oder Gefahr diesen zu erleiden sowie bei beruflichen Konsequenzen) sowie im Falle rezidivierender Episoden bei Patienten ohne strukturelle Herzerkrankung oder mit struktureller Herzerkrankung nach Ausschluss anderer Ursachen (Level B)
- sofern eine klinische Bedeutung der Demonstration der neurokardiogenen Synkope zukommt (Level C)

▶ Klasse IIa
- zur Differenzierung zwischen Reflexsynkope und OH (Level C)

▶ Klasse IIb
- zur Differenzierung zwischen Synkope und Epilepsie
- bei Patienten mit wiederholter unklarer Fallneigung oder „drop attacks"
- bei Patienten mit häufigen Synkopen und einer psychiatrischen Erkrankung (alle Level C)

▶ Klasse III
- keine Indikation zur Therapiekontrolle (Level B)
- Kontraindikation zur Isoproterenoltestung bei Patienten mit KHK (Level C)
- Patient mit einmaliger Synkope ohne Risikokonstellation
- bei anamnestisch nachgewiesener vasovagaler Ursache ohne therapeutische Konsequenz
- bei nachgewiesener schwerer Obstruktion im LVOT, kritischer Mitralstenose, hochgradiger Carotisstenose oder Koronarstenosierung

Diagnostischer Stellenwert: s. S. 68

Nach Moya A, Sutton R et al. Guidelines for the diagnosis and management of syncope (version 2009). The Task Force for the Diagnosis and Management of Syncope of the European Society of Cardiology (ESC), www.escardio.org/guidelines und Seidel, Schuchert, Tebbenjohanns, Hartung. Kommentar zu den Leitlinien zur Diagnostik und Therapie von Synkopen der Europäischen Gesellschaft für Kardiologie 2001 und dem Update 2004.

2.4.9 Komplikationen bei Kipptischuntersuchungen

Brignole et al. Guidelines of management of syncope. Eur Heart J 2001; 22: 1256–1306

Sehr sichere Untersuchung mit extrem niedriger Komplikationsrate.

Beschrieben sind:
▶ prolongierte Asystolien (bis 73 s) – allerdings eher „Endpunkt" als Komplikation, wird durch schnelles Zurückkippen in die Ausgangsstellung vermieden
▶ maligne Kammerarrhythmien nach Isoproterenoltestung bei Patienten mit koronarer Herzerkrankung und Sinusknotensyndrom
▶ Kopfschmerz nach Isoproterenol und Nitroglyzerinprovokation
▶ Palpitationen, Thoraxschmerz nach Isoproterenol
▶ Induktion von Vorhofflimmern nach positivem Test (bradykardiegetriggert) – in der Regel selbstlimitierend

Goolamali et al. The head-up tilt test – a cause of myocardial infarction. Europace 2004; 6: 548–551

Induktion eines NSTEMI (Brustschmerz, ST-Senkung und Troponin-Anstieg) durch nitratinduzierten Blutdruckabfall während der Kipptischuntersuchung bei einem 74-jährigen Patienten mit zuvor nicht bekannter koronarer Herzerkrankung und Präsynkopen in der Anamnese (erstmalige Beschreibung einer solchen Komplikation).

Fazit: Vor jeder Untersuchung sollte großes Augenmerk auf die Abklärung einer zugrunde liegenden Grunderkrankung gelegt werden; v. a. bei älteren Menschen mit hoher Wahrscheinlichkeit einer strukturellen Herzerkrankung.

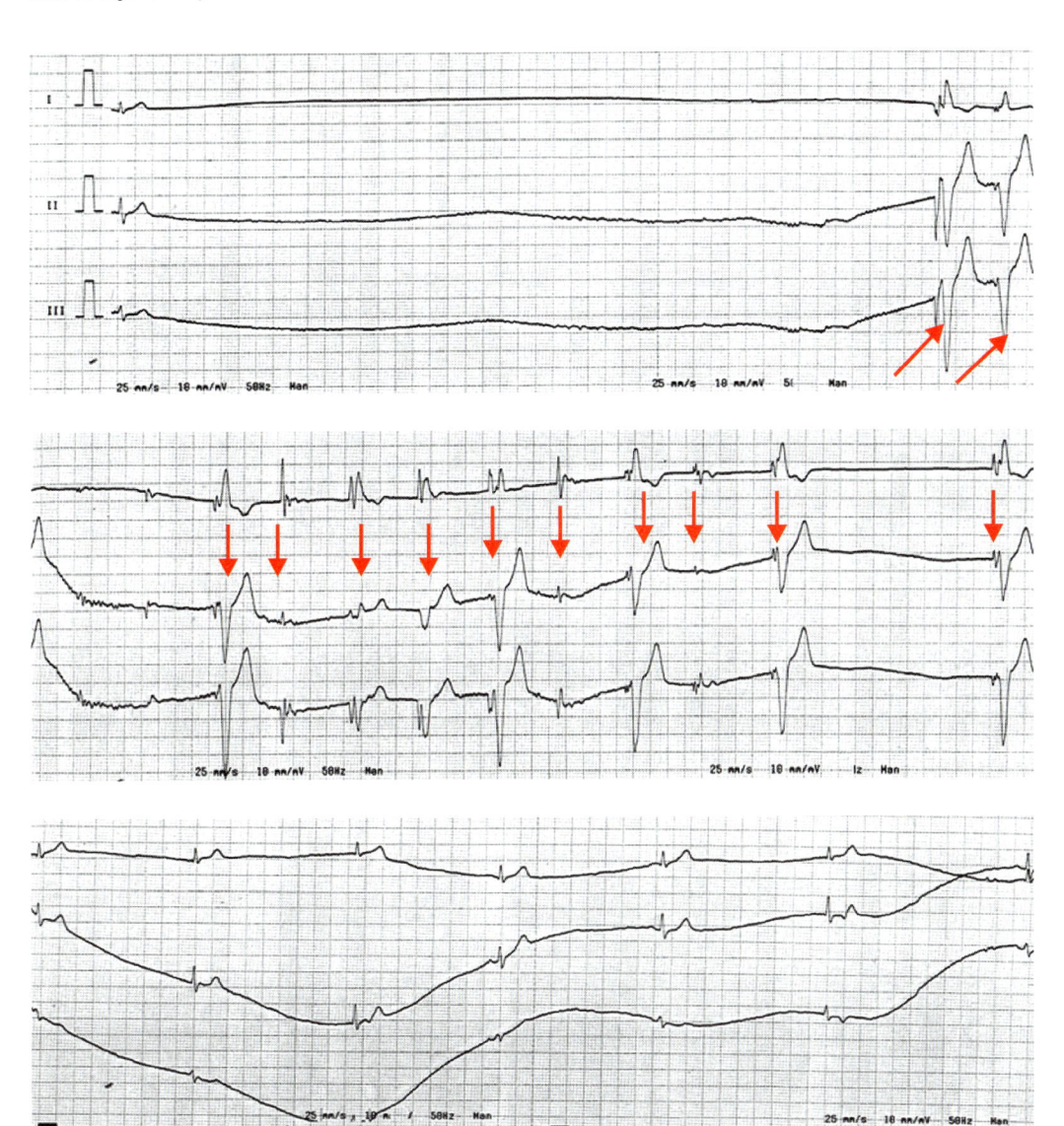

Abb. 2.76 **Behandlung von Komplikationen bei Kipptischuntersuchungen.** Bei prolongierten Asystolien kann der präkordiale Faustschlag sicher angewandt werden (nach Auftreten der Asystolie Applikation präkordialer Faustschläge, rote Pfeile)! Anschließend Gabe von Atropin i. v. und ggf. Flüssigkeit empfohlen.

2.5 Elektrophysiologische Untersuchung (EPU)

2.5.1 Einleitung

Spezielle Untersuchung zur Diagnostik arrhythmogener Synkopenursachen.

Rationale

Transvenöse Platzierung von Stimulationskathetern in das Herz (in der Regel rechter Vorhof, Nähe HIS-Bündel, rechter Ventrikel, ggf. Koronarsinus); mittels bestimmter Stimulationsprotokolle Versuch der Induktion von tachykarden, aber auch von bradykarden Herzrhythmusstörungen, die unter bestimmten Voraussetzungen in Verbindung mit vorangegangenen Synkopen gebracht werden können.

Anforderungen

Aufgrund der Komplexität des Eingriffes wird auf die entsprechenden Leitlinien verwiesen
Willems L, Eckardt E, Hoffmann H, Klemm HF, Pitschner C, Reithmann J, Tebbenjohanns B, Zrenner O. Leitlinie invasive elektrophysiologische Diagnostik. Clin Res Cardiol 2007; 96: 634–651; Strickberger et al. AHA/ACC Scientific statement on the evaluation of syncope. J Am Coll Cardiol 2006; 47: 473–484

Protokoll

Bestimmung der Basisintervalle (u. a. AH-Zeit, HV-Zeit, QRS-Dauer, spontane Zykluslänge)

Bradykardiediagnostik

1. Bestimmung der absoluten und korrigierten Sinusknotenerholungszeit (SKEZ)
2. Beurteilung des HIS-Purkinje-Systems (HV-Intervall in Ruhe und unter Stress: inkrementale atriale Stimulation mit Bestimmung des antegraden Wenckebach-Punktes sowie pharmakologische Provokation mit Klasse-I-Antiarrhythmika, z. B. Ajmalin 1,0 mg/kg langsam i. v.), Beurteilung von aufgetretenen AV-Blockierungen sowie deren Lokalisierung: Differenzierung zwischen supra- und infrahissär

Tachykardieinduktion

1. Ventrikuläre Tachykardie: Stimulation an zwei verschiedenen Orten im rechten Ventrikel (Basis, Apex), mit zwei Basiszykluslängen und mindestens zwei Extrastimuli.

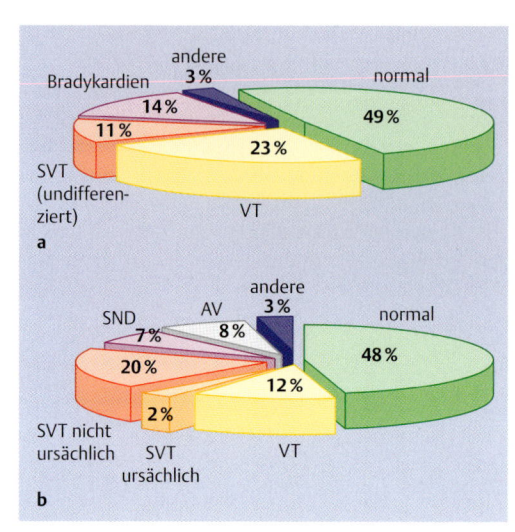

Abb. 2.77 a, b Häufigkeitsverteilung von Befunden bei elektrophysiologischer Untersuchung von Patienten mit unklarer Synkope nach Kapoor (**a**) und nach Brembilla-Perrot (**b**). SVT: supraventrikuläre Tachykardien; VT: ventrikuläre Tachykardien; AV: AV-Blockierungen, infrahissäre Leitungsstörungen; SND: Sinusknotenerkrankungen.

2. Supraventrikuläre Tachykardie: verschiedene Protokolle zur Tachykardieinduktion möglich; dabei Nachweis oder Ausschluss eines AV-Bypass-Traktes, einer AV-Knotenlängsdissoziation, ektop-atrialer Tachykardien, Vorhofflattern oder anderer seltener supraventrikulärer Tachykardien erforderlich.

Häufigkeitsverteilung von Befunden bei elektrophysiologischer Untersuchung

Eine Vielzahl von Studien wurde zur Beurteilung der Wertigkeit der EPU an Patienten mit unklaren Synkopen durchgeführt. Der Vergleich einzelner Untersuchungsergebnisse miteinander fällt aufgrund verschiedener Ursachen schwer; folgende Publikationen sollen jedoch näher betrachtet werden:
▶ Metaanalyse von 11 Studien mit insgesamt 844 Patienten durch Kapoor (Evaluation and management of the patient with syncope. JAMA 1992: 268: 2553–2560), Häufigkeitsverteilung von annehmbaren Synkopenursachen s. Abb. 2.77 a.
▶ Brembilla-Perrot et al. (s. S. 84) untersuchten unizentrisch 827 Patienten mit unklarer Synkope, hierbei genauere Differenzierung der Bradykardien in AV-Leitungsstörungen und Sinusknotenerkrankungen sowie Differenzierung der induzierten supraventrikulären Tachykardien in definitiv ursächlich und nicht bzw. fraglich ursächlich (Abb. 2.77 b).

2.5.2 Bewertung erhobener Befunde bei EPU

Bestimmung der Sinusknotenfunktion und deren Störung

Sinusknotenerholungszeit (SKEZ), sinuatriale Leitungszeit (SALZ), Refraktärperiode (SRP)

Während einer EPU ist prinzipiell die Ermittlung der Sinusknotenerholungszeit (SKEZ), der korrigierten SKEZ (KSKEZ), der sinuatrialen Leitungszeit (SALZ) und der Sinusknotenrefraktärperiode (SRP) möglich; allerdings hat sich die Bestimmung der SKEZ als Marker einer gestörten Sinusknotenfunktion durchgesetzt, da sie sowohl eine gestörte Sinusknotenautomatie als auch eine gestörte SALZ oder beides widerspiegelt.

Diagnostische Wertigkeit einer verlängerten SKEZ bei Synkopen

Ab einer SKEZ > 1500 ms und KSKEZ > 525 ms kann mit einer Sensitivität von 50–80 % bei einer Spezifität von > 95 % von einem Sinusknotensyndrom als Synkopenursache ausgegangen werden!
Benditt et al. Indications for electrophysiological testing in diagnosis and assessment of sinus node dysfunction. Circulation 1987; 75 (Suppl. III): 93–99

Klinische Bedeutung einer verlängerten SKEZ bei Synkopen

Menozzi et al. The natural course of untreated sick sinus syndrome and identification of the variables predictive of an unfavourable outcome. Am J Cardiol 1982; 50: 1316–1322
Bei KSKEZ > 800 ms: 8-fach häufiger Synkopenneigung; prognostische Bedeutung unklar.
Dhingra et al. Sinus node dysfunction. PACE 1983; 6: 1062–1069
Bei SKEZ > 3 s: hohe Wahrscheinlichkeit einer Sinusknotenfunktionsstörung als Synkopenursache.

Pharmakologische vegetative Blockade

▶ Differenzierung zwischen intrinsischer und extrinsischer Störung der Sinusknotenfunktion möglich (Propranolol 0,1 mg/kg und Atropin 0,02 mg/kg Körpergewicht; intrinsische Herzfrequenz = 118 × 1 − [0,57 × Alter])
▶ keine Bedeutung hinsichtlich Synkopendiagnostik

> **Merke:** Bei SKEZ > 2,0 s und KSKEZ > 1,0 s kann von einer Sinusknotenfunktionsstörung als Synkopenursache ausgegangen werden.

Beurteilung der AV-Leitung und deren Störung

Synkope und „nativ" verlängertes HV-Intervall (HVI) in Ruhe

Das signifikant höhere Risiko für das Auftreten eines zukünftigen höhergradigen AV-Blockes kann (insbesondere bei Personen mit bifaszikulärem Block) durch die Kombination zweier Faktoren vorhergesagt werden: Z. n. Synkope und verlängertes HV-Intervall bei EPU
Brignole (Chairman) et al. Guidelines of management (diagnosis and treatment) of syncope. Eur Heart J 2001; 22: 1256–1306
Bei Verlängerung des HV-Intervalls: HVI > 100 ms: hohe Wahrscheinlichkeit des Auftretens einer zukünftigen höhergradigen AV-Blockierung – in 4 Jahren 24 % (Scheinmann et al. s. Kapitel „Bradykarde Herzrhythmusstörungen")
Es gilt: eine deutlich verlängerte HV-Zeit besitzt einen hohen positiv prädiktiven Wert für eine zukünftige AV-Blockierung.
Problem: eine normale HV-Zeit besitzt einen niedrigen negativ prädiktiven Wert, d. h. Patienten mit normaler HV-Zeit können trotzdem eine AV-Blockierung als Synkopenursache haben, insbesondere wenn ein Schenkelblock vorliegt (s. Kapitel unklare Synkope).

Auftreten eines infrahissären Blockes unter inkrementaler atrialer Stimulation

Seltenes Phänomen mit hohem positivem prädiktivem Wert, aber niedriger Sensitivität (Tab. 2.**6**, S. 82)!

Pharmakologische Testung der AV-Leitungseigenschaften

Verwendung von Klasse-I-Antiarrhythmika (Ajmalin 1,0 mg/kg, Disopyramid 2,0 mg/kg oder Procainamid 10,0 mg/kg Körpergewicht) – Beurteilung hinsichtlich des Auftretens von AV-Blockierungen (nativ oder unter atrialer Stimulation) oder einer Verlängerung des HVI.
1. Pharmakologisch induzierte AV-Blockierungen: 5 Studien mit insgesamt 333 Patienten: positiv bei 50 Patienten (15 %); nachfolgendes spontanes Auftreten eines AV-Blockes zu 68 % im Follow-up (24–63 Monate)
2. Pharmakologisch induzierte HVI-Verlängerung > 120 ms oder > 50 % des Ausgangswertes: 3 Studien: Auftreten eines AV-Blockes zu 18 %, 29 % und 75 % resp.

Nach Brignole (Chairman) et al. Guidelines on management (diagnosis and treatment) of syncope, Task force on Syncope, European Society of Cardiology. Eur Heart J 2001; 22: 1256–1306.

Tabelle 2.6 Bedeutung des Auftretens eines AV-Blockes distal des HIS-Bündels unter atrialer Stimulation.

Autor	n	infrahissärer AV-Block oder HV-Zeit-Verlängerung > 10 ms unter Pacing	Follow-up (Monate)	AV-Block während Follow-up (%)
Dini et al.	85	7%	24	30%
Gronda et al.	131	6%/5%	42	40%
Dhingra et al.	496	4%	64	38%

Aus: Brignole et al. Guidelines on management (diagnosis and treatment) of syncope – update 2004. Europace 2004; 6: 467–537.

Merke: Eine verlängerte Leitungszeit distal des HIS-Bündels (>100 ms) charakterisiert eine signifikante AV-Leitungsstörung und wahrscheinliche Synkopenursache, während eine normale HV-Leitungszeit eine intermittierende AV-Blockierung als Synkopenursache nicht ausschließt (insbesondere bei Patienten mit Schenkelblock)! Die Aussagefähigkeit der elektrophysiologischen Untersuchung kann mittels inkrementalem atrialen Pacing und pharmakologischer Provokation verbessert werden.

AV-Leitungsstörungen/Schenkelblockierungen und plötzlicher Herztod (PHT)

Inzidenz des plötzlichen Herztodes bei Patienten mit Schenkelblockierung: gepoolte Daten aus 9 Studien mit insgesamt 1761 Patienten; dabei:
▶ Gesamtmortalität: 28% in 40 Monaten
▶ plötzlicher Herztod: 32% aller Todesfälle!
▶ Synkope oder HVI-Verlängerung: kein Risikomarker!
▶ Schrittmachertherapie: keine Risikoreduktion!
▶ angenommener Mechanismus des PHT: ventrikuläre Tachyarrhythmien!

Induktionsfähigkeit ventrikulärer Tachykardien zu 32% bei Patienten mit Schenkelblock: gepoolte Daten mit 280 Patienten.
Problem: Die elektrophysiologische Untersuchung ist leider nicht in der Lage, jeden dieser Risikopatienten zu identifizieren, da die Mortalität insbesondere von der jeweiligen Grunderkrankung abhängt!
Nach Brignole (Chairman) et al. Guidelines on management (diagnosis and treatment) of syncope, Task force on Syncope, European Society of Cardiology. European Heart J 2001; 22: 1256–1306

Brembilla-Perrot et al. Value of non-invasive and invasive studies in patients with bundle branch block, syncope and history of myocardial infarction. Europace 2001; 3: 187–194

Prospektive Nachbeobachtung von 130 Postinfarkt-Patienten (mittleres Alter 65 ± 10 Jahre, 10% weiblich, Zeit nach Infarkt: 3 ± 1 Jahre, mittlere LVEF 35 ± 13%) mit Schenkelblock und Z. n. Synkope.
Rechtsschenkelblock (RSB): n = 81 (62%)
Linksschenkelblock (LSB): n = 49 (38%)
Diagnostik:
▶ Non-Invasiv: 24-Holter-Monitoring und signalgemitteltes EKG
▶ Invasiv: elektrophysiologische Untersuchung
▶ Ischämiediagnostik: Thalliumszintigrafie, Koronarangiografie

Nachbeobachtungszeit: 4,7 ± 2,5 Jahre (0,5 bis 9 Jahre)
Ergebnisse (Abb. 2.**78**):
▶ VT-Induktion:
  – gesamt: n = 89 (67%)
  – bei Patienten mit RSB: n = 53 (65%)
  – bei Patienten mit LSB: n = 36 (75%)
▶ mittlere VT-Frequenz: 195 ± 22/min
▶ Koinzidenz weiterer Befunde bei Patienten mit induzierbarer VT: n = 16 (18%) (Abb. 2.**79**)

Therapie bei induzierbaren Patienten: bei LVEF > 35%: Sotalol, bei LVEF < 35%: Amiodaron, sofern Patienten weiter induzierbar unter antiarrythmischer Therapie; dann ICD-Versorgung: n = 7
Schrittmachertherapie: n = 23
Mortalität:
▶ induzierbare Patienten: n = 22 (25%), plötzlicher Herztod: n = 11 (12%)
▶ nicht induzierbare Patienten mit LSB: n = 2 (15%), plötzlicher Herztod: n = 1 (7,5%)
▶ nicht induzierbare Patienten mit RSB: n = 0 (0%)

2.5 Elektrophysiologische Untersuchung (EPU)

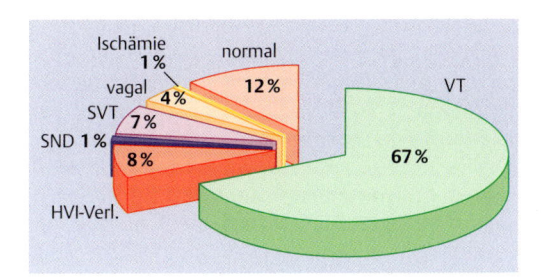

Abb. 2.78 Befunde während EPU bei Patienten mit Synkope, Schenkelblock und Z. n. Myokardinfarkt. SVT: supraventrikuläre Tachykardie, vagal: vagale Reaktion, SND: Sinusknotenerkrankung, VT: ventrikuläre Tachykardie, HVI-Verl.: verlängertes HV-Intervall.

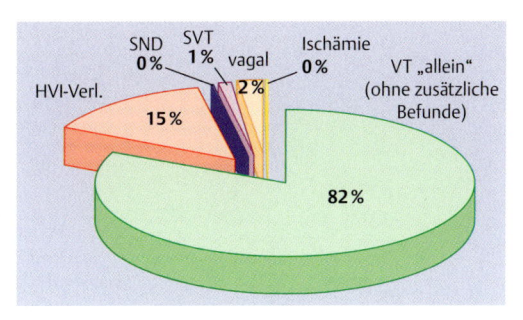

Abb. 2.79 Koinzidenz weiterer Befunde bei Patienten mit induzierbarer monomorpher ventrikulärer Tachykardie.

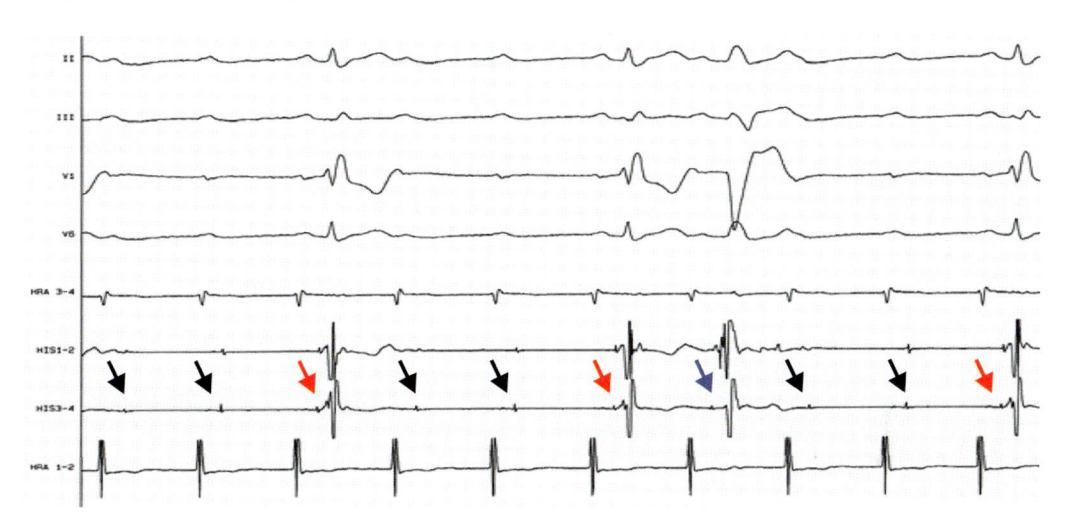

Abb. 2.80 Nachweis einer 3:1-hochgradigen, infrahissären (schwarze Pfeile) AV-Blockierung. Bei Impulsleitung auf die Ventrikel (rote Pfeile) mit „kurzer" HV-Zeit von 38 ms findet sich ein Rechtsschenkelblock mit Leitung über den linken Tawara-Schenkel; einmalig Impulsleitung über den rechten Schenkel mit Auftreten einer deutlich längeren HV-Zeit von 80 ms und Linksschenkelblock (blauer Pfeil).

Prädiktiver Wert der Diagnostik: Gesamtmortalität/plötzlicher Herztod konnten lediglich durch die Induzierbarkeit einer VT ($p = 0{,}001/0{,}01$) signifikant vorhergesagt werden; im Rahmen der nicht invasiven Diagnostik war nur eine Verbreiterung des QRS-Komplexes > 165 ms im Signalmittelungs-EKG ein signifikanter Prädiktor der Gesamtsterblichkeit ($p = 0{,}013$), die übrige nichtinvasive Diagnostik blieb ohne Signifikanz.

> **Merke:** Bei Patienten mit Schenkelblockierung und unklarer Synkope sollte stets eine elektrophysiologische Untersuchung zum Ausschluss einer ventrikulären Tachyarrhythmie durchgeführt werden! Neben induzierbaren ventrikulären Tachykardien findet sich bei diesen Patienten häufig eine Verlängerung des HV-Intervalls als mögliche Synkopenursache. Um eine optimale Therapie zu gewährleisten, dürfen die erhobenen Befunde jedoch keinesfalls gelöst von der Grunderkrankung bewertet werden!

Supraventrikuläre Tachykardien (SVTK)

- Insgesamt seltene Synkopenursache (Häufigkeit s. Kapitel Tachykardien), ist in der Regel mit Palpitationen verbunden
- Eine elektrophysiologisch induzierte supraventrikuläre Tachykardie kann als Synkopenursache akzeptiert werden, wenn gleichzeitig mit der Tachykardie klinische Symptome (Hypotonie, Schwindel, Synkope) auftreten.

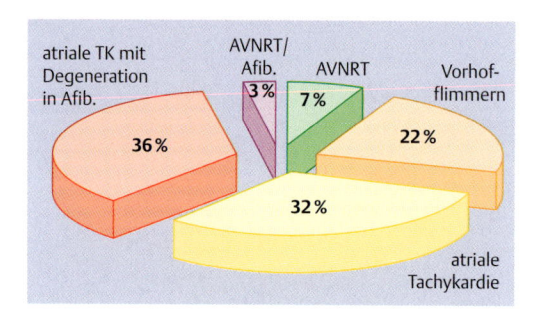

Abb. 2.81 Häufigkeitsverteilung von supraventrikulären Arrhythmien bei elektrophysiologischer Untersuchung bei Patienten mit unklarer Synkope; AVNRT: AV-nodale Reentrytachykardie, Afib: Vorhofflimmern.

Brembilla-Perrot et al. Significance and prevalence of inducible atrial tachyarrhythmias in patients undergoing electrophysiologic study for presyncope or syncope. International Journal of Cardiology 1996; 53: 61–69
Analyse von 827 Patienten mit unklaren Synkopen (mittleres Alter 64 ± 16 Jahre, 34 % weiblich, 36 % mit struktureller Herzerkrankung), bei denen eine elektrophysiologische Untersuchung durchgeführt wurde (Übersicht zur Häufigkeitsverteilung der einzelnen Befunde s. S. 80, Abb. 2.77b)
▶ Nachweis von supraventrikulären Arrhythmien (HF > 130/min) in 22 % der Untersuchungen (n = 187), bei 88 (47 %) der Patienten fand sich eine strukturelle Herzerkrankung; zur Häufigkeitsverteilung der einzelnen Arrhythmieformen s. Abb. 2.81.
▶ Prädiktoren einer induzierbaren SVTK: SV-Salven (> 5 Schläge) im Holter, jüngeres Alter
▶ **SVTK als Synkopenursache:** nur bei 20 Personen (2,5 % aller untersuchten Patienten und 11 % der Patienten mit induzierbarer SVTK) ließen sich entweder Schwindel mit Hypotonie (RR < 90 mmHg) oder andere klinische Symptome reproduzieren.

> **Merke:** Supraventrikuläre Tachykardien lassen sich bei Patienten mit unklarer Synkope in nahezu ¼ aller elektrophysiologischen Untersuchungen induzieren, wobei davon nur ca. 10 % als Synkopenursache infrage kommen.

Ventrikuläre Tachykardien (VT)

Einleitung

Die Häufigkeit der Induktion ventrikulärer Tachykardien ist abhängig von der Grunderkrankung, Patienten mit Synkope und struktureller Herzerkrankung, insbesondere bei koronarer Herzerkrankung und Z. n. Myokardinfarkt findet sich eine hohe Inzidenz induzierbarer ventrikulärer Tachyarrhythmien (studienabhängig von 21–50 %; bei zusätzlichem Schenkelblock bis zu 68 %)! Bei Synkopenpatienten ohne strukturelle Herzerkrankung und normalem EKG können ventrikuläre Tachyarrhythmien in nur 1 % gefunden werden. **Nach Kurbaan/Sutton. Management of syncope: head-up tilt or elecrophysiological study. EuHJ 2001; 22: 806–808; und Pezawas et al. Unexplained syncope in patients with structural heart disease and no documented ventricular arrhythmias: value of electrophysiologically guided implantable cardioverter defibrillator therapy. Europace 2003; 5: 305–312**

Klinische Symptomatik

Im Unterschied zu supraventrikulären Tachykardien werden Synkopen infolge ventrikulärer Tachyarrhythmien deutlich seltener von Prodomi (wie z. B. Palpitationen) begleitet.

Prognostische Bedeutung induzierter ventrikulärer Arrhythmien

1. Beständige monomorphe Kammertachykardie (bmVT):
   – bei Patienten mit unklarer Synkope und Induktionsfähigkeit einer bmVT liegt eine identische Mortalität (42 % nach 4 Jahren) wie bei Patienten mit spontan dokumentierter VT oder Z. n. Reanimation vor **(nach Clinical significance of syncope in the Electrophysiologic Study Versus Electrocardiographic Monitoring [ESVEM] trial. Olshansky et al. Am Heart J 1999; 137: 878–886)** – allerdings muss berücksichtigt werden, dass die Patienten in dieser Studie auf Antiarrhythmika eingestellt wurden und die Mortalität durch proarrhythmische Effekte annehmbar gesteigert wurde.
2. Polymorphe Kammertachykardie (pVT) und Kammerflimmern (Vfib):
   – Aussagekraft abhängig von der Grunderkrankung; während bei koronarer Herzerkrankung und dilatativer Kardiomyopathie die Induktion von Kammerflimmern/polymorpher VT eine geringe prädiktive Vorhersagekraft besteht, ist die Induzierbarkeit bei Patienten mit Brugada-Syndrom hoch **(nach Brignole [Chairman] et al. Guidelines on management [diagnosis and treatment] of syncope, Task force on Syncope, European Society of Cardiology. Eur Heart J 2001; 22: 1256–1306).**

Merke: Nur die Induktionsfähigkeit beständiger monomorpher Kammertachykardien bei Patienten mit struktureller Herzerkrankung und Synkope ist ein spezifischer prädiktiver Marker für das spätere Auftreten von lebensbedrohlichen Kammerarrhythmien. (Die Befunde besitzen eine ähnliche Wertigkeit wie der Nachweis einer deutlich reduzierten linksventrikulären Pumpfunktion! S. Kapitel: Strukturelle Herzerkrankungen.)

Synkope, induzierbare VT und ICD-Therapie

Patienten mit unklarer Synkope und induzierbarer monomorpher Kammertachykardie während EPU haben eine hohe Rate an adäquaten ICD-Therapien in der Nachbeobachtungszeit (Tab. 2.7).

Andrews et al. Implantable defibrillator event rates in patients with unexplained syncope and inducible sustained ventricular tachyarrhythmias. J Am Coll Cardiol 1999; 34: 2023–2030

Link et al. High incidence of appropriate implantable cardioverter-defibrillator therapy in patients with syncope of unknown etiology and inducible ventricular tachycardia. J Am Coll Cardiol 1997; 29: 370–375

Militianu et al. Implantable cardioverter defibrillator utilization among device recipients presenting exclusively with syncope or near-syncope. J Cardiovasc Electrophysiol 1997; 8: 1087–1097

Mittal et al. Long-term outcome of patients with unexplained syncope treated with an electrophysiologic-guided approach in the implantable cardioverter-defibrillator era. J Am Coll Cardiol 1999; 34: 1082–1089

Pires et al. Comparison of event rates and survival in patients with unexplained syncope without documented ventricular tachyarrhythmias versus patients with documented sustained ventricular tachyarrhythmias both treated with implantable cardioverterdefibrillator. Am J Cardiol 2000; 85: 725–728

Tabelle 2.7 Induktionsfähigkeit von ventrikulären Tachyarrhythmien bei EPU und nachfolgende ICD-Entladungen bei Patienten mit unklaren Synkopen (S) oder Präsynkopen (PS).

Autor	n	mittlere LVEF (%)	Grunderkrankung	induzierte Arrhythmie	max./mittl. Follow up (Monate)	adäquate ICD-Entladung (% in Monaten)
Andrews et al.	22	30 ± 3	heterogen KHK (86%)	SMVT	12	57% in 12 Mo
Link et al.	50	NA	heterogen	SMVT (36), nSMVT (5), Vfib (9)	36/23 ± 15	22% in 12 Mo 50% in 36 Mo
Militianu et al.	33 (S: 29) (PS: 4)	39 ± 15	heterogen (73% KHK)	SMVT (55%)	17	36% in 17 Mo
Mittal et al.	67	37 ± 17	homogen KHK, Post-MI (100%)	SMVT (48%)	12	41% in 12 Mo
Pires et al.	178		heterogen		24/11	49% in 12 Mo 55% in 24 Mo

SMVT: beständige monomorphe ventrikuläre Tachykardie
nSMVT: nicht beständige monomorphe ventrikuläre Tachykardie
Vfib: Kammerflimmern

```
                    ┌──────────────────────────┐
                    │ Z.n. Synkope, strukturelle│
                    │ Herzerkrankung, EPU       │
                    │        n = 52             │
                    └──────────────┬────────────┘
              ┌──────────────────┴──────────────────┐
   ┌──────────────────────┐              ┌──────────────────────┐
   │ EPU positiv, n = 13  │              │ EPU negativ, n = 39  │
   │ LVEF = 32% ± 8%      │              │ LVEF = 48% ± 16%     │
   └──────────┬───────────┘              └──────────┬───────────┘
   ┌──────┬───┴────┬────────┐                       │
┌─────┐┌─────────┐┌─────────┐              ┌──────────────┐
│SMVT ││VFib/poly││nsVT und │              │keine Induktion│
│n = 6││morph. VT││spont.   │              │spezif.       │
│     ││n=5 (39%)││sVT/VFib │              │Arrhythmien   │
│     ││         ││n=2(61%) │              │              │
└──┬──┘└────┬────┘└────┬────┘              └──────┬───────┘
┌──┴──┬──────┐  │           │                     │
```

ICD-Therapie	keine ICD-Therapie	keine ICD-Therapie	keine ICD-Therapie	keine ventrik. Arrhythmien
n = 4 (66,5%)	n = 2 (33,5%)	n = 5 (100%)	n = 2 (100%)	n = 39 (100%)

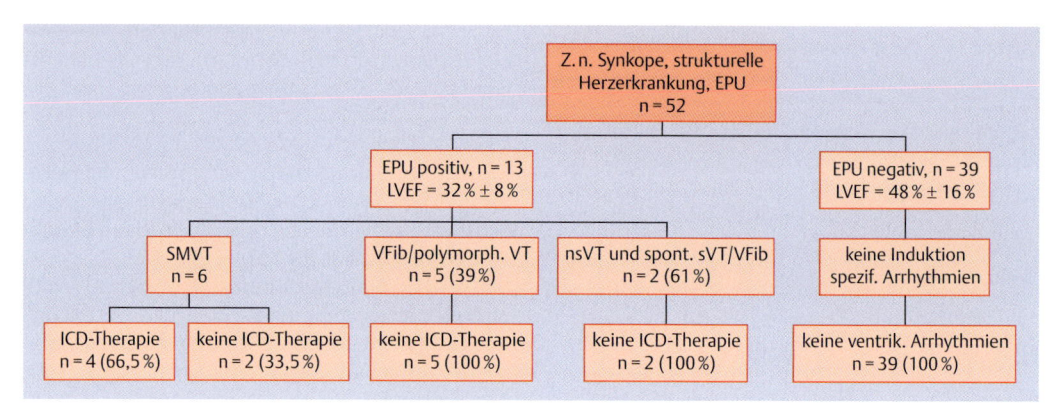

Abb. 2.**82** Adäquate ICD-Therapie und Auftreten von Kammerarrhythmien in Abhängigkeit des EPU-Befundes bei Patienten mit Synkope und struktureller Herzerkrankung (nach Pezawas et al.).

Pezawas et al. Unexplained syncope in patients with structural heart disease and no documented ventricular arrhythmias: value of electrophysiologically guided implantable cardioverter defibrillator therapy. Europace 2003; 5: 305–312

Analyse von 52 Patienten (mittleres Alter 62 ± 10 Jahre, mit Z.n. Synkope, struktureller Herzerkrankung (KHK n = 40, DCM n = 12) und elektrophysiologischer Untersuchung
Nachbeobachtungszeit: 5 ± 2,8 Jahre
Ergebnisse:
1. Patienten ohne Arrhythmieinduktion: n = 39 (75%)
   → weiter konservative Therapie
   – während des Follow-ups Auftreten von insgesamt 4 (10%) Resynkopen, die nicht durch Kammerarrhythmien bedingt waren! (Abb. 2.**83**)
   – kein Auftreten von malignen Kammerarrhythmien im gesamten Follow-up (Abb. 2.**82**)
   – Todesfälle: n = 6 (15%) (Lungenembolie n = 1, während Bypass-OP n = 1, Schlaganfall n = 1, Pneumonie n = 2, Leberversagen n = 1)
2. Patienten mit Arrhythmieinduktion: n = 13 (25%)
   → ICD-Versorgung
   – während des Follow-ups Auftreten von insgesamt 5 (39%) Resynkopen, die nicht mit einer ICD-Entladung verbunden waren! (Abb. 2.**83**)
   – insgesamt 4 adäquate ICD-Therapien, alle in der Gruppe der Patienten mit induzierbarer SMVT! Keine ICD-Entladungen in den anderen Subgruppen! (Abb. 2.**82**)
   – Todesfälle: n = 1 (8%) (Schlaganfall n = 1)

```
            ┌──────────────────────────┐
            │ Z.n. Synkope, strukturelle│
            │ Herzerkrankung, EPU       │
            │        n = 52             │
            └──────────────┬────────────┘
          ┌────────────────┴────────────────┐
   ┌──────────────┐                 ┌──────────────┐
   │ EPU positiv, │                 │ EPU negativ, │
   │   n = 13     │                 │   n = 39     │
   └──────┬───────┘                 └──────┬───────┘
      ┌───┴───┐                         ┌──┴────┐
```

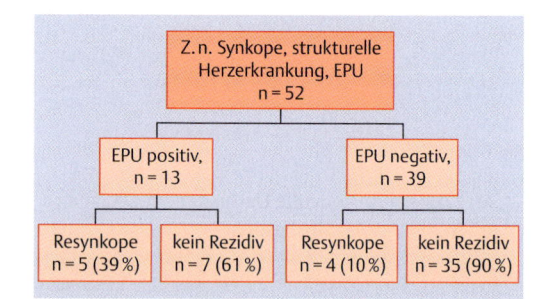

Resynkope	kein Rezidiv	Resynkope	kein Rezidiv
n = 5 (39%)	n = 7 (61%)	n = 4 (10%)	n = 35 (90%)

Abb. 2.**83** Resynkopenrate in Beziehung zum EPU-Befund bei Patienten mit Synkope und struktureller Herzerkrankung (nach Pezawas et al.).

Merke: Patienten mit struktureller Herzerkrankung, Z.n. Synkope und elektrophysiologischer Induktionsfähigkeit beständiger monomorpher Kammertachykardien haben eine hohe Wahrscheinlichkeit zukünftiger adäquater ICD-Entladungen und sollten mit einem ICD versorgt werden. Für strukturell Herzkranke mit Z.n. unklarer Synkope ohne pathologischen EPU-Befund muss ein differenziertes Vorgehen, welches u.a. die Grunderkrankung, die LVEF sowie ggf. zusätzliche Risikofaktoren berücksichtigt, zur weiteren Diagnostik- bzw. Therapieentscheidung gewählt werden (s. S. 87).

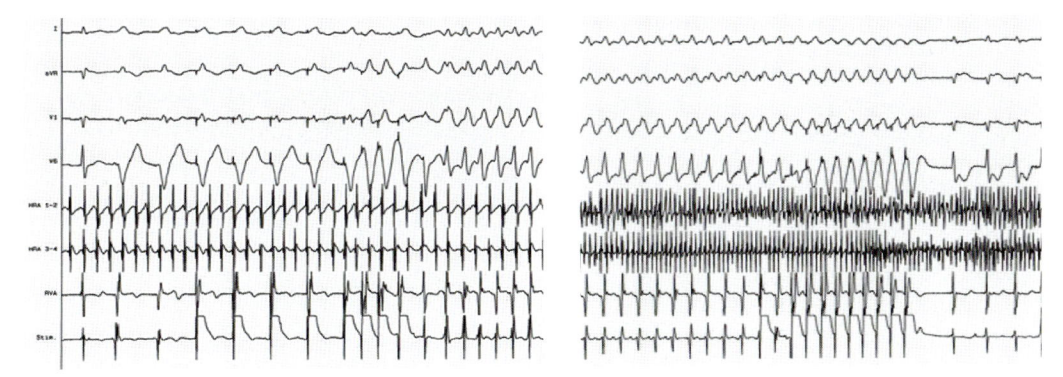

Abb. 2.84 Patient mit Z. n. Synkope, koronarer 3-Gefäßerkrankung, paroxysmales Vorhofflattern/-flimmern: Induktion einer monomorphen Kammertachykardie und Terminierung mittels antitachykarder Stimulation, während der Kammertachykardie konvertiert das Vorhofflattern in Vorhofflimmern.

Wertigkeit der elektrophysiologischen Untersuchung in Abhängigkeit von der Grunderkrankung

Koronare Herzerkrankung

- Bei LVEF > 35% sinnvolle Untersuchung mit hohem prädiktivem Wert, insbesondere bei Induktion beständiger monomorpher Kammertachykardien! Bei Bradykardiediagnostik geringere Sensitivität!
- Patienten mit unauffälliger Diagnostik haben eine günstige Prognose (ILR-Implantation zur weiteren Synkopenabklärung erwägen)
- Bei LVEF ≤ 35% sollte unabhängig des EPU-Befundes eine prophylaktische ICD-Versorgung erfolgen!

Dilatative Kardiomyopathie

Eine Synkope ist bei diesen Patienten unabhängig der Ursache mit einer erhöhten Mortalität verbunden! Die elektrophysiologische Untersuchung besitzt einen nur geringen prädiktiven Wert; insbesondere kommt es trotz eines unauffälligen Befundes oft zum Auftreten maligner Kammerarrhythmien (bis zu 50% in 2 Jahren), eine prophylaktische ICD-Implantation sollte erwogen werden!

Hypertrophe Kardiomyopathie

Synkopen stellen einen Risikofaktor einer erhöhten Mortalität dar; insbesondere bei rezidivierendem oder belastungsinduziertem Auftreten! Die Risikostratifizierung erfolgt anhand spezieller Kriterien (s. Kapitel „Synkopen bei struktureller Herzerkrankung"). Die elektrophysiologische Untersuchung besitzt eine nur untergeordnete Rolle bei der Risikoabschätzung!

Arrhythmogene rechtsventrikuläre Kardiomyopathie

Synkopen treten häufig auf und sind oft durch Kammerarrhythmien bedingt; bei elektrophysiologischer Untersuchung sollen insbesondere typische Kammertachykardien induziert werden; wobei die Wertigkeit der EPU im Rahmen der Risikostratifizierung derzeit jedoch ungeklärt ist. Eine prophylaktische ICD-Versorgung von Patienten mit ARVC und Synkope zeigt jährliche adäquate ICD-Therapien von 10–15%!

Long-QT-Syndrom

Synkopen sind bei diesen Patienten häufig durch Torsade de pointes hervorgerufen; die EPU spielt somit keine Rolle im Rahmen der Synkopendiagnostik!

Brugada-Syndrom

Synkopen sind mit einem 30%-2-Jahres-Risiko des plötzlichen Herztodes verbunden und die Patienten sollten mit einem ICD versorgt werden. Die EPU sollte zur Risikostratifizierung bei Patienten mit intermediärem Risiko eingesetzt werden (s. Kapitel „Tachykarde Herzrhythmusstörungen"). Häufigste induzierte Arrhythmie ist Kammerflimmern.

Strickberger et al. AHA/ACC scientific statement on the evaluation of syncope. J Am Coll Cardiol 2006; 47: 473–484

2.5.4 Verbesserung der diagnostischen Effektivität der EPU

Zwei Kriterien sind für die diagnostische Effektivität der elektrophysiologischen Untersuchung besonders wichtig:
1. Sorgfältige Vordiagnostik:
   insbesondere Anamnese (s. Kapitel Diagnostik – Anamnese) und Basisuntersuchung (inkl. 12-Kanal-EKG; s. Kapitel „Das EKG")
2. Nachweis einer strukturellen Herzerkrankung: Durchführung von Belastungs-EKG und Echokardiografie, ggf. weitere Untersuchungen zur Abklärung der Grunderkrankung (Koronarangiografie etc.).

> **Merke:** Das Ausmaß der vorbestehenden Schädigung des Herzens (insbesondere der linksventrikulären Pumpfunktion) sowie die Art der zugrunde liegenden Herzerkrankung sind entscheidend für die diagnostische Effektivität der EPU. Die sorgfältige Vordiagnostik ist somit von außerordentlicher Bedeutung, denn die Aussagekraft der später erhobenen elektrophysiologischen Befunde hängt hiervon ab.

Prädiktoren einer erhöhten Sensitivität

1. gesicherte kardiale oder kardiopulmonale Grunderkrankung
2. dokumentierter bifaszikulärer Block (Linksschenkelblock oder Rechtsschenkelblock mit linksanteriorem oder linksposteriorem Hemiblock)
3. AV-Block II Typ Wenckebach
4. tachykarde Herzrhythmusstörungen in der Anamnese oder im EKG dokumentiert
5. Sinusbradykardie < 50 Schläge/min
6. Lebensalter > 45 Jahre
7. Ausschluss einer orthostatischen oder neurokardiogenen Synkopenursache

Mod. nach Telfer/Olshansky. Use of electrophysiology studies in syncope: practical aspects for diagnosis and treatment. In: Syncope mechanisms and management. 2nd edn. Oxford, Maldon, Carlton: Futura Blackwell; 2005.

2.5.5 Zusammenfassung

Indikation zur elektrophysiologischen Untersuchung bei Synkopenpatienten

Klasse I

Sofern die initiale Beurteilung den dringenden Verdacht auf eine arrhythmogene Ursache suggeriert; z. B.

- *anamnestisch:* bei Vorhandensein einer schweren strukturellen Herzerkrankung; Synkope während körperlicher Belastung oder im Liegen, vorangegangene Palpitationen/ Herzrasen oder Thoraxschmerz/Angina pectoris sowie plötzlicher Herztod in der Familienanamnese und/oder
- *„verdächtige" EKG-Veränderungen* (s. S. 40, Tab. 2.5) vorliegen (Level B)

Nachtrag: Dies gilt laut den aktuellen ESC-Guidelines nur noch für Patienten mit koronarer Herzerkrankung

Klasse IIa

▶ bei Patienten mit Schenkelblock, sofern die nicht invasive Diagnostik erfolglos blieb (Level B)

Klasse IIb

▶ bei Patienten mit vorangegangenen plötzlichen und kurzen Palpitationen, sofern die nicht invasive Diagnostik erfolglos blieb (Level B)

▶ bei Patienten mit Brugada-Syndrom, ARVC und Hypertropher Kardiomyopathie in ausgewählten Fällen (Level C)

▶ bei Patienten mit Hochrisikoberufen in ausgewählten Fällen, bei denen der Ausschluss einer kardialen Synkopenursache unbedingt erforderlich ist (Level C)

Klasse III (keine Indikation)

▶ herzgesunde Patienten mit normalem EKG ohne Palpitationen (Level B)

Fortsetzung nächste Seite

Elektrophysiologische Untersuchung – Befundbewertung

Klasse I Level B

1. Eine unauffällige EPU kann eine arrhythmiebedingte Synkope nicht sicher ausschließen.
   Bei fortbestehendem Verdacht auf eine arrhythmiebedingte Synkope werden weitere Verfahren (z. B. Ereignisrekorder) empfohlen.
2. Abhängig vom klinischen Kontext sind pathologische Befunde bei der EPU nicht zwingend diagnostisch für die Ursache der Synkope.
3. Eine EPU ist diagnostisch beweisend und es bedarf keiner weiteren Untersuchungen bei folgenden Befunden:
   - Sinusbradykardie und verlängerte korrigierte Sinusknotenerholungszeit (KSKEZ >525 ms).
   - Bifaszikulärer Block mit verlängertem HV-Intervall > 100 ms bei Basisuntersuchung oder höhergradiger (zweit- und drittgradiger) infrahissärer Block während inkrementaler Vorhofstimulation.
   - Bifaszikulärer Block und Provokation eines höhergradigen infrahissären Blocks durch intravenöse Gabe von Ajmalin (1 mg/kg^{-1} i. v.), Procainamid oder Disopyramid (2 mg/kg^{-1} i. v.) (nach unauffälliger Basis-EPU).
   - Induktion einer anhaltenden monomorphen, ventrikulären Tachykardie (bei Postinfarktpatienten: nur monomorphe VT diagnostisch hinweisend; Kammerflimmern wird als unspezifisch gewertet).
   - Induktion einer supraventrikulären Tachykardie, die zu Hypotonie und spontanen Symptomen führt (sofern eine schnelle supraventrikuläre Tachykardie induziert wird, die asymptomatisch bleibt, wird dies in der Regel auch als diagnostisch gewertet, da im EPU-Labor keine Alltagsbedingungen herrschen).

Klasse II Level B

Unterschiedliche Meinungen existieren bei der Bewertung folgender elektrophysiologischer Befunde:

1. bei einer Verlängerung des HV-Intervalls zwischen 70 und 100 ms
2. bei Induktion einer polymorphen ventrikulären Tachykardie oder Kammerflimmern bei Patienten mit Brugada-Syndrom, arrhythmogenem rechten Ventrikel oder überlebter kardiopulmonaler Reanimation (obwohl insbesondere Patienten mit Brugada-Syndrom und Zustand nach Synkope mit induzierbarer polymorpher VT oder Kammerflimmern mit einem ICD versorgt werden sollten!).

Klasse III Level B

Die Induktion einer polymorphen ventrikulären Tachykardie oder Kammerflimmern bei Patienten mit ischämischer oder dilatativer Kardiomyopathie hat einen niedrigen prädiktiven Aussagewert.

Nach Moya A, Sutton R et al. Guidelines for the diagnosis and management of syncope (version 2009). The Task Force for the Diagnosis and Management of Syncope of the European Society of Cardiology (ESC), www.escardio.org/guidelines; Seidel, Schuchert, Tebbenjohanns, Hartung et al. 2005. Kommentare zu den Leitlinien zur Diagnostik und Therapie von Synkopen – der Europäischen Gesellschaft für Kardiologie 2001 und dem Update 2004; und Strickberger et al. AHA/ACC scientific statement on the evaluation of syncope. J Am Coll Cardiol 2006; 47: 473–484.

2.6 Weitere Untersuchungsmethoden

2.6.1 Echokardiografie

Einleitung

Spezielle, nichtinvasive Untersuchung zur Prognoseabschätzung bei Patienten mit unklaren Synkopen sowie zum Nachweis bestimmter Herzerkrankungen, die Synkopen bedingen.

Rationale und Zielstellung

Die Echokardiografie verfolgt im Rahmen der Synkopendiagnostik zwei Ziele:
1. Risikostratifikation: Beurteilung der linksventrikulären Pumpfunktion
2. Nachweis bestimmter Synkopenursachen:
   - Obstruktion des linksventrikulären Ein- und Ausflusstrakts (Aortenstenose und andere Vitien, hypertroph-obstruktive Kardiomyopathie, Myxome/Tumoren, Thromben)
   - Obstruktion des rechtsventrikulären Ausflusstrakts (z. B. Lungenembolie)

Wertigkeit der Echokardiografie im Rahmen der Synkopendiagnostik

Sarasin et al. Role of echocardiography in the evaluation of syncope: a prospective study. Heart 2002; 88: 363–367

▶ Prospektive Analyse (mittlere Nachbeobachtungszeit: 18 Monate) von 650 Patienten, die sich in einer Krankenhausnotaufnahme mit Z.n. Synkope vorstellten, Einteilung der Patienten nach Basisdiagnostik in 2 Gruppen:
   a) Personen mit gesicherter Diagnose oder Verdachtsdiagnose, die durch eine spezielle Untersuchung gesichert werden muss (n = 495, mittleres Alter 58 ± 21 Jahre)
   b) Personen mit unklarer Synkope (n = 155, mittleres Alter 68 ± 15 Jahre)
▶ Beurteilung der Wertigkeit der Routineechokardiografie bei Patienten mit unklarer Diagnose; dabei wurden folgende Echokardiografiebefunde als diagnostisch eingestuft:
   a) Aortenstenose mit mittlerem Druckgradienten > 50 mmHg oder Klappenöffnungsfläche < 0,9 cm²
   b) hypertrophe Kardiomyopathie mit Obstruktion
   c) pulmonale Hypertonie mit mittlerem arteriellem Druck (PAP mean) > 30 mmHg
   d) Linksatriales Myxom oder Thrombus mit Ausflusstraktobstruktion

Ergebnisse:
1. Echokardiografie als Routineuntersuchung bei unklaren Synkopen (Abb. 2.85):
   a) Patienten mit positiver Anamnese und/oder auffälligem EKG und echokardiografisch „schlechter" (≤ 40 %) LV-Pumpfunktion (n = 24) hatten zu 50 % eine maligne Arrhythmie als Synkopenursache bei weiterführender Diagnostik.

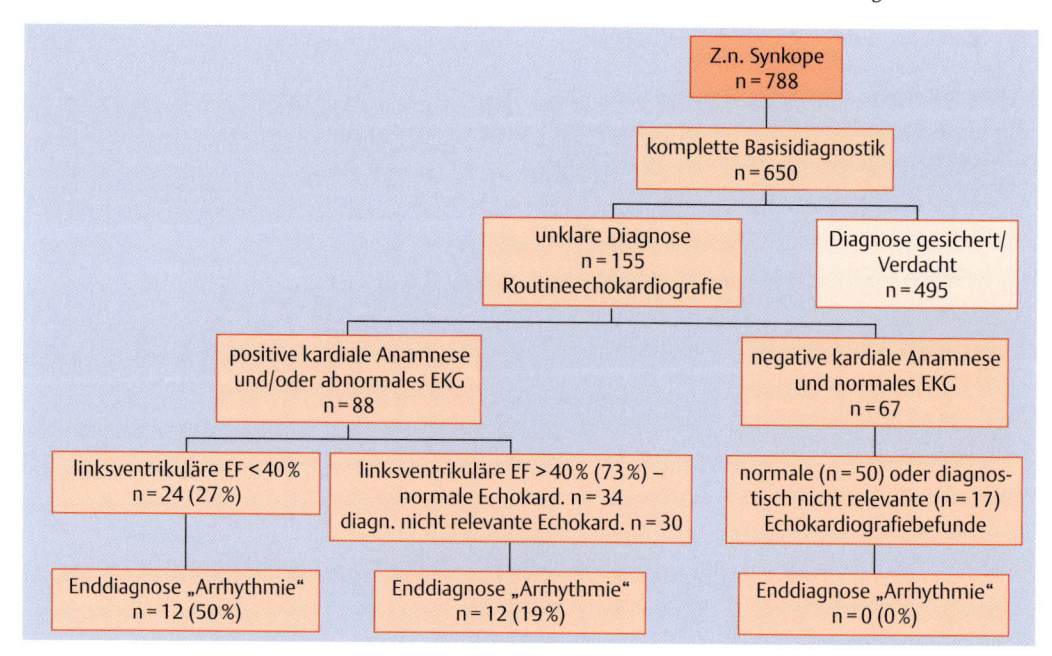

Abb. 2.85 Wertigkeit der Routineechokardiografie im Rahmen der Diagnostik bei Patienten mit unklarer Synkope (nach Sarasin et al.).

b) Patienten mit positiver Anamnese und/oder auffälligem EKG mit echokardiografisch „guter" (> 40%) LV-Pumpfunktion (n = 64) hatten nur zu 19% eine maligne Arrhythmie als Synkopenursache bei weiterführender Diagnostik.
c) Patienten mit negativer Anamnese und normalem EKG zeigten keine echokardiografischen Veränderungen (n = 67) und hatten keine maligne Arrhythmie als Synkopenursache bei weiterer Diagnostik.

2. Echokardiografie bei Patienten mit unklarer Synkope und Herzgeräusch:
   – Bei 61 Patienten (9%) fand sich ein Herzgeräusch; davon V.a. Aortenstenose bei n = 20 (33%), die bei 8 (40%) Patienten echokardiografisch bestätigt wurde.
   – Bezogen auf die Gesamtzahl an diagnostizierten Patienten (n = 650) war eine relevante Aortenstenose zu ca. 1% als Synkopenursache zu finden.

> **Merke:** Die Echokardiografie ist bei Patienten mit unklaren Synkopen und positiver kardialer Anamnese oder/und auffälligem EKG ein entscheidendes Diagnostikinstrument im Rahmen der Risikostratifizierung! Diagnostische Echokardiografiebefunde (z.B. Aortenstenose) lassen sich in ca. 1% bei unselektionierten Patientenkollektiven mit Synkope erwarten.

Klinische Anwendung der Echokardiografie
(Tab. 2.8)

Nachtrag: Die in Tab. 2.8 genannten Vorteile der Echokardiografie lassen in der täglichen klinischen Praxis eine deutlich höhere Zahl an Untersuchungen im Rahmen der Synkopendiagnostik zu, als dies die aktuellen Leitlinien empfehlen. Nahezu ⅔ aller Patienten mit Z.n. Synkope werden einer Herzultraschalluntersuchung unterzogen (nach Recchia/Barzilai. Echocardiography in the evaluation of patients with syncope. J Gen Intern Med 1995; 10: 649–655; Calkins et al. The economic burden of unrecognized vasodepressor syncope. 1993; 95: 473–479).

Indikationen zur Durchführung einer Echokardiografie (Klasse I, Level B)

Die echokardiografische Untersuchung ist indiziert, wenn der Verdacht auf eine strukturelle kardiale Grunderkrankung besteht sowie zur Risikostratifizierung.

Diagnostischer Stellenwert (Klasse I, Level C)

▶ Die Echokardiografie ist diagnostisch beweisend bei schwerer Aortenstenose, schwerer hypertroph-obstruktiver Kardiomyopathie und Vorhofmyxom, anderer Herztumoren oder Thromben, bei Perikardtamponade, Aortendissektion sowie angeborenen Koronaranomalien

(Nach Moya A, Sutton R et al. Guidelines for the diagnosis and management of syncope [version 2009]. The Task Force for the Diagnosis and Management of Syncope of the European Society of Cardiology (ESC), www.escardio.org/guidelines)

2.6.2 Andere Untersuchungen

Nichtinvasive bildgebende Verfahren
(s.a. Kap. 7)

Magnetresonanztomografie (MRT)

Kardiale Diagnostik: bei Verdacht auf arrhythmogene rechtsventrikuläre Kardiomyopathie, Koronaranomalien bei jüngeren Patienten, Tumoren und Thromben im Herzen.
Gefäßdiagnostik: Stenosen/Verschlüsse oder Anomalien im Bereich der intrakraniellen und extrakraniellen hirnversorgenden Gefäße.
Zerebrale Diagnostik: akute zerebrale Ereignisse (TIA, PRIND, Apoplex, Blutungen), Hirntumoren

Computertomografie

Zerebrale Diagnostik: prinzipiell wie bei MRT

Tabelle 2.8 Vor- und Nachteile der klinischen Anwendung der Echokardiografie.

Vorteile	Nachteile
▶ nichtinvasive Methode ohne Strahlenbelastung	▶ selten diagnostisch
▶ „überall" verfügbar,	▶ geschulter Untersucher bei besonderen Fragestellungen erforderlich (z.B. ARVC, Lungenembolie, Vitien etc.)
▶ exzellente Methode zur Identifikation einer strukturellen Herzerkrankung sowie zur Bestimmung der linksventrikulären Pumpfunktion (Risikostratifizierung)	

Dopplersonografie der extrakraniellen Gefäße

Stenosen/Verschlüsse oder Anomalien im Bereich der extrakraniellen hirnversorgenden Gefäße.

Invasive bildgebende Verfahren

Koronarangiografie

Bei Verdacht oder Nachweis einer akuten Koronarischämie als Synkopenursache, ggf. Therapie.

Angiografie anderer Gefäßregionen

Bei Verdacht oder Nachweis einer Gefäßstenose/-anomalie als Synkopenursache, ggf. Therapie

> **Merke:** Die Durchführung o. g. bildgebender Verfahren sollte im Rahmen der Synkopendiagnostik nur zur Klärung gezielter Fragestellungen erfolgen.

2.6.3 Belastungs-EKG

Rationale, Zielstellung, Durchführung

Versuch der kontrollierten ergometrischen Reproduktion von Symptomen (Synkope, Schwindel, Angina pectoris) oder EKG-Veränderungen bei Z. n. belastungsinduzierter Synkope.

Methodik, Voraussetzungen, Indikationen, Kontraindikationen s. dazu Trappe und Löllgen. Leitlinien zur Ergometrie. Z Kardiol 2000; 89: 821–837

Klinische Diagnostik mittels Ergometrie

- Obwohl die Ergometrie als „Screeninguntersuchung" bei Synkopenpatienten keine Bedeutung besitzt (diagnostische Wertigkeit ca. 1 %), findet sie bei bestimmten Fragestellungen ihre Anwendung, insbesondere wenn anamnestisch der Verdacht auf belastungsinduzierte Arrhythmien (Byrne et al. Exercise-induced complete heart block in a patient with chronic bifascicular block. J Electrocardiol 1994; 27: 339–342) oder belastungsischämisch getriggerte Synkopen (Havranek et al. Exertional syncope caused by left main coronry artery spasm. Am Heart J 1992; 123: 792–794) besteht.
- Auch sollten Patienten, bei denen der Verdacht auf belastungsinduzierte neurokardiogene Synkopen besteht, einer Ergometrie unterzogen werden (Sakaguchi et al. Syncope associated with exercise, a manifestation of neurally mediated syncope. Am J Cardiol 1995; 75: 476–481).
- Bei Patienten mit hypertropher Kardiomyopathie mit unklarer Synkope ist ebenfalls eine Ergometrie

unter strengem Kreislaufmonitoring vorrangig zur Beurteilung eines abnormalen Blutdruckverhaltens indiziert (nach Maron/McKenna et al. ACC/ESC clinical expert consensus document on hypertrophic cardiomyopathy. J Am Coll Cardiol 2003; 42: 1–27).
- Bei Athleten beträgt der Anteil belastungsinduzierter Synkopen 1,3 % aller Synkopenfälle (Collvicchi et al. Epidemiology and prognostic implications of syncope in young athletes. Eur Heart J 2004; 25: 1749–1753). Sofern die Athleten strukturell herzgesund sind, liegt die ergometrische Reproduzierbarkeit von Symptomen nur bei ca. 12 %, da es sich bei in der Regel um neurokardiogen-belastungsinduzierte Synkopen handelt (Colvicchi et al. Exercise-related syncope in young competitive athletes without structural heart disease: Clinical presentation and long-term outcome. Eur Heart J 2002; 23: 1127–1132)

> **Merke:** Die Ergometrie ist keine Screeninguntersuchung und sollte erst nach genauer Vordiagnostik (insbes. typische Anamnese, strukturelle Herzerkrankung) erfolgen.

Indikationen und Kontraindikationen im Rahmen der Synkopendiagnostik

- Die Durchführung der Ergometrie ist indiziert, sofern anamnestisch Synkopen unter Belastung oder kurz danach auftreten (Klasse I, Level C).
- Kontraindikationen stellen u. a. eine schwere Aortenstenose (Klappenöffnungsfläche < 1,0 cm²) oder andere Erkrankungen mit schwerer mechanischer Obstruktion dar.

Diagnostischer Stellenwert

Diagnostisch beweisend ist die Ergometrie:

1. bei Nachweis bestimmter Arrhythmien unter Belastung (AV-Block II, Typ Mobitz und III. Grades, ventrikuläre Tachykardie); auch ohne Synkopenreproduktion
2. bei Reproduktion der Synkope/Präsynkope in Anwesenheit von EKG-Abnormalitäten oder einer schweren Hypotonie

Diagnostisch verdächtig können folgende Befunde sein:

1. Nachweis einer Ischämiereaktion unter Belastung, hier weitere Untersuchungen erforderlich (in der Regel Koronarangiografie)
2. Nachweis einer abnormalen Kreislaufreaktion bei Patienten mit hypertropher Kardiomyopathie

2.6.4 Pharmakologische Provokationstests

Adenosin-Triphosphat-Test (ATP-Test)

Rationale

Die Freisetzung von endogenem Adenosin ist möglicherweise in den Triggermechanismus mancher Synkopenformen eingebunden.
   Als positiv wird ein Test gewertet, sofern nach schneller intravenöser Applikation von 20 mg ATP eine Asystolie von ≥ 6,0 s auftritt oder eine AV-Blockierung länger als 10 s anhält.

Klinische Bedeutung

Donateo et al. Mechanism of syncope in patients with positive ATP-Test. J Am Coll Cardiol 2003; 41: 93–98
- Nachbeobachtung von 36 Patienten (mittleres Alter 69 ± 10 Jahre, 61 % weiblich, im Median 6 Synkopen in der Anamnese) mit positivem ATP-Test und einer Kontrollgruppe mit negativem ATP-Test (mittleres Alter 61 + 13 Jahre, 33 % weiblich), die mit einem implantierbaren Event-Recorder versorgt wurden.
- Analyse der Korrelation zwischen Synkopenmechanismus bei ATP-Test und klinischem Synkopenrezidiv.

Mittlere Nachbeobachtungszeit: 18 ± 9 Monate
Ergebnisse: Synkopenrezidive bei 18 Patienten (50 %), EKG-Dokumentation bei 16 Patienten (44 %) mit insgesamt nur schwacher Korrelation zum Befund des ATP-Testes.

> **Merke:** Die Bedeutung des ATP-Testes im Rahmen der Synkopendiagnostik ist derzeit unklar.

* Nach Seidel, Schuchert, Tebbenjohanns, Hartung. Kommentar zu den Leitlinien zur Diagnostik und Therapie von Synkopen der Europäischen Gesellschaft für Kardiologie 2001 und dem Update 2004. Z Kardiol 2005; 94: 592–612; Moya A, Sutton R et al. Guidelines for the diagnosis and management of syncope (version 2009). The Task Force for the Diagnosis and Management of Syncope of the European Society of Cardiology (ESC), www.escardio.org/guidelines

> *Indikationen zum ATP-Test*
>
> **Klasse III Level B:** Aufgrund der mangelnden Korrelation zu Befunden während spontaner Synkopen kann der ATP-Test nicht als diagnostischer Test zur Auswahl von Patienten hinzugezogen werden, die mit einem Herzschrittmacher versorgt werden sollten.

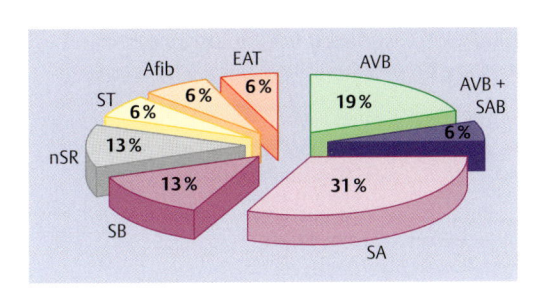

Abb. 2.**86** EKG-Befunde bei klinischen Rezidivsynkopen bei Patienten mit positivem ATP-Test und unklaren Synkopen, nach Donateo et al. AVB: AV-Block; AVB + SAB: AV-Block gefolgt von Sinusarrest, SA: Sinusarrest, SB: Sinusbradykardie, nSR: normaler Sinusrhythmus, ST: Sinustachykardie, Afib: Vorhofflimmern, EAT: Ektop-atriale Tachykardie.

Ajmalin-Test und Flecanid-Test zur Diagnostik eines Brugada-Syndroms

Rationale

Blockade der schnellen Natriumkanäle und Demaskierung eines Brugada-Syndroms durch intravenöse Gabe eines Klasse-I-Antiarrhythmikums (Ajmalin 1,0 mg/kg KG oder Flecainid 2,0 mg/kg KG innerhalb von 10 min), Auftreten typischer EKG-Veränderungen in V1-3 (s. Kap. „Das EKG", S. 60).

> *Indikationen zum Ajmalin/Flecainid-Test im Rahmen der Synkopendiagnostik*
>
> **Klasse I:** Ausschluss oder Nachweis eines Brugada-Syndroms*

2.6.5 Signalmittelungs-EKG

Das Signalmittelungs-EKG besitzt keine Bedeutung im Rahmen der Synkopendiagnostik.

2.6.6 Laboruntersuchungen

> **Indikationen zur laborchemischen Diagnostik**
>
> Laborchemische Untersuchungen sollten bei folgenden Situationen durchgeführt werden:
> 1. Patient mit Diabetes mellitus
> 2. Verdacht auf Hypovolämie oder Verdacht auf eine metabolische Ursache
> 3. Patient wird nicht innerhalb weniger Minuten wieder bewusstseinsklar
>
> Nach Brignole et al. Eur Heart J 2001; 22: 1256–1306, Update 2004 Eur Heart J 2004; 5: 2054–2072.

Klinische Symptome bei Patienten mit Z. n. metabolischem Bewusstseinsverlust

- Verwirrtheit, verlangsamte Reaktionen
- Speichelfluss, Tremor, Hungergefühl, Schwitzen
- Adynamie oder hyperadrenerge Zustände

Welche Untersuchungen sollen durchgeführt werden?

1. Basislabordiagnostik
   - Serummineralien: (Natrium, Kalium), Serumglukosespiegel, kleines Blutbild (Erythrozytenzahl, Hämoglobin, Hämokrit, Leukozytenzahl, Thrombozytenzahl), Kreatinin, TSH basal
2. erweiterte Diagnostik bei V. a. spezielle Erkrankungen (nachfolgend einige Beispiele)
   - Troponin (akutes Koronarsyndrom)
   - D-Dimere, ASTRUP (Lungenembolie)
   - Kalzium, Chlorid (schwere Elektrolytverschiebungen z. B. bei Tumorerkrankungen, Nierenerkrankungen)
   - Medikamentenspiegel (Vergiftungen)
   - genetische Analysen (u. a. V. a. Kanalerkrankungen, bei Kardiomyopathien) und weitere

2.6.7 Neurologisch-fachärztliche Untersuchung

Neurologische Erkrankungen und Bewusstseinsverlust

1. Synkopen sind eine seltene Manifestation neurologischer Erkrankungen, deren klinische Zeichen bereits bei der Basisdiagnostik gefunden werden können, insbesondere bei der Anamnese:
   - z. B. Synkope im Liegen begleitet durch eine vorangegangene Aura und gefolgt von einer kompletten Amnesie sind typisch für eine Epilepsie
   - bereits bekannte Epilepsie, andere Erkrankung
   - Zungenbiss bei Anfall

   Mittels elektroenzephalografischem Monitoring (inkl. Schlafentzugs-EEG etc.) können Anfallsleiden wie Epilepsie bestätigt werden.
2. Weiterhin sollte bei Patienten mit unklarem Bewusstseinsverlust auch auf Zeichen einer fokalen neurologischen Störung geachtet werden: wie z. B. Diplopie, Sprachstörungen, sensorische und motorische Defizite.
3. Bei Bewusstseinsverlust mit Lähmungserscheinungen muss an eine zerebrale Ischämie, Blutung oder andere Raumforderungen gedacht werden, die mittels bildgebender Diagnostik (MRT, Computertomografie) weiter abgeklärt werden sollte.
4. Synkopen können auch bei einer bilateralen Erkrankung der A. carotis oder Basilararterie auftreten. Hierbei sind Doppler-Sonografie und angiografische Untersuchungen (DSA, CT- oder MR-Angiografie) hilfreich.
5. Neurologische Erkrankungen können auch zu einer orthostatischen Hypotonie führen, die wiederum durch einen Kurzorthostasetest diagnostiziert wird. Weiterführende Untersuchungen können dann eine Differenzierung der zugrunde liegenden Erkrankung vornehmen.
6. Neuromuskuläre Erkrankungen, z. B. M. Duchenne, gehen oft mit einer kardialen Beteiligung einher, sodass bei Auftreten von Synkopen auch an eine AV-Blockierung oder ventrikuläre Tachyarrhythmie gedacht werden muss. (Nach Strickberger et al. AHA/ACC scientific statement on the evaluation of syncope. J Am Coll Cardiol 2006; 47: 473–484.)

> **Indikation zur Durchführung einer neurologisch-fachärztlichen Untersuchung**
>
> *Klasse I Level C*
>
> - Indiziert bei Patienten mit Bewusstseinsverlust und V. a. auf eine Epilepsie (eigen- oder fremdanamnestischer Angabe neurologischer Symptome im Rahmen des Bewusstseinsverlusts)
> - Indiziert, sofern die Synkope infolge einer Insuffizienz des autonomen Nervensystems hervorgerufen wurde, zur Abklärung der zugrundeliegenden Erkrankung
>
> *Klasse III Level B*
>
> - EEG, Duplexsonografie der hirnversorgenden Gefäße, Computertomografie oder Magnetresonanztomografie des Gehirns sind nicht indiziert, solange nicht der Verdacht auf einen nicht synkopalen Bewusstseinsverlust besteht
>
> **Nach Moya A, Sutton R et al. Guidelines for the diagnosis and management of syncope (version 2009). www.escardio.org/guidelines**

2.6.8 Psychiatrisch-fachärztliche Untersuchung

Psychiatrische Erkrankungen und Bewusstseinsverlust: Obwohl psychiatrische Erkrankungen keine klassischen Synkopen bedingen, können unter Umständen „synkopenähnliche" Zustände auftreten bzw. geschildert werden. Andererseits treten Synkopen auch bei Patienten mit psychiatrischen Erkrankungen auf. Aufgrund der häufigen Interaktion zwischen psychiatrischer Erkrankung und Synkopen (s. S. 95) kann es oft schwierig sein, die Kausalität zu klären. Eine sorgfältige Anamnese ist für die weitere Diagnostik von entscheidender Bedeutung.

Charakteristik von Patienten mit psychiatrischen Erkrankungen:
- jung, in der Regel herzgesund
- Schilderung häufiger „Synkopen"
- Ausschluss anderer Synkopenursachen
- bei hysterischem Anfall: „Synkope" vor Augenzeugen ohne Verletzung, oft Hyperventilation

Psychiatrische Erkrankungen mit Synkopen oder synkopenähnlichen Zuständen: Zwischen ¼ und ⅓ aller unklaren Synkopen stehen in Beziehung zu einer der folgenden Erkrankungen (nach Seidel et al., s. S. 93):
- Depression (12,2%)
- Panikattacken (4,3%)
- generalisierte Angsterkrankungen (8,6%)
- hysterische Zustände

Indikation zur Durchführung einer psychiatrisch-fachärztlichen Untersuchung

Klasse I, Level C: Indiziert bei klinischem Verdacht auf psychogene Pseudosynkope (oder eine psychiatrische Erkrankung)

Klasse IIb, Level C: Kipptischuntersuchung mit EEG-Recording und Videomonitoring zur Diagnostik von Bewusstlosigkeiten, die eine Synkope nachahmen („Pseudosynkope") oder ihr ähneln (Epilepsie)

Nach Moya A, Sutton R et al. Guidelines for the diagnosis and management of syncope (version 2009). www.escardio.org/guidelines

---

Merke: Konsiliaruntersuchungen sollten erfolgen, wenn Patienten neurologische Symptome aufweisen oder bei jungen, herzgesunden Personen und rezidivierenden Ereignissen keine Ursache gefunden werden kann!

2.6.9 Zusammenfassung: Diagnostische Wertigkeit der einzelnen Untersuchungen im Rahmen der Synkopendiagnostik

Die Effektivität der Diagnostik von Synkopen ist abhängig von einem streng leitliniengerechten Vorgehen. Anhand einer gewissenhaft durchgeführten Basisdiagnostik können nahezu ¼ aller Diagnosen gestellt werden; die Notwendigkeit weiterer Untersuchungen zur Befundermittlung ist in Abb. 2.**87** dargestellt. Trotzdem bleiben ca. ⅕ der Fälle ungeklärt.

Die diagnostische Wertigkeit der einzelnen Untersuchungen ist nochmals in Tab. 2.**9** aufgelistet; dabei wurden die prozentuale Menge an gerechtfertigten Indikationen der jeweiligen Untersuchungen (Spalte 2) sowie die diagnostische Effektivität der einzelnen Teste (Spalte 3) aufgeführt. Die Anzahl an Patienten, die notwendig ist, um mit der entsprechenden Untersuchungsmethode mindestens bei einer Person die Diagnose zu sichern (NND), wurde in der rechten Spalte aufgeführt.

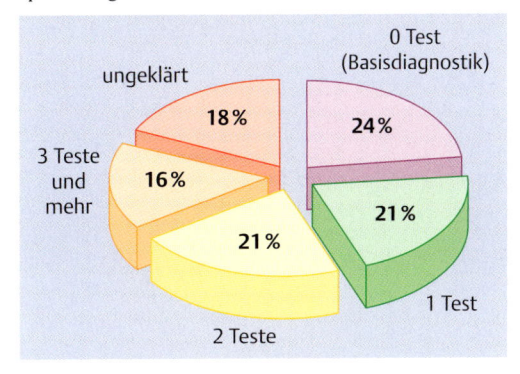

Abb. 2.**87** Prozentuale Häufigkeitsverteilung der Anzahl notwendiger Teste, um eine Diagnose zu sichern (nach F. Croci et al., s. S. 93).

Tabelle 2.**9** Diagnostische Wertigkeit der am häufigsten durchgeführten Untersuchungen im Rahmen der Synkopenabklärung (nach Croci F, Alboni P, Brignole M et al. The diagnosis of syncope using a standardized strategy of evaluation in patients reffered to 3 syncope units. Europace 2002; 4: 351–356).

Test	gerechtfertigt	diagnostisch beweisend	NND
Anamnese/klinische Untersuchung, Kurzorthostasetest	308 (100%)	47 (15%)	7
EKG	241 (78%)	25 (10%)	10
Echokardiografie	103 (33%)	3 (3%)	34
EKG-Monitoring	82 (27%)	13 (16%)	6
Belastungstest	22 (7%)	1 (5%)	22
Karotissinusmassage	177 (52%)	44 (24%)	4
Kipptischuntersuchung	161 (52%)	94 (58%)	2
ATP-Test	47 (15%)	7 (15%)	7
elektrophysiologische Untersuchung	51 (17%)	14 (27%)	4

2.7 Diagnostikoptionen bei Patienten mit unklaren Synkopen

2.7.1 Einleitung

Ca. ⅓ aller Patienten mit Z. n. Synkope bleibt diagnostisch zunächst ungeklärt! (Abb. 2.**88**)

Allerdings kann mit sehr genauer, leitliniengerechter Diagnostik eine höhere Abklärungsrate bis zu 82 % erreicht werden (unklare Synkopen 18 %; Brignole et al. Europace 2005; 7: 273–279).

Bleibt die Synkope ungeklärt, stellen sich Fragen:
- Wie kann eine Diagnose gestellt werden?
- Wie gefährlich ist eine/die ungeklärte Synkope für den einzelnen Patienten?
  – seitens der Prognose
  – seitens der Rezidivwahrscheinlichkeit

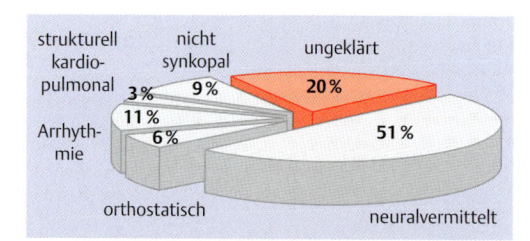

Abb. 2.**88** Prozentuale Häufigkeit primär ungeklärter Synkopen nach erfolgter Diagnostik (nach Brignole et al. Guidelines on management [diagnosis and treatment] of syncope. Eur Heart J 2001; 22: 1256–1306, Update 2004 Eur Heart J 2004; 5: 2054–2072 und http://www.escardio.org/guidelines_surveys/esc-guidelines/guidelinesdocuments/guidelines-syncope-sliedes.pdf).

1995 erfolgte die erste Publikation eines neuen Diagnostikkonzepts: Implantation eines EKG-Monitors mit Loop-Speicherung und „langer" Laufzeit, welcher bei einem Synkopenrezidiv eine EKG-Dokumentation in jeder Situation möglich machte:

Krahn et al. The etiology of syncope in patients with negative tilt table and electrophysiological testing. Circulation 1995; 92: 1819–1824.
- Versorgung von 16 hochsymptomatischen Patienten (57 ± 19 Jahre) mit ungeklärter Synkopenursache (unauffällige Diagnostik inkl. Kipptisch und elektrophysiologischer Untersuchung) mit einem implantierbaren Loop-Recorder (ILR)
- Synkopenrezidiv nach 4,4 + 4,2 Monaten bei 15 Patienten (94 %) mit EKG-Dokumentation in allen Fällen: Sinusarrest 5, AV-Block 2, ventrikuläre Tachykardie 1, supraventrikuläre Tachykardie 1, normaler Sinusrhythmus 6

Abb. 2.**89** Die sicherste Möglichkeit zur Dokumentation des Synkopenmechanismus im klinischen Langzeitverlauf ist die Implantation eines kardialen Monitorsystems (ICM), da dies eine eindeutige Zuordnung von Symptomen und Herzrhythmus gestattet! **Einige technische Daten – Reveal® DX:** Volumen: 9 cm^3, Gewicht: 15 g, Abmessungen: 62 × 19 × 8 mm, Batterie: Li-Cl, 3,6 V Nennspannung, Gesamtlaufzeitabschätzung: 3 Jahre, Wahrnehmung: EKG-Verstärkung: 50-fach, Abtastrate: 256 Hz, Bandbreite: 0,5–95 Hz.

> Prinzipiell ist der diagnostische Stellenwert eines implantierten Loop-Recorders identisch zu allen anderen Formen des EKG-Monitorings: s. Kapitel „Langzeit-EKG und Monitoring".

2.7.2 Das ISSUE-1-Programm
(ISSUE = International Study on Syncope of Uncertain Etiology)

Im Unterschied zu den zuvor mit implantierbaren Loop-Rekordern durchgeführten Studien teilte ISSUE die Patienten nach ihrer Grunderkrankung in verschiedene Einheiten ein; 1. Patienten ohne strukturelle Herzerkrankung, 2. Patienten mit Schenkelblock und 3. Patienten mit struktureller Herzerkrankung, deren Synkopenursache nicht geklärt werden konnte!

Patienten ohne strukturelle Herzerkrankung

Moya et al. for the ISSUE 1 Investigators. Mechanism of syncope in patients with isolated syncope and in patients with tilt positive syncope. Circulation 2001; 104: 1261–1267
Analyse von 111 Patienten mit Synkope ohne strukturelle Herzerkrankung, einem normalen 12-Kanal-EKG, unauffälliger weiterer Diagnostik (inkl. sorgfältiger Anamneseerhebung, klinischer Untersuchung, Karotissinusmassage, Echokardiogramm, Holter-Monitoring), anschließend Kipptischuntersuchung. Dann Dif-

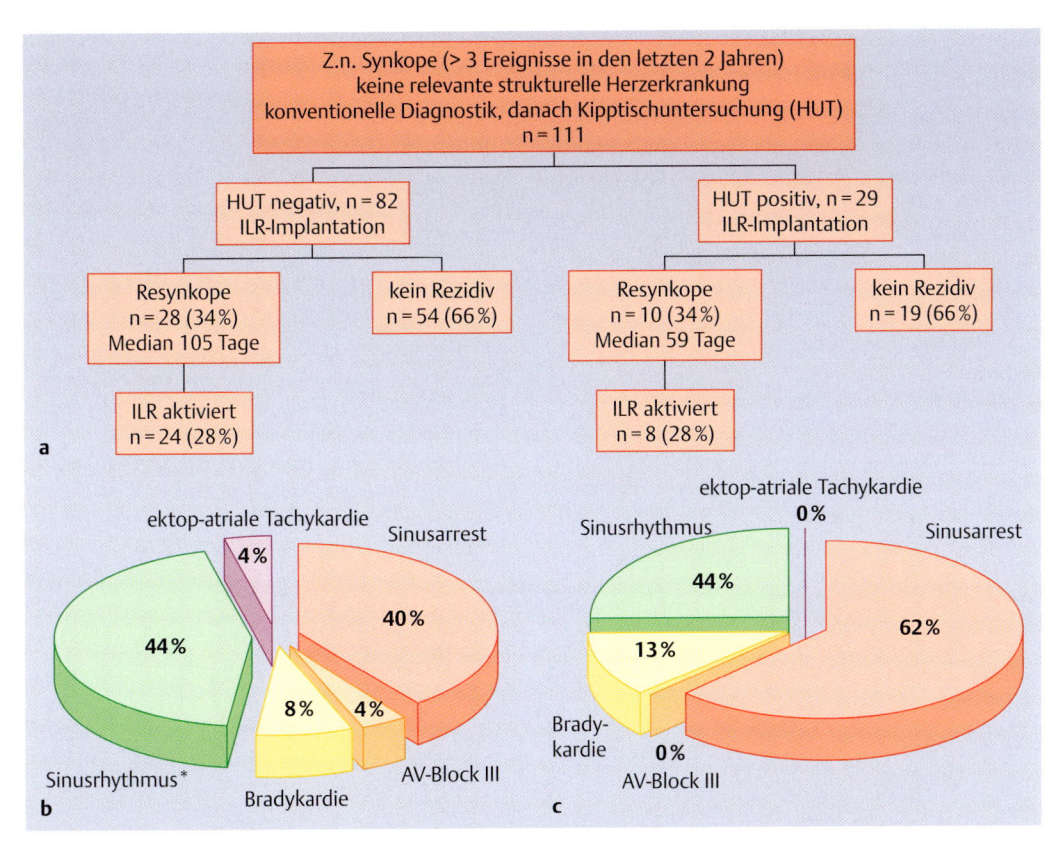

2.7 Diagnostikoptionen bei Patienten mit unklaren Synkopen

Abb. 2.90 ISSUE-I-Patienten ohne strukturelle Herzerkrankung. **a** Flussdiagramm der Studie, Ergebnisse; prozentuale Häufigkeit von EKG-Befunden bei Synkopen: **b** IS-Gruppe*, **c** TP-Gruppe (nach Moya et al.).
* Ein Patient zeigte während der Synkope einen Sinusrhythmus, gefolgt von ST-T-Veränderungen und einige Minuten später Kammerflimmern infolge einer vasospastischen Angina.

ferenzierung in „positive" Patientengruppe (Tilt positiv; „TP"): n = 29 (64 ± 15 Jahre, 62 % weiblich) und „negative" Patientengruppe („isolierte" Synkope, „IS"): n = 82 (63 ± 17 Jahre, 45 % weiblich), nachfolgend Implantation eines Anfallsrekorders (Reveal, Medtronic).
Mittlere Nachbeobachtung: IS-Gruppe: 9 ± 5 Monate, TP-Gruppe 10 ± 5 Monate.
Ergebnisse: gleiche Anzahl an Rezidiven: kipptischpositiv: n = 10 (34 %), isolierte Synkope: n = 28 (34 %).
ILR-Befunde: ca. ½ der Synkopen sind durch reflektorisch bedingte Asystolien/Bradykardien in beiden Gruppen bedingt.
TP-Gruppe: deutlich häufiger Asystolien während klinischer Synkope als bei Kipptischuntersuchung
Klinische Ereignisse: IS-Gruppe: eine schwere Verletzung bei Resynkope sowie ein Z. n. Synkope und Reanimation bei akutem Koronarsyndrom infolge einer vasospastischen Angina (ST-Veränderungen im ILR dokumentiert). TP-Gruppe: keine Ereignisse
Therapie: 14 Schrittmacherimplantationen, eine ICD-Implantation, eine Ablation – atriale Tachykardie

> **Fazit:** 1. Patienten mit „isolierter" Synkope und „kipptischpositiver" Synkope besitzen identische 18-Monats-Rezidivraten (ca. 34 %) sowie einen identischen klinischen Verlauf (sehr niedrige Verletzungsgefahr bzw. kardiovaskuläre Ereignisse). 2. Die häufigste Synkopenursache war eine reflektorisch (neurokardiogen) bedingte Asystolie oder Bradykardie. 3. Das Ergebnis bei Kipptischuntersuchung kann die klinische Synkopenform nicht sicher vorhersagen.

Patienten mit Schenkelblock und unklarer Synkope

Brignole et al. for the ISSUE 1 Investigators. Mechanism of syncope in patients with bundle branch block and negative electrophysiological test. Circulation 2001; 104: 2045–2050

Analyse von 52 Patienten mit Synkope, Schenkelblock im EKG (Typen s. Abb. 2.91 b) und unauffälliger Diagnostik (inkl. negativer elektrophysiologischer Untersuchung); mittleres Alter 71 ± 8 Jahre, 17% weiblich, die mit einem ILR (Reveal, Medtronic) versorgt wurden.

Nachbeobachtung: zwischen 3 und 15 Monaten
Synkopenrezidiv: n = 22 (42%), erfolgreiche EKG-Diagnostik mittels ILR: n = 19 (36%), s. Abb. 2.91)
ILR-Befunde: ⅔ der Patienten zeigten ein Synkopenrezidiv mit intermittierendem AV-Block III. Grades (s. Abb. 2.91)!

Klinische Ereignisse: 3 weitere Patienten entwickelten einen asymptomatischen AV-Block III. Grades. 2 Patienten mit Präsynkope konnten den ILR nicht aktivieren, 1 Patient starb während einer Koloskopie (ILR-Dokumentation eines tachykarden Vorhofflimmerns, nachfolgend terminale Asystolie) (s. Abb. 2.91).
Therapie: Schrittmacherversorgung bei dokumentierten AV-Blockierungen (44% im Patientenkollektiv)

Fazit: 1. Bei Patienten mit Z. n. unklarer Synkope und Schenkelblock findet sich eine hohe Rezidivrate (42%). 2. Dabei ist in ca. ⅔ der Fälle ein paroxysmaler AV-Block III die Ursache. 3. Die Versorgung mit einem Event-Recorder kann mit großer Sicherheit die Patienten identifizieren, die von einer zukünftigen Schrittmachertherapie profitieren. 4. Lediglich Patienten mit alleinigem kompletten Rechtsschenkelblock oder einer Synkopenanamnese über viele Jahre (zumindest > 2 Jahre) tendierten dazu, keinen AV-Block zu entwickeln.

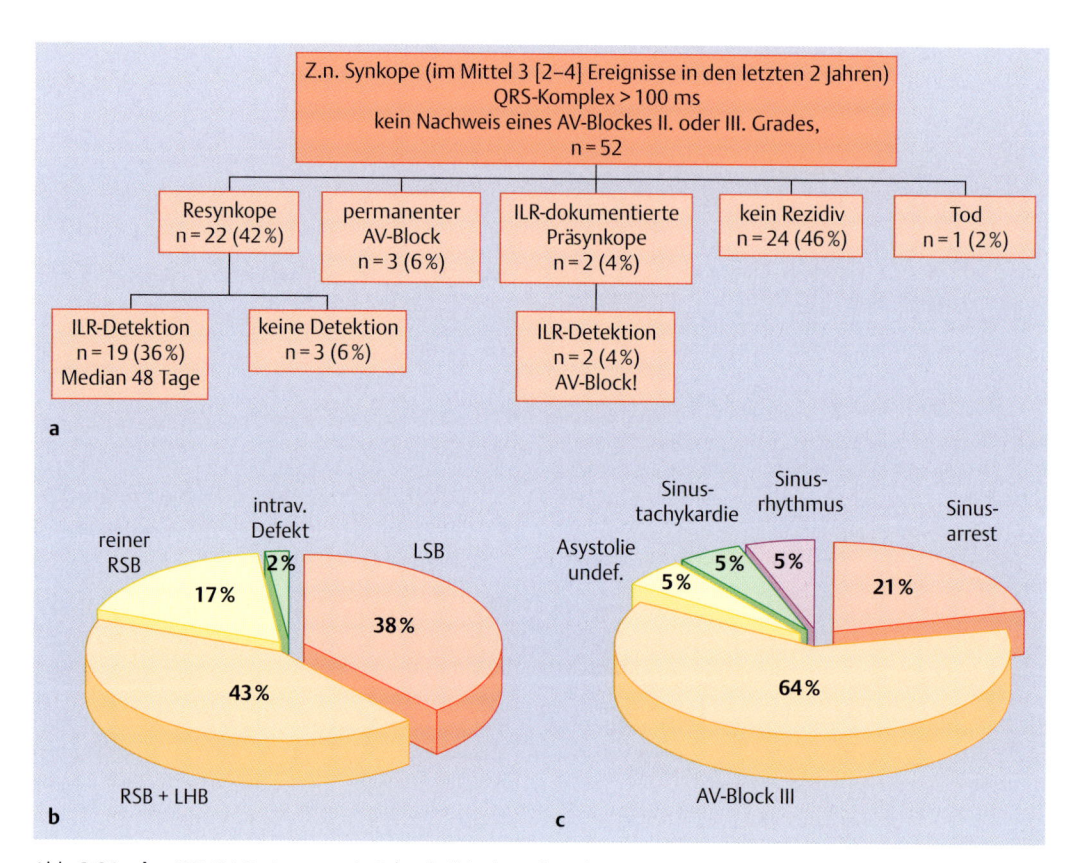

Abb. 2.91 a, b ISSUE-I-Patienten mit Schenkelblock und Synkope. a Flussdiagramm der Studie, b prozentuale Häufigkeit an Schenkelblockierungen (LSB: Linksschenkelblock, RSB/Achse +: kompletter Rechtsschenkelblock und linker Hemiblock, reiner RSB: kompletter Rechtsschenkelblock, intrav. Defekt: intraventrikuläre Leitungsblockierung), c Ergebnisse; prozentuale Häufigkeit von EKG-Befunden bei klinischen Rezidivsynkopen (nach Brignole et al.).

Patienten mit struktureller Herzerkrankung und unklarer Synkope

Menozzi et al. for the ISSUE 1 investigators. Mechanism of syncope in patients with heart disease and negative electrophysiological test. Circulation 2002; 105: 2741–2745

Analyse von 35 Patienten mit Synkope, struktureller Herzerkrankung (s. Abb. 2.**92 b**) und unauffälliger Diagnostik (inkl. negativer elektrophysiologischer Untersuchung); mittleres Alter 66 ± 13 Jahre, 11 % weiblich, mittlere LV-EF 47 ± 17 %, davon 2 Patienten mit LV-EF < 30 %, die mit einem ILR (Reveal, Medtronic) versorgt wurden.

Mittlere Nachbeobachtung: 16 ± 11 Monate
Synkopenrezidiv: n = 6 (17 %) – in allen Fällen komplette ILR-Diagnostik, Präsynkopen n = 13 (37 %); mit ILR-Dokumentation: n = 8 (23 %)
ILR-Befunde: deutlich inhomogene Synkopenursachen (Abb. 2.**92**)

Klinische Ereignisse: keine Todesfälle oder Verletzungen bei Resynkope!, eine Bewusstlosigkeit infolge Epilepsie
Therapie: ICD-Implantation n = 1, Schrittmacherimplantation n = 3, antiarrhythmische Therapie n = 4, antiepileptische Therapie n = 1

Fazit: 1. Patienten mit Z. n. unklarer Synkope und struktureller Herzerkrankung mit milder Einschränkung der linksventrikulären Pumpfunktion weisen eine sehr gute Prognose auf. 2. Die Rezidivrate ist gering. 3. Der zugrunde liegende Synkopenmechanismus ist ausgesprochen heterogen; wobei das Auftreten maligner Kammerarrhythmien unwahrscheinlich ist. 4. Mittels ILR kann diesen Patienten eine optimale rhythmologische Therapie zugeführt werden. 5. Präsynkopen sind bei diesen Patienten ebenfalls klinisch bedeutsam!

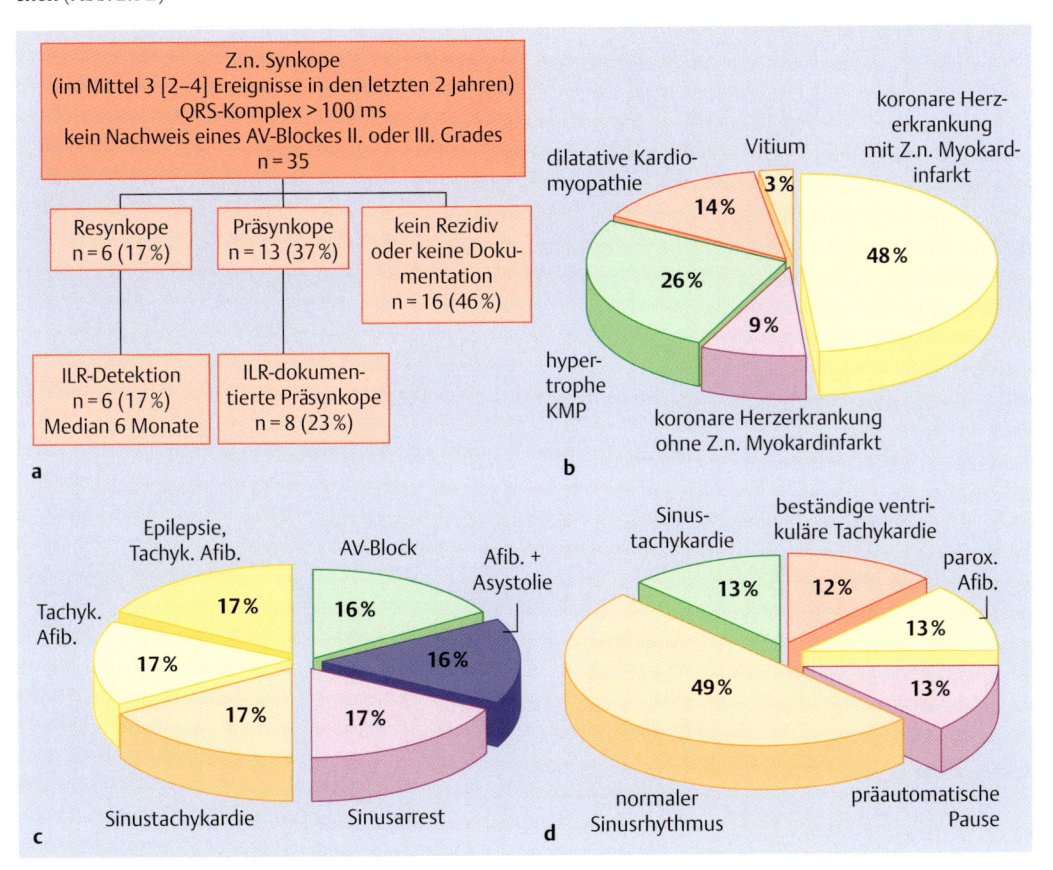

Abb. 2.**92 a–d** ISSUE-I-Patienten mit struktureller Herzerkrankung und Synkope. **a** Flussdiagramm der Studie, **b** Häufigkeit der Grunderkrankung. Ergebnisse: **c** prozentuale Häufigkeit von EKG-Befunden bei klinischen Rezidivsynkopen sowie **d** prozentuale Häufigkeit von EKG-Befunden bei Präsynkopen (nach Menozzi et al.). Afib.: Vorhofflimmern

2.7.3 Das Diagnostikkonzept der frühen ILR-Versorgung

Krahn et al. Randomized assessment of syncope trial. Circulation 2001; 104: 46–51
Randomisierung von 60 Patienten mit Synkope in zwei verschiedene Diagnostikstrategien: konventionell (inkl. externer Loop-Recorder, Kipptisch und elektrophysiologischer Untersuchung) oder ILR-Monitoring.
Mittleres Alter 66 ± 14 Jahre, 45% weiblich.
Nachbeobachtung: 12 Monate
Synkopenrezidive: n = 26 (51%), erfolgreiche EKG-Diagnostik mittels ILR: n = 22 (43%) von insgesamt 51 Patienten, die mit einem ILR versorgt wurden (primäre Diagnostik n = 30 und n = 21 „Cross-over"-Patienten).
Klinische Ereignisse: 1 Todesfall: zerebrovaskuläres Ereignis (ILR-Gruppe), Anzahl der Resynkopen s. o.
Diagnostische Effektivität inkl. Cross-over-Patienten: signifikant höhere Effektivität in ILR-Gruppe: Diagnose gestellt bei 22 (55%) von 40 Patienten mit beendetem Follow-up vs. konventioneller Diagnostik mit 7 (19%) gestellten Diagnosen bei 36 Patienten.
Therapie: Schrittmacherversorgung (n = 17) bei dokumentierten Bradykardien (bd. Patientengruppen); danach Beschwerdefreiheit bis auf zwei Patienten; ein Pat. erlitt eine NCS-Resynkope; der zweite Pat. erlitt partielle epileptische Anfälle. *Übrige Patienten* (n = 12): Beschwerdefreiheit nach spezifischer Therapie (ICD-Implantation n = 1, Ablation n = 2, antiarrhythmische Therapie n = 2, Verhaltensmaßregeln bei NCS n = 5, antikonvulsive Therapie n = 2).

Fazit: Die frühe Versorgung mit einem implantierbaren Loop-Recorder (ILR) ist der ausführlichen konventionellen Diagnostik bei Patienten mit unklaren Synkopen nach Basisdiagnostik deutlich überlegen (52% vs. 20% Diagnoseklärung). Eine frühzeitige Versorgung mit einem ILR ist immer zu überlegen!

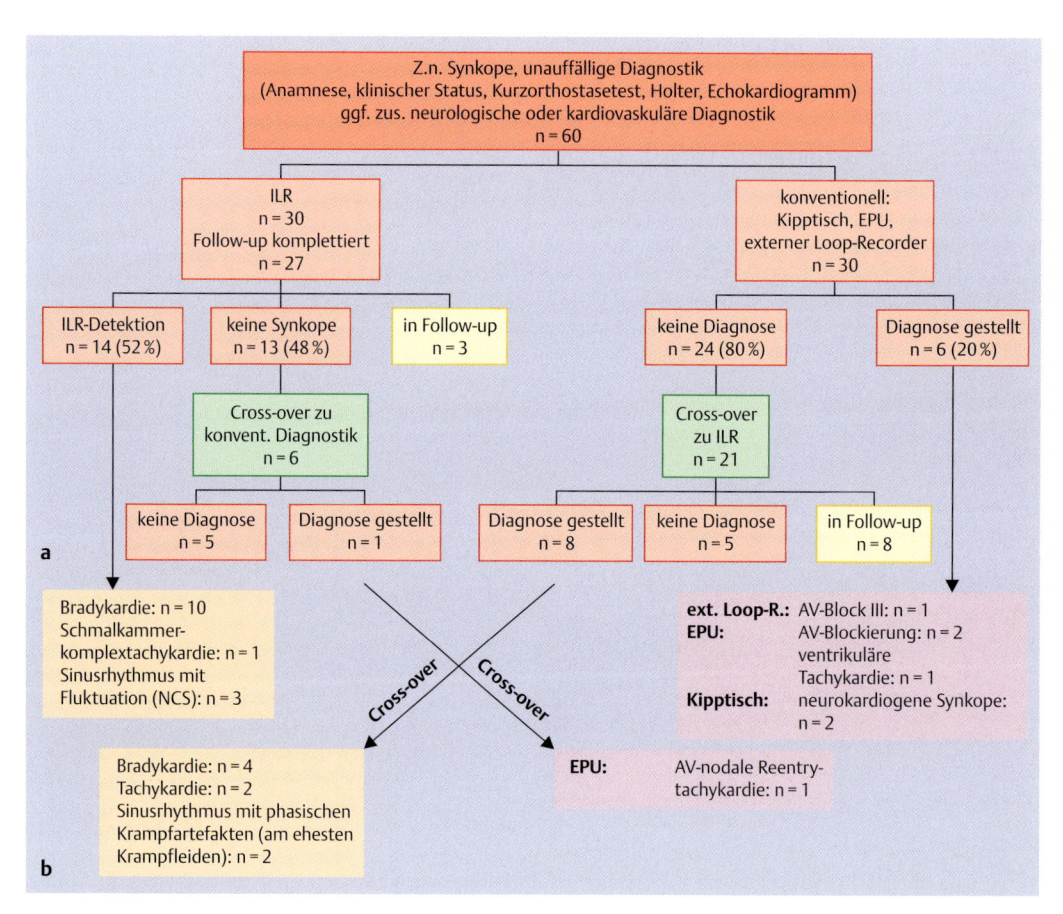

Abb. 2.93 a, b Randomisierter Vergleich zwischen konventioneller und ILR-gestützter Synkopendiagnostik. **a** Flussdiagramm der Studie, **b** Befunde nach Diagnostik: orange: ILR-Befunde, violett: konventionelle Diagnostik (nach Krahn et al.).

2.7.4 Einsatz des ILR im klinischen Alltag

Frühzeitige Anwendung des ILR bei unselektierten Patienten

Farwell et al. Use of implantable loop recorders in the diagnosis and management of syncope – The Eastburne Syncope Assessment Study (EaSyAS). European Heart J 2004; 25: 1257–1263
Randomisierung von 201 Patienten, mittleres Alter 74 Jahre, 54% weiblich, zu ILR oder konventioneller Diagnostik (s. Abb. 2.**94** und Tab. 2.**10**).
Prim. Endpunkt: Zeit bis zur erfolgreichen EKG-Diagnose der Rezidivsynkope
Mittlere Nachbeobachtungszeit: 276 ± 134 Tage
Synkopenrezidive: n = 75 (37%), ILR-Gruppe: n = 43 (42%), konventionelle Gruppe: n = 32 (33%)
Farwell et al. The clinical impact of implantable loop recorders in patients with syncope. European Heart J 2006; 27: 351–356 (Verlängerung der EaSyA-Study, s. o.)
Verlängerung der **Nachbeobachtungszeit** auf im Mittel 17 Monate (9–23 Mon.), zusätzlich Kostenanalyse
Synkopenrezidive: n = 85 (42%), ILR-Gruppe: n = 48 (48%), konventionelle Gruppe: n = 37 (38%), 0,60 Synkopenrezidive/Jahr
Klinische Ereignisse: 17 Todesfälle (8,5% Mortalität), 2 plötzliche Herztode in der konventionell geführten Gruppe (somit keine EKG-Diagnostik), übrige Todesfälle non-kardial
EKG-Diagnostik: ILR vs. konventionelle Diagnostik = 43 vs. 7 Patienten mit EKG-Diagnose (p < 0,0001), s. Tab. 2.**10**.
ILR-Gruppe: EKG-Diagnostik nach erster Resynkope: n = 27 (63%), nach 2. Resynkope n = 12 (28%), nach mehr als 2 Resynkopen: n = 4 (9%), d. h. 37% der Patienten hatten den ILR nicht aktiviert! – nach entsprechender Schulung Reduktion des Aktivierungsversagens auf 5%! bei nächster Synkope.
Kostenanalyse: Gesamtkosten nicht signifikant unterschiedlich, allerdings deutlich weniger Folgekosten in der ILR-Gruppe nach Randomisierung, bessere Lebensqualität in der ILR-Gruppe.

Tabelle 2.10 Randomisierter Vergleich zwischen konventioneller und ILR-gestützter Synkopendiagnostik: Befunde nach Diagnostik (nach Farwell et al.).

EKG-Diagnose	ILR	konvent.	Total
▶ Bradykardie	15	3	18
▶ ventrikul. TK	2	1	3
▶ supravent. TK	3	0	1
▶ Sinusrhythmus:			
– NCS	16	1	17
– Hyperventilation	3	0	3
– Epilepsie	4	1	5
▶ Hypoglykämie	0	1	1
Total	43	7	50

Einsatz des ILR bei älteren Patienten

Brignole et al. The usage and diagnostic yield of the implantable loop-recorder in detection of the mechanism of syncope and in guiding effective antiarrhythmic therapy in older people. Europace 2005; 7: 273–279
Nachbeobachtung (im Mittel 14 ± 10 Mon.) von 103 Patienten (69 ± 11 Jahre) mit unklaren Synkopen und ILR-Implantation, 76% ≥ 65 Jahre, 24% < 65 Jahre
Synkopenrezidive: n = 52 (50%), Patienten ≥ 65 Jahre haben ein 2,7-fach höheres Rezidivrisiko als „Unter-65-Jährige". Arrhythmien waren mit 44% bei Patienten ≥ 65 Jahren signifikant häufiger die Ursache einer Synkope als bei Personen < 65 Jahre mit 20%

> **Fazit:** Auch im klinischen Alltag – bei unselektionierten Patienten mit unklarer Synkope – erhöht der ILR deutlich die diagnostische Effektivität. Die relativ hohe Rate an Patienten, die nicht in der Lage waren, den Rekorder nach Synkope zu aktivieren, kann durch regelmäßige Nachkontrollen mit Schulung reduziert werden; v. a. bei älteren Patienten notwendig, da diese Patientengruppe am ehesten von einer ILR-Versorgung profitiert.

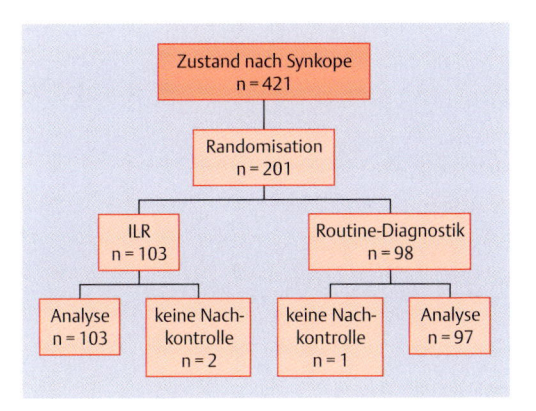

Abb. 2.94 Randomisierter Vergleich zwischen konventioneller und ILR-gestützter Synkopendiagnostik. Flussdiagramm der Studie (nach Farwell et al.).

Besondere Indikationen zur ILR-Versorgung

Rugg-Gunn et al. Cardiac arrhythmias in focal epilepsy: a prospective long-term study. Lancet 2004; 364: 2212–2219.

Versorgung von 20 Patienten mit refraktärer Epilepsie mit einem ILR zur Beurteilung des Rhythmus (s. Abb. 2.**95**).

Hintergrund: Erhöhte Mortalität bei Patienten mit Epilepsie; ca. 50% der Todesfälle anfallsassoziiert, dabei plötzliche, unerklärte Todesfälle im Rahmen von Anfällen!

Risikofaktoren einer erhöhten Sterblichkeit: hohe Anfallsfrequenz, Auftreten generalisierter tonisch-klonischer Anfälle, junges Alter, subtherapeutische Dosen von Antiepileptika, lange Dauer der Epilepsie, Therapie mit mehr als zwei Antiepileptika

Problem: Patienten in der Regel herzgesund, andere Methoden des Monitoring (Video-EEG, EKG-Telemetrie) in der Regel nur über eine relativ kurze Zeit möglich

Ergebnisse: von insgesamt 3377 Anfällen EKG-Dokumentation bei 377 Episoden mittels ILR

EKG-Befunde: 1. Typische Anfalls-Sinustachykardie mit kurzer Dauer: nach ca. 20 s wird bereits die maximale Herzfrequenz erreicht, Frequenzrückgang zum Ausgangswert nach spätestens 1 bis 2 min.
2. Iktale Bradykardie < 40/min: 2,1%; bei 4 Patienten Auftreten von Asystolien > 3,0 s

Therapie: Schrittmacherversorgung bei den 4 Patienten mit Asystolie.

> **Fazit:** Asystolien und Bradykardien < 40/min kommen auch während epileptischer Anfälle vor und können möglicherweise für plötzliche Todesfälle während epileptischer Anfälle verantwortlich sein. Die Versorgung mit einem ILR kann bei Patienten mit refraktärer Epilepsie diejenigen identifizieren, bei denen intermittierend Asystolien während Anfällen auftreten.

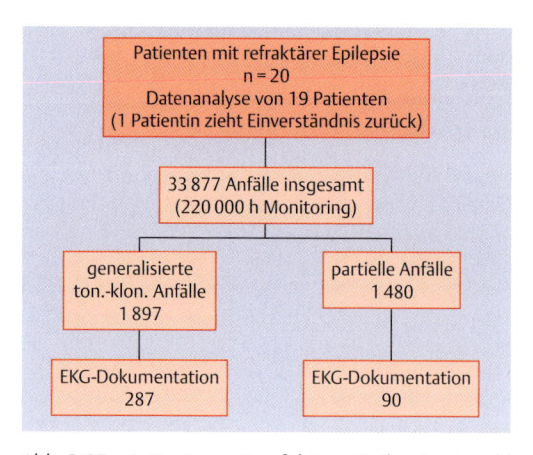

Abb. 2.**95** Patienten mit refraktärer Epilepsie, Anzahl an Anfällen und EKG-Dokumentation mittels ILR (nach Rugg-Gunn et al.).

2.7.5 Prognose bei Patienten mit Synkopen mit primär ungeklärter Ursache

Über einen langen Zeitraum besteht ein intermediäres Mortalitätsrisiko (s. Framingham-Studie, Soteriades et al.); verantwortlich hierfür dürften nicht erkannte kardiale Synkopenursachen sein. Das entscheidende Kriterium für die schlechte Prognose ist eine deutlich eingeschränkte linksventrikuläre Pumpfunktion oder eine Herzinsuffizienz (s. S. 7–12).

Anhand der Daten von ISSUE-1 scheint die mittelfristige Prognose (15 Monate) jedoch auch bei Patienten mit struktureller Herzerkrankung und gering eingeschränkter Pumpfunktion günstig zu sein (s. S. 99).

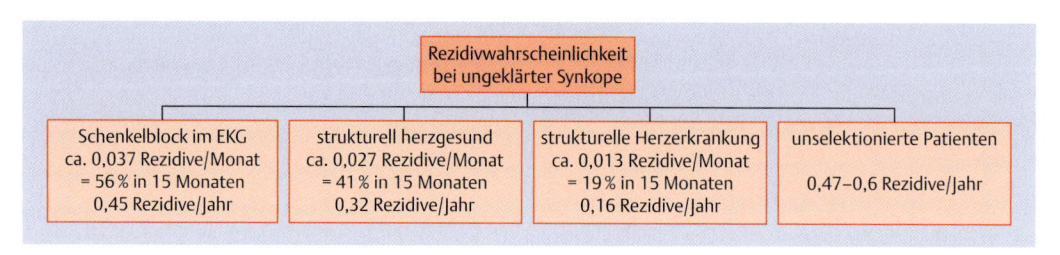

Abb. 2.**96** Rezidivwahrscheinlichkeit bei ungeklärter Synkope in Abhängigkeit verschiedener klinischer Befunde.

2.7 Diagnostikoptionen bei Patienten mit unklaren Synkopen

43-jährige Patientin mit nicht beständigen ventrikulären Tachykardien, ohne Nachweis einer strukturellen Herzerkrankung und Z. n. unklaren Bewusstseinsverlusten, behandelte arterielle Hypertonie

Vorgeschichte

Am 24.3.2008 Akutvorstellung in der Notfallaufnahme wegen Palpitationen (nachts aufgewacht mit Herzrasen und Unruhegefühl; Angina pectoris, Schwindel oder Synkopen wurden negiert); erstmalig traten ähnliche Beschwerden vor ca. 6 Monaten auf. Die klinische Untersuchung war unauffällig. Im Aufnahme-EKG zeigte sich eine Sinustachkardie (bis 140/min). Bei nachfolgender stationärer Monitorüberwachung konnten jedoch nicht beständige ventrikuläre Tachykardien (Abb. 2.97 a) dokumentiert werden. Nach Einstellung auf Metoprolol 150 mg/d waren die Arrhythmien nicht mehr nachweisbar. Echokardiographie, 24-h-LZ-EKG und Belastungs-EKG waren ohne diagnostischen Befund.

Die Patientin wurde zur elektrophysiologischen Untersuchung im April 2008 in ein auswärtiges Zentrum überwiesen. Dabei konnten keine beständigen monomorphen Kammertachykardien ausgelöst werden (lediglich Induktion nicht beständiger VTs, max. 15 Schläge), desweiteren fanden sich eine normale Sinusknoten- und AV-Knotenfunktion, der Ausschluss eines AV-Bypass-Traktes sowie keine Induktionsfähigkeit von supraventrikulären Tachykardien. Aufgrund der Befunde erfolgte ein konservatives Vorgehen und die Beibehaltung der Betablockade sowie die Einstellung auf Ramipril 5 mg/d.

Erneute stationäre Aufnahme am 25.5.2008 über den Notarzt wegen einer plötzlichen Bewusstlosigkeit (EKG bei Eintreffen des Notarztes s. Abb. 2.97 b).

Anamnese der Ereignisse

Die Patienten war in den frühen Morgenstunden wegen verspürtem Herzrasen und Palpitationen aufgewacht, wollte ins Badezimmer gehen und wurde danach bewusstlos vom Ehemann aufgefunden (Dauer des Ereignisses ca. 20 min?). Bei ausführlicher Befragung schilderte die Patientin doch das Auftreten einer zweiten Bewusstlosigkeit vor einigen Monaten (an Details dieser Episode konnte sie sich nicht mehr genau erinnern). Zusätzlich wurden beim Joggen gelegentlich retrosternale Schmerzen empfunden, die nach Ruhe sistierten.

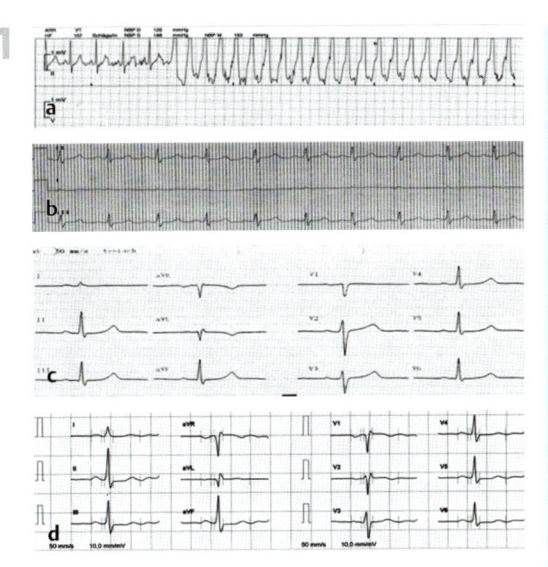

Abb. 2.97 a–d a Monitordokumentation monomorpher nicht beständiger ventrikulärer Tachykardien Tachykardiefrequenz zw. 175–180/min. b 3-Kanal-EKG nach Synkope (25.5.2008), durch Notarzt geschrieben Steiltyp, Sinustachykardie (102/min), unauffällige Erregungsleitung, -ausbreitung und -rückbildung. c 12-Kanal-EKG (25.5.2008), Steiltyp, Sinusrhythmus , unauffällige Erregungsleitung, -ausbreitung und -rückbildung. Die Befunde in a–c wurden uns freundlicherweise vom Elblandklinikum Riesa zur Verfügung gestellt. d 12-Kanal-EKG nach erneuter Synkope am 5.7.2008, Steiltyp, Sinusrhythmus, inkompletter Rechtsschenkelblock, diskrete ST-Streckensenkung in II, III, aVF, V5–6.

Basisdiagnostik

Klinische Untersuchung: unauffällig, RR 110/65 mmHg
EKG: Steiltyp, Sinusrhythmus, HF 72/min, Normalbefund (s. Abb. 2.97 c)
Labor: unauffällig (inkl. „Herzenzyme")

Weitere Diagnostik

Intrahospitales Monitoring: phasenweise Sinustachykardien und asymptomatische Tachykardien mit schmalem Kammerkomplex, keine Registrierung von Tachykardien mit breitem Kammerkomplex

Weiterere Diagnostikentscheidung

Da es sich unter Einbeziehung der kürzlich erhobenen Vorbefunde (Echokardiografie, Ergometrie, LZ-EKG, elektrophysiologische Untersuchung) um unklare Bewußtlosigkeiten bei einer strukturell herzgesunden

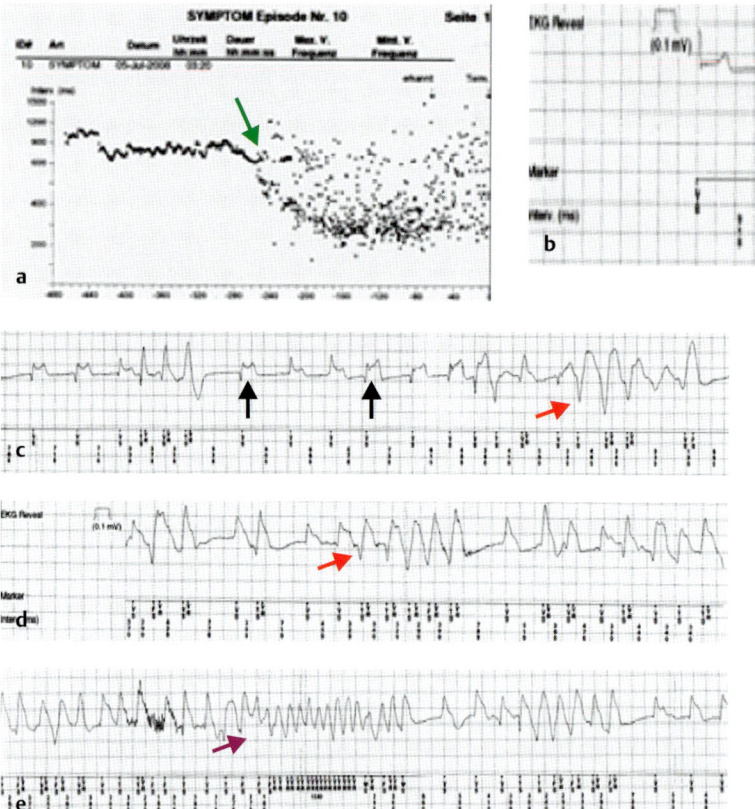

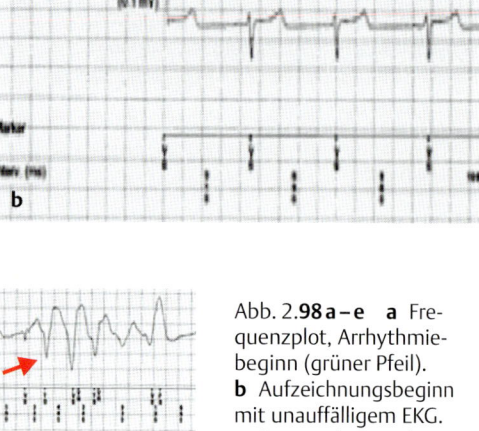

Abb. 2.**98 a–e** **a** Frequenzplot, Arrhythmiebeginn (grüner Pfeil).
b Aufzeichnungsbeginn mit unauffälligem EKG.
c, d Veränderung der ST-Strecke mit eindeutiger Hebung (schwarze Pfeile) sowie Auftreten ventrikulärer Salven (rote Pfeile).
e Degeneration einer polymorphen ventrikulären Salve in kurzes Kammerflimmern (violetter Pfeil) mit Spontanterminierung.

Patientin handelte; der CSSS-Punktescore nach Sheldon jedoch mit −10 Punkten stark auf eine arrhythmogene Synkopenursache hinwies, erfolgte die Implantation eines Event-Rekorders. Die medikamentöse Therapie wurde beibehalten.

Weiterer Verlauf

Am 5.7.2008 kam es zu einer erneuten Synkope, bei der die Patientin im Vorfeld über einen retrosternalen Druck mit Ausstrahlung in den Hals und Bauch sowie über Schweißausbruch klagte, danach verlor sie das Bewusstsein. Palpitationen oder Herzrasen wurden nicht bemerkt.
EKG: bei Vorstellung am 5.7.2009 (Abb. 2.**97 d**): Steiltyp, Sinusrhythmus, inkompletter Rechtsschenkelblock, diskrete ST-Streckensenkung in II, III, aVF, V5–6
Abfrage des Event-Rekorders (Abb. 2.**98 a – e**). Dokumentation einer ST-Streckenhebung mit (annehmbar ischämisch bedingten) nicht beständiger polymorpher ventrikulärer Tachykardie sowie eines spontan sistierenden Kammerflimmerns als Synkopenursache. Sofortige stationäre Aufnahme und Reevaluierung der Patientin (gleiches auswärtiges Zentrum):
Koronarangiografie: geringe Koronarsklerose ohne signifikante Stenosen (Azetylcholinprovokationstest nicht durchgeführt), LV-EF 63%, keine Kinetikstörungen
Kardio-MRT: kein Nachweis einer Entzündungsreaktion, von myokardialer Narben, einer Raumforderung oder eines apikalen Ballooning, kein Hinweis auf ARVC, LVEF 66% mit regelrechter Kinetik
Ajmalin-Test: kein Hinweis auf Brugada-Syndrom
Re-EPU: unveränderter Befund zu April 2008 (s. S. 103), Ergometrie und Echokardiografie ohne diagnostische Befunde

Zusammenfassung: Der anamnestische Verdacht auf eine arrhythmogene Genese der rezidivierenden Bewusstlosigkeiten wurde mittels ILR bestätigt. Bei strukturell herzgesunder Patientin muss eine vasospastische Angina als Ursache der ventrikulären Tachyarrhythmien angenommen werden, insbesondere da mittels ILR die Dokumentation von signifikanten ST-Streckenhebungen vor Synkopenbeginn gelang. Es erfolgten die ICD-Versorgung sowie die Gabe von Diltiazem. Die Patientin ist seitdem frei von Synkopen, es traten bisher weder adäquate noch inadäquate ICD-Therapien oder anderweitige Episoden auf.

2.7 Diagnostikoptionen bei Patienten mit unklaren Synkopen

Patient mit permanentem Vorhofflimmern, intermittierendem Linksschenkelblock und rezidivierenden Synkopen, 79 Jahre

Anamnese

Weitere Diagnosen: arterielle Hypertonie mit beginnender hypertensiver Herzerkrankung, mittelgradige Mitralklappeninsuffizienz
Tägliche Medikation: ASS 300 mg, Ramipril 5,0 mg
Arrhythmieanamnese: asymptomatisches Vorhofflimmern seit 2001 bekannt (EKG-Dokumentation), die orale Antikoagulation wird abgelehnt; deshalb alternativ Gabe von 300 mg ASS, Holterkontrolle 2007: permanentes Vorhofflimmern mit intermittierend tachykarden Phasen, gleichzeitig dabei intermittierender Schenkelblock; minimale/mittlere/maximale Herzfrequenz = 58/92/157/min; keine Pausen > 2,0 s; Die eingeleitete Betablockade wird vom Patienten als nicht notwendig erachtet und wieder beendet.
Synkopenanamnese (11/2008): Der Patient war vor 2 Jahren erstmalig umgefallen; seitdem insgesamt 5 Ereignisse, wobei die Synkopen unter verschiedenen Umständen aufgetreten waren: beim Sitzen am Frühstückstisch, beim Stehen im Wohnzimmer, beim Schuhbinden; dabei übereinstimmend stets plötzlicher Beginn ohne Prodromi; „Ich merk nichts, das schmettert mich weg!" Das letzte Ereignis im Oktober 2008 führte zu einer stationären Aufnahme; die dort erfolgte Diagnostik (inkl. Kurzorthostasetest, LZ-Blutdruckmessung, LZ-EKG, Schädel-CT) war unauffällig.

Basisdiagnostik

Klinischer Befund: nicht diagnostisch hinsichtlich Synkopenursache
EKG: Ruhe-EKG: Vorhofflimmern mit intermittierendem Linksschenkelblock (Abb. 2.**99**); Karotisdruckmanöver: unauffällig

Weitere Diagnostik

Echokardiografie: linker Vorhof 48 mm (gering vergrößert), linker Ventrikel (LVEDD) 48 mm (normal groß), grenzwertige Muskeldicken (interventrikuläres Septum und linksventrikuläre Hinterwand: 12 mm), linksventrikuläre Pumpfunktion: 55%; dopplerechokardiografisch Ausschluss eines hämodynamisch relevanten Vitium cordis

Weiterer Verlauf

Aufgrund der Befundkonstellation (inkl. eines Anamnese-Synkopenscores nach Sheldon (CSSS) von – 8 Punkten) war trotz bisher unauffälliger Diagnostik eine arrhythmogene Synkopenursache als wahrscheinlich anzunehmen; bei guter linksventrikulärer Pumpfunktion sowie des Alters des Patienten wurde keine Invasivdiagnostik durchgeführt. Es erfolgte jedoch die Versorgung mit einem implantierbaren Ereignisrekorder (Reveal DX 9528, Medtronic). Am 8. und 9. Januar 2009 kam es zu 2 erneuten Ereignissen, das Letztere mit Verletzungsfolge (Abb. 2.**100**). Bei Abfrage der Ereignisse zeigten sich unterschiedliche Befunde: Am 8.1.2009 findet sich ein extrem tachykardes Vorhofflimmern, mittlere Herzfrequenz ca. 200/min mit abrupt einsetzendem kompletten AV-

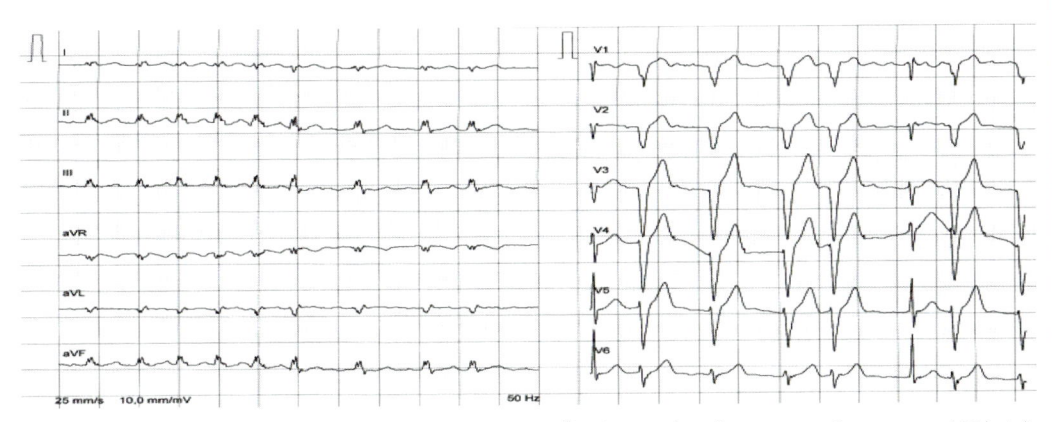

Abb. 2.99 12-Kanal-EKG: Vorhofflimmern mit tachykarder Überleitung (mittlere Kammerfrequenz ca. 105/min), intermittierender Linksschenkelblock.

Block; Asystolie 8,8 s (Abb. 2.**101**); die Synkope am 9.1.2009 hingegen wurde durch ein alleiniges tachykardes Vorhofflimmern, mittlere Herzfrequenz ca. 190/min hervorgerufen. Der Patient wurde mit einem Schrittmacher versorgt und mittels Betablocker erneut frequenzlimitiert. Er ist nunmehr 6 Monate frei von Synkopen.

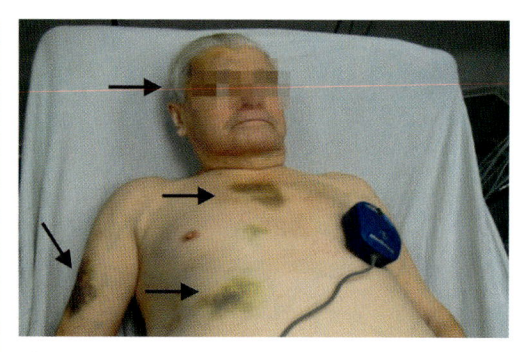

Abb. 2.**100** Z. n. Synkope mit Verletzungsfolge: multiple Hämatome (s. Pfeile), Abfrage des Event-Rekorders.

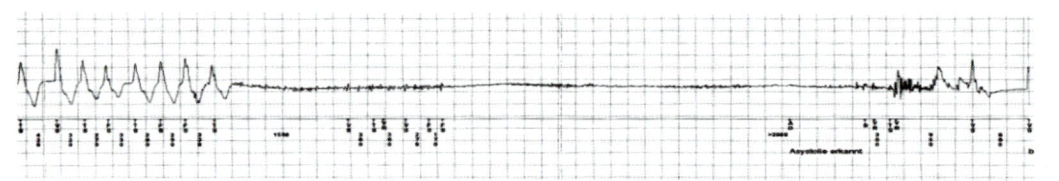

Abb. 2.**101** Event-Rekorder: Rhythmusstreifen während Ereignis; tachykardes Vorhofflimmern wird gefolgt von einem kompletten AV-Block.

2.7.6 Diagnostisches Vorgehen bei unklaren Synkopen

1. Abschätzung des Synkopenrezidivrisikos:
   Entscheidend für das Auftreten eines erneuten Synkopenrezidivs ist vorrangig die Anzahl an vorangegangenen Ereignissen im Leben! (s. Abb. 2.**102**)
2. Diagnostische Effektivität:
   Die diagnostische Ausbeute des ILR/ICM ist aufgrund der ca. 2,7-fach höheren Rezidivrate im Alter > 65 Jahre sowie der ca. 3,1-fach höheren Raten an Arrhythmien als Ursache in dieser Altersgruppe besser.
3. Zeitpunkt der ILR-Versorgung:
   Das Konzept der Implantation eines ILR/ICM in der Initialphase der Diagnostik bei niedrig-Risikopatienten ist sicher und stellt in der Zukunft eine Alternative zum kostenintensiveren konventionellen Vorgehen dar (s. Abb. 2.**103**).

Nach Brignole et al. Indications for the use of diagnostic implantable and external ECG loop recorders. Europace 2009; 11: 671–687

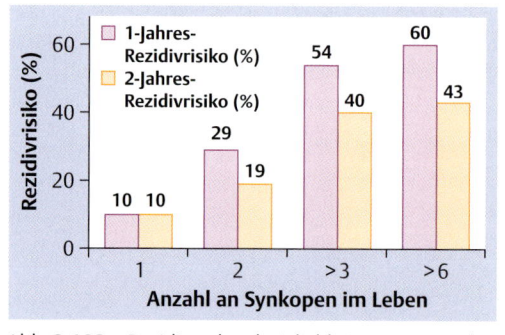

Abb. 2.**102** Rezidivwahrscheinlichkeit an TLOC bei jungen Patienten < 40 Jahren ohne strukturelle Herzerkrankung (nach Brignole et al.).

2.7.7 Indikationen zur Versorgung mit einem ILR sowie diagnostischer Stellenwert der Befunde

Klasse I, Level B

1. In der Initialphase der Diagnostik bei Patienten mit rezidivierenden unklaren Synkopen
   - ohne Risikofaktoren (s. Tab. 2.1a, S. 26), welche eine umgehende stationäre Einweisung oder intensivierte Diagnostik und mit hoher Wahrscheinlichkeit eines Synkopenrezidivs innerhalb der Gerätebatterielebensdauer
2. Bei Hochrisikopatienten (s. Tab. 2.1a, S. 26), bei denen trotz umfangreicher Evaluierung keine Synkopenursache gefunden oder keine Therapie abgeleitet werden konnte

Klasse IIa, Level C

Zur Abschätzung des Anteils einer relevanten Bradykardie und somit zur Indikationsstellung einer Schrittmacherversorgung bei Patienten mit Verdacht oder gesicherter neurokardiogener Synkope und häufigen und/oder traumatischen Episoden

Klasse IIb, Level C

Bei Patienten mit TLOC unklarer Ursache zum definitiven Ausschluss einer arrhythmogenen Ursache

Der diagnostische Stellenwert der Befunde ist identisch zu dem der anderen EKG-Monitoring-Untersuchungen (s. S. 62)

Nach Brignole et al. Indications for the use of diagnostic implantable and external ECG loop recorders. Europace 2009; 11: 671–687

Eine Übersicht über die am häufigsten verwendeten implantierbaren Ereignisrekorder sowie deren technische Daten ist in den aktuellen Guidelines verfügbar (s. o.).

Zusätzlich werden in den Leitlinien der Europäischen Gesellschaft für Kardiologie (update 2004) folgende klinische Situationen geschildert, bei denen die Versorgung mit einem ILR sinnvoll erscheint:
- Patienten mit V. a. Epilepsie mit ineffektiver antikonvulsiver Therapie
- Patienten mit wiederholten, unklaren Synkopen ohne Vorhandensein einer strukturellen Herzerkrankung, Verständnis des zugrunde liegenden Mechanismus erforderlich und ggf. therapieentscheidend
- Patienten mit NCS, zum Verständnis des zugrunde liegenden Mechanismus, ggf. therapieentscheidend
- Patienten mit Schenkelblock und V. a. einen paroxysmalen AV-Block, bei negativer elektrophysiologischer Untersuchung
- Patienten mit struktureller Herzerkrankung und/oder nicht beständigen ventrikulären Tachykardien, bei denen bei negativer elektrophysiologischer Untersuchung der V. a. ventrikuläre Tachyarrhythmien besteht
- Patienten mit unklarer Fallneigung

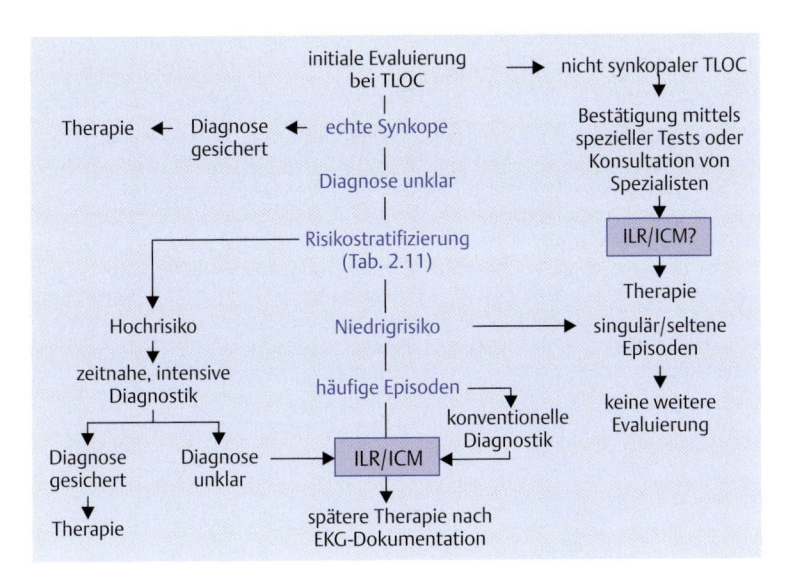

Abb. 2.103 Anwendung des ILR/ICM bei der Diagnostik von TLOC (mod. nach Brignole et al.).

2.7.8 Implantation eines kardialen Monitors (ICM) (Abb. 2.104 a–l)

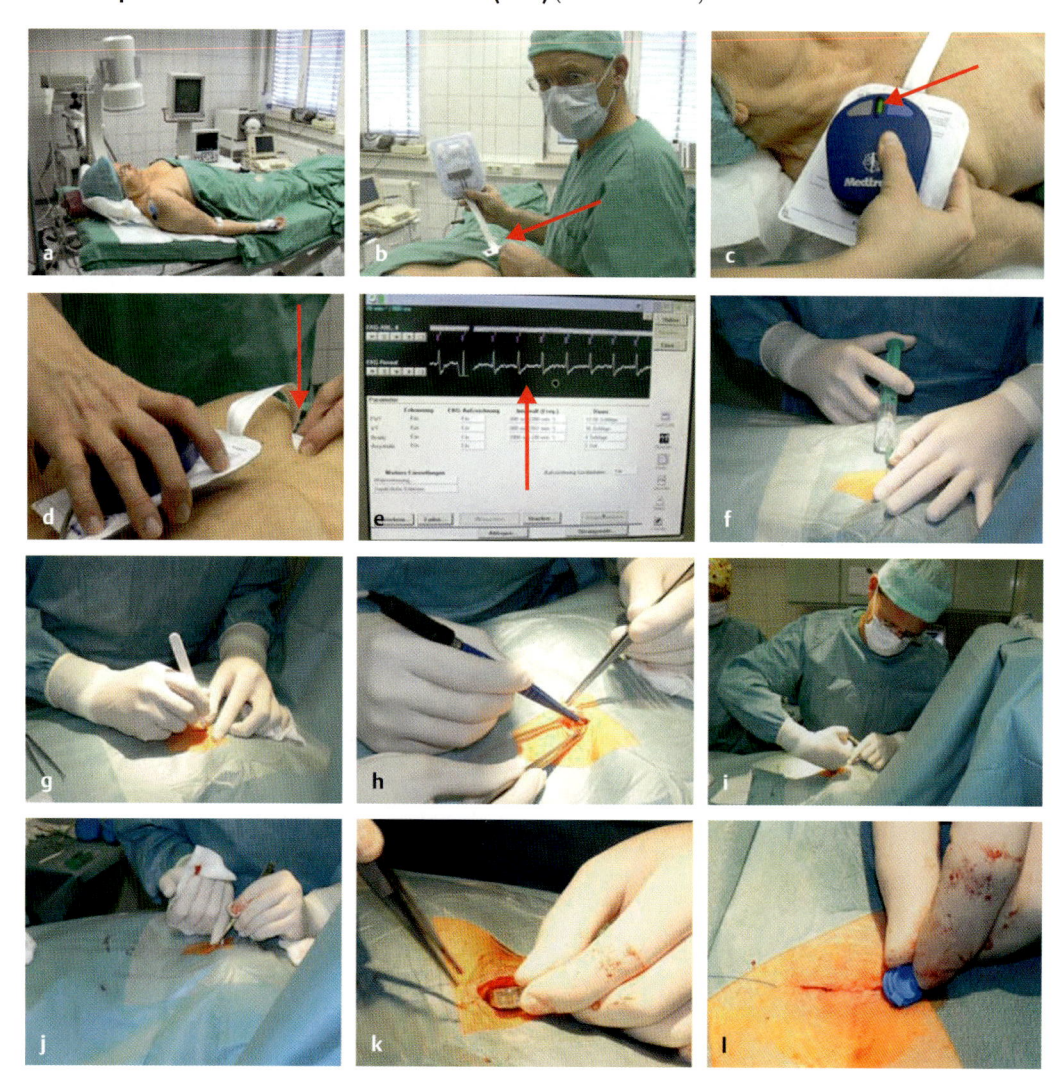

Abb. 2.**104 a–l** **a Patientenvorbereitung:** unterschriebene Einverständniserklärung, venöser Zugang, EKG-Monitoring. **b Vektor-Check:** Bestimmung der optimalen Position mithilfe externer Elektroden, ohne das Gerät aus der Sterilverpackung zu nehmen. **c Vektor-Check:** Programmierkopf über dem Gerät in der Verpackung legen, bis grünes LED leuchtet. **d Elektroden-Positionierung:** Verschiedene Positionen ausprobieren, optimale Lage bestimmen und ggf. markieren. **e Signalqualität:** R-Signalstärke: > 0,3 mV, R-Zacke sollte das Zweifache der T-Wellen- und der P-Wellen-Amplitude betragen. **f Operation-Vorbereitung:** Nach steriler Vorbereitung des OP-Gebiets Applikation von ausreichend Lokalanästhetikum. **g Hautschnitt:** ca. 2 cm breit. **h Sorgfältige Blutstillung:** auch bei kleinen Gefäßen. **i Taschenpräparation:** subkutan, stumpfe Präparation. **j Taschenkontrolle:** ausreichende Größe?, Blutung? **k Einbringen des Aggregates:** mit nach außen weisenden Elektroden, aktive Fixation, Antibiose. **l Wundverschluss:** Adaptation der Schichten, intrakutane Hautnaht, steriler Verband.

2.7.9 Kontrolle und Einstellung des kardialen Monitors (ICM) (Abb. 2.105 a–j)

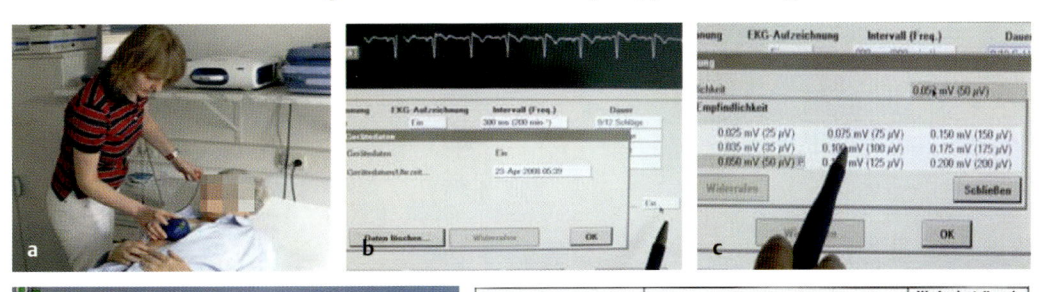

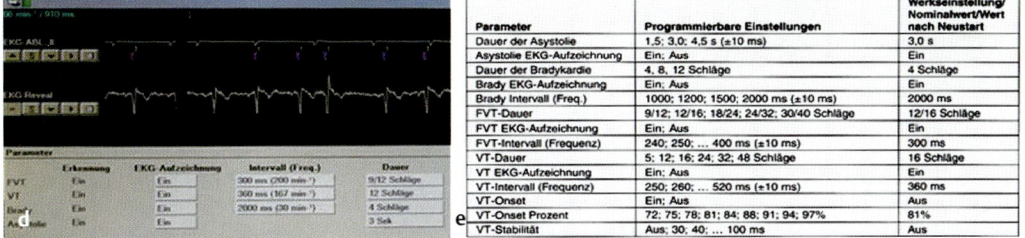

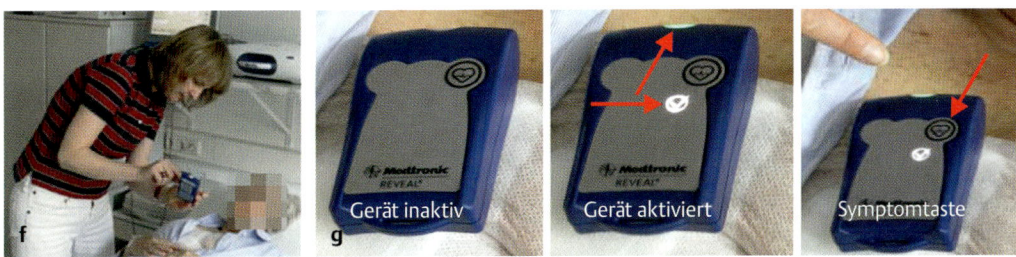

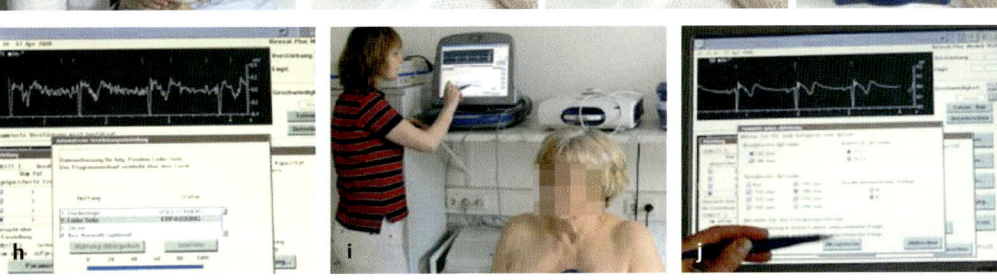

Parameter	Programmierbare Einstellungen	Werkseinstellung/Nominalwert/Wert nach Neustart
Dauer der Asystolie	1,5; 3,0; 4,5 s (±10 ms)	3,0 s
Asystolie EKG-Aufzeichnung	Ein; Aus	Ein
Dauer der Bradykardie	4, 8, 12 Schläge	4 Schläge
Brady EKG-Aufzeichnung	Ein; Aus	Ein
Brady Intervall (Freq.)	1000; 1200; 1500; 2000 ms (±10 ms)	2000 ms
FVT-Dauer	9/12; 12/16; 18/24; 24/32; 30/40 Schläge	12/16 Schläge
FVT EKG-Aufzeichnung	Ein; Aus	Ein
FVT-Intervall (Frequenz)	240; 250; … 400 ms (±10 ms)	300 ms
VT-Dauer	5; 12; 16; 24; 32; 48 Schläge	16 Schläge
VT EKG-Aufzeichnung	Ein; Aus	Ein
VT-Intervall (Frequenz)	250; 260; … 520 ms (±10 ms)	360 ms
VT-Onset	Ein; Aus	Aus
VT-Onset Prozent	72; 75; 78; 81; 84; 88; 91; 94; 97%	81%
VT-Stabilität	Aus; 30; 40; … 100 ms	Aus

Abb. 2.**105 a–j** **a Postoperative Einstellung:** Programmierkopf über dem implantierten Gerät positionieren, Kontakt herstellen. **b Datum und Zeit:** → „Aufzeichnung Gerätedaten" → „ein" programmieren → „Gerätedatum/Uhrzeit". Löschen von während der Implantation erfassten Daten. **c Sensitivität prüfen:** → „Wahrnehmung" wählen → „Empfindlichkeit" wählen, Wahrnehmung der R-Zacken: 0,035 mV. **d Empfohlene Bradykardie-Erkennung:** Asystolie: 3,0 s, Bradykardie: 30/min für 4 Schläge. **Empfohlene Tachykardie-Erkennung:** Fast-VT: 230/min, 30 von 40 Schlägen; VT: 176/min für 12 Schläge. **e Werkseinstellung:** Ist bei Erstaktivierung des ICM verfügbar. **f** und **g Schulung des Patienten** im Umgang mit dem Patient-Aktivator. Nach einer Synkope kann der Reveal auch durch den Patienten über den Patientenaktivator aktiviert werden. Der Aktivator wird über dem Reveal platziert und die Aktivierungstaste gedrückt, dadurch blinkt eine grüne Kontrollleuchte auf. Eine positive Aktivierung des Reveal wird durch ein weißes aufleuchtendes Häkchen „quittiert". **h** bis **j Beispiele einer Nachkontrolle**.

3 Neural-reflektorisch bedingte Synkopen

3.1 Reflektorisch bedingte Synkopen

Übersicht über Synkopen mit Beziehung zum autonomen Nervensystem

Bei Patienten mit einer Störung der autonom-vegetativen Funktion können Synkopen als eine Manifestationsform auftreten. In Abb. 3.**1** sind die Erkrankungen systematisch nach zugrunde liegendem Mechanismus aufgelistet. Den weitaus größten Teil bestreiten dabei die reflektorisch bedingten Synkopen, insbesondere die neurokardiogenen Synkopen, s. Abb. 3.**1**.

Neural vermittelte Synkopen

Definition

Synkopen, deren Ursache in der Aktivierung verschiedener, kardiovaskulärer Reflexe liegt, welche normalerweise zur Regulierung der Zirkulation dienen, aber unter bestimmten Umständen als inadäquate Antwort auf einen Trigger zum Abfall des Blutdrucks, der Herzfrequenz oder beidem führen. Die zugrunde liegenden Reflexbögen sind dabei nicht vollständig bekannt.

Einteilung nach klinischer Manifestation
(Häufigkeitsverteilung s. Abb. 3.**2**)

▶ Neurokardiogene (vasovagale) Synkope (NCS oder VVS):
  a) klassische, typische NCS: anamnestisch finden sich vor Synkopenbeginn auslösende Faktoren wie Angst, starker Schmerz oder Emotion, Eingriffe o. Ä. in Abwesenheit anderer Ursachen

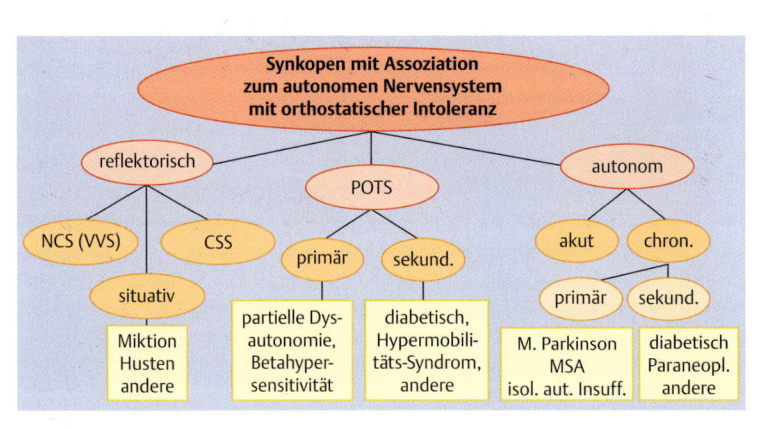

Abb. 3.**1** Übersicht über Synkopenursachen mit Assoziation zum autonomen Nervensystem, nach Grubb. Neurocardiogenic syncope and related disorders of orthostatic intolerance (Circulation 2005; 111: 2997–3006). MSA = multiple Systematrophie

Tabelle 3.**1** Klinische Charakteristik von 280 Patienten mit verschiedenen neural vermittelten Synkopen, Analyse von 280 Patienten mit reflexvermittelter Synkope (nach Alboni et al.).

Charakteristik [%]	typische NCS	Situationssynkope	CSS	kipptisch-induz. NCS	komplexe Reflexsynkope
mittleres Alter	35 ± 18	53 ± 19	70 ± 11	57 ± 21	69 ± 10
weiblich	62	44	35	54	45
organische Herzerkrankung	10	32	32	44	48

3.1 Reflektorisch bedingte Synkopen

Merke: Patienten mit typischer neurokardiogener Synkope unterscheiden sich in folgenden klinischen Charakteristika von Patienten mit anderen reflektorischen Synkopen: 1. signifikant jünger, selten strukturelle Herzerkrankung; 2. häufiger Prodromi, realisieren häufiger die bevorstehende Bewusstlosigkeit, häufiger autonome Symptome (Nausea, abdominelle Beschwerden, Schwitzen, Kältegefühl); 3. höhere Prävalenz von Symptomen in der Erholungsphase; 4. weniger Minor-Traumata.

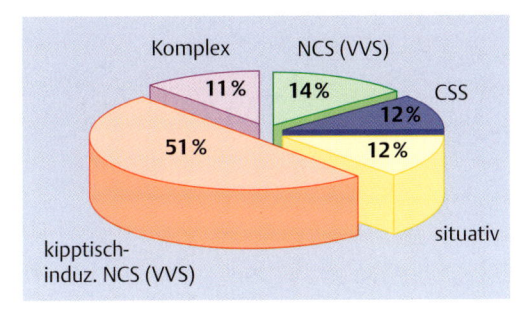

Abb. 3.**2** Häufigkeitsverteilung neural vermittelter, reflektorisch bedingter Synkopen, Analyse von 280 Patienten mit reflexvermittelter Synkope, aus einem Gesamtkollektiv von 461 Patienten mit Z. n. Synkope (nach Alboni et al.).

b) kipptischinduzierte Synkope: keine typische Anamnese, Induktion einer NCS während der Kipptischuntersuchung
▶ Situationssynkope: Bewusstseinsverlust in Zusammenhang mit Wasserlassen, Stuhlgang, Husten, oder Schlucken
▶ Karotissinussyndrom (CSS): Nachweis durch Karotissinusmassage (Methode der Symptome)
▶ Komplexe Reflexsynkopen: positive Kipptischuntersuchung und Karotissinusmassage

Nach Alboni et al. Clinical spectrum of neurally mediated reflex syncopes. Europace 2004; 6: 55–62.

Physiologie der Kreislaufreaktion

„Um umzufallen muss man erst einmal stehen können." Die Adaptation an den aufrechten Gang ist eine der größten Errungenschaften auf dem Weg der Menschwerdung. Zwei Regulationsmechanismen sind für diese Homöostase erforderlich. Während das endokrine System insbesondere bei längeren Stehphasen aktiviert wird, ist das autonome Nervensystem für die kurzfristige Anpassung an Lageänderungen sowie auch für Stehen über einen langen Zeitraum verantwortlich (mod. nach Grubb et al. Neurocardiogenic syncope and related disorders of orthostatic intolerance. Circulation 2005; 111: 2997–3006). Die physiologischen Reaktionen des Herz-Kreislauf-Systems zur Aufrechterhaltung der Homöostase beim Aufstehen und Stehenbleiben sind in Abb. 3.**3** dargestellt.

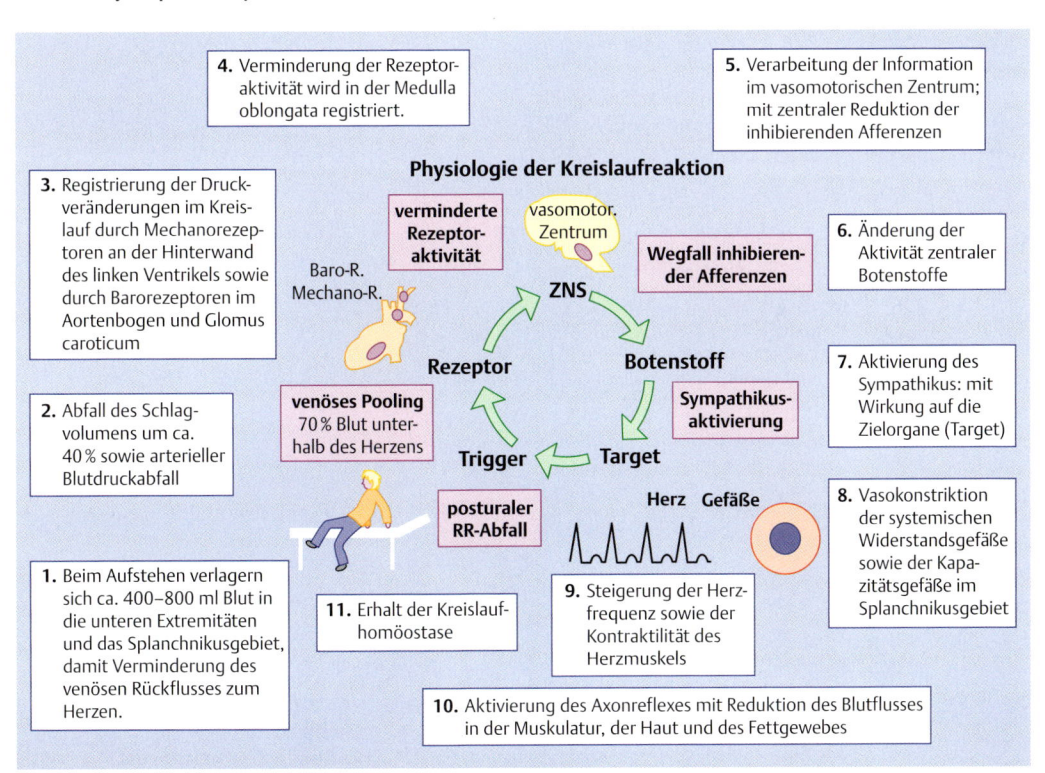

Abb. 3.**3** Übersicht über die physiologischen Regulationsmechanismen der Kreislaufreaktion.

3.2 Neurokardiogene Synkopen (NCS)

Definition

Durch orthostatischen oder emotionalen Stress vermittelte, reflektorisch (funktionell) bedingte Bewusstlosigkeit infolge einer vagal vermittelten Vasodilatation, Bradykardie oder beidem, der Ursprung des Reflextriggers befindet sich dabei im Herz. Häufigste Synkopenform (ca. 50% aller Synkopen, Abb. 3.**4**).

Klinische Charakteristika

- Erstmanifestation oft im jugendlichen Alter (häufigstes Alter: 13 Jahre).
- 12–30% junger Erwachsener – mindestens 1 Synkope, 71% davon sind neurokardiogen bedingt (s. Abb. 3.**5**). Bei Studenten (mittleres Alter 21 Jahre) erlitten zu 39% bereits eine Synkope (in der Regel neurokardiogen bedingt).
- Die Häufigkeit von Synkopen nimmt mit zunehmendem Alter ab.
- 70% aller Patienten mit neurokardiogener Synkope sind jünger als 65 Jahre (nach Brignole, s. Abb. 3.**4**).

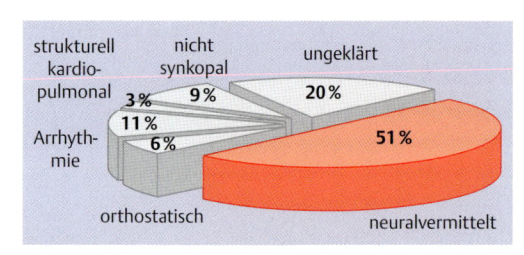

Abb. 3.**4** Prozentuale Häufigkeit neural vermittelter Synkopen als Ursache von Synkopen (nach Brignole et al. Guidelines on management [diagnosis and treatment] of syncope. Eur Heart J 2001; 22: 1256–1306, Update 2004 Eur Heart J 2004: 25; 2054–2072; www.escardio.org/guidelines-surveys/esc-guidelines/guidelines-documents/guidelines-syncope-slides.pdf).

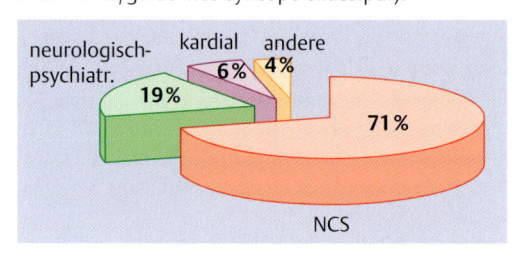

Abb. 3.**5** Häufigkeitsverteilung von Synkopenursachen bei Jugendlichen (nach Brignole et al., s. Abb. 3.**4**).

FALLBEISPIEL

„Klassische" neurokardiogene Synkope bei 18-jähriger Patientin

Synkopenanamnese: Erstmanifestation vor 3 Jahren (mit 15 Jahren); seitdem kommt es jährlich zu 2 bis 3 Ereignissen mit typischen Prodromi: Schweißausbruch, Kältegefühl, abdominelle Beschwerden, als aggravierende Umstände lassen sich das Auftreten in engen, überhitzen Räumen (Geschäfte, Disco) und nach langem Stehen eruieren. Die Eltern haben Angst und wünschen Klärung der Ursache!
Basisdiagnostik:
Klinische Untersuchung: unauffällig
EKG: Steiltyp, Sinusrhythmus, normale Erregungsleitung und -rückbildung (Abb 3.**6**)
Kommentar zur Synkopenanamnese und Basisdiagnostik: Aufgrund der typischen Anamnese kann eine neurokardiogene Synkope als gesichert gelten! Weiterhin finden sich ein typisches Alter der Erstmanifestation sowie ein CSSS (nach Sheldon): 0 Punkte; hinweisend auf NCS. Trotz gesicherter neurokardiogener Ursache ist Kipptischuntersuchung zur Demonstration der Ursache indiziert (insbesondere Wunsch der Eltern!)
Weiterführende Diagnostik:
Kipptischuntersuchung: Passive Phase unauffällig, 5 min nach Gabe von Nitro Auftreten einer klassischen neurokardiogenen Synkope vom kardioinhibitorischen Typ (Abb. 3.**7** u. 3.**8**), Ereignis wird klinisch eindeutig wiedererkannt.

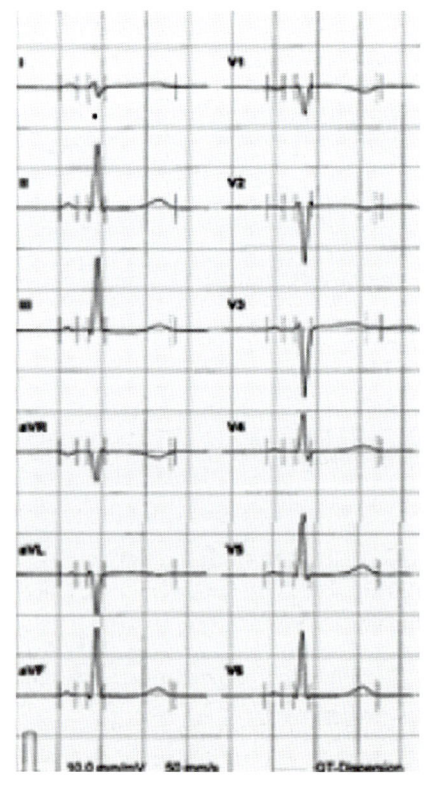

Abb. 3.**6** 12-Kanal-EKG, Normalbefund bei einer Patientin mit klassischer Form von NCS.

3.2 Neurokardiogene Synkopen (NCS)

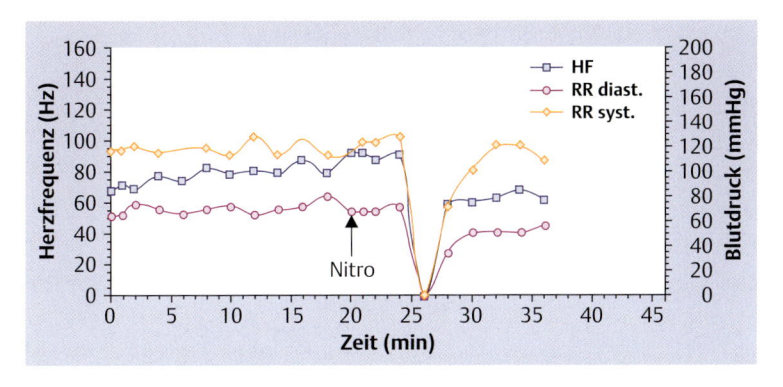

Abb. 3.7 Kipptischuntersuchung: Protokoll der Kreislaufparameter (Herzfrequenz und Blutdruck).

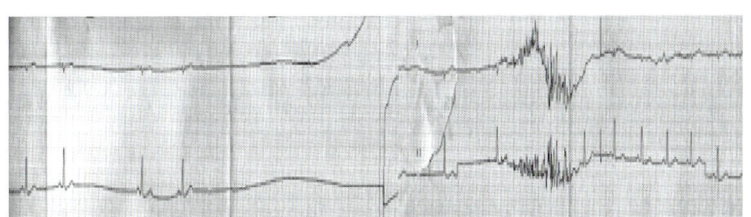

Abb. 3.8 EKG während Synkope.

Echokardiografie: Normal große Herzhöhlen, regelrechte systolische LV-Pumpfunktion (EF 65%), unauffällige Klappenfunktion

Kommentar zum weiteren Verlauf: Therapeutisch erfolgt ein ausführliches Gespräch über Ursache der Synkopen mit Patientin und deren Eltern, das Vermeiden auslösender Faktoren wird angeraten. Bei vorhandenen Prodromi werden Press-Manöver demonstriert und Midodrin n. Bed. rezeptiert.

Pathophysiologie neurokardiogener Synkopen

Über die pathophysiologischen Abläufe während einer NCS wurden im Laufe der Zeit verschiedene Theorien postuliert, eine eindeutige Klärung der Reflexmechanismen konnte jedoch bisher nicht erreicht werden (Abb. 3.**9**).

„Ventrikuläre" Theorie

Basiert auf der Grundlage des Bezold-Jarisch-Reflexes:
- Verminderung des venösen Rückstroms durch venöses Pooling in den unteren Extremitäten, Detektion eines Blutdruckabfalls durch arterielle Barorezeptoren
- nachfolgend reflektorische Aktivierung des sympathischen Systems mit Anstieg des peripheren Gefäßwiderstands, der kardialen Kontraktilität und Herzfrequenz
- gesteigerte Herzaktivität und gleichzeitig vorhandene ventrikuläre Hypovolämie („empty chamber") verursachen hohe intraventrikuläre Druckschwankungen und somit eine größere Dehnung der Rezeptoren sowie Aktivierung einer größeren Zahl an Rezeptoren
- bei Persistenz oder Verstärkung der „Stresssituation" → Überstimulation der Barorezeptoren in den Herzkammern mit Anstieg der afferenten Stimuli zum Hirnstamm „Vortäuschen einer Situation wie bei arterieller Hypertonie"
- dadurch Triggerung des Bezold-Jarisch-Reflexes mit „paradoxer" Inhibierung des Sympathikus und nachfolgend Vasodilatation (Hypotonie) und Bradykardie/Asystolie

Zusätzliche Aktivierung „höherer" Hirnzentren

- direkte Aktivierung des limbischen Systems (dadurch könnten neurokardiogene Synkopen bei starken Emotionen erklärt werden)
- Neuere Untersuchungen zeigen eine deutliche Zunahme der Delta-Wellen-Aktivität kurz vor Synkopenbeginn im linken Lobus temporalis

Theorie der Baroreflexdysfunktion

- Bei Patienten mit neurokardiogenen Synkopen wurde eine gestörte Baroreflexsensitivität gefunden.

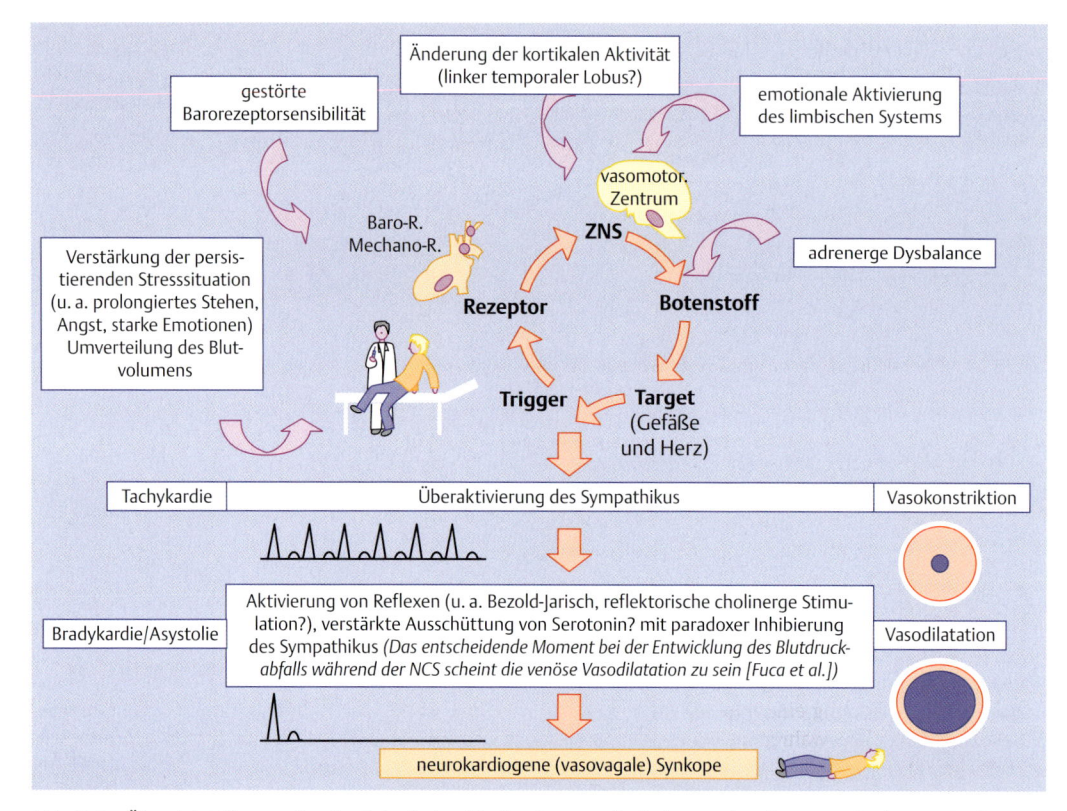

Abb. 3.9 Übersicht über pathophysiologische Mechanismen, die bei neurokardiogenen Synkopen Bedeutung besitzen.

▶ Eine andere Hypothese beschreibt einen zusätzlichen „Depressor-Reflex", der die normale Regulierung des Baroreflexes verändert.

Neurohumorale Theorien

▶ Rolle von **Epinephrin:** Dysbalance im adrenergen System provoziert NCS;
▶ Rolle von **Serotonin:** induziert eine Sympathikusinhibierung, der Anstieg der intrazerebralen Serotoninkonzentration vor neurokardiogener Synkope wurde häufig beschrieben;
▶ **Renin, Vasopressin, Beta-Endorphin, Endothelin, NO**
  – bisher keine Evidenz über Beeinflussung des Regelkreises bei NCS
▶ **Vasodilatationstheorie:** cholinerg vermittelte Vasodilatation u.a im Bereich der Skelettmuskulatur infolge eines bisher noch unbekannten Reflexes
  – Respiration: Veränderte Atmung vor Synkope (inkl. Gähnen, Änderung der Atmung) am ehesten sekundär
  – Dysregulation des zerebralen Blutflusses: Einfluss bisher unklar

Theorie des reduzierten Blutvolumens

▶ Ein vermindertes Blutvolumen soll das Auftreten neurokardiogener Reflexsynkopen begünstigen; wahrscheinlich ist jedoch die Umverteilung von Blutvolumina wichtiger als das totale Blutvolumen.

Zusammenfassung

Die Pathophysiologie der neurokardiogenen Synkope ist bis zum heutigen Tage nicht eindeutig geklärt! Neben der Aktivierung ventrikulärer Afferenzen sind wahrscheinlich Abnormalitäten von Barorezeptoren und -reflexen (peripher oder zentral) sowie neurohumorale Mechanismen zum Auftreten einer NCS erforderlich.

Nach Mosqueda-Garcia et al. The elusive pathophysiology of neurally mediated syncope. Circulation 2000; 102: 2898–2906. Mercader et al. New insights into the mechanism of neurally mediated syncope. Heart 2002; 88: 217–221
Fuca et al. The venous system is the main determinant of hypotension in patients with vasovagal syncope. Europace 2006; 8: 839–845

3.2 Neurokardiogene Synkopen (NCS)

Trigger: langes Stehen oder Sitzen

Prodromi: Schwitzen, Müdigkeit, Gähnen

ergänzende Symptome: Brechreiz, Übelkeit, Lufthunger, Hyperventilation, Kaubewegungen, Palpitationen

klinisches Bild:
1. Phase: zunehmender Visusverlust bis zum Schwarzwerden vor Augen, keine Wahrnehmung der Umwelt mehr,
2. Phase: kompletter Bewusstseins- und Tonusverlust mit Sturz, tonisch-klonisches Krampfen (konvulsive Synkope)

Verletzungen

aggravierende Faktoren: Stress, Flüssigkeitsverlust, heiße, stickige Räume

Beobachter schildern: Blässe, „etwas war nicht in Ordnung mit dem Betroffenen"

postsynkopale Phase: anfängliche Verwirrtheit, retrograde Amnesie, körperliche Schwäche

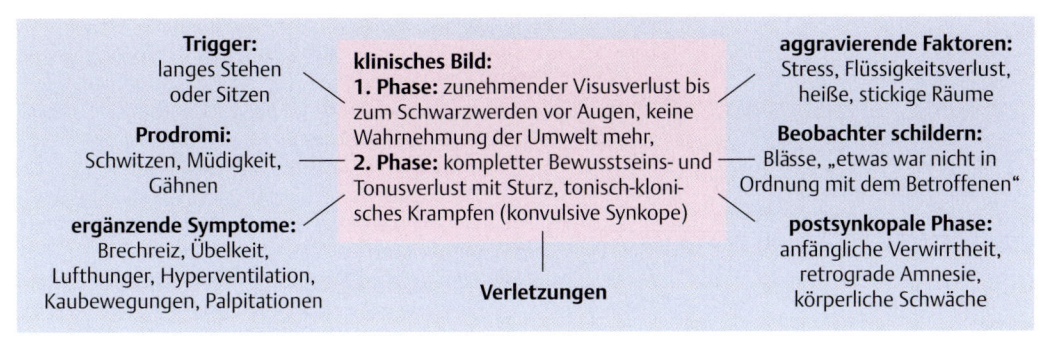

Abb. 3.**10** Übersicht: klinisches Bild von neurokardiogenen Synkopen.

Klinisches Bild neurokardiogener Synkopen

▶ Großes Spektrum klinischer Präsentationen, Auftreten jedoch stets im Rahmen von Situationen, die eine erhebliche Aktivierung des sympathischen Nervensystems erfordern!
▶ Klassisch wird vor der eigentlichen Synkope eine Phase von längerem Stehen oder Sitzen oft in überhitzter Umgebung geschildert.
▶ Auch nach Beendigung einer starken körperlichen Belastung oder nach/während einem emotionalen Stressereignis (z. B. Prüfungen, Erwähnen von Blut, Anblick von Blut), schmerzhaften Erlebnissen (z. B. Venenpunktion, Verletzungen), einem vorangegangenen Flüssigkeitsverlust, einer postprandialen Situation oder der Kombination mehrerer o. g. Faktoren.
▶ Aggravierende Faktoren: langes – ermüdendes Reisen („Jetlag"), Alkoholgenuss, Fieber

Oft lassen sich klinisch-anamnestisch drei klar differenzierbare Phasen erkennen (Abb. 3.**10**):
1. präsynkopale Phase (Aura) mit Auftreten von Warnsymptomen (Prodromi) wie körperliche Schwäche, Schwitzen, Gähnen, Übelkeit, Kopfschmerz, Brechreiz, Herzklopfen, Zeugen schildern oft: Blässe, „etwas ist nicht in Ordnung gewesen", Dauer von wenigen Sekunden bis mehrere Minuten
2. eigentliche Synkope mit zunächst Tonusverlust, Pupillendilatation, nachfolgend tonisches Krampfen mit Extension der Gliedmaßen (im Unterschied zu Grand-mal-Anfall –, bei dem die Krampffrequenz abnimmt und die Amplitude zunimmt!), selten Harn- und Stuhlinkontinenz, kein Zungenbiss! Durch den Sturz sind Verletzungen aller Art möglich (inkl. Verkehrsunfall)
Die Dauer des eigentlichen Bewusstseinsverlustes ist kurz (Sekunden bis Minuten)
3. postsynkopale Phase: sofort nach Synkope gelegentlich Auftreten von Verwirrtheit, in der Regel aber rasches Wiedererlangen von Bewusstsein und Orientierung, Patienten beklagen hinterher oft Schwäche, Unwohlsein, Kopfschmerzen (in seltenen Fällen bis zu 24 Stunden)

Neurokardiogene Synkopen: ein Leidensweg

Patient: Männlich, 63 J., bekannte benigne Prostatahyperplasie, Hyperlipidämie (bisher unbehandelt).
Synkopenanamnese:
▶ Bewusstlosigkeiten schon seit der Jugend bekannt, insgesamt große Zeitabstände zwischen den Ereignissen: jährlich bis zweijährlich
▶ Am 1. 1. 2004 in den beruflichen Ruhestand gegangen – am 30. 1. 2004 Synkope mit Schädelbasisfraktur erlitten, Patient kann sich an die Umstände nicht mehr erinnern
▶ 11/2006 Synkope im Schwimmbad, zu Himmelfahrt 2007 erneute Bewusstlosigkeit
▶ Synkopen treten lt. Patient „stets in körperlicher Ruhe auf" (z. B. langes Stehen), ohne dass sich Prodromi eruieren lassen
▶ bereits mehrfach erfolgte eine umfangreiche tw. stationäre Diagnostik (inkl. Echokardiografie, Holter, Duplexsonografie der Halsgefäße, Elektroenzephalogramm, ambulanter Event-Recorder) ohne Diagnosesicherung

Basisdiagnostik:
Klinische Untersuchung: unauffällig
Karotissinusmanöver: negativ
EKG: Linkstyp, Sinusrhythmus, HF 69/min, normale Erregungsleitung und -rückbildung (Abb. 3.**11**)
Kommentar zur Synkopenanamnese und Basisdiagnostik: In der Anamnese finden sich deutliche Hinweise für eine neurokardiogene Ursache der Synkopen (CSSS-Score nach Sheldon: –2 Punkte: NCS), aufgrund der klinischen Bedeutung der Synkopen ist

FALLBEISPIEL

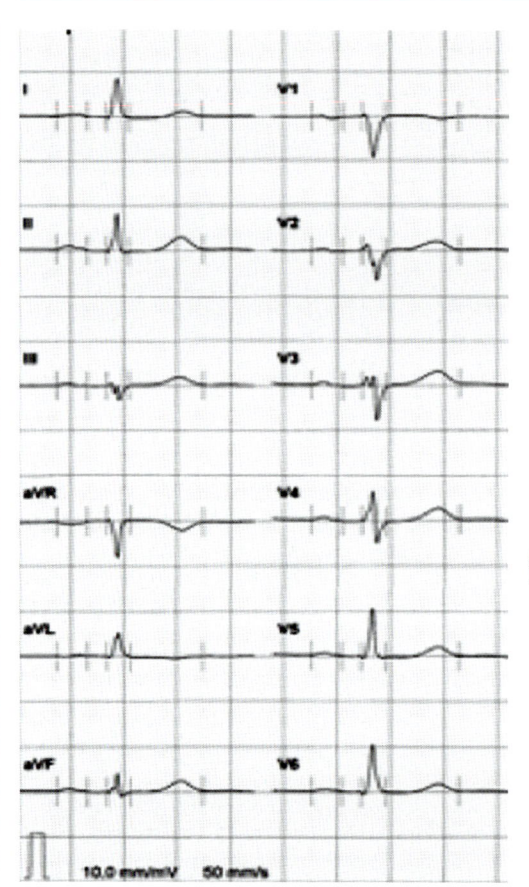

Abb. 3.**11** Unauffälliges 12-Kanal-Ruhe-EKG bei einem Patienten mit neurokardiogenen Synkopen.

eine weiterführende Diagnostik erforderlich! Als nächste Schritte werden die Kipptischuntersuchung (und eine nochmalige Echokardiografie) durchgeführt.

Weiterführende Diagnostik:
Kipptischuntersuchung: passive Phase unauffällig, 3 min nach Gabe von Nitro Auftreten einer neurokardiogenen Synkope vom kardioinhibitorischen Typ (Abb. 3.**12**). Das Ereignis wird klinisch wiedererkannt.
Echokardiografie: normal große Herzhöhlen, regelrechte systolische LV-Pumpfunktion (EF 65%), unauffällige Klappenfunktion.

Kommentar zur erweiterten Diagnostik:
▶ Die Kipptischuntersuchung erwies sich aufgrund der Reproduktion der klinischen Symptome hier wegweisend und diagnosesichernd.
▶ Die zuvor durchgeführte Echokardiografie schloss eine relevante Pumpfunktionsminderung oder Vitium aus, war jedoch nicht von diagnostischem Wert.

Weiterer Verlauf: Aufgrund der rezidivierenden Synkopen mit malignem Charakter erfolgte bei Nachweis einer kardioinhibitorischen Form die Schrittmacherversorgung (Doppelkammersystem, Adapta DR, Medtronic, Aktivierung der Frequenzabfallreaktion). Der Patient ist seitdem „synkopenfrei".

Natürlicher Verlauf und Rezidivrate bei neurokardiogenen Synkopen

In Tab. 3.**2** sind die Rezidivraten bei Patienten mit neurokardiogenen Synkopen in 10 überwiegend randomisierten Therapiestudien sowie 2 Beobachtungsstudien zusammengestellt. Die durchschnittliche 1-Jahres-Rezidivrate beträgt ca. 22%.

Andere gepoolte Daten zeigen Rezidivraten zwischen 34% und 38%.

Brignole and Sutton. Pacing for neurally mediated syncope: is placebo powerless? Europace 2007; 9: 31–33

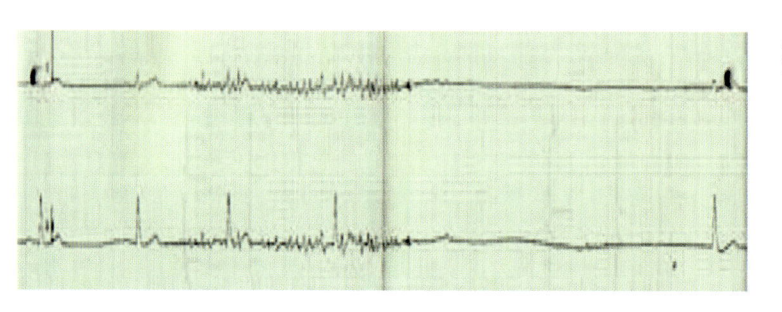

Abb. 3.**12** EKG während Synkope.

Tabelle 3.2 Rezidivraten bei neurokardiogenen Synkopen (* Beobachtungsstudien).

Akronym/Autor	n	⌀ Alter [Jahre]	Gruppe	Synkopen-rezidiv [%]	Nachbeobach-tung [Monate]
POST/Sheldon	100	41	Placebo	35	12
VASIS Etilefrin/Raviele	63	42	Placebo	24	12
Baron-Esquivias*	58	25	Asystoliegruppe	20,6	40,7
	116	29	ohne Asystolie	28,8	51,6
VPS I Connolly	27	40	Placebo	70	15
VASIS Sutton	23	56	Placebo	61	45
VPS II Connolly	52	47,8	Placebo	42	6
Synpace Raviele	13	54	Schrittmacher passiv	38	24
ISSUE I*	29	64	Kipptisch positiv	28	18
PC-Trial van Dijk	117	39	Kontrolle	51	14,1
Di Girolamo	23	16	Kontrolle	56	15
Theodorakis	32	42	Placebo	41	6
Zusammenfassung	653	16–64	keine Therapie	41	22

Die oben genannten Studien werden in den nachfolgenden Abschnitten dieses Kapitels näher diskutiert.

Baron-Esquivias et al. Long-term outcome of patients with vasovagal syncope. Am Heart J 2004; 147: 883–889
Nachbeobachtung von 334 Patienten mit NCS und pathologischem Kipptischbefund, die keine medikamentöse oder Schrittmachertherapie erhielten, jedoch ausführlich über das Wesen der Erkrankung sowie das Vermeiden auslösender Faktoren aufgeklärt und zu einer ausreichenden Salz- und Flüssigkeitsaufnahme angehalten wurden.
Primäre Endpunkte: Synkopenrezidive: Anzahl an Episoden, Zeit bis zum Auftreten des ersten Rezidivs
Nachbeobachtungszeit: 30 ± 21 Monate
Kipptischbefunde: 49,4 % Typ I, 19,5 %, Typ II, 24 % Typ III, 7,2 % andere
Mittleres Alter: 44 Jahre (52,4 % weiblich)
Ergebnisse: Mortalität: 0,9 % (Krebs, Septikämie), keine kardialen Todesfälle
Rezidivrate: n = 101 (30,2 %) – durchschnittl. jährliche Rate 12 % (kein Unterschied in Alter, Synkopenscore oder Kipptischbefund zwischen Patienten mit und ohne Rezidiv). Einziger Prädiktor eines erneuten Rezidivs war eine Anzahl an vorangegangenen Synkopen ≥ 5 (Abb. 3.**13**).

> **Merke:** Die 1-Jahres-Rezidivrate kann bei NCS mit 12 bis 38 % angenommen werden (die große Schwankungsbreite erklärt sich durch die teilweise starke Selektion bestimmter Patientengruppen in den analysierten Studien). Die Anzahl von 5 oder mehr bereits stattgefundenen Synkopen scheint jedoch ein erneutes zukünftiges Rezidiv sehr wahrscheinlich zu machen, während Patienten mit weniger als insgesamt 5 neurokardiogenen Synkopen in der Anamnese ein deutlich geringeres Rezidivrisiko haben.

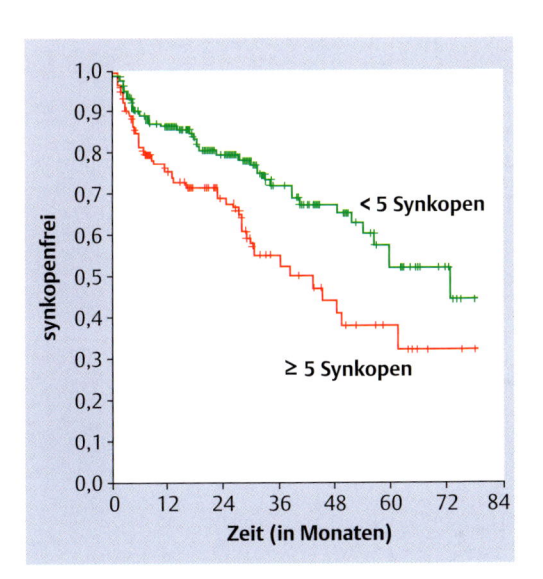

Abb. 3.**13** Synkopenfreies Überleben in Abhängigkeit der Häufigkeit an vorangegangenen Synkopen (nach Baron-E. et al.).

Psychische Faktoren bei Patienten mit neurokardiogenen Synkopen

Gracie et al. The role of psychological factors in response to treatment in neurocardiogenic (vasovagal) syncope. Europace 2006; 8: 636–643

- Analyse von 41 Patienten mit NCS, mittleres Alter 54 Jahre (66 % weiblich), hinsichtlich psychologischem Distress.
- Verwendung des HADS (Hospital Anxiety and Depression Scale) zur Beurteilung des emotionalen Distress sowie des SFSQ (Syncope Functional Status Questionnaire, bestehend aus 3 Sektionen: „Angst-Score", „Verschlechterungs-Score", „Allgemein-Synkope-Dysfunktionsscore"), der zur Beurteilung von Funktionseinschränkungen infolge psychischem Distress dient
- Einteilung in Responder, n = 21 (Patienten, die auf eine konventionelle Therapie, inkl. Vermeiden auslösender Faktoren, genügende Salz- und Flüssigkeitszufuhr, Gabe von Midorin und Fludrokortison ansprechen) und Non-Responder, n = 21 (kein Ansprechen auf Therapie)

Ergebnisse

- Non-Responder zeigten eine signifikant stärkere emotionale Beeinträchtigung (inkl. mehr und häufiger ängstlich, depressiv, oft negative Gedanken in Verbindung mit den Synkopen) sowie eine stärkere Beeinträchtigung ihres Befindens und eine höhere Zahl an negativen Triggern.
- Ausgehend von den erhaltenen Daten erfolgte zusammenfassend die Ausarbeitung eines Modells der Beziehung von emotionalem Distress und dem Auftreten von neurokardiogenen Synkopen (Abb. 3.**14**).

Merke: Patienten mit rezidivierenden Synkopen leiden oft an der Angst vor einem neuen Rezidiv, aber auch Angst vor Verletzungen, vor Verlust der Selbstständigkeit, Angst zu sterben oder gesellschaftlicher Inakzeptanz spielen eine große Rolle! Das Bewältigen der erlebten Synkope(n) stellt für manche Patienten ein großes Problem dar! Eine psychologische Analyse sollte vor allem bei Non-Respondern erfolgen.

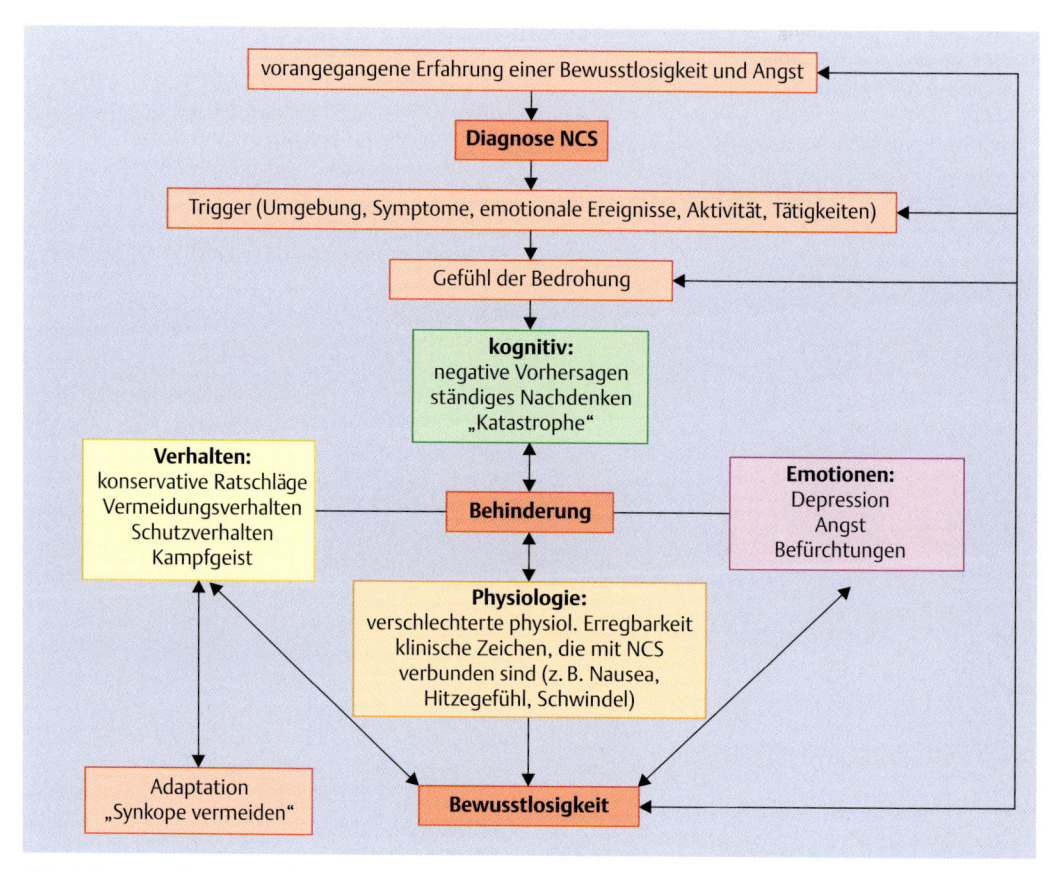

Abb. 3.**14** Hypothese eines kognitiven Models des emotionalen Distress bei Patienten mit NCS (mod. nach Gracie et al.).

Gibt es eine „vasovagale Erkrankung"?

Alboni et al. Is vasovagal Syncope a disease? Europace 2007; 9: 83–87

▶ Im Unterschied zur klassischen neurokardiogenen Synkope, die bereits klar durch die Anamnese gesichert werden kann, wird in den Richtlinien der Europäischen Gesellschaft auch von sog. nicht klassischen Formen gesprochen.
▶ Die o.g. nicht klassischen Formen sind für das Auftreten eines zweiten Häufigkeitsgipfels von Erstmanifestationen bei neurokardiogenen Synkopen verantwortlich, der bei Menschen ab 70 Jahren auftritt (Abb. 3.**15**).
▶ Diese Synkopen sind im Unterschied zur klassischen Form gekennzeichnet durch:
  – fehlende Prodromi,
  – atypische Trigger,
  – die zeitliche Erstmanifestation ist im höheren Alter (in der Regel 7.–8. Dekade)
  – zusätzliche Begleiterkrankungen (u.a. kardiovaskuläre oder zerebrovaskuläre Erkrankungen) vorhanden
  – die Diagnosestellung gelingt oft nur mittels Kipptischuntersuchung
  – es besteht eine Überlappung mit anderen reflektorisch und autonom bedingten Erkrankungen, z.B. Karotissinussyndrom und Situationssynkopen sowie orthostatischer Hypotonie mit Auftreten anderer dysautonomer Symptome (u.a. abnormales Schwitzen, abnormale Thermoregulation)
  – ein hohes Verletzungsrisiko besteht v.a. aufgrund des höheren Alters der Betroffenen
  – gelegentlich kommt es zu einer weiteren Befundprogredienz über einen bestimmten Zeitraum

▶ Allerdings finden sich auch Gemeinsamkeiten mit der klassischen Form:
  – gleicher zugrunde liegener Synkopenmechanismus mit Bradykardie und/oder Hypotonie während Ereignis
  – identische Rate an positiven Kipptischbefunden,
  – gleich häufig kardioinhibitorische und vasodepressorische Reaktionen während spontaner Ereignisse

> **Merke:** Während die „isolierte" NCS bei jungen herzgesunden Personen nicht als Erkrankung angesehen werden sollte, könnte die Manifestation von NCS im höheren Alter möglicherweise der Ausdruck einer bisher nosologisch noch nicht näher definierten Erkrankung sein, die das autonome Nervensystem als solches betrifft.

Neurokardiogene Synkopen mit Erstmanifestation im höheren Alter

Patient: 69 J., männlich
Weitere Diagnosen: nephrotisches Syndrom, arterielle Hypertonie, Hyperlipidämie
Synkopenanamnese:
▶ Synkopenbeginn erst vor 2 Jahren im Alter von 67 Jahren; insgesamt traten bisher 5 Ereignisse auf, 4 davon stets im Rahmen eines respiratorischen Infekts während kurzer Stehphasen, eine weitere Episode beim HNO-Arzt während einer Lasertherapie (Patient hört, wie von „Blut" gesprochen wird); Prodromi werden bemerkt: wenige Sekunden vor Bewusstlosigkeit tritt Schwindel und Übelkeit auf; eine Diagnostik war bereits „auswärts" erfolgt (Echokardiogramm, MRT Schädel, EEG ohne pathologischen Befund).

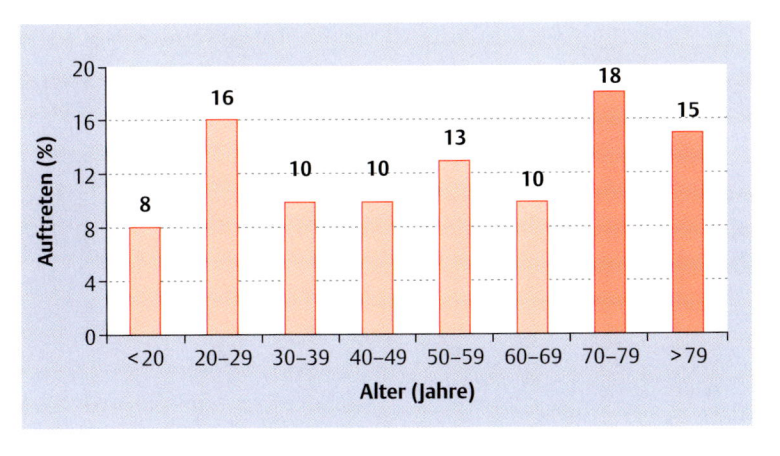

FALLBEISPIEL

Abb. 3.**15** Zeitpunkt der Erstmanifestation von neurokardiogenen Synkopen (nach Alboni et al.).

3 Neural-reflektorisch bedingte Synkopen

Basisdiagnostik:
Klinische Untersuchung: unauffällig
Karotissinusmanöver: negativ
EKG: Steiltyp, Sinusrhythmus, normale Erregungsleitung und -rückbildung (Abb. 3.16)
Kommentar zur Synkopenanamnese und Basisdiagnostik: Anamnestisch finden sich „reproduzierbare" Synkopen stets während Kreislaufbelastung durch fieberhafte Infekte sowie einmalig eine klassische Triggerung durch einen ärztlichen Eingriff (Erwähnung von „Blut"); eine neurokardiogene Ursache kann als gesichert gelten (CSS-Score nach Sheldon: 0 Punkte; somit NCS wahrscheinlich). Auffällig sind die späte Erstmanifestation sowie die Progredienz der Episoden („vasovagale Erkrankung"?). Trotz gesicherter neurokardiogener Ursache ist Kipptischuntersuchung zur Demonstration der Ursache indiziert! (s. S. 78, Indikationen zur Kipptischuntersuchung)
Weiterführende Diagnostik:
Kipptischuntersuchung (Abb. 3.17): passive Phase unauffällig, 3 min nach Gabe von Nitro Auftreten einer neurokardiogenen Synkope vom kardioinhibitorischen Typ; Ereignis wird klinisch wiedererkannt.
Echokardiografie: normal große Herzhöhlen, regelrechte systolische LV-Pumpfunktion (EF 65%), unauffällige Klappenfunktion
24-h-Blutdruckmonitoring: Gesamtmittel: 123/67 mmHg, regelrechte Nachtabsenkung
24-h-Langzeit-EKG: Sinusrhythmus mit regelrechter AV-Überleitung, gehäuft singuläre supraventrikuläre Extrasystolen (max. 375/h) sowie ventrikuläre Extrasystolen (max. 487/h), z.T. als Couplet, keine höhergradigen ventrikulären Arrhythmien
Kommentar zur erweiterten Diagnostik und Verlauf: Die Kipptischuntersuchung konnte die vermutete neurokardiogene Genese bestätigen. Die übrigen Untersuchungen erbrachten keinen weiteren diagnostischen Zugewinn hinsichtlich der Synkopenursache, wurden im Rahmen der Umgebungsdiagnostik bei

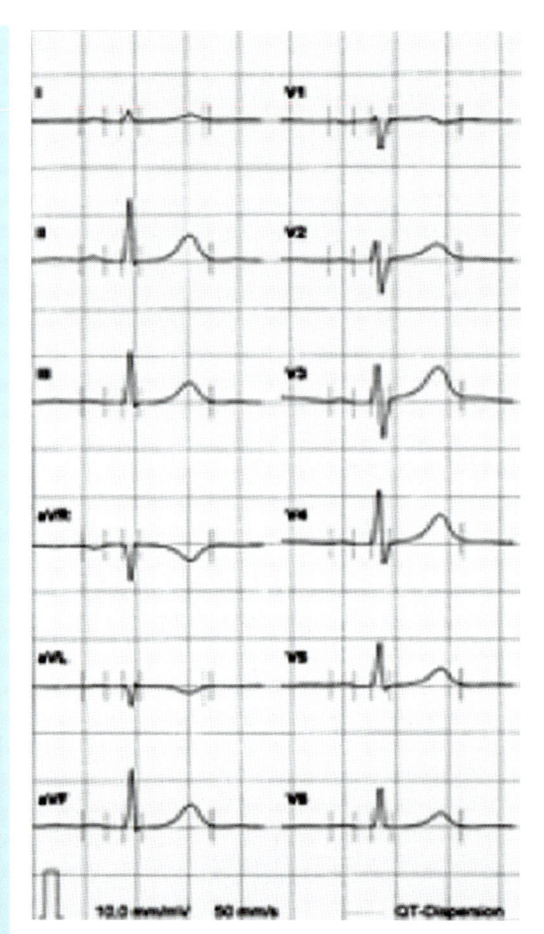

Abb. 3.16 12-Kanal-EKG, Patient mit Erstmanifestation von NCS im höheren Alter.

Es besteht eine erhebliche Angst vor einem neuen Rezidiv; der Patient wünscht Klärung der Ursache!
▶ Unabhängig der Synkopen bestehen in der letzten Zeit verstärkt Palpitationen.

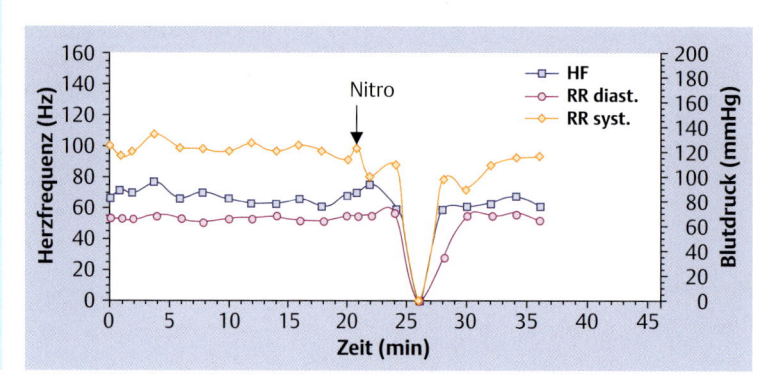

Abb. 3.17 Kipptischuntersuchung: Protokoll der Kreislaufparameter (Herzfrequenz und Blutdruck).

nephrotischem Syndrom und Palpitationen durchgeführt. Aufgrund der Synkopenprogredienz, des Alters des Patienten, des hohen Leidensdrucks sowie der nur bedingten Möglichkeit einer Verhinderung auslösender bzw. aggravierender Faktoren erfolgte neben der ausführlichen Aufklärung über Art und Weise der Erkrankung; präventiven Maßnahmen (Press-Manöver) im Rahmen einer Einzelfallentscheidung die Schrittmacherversorgung (Doppelkammersystem, Adapta DR, Medtronic, Aktivierung der Frequenzabfallreaktion). Im Dezember 2007 kam es zu einem erneuten Infekt; der Patient verspürt erneut einmalig nach dem Aufstehen aus der Badewanne sowie einmalig bei längerem Stehen die typischen Prodromi „wie immer", Synkopen traten jedoch nicht mehr auf.

Sonderformen der neurokardiogenen Synkope

Neurokardiogene Synkopen bei starken emotionalen Ereignissen

Bracha. Freeze, fight, flight, faint: adaptationist perspectives on the acute stress response spectrum. CNS Spectr 2004; 9 (9): 679–685
Angstinduzierte Bewusstlosigkeiten (u.a. bei Ansicht einer Nadel oder Blut, bei minimalen Hautverletzungen) sind spezifische, ausschließlich humane Stressreaktionen, deren Wurzeln in der mittleren Steinzeit liegen. Bei diesen Reaktionen handelt es sich stets um neurokardiogen vermittelte Synkopen.

Belastungsinduzierte NCS

Kosinki et al. Exercise-induced neurocardiogenic syncope. Europace 2000; 2: 77–82
Belastungsinduzierte NCS stellen eine eigene Entität der NCS dar und treten sowohl bei Leistungs- als auch bei Freizeitsportlern auf (in der Literatur existieren viele Berichte mit kleinen Fallzahlen).
Klinisches Bild: Die Synkope tritt in der Regel stets nach Beendigung der Belastung auf (dies kann als anamnestisch-differenzialdiagnostische Abgrenzung zu „malignen" Synkopenformen bei strukturellen Herzerkrankungen oder Kanalerkrankungen gelten, die in der Regel während der Belastung auftreten).
Zwei Formen der körperlichen Belastung sind voneinander zu unterscheiden:
1. statisch und
2. dynamisch

Dynamische Belastung: Einbeziehung großer Muskelmassen bedingt einen hohen Sauerstoffverbrauch, dabei sympathisch vermittelter Anstieg des Schlagvolumens, der Herzfrequenz, zus. Anstieg AV-Sauerstoffdifferenz. Bei persistierender Belastung allerdings Reduktion der diastolischen Füllung und weiterer Anstieg der Katecholamine, dadurch Anstieg der ventrikulären Kontraktilität und Reduktion des endsystolischen Volumens.
Statische Belastung: nur geringer Anstieg des Herz-Zeit-Volumens bei geringem Anstieg der Herzfrequenz und unverändertem Schlagvolumen
Pathophysiologisch entstehen belastungsinduzierte NCS möglicherweise durch eine inadäquate Vasodilatation oder durch das Versagen vasokonstriktiver Regulationsmechanismen (eine eindeutig gesicherte

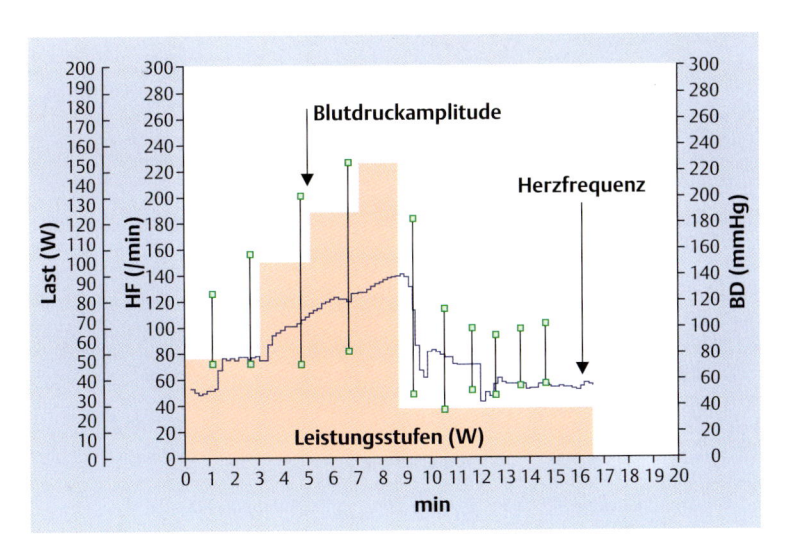

Abb. 3.**18** Darstellung einer belastungsinduzierten neurokardiogenen Präsynkope nach einer Fahrradergometrie: Zunächst unauffällige Belastung bis 150 W, nach Beendigung der Belastung plötzlich Auftreten eines abrupten Abfalls der Herzfrequenz (violette Linie) und des Blutdrucks im Sinne einer neurokardiogenen Präsynkope – nach sofortiger Lagerung des Patienten kommt es zur raschen Kreislaufstabilisierung.

3 Neural-reflektorisch bedingte Synkopen

Erklärung des Entstehungsmechanismus liegt derzeit jedoch nicht vor!). Der Ausschluss einer anderen belastungsinduzierten Synkopenursache (insbesondere einer malignen Arrhythmie oder einer mechanischen Obstruktion) ist immer zwingend erforderlich!

Neurokardiogene Synkopen, die den Schlaf unterbrechen?

Krediet et al. Vasovagal syncope interrupting sleep? Heart 2004; 90: e25
Beschreibung von 13 Fällen, bei denen die betroffenen Patienten über ein nächtliches plötzliches Erwachen mit Übelkeit, Nausea, Stuhldrang, Schweißausbruch und anschließender, kurzer Bewusstlosigkeit im Liegen klagten. Anamnese, Basisuntersuchung, Kipptischuntersuchung sowie EEG- und EKG-Dokumentation während entsprechender nächtlicher Episoden weisen auf die Möglichkeit einer neurokardiogenen Synkope als Ursache und nicht auf eine Epilepsie hin. Weitere Untersuchungen sind diesbezüglich geplant.

Diagnostisches Vorgehen bei neurokardiogenen Synkopen (Abb. 3.19)

1. Die detaillierte Anamneseerhebung ist in der Regel wegweisend, die Verwendung von Scores hilfreich! Ruhe-EKG und klinische Untersuchung sind erforderlich, um die Notwendigkeit einer weiterführenden Diagnostik entscheiden zu können.
2. Die Kipptischuntersuchung kann im Zweifelsfall wichtige Hinweise zur Synkopenursache (neurokardiogene, orthostatisch bedingte oder anderweitige Synkopen) liefern.
3. Eine kardiale Diagnostik sollte in jedem Falle dann erfolgen, wenn zusätzlich der Verdacht auf eine strukturelle Herzerkrankung bzw. kardial bedingte Synkope besteht!

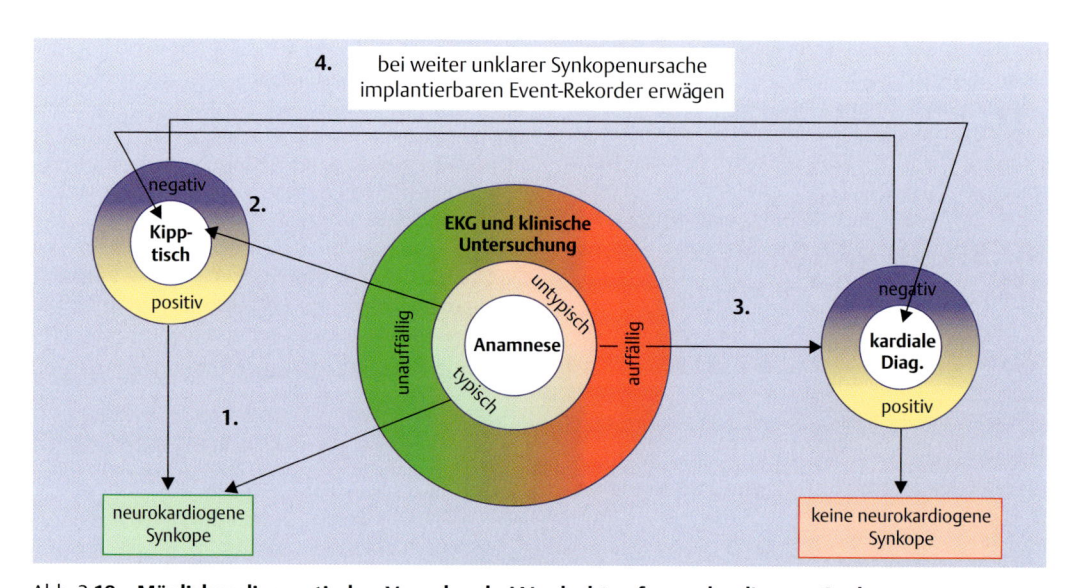

Abb. 3.19 Mögliches diagnostisches Vorgehen bei Verdacht auf neurokardiogene Synkopen:
1. Bei typischer Anamnese und unauffälligem EKG/klinischer Untersuchung ist eine NCS gesichert; eine weitere Diagnostik ist nicht erforderlich.
2. Bei nicht typischer Anamnese und unauffälligem EKG/klinischer Untersuchung kann als nächster Schritt die Kipptischuntersuchung erfolgen. Ist diese positiv, handelt es sich am ehesten um eine NCS; bei negativem Ergebnis ist eine weitere kardiale Diagnostik erforderlich. (Im Zweifelsfalle sollte auch bei positivem Kipptischbefund an eine andere Ursache der klinischen Synkope gedacht werden bzw. der Ausschluss einer relevanten strukturellen Herzerkrankung erfolgen.)
3. Unabhängig der Anamnese sollte bei auffälligem EKG oder klinischer Untersuchung zunächst eine kardiale Diagnostik erfolgen; im positiven Fall Nachweis einer anderen Synkopenursache, bei negativem Ergebnis Durchführung der Kipptischuntersuchung.
4. Bei unauffälligem Kipptisch und negativer kardialer Diagnostik handelt es sich um eine unklare Synkopenursache; die Implantation eines Event-Recorders bzw. kardialen Monitors (ICM) sollte in Erwägung gezogen werden.

3.2 Neurokardiogene Synkopen (NCS)

Therapie neurokardiogener Synkopen

Aufklärung der Patienten und der Familienangehörigen über die Erkrankung und Verhaltensweisen im Akutfall

- Elimination auslösender Agenzien (inkl. übermäßiger Alkoholkonsum), Vermeidung auslösender Faktoren, Optimierung der aktuellen Medikation
- nach Expertenmeinung beruhen diese Empfehlungen eher auf „gesundem Menschenverstand" als auf evidenzbasierten Daten! Nach Deharo JC. Vasovagal syncope: how to treat in 2008. ESC-Kongress München, 2008

Baron-Esquivias et al. Long-term outcome of patients with vasovagal syncope. Am Heart J 2004; 147: 883–889
- Studie bereits auf S.117: „Natürlicher Verlauf und Rezidivrate bei neurokardiogenen Synkopen" diskutiert
- Ziel der Autoren war neben der Analyse des natürlichen Verlaufs neurokardiogener Synkopen auch die Beurteilung der Effektivität des Arztgesprächs als „first line therapy" mit Aufklärung der Patienten über die Erkrankung und über das Vermeiden auslösender Faktoren

Trotz Beratung kam es zu 101 (30,2%) Rezidiven innerhalb von 30 + 12 Monaten!

Einfluss der Rezidivrate auf die Therapie: von 101 Patienten mit Rezidivsynkope hatten 64 Personen (63,4%) nur ein einziges Ereignis und erhielten keine weitere Therapie. Bei 37 Patienten (36,6%) mit ≥ 2 Rezidiven wurde eine zusätzliche medikamentöse Therapie angeraten, die nur von 18 Patienten gewünscht oder toleriert wurde. 9 Patienten ohne medikamentöse Therapie und 3 Patienten mit medikamentöser Therapie synkopierten erneut.

> **Fazit:** Die Mehrzahl an Patienten mit NCS bleibt über einen langen Zeitraum synkopenfrei oder erfährt maximal ein singuläres Rezidiv, sodass außer einer entsprechenden Schulung über das Vermeiden auslösender Faktoren etc. in der Regel keine weitere Therapie erforderlich wird.
> Die Patienten mit zwei oder mehr Rezidiven stellen ein klinisches Problem dar, insbesondere da die medikamentöse Therapie oft nicht toleriert wird, nicht gewünscht oder nicht effektiv ist!

Press-Manöver im Akutfall

Therapeutische Überlegung: Physiologische Aktivierung der Muskelpumpe – somit Verbesserung des venösen Rückflusses und damit verbundener Anstieg von Preload und Afterload mit Verhinderung der Synkope (Durchführung s. Abb. 3.**22**); in der Literatur finden sich mehrere Berichte über die erfolgreiche Anwendung.
Kredit et al. Circulation 2002; 106: 1648–1689; Brignole et al. J Am Coll Cardiol 2002; 40: 2053–2059

van Dijk N et al. Effectiveness of physical counterpressure maneuvers in preventing vasovagal syncope: the physical counterpressure manoeuvres trial (PC-Trial). J Am Coll Cardiol 2006; 48: 1652–1657
Prospektive Nachbeobachtung von 223 Patienten mit NCS (mittleres Alter 38,6 Jahre; 16–70 Jahre), Einteilung der Patienten in eine „konservativ" und eine „aktiv" – mit Pressmanövern – geführte Gruppe. Mittlere Nachbeobachtungszeit: 14 Monate.
Ergebnisse (Abb. 3.**20**): Gesamtsynkopenrezidive: Kontrollgruppe: 142; „aktive" Gruppe: 76. Kein Unterschied in der Zeit bis zum ersten Rezidiv in beiden Gruppen, allerdings synkopierten signifikant weniger Patienten in der „aktiven" Gruppe (Abb. 3.**20**).

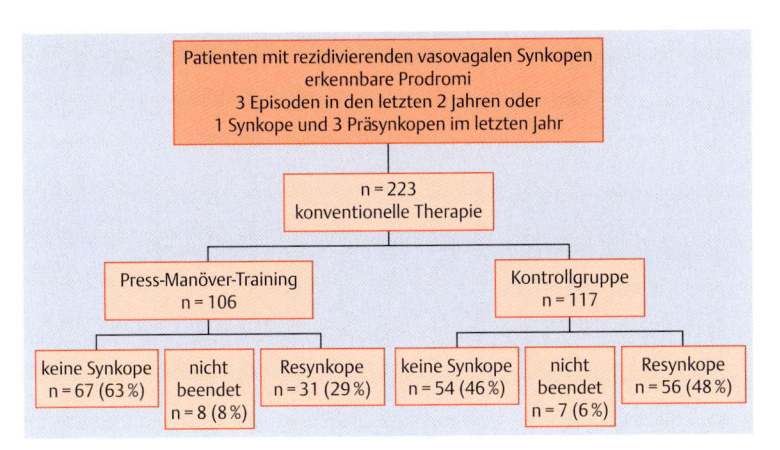

Abb. 3.**20** Einschlusskriterien, Verlauf und Ergebnisse bei Durchführung von Pressmanövern (PC-Trial, nach van Dijk et al.).

```
┌─────────────────────────────────────────────────────────────────┐
│ Patienten mit rezidivierenden vasovagalen Synkopen, erkennbare Prodromi │
│ 3 Episoden in den letzten 2 Jahren oder 1 Synkope und 3 Präsynkopen im letzten Jahr │
└─────────────────────────────────────────────────────────────────┘
                              │
                          n = 29
           ┌──────────────────┴──────────────────┐
   Patienten mit „Synkopenanfällen"        kein Synkopenrezidiv
           = 106                                 n = 10
     ┌──────┴──────┐
Manöver während Episode    Resynkope ohne Manöver
durchgeführt 256 (98%)          4 (2%)
     ┌──────┴──────┐
erfolgreiche Verhinderung  Resynkope
         255                    1
```

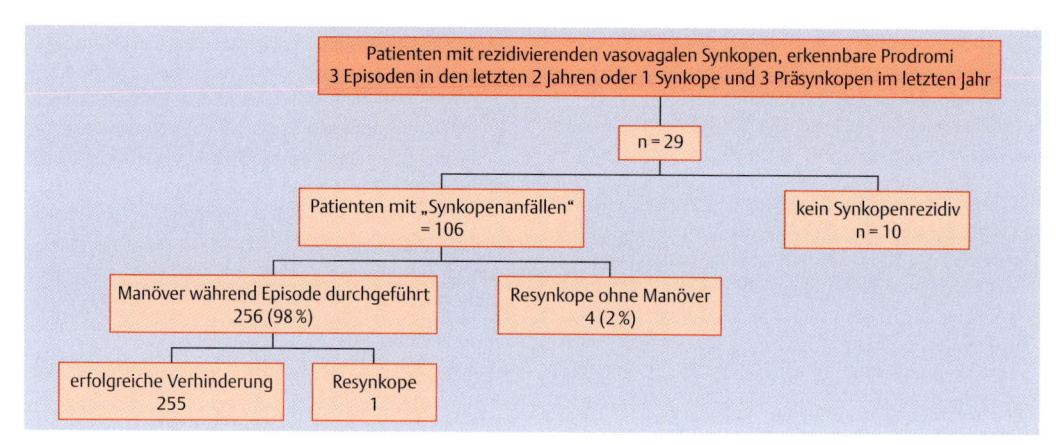

Abb. 3.21 Einschlusskriterien, Verlauf und Ergebnisse bei Durchführung von Press-Manövern (nach Croci et al.).

Croci et al. Efficacy and feasibility of isometric arm counter pressure manoeuvers to abort impending vasovagal syncope during real life. Europace 2004; 6: 287–291

Nachbeobachtung von 29 Patienten mit NCS (mittleres Alter 49 Jahre (34% älter als 65 Jahre, 45% weiblich), die im Gebrauch von Pressmanövern (Armanspannung mit Gummiball zusammenpressen, Doppel-Hand-Griff; Abb. 3.22) unterrichtet wurden; mittl. Nachbeobachtungszeit: 14 Monate.
Ergebnisse: Durch Übungen erfolgreich verhinderte Synkopen: 255, Gesamtsynkopenrezidive: 5 (Abb. 3.21).

Fazit: Aktive Pressmanöver sind hilfreich bei Patienten mit Prodromi; Synkopen können dadurch oft verhindert werden, vor allem jüngere Patienten scheinen zu profitieren.

Stehtraining/Kipptischtraining

Therapeutische Überlegung: Ein wiederholter orthostatischer Stress unter kontrollierten Bedingungen wirkt günstig auf den Regelkreis der Kreislaufreaktion und mittels einer „Trainingswirkung" können neurokardiogene Synkopen verhindert werden.
Datenlage: Mehrere Berichte über erfolgreiche Anwendung, eine randomisierte Untersuchung:
Di Girolamo et al. Usefullness of a tilt training program for the prevention of refractory neurocardiogenic syncope in adolescents. Circulation 1999; 100: 1798–1801
▶ 47 Patienten (mittleres Alter: 16 Jahre) mit NCS und ineffektiver medikamentöser Therapie
▶ getestete Medikation: Etilefrin: n = 19, Propranolol n = 15, Etilefrin und Propranolol n = 11, Fludrocortison n = 1, Paroxetin n = 1

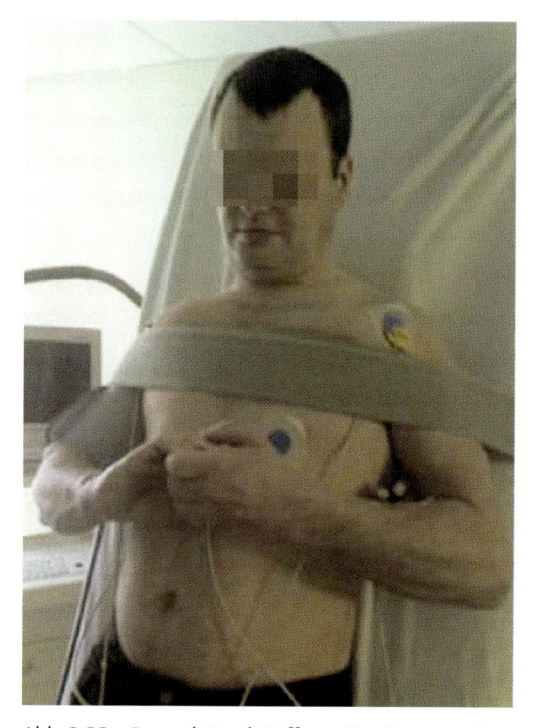

Abb. 3.22 Doppel-Hand-Griff mit Pressmanöver während der Kipptischuntersuchung.

▶ anamnestisch jährliche Synkopenanzahl: Kontrollgruppe: 7,9 und Trainingsgruppe: 8,6
▶ Nachbeobachtungszeit: 18 Monate im Mittel, minimal jedoch 15 Monate
▶ keine Randomisierung (Aufteilung der Patienten nach Compliance)
▶ Tilt-Training: 5 stationäre Sitzungen, danach zu Hause tägliches Training (angelehntes Stehen an

3.2 Neurokardiogene Synkopen (NCS)

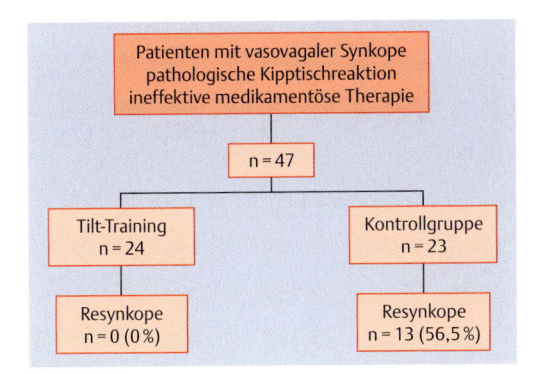

Abb. 3.23 Effektivitätsbeurteilung des Kipptischtrainings bei Patienten mit rezidivierenden NCS (nach Di Girolamo et al.).

der Wand, geschlossene Füße, ca. 15 cm von der Wand entfernt)
Ergebnisse (Abb. 3.23): Synkope bei Wiederholung der Kipptischuntersuchung nach 1 Monat: Kontrollgruppe n = 19 (73%); Trainingsgruppe n = 1 (4%)

Gurevitz et al. Tilt training: does it have a role in preventing vasovagal syncope? Pacing and Clinical Electrophysiology 2007; 30: 1499–1505
Randomisierung von 46 Armeeangehörigen (mittleres Alter 19,4 ± 0,8 Jahre; 46% weiblich) in eine Trainingsgruppe (3 Monate Tilt-Training) und eine Kontrollgruppe; Nachbeobachtung: 12 Monate.
Ergebnisse:
Synkopenrezidive: keine Reduktion der Synkopenhäufigkeit; Kontrollgruppe: 2,0 (0–6,0); Trainingsgruppe: 5,0 (0,5–16,0) p = n.s., ebenso kein Unterschied in der Zeit bis zum Auftreten des ersten Rezidivs!
Problem: Die Compliance in der Trainingsgruppe sank deutlich mit zunehmendem Zeitabstand vom Randomisierungszeitpunkt (signifikante Abnahme der Compliance von 91% nach 1 Monat auf 58% nach 3 Monaten).
Die Autoren vermuten die Ursache der nichteffektiven Therapie in der mangelnden Compliance!
(Ähnliche Ergebnisse zeigten Foglia-Manzillo et al. Efficacy of tilt trainig in the treatment of neurally mediated syncope. A randomized study. Europace 2004; 6: 199–204.)

Fazit: Der Benefit des Kipptischtrainings hängt wahrscheinlich vorrangig von der Compliance der Patienten ab und verliert seine Effektivität mit Beendigung der Übungen! Somit sollten nur motivierte Patienten dieser Behandlung zugeführt werden, die anders nicht therapiert werden können.

Medikamentöse Therapie

Betablocker

Therapeutische Überlegung: Betablocker sollen die Überstimulation des sympathischen Systems verhindern, sodass die nachfolgende Gegenregulation mit kompletter Sympathikusblockade vermieden wird.
Datenlage: mehrere nicht randomisierte Untersuchungen (Metoprolol – altersabhängig effektiv) und mehrere randomisierte, placebokontrollierte Studien:

Sheldon et al. Prevention of syncope trial (POST). Circulation 2006; 113: 1164–1170
Patienten mit NCS und mittlerem Synkopenrisiko; Randomisierung zu Metoprolol oder Placebo. Anamnestisch im Mittel 9 vorangegangene Synkopen innerhalb der letzten 11 Jahre. Mittleres Alter: Metoprololgruppe: 43 Jahre (61% weiblich), Placebogruppe: 41 Jahre (68% weiblich); Nachbeobachtungszeit: 12 Monate
Ergebnisse (Abb. 3.24): kein Nachweis einer altersabhängigen Effektivität von Metoprolol (in beiden Alterskategorien: < 42 Jahre; ≥ 42 Jahre kein Unterschied von Metoprolol zu Placebo); in beiden Gruppen gleich hohe vorzeitige Beendigung der Studie (je 22%; u.a. wegen angenommener Nebenwirkungen unter Therapie)

Flevari et al. Vasovagal syncope: A prospective randomized, crossover evaluation of the effect of propranolol, nadolol and placebo on syncope recurrence and patients' well-being. J Am Coll Cardiol 2002; 40: 499–504
Randomisierung von 30 Patienten mit NCS zu Propranolol, Nadolol oder Placebo für 3 Monate, danach Cross-over und erneutes Cross-over nach weiteren 3 Monaten; mittleres Alter: 41 ± 3 Jahre; durchschnittliche Synkopenzahl in den letzten 3 Monaten vor Randomisierung: 3,4 ± 0,4
Ergebnisse: kein Unterschied in der Reduktion der Anzahl an Resynkopen in allen drei Gruppen um mehr als ⅔!

Madrid et al. Lack of efficacy of atenolol for the prevention of neurally mediated syncope in highly symptomatic population. J Am Coll Cardiol 2001; 37: 554–559
Randomisierung von 50 Patienten mit NCS: Placebo (n = 24) oder 50 bis 100 mg Atenolol/d (n = 26); mittleres Alter: 31 Jahre (60% weiblich); Einschluss: mindestens 2 Synkopen im letzten Jahr; Nachbeobachtungszeit: 12 Monate, 10 Patienten beendeten die Medikation frühzeitig.

3 Neural-reflektorisch bedingte Synkopen

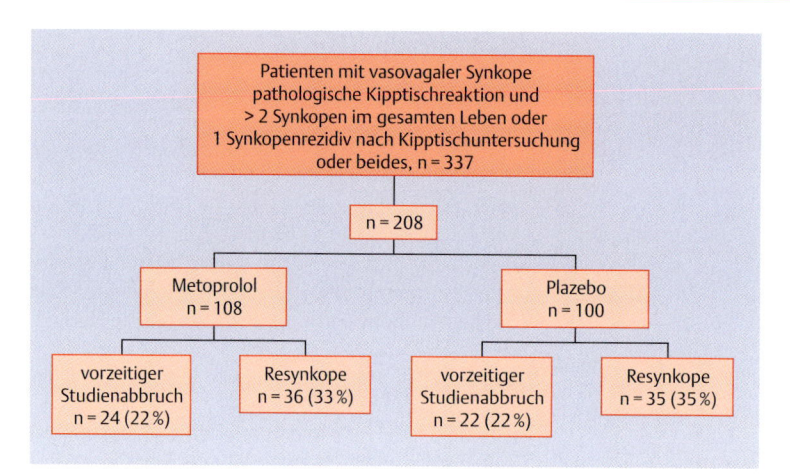

Abb. 3.**24** Prevention of Syncope Trial (POST): Einschlusskriterien, Verlauf und Ergebnisse (nach Sheldon et al.).

Patienten mit Resynkopen: Atenolol: 16 (61,5%), Placebo: 11 (45,8%) n.s.: keine Reduktion der Synkopenhäufigkeit durch Atenolol.

Fazit: Für Betablocker konnte bisher kein Einfluss auf die Häufigkeit von Resynkopen bei NCS nachgewiesen werden.

Vasokonstriktoren – Alpha-Agonisten

Therapeutische Überlegung: Alpha-Agonisten sollen einerseits durch eine Steigerung des venösen Tonus das sog. „venöse Pooling" verhindern (somit Vermeidung der paradoxen Aktivierung der Mechanorezeptoren im Herzen) sowie andererseits durch eine Steigerung des arteriolären Tonus eine Stabilisierung der Kreislaufverhältnisse erreichen.

Etilefrin
Raviele et al. Vasovagal Syncope International Study (VASIS) investigators (effect of etilefrine in preventing syncopal recurrence in patients with vasovagal syncope). Circulation 1999; 99: 1452–1457
Im Mittel 4 Synkopen innerhalb von 2 Jahren; mittleres Alter: Etilefrin-Gruppe: 46 Jahre (63% weiblich), Placebogruppe: 42 Jahre (54% weiblich); Nachbeobachtungszeit: 12 Monate
Ergebnisse (Abb. 3.**25**):
- hohe vorzeitige Beendigung der Studie (33% Verumgruppe, 25% Placebogruppe)
- nahezu identischer gemittelter Zeitraum eines Synkopenrezidivs nach Randomisierung (Verumgruppe: 106 Tage, Placebogruppe: 112 Tage)
- keine Reduktion der Resynkopenhäufigkeit unter Etilefrin

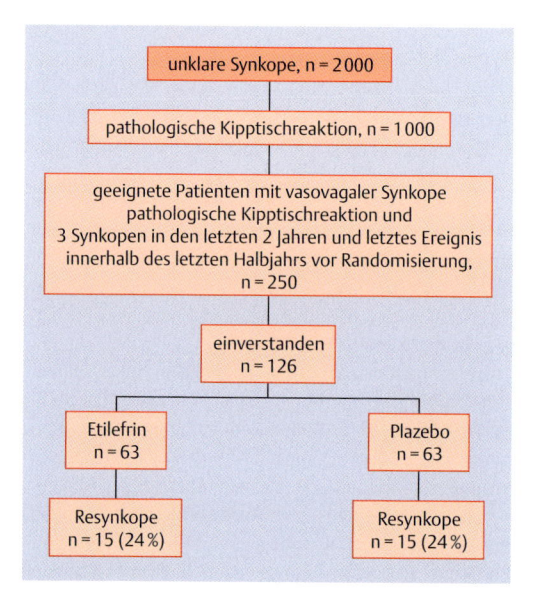

Abb. 3.**25** Vasovagal Syncope International Study (VASIS) Investigators: Einschlusskriterien, Verlauf und Ergebnisse (nach Raviele et al.).

Fazit: Etilefrin ist in der Behandlung neurokardiogener Synkopen nicht effektiv.

Midodrin
- Vorläufermedikament (Prodrug), welches in das aktive Desglymidodrin umgewandelt wird mit vorrangiger Wirkung über eine arterielle und venöse Vasokonstriktion, ohne Anstieg der Herzfrequenz, kein Übertritt durch die Blut-Hirn-Schranke.
- Halbwertszeit 2–3 h, durchschnittliche Wirkdauer ca. 4 h

3.2 Neurokardiogene Synkopen (NCS)

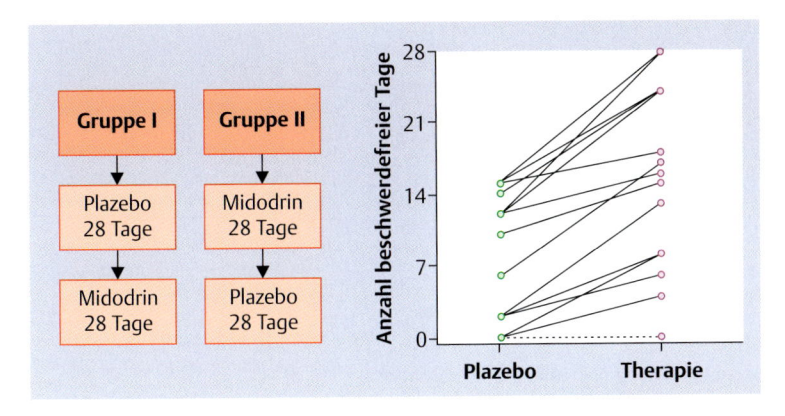

Abb. 3.26 Vergleich der Therapieeffektivität von Midodrin gegen Placebo bei Patienten mit neurokardiogenen Synkopen, Flussdiagramm und Anzahl der beschwerdefreien Tage unter Midodrintherapie (nach Ward et al.).

Ward et al. Midodrine: a role in the management of neurocardiogenic syncope. Heart 1998; 79: 45–49
Randomisierte, placebokontrollierte 2 × 2 Cross-over-Studie; 16 Patienten (mittleres Alter: 56 ± 18 Jahre, 69 % weiblich) mit rezidivierenden Beschwerden (Schwindel, Synkopen; im Mittel 4 Synkopen; 2–8) und positiver Kipptischuntersuchung, Flussdiagramm s. Abb. 3.**26**.
Ergebnisse (Abb. 3.**26**): Klinische Besserung des Befindens bei 11 Patienten mit mehr beschwerdefreien Tagen (im Mittel 7,3 Tage).

Fazit: Midodrin zeigte in kleinen Studien eine Besserung der Beschwerden; allerdings unterschieden sich die Patienten in diesen Studien hinsichtlich ihrer Klinik von den Patientenkollektiven in den meisten Studien mit typischen neurokardiogenen Synkopen als Einschlusskriterium!
Midodrin ist bei Behandlung orthostatischer Symptome effektiv und kann (zumindest nach Empfehlungen der DGK) auch in der Therapie neurokardiogener Synkopen angewandt werden; dabei ist insbesondere auf einen ungewollten Anstieg des Blutdrucks besonders bei älteren Patienten zu achten.

Serotonin-Wiederaufnahme-Hemmer (serotonin-reuptake-inhibitors, SRI), Fluoxetin, Sertralin, Paroxetin

Therapeutische Überlegung: Verhinderung der zentralen serotoninvermittelten Sympathikusinhibierung; SRI sollen die zentralen Regulationsstörungen bei NCS positiv beeinflussen und somit eine zentrale Synkopentriggerung verhindern.
Datenlage: mehrere Beobachtungsuntersuchungen, 2 randomisierte, placebokontrollierte Studien

Di Girolamo et al. Effects of paroxetine hydrochloride, a selective serotonin reuptake inhibitor, of refractory vasovagal syncope: a randomized, double-blind, placebo-controlled study. J Am Coll Cardiol 1999; 33: 1227–1230
Einschluss von 68 Patienten, mittleres Alter 44,7 + 16,5 Jahre, rezidivierende NCS, medikamentös bisher therapierefraktär, Randomisierung 1 : 1 zu Placebo oder Paroxetin 20 mg/d; mittlere Nachbeobachtungszeit: 25,4 Monate
Ergebnisse (Abb. 3.**27**): spontane Resynkopen:
- Placebogruppe: n = 18 (52,9 %)
- Paroxetingruppe: n = 6 (17,6 %); $p < 0,0001$

Nachweis einer signifikanten Reduktion von Resynkopen unter Paroxetin

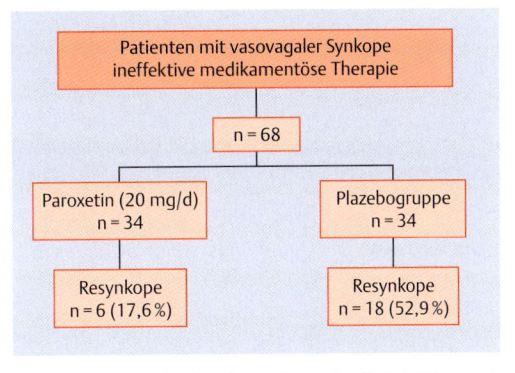

Abb. 3.27 Vergleich der Therapieeffektivität zwischen Paroxetin und Placebo bei Patienten mit neurokardiogenen Synkopen: Flussdiagramm und Ergebnisse (nach Di Girolamo et al.).

Theodorakis et al. Fluoxetine vs. propranolol in the treatment of vasovagal syncope: a prospective, randomized, placebo-controlled study. Europace 2006; 8: 193–198
Einschluss von 96 Patienten, Analyse von 76 Patienten mit im Mittel 5,9 ± 0,8 Synkopen, davon Synkopenanzahl in den letzten 6 Monaten: 2,3 ± 0,2; mittleres Alter: Placebogruppe: 41,8 Jahre (63 % weiblich), Pro-

3 Neural-reflektorisch bedingte Synkopen

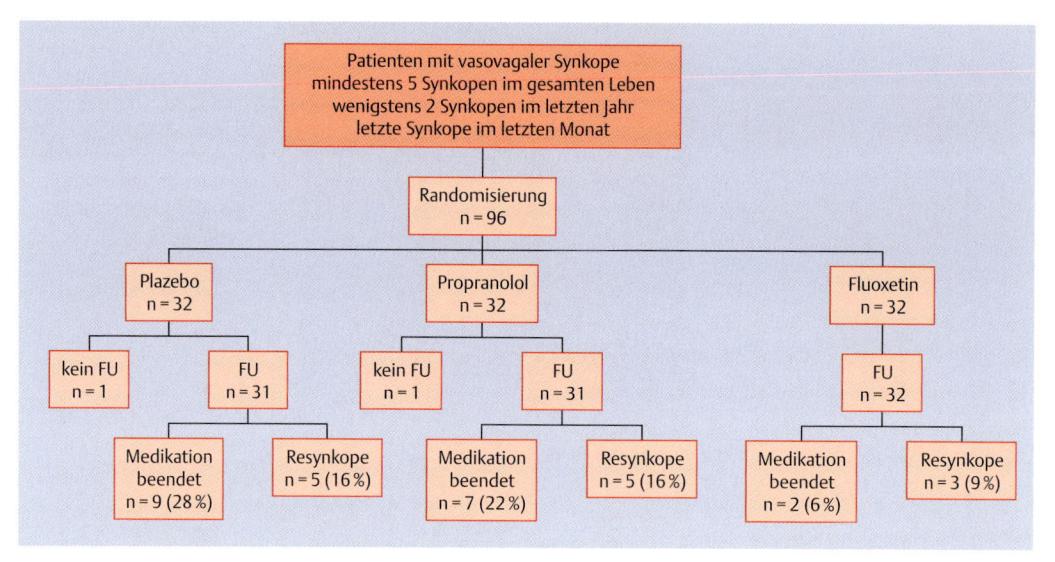

Abb. 3.**28** Vergleich der Therapie-Effektivität zwischen Propranolol, Fluoxetin und Placebo bei neurokardiogenen Synkopen (nach Theodorakis et al.). FU: Follow-up

pranololgruppe: 39,6 Jahre, (54 % weiblich), Fluoxetingruppe: 39,3 Jahre (43 % weiblich), n. s.; Nachbeobachtungszeit: 6 Monate.
Ergebnisse (Abb. 3.**28**): kein signifikanter Unterschied in den drei Therapiegruppen – nahezu gleiche Anzahl an Resynkopen im Follow-up-Zeitraum.

Fazit: Für SRI ist noch keine sichere Aussage zum Behandlungseffekt möglich, da in randomisierten Untersuchungen widersprüchliche Ergebnisse gezeigt wurden.

Fludrokortison (FDK)

Therapeutische Überlegung: Fludrokortison ist ein Kortikosteroid, dessen Fluoratom an der 9-Alpha-Position die mineralokortioiden Eigenschaften verstärkt; insbesondere die Retention von Natrium und Wasser bewirkt und somit zu einem Anstieg des zirkulierenden Volumens führt.
Datenlage:
Balaji et al. Neurocardiogenic syncope in children with a normal heart. J Am Coll Cardiol 1994: 23: 779–785
Therapie von 84 Kindern (mittleres Alter 13 + 3 Jahre) mit NCS, die 0,1 mg FDK erhielten; Synkopenfreiheit nach 12 Monaten bei 65 %, Beschwerdebesserung bei 17 %
Salim et al. Effectiveness of fludrocortisone and salt in preventing syncope recurrence in children: a double blind placebocontrolled, randomized trial. J Am Coll Cardiol 2005; 45: 484–488

Klinische Verschlechterung unter FDK im Vergleich zu Placebo.
Scott et al. Randomized comparison of atenolol and fludrocortisone acetate in the treatment of pediatric neurally mediated syncope. Am J Cardiol 1995; 76: 400–402
Klinische Besserung unter FDK im Vergleich zu Atenolol nach 6 Monaten, kein Vergleich zu Placebo!
Raj et al. The Second Prevention of Syncope Trial (POST II) – a randomized clinical trial of fludrocortisone for the prevention of neurally mediated syncope: rationale study design. Am Heart J 2006; 151: 1186.e11–1186.e17
▶ randomisierte placebokontrollierte Studie zur Beurteilung der Therapieeffektivität von Fludrokortison bei NCS
▶ geplanter Einschluss von 308 Patienten mit 1 : 1 Randomisierung von Patienten mit neurokardiogenen Synkopen ≥3 im Leben, mindestens 14 Jahre oder älter, Calgary Syncope Symptom Score (CSSS) ≥–2 Punkte (s. Kapitel „Untersuchungsmethoden", S. 28–29), s. Abb. 3.**29** (es wurde dabei angenommen, dass Patienten mit ≥3 Synkopen ein ca. 40 %iges Rezidivrisiko in den folgenden 12 Monaten haben)
▶ primärer Endpunkt: Zeit bis zum Auftreten der ersten Resynkope
▶ Rekrutierungsbeginn: 2005, geplanter Abschluss der Follow-up- und Datenanalyse 2010

3.2 Neurokardiogene Synkopen (NCS)

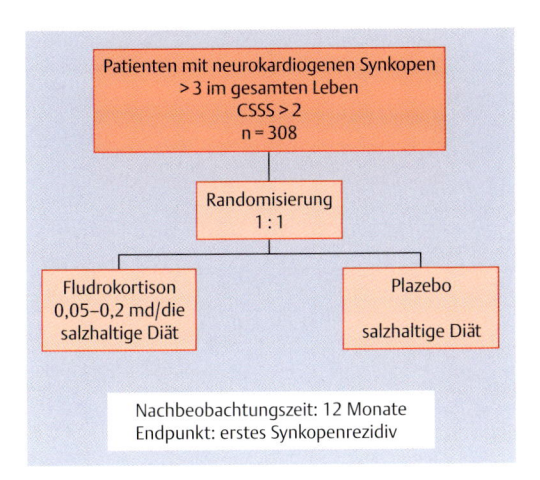

Abb. 3.29 Flussdiagramm der POST-II-Studie (nach Raj et al.).

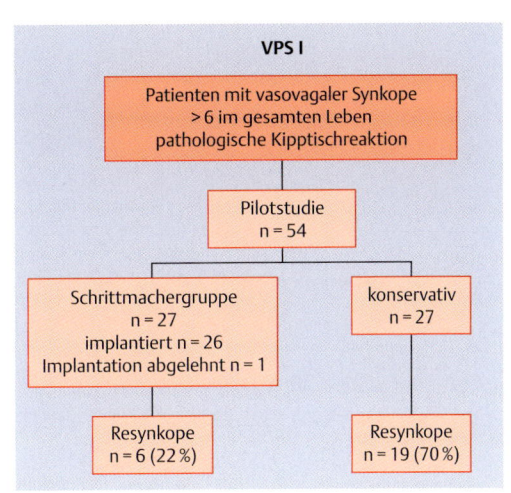

Abb. 3.30 North American Vasovagal Pacemaker Trial: Einschlusskriterien, Verlauf und Ergebnisse (nach Connolly et al.).

Nachtrag: Das Verwenden des Calgary Syncope Symptom Score (CSSS) anstelle der früheren pathologischen Kipptischuntersuchungen ermöglicht eine einfache und zu 90%ig sichere Klassifizierung der Patienten auch ohne die „problematische" Kipptischuntersuchung. Sensitivität/Spezifität des CSSS: 89/91%

Fazit: Für Fludrokortison konnte bisher keine sichere Effektivität in der Therapie neurokardiogener Synkope nachgewiesen werden; nach Vorliegen der Daten von POST II ist eine Klärung zu erwarten.

Schrittmachertherapie neurokardiogener Synkopen

Randomisierte Studien ohne „Placeboeffektkontrolle"

Drei randomisierte Studien (Tab. 3.3) mit signifikantem Nachweis einer Rezidivreduktion unter Schrittmachertherapie (PM); die Patienten wurden allerdings nicht gegen Placebo (ausgeschaltete Schrittmacherstimulation) getestet.

Connolly et al. North American Vasovagal Pacemaker Trial (VPS). J Am Coll Cardiol 1999; 33: 16–20
Ursprünglich 280 Patienten geplant, Abbruch nach 54 eingeschlossenen Patienten, durch hochsignifikante Reduktion der Synkopenhäufigkeit in der Schrittmachergruppe (Abb. 3.30); mittleres Alter: Schrittmachergruppe: 46 Jahre (70% weiblich); konservativ geführte Gruppe: 40 Jahre (74% weiblich); Nachbeobachtungszeit: bis zu 15 Monaten.
Synkopenrezidivzeitraum (Tage nach Randomisation): PM-Gruppe: 112, konservativ: 54
Schrittmachertherapie: Frequenzabfallreaktion aktiviert

Tabelle 3.3 Übersicht über randomisierte Schrittmacherstudien bei NCS ohne „Placeboeffektkontrolle".

Akronym/ Autor	Jahr	n (Alter)	primärer Endpunkt	PM n/Rezidiv	Kontrolle n/Rezidiv	p	Nachbeobachtung
VPS I Connolly	1999	54 (43)	Synkopenreduktion	27/6	27/19	0.0007	1 J.
VASIS Sutton	2000	42 (56–64)	Synkopenreduktion	19/1	23/14	0,0006	1,0–6,7 J. (3,7)
SYDIT Ammirati	2001	93 (58)	Synkopenreduktion	46/2	47/12 (Atenolol 100 mg)	0,004	1,5 J.

VASIS

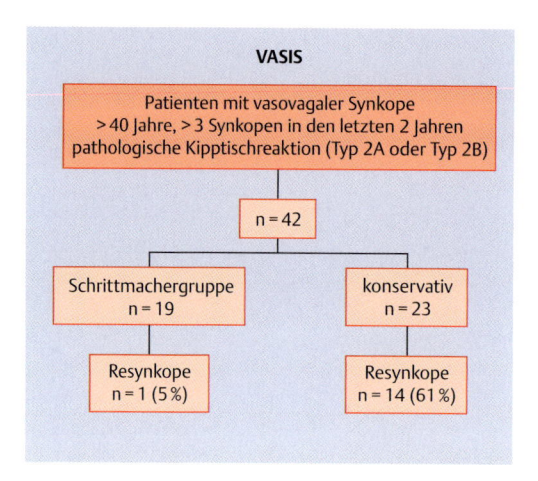

Patienten mit vasovagaler Synkope
> 40 Jahre, > 3 Synkopen in den letzten 2 Jahren
pathologische Kipptischreaktion (Typ 2A oder Typ 2B)

n = 42
- Schrittmachergruppe n = 19 → Resynkope n = 1 (5%)
- konservativ n = 23 → Resynkope n = 14 (61%)

SYDIT

Patienten mit vasovagaler Synkope
> 35 Jahre, > 3 Synkopen in den letzten 2 Jahren
pathologische Kipptischreaktion
(Synkope mit Bradykardie < 60/min)

n = 93
- Schrittmachergruppe n = 46 → Resynkope n = 2 (4,3%)
- konservativ (Atenolol 100 mg/d) n = 47 → Resynkope n = 12 (25%)

Abb. 3.**31** Vasovagal Syncope International Study Investigators (VASIS): Einschlusskriterien, Verlauf und Ergebnisse (nach Sutton et al.).

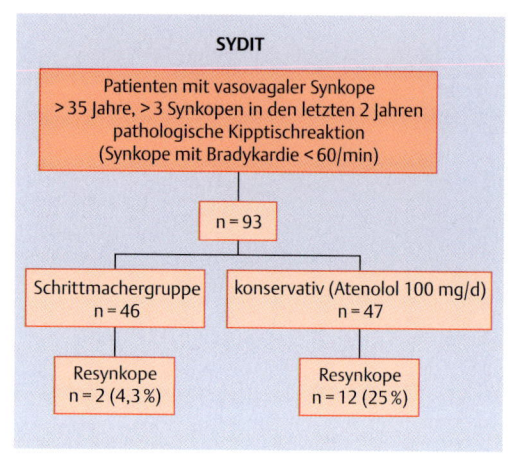

Abb. 3.**32** Syncope Diagnosis and Treatment Study (SYDIT): Einschlusskriterien, Verlauf und Ergebnisse (nach Ammirati et al.).

Sutton et al. Vasovagal Syncope International Study Investigators (VASIS). Circulation 2000; 102: 294–299
Schrittmachertherapie (DDI-Mode) vs. „no therapy", Nachbeobachtungszeit: zwischen 1 und max. 6,7 Jahren (3,7 Jahre im Mittel)
VASIS-Klassifikation: Einteilung der vasovagalen Reaktionen bei Kipptischuntersuchung (s. S. 69)
Ergebnisse: Synkopenrezidivzeitraum (Monate nach Randomisation): PM-Gruppe: 15, konservativ 5; deutliche Reduktion der Synkopenrezidive in der Schrittmachergruppe (Abb. 3.**31**)

Amirati et al. Syncope Diagnosis and Treatment Study (SYDIT). Circulation 2001; 104: 52–57
Schrittmachertherapie (PM) vs. Betablocker (Atenolol); mittleres Alter 58,1 Jahre, 38 Männer, 55 Frauen), Follow-up 1000 Tage
Synkopenrezidivzeitraum (Tage nach Randomisation): PM-Gruppe: 390, Atenolol: 135
Ergebnis: signifikanter Benefit in der Schrittmachergruppe mit deutlicher Reduktion von Synkopenrezidiven (Abb. 3.**32**)

Randomisierte Studien mit „Placeboeffektkontrolle"

In 2 randomisierten Studien wurde die Kontrollgruppe ebenfalls mit einem Schrittmacher versorgt, dieser jedoch deaktiviert (0D0-Mode), dabei zeigte sich keine signifikante Synkopenreduktion unter aktiver Stimulation (Tab. 3.**4**).

Connolly et al. North American Vasovagal Pacemaker Trial II (VPS II). JAMA 2003; 289: 2224–2229
Beurteilung der Therapieeffektivität zwischen aktiviertem Schrittmacher (DDD) und inaktivem System (0D0) bei NCS; mittleres Alter: Schrittmachergruppe ON – 50,8 Jahre (76,9% weiblich), Schrittmachergruppe OFF – 47,8 Jahre (48,1% weiblich); Nachbeobachtungszeit: 6 Monate
Risiko eines Synkopenrezidivs innerhalb 6 Monaten: PM-Gruppe ON: 33%, PM-Gruppe OFF: 42% (Abb. 3.**33**)

Tabelle 3.**4** Übersicht über randomisierte Schrittmacherstudien bei NCS mit „Placeboeffektkontrolle".

					PM on	PM off		
VPS II Connolly	2003	100 (47–50)	Synkopenreduktion		48/16 (33% Rez.)	52/22 (42% Rez.)	n.s.	0,5 J
SYNPACE Raviele	2004	29 (53)	Synkopenreduktion		16/8 (50% Rez.)	13/5 (38% Rez.)	n.s.	2 J

3.2 Neurokardiogene Synkopen (NCS)

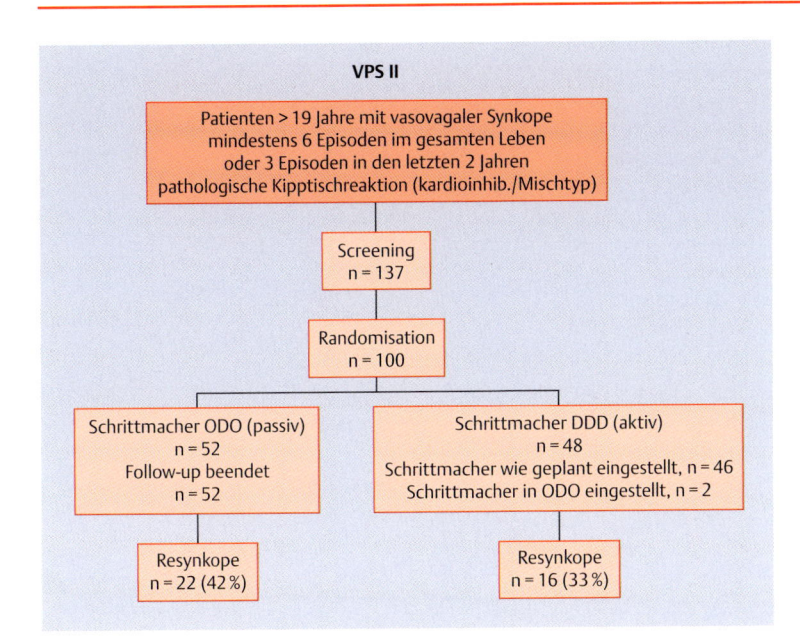

Abb. 3.33 North American Vasovagal Pacemaker Trial II (VPS II): Einschlusskriterien, Verlauf und Ergebnisse (nach Connolly et al.).

VPS II

Patienten > 19 Jahre mit vasovagaler Synkope mindestens 6 Episoden im gesamten Leben oder 3 Episoden in den letzten 2 Jahren pathologische Kipptischreaktion (kardioinhib./Mischtyp)

- Screening n = 137
- Randomisation n = 100
  - Schrittmacher ODO (passiv) n = 52, Follow-up beendet n = 52
    - Resynkope n = 22 (42 %)
  - Schrittmacher DDD (aktiv) n = 48, Schrittmacher wie geplant eingestellt, n = 46, Schrittmacher in ODO eingestellt, n = 2
    - Resynkope n = 16 (33 %)

Raviele et al. The Vasovagal Syncope and Pacing Trial (SYNPACE). European Heart Journal 2004; 25: 1741–1748

Beurteilung der Therapieeffektivität zwischen aktiviertem Schrittmacher (DDD) und inaktivem System (0D0) bei NCS

Vorzeitige Beendigung nach Interimsanalyse, da fehlender Vorteil unter aktivierter Schrittmacherstimulation und VPS II veröffentlicht!

Mittlere Nachbeobachtungszeit: 715 Tage; mittleres Alter: Schrittmachergruppe ON – 52 Jahre (69 % weiblich), Schrittmachergruppe OFF – 54 Jahre (54 % weiblich) (s. Abb. 3.**34**).

> **Fazit:** Die Ergebnisse der beiden randomisierten Studien führten zu der Meinung, dass die Schrittmacherimplantation per se einen Placeboeffekt mit sich brachte. Bei Metaanalyse aller randomisierten Studien zeigt sich jedoch eine signifikante Reduktion der Synkopenhäufigkeit.
> Die Kipptischuntersuchung ist möglicherweise nicht das geeignetste Mittel zur Identifikation des für eine Schrittmachertherapie geeigneten Patienten.

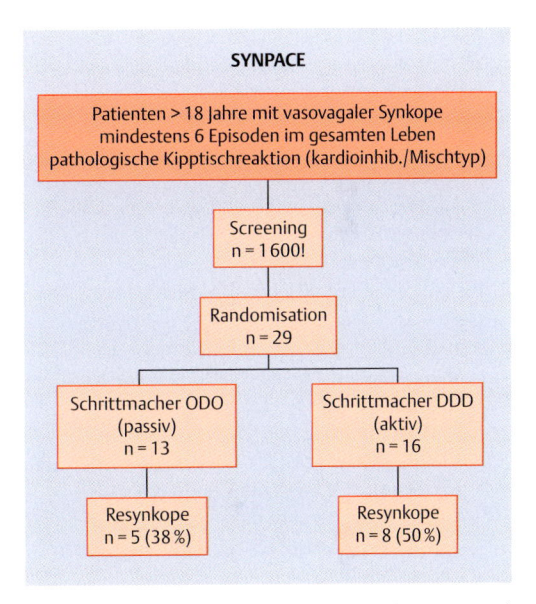

SYNPACE

Patienten > 18 Jahre mit vasovagaler Synkope mindestens 6 Episoden im gesamten Leben pathologische Kipptischreaktion (kardioinhib./Mischtyp)

- Screening n = 1600!
- Randomisation n = 29
  - Schrittmacher ODO (passiv) n = 13
    - Resynkope n = 5 (38 %)
  - Schrittmacher DDD (aktiv) n = 16
    - Resynkope n = 8 (50 %)

Abb. 3.34 The Vasovagal Syncope and Pacing Trial (SYNPACE): Einschlusskriterien, Verlauf und Ergebnisse (nach Raviele et al.).

Brignole et al. Early application of an implantable loop reccorder allows effective specific therapy in patients with recurrent suspected neurally mediated syncope (ISSUE II). European Heart J 2006; 27: 1085–1092

Studienziel: 2-Phasenstudie mit Beurteilung der Effektivität einer Event-Recorder-gesteuerten Therapie bei Synkopenpatienten (Phase I: Versorgung mit implantierbarem Event-Recorder [Loop-Recorder: ILR] und Kontrolle bis zum ersten Synkopenrezidiv, jedoch nicht länger als max. 2 Jahre, nach Synkopenrezidiv). Beginn von Phase II: befundgesteuerte Therapie und Nachbeobachtung, max. 2 Jahre)

Einschlusskriterien (Abb. 3.**35**)

Patientenchrakteristik: mittleres Alter: 66 ± 14 Jahre, 55 % weiblich

Klinische Ereignisse:
- Phase I: 7 Todesfälle (2 Schlaganfälle, 5 nicht kardial)
- Phase II: 1 Todesfall im Schlaf (unklare Ursache)

Traumata:
- Phase I: 7 (2 %) schwer, 16 (4 %) leicht
- Phase II: keine

Klinische Synkopenrezidive vor Therapie (Phase I):
- Anzahl: n = 143 (36 %) Rezidive
- Zeitraum bis zum Rezidiv: 9 Monate (3–17 Monate)
- ILR-Dokumentation: n = 106 (26 %)
- EKG-Charakteristik:
  – Asystolie: 57 %
  – Sinusrhythmus: 34 %
  – Tachyarrhythmien: 9 % (Details s. Abb. 3.**36**)

Klinische Synkopenrezidive n. Therapie (Phase II):
- Ergebnisse (Abb. 3.**37**)
- Patienten mit spezifischer (ILR-gesteuerter) Therapie:
  – n = 53 (Schrittmacherimplantation n = 47, Katheterablation n = 6, ICD-Implantation n = 1, Antiarrhythmika n = 1)
  – *Synkopenrezidive:*
    • Gesamtkollektiv (n = 53): 7 Rezidive bei 6 Patienten (11 %); 1-Jahresrezidivrate (10 %)
    • Schrittmacherpatienten (n = 47): 4 Rezidive (9 % der Schrittmachergruppe); 1-Jahresrezidivrate: 5 %
- Patienten ohne spezifische Therapie:
  – n = 50 (inkl. 13 Patienten mit Asystolie, die keinen Schrittmacher implantiert bekamen, sowie 1 Patient ohne antiarrhythmische Therapie trotz dokumentierter Tachyarrhythmie)
  – *Synkopenrezidive (ohne spezifische Therapie):*
    • Gesamtkollektiv (n = 50): 46 Rezidive bei 17 Patienten (35 %); 1-Jahresrezidivrate (41 %)
    • „Asystoliepatienten" ohne Schrittmacher (n = 13): 3 Rezidive (31 %)

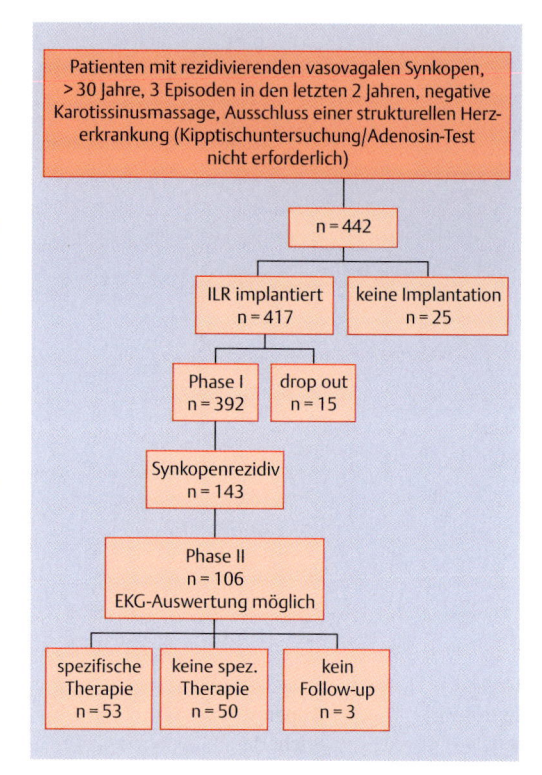

Abb. 3.**35** ISSUE II, Einschlusskriterien, Verlauf und Ergebnisse (nach Brignole et al.).

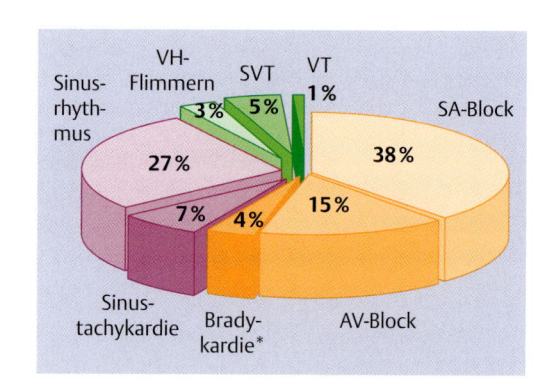

Abb. 3.**36** ISSUE II: prozentuale Verteilung der EKG-Befunde nach ihrer Ursache bei klinischer Synkope; * nicht näher klassifizierte Bradykardie (mod. n. Brignole et al.).

Fazit: Eine Event-Recorder-gestützte Diagnostik erlaubt bei Dokumentation von Arrhythmien eine gezielte Therapie. Es können möglicherweise zukünftig auch diejenigen Patienten mit NCS identifiziert werden, die von einer Schrittmachertherapie profitieren; eine entsprechende Studie (ISSUE III) befindet sich in der Rekrutierungsphase.

3.2 Neurokardiogene Synkopen (NCS)

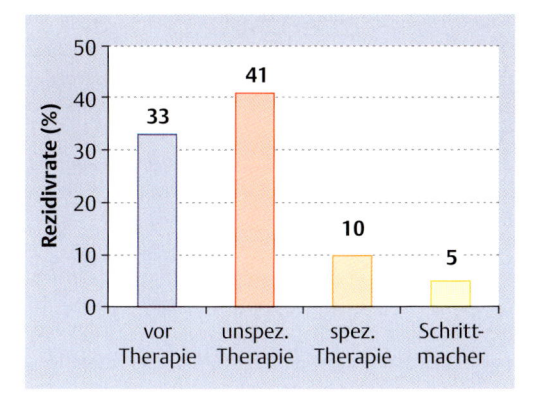

Abb. 3.37 ISSUE II: prozentuale 1-Jahresrezidivrate in Phase I (vor Therapie, blau), und bei verschiedenen Gruppen in Phase II (unspezifische Therapie – rot, ILR-gesteuerte, spezifische Therapie, orange sowie Patienten mit Z. n. Schrittmacherimplantation, hellgelb) (nach Brignole et al.).

Zusammenfassung

Prinzipielle Überlegungen: Unabhängig einer eingeleiteten Therapie ist die Prognose bei Patienten mit neurokardiogenen Synkopen hinsichtlich des Überlebens normal und entspricht der eines „Normalkollektivs". Die Therapie richtet sich also in erster Linie auf die Symptome, d. h. Verhinderung eines Synkopenrezidivs und ggf. von Komplikationen wie z. B. synkopenbedingte Verletzungen! Es ist stets ein individuelles Vorgehen zu wählen, welches auch die Wünsche des Patienten, dessen Compliance und Lebensumstände berücksichtigen muss.

Therapieempfehlungen:
Klasse I
- Aufklärung über Wesen und Umstände der NCS sowie über Prognose, Rezidive und Risiken (Level C). Sofern möglich: Vermeidung auslösender Faktoren bzw. Triggersituationen (langes Stehen insbesondere in überhitzten, engen Räumen, Venenpunktion – im Liegen durchführen, emotionale Erregungen reduzieren etc.) sowie Modifikation oder Beendigung hypotensiver Medikation
- Isometrische Bein- und Armkontraktionsmanöver bei Patienten mit Prodromi (Level B)

Klasse IIa
- Schrittmachertherapie bei Patienten > 40 Jahre, häufigen Synkopen und dokumentierter spontaner kardioinhibitorischer Form während Monitoring (Level B)

Klasse IIb
- Midodrin bei Patienten, refraktär für Lebensstiländerungen (Level B)

- Kipptisch-Training sinnvoll zur Schulung der Patienten; Langzeiterfolg aber complianceabhängig (Level B)
- bei Patienten > 40 Jahre, häufigen und unvorhersehbaren Resynkopen und kipptischinduzierter kardioinhibitorischer Form (Level C)

Klasse III
- Betablockade (Level A)
- Schrittmachertherapie ohne Nachweis einer kardioinhibitorischen Form (Level C)

Nach Moya A, Sutton R et al. Guidelines for the diagnosis and management of syncope (version 2009), www.escardio.org/guidelines und Seidel, Schuchert, Tebbenjohnns, Hartung. Kommentar zu den Leitlinien zur Diagnostik und Therapie von Synkopen – der Europäischen Gesellschaft für Kardiologie 2001 und dem Update 2004

Nachtrag: Nach aktueller Expertenmeinung sollten differenzialtherapeutische Entscheidungen zukünftig gezielt nach dem Vorliegen einer „isolierten NCS" oder einer „vasovagalen Erkrankung" getroffen werden:

1. Da es sich bei Patienten mit **„isolierter" NCS** in der Regel um junge und strukturell herzgesunde Menschen mit geringem Leidensdruck und sehr niedrigem Verletzungsrisiko handelt, sollten diese entsprechend geschult werden, insbesondere in der Handhabung von Pressmanövern sowie in dem Vermeiden auslösender Faktoren; zusätzliches Tilt-Training ist nur hochmotivierten Personen anzuraten. Eine Volumenexpansion kann hilfreich sein. Medikamente werden oft nicht vertragen, von selbst wieder beendet oder sind nicht effektiv; ebenso ist die Schrittmachertherapie zum ggw. Zeitpunkt diesen Patienten (bis auf extrem seltene Ausnahmen) nicht zu empfehlen.

2. Patienten mit einer **„vasovagalen Erkrankung"** sind in der Regel älter, haben oft Begleiterkrankungen und es kommt zu einer Überlappung mit anderen Synkopenformen (Karotissinussyndrom, situative Synkopen, evtl. orthostatische Hypotonie etc.). Therapeutisch kann eine Schulung hilfreich sein; da jedoch oft Prodromi fehlen und atypische Triggersituationen vorliegen, können Pressmanöver meist nicht angewandt werden. Das Vermeiden von längerem Stehen sowie die Modifikation der Medikation (insbesondere von Antihypertensiva) sollten in jedem Falle erfolgen. Das Tragen von Stützstrümpfen ist in Einzelfällen nützlich. Bei einer Salz- und Volumensubstitution sollte auf Nebenwirkungen wie Blutdruckanstieg und Herzinsuffizienz geachtet werden. Die Schrittmachertherapie ist effektiver, insbesondere wenn klinisch Asystolien nachgewiesen sind (ILR-Diagnose!)

oder zusätzlich ein kardioinhibitorisches Karotissinussyndrom vorliegt.

Nach Deharo JC. Vaso-vagal syncope: how to treat in 2008. ESC-Kongress München; 2008.

3.3 Karotissinussyndrom (CSS)

H. Volkmann

3.3.1 Definition des Karotissinussyndroms

Das Karotissinussyndrom (CSS) ist die klinische Manifestation eines hypersensitiven Karotissinusreflexes mit einer ventrikulären Asystolie ≥ 3 s und/oder einem systolischen Blutdruckabfall ≥ 50 mmHg, die mit spontanen rezidivierenden Synkopen und/oder ausgeprägtem anfallsartigem Schwindel einhergehen [Brignole et al., 2004].

3.3.2 Pathophysiologie des Karotissinussyndroms

Die Pressorezeptoren des Karotissinus sind an der homöostatischen Kreislaufregulation mit Regelung von Herzfrequenz, peripherem Widerstand, Blutdruck und Herzzeitvolumen beteiligt (Abb. 3.**38**). Nach Umschaltung in der Medulla oblongata führen vagale efferente Bahnen zu einer Beeinflussung des Sinus- und des AV-Knotens, während sympathische Efferenzen den Tonus der Widerstandsgefäße modulieren. Einseitiger Druck auf die Region des Karotissinus, bspw. bei der Karotissinusmassage (CSM) führt bei Gesunden nur zu einem leichten, asymptomatischen Abfall von Blutdruck und Herzfrequenz um weniger als 25 % des Ausgangswerts [Franke, 1963; Sigler, 1933; Weiss et al., 1933]. Mit höherem Lebensalter treten zunehmend häufiger deutlich darüber hinausgehende Reflexantworten auf, die als hypersensitiver Karotissinusreflex bezeichnet werden. Möglicherweise handelt es sich dabei nicht um einen hypersensitiven Reflex, sondern um eine Irritabilität des Bareflexsystems auf eine mehr oder weniger unphysiologische Deformation des Karotissinus und/oder des umgebenden Gewebes [Cole et al., 2001]. Gehen derartig inadäquate Reflexantworten mit einer klinischen Symptomatik wie anfallsartig einsetzendem Schwindel, Präsynkopen oder Synkopen einher, spricht man vom Karotissinussyndrom (CSS).

Die Ätiologie und Pathogenese des CSS sind bis heute nicht vollständig geklärt [Krämer et al., 2002]. Obwohl das CSS häufig mit umschriebenen arteriosklerotischen Veränderungen im Karotissinusbereich einhergeht [Grötz et al., 1985], konnte ein Kausalzusammenhang bisher nicht bewiesen werden. Die Ba-

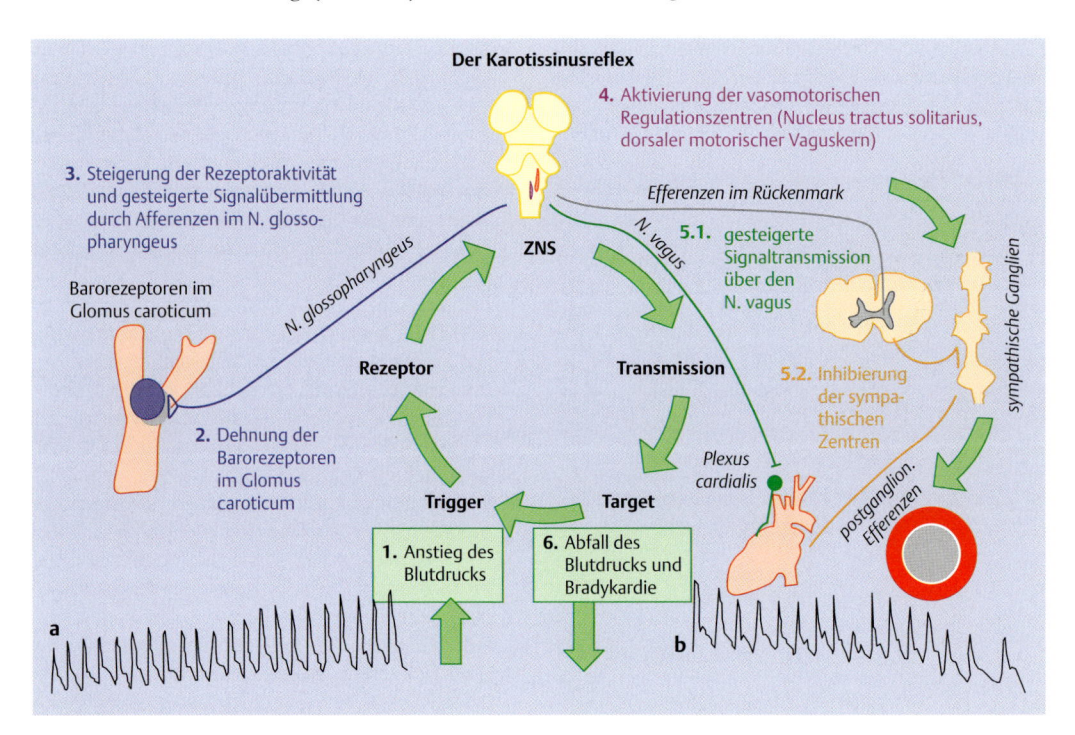

Abb. 3.**38** Physiologische Vorgänge beim Karotissinusreflex mit Darstellung des Reflexbogens unter Einbeziehung der Barorezeptoren des Karotissimus.

3.3 Karotissinussyndrom (CSS)

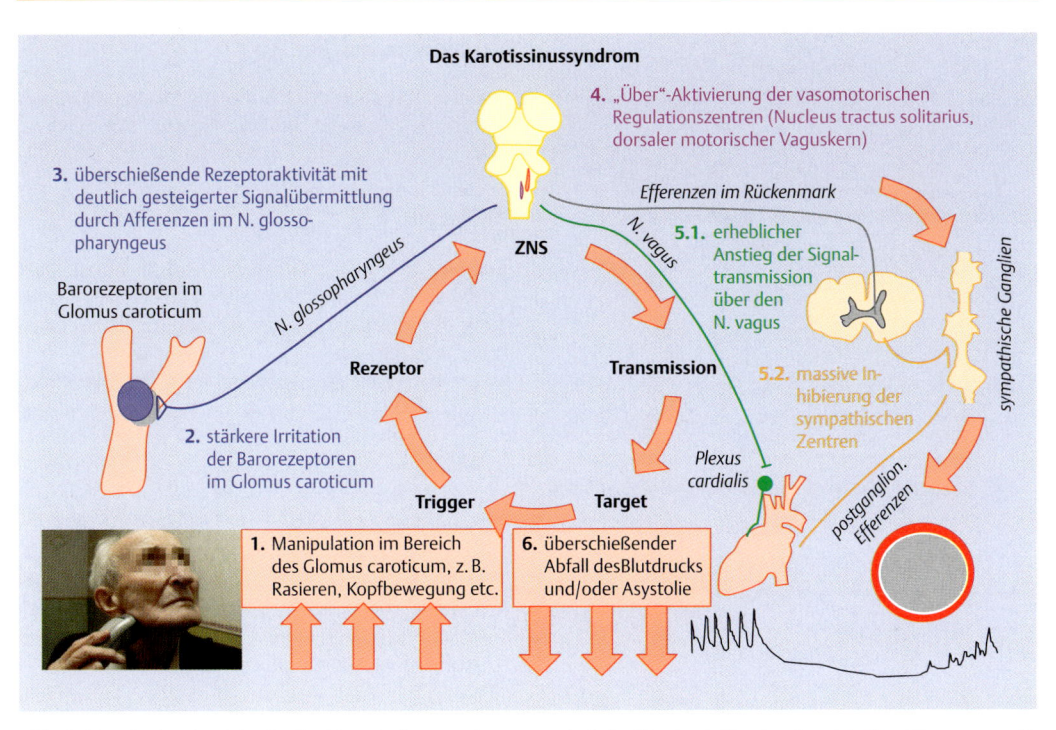

Abb. 3.39 Pathophysiologie des Karotissinussyndroms, wobei die Manipulation im Bereich des Glomus caroticum zu einem überschießenden Abfall des Blutdrucks und/oder zu einer Kammersystolie führt.

rorezeptoren in der Region des Karotissinus werden weniger in Abhängigkeit von der absoluten Blutdruckhöhe erregt, sondern eher im Gefolge einer blutdruckabhängigen Deformation der Arterienwand.

Dabei können lokale arteriosklerotische Veränderungen zu einer zunehmenden Wandstarre mit konsekutiv verminderter intravasaler Erregung führen, wodurch eine Sensibilisierung der Barorezeptoren gegen mechanische Arteriendeformierungen eintritt [Otto, 1986]. Überschießende Reflexantworten könnten auch durch eine Up-Regulation der postsynaptischen Alpha2-Adrenorezeptoren oder durch lokale pathologische Veränderungen im Bereich des Karotissinus (z. B. maligne Tumoren oder andere Raumforderungen) hervorgerufen werden.

Als zusätzliche ätiologische Faktoren kommen pathologisch veränderte neuromuskuläre Strukturen im Bereich der Mechanorezeptoren des Karotissinus in Betracht [Benditt, 1997; Morillo et al., 1997; Tea et al., 1996]. Offenbar werden die Afferenzen des Karotisnusreflexes, die die Information über eine Änderung des Dehnungszustands der Barorezeptoren an zentrale Strukturen vermitteln, durch Signale des ipsilateralen M. sternocleidomastoideus (mglw. auch durch weitere benachbarte Skelettmuskeln der Halsregion) dergestalt moduliert, dass propriozeptive Signale des Muskels physiologischerweise einen stark hemmenden Effekt auf den afferenten Schenkel des Barorezeptorreflexes ausüben.

Bei einer Denervation der betreffenden Muskeln, insbesondere des M. sternocleidomastoideus durch bislang nicht geklärte pathologische Prozesse, fällt dieser hemmende Effekt weg, sodass die afferenten Signale bei Kompression der Region des Karotissinus allein als Information der Barorezeptoren und damit als abrupter Blutdruckanstieg gewertet werden. Schließlich gibt es Hinweise auf eine Verbindung des CSS zum Morbus Alzheimer (Abb. 3.**40**).

3.3.3 Einteilung des Karotissinussyndroms

Entsprechend der bei der Karotissinusmassage beobachteten Reaktionen von Herzfrequenz und Blutdruck [Weiss et al., 1933]:

Kardioinhibitorischer Typ

Sinusstillstand und/oder AV-Blockierung mit resultierender Kammerasystolie von ≥ 3 Sekunden

Karotissinussyndrom
Pathophysiologie

1. Vermehrung der postsynaptischen Alpha2-Rezeptoren im Bereich des Nc. tractus solitarius und des motorischen Vaguskerns
2. Atherosklerose (Karotis-Plaques), art. Hypertonie
3. Raumforderungen im Hals-/Nacken-Bereich
4. Denervation des M. sternocleidomastoideus
5. Demenzerkrankung (Alzheimer)

Abb. 3.**40** Derzeitig diskutierte Möglichkeiten zur Ätiologie und Pathogenese des CSS.

Vasodepressorischer Typ

Isolierter Blutdruckabfall um mindestens 50 mmHg systolisch; Abnahme der Herzfrequenz um maximal 10 %

Mischtyp

Kombination aus Asytolie ≥ 3 s **und** Blutdruckabfall systolisch ≥ 50 mmHg mit unterschiedlicher Ausprägung der kardioinhibitorischen und vasodepressorischen Komponente

▶ Die korrekte Klassifizierung der Karotissinusmassage (CSM) setzt eine Untersuchungsanordnung mit simultaner Registrierung von Herzfrequenz (EKG) und pulsatilem Blutdruck zur kontinuierlichen Blutdruckmessung voraus.

▶ Bei Auftreten einer Asytolie ist die CSM nach i.v. Applikation von 1 mg Atropin oder 0,02 mg Atropin/kg KG zu wiederholen, um eine zusätzliche vasodepressorische Komponente demaskieren zu können (alternativ käme die aufwendige invasive Zweikammer-Stimulation in Betracht) (Brignole et al., 2001)

In Tab. 3.**5** sind die leitliniengerechten Empfehlungen für Indikation, Durchführung und diagnostische Wertigkeit der Karotissinusmassage zusammengefasst. Die klinischen Aspekte bei der leitliniengerechten Erstellung einer Verdachtsdiagnose und in Tab. 3.**6** aufgelistet.

Tabelle 3.**5** Empfehlungen für Indikation, Durchführung und Diagnosestellung der Karotissinusmassage (CSM) entsprechend der Guidelines on management (diagnosis and treatment) of syncope [Brignole et al. 2001].

Indikationen
▶ empfohlen bei Patienten > 40 J. mit Synkope unklarer Ursache nach initialer Evaluierung (bei A.-carotis-Erkrankung sollte auf CSM verzichtet werden) [Klasse-I-Empfehlung]
▶ wegen möglicher zerebraler Komplikationen Indikation eng stellen (sollte vermieden werden innerhalb der ersten 3 Monate nach TIA/Apoplex oder bei auskultierenden Stenosegeräuschen – bis zum Ausschluss einer höhergradigen Stenose)
▶ erst nach mehrfachen Synkopen, weil erst dann HSM in Betracht käme

Durchführung
▶ CSM mit 5–10 s Dauer; EKG-Monitoring und möglichst kontinuierliche BD-Messung; CSM in liegender und aufrechter Position

Diagnosestellung: diagnostische Trias
▶ spontane Symptomatik in Form rezidivierend auftretender starker Schwindelbeschwerden oder Synkopen, für die sich keine anderen Ursachen eruieren lassen
▶ hypersensitiver Karotissinusreflex mit Asytolie ≥ 3 Sekunden und/oder BD-Abfall um ≥ 50 mmHg bei CSM
▶ Reproduktion der spontanen Beschwerden durch CSM

3.3 Karotissinussyndrom (CSS)

3.3.4 Häufigkeit des Karotissinussyndroms

Die Inzidenz des CSS wird in der Literatur mit etwa 35 Erkrankungen auf eine Million Einwohner pro Jahr angegeben [Brignole et al., 2001; Krämer et al., 2002; Richardson et al., 1997]. Das Karotissinussyndrom ist eine Erkrankung des fortgeschrittenen Lebensalters. Unter jugendlichen Patienten oder Kindern mit Synkopen findet sich ein CSS nur extrem selten (Abb. 3.**41**), während bei älteren Synkopenpatienten das CSS in respektabler Häufigkeit vorkommt (Abb. 3.**42**, Abb. 3.**43**).

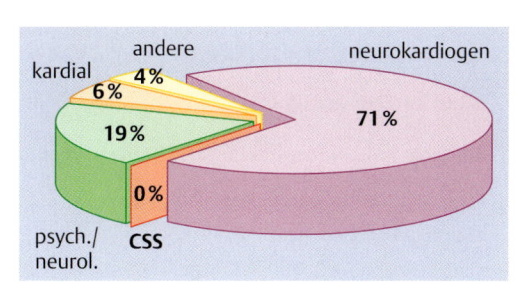

Abb. 3.**41** Verteilung der Ursachen von Synkopen bei Kindern und Jugendlichen (mod. nach den Guidelines on management [diagnosis and treatment] of syncope. Brignole et al. Europace 2004; 6: 476–537).

3.3.5 Diagnostik des Karotissinussyndroms

Diagnostische Trias [Brignole et al., 2001]

1. spontane Symptomatik in Form rezidivierend auftretender starker Schwindelbeschwerden oder Synkopen, für die sich keine anderen Ursachen eruieren lassen
2. hypersensitiver Karotissinusreflex mit Asystolie ≥ 3 Sekunden und/oder Abfall des systolischen Blutdrucks um ≥ 50 mmHg
3. Reproduktion der spontanen Beschwerden während der Karotissinusmassage

Eine Wiederholung der Karotissinusmassage unter Orthostasebedingungen (üblicherweise auf dem Kipptisch) wird empfohlen, weil
▶ auch die spontane Symptomatik in der Regel in aufrechter Körperhaltung einsetzt,
▶ eine pathologische Reflexantwort mit Reproduktion der spontanen Symptomatik häufiger als bei nur im Liegen durchgeführter Untersuchung auftritt,

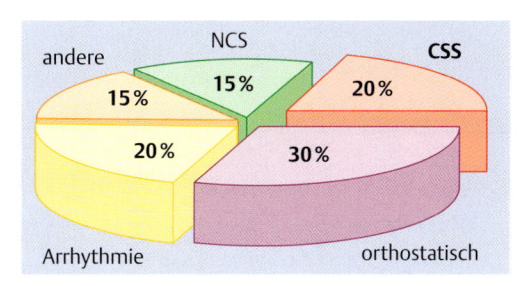

Abb. 3.**42** Verteilung der Ursachen von Synkopen bei älteren Patienten, mod. nach Guidelines on management (diagnosis and treatment) of syncope. Brignole et al. Europace 2004; 4: 476–537. Während bei Kindern und jugendlichen Patienten keine Synkope infolge eines Karotissinussyndroms aufgetreten war, beträgt der Prozentsatz bei den älteren Patienten immerhin 20%.

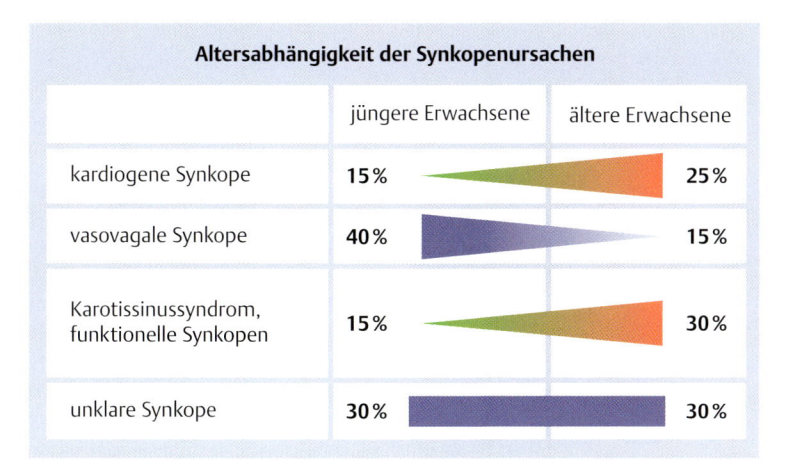

Altersabhängigkeit der Synkopenursachen		
	jüngere Erwachsene	ältere Erwachsene
kardiogene Synkope	15%	25%
vasovagale Synkope	40%	15%
Karotissinussyndrom, funktionelle Synkopen	15%	30%
unklare Synkope	30%	30%

Abb. 3.**43** Während die Häufigkeit des Karotissinussyndroms (wie auch der kardiogenen Synkopen) mit dem Alter zunimmt, verringert sich der Anteil vasovagaler Synkopen. Der Anteil „ungeklärter" Synkopen bleibt unabhängig vom Altersgang bei ca. 30%.

Tabelle 3.6 Klinische Aspekte bei der Erstellung einer Verdachtsdiagnose nach den Guidelines of management (diagnosis and treatment) of syncope – Update 2004. Eur Heart J 2005; 25: 2054–2072.

klinische Verdachtsdiagnose
Verdacht auf neuroreflektorische (Reflex-)Synkope
▶ Fehlen einer Herzkrankheit
▶ langjährige Synkopenanamnese
▶ nach unangenehmen Anblicken, Geräuschen, Gerüchen oder Schmerzen
▶ prolongiertes Stehen, im Gedränge, in der Hitze
▶ Übelkeit oder Erbrechen assoziiert mit Synkope
▶ während des Essens oder postprandial
▶ mit Kopfdrehung, Druck auf Karotissinus (Tumor, Rasieren, enger Kragen): Verdacht auf Karotissinussyndrom
▶ Synkopen nach körperlicher Belastung
Verdacht auf Synkope durch orthostatische Hypotonie
▶ nach dem Aufstehen
▶ in Verbindung mit Beginn oder Dosiserhöhung einer hypotensiven Medikation
▶ prolongiertes Stehen, speziell im Gedränge, in der Hitze
▶ Vorhandensein einer autonomen Neuropathie oder Parkinsonismus
▶ Synkopen nach körperlicher Belastung
Verdacht auf zerebrovaskuläre Synkope
▶ einhergehend mit Armbewegung
▶ RR- oder Puls-Differenzen zwischen beiden Armen

Tabelle 3.7 Diagnostische Kritierien des CSS entsprechend der „Guidelines on management (diagnosis and treatment) of syncope (Brignole et al., 2001).

Diagnostische Trias des Karotissinussyndroms
▶ spontane Symptomatik in Form rezidivierend auftretender starker Schwindelbeschwerden oder Synkopen, für die sich keine andere Ursache eruieren lässt
▶ Hypersensitiver Karotissinusreflex mit Asystolie ≥ 3 Sekunden und/oder systolischer Blutdruckabfall um ≥ 50 mmHg bei Karotissinusmassage
▶ Reproduktion der spontanen Beschwerden durch Karotissinusmassage (inbes. CSM im Stehen)

- eine signifikante Zunahme falsch positiver Resultate hiermit nicht verbunden ist,
- somit die diagnostische Sensitivität erheblich gesteigert wird ohne wesentliche negative Beeinflussung der Spezifität (Tab. 3.**7** u. 3.**8**)

3.3.6 Klinik des Karotissinussyndroms

- Erkrankung des fortgeschrittenen Lebensalters
- deutliche Bevorzugung des männlichen Geschlechts (⅔ männlich)
- 28–45 % mit dominanter kardioinhibitorischer Form
- 15–22 % mit dominanter vasodepressorischer Form
- 40–50 % mit Mischform (eher häufiger) [Freitas et al., 2004]
- Asystoliedauer bei kardioinhibitorischer und bei Mischform im Mittel 6 s bei Karotissinusmassage [Puggioni et al., 2002]

3.3 Karotissinussyndrom (CSS)

Tabelle 3.8 Empfehlungen der „Guidelines on management (diagnosis and treatment) of syncope – Update 2004." Zum Stellenwert der CSM bei Synkopen (Brignole et al., 2004).

Diagnostischer Stufenplan bei fehlendem Verdacht auf kardiale Synkope und fehlenden EKG-Abnormitäten

Bei Patienten mit rezidivierender und/oder schwerer Synkope

1. Kipptischtest (bei Jüngeren als 1. Maßnahme)
2. Karotissinusmassage (bei Älteren vor Kipptischtest)
3. sofern negativ: prolongiertes EKG-Monitoring
   - 24 h bis 72 h Holter-EKG
   - externer EKG-Loop-Recorder
   - implantierbarer EKG-Loop-Recorder

Bei Patienten mit seltener oder singulärer Synkope

1. die Mehrzahl der Patienten dieser Kategorie haben eine neurokardiogene Synkope
2. Tests zur Bestätigung sind überflüssig

Tabelle 3.9 Epidemiologische Daten zum Karotissinussyndrom (CSS).

- Hypersensitivität: 0–38 %
  „Die wahre Inzidenz und Prävalenz der Karotis-Hypersensitivität ist unbekannt!"
- ca. 1 % aller Synkopen (reines CSS)
- Durchschnittsalter der CSS-Patienten: 61–74 Jahre
- Inzidenz: 30–40 Patienten/Jahr/1 000 000
- Synkopen-Rezidive: 40–75 %/3 Jahre
- CSS: 66 % Männer > 60 Jahre

▶ Große Verletzungen (Knochenfrakturen, intrakranielle Blutungen, innere Verletzungen mit Notwendigkeit einer Akutbehandlung), retrograde Amnesie und fokale neurologische Defekte sind häufiger bei CSS (24 %) als bei anderen Synkopenpatienten der Notfallaufnahme (Bartoletti et al., 2008) (Tab. 3.9).

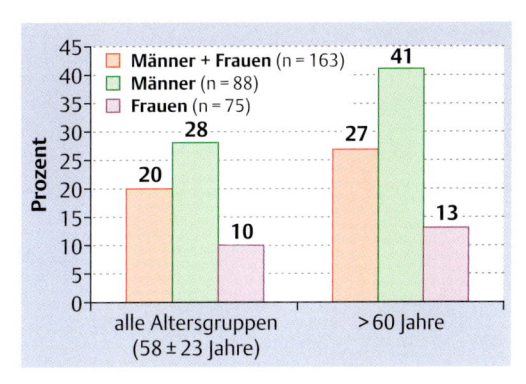

Abb. 3.44 Häufigkeit einer Asystolie ≥ 3 s bei der Karotissinusmassage im Liegen bei asymptomatischen Patienten ohne Synkopen, Präsynkopen oder Schwindel (nach Volkmann et al., 1990).

3.3.7 Wertigkeit der Karotissinusmassage

Je nach eingesetztem Protokoll (s. a. S. 34 f) sind Sensitivität und Spezifität des Tests unterschiedlich:

Methode 1 berücksichtigt lediglich das Auftreten einer Asystolie ≥ 3 s und/oder einen systolischen Blutdruckabfall ≥ 50 mmHg. Dabei erfordert die Abschätzung der Blutdruckreaktion eine kontinuierliche Blutdruckmessung. Bei Berücksichtigung der genannten diagnostischen Kriterien weisen etwa ein Drittel asymptomatischer Probanden einen pathologischen Befund auf (überwiegend Asystolien ≥ 3 s) [McIntosh et al., 1993; Abou Jaoude et al., 2003; Bordier et al., 2007], wobei die Häufigkeit falsch positiver Tests bei Männern größer als bei Frauen ist und mit dem Alter zunimmt [Kerr et al., 2005; Volkmann et al., 1990] (Abb. 3.**44**).

Bei symptomatischen Patienten, die wegen Synkopen, Präsynkopen oder anfallsartig auftretendem Schwindelgefühl untersucht werden, findet sich bei der Karotissinusmassage etwa doppelt so häufig wie bei asymptomatischen Patienten eine Asystolie (Abb. 3.**45**).

Methode 2 schließt die zusätzliche Karotissinusmassage (konsekutiv rechts und links) im Stehen bzw. während einer Kipptischuntersuchung ein, wobei für einen positiven Test – neben dem Nachweis einer Asystolie ≥ 3 s und/oder eines systolischen Blutdruckabfalls ≥ 50 mmHg – nach den derzeitigen Leitlinien [Brignole et al., 2004; Seidl et al., 2005] außerdem noch die Reproduktion von Symptomen (Synkope, Präsynkope, Schwindel) gefordert wird. Die CSM erfolgt jeweils über eine Dauer von 10 Sekunden.

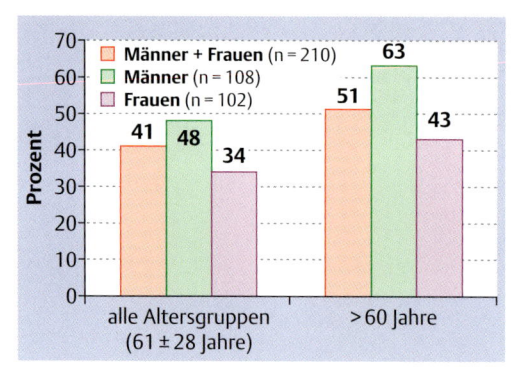

Abb. 3.45 Häufigkeit einer Asystolie ≥ 3 s bei der Karotissinusmassage im Liegen bei symptomatischen Patienten mit ungeklärten Synkopen, Präsynkopen oder Schwindel (nach Volkmann et al., 1990).

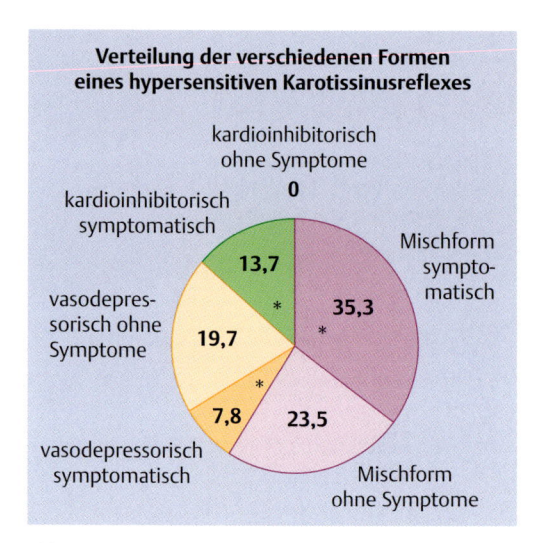

Abb. 3.46 Relative Häufigkeit von kardioinhibitorischer, vasodepressiver und Mischform der CSM bei Patienten mit Verdacht auf Karotissinussyndrom. Die mit einem * markierten Segmente repräsentieren den Anteil von Patienten mit klinischer Symptomatologie während der CSM (nach Humm et al., 2006).

Patienten mit unklarer Synkope weisen in etwa der Hälfte der Fälle, ältere Patienten mit Synkopen sogar in bis zu ⅔ der Fälle einen pathologischen Befund bei der CSM auf [Seidl et al., 2005]. Dabei überwiegen Mischformen der pathologischen Reaktion auf die Karotissinusmassage (Abb. 3.46), die in mehr als der Hälfte der Fälle von Symptomen während der CSM begleitet werden [Humm et al., 2006]. Isolierte vasodepressorische Reaktionen finden sich in ca. ¼ der Fälle (überwiegend ohne begleitende Symptome während der CSM), isolierte kardioinhibitorische Antworten nur bei ca. 14%, wobei alle Patienten mit kardioinhibitorischem Typ entsprechende Symptome während der Prozedur angeben [Humm et al., 2006]. Fast ⅔ der Patienten zeigen eine positive Antwort nur dann, wenn die Untersuchung in aufrechter Körperposition wiederholt wird [Eltrafi et al., 2000]. Patienten mit ungeklärter Synkope weisen häufiger (22,3%) als Patienten mit ungeklärten Stürzen (17,1%) oder ungeklärtem Schwindel (6%) einen hypersensitiven Karotissinus-Druckversuch mit Asystolie und/oder Blutdruckabfall auf [Kumar et al., 2003].

Jüngere Patienten (< 50 Jahre) mit abzuklärenden Synkopen weisen nur sehr selten oder überhaupt nicht ein pathologisches Ergebnis bei der Karotis-

Tabelle 3.10 Prävalenz positiver Karotissinusmassagen bei Patienten ohne Synkopen, Stürze oder Schwindel [nach Kerr et al., 2006]. Wird das Auftreten zusätzlicher Symptome nicht berücksichtigt, ergeben sich in 35% der Fälle falsch pathologische Befunde. Wird zusätzlich eine Synkope gefordert, reduziert sich diese Quote auf 5%.

Positive Karotissinusmassage		
Ergebnis	positiv (%)	Patienten (n)
hypersensitive CSM insgesamt	35,0	28/80
▶ kardioinhibitorisch	2,5	2/80
▶ vasodepressorisch	10,0	8/80
▶ Mischform	22,5	18/80
zusätzlich Symptome während CSM	12,5	10/80
▶ Synkope während CSM	5,0	4/80
▶ Präsynkope oder Schwindel	7,5	6/80

3.3 Karotissinussyndrom (CSS)

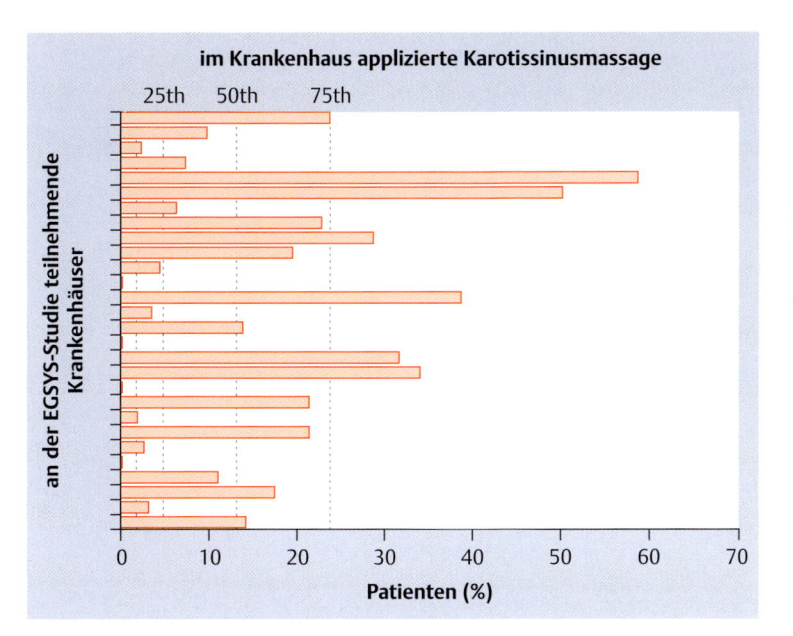

Abb. 3.47 In der Häufigkeit der Anwendung der diagnostischen Karotissinusmassage zur Abklärung von Synkopen bestehen unter den teilnehmenden 28 Kliniken der EGSYS-Studie erhebliche Unterschiede: zwischen 0 und 60 % der in Betracht kommenden Patienten wurden einer CSM unterzogen (Disertori et al., 2003).

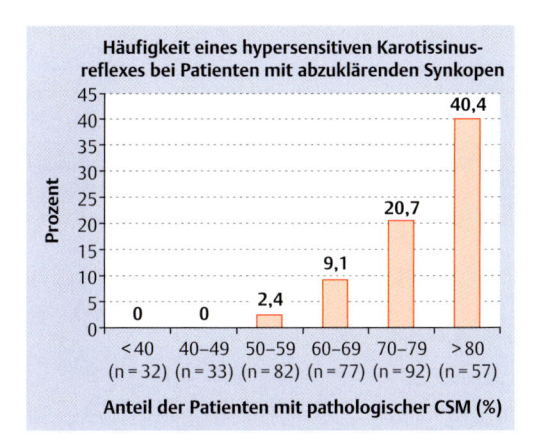

Abb. 3.48 Altersabhängigkeit einer pathologischen Karotissinusmassage (Asystolie > 3 s und/oder Blutdruckabfall > 50 mmHg) bei Patienten mit abzuklärenden Synkopen, Präsynkopen oder Stürzen (nach Humm et al., 2006).

sinusmassage auf (Abb. 3.**48**). Leider werden selbst in Studien weder die Kriterien zur Bewertung des Ergebnisses der CSM noch die Indikation zur CSM einheitlich gehandhabt (Abb. 3.**47**).

Asymptomatische Patienten ohne Synkopen, Präsynkopen oder anfallsartigem Schwindel in der Anamnese weisen nur in 4 % bis 12 % pathologische Befunde bei der CSM auf, wenn zusätzlich die Reproduzierung von Synkopen oder synkopenähnlichen Symptomen im Rahmen der CSM als Kriterium eines pathologischen Tests gefordert wird [Brignole et al., 1991; Kerr et al., 2006]. Der Anteil falsch positiver Ergebnisse steigt jedoch auf 35 % der Fälle (Tab. 3.**10**), wenn lediglich das Auftreten von Asystolie und/oder Blutdruckabfall bewertet wird [Kerr et al., 2006].

3.3.8 Therapie des Karotissinussyndroms

Da die Ursache des pathologisch gesteigerten Reflexes beim Karotissinussyndrom in den meisten Fällen nicht sicher zu klären ist, besteht in der Regel keine Möglichkeit der kausalen Therapie. Die Behandlung muss sich somit überwiegend auf symptomatische Therapiekonzepte beschränken.

Bei der isolierten *kardioinhibitorischen Form* sowie der *Mischform* des Karotissinussyndroms gilt heute die Herzschrittmacherimplantation als Therapie der Wahl, die sich gegenüber den früher eingesetzten chirurgischen, medikamentösen und radiologischen Verfahren zur Unterbrechung des gesteigerten Reflexes als überlegen erwiesen hat. Aus therapeutischer Sicht ist somit eine Unterscheidung zwischen einem isolierten kardioinhibitorischen Typ und einem Mischtyp nicht zwingend erforderlich, weil der wesentliche Behandlungsschritt ohnehin in der Schrittmachertherapie bestehen würde (Tab. 3.**11** u. 3.**12**).

Bei der isolierten *vasodepressorischen Form* sowie beim Versagen der Herzschrittmachertherapie wer-

Tabelle 3.11 Indikationen zur Herzschrittmachertherapie bei Patienten mit Karotissinussyndrom nach den Leitlinien der Deutschen Gesellschaft für Kardiologie (Lemke et al., 2005).

Indikation Klasse I

▶ rezidivierende Synkopen, die in eindeutigem Zusammenhang mit einer Reizung des Karotissinus stehen und die durch Alltagsbewegungen (z. B. Drehen des Kopfes) auslösbar sind und dadurch zu einer Asystolie von > 3 s führen [Evidenzgrad C]

Indikation Klasse II a

▶ rezidivierende, anderweitig nicht erklärbare Synkopen ohne eindeutig auslösende Alltagsbewegungen, aber mit pos. Nachweis eines symptomatischen hypersensitiven Karotissinusreflexes (Pause > 3 s) [Evidenzgrad C]

Kommentar

▶ Ein *hypersensitiver Karotissinusreflex (Pause > 3 s) ohne spontane Symptomatik stellt keine HSM-Indikation dar.* Dies gilt ebenso für uncharakteristische Symptome wie Schwindel, Benommenheit oder Verwirrtheit sowie für die rein vasodepressorische Form.

▶ Es wird empfohlen, die CSM sowohl im Liegen als auch im Stehen durchzuführen.

Tabelle 3.12 Empfehlungen zur Schrittmachertherapie beim Karotissinussyndrom entsprechend der Guidelines on management (diagnosis and treatment) of syncope [Brignole et al., 2001].

Indikationen Klasse I

Implantation eines Herzschrittmachers bei Patienten mit kardioinhibitorischer Form oder Mischform eines Karotissinussyndroms

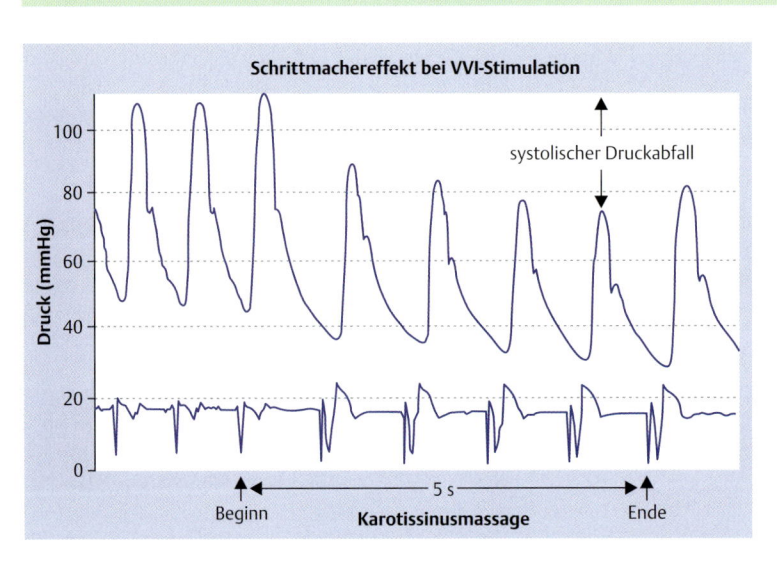

Abb. 3.49 Schrittmachereffekt bei VVI-Stimulation. Blutdruckabfall unter ventrikulärer Stimulation und Karotissinusmassage.

den – neben dem Vermeiden auslösender Faktoren – auch heute noch medikamentöse Maßnahmen oder eine Karotisdenervation versucht.

Herzschrittmachertherapie

Eine VVI-Stimulation führt bei Patienten mit Sinusrhythmus wegen fehlender AV-Synchronisation – insbesondere bei bestehender retrograder VA-Leitung – per se zu einem Blutdruckabfall (sog. Schrittmachereffekt; Abb. 3.**49**). Dieser Schrittmachereffekt ver-

Tabelle 3.13 Retrospektive Analyse der Herzschrittmacher-Differenzialtherapie bei Patienten mit Karotissinussyndrom. Bei allen AAI-Patienten und bei der Mehrzahl der VVI-Patienten musste im Verlauf auf ein Zweikammersystem umgestellt werden [nach Ahmet et al., 1993]. Retrospektive Analyse bei 245 Patienten mit Karotissinussyndrom.

Follow-up bis zu 16 Jahren	AAI	VVI	DDD	DDI mit Frequenzhysterese
Weiterhin symptomatisch	60%	33%	15%	24%
Weiterhin Synkopen	50%	14%	12%	10%

Tabelle 3.14 Überlegenheit der Schrittmachertherapie im Vergleich zu einer konservativen Behandlung ohne Herzschrittmacher (HSM) im Spiegel mehrerer randomisierter kontrollierter Studien.

Autor	Jahr	N (ges.)	Synkopenrezidive		p-Wert	FU (Mon.)
			mit HSM	Kontrolle		
Brignole et al.	1992	60	9%	57%	< 0,0002	36,1
Kenny et al. (SAFE-PACE)	2001	175	n = 22	n = 47	signifik.	12
Claesson et al.	2007	60	10%	40%	p = 0,008	12
Maggi et al. (ILR)	2007	14	14%	alle	*	22–35

* alle Patienten mit Asystolie vor DDD-HSM-Implantation

stärkt die bei CSS-Patienten unter Karotissinusmassage einsetzende vasodepressorische Komponente, sodass zwar die Bradykardie verhindert, ein Blutdruckabfall jedoch eher verstärkt wird. Dabei muss berücksichtigt werden, dass sehr viele, wenn nicht sogar die meisten Patienten mit Karotissinussyndrom offenbar einem Mischtyp zuzuordnen sind. Selbst bei der scheinbar isolierten kardioinhibitorischen Form gehört eine vasodepressorische Komponente nahezu regelhaft zum Karotissinussyndrom [Krämer et al., 2002].

Durch eine AV-sequenzielle Stimulation wird die durch den „Schrittmachereffekt" induzierte Vasodepression weitgehend ausgeschaltet, sodass bei Patienten mit vorbestehendem Sinusrhythmus in erster Linie ein DDD-Herzschrittmacher zum Einsatz kommen sollte. Eine VVI-Stimulation ist nur bei permanentem Vorhofflimmern gerechtfertigt. Ein AAI-Schrittmacher ist hingegen kontraindiziert, da beim Karotissinussyndrom regelhaft mit AV-Blockierungen zu rechnen ist. In einer retrospektiven Studie mit einer repräsentativen Patientenzahl wiesen somit die mit einem DDD-Herzschrittmacher versorgten CSS-Patienten die wenigsten Synkopenrezidive auf [Ahmet et al., 1993] (Tab. 3.**13**).

Insgesamt belegen mehrere Studien die therapeutische Überlegenheit einer Herzschrittmachertherapie im Vergleich zur konservativen Behandlung ohne Schrittmacher (Tab. 3.**14**).

Neben einer Verminderung der Zahl der Synkopenrezidive wird durch die Schrittmachertherapie auch die Häufigkeit von Sturzereignissen reduziert (Abb. 3.**50**).

Neben der Wahl des geeigneten Schrittmachers (bei Patienten mit Sinusrhythmus in der Regel ein Zweikammersystem) kommt der adäquaten Programmierung des Herzschrittmachers eine wichtige Rolle zu. Eine Frequenzhysterese verhindert ein ständiges Einsetzen des Schrittmachers, insbesondere bei physiologischen Frequenzschwankungen. Außerdem ist die Programmierung einer AV-Intervall-Hysterese oder ähnlicher Algorithmen (Moduswechsel zwischen AAI- und DDD-Stimulation) sinnvoll, vor allem um unnötige Kammerstimulationen zu vermeiden.

Spezielle Stimulationsalgorithmen

Speziell für Patienten mit (zusätzlicher) vasodepressorischer Reaktion besitzen eine Reihe von Herzschrittmachern einen Algorithmus zur automatischen passageren Frequenzerhöhung (rate-drop response =

SAFE-PACE-Studie

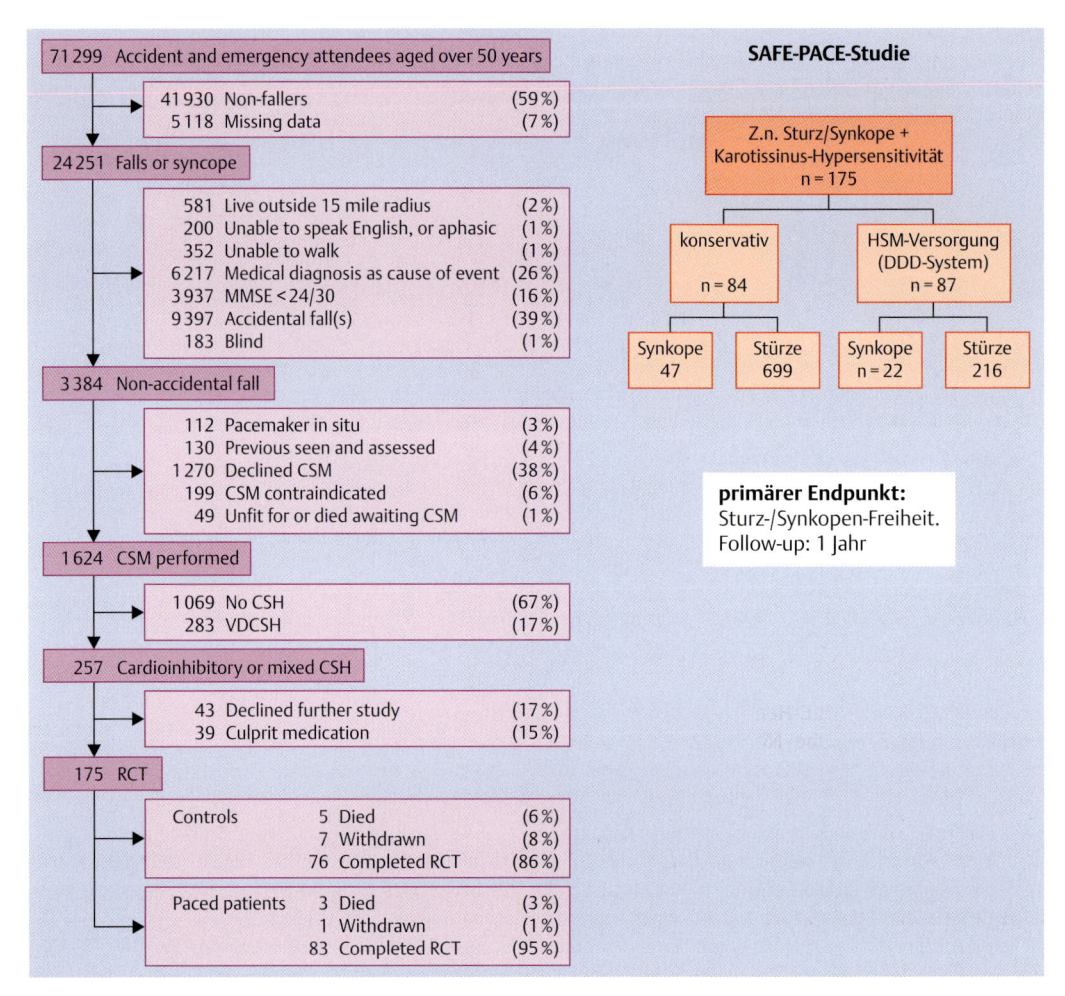

```
71 299  Accident and emergency attendees aged over 50 years
         │
         ├──→ 41 930  Non-fallers                              (59 %)
         │    5 118   Missing data                             (7 %)
         ▼
24 251  Falls or syncope
         │
         ├──→ 581   Live outside 15 mile radius                (2 %)
         │    200   Unable to speak English, or aphasic        (1 %)
         │    352   Unable to walk                             (1 %)
         │    6 217 Medical diagnosis as cause of event        (26 %)
         │    3 937 MMSE < 24/30                               (16 %)
         │    9 397 Accidental fall(s)                         (39 %)
         │    183   Blind                                      (1 %)
         ▼
3 384   Non-accidental fall
         │
         ├──→ 112   Pacemaker in situ                          (3 %)
         │    130   Previous seen and assessed                 (4 %)
         │    1 270 Declined CSM                               (38 %)
         │    199   CSM contraindicated                        (6 %)
         │    49    Unfit for or died awaiting CSM             (1 %)
         ▼
1 624   CSM performed
         │
         ├──→ 1 069  No CSH                                    (67 %)
         │    283    VDCSH                                     (17 %)
         ▼
257     Cardioinhibitory or mixed CSH
         │
         ├──→ 43    Declined further study                     (17 %)
         │    39    Culprit medication                         (15 %)
         ▼
175     RCT
         │
         ├──→ Controls       5   Died           (6 %)
         │                   7   Withdrawn      (8 %)
         │                   76  Completed RCT  (86 %)
         │
         └──→ Paced patients  3   Died           (3 %)
                              1   Withdrawn      (1 %)
                              83  Completed RCT  (95 %)
```

Z.n. Sturz/Synkope + Karotissinus-Hypersensitivität
n = 175

- konservativ n = 84
  - Synkope 47
  - Stürze 699
- HSM-Versorgung (DDD-System) n = 87
  - Synkope n = 22
  - Stürze 216

primärer Endpunkt: Sturz-/Synkopen-Freiheit. Follow-up: 1 Jahr

Abb. 3.**50** Reduktion von Sturz- und Synkopenhäufigkeit nach DDD-Herzschrittmacher-Implantation (nach Kenny et al., JACC 2001; 38: 1491–1496).

RDR). Dabei wird von der Vorstellung ausgegangen, durch zeitweilige Frequenzanhebung ein höheres Herzzeitvolumen aufzubauen, sodass der infolge Vasodepression auftretende Blutdruckabfall abgefangen, zumindest aber verringert werden kann. Nach plötzlichem Frequenzabfall im Rahmen des kardioinhibitorischen hypersensitiven Karotissinusreflexes stimuliert der Schrittmacher deshalb passager mit einer erhöhten Interventionsfrequenz [Benditt, 1997; Leftheriotis, 1999]. Dabei sollten die Frequenzabfallkriterien, das Ausmaß der Frequenzbeschleunigung und die Interventionsfrequenz programmierbar sein.

Medikamentöse Therapie

Medikamente werden vorwiegend eingesetzt, um vasodepressorische Reaktionen zu unterdrücken oder zumindest abzuschwächen. Auch bei Versagen der Herzschrittmachertherapie wurden medikamentöse Therapieansätze versucht.

Alpha-adrenerge Substanzen vermochten – additiv zu einer Schrittmacherstimulation – die vasodepressorische Reaktion beim Karotissinussyndrom zu reduzieren und die dadurch verursachten Symptome abzuschwächen. Dihydroergotamin konnte das Auftreten einer vasodepressorischen Reaktion verhindern, Methoxamin und Ephedrin verringerten das Ausmaß der Vasodepression [Morley et al., 1983]. In einer prospektiven doppelblinden Pilotstudie reduzierte Midodrin signifikant die Symptomhäufigkeit bei 8 Patienten mit Synkopen und vasodepressorischer Reaktion auf Karotissinusmassage während einer 2-wöchigen Therapiephase im Vergleich zu Placebo [Moore et al., 2005]. Kasuistisch wurden Therapieerfolge auch durch intravenös appliziertes Aminophyllin berichtet [Tomcsanyi et al., 1993].

Glukokortikoide führten in einer nicht kontrollierten Studie bei 11 Patienten mit vasodepressorischer Form eines CSS nach 2-wöchiger Therapie mit Fludrocortison zu einer Verringerung des Blutdruckabfalls unter der Karotissinusmassage und verhinderten während einer anschließenden 6-monatigen Therapiephase in allen Fällen weitere Synkopen [da Costa et al., 1993].

Serotonin-Reuptake-Hemmer reduzieren die postsynaptische Sensitivität gegenüber Serotonin. In mehreren kasuistischen Mitteilungen wurde über die erfolgreiche Behandlung von CSS-Patienten mit Serotonin-Wiederaufnahme-Hemmern berichtet, die trotz DDD-Schrittmacherimplantation persistierende Synkopen aufgewiesen hatten [Grubb et al., 1994; Katz et al., 1998]. Der exakte Wirkmechanismus dieses Therapieansatzes bleibt jedoch unklar.

Vasodilatatoren (ACE-Hemmer, Calciumantagonisten und langwirksame Nitrate) hatten – allein oder in Kombination miteinander – keinen Effekt auf die Häufigkeit von Synkopen während einer Karotissinusmassage bei 32 untersuchten Patienten [Brignole et al., 1998].

Karotisdenervation

Bei Patienten mit häufigen Synkopen infolge einer vasodepressorischen Form (bzw. Mischform) des Karotissinussyndroms, bei denen Schrittmachertherapie (bei einer isolierten vasodepressorischen Komponente ist ohnehin kein wesentlicher Nutzen zu erwarten), medikamentöse Optionen und Allgemeinmaßnahmen ohne Erfolg bleiben, wird man im Einzelfall auch eine Karotisdenervation in Betracht ziehen müssen. Bei retrospektiver Analyse von 9 CSS-Patienten mit führender vasodepressorischer Komponente, die einer einseitigen Denervierung zugeführt worden waren, traten im Verlauf von 30 Monaten erneute Synkopen nicht auf. Dagegen zeigten 6 von 15 beidseits denervierten Patienten weiterhin rezidivierende Synkopen, sodass eine beidseitige Karotisdenervation derzeit nicht empfohlen wird [Krämer et al., 2002].

3.3.9 Kasuistiken

Kasuistik 1: Gerhard R., 76 Jahre, männlich, Obersteiger i. R.

Anamnese
- COPD seit 1990 bekannt, keine Silikose
- Hinterwandinfarkt 1993, Lysetherapie
- nicht transmuraler Infarkt 1995 mit PTCA einer prox. 95 %igen RCX-Stenose bei medialem RCA-Verschluss und weitgehend offenem RIVA
- ischämischer Hirninsult 1996 mit Hemianopsie und Nachweis eines LAA-Thrombus bei paroxysmalem Vorhofflimmern
- medikamentöse Einstellung auf Amiodaron (zuletzt 200 mg/d) und orale Antikoagulation mit Marcumar (INR 2,0–3,0)
- Bel.-Luftnot NYHA III; keine Angina pectoris
- koronare Risikofaktoren: Hypertonie (seit 1993), HLP
- wiederholt Schwindelerscheinungen mit Fallneigung (seit Schlaganfall 1996)
- vor 12, 9 und 2 Monaten mehrfach gestürzt, offenbar auf den Kopf gefallen mit kurzzeitiger Bewusstlosigkeit
- HNO-ärztlich: „V. a. zentrale Vestibularisstörung, wahrsch. zerebrovaskulärer Ursache"

Klinische und laborchemische Befunde
- ausreichend guter EZ, KZ und AZ; Belastungsdyspnoe NYHA III, geringe Lippenzyanose, keine Ödeme
- hypersonorer Klopfschall; Vesikuläratmen; bds. Giemen und Brummen; basal feinblasige Rasselgeräusche
- Herz perkutorisch 3 cm links verbreitert; Herzaktionen überwiegend regelmäßig mit einzelnen Extrasystolen, Herztöne leise, keine Geräusche; RR 130/75; Pulsfrequenz 68/min
- übrige klinische Befunde altersentsprechend
- INR 2,34; Kreatinin 155 µmol/l gering erhöht; Blutbild, Elektrolyte, Herzenzyme einschließlich Troponin T und Myoglobin sowie Schilddrüsenparameter normal
- Blutgasanalyse: respiratorische Partialinsuffizienz mit gering erniedrigtem Sauerstoffpartialdruck; pCO$_2$ normal)
- Orthostase-Test:
  – Liegen: RR 130/80 mmHg
  – 3 min Stehen: 135/85 mmHg
- EKG: Abb. 3.**51** u. 3.**52**

146 3 Neural-reflektorisch bedingte Synkopen

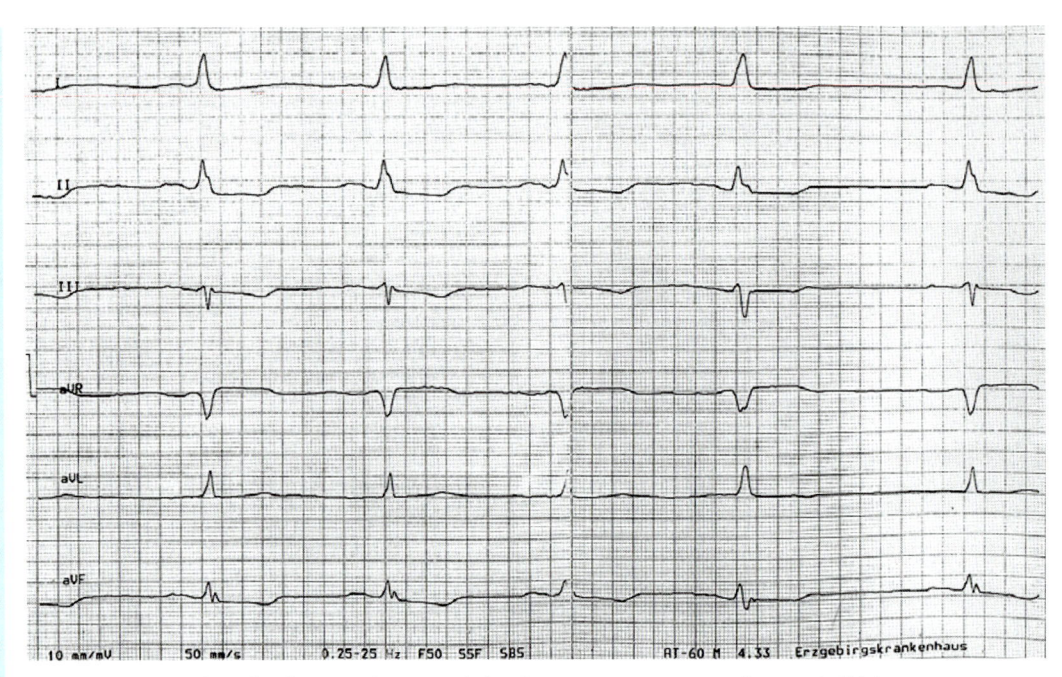

Abb. 3.**51** Kasuistik Gerhard R., 76 Jahre, männlich, Obersteiger i. R.: Extremitäten-EKG-Ableitungen.

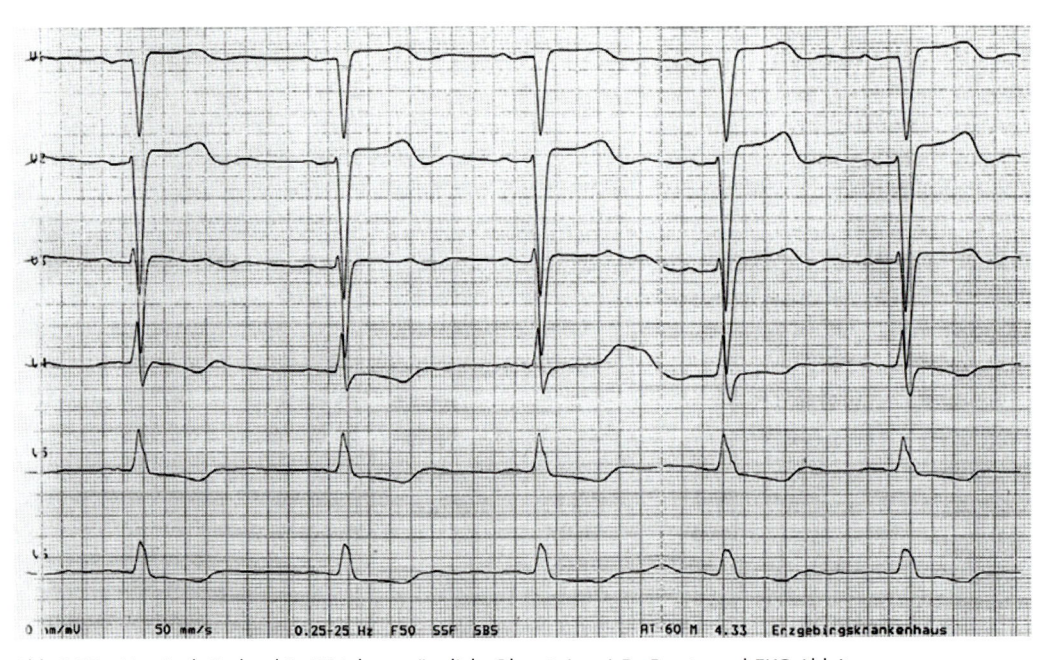

Abb. 3.**52** Kasuistik Gerhard R., 76 Jahre, männlich, Obersteiger i. R.: Brustwand-EKG-Ableitungen.

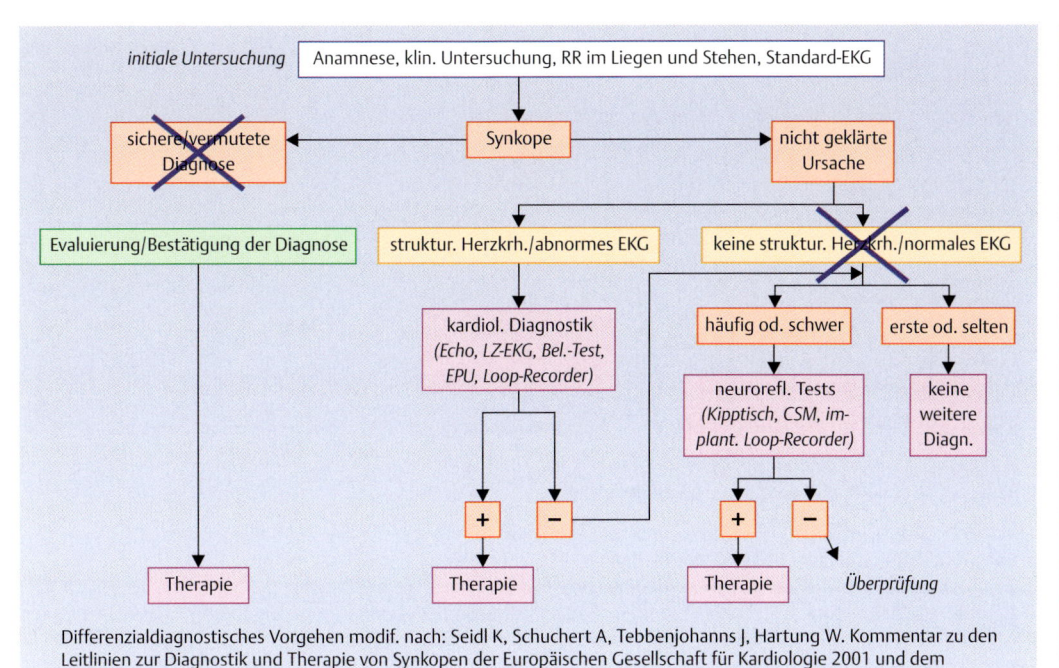

3.3 Karotissinussyndrom (CSS)

Abb. 3.**53** Kasuistik Gerhard R., 76 Jahre, männlich: Wegen bekannter struktureller Herzerkrankung: zunächst kardiologische Diagnostik.

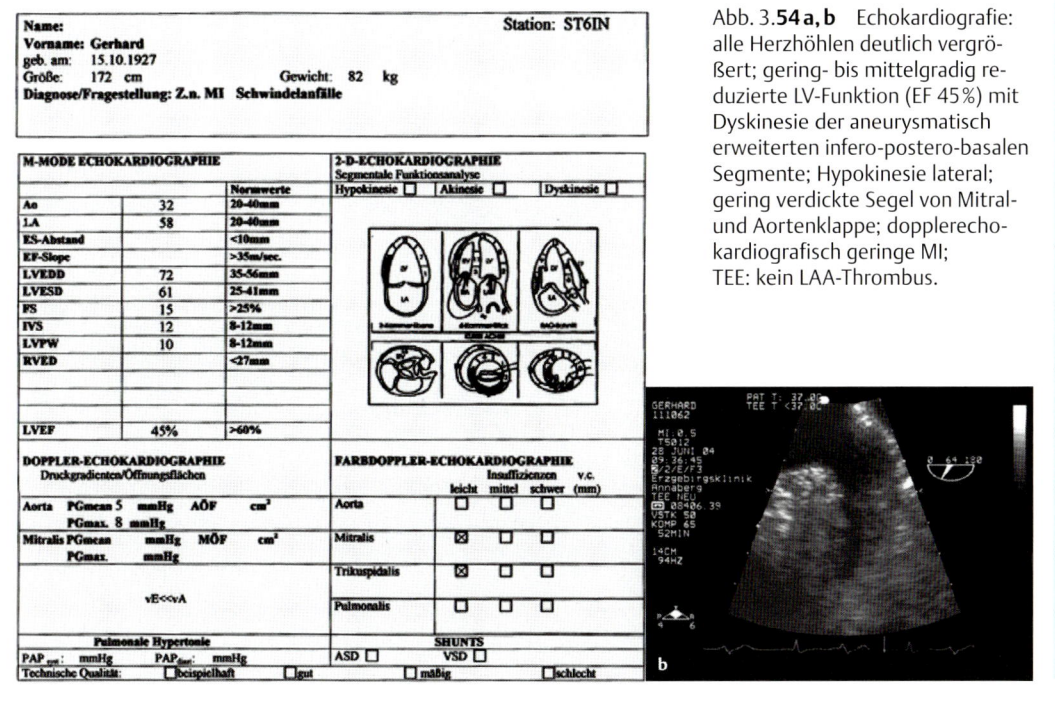

Abb. 3.**54a, b** Echokardiografie: alle Herzhöhlen deutlich vergrößert; gering- bis mittelgradig reduzierte LV-Funktion (EF 45%) mit Dyskinesie der aneurysmatisch erweiterten infero-postero-basalen Segmente; Hypokinesie lateral; gering verdickte Segel von Mitral- und Aortenklappe; dopplerechokardiografisch geringe MI; TEE: kein LAA-Thrombus.

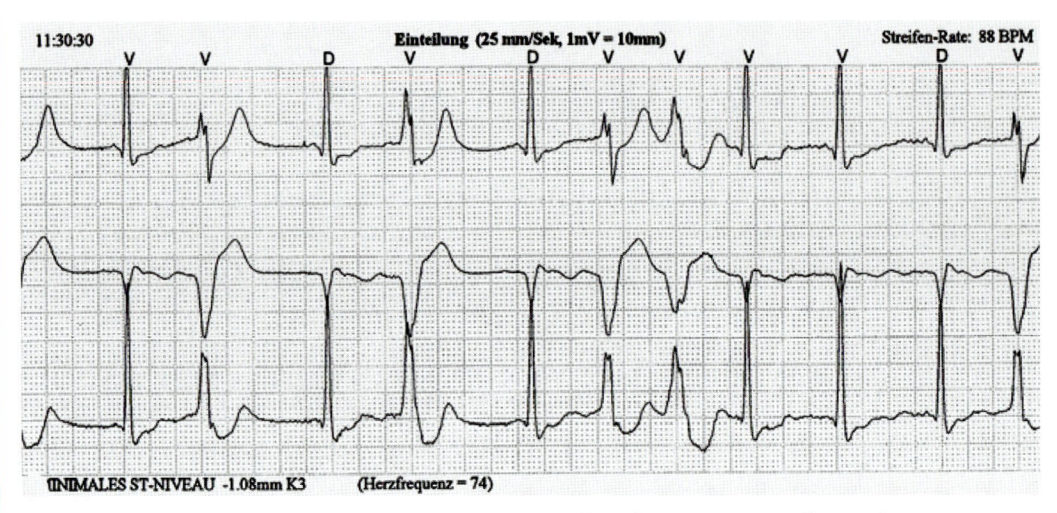

Abb. 3.55 Belastungs-EKG (Fahrradergometrie; Steigerung der Belastung um 25 W alle 2 min):
- Belastungsabbruch nach 100 W wegen Luftnot
- Frequenzanstieg von 58 auf 118 min; RR-Anstieg von 130/80 auf 165/95 mmHg
- geringe, fraglich pathol. ST-Senkung unter und nach Belastung, wobei der ungenügende Frequenzanstieg die Bewertung einschränkt; keine ventrikulären oder supraventrikulären Extrasystolen

Langzeit-EKG:
- permanenter Sinusrhythmus mit nur geringer nächtlicher Frequenzreduktion (mittlere Frequenz 61/min; max. 93/min; min 42/min); längste Pause 2,1 s infolge SA-Blocks
- häufige polymorphe VES (2637 VES/24 h); darunter 123 Bigemini, 4 Couplets (Lown-Klassen 2, 3a, 3b, 4a)
- seltene SVES, keine SV-Salven

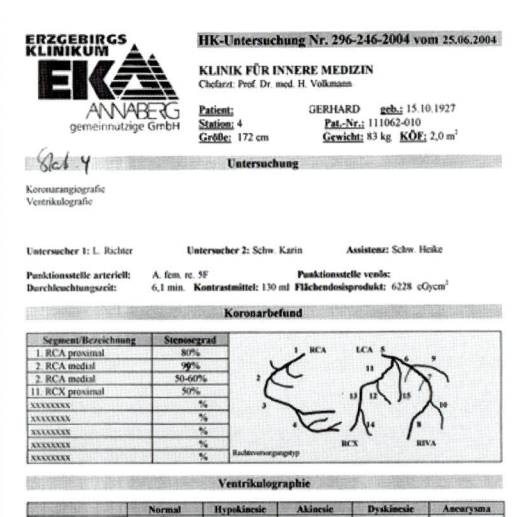

Abb. 3.56 Selektive Koronarangiografie.
- extremer Rechtsversorgungstyp:
- LCA/Hauptstamm: unauffällig
- RIVA: proximal WUR bis 30%; mäßige WUR im weiteren Verlauf; ausgeprägte Schlängelung
- RCX: deutl. WUR im gesamten Gefäß; im prox. Abschnitt mittelstreckige 50%ige Stenose
- RCA: prox. kurzstreckig 80%; medial langstreckig verschlossen; Peripherie retrograd über interkoronare Kollateralen

Ventrikulografie. Enddiastolisch und endsystol. deutlich vergrößerter LV (EDVI 135 ml/m²) mit mittelschwer reduzierter globaler Pumpfunktion (EF 40%) bei Akinesie inferior mit Aneurysma inferobasal; Hypo/Akinesie posterolateral; Hypokinesie apikal und anteromedial

Zusammenfasssung. Koronare 2-Gefäß-Erkrankung (RCA-Verschluss, 50%ige RCX-Stenose) bei vergrößertem LV mit Hinterwandaneurysma und mittelschwer reduzierter LV-Funktion (EF 40%).

3.3 Karotissinussyndrom (CSS)

Leitlinien zur Implantation von Defibrillatoren

Indikation zur elektrophysiologischen Untersuchung

Sekundärprävention	Empfehlung	Evidenz	Studien
HK-Stillstand durch VT od. VF ohne einmalige od. vermeidbare Ursache	I	A	AVID; CASH; CIDS; Metaanalyse
VT mit hämodyn. Wirksamkeit ohne einmalige od. vermeidbare Ursache	I	A	AVID; CASH; CIDS
Synkope (ohne EKG-Dokumentation) + LVEF ≤ 40 % nach Ausschluss anderer Ursachen + **VT induzierbar**	I	A	Andrews, 1999; Mittal, 1999; Mittal, 2001; AVID registry, 2001
VT, hämodynamisch stabil	IIb	C	Böcker, 2001; Olson, 1993; AVID

Jung W et al. Leitlinien zur Implantation von Defibrillatoren. Clin Res Cardiol 2006; 95: 696–708

Abb. 3.**57** Indikation zur elektrophysiologischen Untersuchung (nach Jung W et al. Leitlinien zur Implantation von Defibrillatoren. Clin Res Cardiol 2006; 95: 696–708).

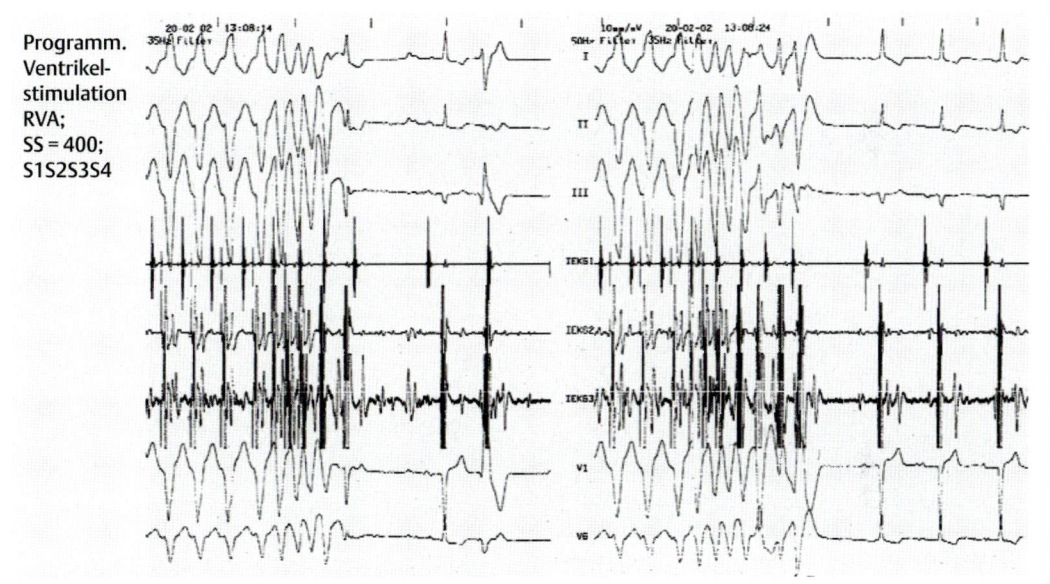

Abb. 3.**58 Elektrophysiologische Untersuchung.** Indikation: Synkopen; eingeschränkte LV-Funktion (LVEF 40–45 %). Programm. Ventrikelstimulation RVA; S1S1 = 400; S1S2S3S4. Ergebnis: unspezifisches Stimulationsergebnis (Induktion von repetitiven Kammerantworten); keine Auslösung von anhaltenden monomorphen Kammertachykardien.

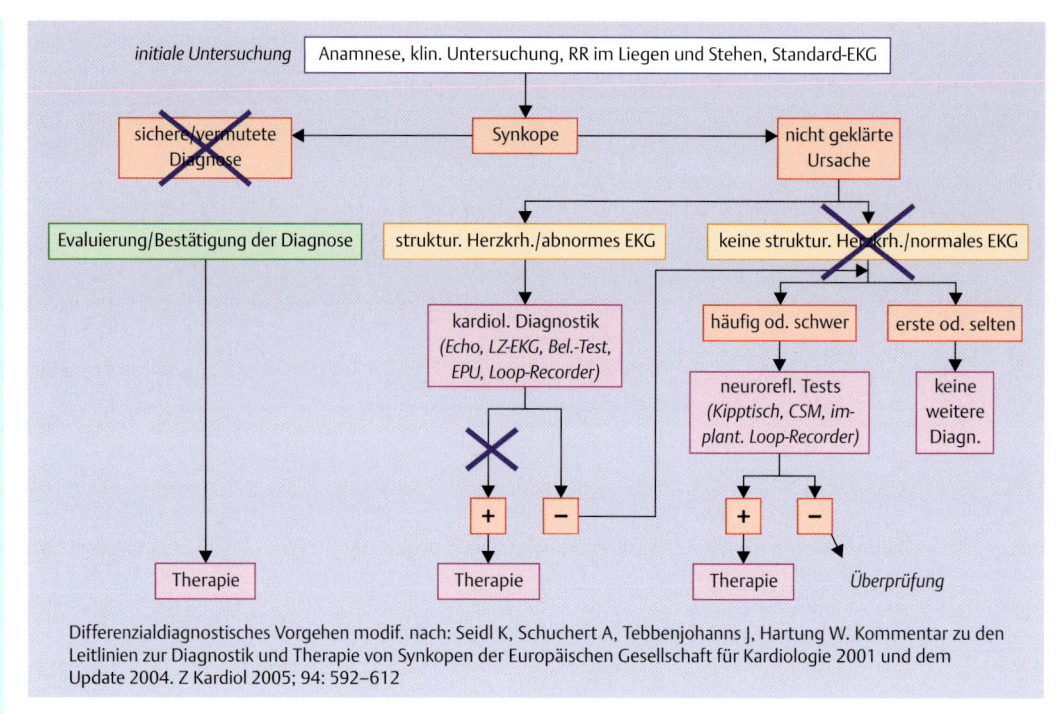

Abb. 3.**59** Kasuistik Gerhard R., 76 Jahre, männlich: da kardiologische Diagnostik unergiebig: Prüfung auf neuroreflektorische Synkopen.

Weiterer Verlauf
- pathologische Karotissinusmassage mit Asystolie von 5 s im Liegen und 8 s im Stehen mit Auftreten einer Synkope bei Testung im Stehen
- nach Atropin (1 mg i. v.) keine Asystolie und nur geringer Blutdruckabfall von 130/90 auf 110/80 mmHg
- DDD-Herzschrittmacher-Implantation mit RDR-Option
- medikamentöse Therapie mit
  - 5 mg Ramipril
  - 2,5 mg Bisoprolol
  - 200 mg Amiodaron
  - 5 mg Torasemid
  - sowie Phenprocoumon, Viani-Discus, Esomeprazol
- HSM-Kontrollen nachfolgend: regelrechte HSM-Funktion
- im bisherigen Verlauf von 50 Monaten *keine weiteren Synkopen*

Kasuistik 2: Pauline Z., 75 Jahre, weiblich, ehemalige Posamentiererin

Anamnese
- vor ca. 20 Jahren erstmals paroxysmales Vorhofflimmern aufgetreten
- wegen eines Bradykardie-Tachykardie-Syndroms mit häufigen Schwindelserscheinungen und Präsynkopen 1991 Implantation eines AAI-Herzschrittmachers; 1999 komplikationsloser HSM-Wechsel
- danach deutliche Besserung der Beschwerden; gelegentlich noch Herzklopfen, das aber kaum stören würde
- medikamentöse Einstellung zur antiarrhythmischen und antihypertensiven Therapie auf β-Blocker und ACE-Hemmer sowie zur Thromboembolieprophylaxe bei seit ca. 5 Jahren permanentem Vorhofflimmern 100 mg ASS
- keine Angina pectoris; keine Belastungsdyspnoe; keine koronaren Risikofaktoren (außer Hypertonie seit mindestens 10 Jahren)

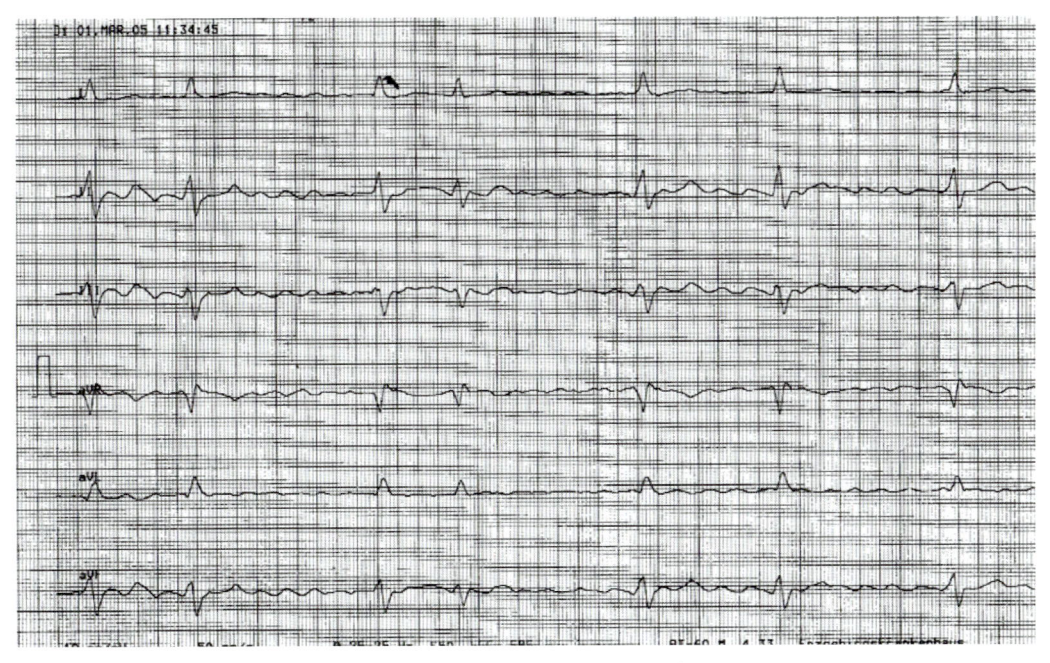

Abb. 3.**60** Kasuistik Pauline Z., 75 Jahre, weiblich: Extremitäten-EKG-Ableitungen.

- dennoch erfolgte wegen des Vorhofflimmerns Mitte der 90er-Jahre eine Herzkatheteruntersuchung, die aber einen unauffälligen Befund ergeben habe
- seit ca. 1½ Jahren wieder Auftreten von plötzlich einsetzendem Schwindel und mehrfachen kurzzeitigen Bewusstlosigkeiten
- HSM-Kontrollen haben eine regelrechte Inhibierung des AAI-Schrittmachers bei permanentem Vorhofflimmern und einen regelrechten Batteriestatus ergeben

Klinische und laborchemische Befunde
- guter EZ, KZ und AZ, keine Belastungsdyspnoe; keine Lippenzyanose, keine Ödeme
- sonorer Klopfschall, Vesikuläratmen; keine Rasselgeräusche
- Herz perkutorisch nicht verbreitert; Herzaktionen überwiegend unregelmäßig, mit einzelnen „Extrasystolen" Herztöne mittellaut; keine Geräusche; RR 140/75; Pulsfrequenz 70/min
- übrige klinische Befunde altersentsprechend
- Laborbefunde sämtlich unauffällig: Blutbild, Elektrolyte, Herzenzyme einschließlich Troponin T und Myoglobin sowie Schilddrüsenparameter normal
- Orthostase-Test:
  – Liegen: RR 145/90 mmHg
  – 3 min Stehen: 130/85 mmHg
- EKG: Abb. 3.**60** u. 3.**61**
- Langzeit-EKG: Abb. 3.**63**
- Echokardiografie: Tab. 3.**15**

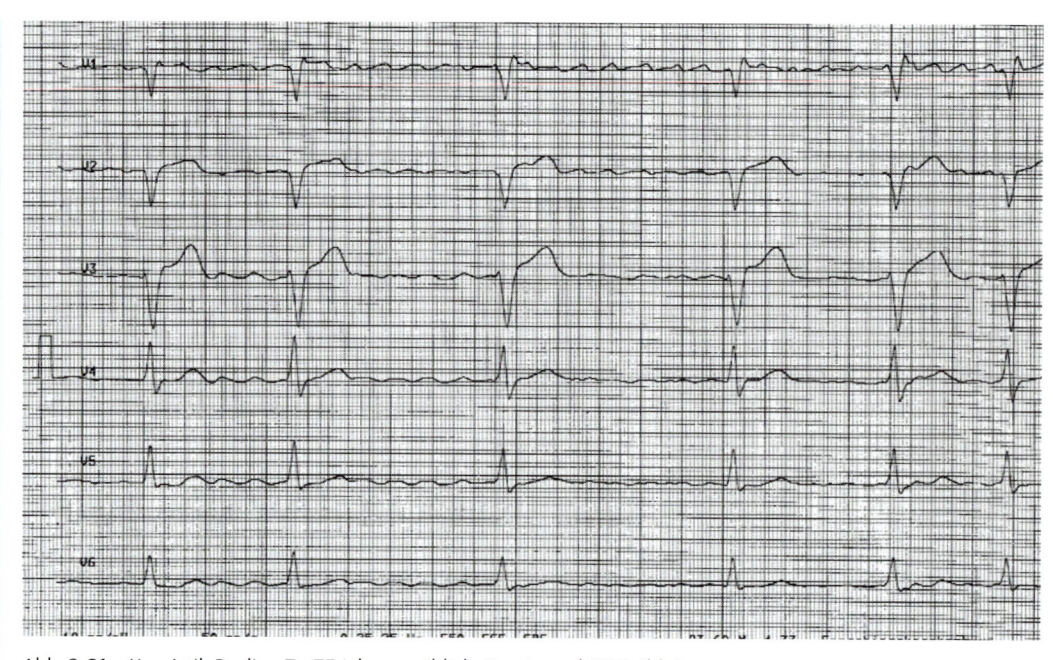

Abb. 3.61 Kasuistik Pauline Z., 75 Jahre, weiblich: Brustwand-EKG-Ableitungen.

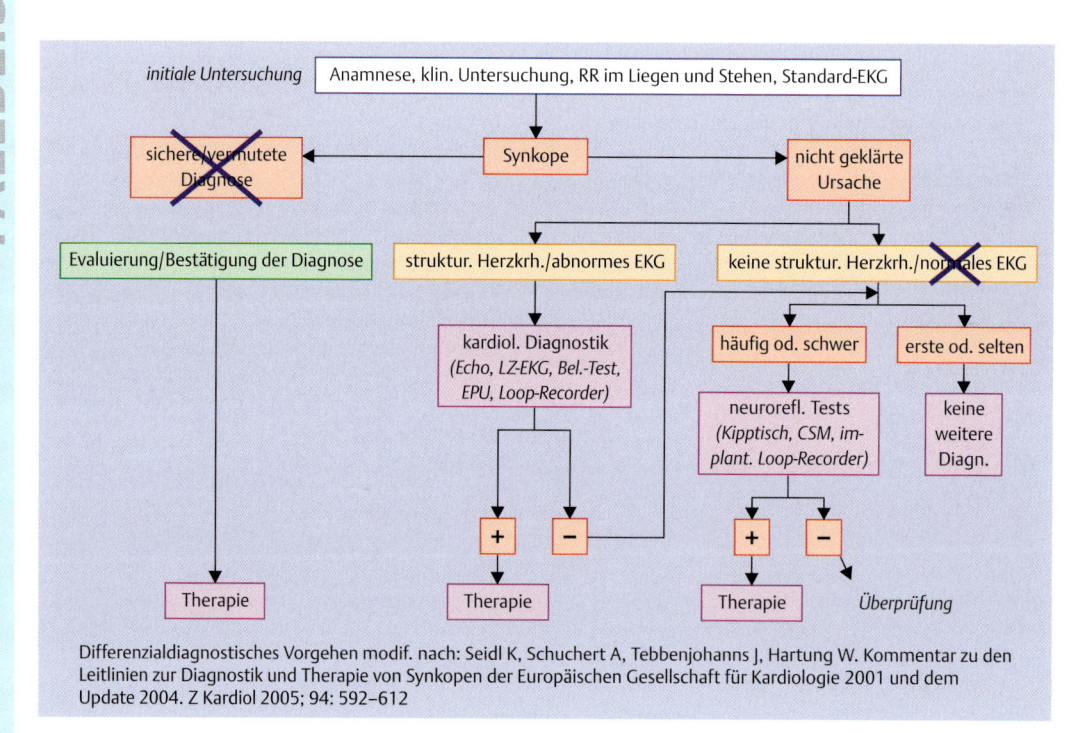

Abb. 3.62 Kasuistik Pauline Z., 75 Jahre, weiblich: da kein normales EKG vorliegt: zunächst kardiologische Diagnostik, die jedoch aufgrund fehlender struktureller Herzkrankheit und eines fehlenden Index-EKG nur nichtinvasiv erfolgt.

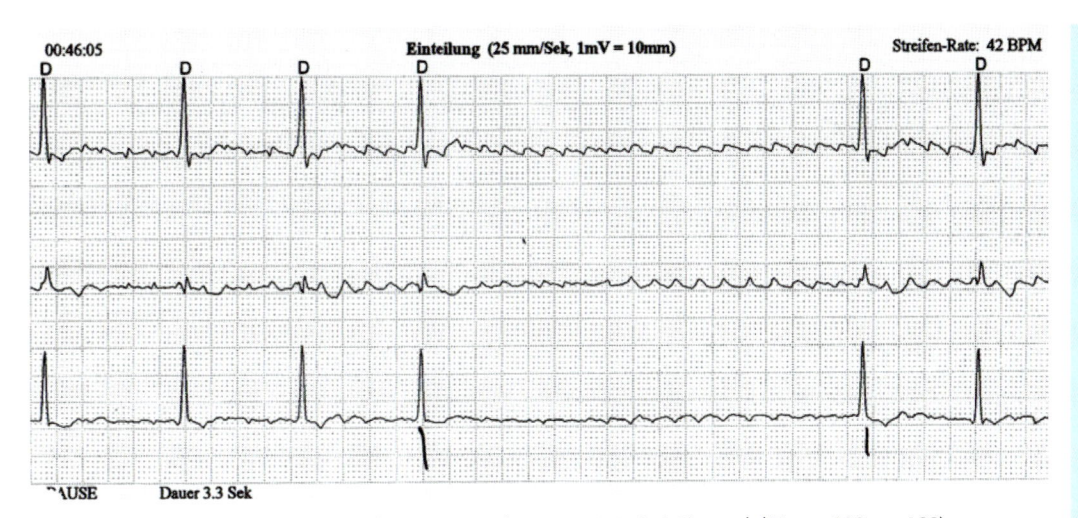

Abb. 3.63 Langzeit-EKG (unter medikamentöser Therapie mit 1–0–0 Bisoprolol 5 mg; 100 mg ASS):
- mittlere Herzfrequenz 65/min (min 31/min; max 109/min) bei permanentem Vorhofflimmern
- rel. häufige Pausen > 2,5 s während Vorhofflimmern; längste Pause 3,3 s
- mittelhäufige polymorphe VES (125 VES/d), darunter 2 Couplets, 8 Bigemini
- Lown-Klassen 2, 3a, 3b, 4a

Tabelle 3.15 Kasuistik Pauline Z., 75 Jahre, weiblich.

Echokardiografie	
M-mode LA = 40 mm AO = 33 mm LVEDD = 50 mm LVESD = 35 mm IVS = 12 mm LVPW = 11 mm RVED = 24 mm FS 30 % **2-D** EF = 60 %	▶ ausreichend gute globale LV-Funktion ohne regionale Kinetikstörungen, wobei die absolute Arrhythmie die Beurteilung einschränkt ▶ grenzwertige LVH ▶ Klappen morphologisch und funktionell unauffällig Dopplerechokardiografisch geringgradige (physiol.) rel. TI und geringgradige rel. MI ▶ PAP systolisch 28 mmHg

Weitere apparative Untersuchungsverfahren
▶ **Belastungs-EKG** (Fahrradergometer, halbliegende Position): 100 Watt (Abbruch wegen Erschöpfung und Druckgefühl im Brustkorb);
- F von 68 auf 122/min;
- RR von 135/85 auf 190/95 mmHg
- Rückgang der Häufigkeit der ventrikulären Ektopien, ohne vollständige Suppression der VES
- geringe ST-Senkung von 0 auf 0, 10–0, 15 mV in V4–6

▶ **Myokardszintigrafie**
- keine Perfusionsstörungen in Ruhe und unter Belastung

154 3 Neural-reflektorisch bedingte Synkopen

FALLBEISPIEL

initiale Untersuchung — Anamnese, klin. Untersuchung, RR im Liegen und Stehen, Standard-EKG

- sichere/vermutete Diagnose ←— Synkope —→ nicht geklärte Ursache
  - Evaluierung/Bestätigung der Diagnose
  - struktur. Herzkrh./abnormes EKG
    - kardiol. Diagnostik *(Echo, LZ-EKG, Bel.-Test, EPU, Loop-Recorder)*
      - + → Therapie
      - −
  - keine struktur. Herzkrh./normales EKG
    - häufig od. schwer
      - neurorefl. Tests *(Kipptisch, CSM, implant. Loop-Recorder)*
        - + → Therapie
        - −
    - erste od. selten
      - keine weitere Diagn.
      - → Überprüfung
- Therapie

Differenzialdiagnostisches Vorgehen modif. nach: Seidl K, Schuchert A, Tebbenjohanns J, Hartung W. Kommentar zu den Leitlinien zur Diagnostik und Therapie von Synkopen der Europäischen Gesellschaft für Kardiologie 2001 und dem Update 2004. Z Kardiol 2005; 94: 592–612

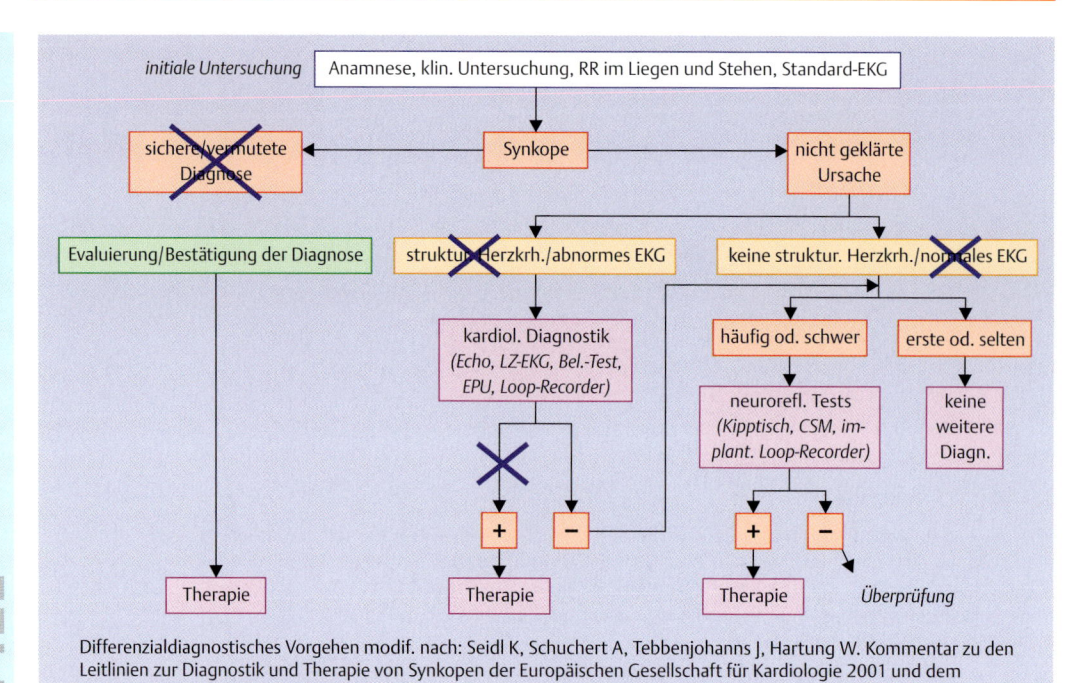

Abb. 3.**64** Kasuistik Pauline Z., 75 Jahre, weiblich: Da kardiale Ursachen der rezidivierenden Synkopen nach erfolgter nichtinvasiver Diagnostik sehr unwahrscheinlich: Karotissinusmassage und Kipptischtest.

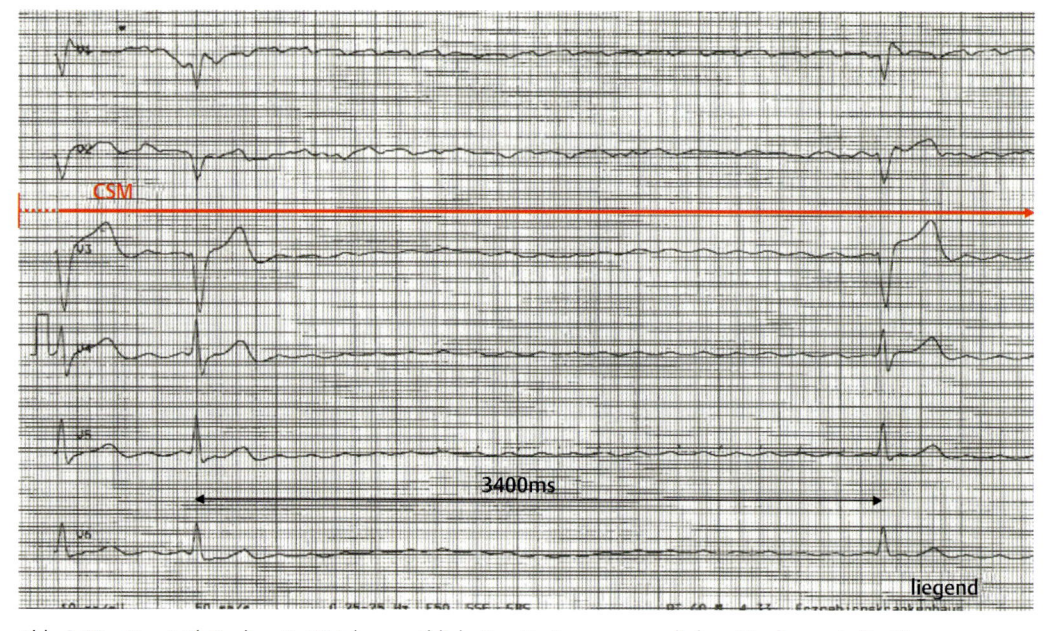

Abb. 3.**65** Kasuistik Pauline Z., 75 Jahre, weiblich: Karotissinusmassage linksseitig, liegende Position.

3.3 Karotissinussyndrom (CSS)

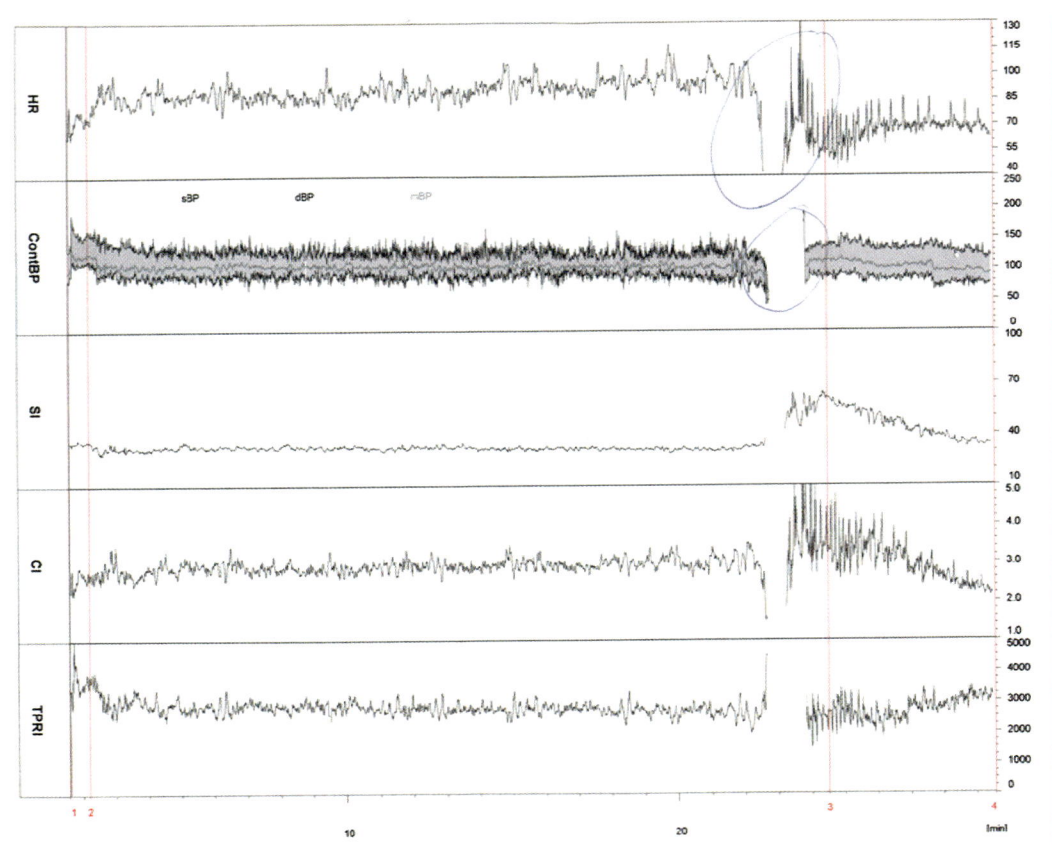

Abb. 3.**66** Kasuistik Pauline Z., 75 Jahre, weiblich: Pathologischer Kipptischtest mit Auftreten einer Synkope nach 23 min, wobei dem Blutdruckabfall ein Frequenzabfall vorausgeht.

Weiterer Verlauf
- pathologische Karotissinusmassage mit Asystolie infolge eines totalen AV-Blocks bei permanentem Vorhofflimmern von 3,4 s im Liegen und 6,2 s im Stehen. Auftreten einer Synkope bei Testung im Stehen. AAI-HSM bleibt komplett inhibiert (Abb. 3.**65**)
- nach Atropin (1 mg i. v.) nur geringer Frequenzrückgang von 90/min auf ca. 70/min und nur geringer Blutdruckabfall von 140/90 auf 120/85 mmHg.
- Neuimplantation einer Ventrikelelektrode und Umstellung auf VVI-Stimulation

- medikamentöse Therapie mit
  - 5 mg Bisoprolol
  - 5 mg Ramipril
  - Phenprocoumon (INR-Zielbereich 2,0–3,0) [statt ASS]
- HSM-Kontrollen nachfolgend: regelrechte HSM-Funktion
- im bisherigen Verlauf von 24 Monaten *keine weiteren Synkopen*

3 Neural-reflektorisch bedingte Synkopen

FALLBEISPIEL

Kasuistik 3: Arthur F., 69 Jahre, männlich, ehem. Sportlehrer

Anamnese
- Bluthochdruck seit ca. 10 Jahren bekannt; seit 8 Jahren medikamentös mit Kombination aus ACE-Hemmer und Diuretikum behandelt
- bislang keine ernstlichen Erkrankungen durchgemacht; insbesondere keine Komplikationen kardiovaskulärer Erkrankungen, kein Herzinfarkt o. Ä.
- keine Bel.-Luftnot, keine Angina pectoris, keine Rhythmusstörungen verspürt
- seit 5 Jahren wiederholt anfallsartig einsetzende Schwindelerscheinungen; seit 2 Jahren mehrfach Synkopen, zuletzt mit Verletzungsfolge (Nasenbeinfraktur)

klinische und laborchemische Befunde
- guter EZ, KZ und AZ; keine Belastungsdyspnoe; keine Lippenzyanose; keine Ödeme
- sonorer Klopfschall; Vesikuläratmen; keine Rasselgeräusche
- Herz perkutorisch nicht verbreitert; Herzaktionen regelmäßig, Herztöne mittellaut; keine Geräusche; RR 120/75; Pulsfrequenz 60/min
- übrige Befunde altersentsprechend
- Laborbefunde sämtlich unauffällig: Blutbild, Elektrolyte, Herzenzyme einschließlich Troponin T und Myoglobin sowie Schilddrüsenparameter normal
- Orthostase-Test:
  − Liegen: RR 130/80 mmHg
  − 3 min Stehen: 120/85 mmHg
- EKG: Abb. 3.**67** u. 3.**68**

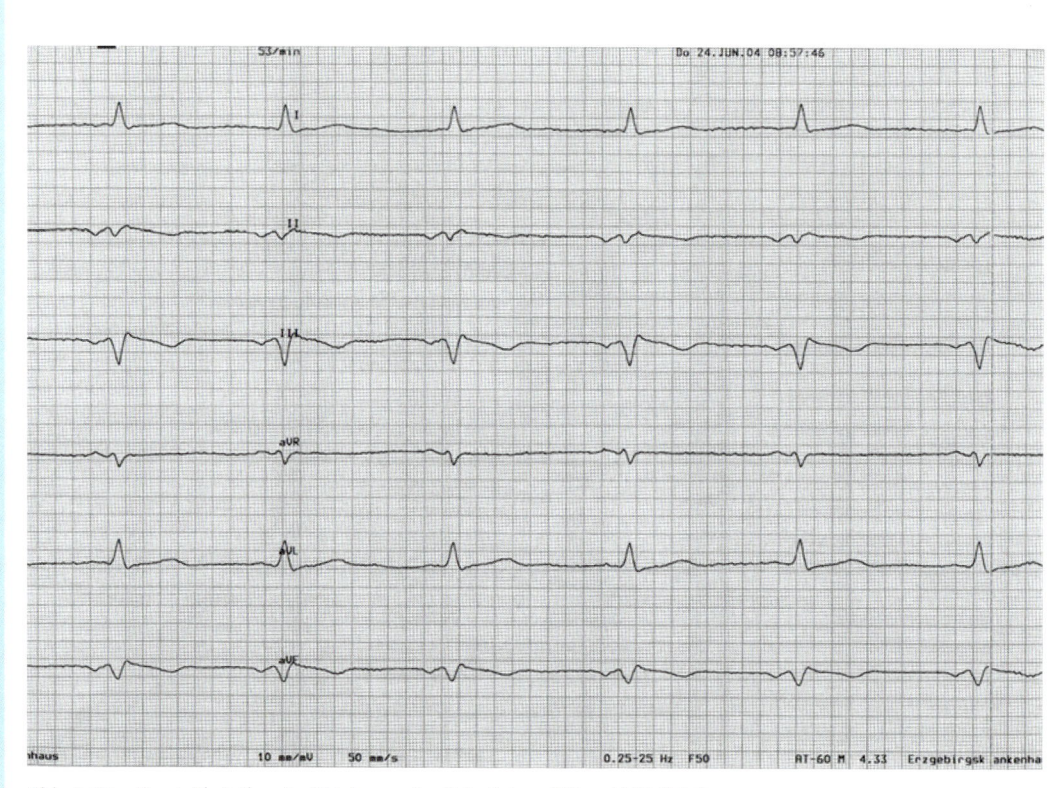

Abb. 3.**67** Kasuistik Arthur F., 69 Jahre, männlich: Extremitäten-EKG-Ableitungen.

3.3 Karotissinussyndrom (CSS) 157

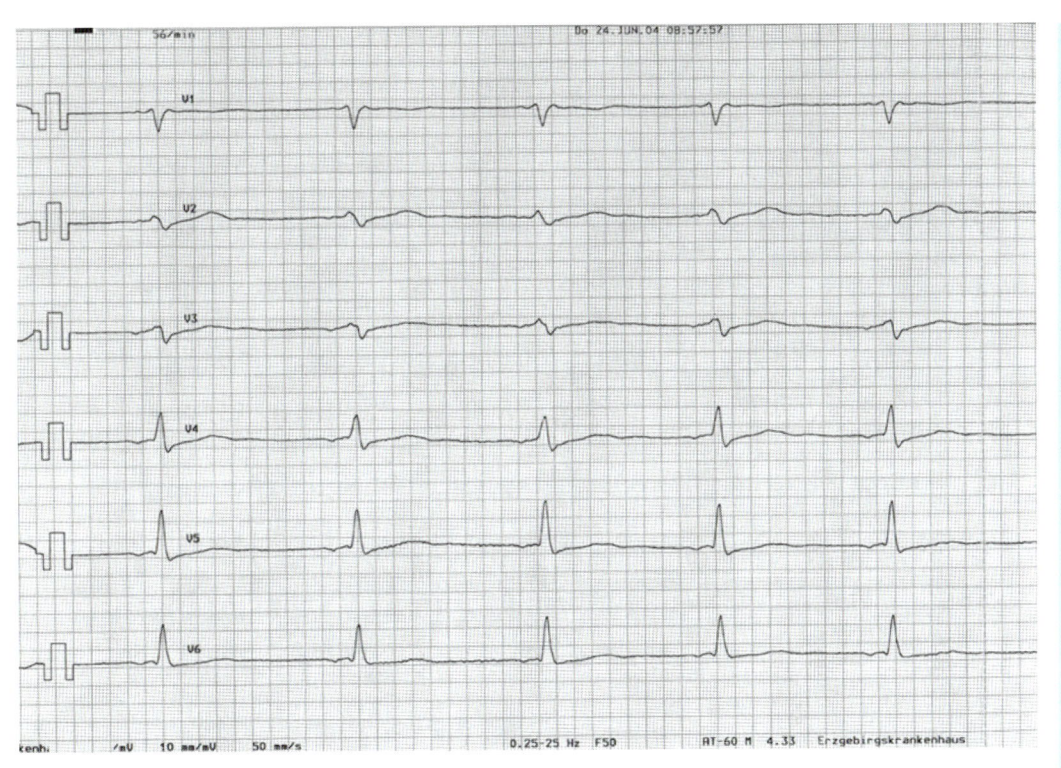

Abb. 3.68 Kasuistik Arthur F., 69 Jahre, männlich: Brustwand-EKG-Ableitungen.

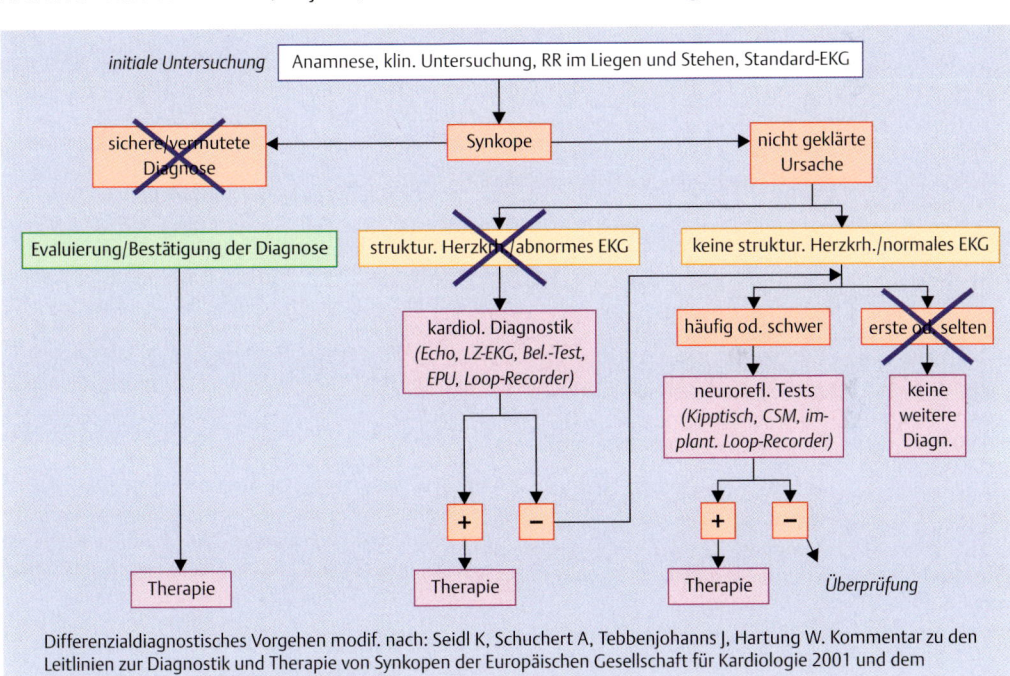

Abb. 3.69 Kasuistik: Arthur F., 69 Jahre, männlich, ehem. Sportlehrer. Wegen fehlender struktureller Herzerkrankung und unauffälligem EKG zunächst neuroreflektorische Tests.

Differenzialdiagnostisches Vorgehen modif. nach: Seidl K, Schuchert A, Tebbenjohanns J, Hartung W. Kommentar zu den Leitlinien zur Diagnostik und Therapie von Synkopen der Europäischen Gesellschaft für Kardiologie 2001 und dem Update 2004. Z Kardiol 2005; 94: 592–612

FALLBEISPIEL

Weiterer Verlauf
- pathologische Karotissinusmassage mit Asystolie infolge Sinusstillstands von 4,5 s im Liegen und 9,2 s im Stehen. Synkope bei Testung im Stehen
- auf Wdh. der Untersuchung mit Atropin wird verzichtet, da Indikation zur HSM-Therapie auch bei einer Mischform des CSS gegeben wäre
- vor HSM-Implantation noch Echokardiografie und Langzeit-EKG – auch im Hinblick auf Ausschluss anderer Synkopenursachen: unauffällige Befunde
- Implantation eines DDD-HSM mit RDR-Funktion
- medikamentöse Therapie mit
  - 5,0 mg Ramipril
  - 12,5 mg Hydrochlorothiazid
- HSM-Kontrollen nachfolgend: regelrechte HSM-Funktion
- im bisherigen Verlauf von 24 Monaten keine erneuten Synkopen

Literatur

Abou Jaoude S, Salloum V. Value and limitations of carotid sinus massage in healthy individuals. Evaluation of diagnostic criteria for hypersensitive carotid sinus syndrome. Ann Cardiol Angeiol 2003; 52: 358–362

Ahmet R, Ingram A, Sutton R. Sixteen years experience of pacing in carotid sinus syndrome. PACE 1993; 16: 921

Bartoletti A, Fabiani P, Adriani P, Baccetti F, Bagnoli F, Buffini G, Cappelletti C, Cecchini P, Gianni R, Lavacchi A, Ticali PF, Santoro GM. Hospital admission of patients referred to Emergency Department for syncope: a single-hospital prospective study based on the application of the European Society of Cardiology Guidelines of syncope. Eur Heart J 2006; 27: 83–88

Bartoletti A, Fabiani P, Bagnoli F, Cappelletti C, Capellini M, Pappini G, Gianni R, Lavacchi A, Santoro G. Physical injuries caused by a transient loss of consciousness: main clinical characteristics of patients and diagnostic contribution of carotid sinus massage. Eur Heart J 2008; 29: 618–624

Benditt DG. Neurally mediated syncopal syndromes. PACE 1997; 20: 572–584

Benditt DG, Sutton R, Gammage MD, Markowitz T, Gorski J, Nygaard GA, Fetter J. Clinical experience with Thera DR rate-drop response pacing algorithm in carotid sinus syndrome and vasovagal syncope. PACE 1997; 20 (Part II): 832–839

Bordier P, Colsy M, Robert F, Bourenane G. Prevalence of positive carotid sinus massage and related risk of syncope in patients with Alzheimer's disease. Europace 2007; 9: 829–834

Brignole M, Alboni P, Benditt D, Bergfeldt L, Blanc JJ, Bloch Thomsen PE, van Dijk G, Fitzpatrick A, Hohnloser S, Janousek J, Kapoor W, Kenny RA, Kulakowski P, Masotti G, Moya A, Raviele A, Sutton R, Theodorakis G, Ungar A, Wieling W. Guidelines on management (diagnosis and treatment) of syncope – update 2004. Europace 2004; 6: 467–537

Brignole M, Alboni P, Benditt D, Bergfeldt L, Blanc JJ, Bloch Thomsen PE, van Dijk JG, Fitzpatrick A, Hohnloser S, Janousek J, Kapoor W, Kenny RA, Kulakowski P, Moya A, Raviele A, Sutton R, Theodorakis G, Wieling W. Guidelines on management (diagnosis and treatment) of syncope. Eur Heart J 2001; 22: 1256–1306

Brignole M, Menozzi C, Bartoletti A, Giada F, Lagi A, Ungar A, Ponassi I, Mussi C, Maggi R, Re G, Furlan R, Rovelli G, Ponzi P, Scivales A. A new management of syncope: prospective systematic guideline-based evaluation of patients referred urgently to general hospitals. Eur Heart J 2006; 27: 76–82

Brignole M, Menozzi C, Gagglioli G, Musso G, Foglia-Manzillo G, Mascioli G, Fradella G, Bottoni N, Mureddu R. Effects of long-term vasodilatator therapy in patients with carotid sinus hypersensitivity. Am Heart J 1998; 136: 264–268

Brignole M, Menozzi C, Lolli G, Bottoni N, Gagglioli G. Long-term outcome of paced and non paced patients with severe carotid sinus syndrome. Am J Cardiol 1992; 69: 1039–1043

Claesson JE, Kristensson BE, Edvardsson N, Wahrborg P. Less syncope and milder symptoms in patients treated with pacing for induced cardioinhibitory carotid sinus syndrome: a randomized study. Europace 2007; 9: 932–936

Cole CR, Zuckerman J, Levine BD. Carotid sinus "irritability" rather than hypersensitivity: a new name for an old syndrome? Clin Autonomic Res 2001; 11: 109–113

Da Costa D, McIntosh S, Kenny RA. Benefits of fludrocortison in the treatment of symptomatic vasodepressor carotid sinus syndrome. Brit Heart J 1993; 69: 308–310

Disertori M, Brignole M, Menozzi C, Raviele A, Rizzon P, Santini M, Prolemer A, Tomasi C, Rosillo, T, Taddei F, Scivales A, Migliorini R, De Santo T. Management of syncope referred for emergency to general hospitals. Europace 2003; 5: 283–291

Eltrafi A, King D, Silas JH, Currie P, Lye M. Role of carotid sinus syndrome and neurocardiogenic syncope in recurrent syncope and falls in patients referred to an outpatient clinic in a district general hospital. Brit Med J 2000; 76: 405–408

Franke H. Über das Carotissinus-Syndrom und den sogenannten Carotis-Sinus-Reflex. Stuttgart: Schattauer; 1963

Freitas J, Santos R, Azevedo E, Carvalho M. Carotid sinus syndrome in an unselected population of eight hundred consecutive patients with syncope. Rev Port Cardiol 2004; 23: 835–840

Grötz J, Wiedemann G, Bewermeyer H, Heiß WD, Hossmann V. Arteriosklerotische Veränderungen der Karotiden bei Patienten mit hypersensitivem Carotissinusreflex. Klin Wochenschr 1985; 63: 20

Grubb BP, Samoil D, Kosinski D, Temesy-Armos P, Akpunonu B. The use of serotonin reuptake inhibitors for the treatment of recurrent syncope due to carotid sinus hypersensitivity unresponsive to dual chamber cardiac pacing. PACE 1994; 17: 1434–1436

Humm AW, Mathias CJ. Unexplained syncope – is screening for carotid sinus hypersensitivity indicated in all patients aged > 40 years? J Neurol Neurosurg Psych 2006; 77: 1267–1270

Jung W, Andresen D, Block W, Böcker D, Hohnloser SH, Kuck KH, Sperzel J. Leitlinien zur Implantation von Defibrillatoren. Clin Res Cardiol 2006; 95: 696–708

Katz A, Kantor A, Battler A. Serotonin re-uptake inhibitors as primary therapy for carotid sinus hypersensitivity. Harefuah 1998; 135: 505–506

Kenny RA, Richardson DA, Steeen N, Bexton RS, Shaw FE, Bond J. Carotid sinus syndrome: a modifiable risk factor for nonaccidental falls in older adults (SAFE PACE). J Am Coll Cardiol 2001; 38: 1491–1496

Kerr SRJ, Pearce MS, Brayne C, Davis RJ, Kenny RA. Carotid sinus hypersensitivity in asymptomatic older persons: implications for diagnosis of syncope and falls. Arch Intern Med 2006; 166: 515–520

Krämer LI, Griebenow R. Das Karotissinus-Syndrom. Herzschr Elektrophys 2002; 13: 88–95

Kumar NP, Thomas A, Mudd P, Morris RO, Masud T. The usefulness of carotid sinus massage in different patient groups. Age Ageing 2003; 32: 666–669

Leftheriotis G, Dupuis JM, Victor J, Saumet JL. Effect of cardiac pacing on peripheral and cerebral hemodynamics in patients with carotid sinus syndrome. Am J Cardiol 1999; 83: 974–977

Lemke B, Nowak B, Pfeiffer D. Leitlinien zur Herzschrittmachertherapie. Z Kardiol 2005; 94: 704–720

Maggi R, Menozzi C, Brignole M, Podoleanu C, Iori M, Sutton R, Moya A, Giada F, Orazi S, Grovale N. Cardioinhibitory carotid sinus hypersensitivity predicts an asystolic mechanism of spontaneous neurally-mediated syncope. Europace 2007; 9: 563–567

McIntosh SJ, Lawson J, Bexton RS, Gold RG, Tynan MM, Kenny R. A study comparing VVI and DDI pacing in elderly patients with carotid sinus syndrome. Brit Heart J 1997; 77: 553–557

McIntosh SJ, Lawson J, Kenny RA. Clinical characteristics of vasodepressor, cardioinhibitory and mixed carotid sinus syndrome in the elderly. Am J Cardiol 1993; 95: 203–208

Moore A, Watts M, Sheehy T, Hartnett A, Clinch D, Lyons D. Treatment of vasodepressor carotid sinus syndrome with midodrine: a randomized, controlled pilot study. J Am Geriatr Soc 2005; 53: 114–118

Morillo CA, Ellenbogen KA, Fernando Pava L. Pathophysiologic basis for vasodepressor syncope. Cardiol Clin 1997; 15: 233–249

Morley CA, Perrins EJ, Sutton R. Pharmacological intervention in the carotid sinus syndrome. PACE 1983; 6: A-16

Otto W. Hyperaktiver Karotissinusreflex bei Arteriosklerose der Karotisgabel. Universität Mainz: Inaugural Dissertation; 1986

Puggioni E, Guiducci V, Brignole M, Menozzi C, Oddone D, Donateo P, Croci F, Solano A, Lolli G, Tomasi C, Bottoni N. Results and complications of the carotid sinus massage performed according to the "Methods of Symptoms". Am J Cardiol 2002; 89: 599–601

Richardson DA, Bexton RS, Shaw FE, Kenny RA. Prevalence of cardioinhibitory carotid sinus hypersensitivity in patients 50 years or over presenting to the accident and emergency department with unexpected or recurrent falls. PACE 1997; 20: 820–823

Seidl K, Schuchert A, Tebbenjohanns J, Hartung W. Kommentar zu den Leitlinien zur Diagnostik und Therapie von Synkopen der Europäischen Gesellschaft für Kardiologie 2001 und dem Update 2004. Z Kardiol 2005; 94: 592–612

Sigler LH. Clinical observation on the carotid sinus reflex: The response to carotid sinus pressure at various ages and heart rates and rhythms. Am J Med Sci 1933; 186: 188

Tea SH, Mansourati J, L'Heveder G, Mabin D, Blanc JJ. New insights in the pathophysiology of carotid sinus syndrome. Circulation 1996; 93: 1411–1416

Tomcsanyi J, Papp L, Naszlady A. Carotid sinus hypersensitivity abolished by aminophylline. Int J Cardiol 1993; 38: 299–301

Volkmann H, Schnerch B, Kühnert H. Diagnostic value of carotid sinus hypersensitivity. PACE 1990; 13 (Part II): 2065–2070

Weiss S, Baker JP. The carotid sinus reflex in health and disease. Medicine 1933; 12: 297

3.4 Situativ bedingte Synkopen

3.4.1 Einleitung

Definition

Unter dem Begriff „Situativ bedingte Synkope" oder „Situationssynkope" (SiSy) wird eine Gruppe von echten Reflexsynkopen zusammengefasst, bei denen sich anamnestisch ein klar definierbarer Auslöser finden lässt und dieser auch namensgebend ist (Abb. 3.**70**). Die Prognose dieser Synkopen ist gut.

Charakteristik

- Ca. 12% aller neuralreflektorisch bedingten Synkopen sind durch Situationssynkopen bedingt.
- Mittleres Alter dieser Patienten bei Erstvorstellung: 53 ± 19 Jahre (somit zwischen Patienten mit klassischer vasovagaler Synkope und Karotissinussyndrom), oft Überlappung mit anderen Reflexsynkopenformen (nach Alboni et al. Clinical spectrum of neurally mediated reflex syncopes. Europace 2004; 6: 55–62).

Nach eigenen (unveröffentlichten) Untersuchungen stellen Situationssynkopen ca. 7% aller ambulant vorgestellten Patienten mit Synkope dar.

Synkopenmechanismus

Bei der Majorität der Synkopen kann ein neuralreflektorischer Mechanismus postuliert werden, dabei bilden zwar abhängig des Ortes des auslösenden Triggers unterschiedliche Nerven den afferenten Teil des Reflexbogens (Abb. 3.**70**), die weiteren Abläufe sind aber in der Regel uniform und identisch mit den klassischen neurokardiogenen Synkopen (NCS): zentrale Reflexverarbeitung mit nachfolgend Inhibierung des Sympathikus und Steigerung des vagalen Tonus. Ebenfalls identisch mit den neurokardiogenen Synkopen werden Herz (Bradykardie/Asystolie) und Gefäße (Vasodilatation) als Zielorgane angesprochen (s. Kapitel neurokardiogene Synkopen).

Livanis et al. PACE 2004; 27: 918–923
Vergleich von 36 Patienten mit Situationssynkopen und 126 Patienten mit NCS; Nachbeobachtungszeit: 12 Monate.
Ergebnisse:
- Die Prognose ist in beiden Gruppen identisch günstig.
- Bei 28% (N = 10) der Patienten mit SiSy traten gelegentlich auch NCS auf.
- Die Koexistenz von NCS und SiSy war nicht mit einer schlechteren Prognose assoziiert.

Merke: Situationssynkopen sind pathophysiologisch mit den neurokardiogenen Synkopen und dem Karotissinussyndrom verwandt (neuralreflektorische Synkopen) und weisen eine gute Prognose auf.

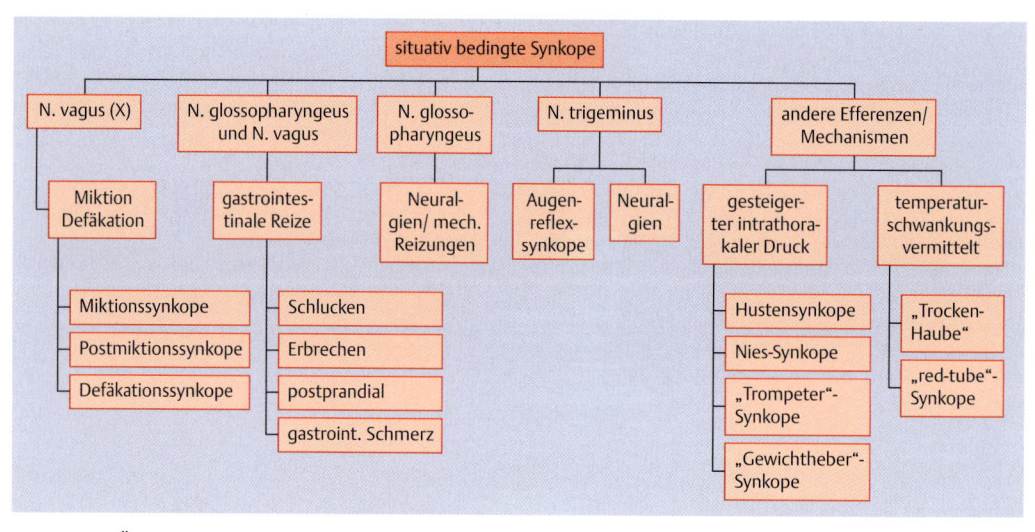

Abb. 3.**70** Übersicht über situativ bedingte Synkopen.

3.4.2 Formen

Miktions- und Postmiktionssynkope

- typisch bei „älteren" Männern, bei denen das Pressen beim Wasserlassen im Stehen eine deutliche Verminderung des venösen Rückflusses bedingt,
- aggravierende Faktoren bei nächtlichem Wasserlassen: nach plötzlichem Aufstehen aus warmem Bett befindet sich das vegetative System noch im „Schlafmodus" mit an sich bereits hohem vagalen Tonus,
- Therapeutische Empfehlung zum Wasserlassen im Sitzen, langsames, stufenweises Aufstehen aus dem Bett

Defäkationssynkope

- Erhöhung des intraabdominellen Druckes beim Pressen zum Stuhlgang mit Reduktion des venösen Rückflusses
- Therapeutisch: wie bei Miktions- und Postmiktionssynkope sowie zusätzlich bei wiederholten Ereignissen medikamentöse Aufweichung des Stuhls

Synkopen nach gastrointestinalen Reizen

Schlucksynkope

- Reizung des Ösophagus mit glossopharyngeal(-vagal) reflektorisch vermittelter Synkope nach Trinken kalter oder mit Kohlensäure angereicherter Flüssigkeiten sowie großer Nahrungsmengen,
- oft zusätzliche Ösophaguserkrankung vorhanden: Hiatushernie, Divertikel, Achalasie, Spasmen oder Tumoren,
- selten ohne zusätzliche Erkrankung des Ösophagus
- Diagnostisch: Trinken/Essen und ggf. Einführen eines aufblasbaren Ballons in den Ösophagus unter EKG und Blutdruckkontrolle (s. auch Kakuchi et al. Swallow syncope associated with complete atroventricular block and vasovagal syncope. Heart 2000; 83: 702–704),
- Therapeutisch: trinken kleiner Flüssigkeitsmengen und Vermeiden kalter Getränke, Anticholinergika, in schweren Fällen auch partielle Denervation des Ösophagus oder Schrittmachertherapie

Postprandial

- Postprandiale Hypotonie infolge Vasodilatation durch Erweiterung des splanchnischen Gefäßbettes,
- Therapeutisch: Einnahme kleiner Mahlzeiten

Andere gastrointestinale Reize

- Erbrechen (u. a. erhöhter intraabdomineller Druck durch Pressen), gastrointestinaler Schmerz können ebenfalls reflektorische Synkopen hervorrufen
- Therapeutisch: antiemetische und spasmolytische Behandlung

Neuralgie des N. glossopharyngeus mit Synkopen

- Seltene Erkrankung mit Paroxysmen von unilateralem intensiv-stechenden Schmerz tief im Hals und Pharynx bis zum ipsilateralen Ohr ziehend, assoziiert mit reflektorischen Bewusstlosigkeiten, Triggerung durch Schluck- und Kaubewegungen, Zähne putzen, Niesen,
- Diagnostisch: typische Anamnese, EKG- und Blutdruckmonitoring während Anfall
- Therapeutisch: interdisziplinär u. a. Sanierung der Mundhöhle, Kontrolle der Schmerzen (z. B. Carbamazepin) und ggf. Schrittmacherversorgung (nach Johnston/Redding. Glossopharyngeal neuralgia associated with cardiac syncope: long term treatment with permanent pacing and carbamazepine. Br Heart J 1990; 64: 403–459)

Reizung des N. trigeminus und Synkopen

- Okulovagale Reflexe und Trigeminusneuralgien können reflektorische Synkopen bedingen.

Synkopen durch gesteigerten intrathorakalen Druck

- Unter normalen Bedingungen Kompensation des verminderten venösen Rückflusses bei gesteigertem intrathorakalen Druck (Husten, Niesen, Blasinstrument spielen etc.) durch das autonome System, unter besonderen Umständen Versagen der kompensatorischen Mechanismen, z. B. längere Hustenanfälle – z. B. Patienten mit COPD, Gewichtheben, Niesanfälle, Blasinstrumente spielen
- Therapeutisch: Behandlung der Grunderkrankung (COPD), Vermeiden des auslösenden Agens; dies kann jedoch schwierig sein, da sich insbesondere bei professionellen Musikern berufliche Konsequenzen ergeben.

> **Merke:** Prinzipiell gelten für Patienten mit Situationssynkopen therapeutisch die gleichen Empfehlungen wie für Patienten mit neurokardiogenen Synkopen (s. S. 133).

Postmiktionssynkope nach Nahrungsaufnahme bei 71-jährigem Patienten

Weitere Diagnosen: Arterielle Hypertonie, mildes, asymptomatisches Siusknotensyndrom, Hyperlipidämie, Z. n. Prostatektomie wegen Adenom, Z. n. Varizen-OP bds.

Synkopenanamnese (erstes Ereignis im Leben):
- Am Tag des Ereignisses traten bereits am Morgen Muskelschmerzen auf („alles tat weh"), zusätzlich Kopfschmerzen und Unwohlsein. Der Patient hatte sich dann wieder hingelegt und bis zum Mittag geschlafen, nach dem Aufstehen besser gefühlt und Mittag gegessen, anschließend Harndrang verspürt; nach dem Toilettengang war er wieder ins Schlafzimmer gegangen und hatte dort das Bewusstsein verloren (mit dem Kopf gegen das Bett geschlagen). Anschließend sofort wieder bewusstseinsklar, jedoch deutlicher Schweißausbruch (RR Messung im Liegen 135/65 mmHg, Puls 55/min),
- Patient ruht bis zum Abend, bei erneutem Toilettengang Wiederholung der Ereignisse, allerdings kann die Synkope durch eine Begleitperson verhindert werden

Basisdiagnostik:
Klinische Untersuchung: RR: 130/68 mmHg, Puls: 55/min, pulmonal und kardial unauffällig, neurologisch unauffällig, perilabiales Hämatom rechtsseitig
Kurzorthostasetest: Abfall des Blutdrucks von 135/77 mmHg im Liegen auf 94/64 mmHg nach 60 s im Stehen
EKG: Indifferenztyp, Sinusrhythmus, HF 61/min, AV-Block I. Grades (PQ-Zeit 230 ms), normale Erregungsrückbildung (aszendierende ST-Streckenhebung am ehesten vagal bedingt) (s. Abb. 3.71)
Kommentar zur Synkopenanamnese und Basisdiagnostik: Anamnestisch findet sich die klassische Befundkonstellation einer situativ bedingten Postmiktionssynkope. Als aggravierende Faktoren waren das eingeschränkte Wohlbefinden, das Verlassen des Betts kurz vor dem Mittagessen und die zeitliche Nähe der Synkope zur Nahrungsaufnahme (postprandialer Zustand) zu nennen. Der Nachweis einer (transienten) orthostatischen Hypotonie begünstigte ebenfalls die Synkope (eine spätere Wiederholung des Kurzorthostasetests zeigte nur noch einen geringen RR-Abfall). Die typische Anamnese war diagnostisch beweisend und eine weitere Diagnostik nicht erforderlich, zumal es sich um das erste Ereignis im Leben handelte.

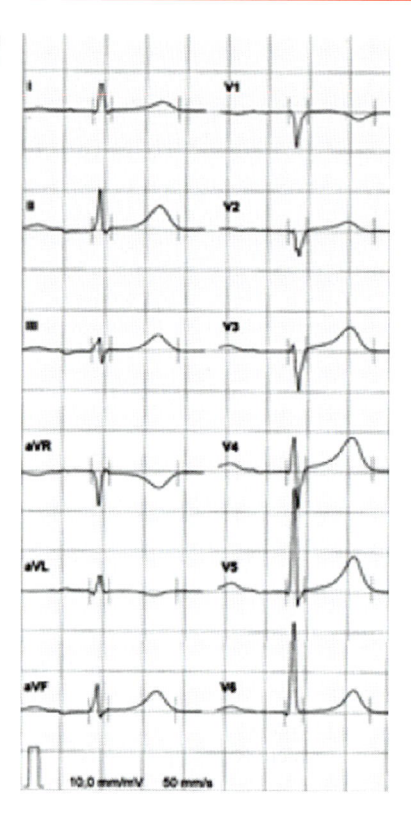

Abb. 3.71 12-Kanal-EKG bei Patient mit Z. n. Situationssynkope, Sinusrhythmus, AV-Block I. Grades, aszendierende ST-Streckenhebung als Hinweis eines gesteigerten Vagotonus.

4 Synkopen bei orthostatischer Hypotonie und posturalem orthostatischem Tachykardiesyndrom (POTS)

4.1 Die Orthostase und deren Regulationsmechanismen

4.1.1 Die Autoregulation der aufrechten Haltung

(grundlegende Mechanismen der Kreislaufregulierung → s. Abb. 3.**3**, S. 111)
Grubb BP. Neurocardiogenic syncope and related disorders of orthostatic intolerance. Circulation 2005; 111: 2997–3006

Zur Rolle des autonomen Nervensystems (ANS)

- um zu überleben, müssen alle Lebewesen in der Lage sein, auf Änderungen der Umgebung sofort zu reagieren; die innere Homöostase muss dabei jedoch stabil gehalten werden
- diese Regulation erfolgt durch den Hypothalamus mit seinen Effektorsystemen: das endokrine System und das ANS
- das ANS spielt zur Aufrechterhaltung stabiler Kreislaufverhältnisse sowohl bei kurzfristigen Positionsänderungen als auch bei längerdauerndem orthostatischem Stress die entscheidende Rolle; das Renin-Angiotensin-Aldosteron-System kommt zusätzlich beim Stehen über einen längeren Zeitraum zum Einsatz

Hämodynamische Situation beim Aufrichten

- im Liegen befinden sich ca. 25–30% des Gesamtblutvolumens im Thorax
- beim Aufrichten kommt es zur Verlagerung von 300 bis 800 ml Blut in das Gefäßbett des Abdomens und der unteren Extremitäten
- dadurch plötzlicher Abfall des venösen Rückflusses und Abfall des Schlagvolumens um 40%
- zusätzlich Abfall des transmuralen Kapillardrucks in verschiedenen Körperregionen mit Filtration von Flüssigkeit aus dem Gefäßsystem in das Gewebe, weitere Reduktion des venösen Rückflusses (Steady State nach 30 min erreicht), bis zu 10% Plasmaverlust möglich
- Folge: Abfall des arteriellen Blutdrucks

Der hydrostatisch-indifferente Punkt (HIP)

- Referenzpunkt, um den die beschriebenen Phänomene geschehen; Ort im Gefäßbett, ab dem der Gefäßdruck unabhängig von der Lageänderung ist
- arteriell: Höhe linker Ventrikel, stabil
- venös: ungefähr in Höhe Zwerchfell, veränderlich, abhängig von Gefäßtonus, Füllungszustand, Muskelaktivität
- je aktiver die Muskelpumpe, desto näher befindet sich der venöse HIP am rechten Atrium!

Die Phasen der orthostatischen Antwort

- initiale Antwort (während der ersten 30 s)
- frühes Steady State (1 bis 2 min)
- Endphase beim prolongiertem Stehen (nach 5 min)

Hämodynamische Vorgänge während der orthostatischen Antwort

- Natürliches Stehen:
  - aktiver Prozess unter Einbindung der Muskulatur (Beine und Abdomen), dadurch zunächst Kompression der Kapazitäts- und Widerstandsgefäße mit resultierendem Anstieg des peripheren Widerstands
  - vorübergehend Anstieg des rechtsatrialen Druckes sowie des Herzzeitvolumens, nachfolgend Aktivierung der Niederdruckrezeptoren im Herz
  - reflektorisch Abfall der peripheren Resistenz (bis zu 40%!), resultierend Blutdruckabfall um 20 mmHg in den ersten 6 bis 8 s möglich
  - die weiteren Prozesse zur Aufrechterhaltung der Kreislaufstabilität sind identisch zu den nachfolgend beschriebenen Vorgängen während der Kipptischuntersuchung (s. u.)
- orthostatische Antwort bei Kipptischuntersuchung:
  - sofort nach dem Aufrichten keine Änderung des Herzzeitvolumens, da ausreichend Blutreserve im pulmonalen Stromgebiet
  - anschließend Abfall des Blutdrucks und des kardialen Füllungsdrucks mit Aktivierung (verminderte Spannung) der „Hochdruckrezeptoren" in

Karotissinus und Aortenbogen sowie „Niederdruckrezeptoren" in Herz und Lunge
- rezeptorvermittelte (tonische) Inhibierung der vasomotorischen Zentren in der Medulla oblongata, insbesondere des Nucleus tractus solitarii (der Nucleus tr. solitarii aktiviert direkt Neuronen des Nucleus ambiguus sowie dorsale Vaguskerne und inhibiert symphtische Neuronen der rostralen ventrolateralen Medulla)
- sympathisch vermittelte Vasokonstriktion der Widerstandsgefäße sowie der Gefäße im Splanchnikus
- ergänzend Aktivierung des venoarteriolaren Axonreflexes: Vasokonstriktion im Muskel-, Haut- und Fettgewebe

4.1.2 Klinische Manifestation der orthostatischen Antwort

Initiale Reaktion

▶ Abfall des arteriellen systolischen Blutdrucks um bis zu 20 mmHg, diastolischer Blutdruck und Herzfrequenz unverändert

Frühes Steady State

▶ Anstieg der Herzfrequenz um 10 bis 15 Schläge/min sowie Anstieg des diastolischen Blutdrucks um ca. 10 mmHg, keine weitere Änderung des systolischen Blutdrucks

Endphase

▶ Stabilisierung der Kreislaufverhältnisse wird durch den Einfluss Barorezeptoraktivität (v. a. im Karotissinus) auf den peripheren Gefäßwiderstand gewährleistet
▶ je größer der initiale Volumenverlust ist, desto stärker erfolgt die zusätzliche Aktivierung des Renin-Angiotensin-Aldosteron-Systems und die Sekretion von Vasopressin

4.1.3 Der Baroreflex

1. Ein Blutdruckabfall entlädt die Barorezeptoren („Anfangspunkte" der afferenten C-Fasern des N. glossopharyngeus und N. vagus) im Aortenbogen und Sinus caroticus, nachfolgend Reduktion des Signalflusses zum Nucleus tractus solitarius (NTS) in der dorsomedialen Medulla.

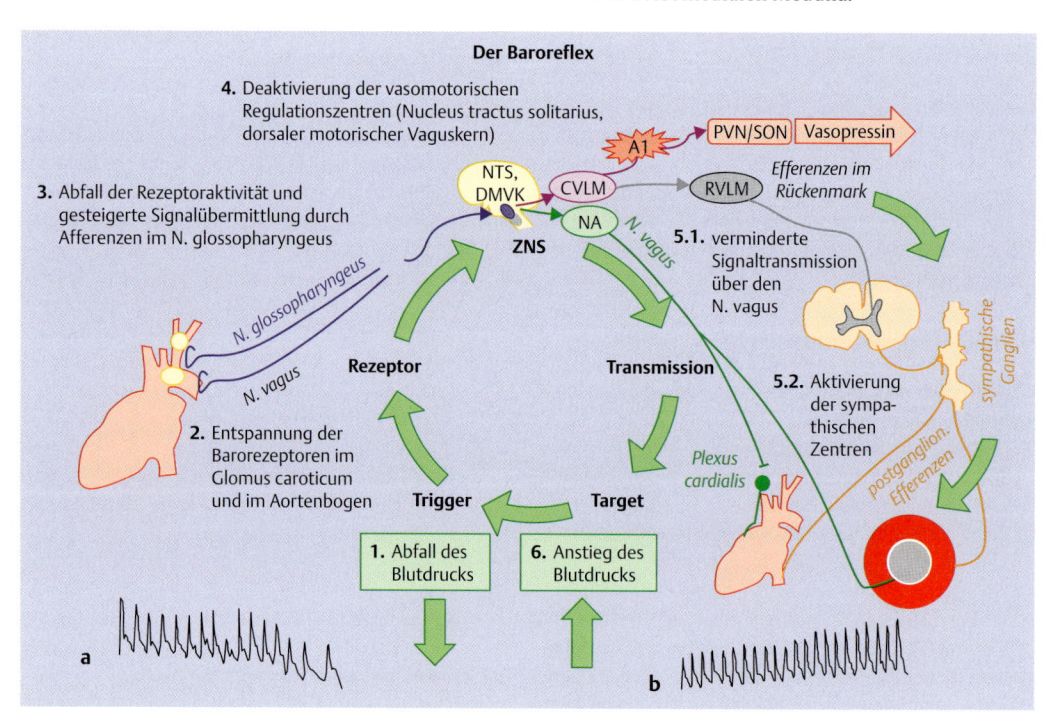

Abb. 4.1 Regulationsmechanismen des Baroreflexbogens (nach Freeman. Neurogenic orthostatic hypotension. NEJM 2008; 358: 615–628).

4.2 Synkopen bei orthostatischer Hypotonie

2. Über neuroanatomische Verbindungen des NTS zum Nucleus ambiguus (NA) erfolgt eine reflektorische Abnahme der vagalen Aktivität im Sinusknoten.
3. Gleichzeitig findet eine Steigerung der efferenten sympathischen Aktivität, vermittelt durch neuronale Verbindungen des NTS zu Strukturen in der kaudalen ventrolateralen Medulla (CVLM, exzitatorischer Weg) sowie von dort aus zu Strukturen in die rostrale ventrolaterale Medulla (RVLM, inhibitorischer Weg) statt. Die Aktivierung RVLM-präsynaptischer Neuronen wird durch den Wegfall inhibitorischer Impulse vermittelt.
4. Zusätzlich erfolgt eine vermehrte Sekretion von Vasopressin im Nucleus paraventricularis (PVN) sowie im Nucleus supraopticus (SON) infolge der Aktivierung einer Gruppe von A1-noradrenergen Zellen in der ventrolateralen Medulla mit direkter Stimulation der beiden o. g. Kerne.

(Nach Freeman. Neurogenic orthostatic hypotension. NEJM 2008; 358: 615–624)

> **Merke:** Im Unterschied zur Reflexsynkope ist bei der „orthostatischen Synkope" die sympathisch-efferente Aktivität vermindert; mit Folge einer insuffizienten Vasokonstriktion.

4.2.1 Einleitung

Definition der orthostatischen Hypotonie (OH)

- kontinuierlicher Blutdruckabfall in den ersten 3 min nach Aufstehen systolisch um 20 mmHg und diastolisch um 10 mmHg oder mehr, dabei oft fehlender Anstieg der Herzfrequenz; in seltenen Fällen (bei geringer ausgeprägter Orthostaseintoleranz nachweisbarer Anstieg der Herzfrequenz, allerdings nicht ausreichend, um den Blutdruck konstant zu halten)
- Variante 1: verzögerte orthostatische Intoleranz, d. h. OH, die später als 3 min nach dem Aufstehen auftritt (langsamer, progressiver RR-Abfall, ältere Personen häufig betroffen)
- Variante 2: initiale orthostatische Hypotonie (Auftreten einer OH > 40 mmHg in den ersten 15–30 s nach dem Aufstehen, danach Normalisierung)
- Zeichen einer autonomen Dysfunktion

Nach Freeman et al. Neurogenic orthostatic hypotension. NEJM 2008; 358: 615–624 und Lahrmann et al. EFNS guidelines on the diagnosis and management of orthostatic hypotension. Eur J Neurology 2006; 13: 930–936.

Eine Übersicht zu OH-Syndromen finden Sie auch unter www.escardio.org/guidelines; Moya A, Sutton R et al. Guidelines for the diagnosis and management of syncope.

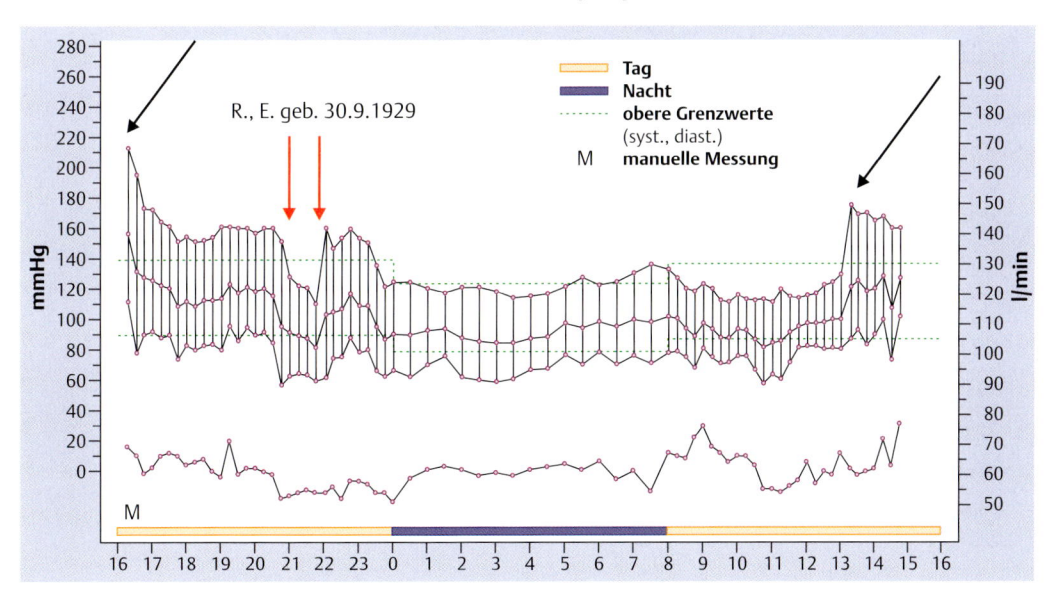

Abb. 4.2 24-Stunden-Blutdruckregistrierung: ausgeprägte Schwankungen des Blutdrucks, wobei hypertensive Phasen (schwarze Pfeile) durch plötzliche Phasen mit einem Blutdruckabfall (rote Pfeile) abgewechselt werden.

Definition der orthostatischen Intoleranz

▶ Provokation von Symptomen während des Stehens, die verschwinden, sobald der Patient sich hinlegt. Ursächlich kann dabei eine Störung der zerebralen Perfusion angenommen werden
▶ typische Beschwerden: Schwindel, Schwäche, Palpitationen, Schwitzen, Kopfschmerz, Präsynkope oder Synkope, Konzentrationsstörungen, Brechreiz

Klinische Einteilung der orthostatischen Intoleranz

1. normale orthostatische Toleranz
2. orthostatische Intoleranz „selten"; Auftreten von Beschwerden nur unter verstärktem orthostatischem Stress
   – problemloses Stehen länger als 15 min
   – im Wesentlichen keine Einschränkung des täglichen Lebens
3. orthostatische Intoleranz mit häufigen Symptomen, Beschwerden unter Alltagsbedingungen
   – wenigstens 1×/Woche
   – Symptome entwickeln sich in der Regel bei längerem orthostatischem Stress
4. orthostatische Intoleranz sehr häufig, Demaskierung unter geringem orthostatischem Stress
   – Patienten können oft nur kürzer als 1 min stehen
   – deutliche Behinderung, Patienten sind auf den Rollstuhl angewiesen oder sogar an das Bett gefesselt
   – Synkopen oder Präsynkopen treten gehäuft auf

Die Symptome können zeitlich variieren und sind vom Hydratationszustand und anderen Umständen abhängig. Der Begriff „orthostatischer Stress" beinhaltet körperliche Tätigkeiten wie langes Stehen; die Nahrungsaufnahme, Belastungsaktivitäten sowie geistige Belastung.
Nach Grubb/Olshansky. In: Syncope: mechanisms and management. Maldon, Oxford, Carlton: Blackwell Futura; 2005: 228

Klinische Situation

Die Diagnostik einer orthostatischen Hypotonie (OH) ist teilweise schwierig, da bei Routinekontrollen der Blutdruck normalerweise im Sitzen gemessen wird und betroffene Patienten oft sogar erhöhte Werte aufweisen können.

Diese Patienten werden in der Regel mit Antihypertensiva behandelt, welche die orthostatische Hypotonie noch verstärken.

Bei jungen Menschen besteht in der Regel ein asymptomatisch niedriger Blutdruck, die sog. konstitutionelle Hypotonie. Die autonome Dysfunktion bei jungen Menschen grenzt sich durch Symptome hiervon ab.

Epidemiologie

▶ ca. 6% aller Synkopen auf orthostatische Hypotonie (OH) zurückzuführen (Abb. 4.3)
▶ bei Personen > 65 Jahre bis zu 20% OH nachweisbar; jeder Neunte davon symptomatisch
▶ Prävalenz von ca. 30% bei Bewohnern von Altersheimen

Tabelle 4.1 Klinische Symptome bei 16 jungen Patienten (30 ± 2 Jahre) mit orthostatischer Hypotonie (nach Furlan et al. Circulation 1998; 98: 2154–2159).

Symptom	Häufigkeit (%)
Gefühl des „Plötzlich-hinfallen-Müssens", Taumeln	100
Palpitationen	94
Präsynkope	87
Schwindel	81
Synkope	56
Schwäche	44

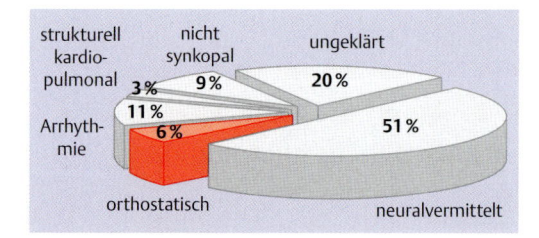

Abb. 4.3 Prozentuale Häufigkeit der orthostatischen Intoleranz als Ursache von Synkopen (nach Brignole et al. Guidelines on management [diagnosis and treatment] of syncope. Eur Heart J 2001; 22: 1256–1306, Update 2004 Eur Heart J 2004: 25; 2054–2072; www.escardio.org/guidelines-surveys/esc-guidelines/guidelinesdocuments/guidelines-syncope-slides.pdf).

4.3 Störungen des autonomen Nervensystems (ANS) mit Orthostasedysregulation

4.3.1 Einleitung

Das Zusammenspiel von Sympathikus und Parasympathikus beeinflusst mithilfe verschiedener Neurotransmitter jedes Organ im Körper. Es ist für die Homöostase im Körper inkl. der Kreislaufregulation verantwortlich. Die Störung dieser Regulationsmechanismen kann zu einer Dysautonomie führen.

4.3.2 Definition der Dysautonomie
(nach B. P. Grubb)

Zustand, bei dem eine Störung der Funktion des autonomen Nervensystems die Gesundheit negativ beeinflusst.

4.3.3 Einteilung der dysautonomen Störungen
(nach Mathias. Autonomic disorders and their recognition. NEJM 1997; 336: 721–724)

▶ Nach Generalisierung: lokal oder generalisiert
▶ Nach Ursachen: primär oder sekundär

Klinische Manifestation

1. sympathische Dysfunktion: orthostatische Hypotonie mit Synkopen und Potenzstörungen (Libidoverlust, Ejakulationsstörung)
2. cholinerge symp. Dysfunktion: Anhidrosis
3. parasympathische Dysfunktion: fixe Herzfrequenz, erektile Dysfunktion, atonische Harnblase

> **Merke:** Klinische Zeichen wie z. B. eine orthostatische Hypotonie (Synkopen, Schwindel) in Verbindung mit Temperaturregulationsstörungen oder/und urogenitalen Funktionsstörungen können die Manifestation einer autonomen Erkrankung sein und sollten diesbezüglich abgeklärt werden.

Einteilung der orthostatischen Dysfunktion nach hämodynamischen Gesichtspunkten

Deegan et al. Orthostatic hypotension: a new classification system. Europace 2007; 9: 937–941
▶ arterieller Blutdruck ist abhängig vom Blutfluss (Herzzeitvolumen) und dem Gefäßwiderstand!
▶ Beurteilung der o. g. hämodynamischen Parameter von 110 Patienten mit Z. n. Synkopen und nachgewiesener orthostatischer Hypotonie während der Kipptischuntersuchung (Abb. 4.5):
1. arterioläre Dysfunktion:
   – Vorrangig Abfall des totalen Gefäßwiderstandes infolge einer gestörten Vasokonstriktion, kompensatorisch Anstieg des Herzzeitvolumens
2. venöse Dysfunktion:
   – Abfall des Herzzeitvolumens infolge eines deutlich verminderten venösen Rückflusses; deutliche Reflextachykardie, kompensatorisch Anstieg des Gefäßwiderstandes
3. kombinierte Dysfunktion:
   – Gleichzeitiger Abfall von Herzzeitvolumen und Gefäßwiderstand, keine Kompensation
▶ mögliche therapeutische Konsequenz:
   a) bei arteriolärer Störung: Verwendung von Midodrin als vasokonstriktorische Substanz
   b) bei venöser Störung: Stützstrümpfe und Fludrokortison
   c) bei kombinierter Störung: Kombination von Midodrin, Fludrokortison und Stützstrümpfen

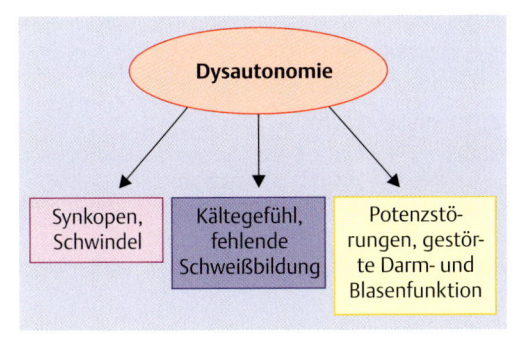

Abb. 4.4 Zeichen der autonomen Dysfunktion.

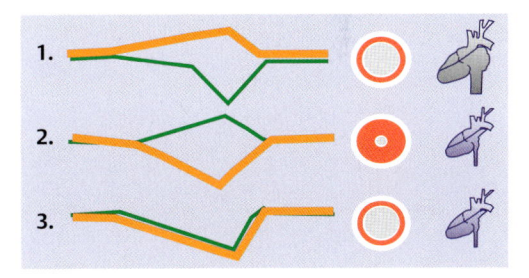

Abb. 4.5 Schematische Darstellung von totalem peripheren Gefäßwiderstand (TPW) (grün) und Herzminutenvolumen (orange) bei 1. arteriolärer, 2. venöser und 3. gemischtförmiger orthostatischer Dysfunktion.

4.4 Klinische Einteilung von Synkopenursachen mit orthostatischer Intoleranz
(Tab. 4.2)

▶ Erfolgt nach nosologischen Gesichtspunkten in neurogen (Spalte 1) und nicht neurogen (Spalte 2) bedingt; sowie nach der zugrunde liegenden Erkrankung in primäre und sekundäre Ursachen. Reflektorische Synkopen und POTS sind ebenfalls neurogen bedingt, stellen jedoch keine Form der Dysautonomie im eigentlichen Sinne dar.

Mod. nach Grubb BP. Neurocardiogenic syncope and related disorders of orthostatic intolerance. Circulation 2005; 111: 2997–3006 und Previsdomini et al. Orthostatische Hypotonie Mechanismen, Ursachen, Behandlung. Schweizer Medizin Forum 2006; 6: 913–918

Tabelle 4.2 Ursachen einer OH (nach Grubb u. Previsdomini et al.).

Neurogen bedingt	Nicht neurogen bedingt
primäre autonome Dysfunktion	**kardiale Ursachen**
▶ akute Pandysautonomie	▶ Pumpversagen bei eingeschränkter linksventrikulärer Pumpfunktion (u. a. dilatative Kardiomyopathie, ischämisch)
▶ reine autonome Dysfunktion (PAF)	
▶ multiple Systematrophie (Shy-Drager-Syndrom)	▶ Vitien (u. a. Aortenstenose, Mitralstenose)
– Parkinson-Typ	▶ Arrhythmie (Brady-/Tachykardie)
– pyramidal-zerebellärer Typ	▶ Karditis (Myokarditis/Perikarditis)
– Mischtyp	
sekundäre autonome Dysfunktion	**vermindertes intravaskuläres Volumen**
zentraler Ursprung:	Dehydratation:
▶ zerebrovaskuläre Insulte	▶ Verbrennung
▶ ZNS-Tumoren	▶ Hämorrhagie
▶ altersbedingt (Barorezeptor-Dysfunktion)	▶ vermehrtes Schwitzen – Hitze
▶ Syringobulbie	▶ Anämie
▶ Multiple Sklerose	▶ Fieber
▶ Hirnstammläsionen	endokrin:
periphere Formen:	▶ Nebenniereninsuffizienz
▶ afferente Ursache:	▶ Hypoaldosteronismus
– Guillain-Barré-Syndrom	renal:
– Tabes dorsalis	▶ Diabetes insipidus
– Holmes-Adie-Syndrom	▶ Salt-loosing-nephropathie
▶ efferente Ursache:	andere:
– Dopamin-b-Hydroxylase-Mangel	▶ postprandiale Dilatation des splanchnischen Gefäßbettes
– Diabetes mellitus	
– Defizienz an nervalem Wachstumsfakor	▶ Anaphylaxie
▶ afferente/efferente Ursache:	▶ Mastozytose
– familiäre Dysautonomie	▶ Hyperbradykininismus
▶ spinale Ursache:	▶ Karzinoid-Syndrom
– Myelitis transversa	▶ Hypermagnesiämie
– Syringomyelie	▶ außergewöhnliche Belastung des muskulären Gefäßbettes mit dessen Dilatation
▶ andere:	
– Porphyrie	▶ Sepsis
– paraneoplastische autonome Neuropathie	**reflektorische Synkopen**
– alkoholische Polyneuropthie	▶ NCS
– Vitamin-B_{12}-Mangel/Folsäuremangel	▶ KSS
– Amyloidose	▶ situative Synkope
– HIV/AIDS	▶ Glossopharyngeus-Synkope
– Niereninsuffizienz	**posturales Tachykardiesyndrom (POTS)**

4.5 Erkrankungen mit primär autonomer Dysfunktion, sog. Synukleinopathien

4.5.1 Einleitung

Alle diese Erkrankungen sind assoziiert mit Zellläsionen, die ein Protein-Präzipitat enthalten, das sog. Alpha-Synuklein; danach werden sie auch Alpha-Synukleinopathien genannt. Die einzelnen Erkrankungen unterscheiden sich nach dem Ort der betroffenen Neuronen. Bei multipler Systematrophie (MSA), Typ Parkinson findet man prädominant Glia-Zellen betroffen; bei der zerebellären Form eher Läsionen im Kleinhirn. Die MSA vom Typ Shy-Drager-Syndrom zeigt involvierte Hirnstammzentren; dabei v. a. die kardiovaskulären Regulationszentren.

Im Rahmen der reinen autonomen Dysfunktion (PAF) sind die Eiweißeinlagerungen in Form sog. Lewy-Körperchen in den prä- und postsynaptischen Neuronen des Rückenmarks und der autonomen Ganglien zu finden.

Des Weiteren gehören auch der M. Parkinson und die Demenz mit Lewy-Körperchen zu der Gruppe der Synukleinopathien.

Nach Shibao et al. Management of hypertension in the setting of autonomic failure – pathophysiological approach. Hypertension 2005; 45: 469–476

4.5.2 Erkrankungen

Reine autonome Dysfunktion (pure autonomic failure, PAF)

- klinische Manifestation zwischen 50. und 70. Lebensjahr, Männer : Frauen = 2 : 1
- schleichender Beginn: zunächst „orthostatische Schwäche", Schwindel,
- später gehäufte Synkopen: prodromaler Nackenschmerz, nach okzipital ausstrahlend (meist morgens, bei Hitze, nach den Mahlzeiten oder nach körperlicher Belastung)
- stets begleitende Zeichen der autonomen Dysfunktion:
    - Erstmanifestation bei Männern: Libidoverlust, Impotenz
    - Erstmanifestation bei Frauen: Inkontinenz oder Harnverhalt
    - zus. Nykturie, fehlendes Schwitzen – Temperaturregulationsstörungen
- insgesamt gute Prognose
- symptomatische Therapie

Multiple Systematrophie (MSA, inkl. Shy-Drager-Syndrom)

- klinische Manifestation zwischen 30. und 40. Lebensjahr, Männer : Frauen = 2 : 1
- gehäufte Synkopen; dabei Symptome zunächst oft verkannt (Hypochonder etc.)
- bereits zu Beginn stets Zeichen der autonomen Dysfunktion ähnlich der PAF: bei Männern: Libidoverlust, Impotenz, bei Frauen: Inkontinenz oder Harnverhalt, Nykturie, Temperaturregulationsstörungen
- später Beteiligung des zentralen und somatischen Nervensystems – danach Einteilung in 3 Subtypen:
    a) parkinsonähnlich (nigrostriatale Degeneration, MSAp): im Unterschied zu M. Parkinson stärkere Rigidität (jedoch ohne typisches „Zahnradphänomen"), Steifigkeit, Akinesie und Hypodynamie im Vordergrund, Verlust des Gesichtsausdrucks, wenig Tremor
    b) olivo-ponto-zerebelläre Atrophie (MSAc): zerebelläre und pyramidale Zeichen: Gangbildstörungen, Stammataxie, Artikulationsschwierigkeiten
    c) Mischtyp: Shy-Drager-Syndrom: Form der MSA mit betroffenem Herz-Kreislauf-System
- alle Typen der MSA besitzen eine sehr schlechte Prognose (Tod zwischen 5 und 8 Jahren nach Diagnosestellung, meist Ateminsuffizienz)
- symptomatische Therapie

Nach Grubb BP. Neurocardiogenic syncope and related disorders of orthostatic intolerance. Circulation 2005; 111: 2997–3006

Akute Formen

- meist junge Personen nach viralem Infekt, Vakzination oder postpartal
- rapider, teilweise schwerer Verlauf, sodass die betroffenen Patienten nicht mehr sitzen können, ohne zu synkopieren
- trockener Mund und Augen, symmetrische Mydriase
- Blasen-, Darmdysfunktion, chronotrope Inkompetenz mit starrer Herzfrequenz (55–60/min)
- Temperaturregulationsstörungen – tw. kompletter Verlust der Schweißfunktion
- komplette Ausheilung nach ca. 2 bis 5 Jahren in ca. 50 % der Fälle

Akute Pandysautonomie (autoimmune autonome Neuropathie, AAN)

▶ kann durch Autoantikörper gegen Nikotin-(N2-) Rezeptoren hervorgerufen werden
▶ dadurch Störung der Neurotransmission in den autonomen Ganglien.
▶ Autoantikörpernachweis im Plasma

4.5.3 Differenzialdiagnostische Überlegungen

Differenzialdiagnostische Probleme:
1. zu Beginn der Erkrankung oft keine Unterscheidung zwischen PAF und MSA möglich:
   - nur im weiteren Verlauf Differenzierung anhand des klinischen Verlaufs möglich
2. problematische Differenzierung zwischen MSA und M. Parkinson:
   - Patienten mit Morbus Parkinson können auch orthostatische Synkopen erleiden sowie Zeichen einer autonomen Dysfunktion aufweisen! MSA-Patienten haben sehr selten unilateral Ruhetremor und reagieren schlecht auf Levodopa
3. die autoimmune autonome Neuropathie kann klinisch wie eine PAF erscheinen
   - Nachweis von Antikörpern gegen Nikotin(N2)-Rezeptoren zur Differenzialdiagnose zwischen AAN und PAF hilfreich

Tabelle 4.3 Differenzialdiagnostische Merkmale autonomer Dysfunktionen (nach Grubb/Olshansky. In: Syncope: mechanisms and management. Blackwell Futura; 2005: 82).

Merkmal	PAF	MSA	AAN
Beginn	langsam	langsam	akut
primäres Symptom	orthostat. Hypotonie	orthostat. Hypotonie urogenitale Probleme	verschieden
gastrointest. Probleme	selten (Obstipation)	nicht häufig	häufig
ZNS-Störungen	nein	vorhanden	nein
somatische Neuropathie	nein	in ca. 15–25%	mild
Schmerzen	nein	nein	häufig
Progredienz	langsam	progressiv	i. d. Regel keine
Hauptläsion	postganglional	präganglional und zentral	postganglional/ gelegentlich somatisch
Plasma-Norepinephrinspiegel im Liegen	niedrig	normal	niedrig
Prognose	gut	schlecht	gut

Tabelle 4.4 Klinische Differenzialdiagnostik zwischen autonomen Störungen und Morbus Parkinson.

Merkmal	DLK	MP	MP +	PAF	SDS	MSAc	MSAp
autonome Insuffizienz	±	–	++	++	+++	++	++
Bewegungsstörungen	±	++	++	–	++	+	+++
Stammataxie	–	–	–	–	–	+++	–
Lewy-Körperchen	+++	+++	+++	+++	–	–	–
GZE	–	–	–	–	+++	+++	+++

DLK: Demenz mit Lewy-Körperchen, MP: Morbus Parkinson, MP+: Morbus Parkinson mit autonomer Dysfunktion, SDS: Shy-Drager-Syndrom, GZE: Gliale zytoplasmatische Einschlüsse, MSAc: multiple Systematrophie mit olivo-pontozerebellärer Atrophie, MSAp: multiple Systematrophie mit nigrostriataler Degeneration (Parkinson-ähnlich)
(nach Mathias C. N Engl J Med 1997; 336: 721–724 und Shibao et al. Hypertension 2005; 45: 469–476).

Tabelle 4.5 Übersicht über Erkrankungen mit Störungen der Orthostaseregulation und deren Diagnostik (nach Freeman. Neurogenic orthostatic hypotension. NEJM 2008; 358: 615–624).

Erkrankung	Merkmale	Kommentar und Diagnostik
Diabetes mellitus	i. d. R. generalisierte PNP, OH bereits in den Frühstadien, zusätzlich GIT-Neuropathie	häufigste Form, Blutzucker-Teste, inkl. oralem Glukosetoleranztest
hereditäre Amyloidose	i. d. R. generalisierte PNP, vorrangig „small-fiber" Abnormalitäten (Schmerzen, Temperaturregulationsstörungen), zus. Karpaltunnelsyndrom, Kardiomyopathien, Leitungsstörungen, Sehstörungen, Diarrhö, Gewichtsverlust, keine Makroglossie!	3.–5. Dekade, Depots von insolubilen betafibrillären Proteinen, am häufigsten Amyloid-Präkursor: Transthyretin, Fett-Biopsie mit Nachweis von Amyloiddepots, genetische Analyse
primäre Amyloidose	wie hereditäre Amyloidose, in 20% Makroglossie, periorbitale Purpura, Hämatomneigung, nephrotisches Syndrom	6.–7. Dekade, Biopsie des Fettgewebes, Rektum, Gingiva, mit Nachweis von Amyloiddepots, Immunelektrophorese (Blut, Urin)
familiäre Dysautonomie (HSAN Typ III)	Schmerz- und Temperaturempfindlichkeit, aber nur geringe Empfindlichkeit für Viszeralschmerz	autosomal rezessiver Erbgang, Mutation des IkB-Kinase-assoziierten Proteingens (IKBKAP) zu 99,59% vorhanden
idiopathisch-immunologische autonome Neuropathie	gastrointestinale Hypomobilität, Harnretention, Xerostomia, Xerophthalmia	Antikörper auf Nikotin-Ganglion-Azetylcholinrezeptoren, immunmodulierende Therapie
Sjögren-Syndrom	Sicca-Syndrom und Zeichen der Dysautonomie	Anti-Ro (SSA) und Anti-La (SSB)-Antikörper
paraneoplastische autonome Neuropathie	Dysautonomie als klinische Erstmanifestation des Tumorleidens möglich, am häufigsten bei kleinzelligem Bronchial-Ca., auch bei nichtkleinzelligem Bronchial-, Prostata-, Mamma-, Blasen-, Nieren-, Ovarial-, Testes- und Gastrointestinal-Ca.	Anti-Hu-Antikörper (Typ-1-Anti-neuronal-nuklear-Antikörper) am häufigsten; wesentlich seltener Nachweis von Typ-2-Purkinje-Zell-Antikörper (PCA-2) und Colapsin response mediator Protein 5 (CRMP-5)

PNP: Panneuropathie; GIT: Gastrointestinal, OH: orthostatische Hypotonie

4.6 Postprandiale Hypotonie

▶ bedingt durch Vasodilatation im Splanchnikusbereich meist nach schweren Mahlzeiten mit hohem Anteil an Kohlehydraten
▶ Diagnostik: anhand der typischen Anamnese; ggf. Provokationstest mit Kreislaufmonitoring
▶ Therapie: Einnahme häufiger, kleiner Mahlzeiten

4.7 Orthostatische Hypotonie bei Hypertonie im Liegen

▶ in der Regel ältere Menschen betroffen, milde Baroreflexstörung nachweisbar
▶ oft medikamenteninduziert – am häufigsten durch:
  – Alphablocker (Therapie von Prostatahyperplasie bei Männern), trizyklische Antidepressiva oder Diuretika sowie andere Antihypertensiva
▶ meist verstärkt durch Erkrankungen, die das periphere autonome Nervensystem betreffen:
  – v. a. Diabetes mellitus
▶ bei akutem oder subakutem Verlauf Verdacht auf:
  – autoimmune Neuropathie, kleinzelliges Bronchialkarzinom, Leichtkettenerkrankung
▶ 24-h-Blutdruckmonitoring zur Beurteilung des Blutdruckprofils erforderlich!
▶ therapeutisch Verwendung kurzwirksamer Antihypertensiva, keine antihypertensive Therapie nach 18.00 Uhr

4.8 Diagnostisches Vorgehen/Evaluierung

Bei der Diagnostik von Patienten mit OH sollte stets neben der klinischen Schweregradeinteilung auch die Beurteilung des gesamten autonomen Systems erfolgen!

Detaillierte Anamnese (s. Kapitel Anamnese)

- Frage nach klinischem Hauptproblem: Synkope, Schwindel, Schwäche?
- Wann treten die Symptome auf – aggravierende Faktoren?
- Begleiterkrankungen: Diabetes mellitus etc.
- Frage nach anderen betroffenen Organsystemen (urogenital, gastrointestinal, Thermoregulation)
- Familienanamnese!
- Medikamentenanamnese! Alkohol? Drogen?

Substanzen, die eine orthostatische Intoleranz hervorrufen können

- Antihypertensiva:
  - ACE-Hemmer/AT-1-Blocker
  - Alpha-Rezeptor-Antagonisten
  - Kalziumantagonisten
  - Diuretika
  - Betablocker
  - Hydralazin
- Phenothiazine
- trizyklische Antidepressiva
- Bromocriptin
- ganglionblockierende Substanzen
- Nitrate
- Sildenafil
- Monoaminoxidasehemmer
- Alkohol
- Opiate

Klinische Untersuchung
(s. Kapitel Klinische Untersuchung)

- Hydratationszustand, Anämiezeichen?
- neurologische Untersuchung (ggf. durch Konsiliar)
- Hinweise auf eine nichtneurogene Ursache?

12-Kanal-EKG und Routinelabor

Beurteilung der Orthostasetoleranz

- Kurzorthostasetest (diagnostisch bereits beweisend für orthostatische Hypotonie, s. Kapitel „Untersuchungsmethoden")
- Kipptischuntersuchung bei unauffälligem Kurzorthostasetest, bei Patienten mit Morbus Parkinson, Bewegungsstörungen, Rückenmarksläsionen oder bei spezieller Fragestellung (z. B. Testung des Kreislaufverhaltens unter Gabe von Trimetaphan)

Beurteilung des autonomen Systems

1. Thermoregulation und Schwitzen:
   - Änderung der Farbe eines auf der Haut aufgebrachten Indikators
2. Bestimmung des Norepinephrin-Plasmaspiegels
3. Vasopressinspiegel zur Beurteilung des afferenten Teils des Baroreflexes:
   - ein fehlender Anstieg des Spiegels unter orthostatischem Stress (z. B. Hypotonie bei Kipptischuntersuchung) sowie ein normaler Anstieg unter Infusion einer hypertonen NaCl-Lösung weisen auf eine Störung des afferenten Teils des Reflexbogens hin
4. Bestimmung des Wachstumshormonspiegels nach Clonidingabe
   - bei PAF und M. Parkinson regelrecht nachweisbarer Anstieg, bei MSA kein Anstieg vorhanden
5. Herzfrequenzvariabilität unter Valsalva-Manöver

Spezielle bildgebende Diagnostik

- MRT (morphologische Veränderungen)
- SPECT/PET (Aufnahmeverhalten des Herzmuskels/Schrittmacherzellen von 6-(18F-)Fluorodopamin oder (123 J)-Metajodobenzylguanid

Nach Lahrmann et al. EFNS guidelines on the diagnosis and management of orthostatic hypotension. Eur J Neurology 2006; 13: 930–936 und Shibao et al. Hypertension 2005; 45: 469–476

4.9 Therapie der orthostatischen Hypotonie

Generelle Therapieprinzipien

Beeinflussung des Blutdrucks nicht nur durch Lage, sondern auch durch heiße Umgebung, Belastung und reichhaltige Mahlzeiten (besonders Kohlehydrate)

- Vermeidung heißer Bäder oder Sauna, da diese ein venöses „pooling" bedingen
- Vermeidung von plötzlichem Aufstehen, schrittweises Aufstehen v. a. in den Morgenstunden wichtig, da Verschlechterung der Situation in der Nacht durch nächtliche Polyurie und morgendlich niedrigen Blutdruck

4.9 Therapie der orthostatischen Hypotonie

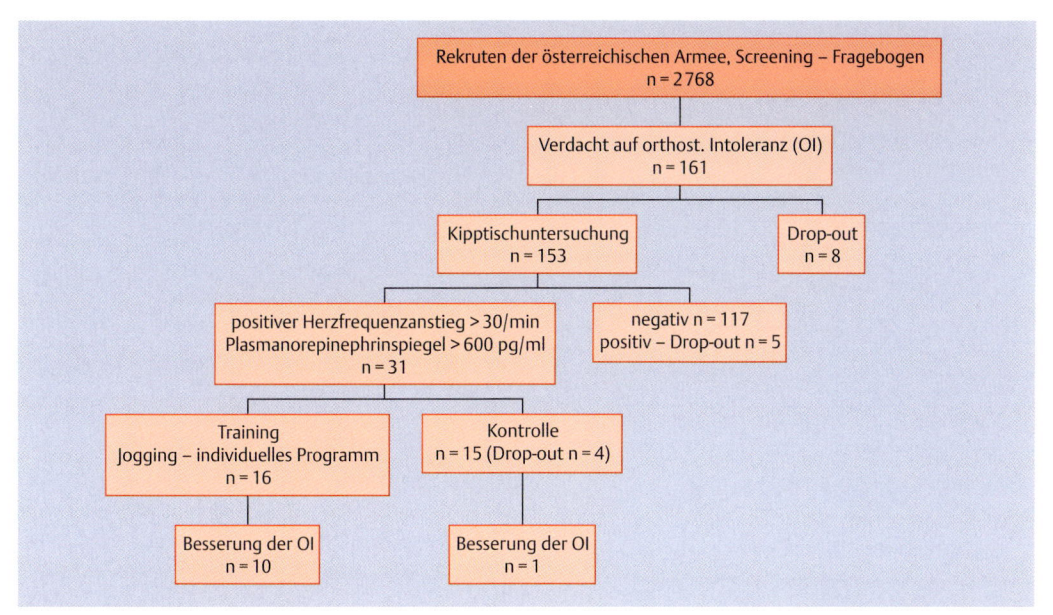

```
                    Rekruten der österreichischen Armee, Screening – Fragebogen
                                          n = 2768
                                             │
                              Verdacht auf orthost. Intoleranz (OI)
                                          n = 161
                                    ┌────────┴────────┐
                          Kipptischuntersuchung    Drop-out
                                 n = 153            n = 8
                          ┌────────┴─────────┐
              positiver Herzfrequenzanstieg > 30/min   negativ n = 117
              Plasmanorepinephrinspiegel > 600 pg/ml   positiv – Drop-out n = 5
                          n = 31
                    ┌─────┴─────┐
                 Training      Kontrolle
          Jogging – individuelles Programm   n = 15 (Drop-out n = 4)
                  n = 16
                     │                │
             Besserung der OI    Besserung der OI
                  n = 10              n = 1
```

Abb. 4.**6** Vergleich des Einflusses von Ausdauertraining auf die orthostatische Toleranz, Flussdiagramm (mod. nach Winkler et al.).

▸ Häufige, kleinere Mahlzeiten anstelle von großen, reichhaltigen Essenseinnahmen, Vermeiden von Alkohol und körperlicher Belastung kurz nach dem Essen
▸ Ausdauertraining (Schwimmen, Aerobic, Radfahren, Walking) empfohlen

Winkler et al. Endurance exercise training in orthostatic intolerance – a randomized, controlled trial. Hypertension 2005; 45: 391–398
Effektivitätsbeurteilung des Ausdauertrainings bei jungen Männern (Soldaten) mit orthostatischer Hypotonie und POTS
Mittleres Alter: Trainingsgruppe: 20,6 Jahre, Kontrollgruppe 22,3 Jahre
Nachbeobachtungszeit: 3 Monate
Flussdiagramm und Ergebnisse (s. Abb. 4.**6**): signifikante Reduktion des Norepinephrinspiegels in der Trainingsgruppe vs. Kontrolle (474,8 vs. 784,3 pg/ml) sowie deutlich geringerer Herzfrequenzanstieg unter Orthostase (26,5/min vs. 39,0/min – im Originalpapier sind die Werte vertauscht!)

Fazit: Ausdauertraining kann die orthostatische Toleranz verbessern.

Non-pharmakologische Therapie

Klasse I Level C

▸ Ausreichend Flüssigkeitszufuhr (2–2,5 l/d) sowie Salzzufuhr (8–15 g = 150–250 mmol/d) (Die Zufuhr von Wasser kann ausgesprochen effektiv den Blutdruck anheben; ein Anstieg von bis zu 40 mmHg systolisch kann erreicht werden, maximaler Effekt ca. 25 min nach dem Trinken)

Klasse IIb Level C

▸ Physikalische Pressmanöver bei Auftreten von Symptomen (s. Therapie bei neurokardiogenen Synkopen) und Vorwärtsbeugen im Akutfall
▸ Tragen von Stützstrümpfen (Kompressionsdruck von mindestens 30–40 mmHg erforderlich!) sowie von Bauchbinden
▸ Schlafen mit erhöhtem Kopfende (20–30 cm) – Aktivierung des Renin-Angiotensin-Systems!

Nach Moya A, Sutton R et al. Guidelines for the diagnosis and management of syncope (version 2009). The Task Force for the Diagnosis and Management of Syncope of the European Society of Cardiology (ESC), www.escardio.org/guidelines und Shibao et al. Management of hypertension in the setting of autonomic failure – a pathophysiological approach. Hypertension 2005; 45: 469–476

Medikamentöse Therapie

Fludrokortison (Klasse IIa, Level B)

- Synthethisches Mineralokortikoid mit minimalen glukokortikoiden Eigenschaften; vorrangige Wirkung über die Steigerung der renalen Natriumreabsorption
- maximaler Plasmaspiegel nach 45 min p. o. Einnahme, Halbwertszeit 7 h
- 2 Studien von 1975: Anstieg des Blutdrucks und Beschwerdenbesserung
- Mittel der ersten Wahl bei leichten Formen, optimale Effektivität zusammen mit Salz- und Flüssigkeitseinnahme
- empfohlene Dosis: 0,1–02 mg/d
- Nebenwirkungen: Flüssigkeitsüberladung und Herzinsuffizienz, Hypokaliämie, Hypertonie im Liegen

Alpha-Rezeptor-Agonisten (KLasse IIa, Level C)

Midodrin

- Vorläufermedikament (Prodrug); Umwandlung in das aktive Desglymidodrin, vorrangige Wirkung über arterielle und venöse Vasokonstriktion, kein Anstieg der Herzfrequenz, kein Übertritt durch die Blut-Hirn-Schranke
- Halbwertszeit 2–3 h, durchschnittliche Wirkdauer ca. 4 h
- 3 Klasse-I-Studien, je eine Klasse-III- und -IV-Studie, sichere Langzeitanwendung, Beschwerdebesserung, inkl. Belastungshypotonie bei PAF
- Mono- oder Kombinationstherapie mit Fludrokortison
- empfohlene Dosierung: Initial: 3 × 2,5 mg/d, Steigerung auf 3 × 10 mg/d möglich
- Nebenwirkungen: Nausea, Gänsehaut, Kopfhautprickeln, Blasenentleerungsstörungen, Hypertonie
- Kontraindikationen: schwere Herzinsuffizienz, unkontrollierte Hypertonie, Harnverhalt

Nach Moya A, Sutton R et al.

Dihydroxyphenylserin (DOPS)

- Vorläufermedikament (Prodrug); Umwandlung in das aktive Noradrenalin,
- Studien: Anwendung bei Dialysepatienten, kleine Patientenzahlen mit Amyloidoseneuropathie, MSA, PAF und peripheren Neuropathien, Verbesserung der orthostatischen Toleranz
- empfohlene Dosierung: 200–400 mg/d, einzige Therapie bei Dopamin-beta-Hydroxylase-Mangel

Octreotid

- Aktive Substanz, hemmt die Freisetzung vasoaktiver gastrointestinaler Peptide, dadurch Verminderung des postprandialen Blutdruckabfalls.
- Anwendung bei Patienten mit PAF und MSA (Untersuchungen bisher nur bei kleinen Patientenzahlen), Verbesserung der orthostatischen Toleranz, u. a. nach dem Essen und Belastung.
- Empfohlene Dosierung: 25–50 µg s. c. eine Stunde vor der Mahlzeit.

Desmopressin

- Bei abendlicher Einnahme Verhinderung des nächtlichen Flüssigkeitsverlusts (Wirkung an den Sammelrohren), dadurch Verbesserung der morgendlichen orthostatischen Toleranz.
- Empfohlene Dosierung: 10–40 µg nasal oder 0,2 mg p. o., stets abends.
- Strenge Kontrolle des Natriums, da Gefahr der Hyponatriämie!

Ergänzend Koffein (3 × 100–250 mg) und bei Nachweis einer Anämie Erythropoetin

Nach Lahrmann et al. EFNS guidelines on the diagnosis and management of orthostatic hypotension. Eu J Neurology 2006; 13: 930–936, Previsdomini et al. Schweizer Medizin Forum 2006; 6: 913–918 sowie Freeman R. N Engl J Med 2008; 358: 615–624

Orthostatische Synkope

Patient F. R.: 76 J., männlich

Weitere Diagnosen
- koronare Herzerkrankung mit Z. n. 3-fach-Bypass-Operation (11/2003)
- Diabetes mellitus II, arterielle Hypertonie
- Prostatahyperplasie

Synkopenanamnese
- am 11. 6. 2007 Synkope (bisher erstes Ereignis)
- an diesem Tag war es sehr heiß; der Patient stand längere Zeit auf einem freien Platz, kann sich an keine weiteren Details erinnern, keine Prodromi
- Bewusstlosigkeitsdauer: einige Minuten (Zeugen)
- bei Eintreffen des Notarztes RR: 90/50 mmHg, Erbrechen
- stationäre Behandlung mit Infusionstherapie, danach RR 130/70 mmHg, Patient verlässt auf eigenen Wunsch die Einrichtung (weitere Diagnostik nicht erfolgt)

Basisdiagnostik
Klinische Untersuchung: ohne relevanten Befund, reizlose Narbe nach Bypass-OP
EKG: Indifferenz-Steiltyp, Sinusrhythmus, normale Erregungsleitung und -rückbildung
Kurzorthostase Test: RR-Abfall von 138/71 mmHg im Liegen auf 102/62 mmHg im Stehen (30 s), 104/60 mmHg nach 5 min Stehen, kein Anstieg der Pulsfrequenz

Kommentar zur Synkopenanamnese und Basisdiagnostik
- **Anamnese:** längere Phase von Stehen vor der Synkope, sodass eine orthostatische oder neurokardiogene Ursache annehmbar sind; als aggravierender Faktor: heiße Umgebung (dadurch zusätzlicher Flüssigkeitsverlust und hitzebedingte periphere Vasodilatation)
- **Notarzt:** Dokumentation einer Hypotonie
- kein Hinweis auf akutes Infarktgeschehen
- **Kurzorthostase-Test:** pathologisch mit Nachweis einer deutlichen orthostatischen Intoleranz **(diagnostisch beweisend)**

Weiterführende Diagnostik
Aufgrund der bekannten strukturellen Herzerkrankung Entschluss zur Komplettierung der weiteren Diagnostik **Karotissinusmanöver:** bds. negativ.
Echokardiografie: gering dilatierter linker Vorhof (43 mm), übrige Herzhöhlen normal groß, grenzwertige Muskelstärke (IVS/LVPW jeweils 12 mm), regelrechte systolische LV-Pumpfunktion (EF 65%), unauffällige Klappenfunktion
Duplexsonografie der extrakraniellen, hirnversorgenden Gefäße: diffuse atherosklerotische Veränderungen mit geringer Stenose der A. carotis interna links (1,6 m/s)
24-h-Langzeit-EKG: Sinusrhythmus mit regelrechter AV-Überleitung, niedriges Frequenzprofil, durchschnittliche Herzfrequenz 54/min (min. HF 47/min, max. HF 99/min), vereinzelt supraventrikuläre Extrasystolen (max. 12/h), keine relevante ventrikuläre Extrasystolie, keine Asystolien

Kommentar zur erweiterten Diagnostik und Verlauf
- die erweiterte Diagnostik konnte keine andere Synkopenursache nachweisen
- Diagnose: milde orthostatische Hypotonie (1) bei Diabetes mellitus II, Aggravierung unter antihypertensiver Therapie
- nach Optimierung der antihypertensiven Therapie besteht Beschwerdefreiheit

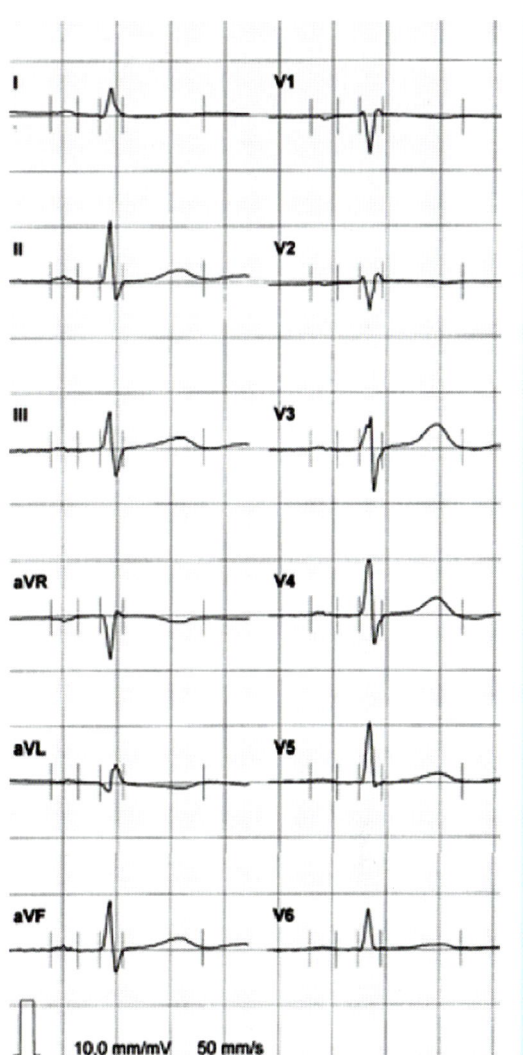

Abb. 4.7 12-Kanal-EKG von Patient F. R. mit Z. n. orthostatisch bedingter Synkope.

4.10 Posturales orthostatisches Tachykardiesyndrom (POTS)

4.10.1 Definition des POTS

- Form der orthostatischen Intoleranz (OI), bei der klinische Symptome (Tab. 4.6) von einem überdurchschnittlichen Anstieg der Herzfrequenz begleitet sind
- Frequenzanstieg in den ersten 10 min nach Beginn der Orthostase um mindestens 30/min oder ein Überschreiten der maximalen Herzfrequenz von 120/min
- Blutdruck bleibt dabei konstant oder fällt nur mild ab (max. Differenz 20/10 mmHg), ohne Provokation einer Synkope
- Fehlen einer schwerwiegenden Grunderkrankung, einer längeren Bettlägerigkeit oder von Medikamenten, die das autonome Regulationssystem beeinträchtigen
- keine nachweisbare (bisher bekannte) Erkrankung, die das autonome System betrifft
- zusätzlich multiple klinische Symptomatik (s. Kap. 4.8.2)

Nach Grubb. Postural tachycardia syndrome. Circulation 2008; 117: 2814–2817 und Grubb/Olshansky. In: Syncope: mechanisms and management. Malden, Oxford, Carlton: Blackwell Futura; 2005: 229

Tabelle 4.6 Klinische Symptome bei POTS (nach Brooks et al.).

Symptom	Häufigkeit (%)
Schwindelsymptome	77–100
Schwäche	67–94
Palpitationen	39–89
Belastungsintoleranz	81–83
Zittern	50–80
Photosensitivität	78
Kurzatmigkeit	42–77
Dysäquilibrium	75
Nausea	50–72
Blässe	71
feuchte Hände, kalter Schweiß	56–70
Angstzustände	56–69
visuelle Störungen	53–61
Brustschmerzen	61
Synkope/Präsynkope	55–56
Flush	44
Kopfschmerzen	44

4.10.2 Klinische Situation und Charakteristik

Aufgrund der ausgeprägten Symptomatik bei ansonsten unauffälligem klinischen Befund sowie dem Fehlen einer schwerwiegenden Begleiterkrankung werden Patienten mit POTS oft fehldiagnostiziert – u. a. als Panikstörung oder chronisches Angstsyndrom.

Patienten bemerken im Stehen u. a. oft Palpitationen und Herzrasen, dabei wurden Anstiege der Herzfrequenz bis zu 170/min beschrieben. Schwindel und Schwächeanfälle bilden die häufigsten Symptome.

Neben typischen Beschwerden (Tab. 4.6) finden sich auch gastrointestinale Störungen (Diarrhö 75 %, Blähungen 72 %, Krämpfe 62 %, Obstipation 50 %, Völlegefühl 46 %, Erbrechen 25 %) sowie Wärmeintoleranz 58 %, trockene Augen 38 %, Xerostomie 38 %, postprandialer Flush 44 %.

4.10.3 Epidemiologie

- ca. 500 000–1 000 000 Personen mit POTS in den USA
- 4,8 Millionen Krankentage jährlich durch POTS und OI in der BRD, in der Regel junge Menschen betroffen, die im produktiven Alter stehen
- Männer : Frauen = 1 : 4–6
- mittleres Alter bei Diagnosestellung: 29 Jahre (zwischen 15 und 50 Jahre)

Nach Brooks et al. Postural orthostatic tachycardia syndrome. J Am Dent Assoc 2006; 137: 488–493

4.10.4 Formen des POTS und der Merkmale

Primäre Formen

Partielle Dysautonomie

Pathophysiologie: Der genaue Mechanismus der Erkrankung ist bisher nicht geklärt; bei Patienten mit POTS besteht jedoch:
- die Unfähigkeit der peripheren Muskulatur zur ausreichenden Kontraktion (am ehesten durch eine partielle sympathische Denervation bedingt),

4.10 Posturales orthostatisches Tachykardiesyndrom (POTS)

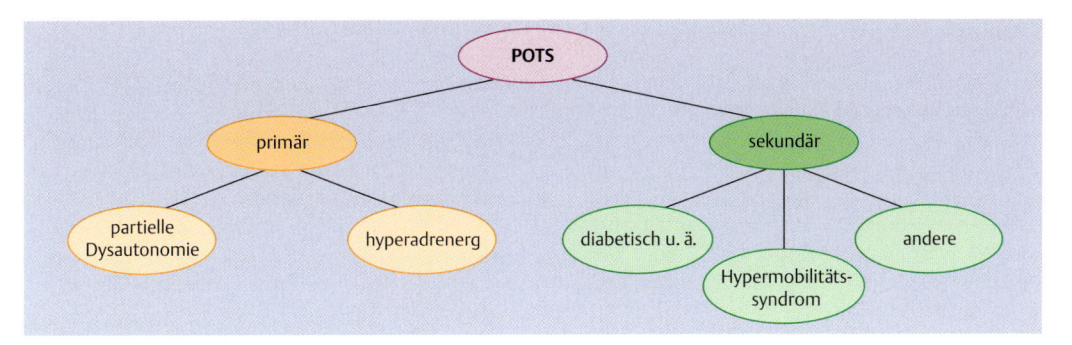

Abb. 4.8 Einteilung des POTS nach Ursachen.

nach Jacob et al. The neuropathic postural tachycardia syndrome. N Engl J Med 2000; 343: 1008–1014)
▶ dadurch kommt es zu einem deutlich erhöhten venösen Pooling und einem verminderten venösen Rückfluss zum Herzen
▶ nachfolgend kompensatorischer Anstieg der Herzfrequenz und der kardialen Kontraktilität im Stehen
▶ Kompensationsmechanismen versagen jedoch nach unterschiedlich langer Zeit
▶ zusätzlich Verschlechterung durch verminderten Blutfluss in den unteren Extremitäten bei manchen Patienten; sog. Low-flow-POTS (nach Stewart et al. Decreased skeletal muscle pump activity in patients with POTS and low peripheral blood flow. Am J Physiol Heart Circ Physiol 2004; 286: H1216–H1222)

Ursächlich werden autoimmune Prozesse (u. a. Autoantikörper gegen Alpha-3-Azetylcholin), Entzündungsreaktionen, mitochondriale Störungen, genetisch bedingte Störungen der endothelialen NO-Synthetase (Garland et al. Hypertension 2005; 46: 1103–1110), eine renale Beteiligung (vermindertes zirkuläres Plasmavolumen ohne kompensatorischen Anstieg des Renins sowie eine erniedrigte Anzahl an roten Blutkörperchen bei paradox niedrigem Aldosteronspiegel) diskutiert (nach Raj et al. Circulation 2005; 111: 1574–1582).

Klinisches Bild:
▶ Manifestation im Alter zwischen 14–50 Jahren, 5:1= Frauen:Männer
▶ Beginn der Beschwerden plötzlich, meist nach viralem Infekt, Schwangerschaft, Immunisierung, Sepsis, Operation oder Trauma
▶ Symptome: s. Tab. 4.6, zus. Verschlechterung der kognitiven Fähigkeiten, plötzliches Aufwachen wegen Palpitationen, Kopf- und Nackenschmerzen mit Ausstrahlung in die Schultern
▶ häufig zyklusbedingtes Auftreten der Beschwerden – Verschlechterung 4–5 Tage vor Beginn der Menstruation
▶ während des Stehens oft livide Verfärbung der Beine (kann mit einer Zyanose verwechselt werden!)
▶ Norepinephrinspiegel im Liegen im Normbereich, im Stehen erhöht

Nach Grubb BP. Postural tachycardia syndrome. Circulation 2008; 117: 2814–2817

Hyperadrenerge Form
▶ Hypersensitivität gegenüber betaadrenergen Rezeptoren,
▶ ca. 10% der POTS-Fälle
▶ identifiziert wurden u. a. Gendefekte mit Dysfunktion der Wiederaufnahme eines Transportproteins, welches Norepinephrin aus dem Synapsenspalt beseitigt

Klinisches Bild:
▶ Beginn der Beschwerden langsam ohne auslösendes Moment
▶ Symptome: im Unterschied zur partiellen Dysautonomie Auftreten von Zittern, Angstgefühl im Stehen, kalte, schweißige Extremitäten, in 50% der Fälle typische Migränekopfschmerzen (Prodromi, unilateral, Beginn mit Lichtempfindlichkeit und Brechreiz)
▶ erhöhte Norepinephrinspiegel (> 600 ng/ml)

Nach Grubb BP. Postural tachycardia syndrome. Circulation 2008; 117: 2814–2817

Sekundäre Formen

Beschreiben den Zustand einer peripheren autonomen Denervation bei erhaltener kardialer Regulation.

Stoffwechselerkrankungen

Diabetische Neuropathie am häufigsten, auch bei Sarkoidose, Amyloidose, nach Chemotherapie (Vincaalkaloide), Sjögren-Syndrom, Lupus erythematodes, Schwermetallvergiftungen.
Nach Grubb BP. Postural tachycardia syndrome. Circulation 2008; 117: 2814–2817

POTS bei Hypermobilitätssyndromen

Ehlers-Danlos-Syndrom (EDS):

Angeborene Bindegewebserkrankung, bei der es zu einer Fehlbildung des Kollagens kommt.
- viele verschiedene Typen:
  – Bei atypischer Kollagen-III-Bildung: Klinisches Bild geprägt durch „samtweiche", dünne und überdehnbare Haut, hypermobile Gelenke und ausgeprägte Fragilität mit Verletzungsneigung (Hämatome u. ä.)
  – orthostatische Intoleranz ebenfalls eine Folge der Gefäßabnormalitäten: das abnormale Bindegewebe befindet sich in den Gefäßen und ermöglicht v. a. in den Venen eine überdurchschnittliche Erweiterbarkeit, sodass es bei längerem Stehen zu einem ausgeprägten venösen „pooling" in den Beinen kommt
- orthostatische Hypotonie bei ca. 78 % der Patienten mit EDS vorhanden
- keine kausale Therapie, symptomatische Behandlung

Andere Erkrankungen mit POTS

POTS kann auch die Erstmanifestation anderer Erkrankungen sein: autonome Störungen (PAF, MSA) oder maligne Erkrankungen (u. a. Bronchial-, Mamma-, Pankreas- oder Ovarialkarzinom).
Nach Grubb. Postural tachycardia syndrome. Circulation 2008; 117: 2814–2817 und Grubb/Olshansky. In: Syncope: mechanisms and management. Maldon, Oxford, Carlton: Blackwell Futura; 2005: 229–232

4.10.5 Klinischer Verlauf

- Erholungsrate bei jungen Patienten hoch (Symptombeginn kurz nach der Menarche, Verschlechterung in den nächsten Jahren und danach langsame Besserung, im jungen Erwachsenenalter Verschwinden der Symptome)
- gute Besserungstendenz auch bei postviralen Fällen
- ca. ⅓ der Patienten mit primärem POTS bleiben symptomatisch
- Schwangerschaften werden in der Regel gut toleriert, enge Kontrollen sollten aber erfolgen; kein Unterschied im weiteren klinischen „Outcome" zwischen Kaiserschnitt oder natürlicher Geburt

4.10.6 Diagnostik

Erfolgt in der Regel ähnlich wie bei orthostatischer Hypotonie (s. Kap. 4.8, S. 172):
1. detaillierte Anamnese (inkl. Fahndung nach sekundären Ursachen)
2. klinische Untersuchung (bei primärem POTS unauffällig, bei sekundärem POTS Befunde im Sinne des EDS oder anderer Grunderkrankungen möglich)
3. Beurteilung der Kreislaufsituation mittels Stehtest, i. d. R. Kipptischuntersuchung richtungsweisend
4. Bestimmung des Norepinephrinspiegels in Ruhe und während Stehtest zur weiteren Differenzierung
5. ggf. Bestimmung von Antikörper gegen Azetylcholin
6. weitere Diagnostik auf primäre oder sekundäre autonome Neuropathien (s. Kap. 4.5.2)

4.10.7 Therapie

Das Behandlungskonzept bei POTS-Patienten ist ähnlich dem der orthostatischen Hypotonie, unterscheidet sich jedoch in einigen Komponenten.

Prinzipielle Behandlungsstrategien

- Identifikation, Behandlung oder Beseitigung reversibler Ursachen inkl. längere Immobilisation, chronische Erkrankungen, Malignome, Diabetes mellitus, signifikante (ungewollte) Gewichtsabnahme
- Überprüfung und Optimierung der aktuellen Medikation (s. Kap. 4.8, S. 172 f.)
- Vermeidung auslösender Faktoren (s. Kap. 4.9, S. 172 f)

4.10 Posturales orthostatisches Tachykardiesyndrom (POTS)

```
┌─────────────────────────────────────────────────────────────────┐
│  Patienten mit idiopathischen orthostatischen Tachykardien (POTS) │
│                            n = 13                                 │
│  Effektivitätsbeurteilung von Flüssigkeitszufuhr, Midodrin,      │
│                    Clonidin und Placebo                           │
└─────────────────────────────────────────────────────────────────┘
                              │
┌─────────────────────────────────────────────────────────────────┐
│       Testung aller 13 Patienten mit den 4 Substanzen            │
│  Beurteilung des Blutdruck- und Frequenzverhaltens in Ruhe       │
│      und im Stehen jeweils nach 1 und nach 2 Stunden             │
└─────────────────────────────────────────────────────────────────┘
```

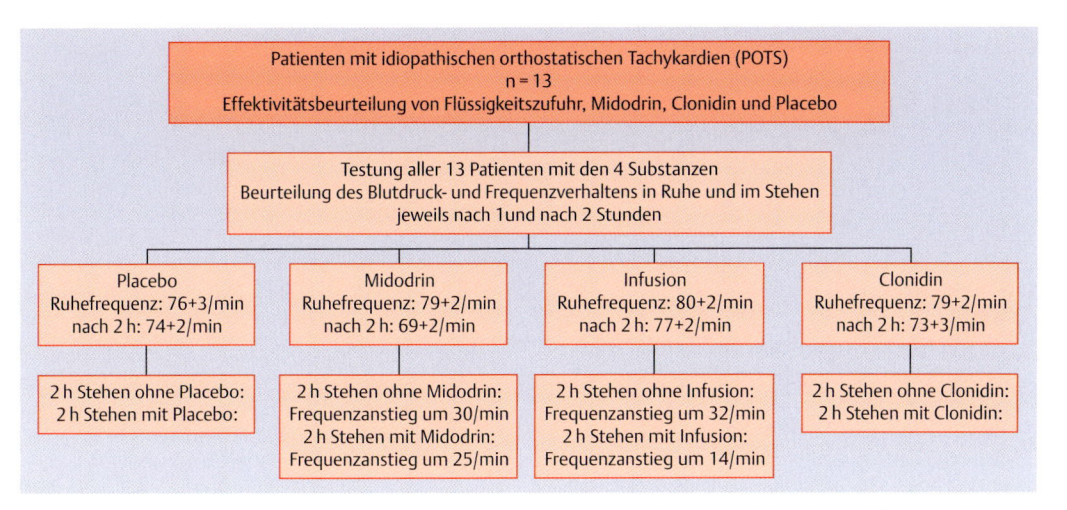

Placebo	Midodrin	Infusion	Clonidin
Ruhefrequenz: 76+3/min	Ruhefrequenz: 79+2/min	Ruhefrequenz: 80+2/min	Ruhefrequenz: 79+2/min
nach 2 h: 74+2/min	nach 2 h: 69+2/min	nach 2 h: 77+2/min	nach 2 h: 73+3/min
2 h Stehen ohne Placebo: 2 h Stehen mit Placebo:	2 h Stehen ohne Midodrin: Frequenzanstieg um 30/min 2 h Stehen mit Midodrin: Frequenzanstieg um 25/min	2 h Stehen ohne Infusion: Frequenzanstieg um 32/min 2 h Stehen mit Infusion: Frequenzanstieg um 14/min	2 h Stehen ohne Clonidin: 2 h Stehen mit Clonidin:

Abb. 4.**9** Effektivitätsvergleich von Placebo, Midodrin, Wasser-Salz-Infusion und Clonidin auf die Hämodynamik bei POTS-Patienten, nach Jacob et al.

Nichtmedikamentöse Therapie

▶ identisch zu orthostatischer Hypotonie (s. S. 173)
▶ besonders wichtig scheint jedoch eine ausreichende Flüssigkeitszufuhr zu sein

Nach Jacob et al. Effects of volume loading and pressor agents in idiopathic orthostatic tachycardia. Circulation 1997; 96: 575–580

Testung von 13 Patienten mit POTS (11 Frauen, 2 Männer), mittleres Alter 33 ± 3 Jahre; durch Infusion einer Kochsalzlösung konnte eine deutlich stärkere Reduktion des orthostatisch bedingten Frequenzanstiegs und eine bessere Stabilisierung der Kreislaufverhältnisse erreicht werden, als dies unter Gabe von Midodrin, Clonidin oder Placebo der Fall war (Abb. 4.**9**).

Medikamentöse Therapie

Bisher bestehen für die medikamentöse Therapie des POTS keine generellen Richtlinien und keine offiziell zugelassenen Medikamente, sog. „off label use"!

Insofern lehnt sich die medikamentöse Behandlung des POTS an die Empfehlungen zur Therapie der orthostatischen Hypotonie an (s. S. 174).

Weitere Substanzen finden in besonderen Fällen Anwendung:

▶ Labetalol – bei hyperadrenergen Zuständen (Alpha- und Betablockade)
▶ Amphetaminpräparate (u.a. Dexamphetamin) – problematisch: Gefahr der Abhängigkeit sowie weiterer Nebenwirkungen
▶ Yohimbin – zentral wirksamer, selektiver Alpha-2-Antagonist (Beendigung oft wegen Nebenwirkungen)
▶ Clonidin – zentral wirksamer Alpha-2-Agonist
▶ Serotoninreuptake-Inhibitoren, Phenobarbital, Pyridostigmin und weitere
▶ Bupropion, Venlafaxin, Pyridostigmin

Nach Grubb BP. Postural tachycardia syndrome. Circulation 2008; 117: 2814–2817 und Grubb/Olshansky. In: Syncope: mechanisms and management. Blackwell Futura; 2005: 238–239

5 Bradykarde Herzrhythmusstörungen als Synkopenursache

5.1 Einleitung

5.1.1 Die Herzfrequenz und Rhythmusbesonderheiten in der „Normalbevölkerung"

Es besteht kein Zweifel darüber, dass bei Bestimmung der Ruhefrequenz gesunder „Normalpersonen" große intra- und interindividuelle Schwankungen zu erwarten sind. Nachmittags gemessene Ruheherzfrequenzen zeigten folgende Befunde:
▶ Männer: 46–93/min
▶ Frauen: 51–95/min

In der Nacht können die Herzfrequenzen teilweise sogar bis
▶ 24/min bei jungen Erwachsenen
▶ 14/min bei über 80-Jährigen
absinken, ohne einen pathologischen Befund darzustellen, insbesondere bei Sportlern sind niedrige Herzfrequenzen zu finden.

Des Weiteren können folgende Arrhythmien als mögliche Normvarianten bzw. nicht pathologische Befunde in asymptomatischen Personen auftreten:
▶ Sinuspausen bis 2,5 s, SA-Block II. Grades, SA-Block mit junktionalem Ersatzrhythmus, Sinusbradykardien bis 30/min
▶ AV-Block I. oder II. Grades Typ Wenckebach
▶ bei Vorhofflimmern: Pausen am Tage bis 2,8 s und nachts bis 4,0 s

5.1.2 Anatomie und Physiologie des Reizbildungs- und Reizleitungssystems
(Abb. 5.1)

Das Reizbildungs- und Reizleitungssystem des Herzens wird durch sympathische und parasympathische Fasern mit entsprechenden Informationen versorgt und gesteuert.

Sinusknoten

Ansammlung spezialisierter Zellen im Sulcus terminalis (Einmündung der V. cava sup. in das rechte Atrium), Blutversorgung durch die Sinusknotenarterie (zu 65% aus der rechten Kranzarterie, 25% aus Zirkumflexarterie, 10% aus beiden)

AV-Knoten

Lokalisation subendokardial an der Basis des rechten Vorhofs in der Spitze des sog. Koch'schen Dreiecks (zwischen Trikuspidalanulus und Eustachi'scher Klap-

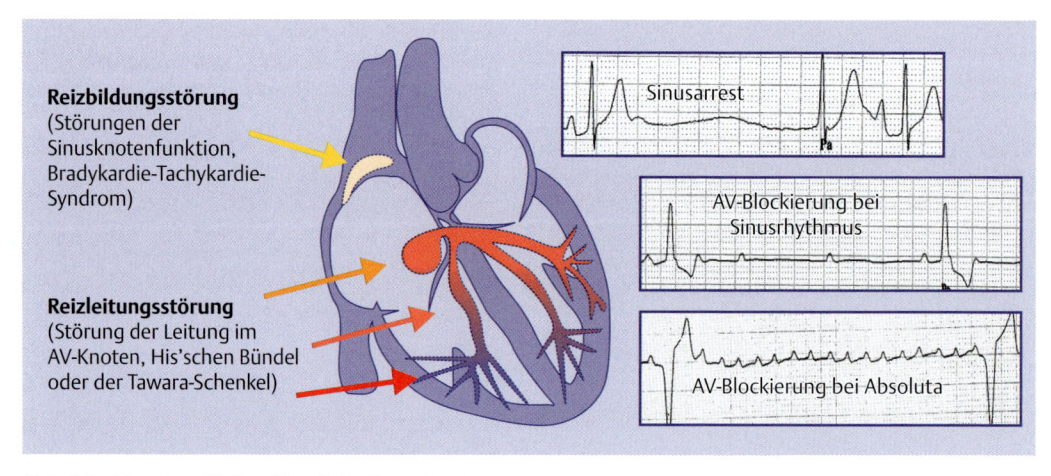

Abb. 5.1 Ursachen für bradykardiebedingte Synkopen.

pe), Blutversorgung durch die AV-Knotenarterie (zu 90 % aus der rechten Kranzarterie, 10 % aus Zirkumflexarterie)

HIS-Bündel

Leitung der Impulse vom AV-Knoten durch das Septum zu den **Tawara-Schenkeln** und weiter in die **Purkinje-Fasern,** die letztlich alle Impulse an das Arbeitsmyokard weitergeben.

5.1.3 Ursachen einer Bradykardie

Intrinsisch

- *idiopathisch-degenerativ:* „Alterung", idiopathisch-degenerative fibrotische Infiltration (Morbus Lenègre)
- *LEV'sche-Erkrankung:* Kalzifizierung des Leitungssystems
- *ischämisch:* chronisch-ischämische oder akut-ischämisch bei allen Formen des ACS
- *infiltrative Erkrankungen:* Sarkoidose, Amyloidose, Hämochromatose, Tumoren/Leukämie/Metastasen/Morbus Hodgkin
- *entzündlich:*
  – Myokarditis, Perikarditis, Endokarditis, rheumatisches Fieber
  – Arteriitis, Diphtherie, Aspergillus, Myokarditis
  – Chagas-Erkrankung
  – Lyme-Erkrankung
- *muskuloskeletale Erkrankungen:* Morbus Duchenne, Friedreich-Ataxie
- *neuromuskuläre Erkrankungen:* Becker-Muskeldystrophie
- *Kollagenosen:* Lupus erythematodes, Sklerodermie, rheumatoide Arthritis, Reiter-Syndrom, Spondylitis ankylosans
- *chirurgisches Trauma:* Klappenersatz, Korrektur kongenitaler Vitien, Herztransplantation
- *familiäre Erkrankungen*

Kongenitale Ursachen

- Sinusknotenarterienmissbildung, kongenitale Abnormalitäten

Extrinsisch

- *medikamentös:* Betablocker, Kalziumantagonisten, Clonidin, Digitalis, Antiarrhythmika
- *Elektrolytstörungen:* Hyperkaliämie, Hypokaliämie
- *endokrine Erkrankungen:* Hypothyreose

- Hypothermie, Toxine, Hypoxämie
- neurologische Erkrankungen
- autonom vermittelte Syndrome: Reflexsynkopen, Karotissinussyndrom, situative Störungen

Mangrum et al. The evaluation and management of bradycardia. N Engl J Med 2000; 342: 703–709. Adan et al. Diagnosis and treatment of sick sinus syndrome. Am Fam Physician 2003; 67: 1725–1732

5.1.4 Diagnostisches Vorgehen bei V. a. bradykardiebedingte Synkopen

Siehe Abb. 5.**2**.

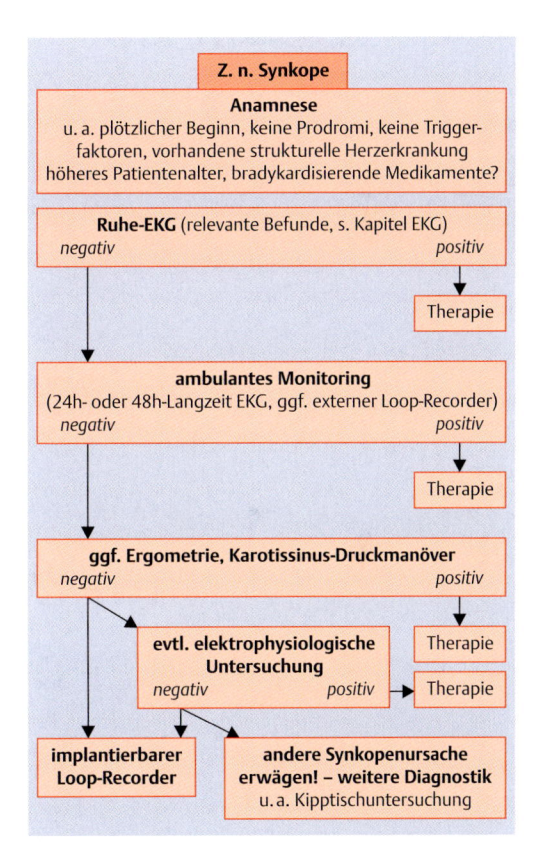

Abb. 5.**2** Mögliches diagnostisches Vorgehen bei V. a. auf eine Bradykardie als Ursache einer Synkope.

5.2 Sinusknotensyndrom (Sick-Sinus-Syndrom, SSS)

5.2.1 Definition und Charakteristik

Das Sinusknotensyndrom stellt eine Abnormalität dar, die die Erzeugung von Aktionspotenzialen im Sinusknoten beeinträchtigt und durch eine für die physiologischen Erfordernisse unzureichende Vorhoffrequenz charakterisiert ist.
Dobrzynski H et al. New insights into pacemaker activity promoting understanding of sick sinus syndrome. Circulation 2007; 115: 1521–1931
Dabei ist eine Differenzierung von in der Regel vagal bedingten asymptomatischen Pausen bei herzgesunden Personen unbedingt erforderlich!

5.2.2 Epidemiologie

Inzidenz: 1/600 Personen älter als 65 Jahre, Mittleres Alter bei Erstdiagnose: 68 Jahre
Mangrum et al. The evaluation and management of bradycardia. N Engl J Med 2000; 342: 703–709

5.2.3 Ätiologie

- s. Ursachen einer Bradykardie
- generell häufige Koexistenz mit koronarer Herzerkrankung (bei akutem Myokardinfarkt häufig temporäre Erscheinung; Mechanismus dabei unklar: Sinusknotenischämie?, Inflammation? Lokale Reflexaktivierung?)
- chronische Ischämie: kann Fibrose des Sinusknotens hervorrufen, spätere Entwicklung eines SSS

Adan et al. Diagnosis and treatment of sick sinus syndrome. Am Fam Physician 2003; 67: 1725–1732

5.2.4 Pathophysiologische Aspekte des Sinusknotensyndroms

Sinusknotensyndrom und Altern

- altersbedingt Abnahme bestimmter Ionenkanäle (Na_v 1.5 und I_{Na}) am „Rande" des Sinusknotens, somit verminderte bzw. verzögerte Überleitung der im Sinusknoten gebildeten Impulse an das Vorhofmyokard
- weiterhin vermindertes Auftreten von K_v-Ionenkanälen mit resultierender Verlängerung des Sinusknotenaktionspotenzials

Familiäre Sinusknotensyndrome

Beschreibung verschiedener Gen-Mutationen, die die Ionen-Kanäle (Na_v 1.5 [SCN5a]) sowie Mutationen, die HCN4 (Schrittmacher-Ionen-Kanal) und Ankyrin-B betreffen.
Nach Dobrzynski H et al. New insights into pacemaker activity promoting understanding of sick sinus syndrome. Circulation 2007; 115: 1521–1931. Milanesi et al. Familial sinus bradycardia associated with a mutation in the cardiac pacemaker channel. NEJM 2006; 354: 151–157

5.2.5 Elektrokardiografische Präsentation

Ferrer IM. The sick sinus syndrome. Circulation 1973; 47: 635–641
Charakterisierung der unterschiedlichen elektrokardiografischen Manifestationen des Sinusknotensyndroms, die in abgewandelter Form heute noch gültig sind:
- persistierende Sinusbradykardie (ohne bradykardisierende Medikation)
- chronotrope Inkompetenz
- intermittierender SA-Block/Sinusarrest mit oder ohne Ersatzrhythmus
- Kompletter Sinusknotenstillstand
- Bradykardie-Tachykardie-Syndrom
- Bradykardes Vorhofflimmern (im Rahmen einer Zweiknotenerkrankung)
- Sinusknotenstillstand nach elektrischer Kardioversion

5.2.6 Klinische Manifestation des Sinusknotensyndroms

Zentrales Nervensystem

Demenz, Erregbarkeit, Lethargie, Gedächtnisverlust, Schlafstörungen, Gangunsicherheit, (Prä-) Synkope

Kardiovaskuläres System

Herzinsuffizienz, embolische Komplikationen, Angina pectoris, Palpitationen

Andere

Verdauungsstörungen, Verwirrtheit, Flush, körperliche Schwäche, Fehler bei Beurteilung von Situationen
Mod. nach Wahls et al. Sick sinus syndrome. Am Fam Physician 1985; 31: 123

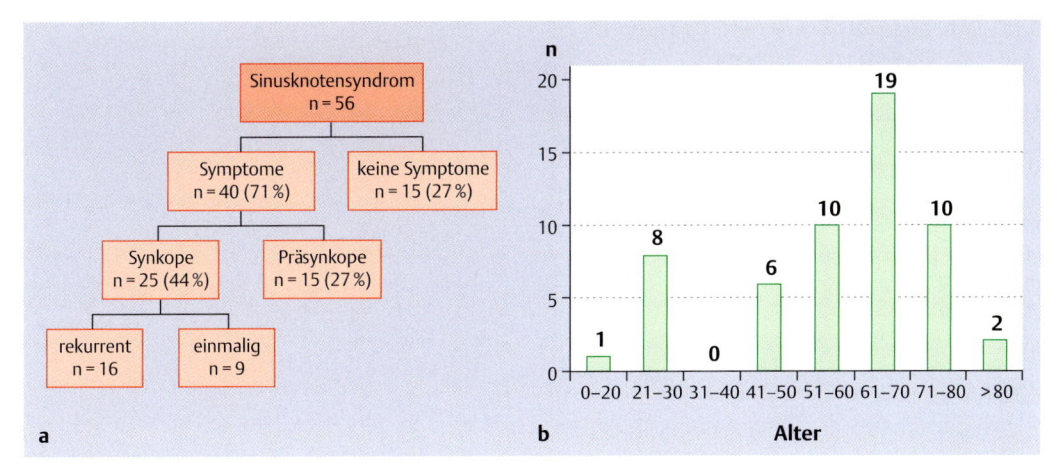

Abb. 5.**3 a, b** **a** Auftreten von Synkopen bei Patienten mit Sinusknotensyndrom. **b** Altersverteilung bei Erstdiagnose Sinusknotensyndrom (nach Rubenstein et al.).

5.2.7 Sinusknotensyndrom und Synkopen

Metaanalyse von 10 Studien; dabei Auswertung von insgesamt 336 Patienten mit Sinusknotensyndrom.
   Auftreten von Synkopen/Präsynkopen/Schwindel: n = 224 (66,6%; zwischen 40–92%)
Benditt & Sutton. Bradyarrhythmias and syncope. In: Syncope: mechanisms and management. 2nd ed. Maldon, Oxford, Carlton: Blackwell Futura, 2005

Rubenstein et al. Clinical spectrum of the sick sinus syndrome. Circulation 1972; 46: 5–13
Analyse von 56 Patienten mit Sinusknotensyndrom
Einteilung nach elektrokardiografischen Befunden in drei Gruppen: Sinusbradykardie (n = 8, mittleres Alter = 61 Jahre), Sinuspausen (n = 15, mittleres Alter = 68 Jahre), Bradykardie-Tachykardie-Syndrom (n = 33, mittleres Alter = 68 Jahre)
Ergebnisse: Synkopen: mindestens ein Ereignis bei 44% der Patienten; davon ca. ⅔ rezidivierend
Präsynkopen: 27% (s. Abb. 5.**3 a** und **b**)

> **Fazit:** Bei Patienten mit Sinusknotensyndrom sind Symptome wie Schwindel, Präsynkope und Synkope mit ca. 60% bis 70% sehr häufig.

5.2.8 Synkopenursachen bei Patienten mit Sinusknotensyndrom

1. Sinusbradykardie: auch bei schweren Bradykardie < 30/min relativ seltene Synkopenursache
2. Asystolien > 3,0 s (häufigste Ursache):
   – Sinusknotenstillstände
   – präautomatische Pausen (Sinusknotenerholungszeit nach Terminierung von Vorhofarrhythmien)
   – selten: intermittierende AV-Blockierungen im Rahmen einer Zweiknotenerkrankung
3. Tachykardien:
   – tachykardes Vorhofflimmern/-flattern (Bradykardie-Tachykardie-Syndrom)
   – bradykardieinduzierte ventrikuläre Arrhythmien (v. a. Torsade de pointes) – sehr selten

5.2.9 AV-Leitungsstörungen bei Sinusknotensyndrom

Bekanntes, aber bisher nicht eindeutig verstandenes Phänomen
1. Patienten mit AV-Leitungsstörung zum Zeitpunkt der Diagnose des Sinusknotensyndroms:
   – Analyse von 1808 Patienten mit SSS: zusätzliche AV-Blockierungen bei 300 Patienten (16,6%)
2. Entwicklung einer AV-Leitungsstörung im Laufe der Jahre:
   – jährliches Risiko der Entwicklung einer relevanten AV-Blockierung liegt zwischen 0,6 und 2,7%.
   – oft unterschätzt: Wirkung von Antiarrhythmika auf die Verschlechterung der AV-Leitung!
   – Identifkation gefährdeter Patienten durch regelmäßige Kontrolle!

Benditt & Sutton. Bradyarrhythmias and syncope. In: Syncope: mechanisms and management. 2nd ed. Maldon, Oxford, Carlton: Blackwell Futura, 2005

5.2.10 Therapie des Sinusknotensyndroms; Behandlung der Synkopen

Alboni et al. Effects of permanent pacemaker and oral theophylline in sick sinus syndrome, the THEOPACE study: a randomized controlled trial. Circulation 1997; 96: 260–266

Einzige randomisierte Studie, die die Therapieeffektivität einer Herzschrittmacherversorgung mit physiologischer Stimulation gegenüber einer medikamentösen Therapie mit Theophyllin und einer Kontrollgruppe ohne spezifische Therapie bei Patienten mit symptomatischem Sinusknotensyndrom (SSS) untersuchte.

Randomisierung von 107 Patienten mit SSS, mittleres Alter 73 ± 11 Jahre

Mittlere Nachbeobachtungszeit: 19 ± 14 Monate (bis zu 48 Monate)

Endpunkte: erstes Synkopenrezidiv, Entwicklung einer Herzinsuffizienz, thrombembolische Ereignisse, permanentes Vorhofflimmern, Symptom-Score-bezogene Beschwerden

Ergebnisse: Rezidivsynkopen (Abb. 5.**4**), weitere Endpunkte (Tab. 5.**1**)

> **Fazit:** Die Schrittmachertherapie mit physiologischer (vorhofbeteiligter) Stimulation reduziert bei Patienten mit Sinusknotensyndrom signifikant die Resynkopenrate sowie das Auftreten einer Herzinsuffizienz. Eine Reduktion der Mortalität, der Reduktion von neu aufgetretenem Vorhofflimmern oder thrombembolischen Ereignisse konnte durch die Schrittmachertherapie nicht gezeigt werden. Randomisierte, placebokontrollierte Studien, die den Effekt der Schrittmachertherapie hinsichtlich einer Reduktion der Mortalität bei Sinusknotensyndrom belegen könnten, fehlen.

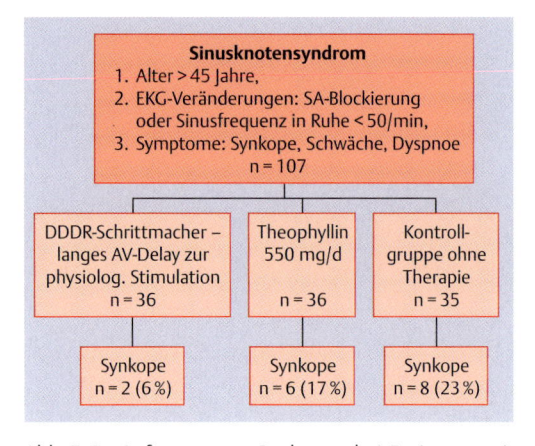

Abb. 5.4 Auftreten von Synkopen bei Patienten mit Sinusknotensyndrom nach Therapieform: Herzschrittmacher vs. Theophyllin vs. Kontrollgruppe. Signifikant weniger häufig Synkopen in der Schrittmachergruppe vs. Kontrollgruppe (p = 0,02) und tendenziell weniger gegenüber Theophyllin (p = 0,07) (nach Alboni et al.).

Mortalität bei schrittmacherversorgten Patienten mit Sinusknotensyndrom

Flaker et al. Death in patients with permanent pacemakers for sick sinus syndrome (mode selection trial MOST – investigators). American Heart J 2003; 146 (5): 887–893

2010 Patienten mit Sinusknotensyndrom – randomisiert zu DDD oder VVI; mittleres Alter 74 Jahre

Mittlere Nachbeobachtungszeit: 33 Monate

Ergebnisse: Mortalität: gesamt: 20% (n = 404), nicht kardial: 49% (n = 198), kardial: 35,4% (n = 143), unbekannte Ursache: 15,6% (n = 63)

Kein signifikanter Mortalitätsunterschied zwischen den Stimulationsformen

Tabelle 5.1 Auftreten von Endpunkten bei Patienten mit Sinusknotensyndrom nach Therapie; Herzschrittmacher vs. Theophyllin vs. Kontrollgruppe (nach Alboni et al.).

	Schrittmacher (n = 36)	Theophyllin (n = 36)	Kontrollgruppe (n = 35)
Mortalität	5 (14%)	2 (6%)	2 (6%) n.s.
Rezidivsynkopen	2 (6%), 5 ± 2 Monate	6 (17%), 12 ± 9 Monate	8 (23%), 8 ± 8 Monate
neue Herzinsuffizienz	1 (3%)	1 (3%)	6 (17%) (p = 0,5)
Vorhofflimmern (paroxys./perman.)	10 (28%)	10 (28%)	9 (26%) n.s.
Thromboembolien	3 (9%)	3 (9%)	1 (3%) n.s.

5.2.11 Therapie eines symptomatischen Sinusknotensyndroms

1. Überprüfung auf reversible Ursachen der Sinusknotenfunktionsstörung (u.a. Medikamente, Elektrolytstörungen, s. Ursachen einer Bradykardie)
2. Schrittmachertherapie bei nicht reversiblen Sinusknotenfunktionsstörungen (SSS):
   - *Indikation (Klasse I):*
     - manifeste Sinusknotenfunktionsstörung (symptomatische Bradykardie mit oder ohne bradykardieabhängige Tachykardien) mit eindeutigem Zusammenhang zur klinischen Symptomatik; z.B. Herzfrequenz < 40/min, Pausen > 3 s, dabei spontanes Auftreten oder unter einer erforderlichen Medikation, die nicht verändert werden darf
     - Synkope bei SSS; spontan aufgetreten oder bei elektrophysiologischer Untersuchung
     - symptomatische chronotrope Inkompetenz (spontan oder unter erforderlicher Medikation, die nicht verändert werden kann)
   - *Indikation (Klasse IIa):*
     - Sinusknotenfunktionsstörung ohne dokumentierte Korrelation, jedoch mit vermutetem Zusammenhang zur klinischen Symptomatik (z.B. Herzfrequenz < 40/min, Pausen > 3 s), spontan oder infolge einer erforderlichen Medikation
     - Synkope ohne andere Erklärung und Nachweis einer korrigierten Sinusknotenerholungszeit bei elektrophysiologischer Untersuchung > 800 ms als einziger pathologischer Befund
   - *Indikation (Klasse IIb):*
     - „minimal symptomatischer" Patient; mit Ruheherzfrequenzen < 40/min in den Wachphasen ohne chronotrope Inkompetenz
     - chronische Herzfrequenzen < 40/min oder längere asystolische Pausen (> 3 s) außerhalb von Schlafphasen bei herzkranken Patienten mit eingeschränkter linksventrikulärer Funktion
3. Überprüfung der Notwendigkeit zur oralen Antikoagulation (Emboliegefahr durch intermittierendes Vorhofflimmern, Vorhofflattern u.ä.)

Nach Lemke B, Nowak B, Pfeiffer D. Leitlinien zur Herzschrittmachertherapie. Z Kardiol 2005; 94: 704–720; Vardas (Chairperson) et al. Guidelines for cardiac pacing and cardiac resynchronization therapy. European Heart Journal 2007; 28: 2256–2295

FALLBEISPIEL

Synkope bei Bradykardie-Tachykardie-Syndrom durch präautomatische Pausen

Patient: 73 Jahre, männlich
Weitere Diagnosen: koronare 3-Gefäßerkrankung, Hyperlipidämie (behandelt), arterielle Hypertonie, Hyperurikämie
Synkopenanamnese: seit ½ Jahr plötzlich „schlecht werden", plötzlich schwarz vor Augen, mehrfach auch komplette Bewusstlosigkeiten, Puls sei auch immer wieder niedrig, Palpitationen oder Herzrasen werden nicht bemerkt, bisher keine Verletzungen. Thorakaler Schmerz in Ruhe und unter Belastung, unabhängig von den Synkopen.
Basisdiagnostik
Klinische Untersuchung: ohne relevanten Befund
EKG: Vorhofflimmern mit normofrequenter Überleitung (mittlere Herzfrequenz 89/min), inkompletter Rechtsschenkelblock, keine Kammerendteilveränderungen (Abb. 5.**5**)

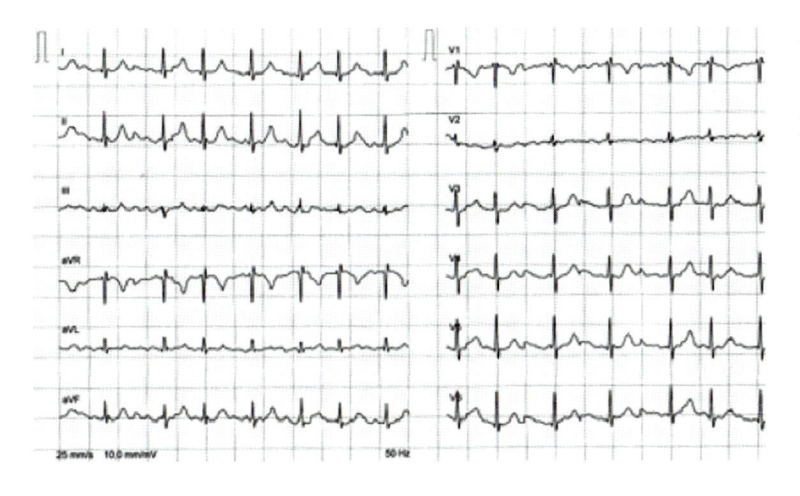

Abb. 5.**5** 12-Kanal-EKG-Registrierung, Vorhofflimmern mit normofrequenter AV-Überleitung, inkompletter Rechtsschenkelblock.

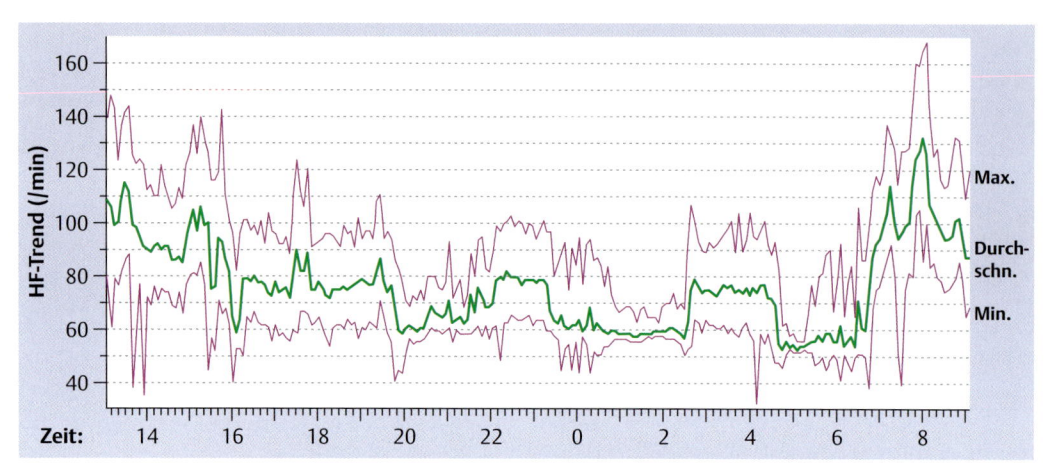

Abb. 5.6 24-h-EKG (Frequenzprofil) bei einem Patient mit Bradykardie-Tachykardie-Syndrom.

Kommentar zur Anamnese und Basisdiagnostik
Höheres Alter, strukturelle Herzerkrankung, Erstmanifestation seit ½ Jahr, plötzlicher Beginn der Symptome sprechen für eine kardiale Ursache
CSSS-Score nach Sheldon: −8 Punkte (arrhythmiebedingte Synkope wahrscheinlich!)
Weiterführende Diagnostik
Echokardiografie: normal großer linker Ventrikel (52 mm), linker Vorhof mit 51 mm – dilatiert, regelrechte systolische LV-Pumpfunktion (EF 60%), unauffällige Klappenfunktion (lediglich leichtgradige Mitralklappeninsuffizienz)
24-h-Langzeit-Elektrokardiogramm (Abb. 5.6 und 5.7): Nachweis eines Bradykardie-Tachykardie-Syndroms mit präautomatischen Pausen (für die Symptomatik verantwortlich)
Kommentar zur erweiterten Diagnostik und Therapie. Aufgrund der häufigen Synkopen und bei Verdacht auf eine arrhythmogene Genese ist das Holter-EKG im Rahmen der Synkopenabklärung Mittel der ersten Wahl und konnte ein Bradykardie-Tachykardie-Syndrom bestätigen. Der Patient wurde mit einem Zweikammerschrittmacher versorgt und oral antikoaguliert (INR-Ziel 2,5). Die bereits vorhandene Betablockade wurde gesteigert. Er ist seitdem beschwerdefrei (Vorhofflimmern tritt weiter paroxysmal auf).

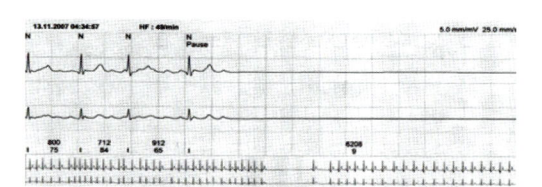

Abb. 5.7 Präautomatische Pause bei Bradykardie-Tachykardie-Syndrom.

Wenckebach und Mobitz, die 2:1-Blockierung, den höhergradigen-AV-Block (advanced AV-Block, bei dem mehrere konsekutive P-Wellen blockiert werden, ohne dass eine komplette permanente AV-Blockierung auftritt) sowie den AV-Block III. Grades; bei Vorhofarrhythmien in die Bradyarrhythmia absoluta und die komplette AV-Blockierung.

Für die klinische Beurteilung bei Z. n. Synkope sind der Grad des AV-Blockes sowie der Sitz der AV-Blockierung wichtig; dabei gilt: je höher der Grad der Blockierung und je distaler die Blockierung im Leitungssystem ist, desto größer ist deren prognostische Bedeutsamkeit!

Die meisten Untersuchungen zu AV-Blockierungen und Synkopen stammen aus den 70er-/80er-Jahren des letzten Jahrhunderts.

5.3 AV-Leitungsstörungen

5.3.1 Definition und Charakteristik

Verzögerung bzw. Unterbrechung der Reizleitung entweder im AV-Knoten, im HIS-Bündel oder auf Ebene der Tawara-Schenkel; im Sinusrhythmus Differenzierung in AV-Block I. Grades, AV-Block II. Grades Typ

5.3.2 Epidemiologie der AV-Leitungsstörungen

▶ AV-Block I. Grades häufig und problemlos; z.B. Untersuchung von 4000 Piloten über 27 Jahre: dabei 148 (3,5%) Personen mit AV-Block I
▶ bei Athleten: AV-Block I: 37%, AV-Block II Wenckebach: 23%, AV-Block II Mobitz: 8,6% (Nach Viitasalo et al. Ambulatory electrocardiogra-

5.3 AV-Leitungsstörungen

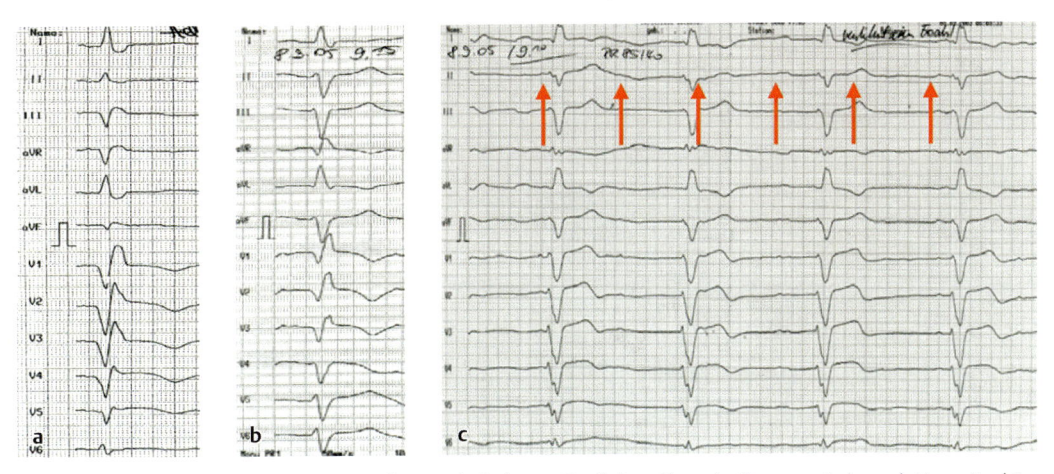

Abb. 5.8 a–c Z. n. ausgedehntem Vorderwandinfarkt. **a** Zunächst Sinusrhythmus mit komplettem Rechtsschenkelblock; **b** ein Tag später zusätzlich Auftreten eines linksanterioren Hemiblockes; **c** wenige Stunden später Ausbildung eines kompletten AV-Blockes III. Grades (rote Pfeile markieren die P-Wellen). 50 mm/s.

phic recording in endurance athletes. Br Heart J 1982; 47: 213–220)
- AV-Block III: 0,04 % in der Normalbevölkerung (Nach Kojic et al. The prevalence and prognosis of third-degree atrioventricular conduction block: the Reykjavik study. J Intern Med 1999; 246 (1): 81–86)

5.3.3 Ätiologie (ausführlich s. S. 181, Ursachen einer Bradykardie)

- degenerative idiopathische Fibrose: häufigste Ursache, altersbedingte Sklerose des Leitungssystems
- bei akutem Myokardinfarkt unterschiedliche Bedeutung und Häufigkeit bei Hinterwand- und Vorderwandinfarkt:
  – Hinterwandinfarkt: totaler AV-Block in 10–15 %, häufig in den ersten 24 h nach Infarktbeginn, meist auf AV-Knotenebene und oft nur vorübergehend, keine Prognoseverschlechterung
  – Vorderwandinfarkt: totaler AV-Block in ca. 5 %, Zeichen einer schlechten Prognose, da Leitungssystem in der Regel direkt geschädigt ist (Korrelation zur Schädigung des Ventrikelmyokards) (Abb. 5.8 a bis c)

Nach Ginks R et al. Long-term prognosis after acute anterior infarction with atrioventricular block. British Heart Journal 1977; 39: 186–189

- weitere häufige Ursache: Lyme-Erkrankung (Infektion mit Borrelia burgdorferi); kardiale Manifestation in ca. 10 % aller infizierten, unbehandelten Personen, Beginn einige Wochen bis 3 Monate nach Infektion

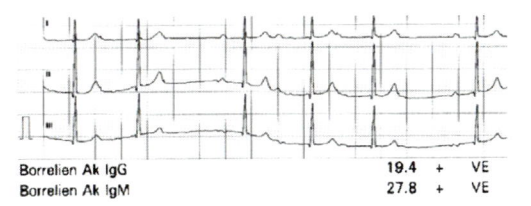

Abb. 5.9 Patient, 62 Jahre, Ausdauersportler (Laufen), Vorstellung wegen plötzlicher Leistungsminderung, Auftreten von Präsynkopen; **EKG:** AV-Block II, Typ Wenckebach; **Serologie:** positive Borrelieninfektion; **antibiotische Therapie:** über 3 Wochen mit Cephalosporin, danach Normalisierung der AV-Überleitung.

Nach Wormser. Early lyme disease. N Engl J Med 2006; 354: 2794–2801 und Harris et al. N Engl J Med 2002; 346 (22) May 30

5.3.4 AV-Blockierungen und Synkopen

AV-Block I. Grades

- in der Regel benigner Befund ohne Progredienz
- ein AV-Block I. Grades per se bedingt niemals eine Synkope; Präsynkopen können unter Umständen bei sehr langem PQ-Intervall infolge einer Vorhofpropfung entstehen, ähnlich einem Schrittmachersyndrom
- höhergradige AV-Blockierungen entwickeln sich oft dann, wenn bereits infrahissäre Störungen zusätzlich vorliegen, wie z. B. ein bifaszikulärer Block

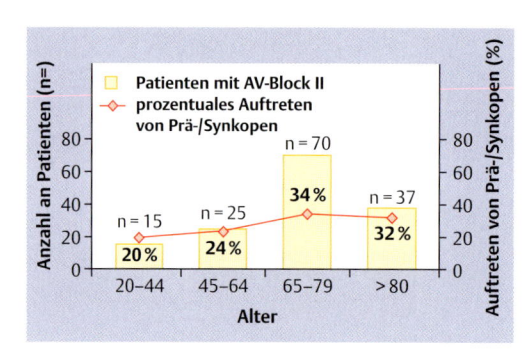

5 Bradykarde Herzrhythmusstörungen als Synkopenursache

Abb. 5.10 Auftreten von Synkopen und Präsynkopen bei Patienten mit AV-Block II, Typ Wenckebach bei Erstdiagnose (nach Shaw et al.).

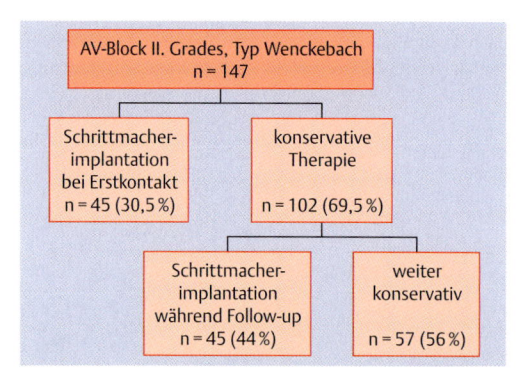

Abb. 5.11 Schrittmacherversorgung bei Patienten mit AV-Block II, Typ Wenckebach bei Erstkontakt und während der Nachbeobachtungszeit (nach Shaw et al.).

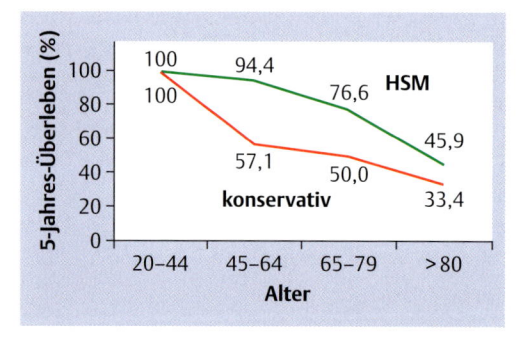

Abb. 5.12 Kumulatives 5-Jahres-Überleben von Patienten mit AV-Block II, Typ Wenckebach, Vergleich zwischen schrittmacherversorgten und konservativ behandelten Personen (nach Shaw et al.).

AV-Block II. Grades, Typ Wenckebach (WB)

Shaw et al. Is Mobitz Typ I atrioventricular block benign in adults? Heart 2004; 90: 169–174

- prospektive Nachbeobachtung von 147 Patienten mit AV-Block II, Typ Wenckebach (mittleres Alter: 69,3 Jahre; AV-Block nicht im Rahmen eines akuten Infarktes o. ä.), Daten des „Devon Heart Block and Bradycardia Survey"
- 147/600 000 Einwohner (0,025%), Nachbeobachtung: bis 10 Jahre
- Vergleich von schrittmacherversorgten und nicht schrittmacherversorgten Patienten hinsichtlich der 5-Jahres-Mortalität, des Auftretens von bradykardiebedingten Symptomen und Übergang in AV-Block III
- Einteilung nach Symptomen in höchstwahrscheinlich bedingt durch AVB (Klasse I), möglich durch AVB (Klasse II) und nicht durch AVB bedingt bzw. keine Symptome (Klasse III)
- Schrittmacherversorgung: zu Beginn des Follow-ups: n = 45, zunächst ohne Schrittmacherversorgung: n = 102

Ergebnisse:
- mit steigendem Alter kommt es zu einer Zunahme von Synkopen bei AV-Block II. Grades, WB., (Abb. 5.10)
- im Laufe der Nachbeobachtungszeit treten bei 44% der Patienten Symptome auf, die eine Schrittmacherversorgung notwendig machen! (Abb. 5.11)

Mortalität: während in der Gruppe der unter 45-Jährigen keine Todesfälle auftraten, kam es bei Patienten ≥ 45 Jahre zu unterschiedlichen Mortalitätsraten, die bei den schrittmacherversorgten Patienten stets deutlich niedriger lagen als bei nicht schrittmachertherapierten Patienten (Abb. 5.12).

Merke: Bei Patienten mit alleinig dokumentiertem AV-Block II, Typ Wenckebach, stellen Synkopen oder Präsynkopen in 30% die klinische Erstmanifestation dar und führen zur Konsultation des Spezialisten und zur Schrittmacherimplantation.
Über einen Zeitraum von 10 Jahren werden 44% der asymptomatischen Patienten mit einem AV-Block II Wenckebach-symptomatisch bzw. entwickeln therapiepflichtige höhergradige AV-Blockierung. In der Altersgruppe ≥ 45 Jahre weisen die schrittmacherversorgten (symptomatischen) Personen eine bessere 5-Jahres-Überlebensrate auf als die konservativ behandelten, asymptomatischen Patienten.
Lediglich in der Altersgruppe unter 45 Jahren fand sich kein Unterschied in der Mortalität zwischen schrittmacherversorgten (symptomatischen) und konservativ behandelten (asymptomatischen) Patienten mit AV-Block II, Typ Wenckebach.

Synkope bei AV-Block II. Grades und wechselndem Schenkelblock (kompletter Linksschenkelblock und inkompletter Rechtsschenkelblock)

Patient: 83 Jahre, männlich
Weitere Diagnosen: Diabetes mellitus II, diätetisch geführt, Z.n. Mediainfarkt, Binswanger-Syndrom, Schultergelenksarthose, degenerative Wirbelsäulenveränderungen, Ösophagusstenose unklarer Genese
Synkopenanamnese: erstmalige Synkope vor ein paar Tagen, plötzlicher Beginn – der Patient kann sich nicht mehr genau an Einzelheiten erinnern, keine Verletzung
Basisdiagnostik
Klinische Untersuchung: keine Auffälligkeiten (hinsichtlich Synkopenursachen)
EKG: Sinusrhythmus, kompletter Linksschenkelblock und intermittierender AV-Block II. Grades Typ Mobitz, nach der Pause für eine Aktion Auftreten eines schmalen QRS-Komplexes mit jetzt inkomplettem Rechtsschenkelblock (Abb. 5.**13**)
Kommentar zur Synkopenanamnese und Basisdiagnostik: der dokumentierte AV-Block II. Grades Typ Mobitz mit wechselndem Schenkelblock ist beweisend für die arrhythmogene Ursache der Synkopen und bedarf auch aus prognostischer Sicht der Schrittmachertherapie
Synkopen-Score nach Sheldon: –8 Punkte (arrhythmogene Ursache)
Weiterführende Diagnostik: nicht erforderlich (Synkopenursache geklärt)
Therapie: Versorgung mit einem Zweikammerschrittmacher, der Patient ist seitdem beschwerdefrei

AV-Block II. Grades Typ Mobitz und 2:1-Blockierung

Mechanismus: in der Regel infranodale Blockierung bei Mobitz Typ, bei 2:1-Block sowohl nodale als auch infranodale Blockierung möglich
Nach Barold/Hayes. Second-degree atrioventricular block: a reappraisal. Mayo Clin Proc 2001; 76 (I): 44–57

Shaw et al. Survival in second degree atrioventricular block. Br Heart J 1985; 53: 587–593
Prospektive Analyse von 214 Patienten mit AV-Block II. Grades im Rahmen des „Devon Heart Block and Bradycardia Survey", EKG-Dokumentation des AV-Block II. Grades im Oberflächen-EKG
Einteilung in 3 Gruppen: 1. AV-Block Typ Wenckebach (n = 77, mittleres Alter = 74 Jahre), 2. AV-Block Typ Mobitz (n = 86, mittleres Alter = 74 Jahre) und AV-Block mit n:1-Blockierung (n = 51, mittleres Alter = 75 Jahre).
Schrittmachertherapie erfolgte entsprechend der damaligen Richtlinien.
Ergebnisse:
Synkopen bei Eintritt in die Studie:
▶ zwischen 33% und 46,5% (s. Abb. 5.**14**)
AV-Leitung:
▶ Verbesserung zu AV-Block I: n = 35
▶ Verschlechterung mit Auftreten eines AV-Blockes III: n = 83
5-Jahres-Überlebensrate (Abb. 5.**15**):
▶ Wenckebach: 63,6%
▶ Mobitz: 69,7%
▶ n:1: 65,1% (nicht signifikante Unterschiede der drei Gruppen)
Mortalität: deutlicher Überlebensvorteil bei den schrittmacherversorgten Patienten (78%) gegenüber den konservativ (41%) behandelten Personen (Abb. 5.**15**)

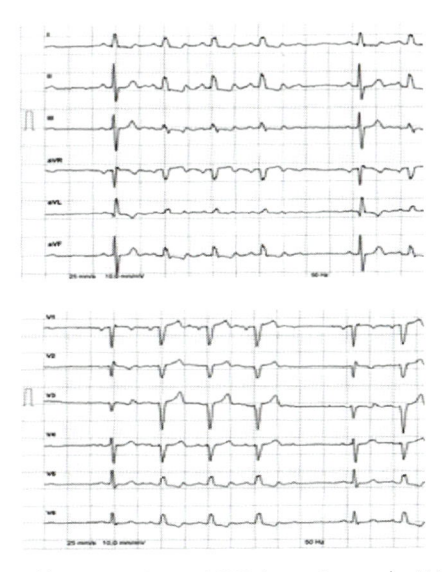

Abb. 5.**13** 12-Kanal-EKG: intermittierender AV-Block II, Typ Mobitz.

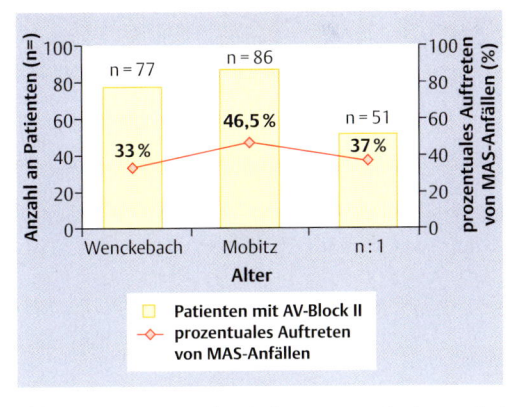

Abb. 5.**14** Prozentuales Auftreten von Synkopen bei Patienten mit AV-Blockierungen II. Grades (nach Shaw et al.).

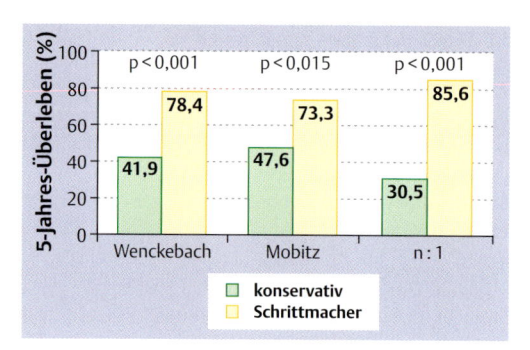

Abb. 5.**15** Kumulatives 5-Jahres-Überleben von Patienten mit AV-Block II, Typ Wenckebach, Mobitz und n:1-Blockierung; Vergleich schrittmacherversorgter und konservativ behandelter Personen (nach Shaw et al.).

Merke: Der AV-Block Typ Mobitz und fixe AV-Blockierungen (n:1) zeigen die gleiche 5-Jahres-Überlebensrate wie der AV-Block II Typ Wenckebach. Die Schrittmacherversorgung zeigte eine signifikante Verbesserung der Überlebensrate.
Synkopen sind mit bis zu 46,5 % ein häufiges klinisches Symptom. Infranodale Blockierungen sollten unabhängig der Klinik stets mit einem Schrittmacher versorgt werden!

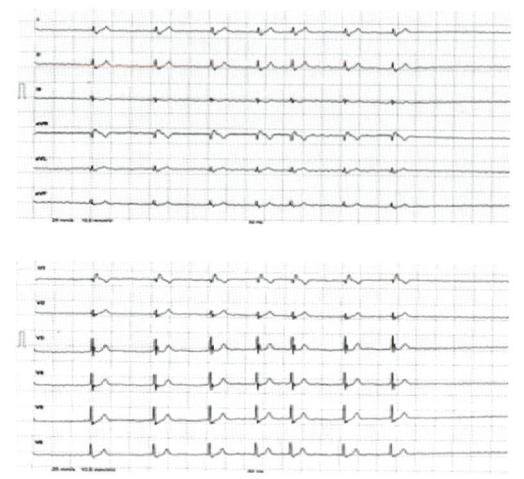

Abb. 5.**16** 12-Kanal-EKG; Vorhofflimmern mit wechselnder AV-Überleitung, kompletter Rechtsschenkelblock (unter Digitalis und Betablocker).

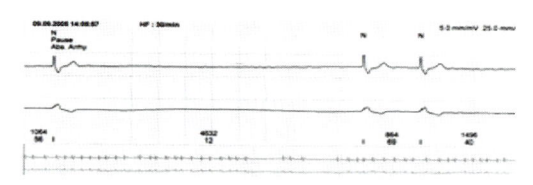

Abb. 5.**17** Holter-Registrierung unter bradykardisierender Therapie, symptomatische Pause.

MAS-Symptomatik und Präsynkope bei intermittierendem bradykarden Vorhofflimmern unter Digitalis und Betablocker

Patient: 81 Jahre, männlich
Weitere Diagnosen
Arterielle Hypertonie, geringe Atherosklerose der hirnversorgenden, extrakraniellen Gefäße
Synkopenanamnese
„in der letzten Zeit plötzlicher Schwindel und Schwarz werden vor Augen", bisher keine Synkope, NYHA II
Medikation: Digitoxin 0,07 1-0-0, Metoprolol 100 mg 1-0-0, Valsartan 80/HCT 25 1-0-0, Phenprocumon n. Plan
Basisdiagnostik
Klinische Untersuchung: keine Auffälligkeiten (hinsichtlich Synkopenursachen), RR: 155/80 mmHg
EKG: bradykardes Vorhofflimmern (mittlere Frequenz 57/min), kompletter Rechtsschenkelblock (Abb. 5.**16**)
Kommentar zur Synkopenanamnese und Basisdiagnostik: aufgrund des bradykarden Vorhofflimmerns V. a. bradykardiebedingte Ursache der Präsynkopen

Weiterführende Diagnostik
Langzeit-EKG: Vorhofflimmern; minimale/mittlere/maximale Herzfrequenz = 30/64/101/min, 343 Pausen > 2,0 s, maximale Asystolie 4,6 s (14.05 Uhr) – klinisch vom Patienten bemerkt (Abb. 5.**17**)
Kontrolle Digitoxinspiegel: 21,1 ng/ml
Therapie und weiterer Verlauf
- medikamentös induzierte AV-Leitungsstörung bei Vorhofflimmern!
- weiter konservatives Vorgehen mit Beendigung der Digitalistherapie und Dosishalbierung der Betablockade, zunächst keine Indikation zur Schrittmachertherapie
- Besserung der Beschwerden nach ca. 2 Wochen,
- Langzeit-EKG-Kontrolle 3 Monate später: Vorhofflimmern; minimale/mittlere/maximale Herzfrequenz: 49/85/151/min, 1 Pause > 2,0 s, maximale Asystolie 2,3 s

Der Patient war weiter frei von Schwindel und MAS-Anfällen, somit keine Indikation zur Schrittmachertherapie.

Der intermittierende und der permanente AV-Block III. Grades

- längeranhaltende oder permanente komplette Unterbrechung der AV-Leitung, sowohl supra- als auch infranodale Blockierung möglich (je distaler, desto gefährlicher!)
- Ort der Blockierung kann anhand der QRS-Breite des Ersatzrhythmus abgeschätzt werden: bei suprahissärer Blockierung: „schmaler Ersatzrhythmus", bei infrahissärer Blockierung: „breiter Ersatzrhythmus", Frequenzen in der Regel zwischen 30–40/min, jedoch auch höher möglich
- 38–61 % der Patienten mit AV-Block III. Grades erleiden Synkopen
- Synkopenmechanismus:
  a) Synkopen treten oft bei plötzlichem Einsetzen der AV-Blockierung auf, da hierbei noch kein Ersatzrhythmus etabliert ist (asystolieinduzierte Synkope)!
  b) Bei permanentem AV-Block mit Ersatzrhythmus kann es auch zu Synkopen infolge einer nicht ausreichenden zerebralen Perfusion unter Belastung oder Stress kommen!
  c) Bradykardieinduziert ist es bei AV-Block III. Grades in manchen Fällen auch zum Auftreten maligner Kammerarrhythmien (inkl. Torsade de pointes) gekommen (tachykardiebedingte Synkope)!

Der erworbene AV-Block III

Jensen et al. Adams-Stokes syndrome caused by paroxysmal third-degree atrioventricular block. British Heart Journal 1973; 35: 516–520
Analyse von 170 Patienten mit Adams-Stokes-Anfällen, die mit einem Schrittmacher versorgt wurden; davon 106 Patienten mit Sinusrhythmus, davon wiederum 67 Personen mit paroxysmalem AV-Block III. Grades.

Grunderkrankung: koronare Herzerkrankung n = 24 (36%), Aortenstenose n = 4 (6%), Mitralklappenerkrankung n = 3 (4%), hypertensive Herzerkrankung n = 2 (3,5%), rheumatisches Fieber n = 3 (4%), Kardiomyopathie n = 12 (18%), keine strukturelle Herzerkrankung n = 17 (25%), andere n = 2 (3,5%)
Ergebnisse: 78% der Patienten waren älter als 61 Jahre (s. Abb. 5.**18**)
höhergradige AV-Blockierungen neigen zu rezidivierenden Synkopen (78% aller Patienten haben 3 Synkopen oder mehr, s. Abb. 5.**19**)

Höhergradige AV-Blockierung und Einnahme bradykardisierender Medikamente:

Zeltser et al. Drug-induced atrioventricular block: prognosis after discontinuation of the culprit drug. J Am Coll Cardiol 2004; 44: 105–108
Analyse von 169 konsekutiven Patienten mit höhergradigen AV-Blockierungen (II. Grades Typ Mobitz und III. Grades) hinsichtlich des Einflusses bradykardisierender Medikamente (Betablocker, Verapamil, Diltiazem) auf die Entstehung der AV-Blockierungen (Abb. 5.**20**), Ausschluss von Personen mit akutem Myokardinfarkt, Digitalisintoxikation, Katheterablation des AV-Knotens und vasovagaler Synkope; Einteilung der Patienten in 2 Gruppen: 1. Personen ohne bradykardisierende Therapie, 2. Personen mit bradykardisierender Therapie (Abb. 5.**20**)
Ergebnisse: Ein medikamenteninduzierter AV-Block ließ sich nur in 15% der Fälle nachweisen! Das Wiederauftreten des AV-Blocks nach Weglassen bradykardisierender Medikamente und vorübergehender Erholung der AV-Leitung war in 56% aller Patienten vorhanden (Abb. 5.**20**). Die klinische Symptomatik unterschied sich in beiden Gruppen nur unwesentlich voneinander (Abb. 5.**21**).

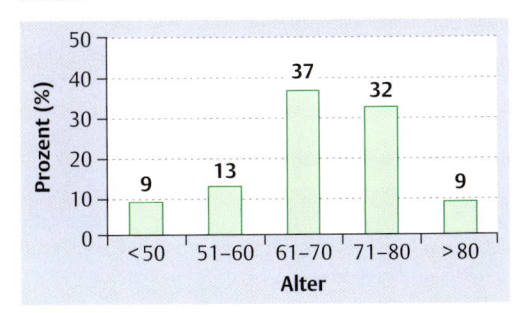

Abb. 5.**18** Prozentuale Altersverteilung von Patienten mit höhergradigem AV-Block (nach Jensen et al.).

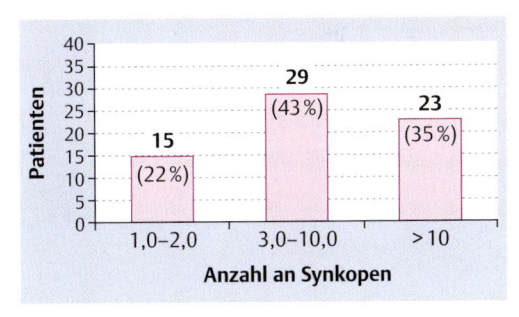

Abb. 5.**19** Synkopenhäufigkeit bei Patienten mit höhergradigem AV-Block bis zur Versorgung mit einem Schrittmacher (nach Jensen et al.).

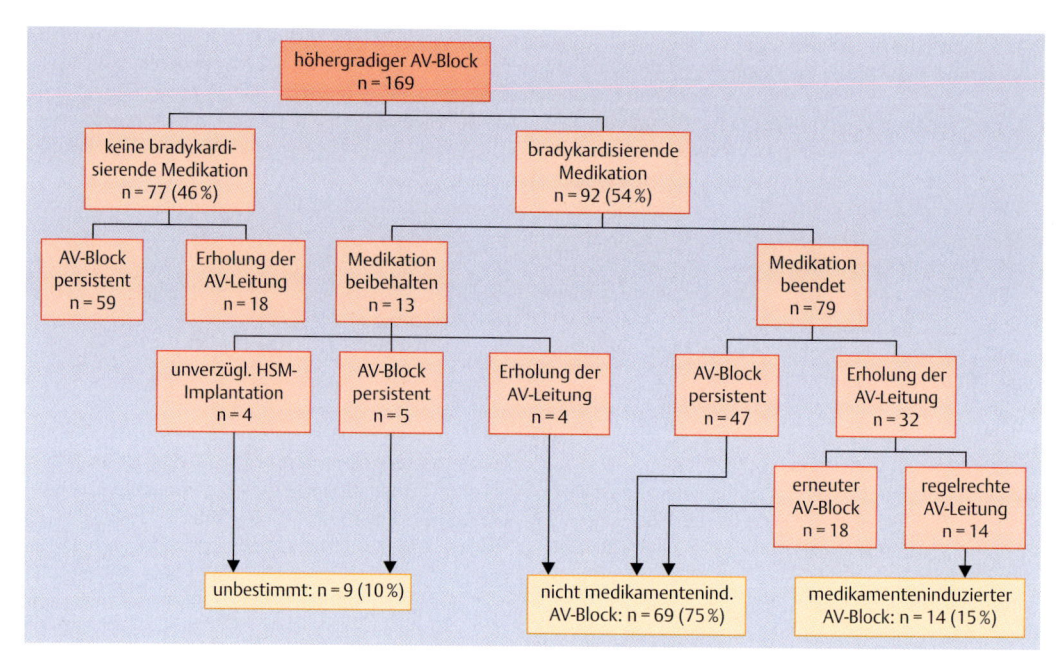

Abb. 5.20 Flussdiagramm; Patienten mit höhergradigem AV-Block, Einfluss der Beendigung bradykardisierender Medikamente auf die Entwickung der AV-Blockierung (nach Zeltser et al.).

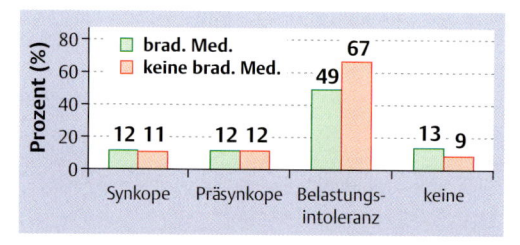

Abb. 5.21 Häufigkeitsverteilung von Symptomen bei Patienten mit höhergradigem AV-Block, Differenzierung nach Einnahme (brad. Med.) und Nichteinnahme (keine brad. Med.) bradykardisierender Medikamente (nach Zeltser et al.).

Der angeborene AV-Block III

- Erstbeschreibung bereits 1901 durch Morquio
- 1 in 15000–20000 Lebendgeburten (60% weibliche Prädominanz)
- Post-mortem-Untersuchungen bei Patienten mit angeborenem AV-Block zeigen oft ein diffus-fibrös umgebautes Leitungssystem

Nach James et al. De subitaneis mortibus; adult onset syncope, with comments on the nature of congenital heart block and the morphogenesis of the human atrioventricular septal junction. Circulation 1976; 54: 1001–1009

Pathophysiologische Mechanismen

1. Antikörpertheorie: Mütterliche Antikörper (u.a. anti-SSA/Ro und SSB/La-Antikörper) bewirken die Zerstörung von neonatalem Leitungsgewebe und wirken inhibierend auf verschiedene Ionenkanäle (nach Buyon et al. Anti-Ro/SS-A antibodies in the pathophysiology of congenital heart block in neonatal lupus syndrome, an experimental model. In vitro electrophysiologic and immunocytochemical studies. Arthritis Rheum 1992; 35 (2): 176–189
 Hu et al. Functional basis of sinus bradycardia in congenital heart block. Circ Res 2004; 94: e32–38)
2. familiäres Auftreten: Autosomal dominante Erbgänge (Waxman et al. Familial atrioventricular heart block – an autosomal dominant trait. Circulation 1975; 51: 226–233)

Michaelsson. Isolated congenital complete atrioventricular block in adult life – a prospective study. Circulation 1995; 92: 442–449
Nachbeobachtung von 102 Patienten mit angeborenem AV-Block (die mindestens bis zum 15. Lebensjahr asymptomatisch waren, mittleres Alter: 37 Jahre) zwischen 7 und 30 Jahre.
Adams-Stokes-Anfälle: n = 28 (28%), davon n = 8 (29%) mit tödlichem Ausgang (Abb. 5.**22**)!
Alle Synkopen traten in Ruhe auf, unter Belastung kam es nicht zu MAS-Anfällen!

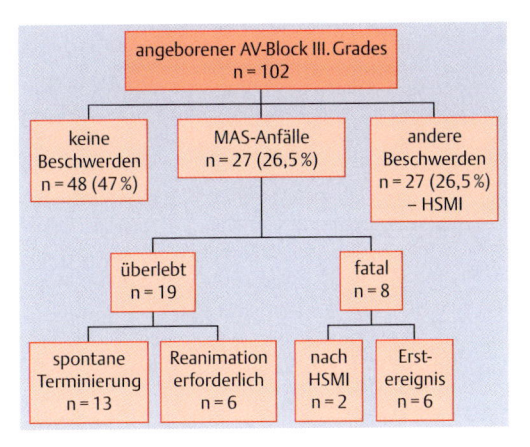

Abb. 5.**22** Patienten mit angeborenem AV-Block, Häufigkeit von Symptomen (nach Michaelsson et al.). HSMI: Herzschrittmacherimplantation

Mortalität:
- *schrittmacherversorgte Patienten:* n = 4/54 (7 %), davon Herzinfarkt und Herzinsuffizienz n = 2 (3,5 %), Schrittmacherdefekt n = 2 (3,5 %)
- *konservativ behandelte Patienten:* n = 7/48 (15 %), davon plötzlicher Herztod: n = 6 (12,5 %), Suizid n = 1 (2,5) %

Risikofaktoren einer erhöhten Mortaliät: vorangegangener Adams-Stokes-Anfall, vorhandene Mitralinsuffizienz, QT-Zeit-Verlängerung.

Friedman. Congenital AV block: pace me now or pace me later? Circulation 1995; 92: 442–449
- Analyse der Studie von Michaelson (s.o.)
- Schlussfolgerungen:
  1. ein kompletter AV-Block mit QT-Zeitverlängerung erfordert die Schrittmachertherapie (QT-Zeit-Messung bei AVB III nicht vergessen)
  2. der plötzliche Herztod kann die Erstmanifestation des angeborenen AV-Blocks sein, auch bei bisher komplett asymptomatischen Personen und in jedem Alter!
  3. Belastungsuntersuchungen haben nur eine geringe Bedeutung bei der Risikostratifizierung
  4. die frühzeitige Schrittmacherversorgung kann das spätere Auftreten einer Herzinsuffizienz verhindern

Fazit: Synkopen sind ein sehr häufiges Phänomen bei AV-Block III. Grades und können der Vorbote des plötzlichen Herztodes sein!
Bei Patienten mit einem intermittierenden oder permanenten AV-Block III. Grades ist, sofern dieser nicht im Rahmen eines Akutereignisses auftritt, die Schrittmacherversorgung unabhängig der Klinik prognoseverbessernd.
Bradykardisierende Medikamente sind nur selten die Ursache für eine höhergradige AV-Blockierung.

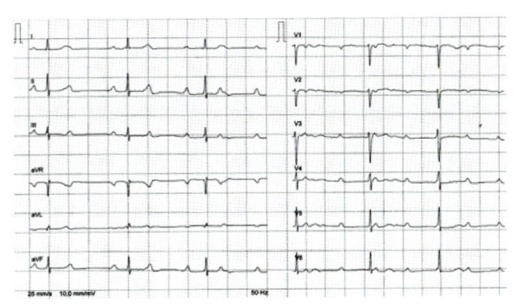

Abb. 5.**23** 12-Kanal-EKG bei AV-Block III mit junktionalem Ersatzrhythmus, QT-Zeit 524 ms.

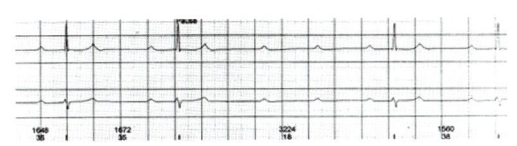

Abb. 5.**24** Asystolie (3,2 s) bei AV-Block III; LZ-EKG-Registerierung.

Asymptomatische Patientin mit AV-Block III. Grades

Patientin: 21 Jahre, keine Erkrankungen bekannt, niedrige Herzfrequenz schon vor einem Jahr im Rahmen einer Blutspendeuntersuchung festgestellt, durfte darauf hin nicht Blut spenden, besucht regelmäßig das Fitnesszentrum.

Synkopen-/Rhythmusanamnese: Keine Synkopen, manchmal Schwindel beim Aufstehen. Vor 2 Monaten antibiotische Therapie wegen Zeckenbiss.

Basisdiagnostik:
Klinische Untersuchung: RR 125/88 mmHg, Puls 40/min, ansonsten keine Auffälligkeiten
EKG: Sinusrhythmus, kompletter AV-Block mit junktionalem Ersatzrhythmus, QT-Zeit 524 ms; QT_C 427 ms (Abb. 5.**23**)

Weitere Diagnostik:
Labor: Befund einer abgelaufenen Borrelieninfektion („Serumnarbe") ohne Hinweis auf eine frische Infektion
Echo: normal große Herzhöhlen, linksventrikuläre EF = 65 %, Ausschluss Vitium cordis
LZ-EKG: Sinusrhythmus mit permanentem, komplettem AV-Block, mittlere/minimale/maximale Herzfrequenz: 39/18/100/min, max. Asystolie 3,2 s (Abb. 5.**24**)

Weiterer Verlauf und Therapie: Nach Ausschluss einer akuten Borrelieninfektion (effektive antibiotische Behandlung zwei Monate vor Vorstellung mit laborchemischem Nachweis einer abgelaufenen Infektion) und ansonsten strukturell unauffälligem kardialen Befund wurde die Diagnose eines angeborenen kompletten AV-Blocks gestellt. Die Patientin wurde mit einem Doppelkammerschrittmacher versorgt; sie fühlt sich nach Implantation insgesamt leistungsfähiger. (Die nochmalige Kontrollbestimmung der Borrelien-Antikörper nach zwei Jahren war komplett negativ.)

5.3.5 Indikation zur Schrittmachertherapie bei erworbenen atrioventrikulären Leitungsstörungen

Indikation bei symptomatischen Patienten

Klasse I:
- symptomatischer AV-Block III. oder II. Grades (Wenckebach oder Mobitz); permanent oder intermittierend, ungeachtet der anatomischen Lokalisation, spontan oder infolge einer erforderlichen Medikation, die nicht verändert werden kann
- AV-Block III. oder II. Grades nach Ablation im Bereich der AV-Junktion oder nach Klappenoperationen, sofern keine Besserung der AV-Leitungsverhältnisse zu erwarten ist

Klasse II b:
- AV-Block I. Grades mit deutlich verlängerter AV-Überleitung (die deutschen Leitlinien nehmen hier eine weitere Beschreibung vor: PQ-Zeit > 300 ms; bei Patienten mit linksventrikulärer Dysfunktion und symptomatischer Herzinsuffizienz, bei denen eine Verkürzung des AV-Intervalls zur hämodynamischen Verbesserung führt)

Prognostische Indikation bei asymptomatischen Patienten

Klasse I:
- AV-Block II. oder III. Grades bei Patienten mit neuromuskulärer Erkrankung (Myotone Dystrophie, Kearns-Syndrom, Schultergürteldystrophie, Emery-Dreifus-Muskeldystrophie)
- asymptomatischer AV-Block III. oder II. Grades nach Ablation im Bereich der AV-Junktion oder nach Klappenoperationen, sofern keine Besserung der AV-Leitungsverhältnisse zu erwarten ist
- asymptomatischer permananter AV-Block III. Grades oder häufige asymptomatische intermittierende AV-Blockierungen III. oder II. Grades vom Mobitz Typ II, 2:1 oder höhergradig mit breiten QRS-Komplexen (diese Klasse-I-Indikation ist in den europäischen Guidelines nicht aufgeführt)

Klasse II a:
- asymptomatischer AV-Block III. oder II. Grades (die deutschen Leitlinien nehmen hier eine weitere Differenzierung zur Klasse-IIa-Indikation vor: asymptomatischer AV-Block III. Grades intermittierend, außerhalb von Schlafphasen oder bei eingeschränkter linksventrikulärer Funktion; AV-Block II. Grades bei Nachweis einer Blockierung im HIS-Purkinje-System, AV-Block II. Grades Mobitz Typ II, 2:1 oder höhergradig mit schmalen QRS-Komplexen bei persistierender Blockierung unter Belastung, insbesondere bei eingeschränkter linksventrikulärer Funktion)

Klasse II b:
- AV-Block I bei Patienten mit neuromuskulärer Erkrankung
- AV-Block III. Grades intermittierend, ohne die oben aufgeführten Kriterien, AV-Block II. Grades Mobitz Typ I (Wenckebach), bei älteren Patienten oder bei eingeschränkter linksventrikulärer Funktion (diese Klasse-IIb-Indikation ist in den europäischen Guidelines nicht aufgeführt)

5.3.6 Indikation zur Schrittmachertherapie bei angeborenen atrioventrikulären Leitungsstörungen

Klasse I: AV-Block III. und II. Grades bei Vorliegen mindestens einer der folgenden Bedingungen: klinische Symptome, eingeschränkte LV-Funktion, Kammerfrequenz < 50/min, Kammerfrequenz < 70/min bei assoziiertem Herzfehler, fehlender Frequenzanstieg unter Belastung, Asystolien > 3 s oder > als das Doppelte bis Dreifache der Basiszykluslänge, Ersatzrhythmus mit verbreitertem Kammerkomplex, gehäufte oder komplexe ventrikuläre Ektopien, verlängertes QT-Intervall, Vorhandensein mütterlicher Antikörper

Klasse II a: AV-Block III. und II. Grades bei asymptomatischen Patienten ohne die oben angeführten Kriterien

Nach Lemke B, Nowak B, Pfeiffer D. Leitlinien zur Herzschrittmachertherapie. Z Kardiol 2005; 94: 704–720 und Vardas (Chairperson) et al. Guidelines for cardiac pacing and cardiac resynchronization therapy. Eur Heart J 2007; 28: 2256–2295

5.4 Schenkelblockierungen und faszikuläre Blockierungen

5.4.1 Epidemiologische Daten

▶ jährliches Neuauftreten eines Schenkelblockes: 0,13 % (Analyse von ca. 5 200 Personen über 18 Jahre)
▶ kompletter Rechtsschenkelblock (kRSB): häufig, ohne Assoziation zu akuten Herz-Kreislauf-Ereignissen
▶ kompletter Linksschenkelblock (kLSB): Akutes Herz-Kreislauf-Ereignis in fast der Hälfte der Patienten mit kLSB im Follow-up, 5-fach höhere 10-Jahres-Mortalität als Vergleichspersonen ohne LSB

Schneider et al. New acquired left bundle branch block: The Framingham Study. Ann Intern Med 1979; 90: 303–310
Schneider et al. Newly acquired right bundle-branch block: the Framingham Study. Ann Intern Med 1980; 92: 37–44

Eine strukturelle Herzerkrankung findet sich in 32 % bis 71 % bei Patienten mit bifaszikulärem Block und Synkope!
Click et al. Role of invasive electrophysiologic study in patients with symptomatic bundle branch block. Am J Cardiol 1987; 59: 817–823
Twidale et al. Clinical electrophysiology study in patients with syncope of undetermined etiology. Aust NZJ Med 1987; 17: 512–517

5.4.2 Entwicklung eines höhergradigen AV-Blockes

Eriksson et al. Bundle-branch block in middle-aged men: risk of complications and death over 28 years. The primary prevention study in Göteborg, Sweden. Eur Heart J 2005; 26: 2300–2306
Nachbeobachtung von 7 392 Männern im „mittleren" Alter über einen Zeitraum von 28 Jahren, die sich in der „Interventionsgruppe" der Primärpräventionsstudie befanden.
Ergebnisse (s. Abb. 5.25):
1. Patienten ohne vorbestehenden Schenkelblock entwickelten in 0,1 % einen kompletten AV-Block;
2. Patienten mit Rechtsschenkelblock entwickelten in 4 % einen kompletten AV-Block
3. Patienten mit Linksschenkelblock entwickelten in 15 % einen kompletten AV-Block

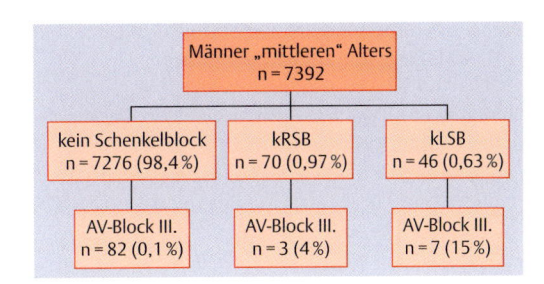

Abb. 5.25 Entwicklung von kompletten AV-Blockierungen bei Kontrollpersonen und Personen mit Schenkelblockierung, nach Eriksson et al.

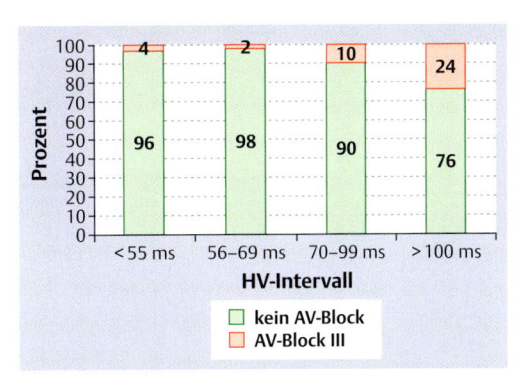

Abb. 5.26 Prozentuale Entwicklung von kompletten AV-Blockierungen in Abhängigkeit des HV-Intervalls bei Patienten mit bifaszikulärem Block, orange: Patienten, die einen kompletten AV-Block im Follow-up-Zeitraum entwickelten, grün: „AV-Block-freies" Patientenkollektiv, nach Scheinman et al.

Mortalität: bei RSB identisch zu Kontrollgruppe, bei LSB 1,85-fach erhöht (infolge von Koronarereignissen)

Scheinman et al. Value of the H–Q interval in patients with bundle branch block and the role of prophylactic permanent pacing. Am J Cardiol 1982; 50 (6): 1316–1322
Elektrophysiologische Untersuchung von 313 Patienten mit Schenkelblockierungen; Einteilung nach Dauer der infranodalen Leitungszeit (HV-Intervall) in drei Gruppen: 1. HVI < 55 ms, n = 97, 2. HVI 55–69 ms, n = 99, 3. HVI ≥ 70 ms, n = 117 Pat. (Subgruppe HVI ≥ 100 ms n = 17)
Nachbeobachtungszeit 3 Jahre
Ergebnisse: Auftreten eines AV-Blockes III. Grades: Gruppe 1: 4/97 (4 %), Gruppe 2: 2/99 (2 %), Gruppe 3: 14/117 (12 %), bei Subgruppe HVI 70–99 ms: 10/90 (10 %), HVI > 100 ms: 4/17 (24 %) (Abb. 5.26)

5.4.3 Schenkelblockierungen/faszikuläre Blockierungen und Synkopen

McAnulty et al. Natural history of „high risk" bundle branch block: final report of a prospective study. N Engl J Med 1982; 307: 137–143
Analyse von 554 Patienten mit bifaszikulären Blockierungen über 42,4 ± 8,5 Monate;

Ergebnisse:
1. Mortalität: gesamt: 29% (n = 160), plötzlicher Herztod: n = 67 (12%) – in den meisten Fällen durch Myokardinfarkt oder maligne Tachyarrhythmien
   - Risiko für erhöhte Mortalität: koronare Herzerkrankung und Herzinsuffizienz
2. Auftreten eines kompletten AV-Blockes: Gesamtkollektiv: 3%,
   - Patienten mit Synkopen vor oder während des Follow-ups: 17%!

Brignole et al. for the ISSUE 1 Investigators. Mechanism of syncope in patients with bundle branch block and negative electrophysiological test. Circulation 2001; 104: 2045–2050
1. bei Patienten mit Z.n. unklarer Synkope und Schenkelblock findet sich eine hohe Rezidivrate (42%)
2. dabei ist in ca. ⅔ der Fälle ein paroxysmaler AV-Block III die Ursache (s. Kapitel 2.7, S. 98)

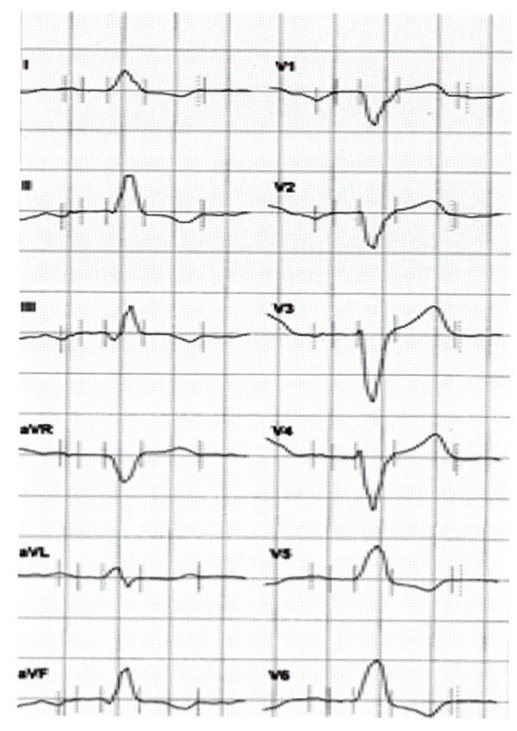

Abb. 5.**27** 12-Kanal-EKG bei Patient mit rezidivierenden Synkopen; Sinusrhythmus, AV-Block I. Grades, kompletter Linksschenkelblock.

FALLBEISPIEL

Patient mit komplettem Linksschenkelblock, AV-Block I und Synkope

Männlich, 51 Jahre, bekannte arterielle Hypertonie, keine weiteren Erkrankungen
Synkopenanamnese: seit zwei Jahren ca. ein- bis zweimal pro Jahr plötzliche Bewusstseinsverluste, sofortiger Beginn ohne Prodromi, keine auslösenden Momente oder Triggersituationen eruierbar. Letztes Ereignis vor 3 Wochen. Im vergangenen Jahr Schädel-Hirn-Trauma nach Synkope – mit dem Kopf aufgeschlagen
Basisdiagnostik:
Klinische Untersuchung: RR 165/110 mmHg, keine Auffälligkeiten
EKG: Sinusrhythmus, AV-Block I. Grades (230 ms) kompletter Linksschenkelblock (Abb. 5.**27**)
Karotissinusmanöver: bds. negativ
Synkopen-Score n. Sheldon (CSSS): – 10 Punkte (arrhythmogene Ursache)
Erweiterte Diagnostik
Echo: normal große Herzhöhlen, geringe Septumhypertrophie (14 mm), EF = 50%, dabei asynchroner Kontraktionsablauf bei komplettem Linksschenkelblock, Ausschluss eines Vitium cordis
Kipptisch und LZ-EKG: unauffällig
Erweiterte Invasivdiagnostik und neurologische Diagnostik:
Koronarangiografie: Ausschluss hämodynamisch relevanter Stenosen
Elektrophysiologische Untersuchung: normale Sinusknotenerholungszeit, antegrader Wenckebachpunkt > 130/min, keine Induktionsfähigkeit supraventrikulärer oder ventrikulärer Arrhythmien, lediglich gering verlängerte HV-Zeit von 70 ms (Abb. 5.**28**)
Neurologische Untersuchung: unauffälliger Befund ohne Hinweis auf Epilepsieneigung
Weiterer Verlauf und Therapie: Nach umfassendem Ausschluss einer anderen Synkopenursache wiesen letztlich der Synkopen-Score (CSSS), der AV-Block I. Grades, der komplette Linksschenkelblock sowie die gering verlängerte HV-Zeit mit hoher Wahrscheinlichkeit auf eine bradykardiebedingte Ursache hin. Nach ausführlicher Befundbesprechung mit dem Patienten erfolgte die Implantation eines Zweikammerschrittmachers (Klasse-II a-Indikation). Der Patient ist seit insgesamt 4 Jahren komplett beschwerdefrei, sodass retrospektiv ein paroxysmaler AV-Block angenommen werden kann.

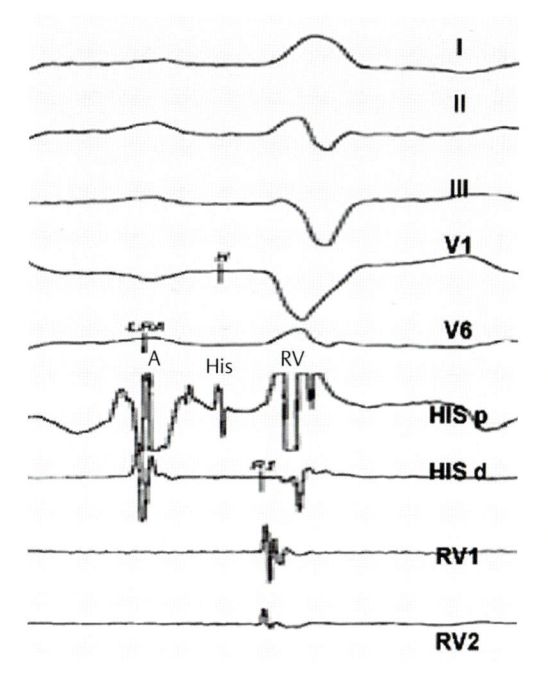

5.4 Schenkelblockierungen und faszikuläre Blockierungen

Abb. 5.28 HIS-Bündel-Elektrokardiogramm im Rahmen einer elektrophysiologischen Untersuchung bei einem Patienten mit rezidivierenden Synkopen, AV-Block I. Grades und komplettem Linksschenkelblock. A: Vorhofpotenzial, HIS: HIS-Bündel-Potenzial, RV: rechtsventrikuläres Potenzial, Nachweis einer gering verlängerten infranodalen Leitungszeit; HV-Intervall: 70 ms (der Befund wurde freundlicherweise von Herrn Dr. Meisel, Praxisklinik Herz-Kreislauf Dresden, zur Verfügung gestellt).

> **Indikation zur Schrittmacherversorgung: Chronische bifaszikuläre/trifaszikuläre Leitungsstörungen**
>
> **Klasse I:**
> - bifaszikulärer Block mit intermittierendem totalen AV-Block
> - bifaszikulärer Block mit (häufigen) AV-Blockierungen II. Grades (vom Mobitz Typ II, 2:1 oder höhergradig) (die Texte in Klammern entsprechen den Empfehlungen der deutschen Richtlinien)
> - alternierender Schenkelblock
> - bei (asymptomatischen) Patienten Nachweis einer deutlichen HV-Zeit-Verlängerung (100 ms) oder infrahissären Blockierung unter kontinuierlicher Vorhofstimulation im Rahmen einer elektrophysiologischen Untersuchung aus anderer Indikation (in den deutschen Leitlinien Klasse-IIa-Indikation)
>
> **Klasse II a:**
> - Patienten mit bifaszikulärem Block, Z. n. unklarer Synkope (jedoch V. a. kardiale Ursache) und nach Ausschluss anderer Ursachen; insbesondere ventrikuläre Tachyarrhythmien bei Patienten mit kardialer Grunderkrankung
> - symptomunabhängig bei Patienten mit neuromuskulärer Erkrankung und faszikulärem Block (in den deutschen Leitlinien Klasse-IIb-Indikation)
>
> **Klasse II b:**
> - keine
>
> **Nach Lemke B, Nowak B, Pfeiffer D. Leitlinien zur Herzschrittmachertherapie. Z Kardiol 2005; 94: 704–720; Vardas (Chairperson) et al. Guidelines for cardiac pacing and cardiac resynchronization therapy. European Heart Journal 2007; 28: 2256–2295**

6 Tachykarde Herzrhythmusstörungen als Synkopenursache

6.1 Einleitung

6.1.1 Epidemiologische Betrachtungen

Tachykarde Herzrhythmusstörungen stellen in ca. 1% bis höchstens 19% die Ursache bei Patienten mit Synkopen dar, die in stationären Notaufnahmen vorgestellt werden (Tab. 6.1). Ältere Untersuchungen beschreiben einen deutlich höheren Anteil. Im eigenen Krankengut beträgt der Anteil tachykardiebedingter Synkopen ca. 3%.

6.1.2 Diagnostisches Vorgehen bei V. a. tachykardiebedingten Synkopen

Siehe Abb. 6.1.

6.1.3 Diagnostische Überlegungen bei tachykarden Herzrhythmusstörungen

▶ Das Vorliegen einer kardialen Grunderkrankung und deren Behandlung sind die prognostisch entscheidenden Kriterien bei Patienten mit Z. n. Synkope, insbesondere bei V. a. auf eine tachykardiebedingte Ursache!
▶ Bei Verdacht auf eine tachykarde Herzrhythmusstörung als Synkopenursache sollte neben der Abklärung der Grunderkrankung zügig eine elektrophysiologische Untersuchung erfolgen, sofern die linksventrikuläre Pumpfunktion > 35% ist. Bei LV-EF ≤ 35% kann auf eine invasive Synkopendiagnostik verzichtet werden, da unabhängig der Synkopenursache die Indikation zur Versorgung mit einem ICD gegeben ist.
▶ Ein 24-h-Langzeit-EKG-Monitoring besitzt lediglich einen diagnostischen Wert von 21% und ist somit der elektrophysiologischen Untersuchung mit 44–51% deutlich unterlegen!

Nach Lacroix et al. Evaluation of arrhythmic causes of syncope: correlation between Holter monitoring, electrophysiologic testing, and body surface potential mapping. Am Heart 1991; 122 (5): 1346–1354. Kapoor. Evaluation and management of the patient with syncope. JAMA 1992; 268: 2553–2560. Zipes, Camm et al. ACC/AHA/ESC 2006 guidelines for management of patients with ventricular arrhythmias and the prevention of sudden cardiac death. Eur Heart J 2006; 27: 2099–2140

Tabelle 6.1 Anteil von tachykarden Herzrhythmusstörungen an Synkopenursachen. TLOC: transient loss of consciousness.

Autor	1) Anzahl an Patienten mit TLOC, die in Notaufnahmen vorstellig wurden (n)	2) Anzahl an Patienten, bei denen eine Diagnostik erfolgte bzw. eine Diagnose gestellt wurde (n)	Anteil an Patienten mit Tachykardien als Synkopenursache; absolut (n) und prozentual zu 1) und 2) [%]	Anteil an Patienten mit ventrikulären Tachykardien als Synkopenursache; absolut (n) und prozentual zu 1) und 2) [%]	Anteil an Patienten mit supraventrikulären Tachykardien; absolut (n) und prozentual zu 1) und 2) [%]
Baron-E. et al.	211	203	39/18%/19%	19/9%/9%	20/9%/10%
Brignole et al.	541	465	18/3%/4%	7/1%/1,5%	11/2%/2,5%
Blanc et al.	454	285	23/5%/8%	keine Angabe	keine Angabe
Farwell et al.	421	201	4/1%/2%	3/0,7%/1,5%	1/0,2%/0,5%
Bartoletti et al.	–	64 (Initialdiag.)	6/–/10%	5/–/8%	1/–/2%

Baron-Esquivias G et al. Cost of diagnosis and treatment of syncope in patients admitted to a cardiology unit. Europace 2006; 8: 122–127. Bartoletti A et al. Hospital admission of patients referred to the Emergency Department for syncope: a single-hospital prospective study based on the application of the European Society of Cardiology Guidelines on syncope. Eur Heart J 2006; 27: 83–88. Brignole et al. A new management of syncope: prospective systematic guideline-based evaluation of patients referred urgently to general hospitals. Eur Heart J 2006; 27: 76–82. Farwell l et al. Use of implantable loop recorders in the diagnosis and management of syncope. Eur Heart J 2004; 25: 1257–1253. Blanc et al. Prospective evaluation and outcome of patients admitted for syncope over a 1 year period. Eur Heart J 2002; 23: 815–820

6.2 Tachykarde Herzrhythmusstörungen mit Vorhofbeteiligung

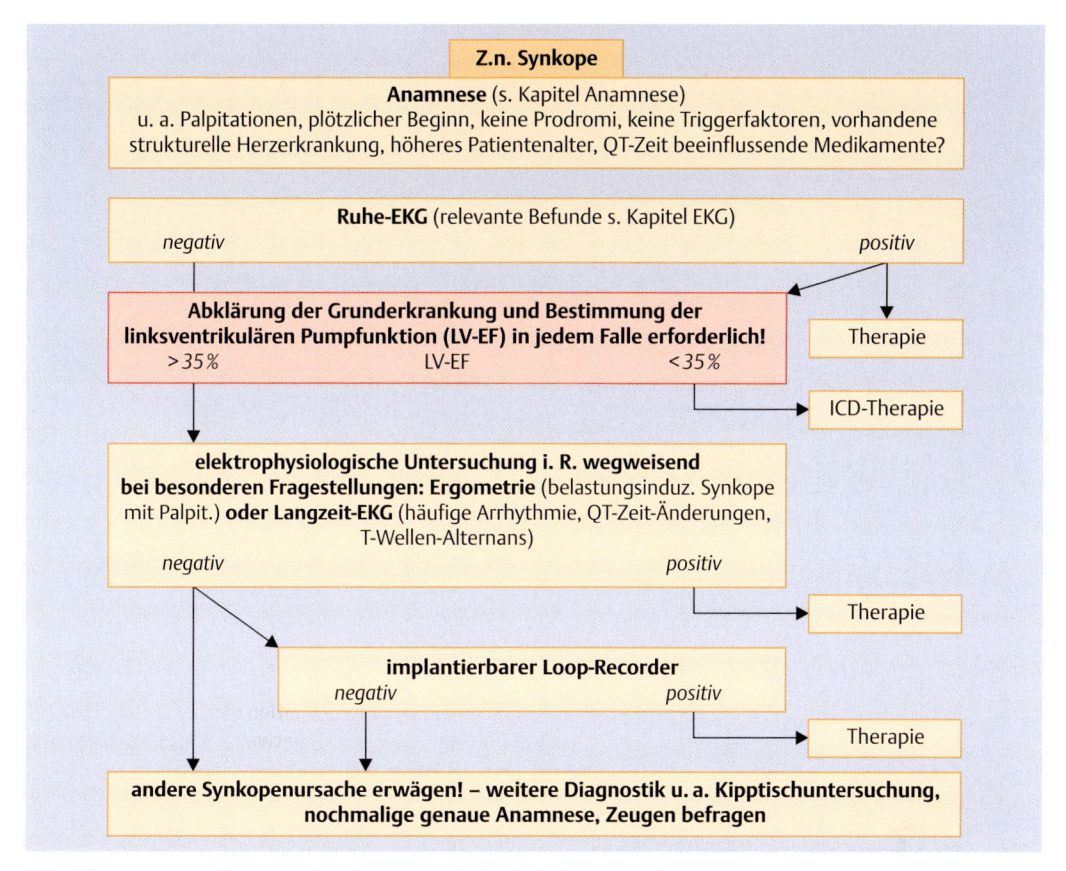

```
                    ┌─────────────────┐
                    │   Z.n. Synkope  │
                    └─────────────────┘
                             │
    ┌────────────────────────────────────────────────────┐
    │ Anamnese (s. Kapitel Anamnese)                     │
    │ u. a. Palpitationen, plötzlicher Beginn, keine     │
    │ Prodromi, keine Triggerfaktoren, vorhandene        │
    │ strukturelle Herzerkrankung, höheres Patientenalter│
    │ QT-Zeit beeinflussende Medikamente?                │
    └────────────────────────────────────────────────────┘

            ┌─────────────────────────────────────┐
            │ Ruhe-EKG (relevante Befunde s. Kapitel EKG) │
            └─────────────────────────────────────┘
   negativ                                  positiv
            ┌───────────────────────────────┐
            │ Abklärung der Grunderkrankung │
            │ und Bestimmung der            │──► Therapie
            │ linksventrikulären Pumpfunktion (LV-EF) │
            │ in jedem Falle erforderlich!  │
            │ >35%    LV-EF    <35%         │──► ICD-Therapie
            └───────────────────────────────┘

            ┌───────────────────────────────┐
            │ elektrophysiologische Untersuchung i. R. wegweisend │
            │ bei besonderen Fragestellungen: Ergometrie (belastungsinduz. Synkope mit Palpit.) oder Langzeit-EKG (häufige Arrhythmie, QT-Zeit-Änderungen, T-Wellen-Alternans) │
            └───────────────────────────────┘
   negativ                                  positiv
                                                  ──► Therapie

            ┌───────────────────────────────┐
            │ implantierbarer Loop-Recorder │
            └───────────────────────────────┘
   negativ                                  positiv
                                                  ──► Therapie

            ┌───────────────────────────────┐
            │ andere Synkopenursache erwägen! – weitere Diagnostik u. a. Kipptischuntersuchung, nochmalige genaue Anamnese, Zeugen befragen │
            └───────────────────────────────┘
```

Abb. 6.1 Diagnostisches Vorgehen bei V. a. tachykardiebedingte Synkopen.

6.2 Tachykarde Herzrhythmusstörungen mit Vorhofbeteiligung („supraventrikuläre Tachykardien")

6.2.1 Einleitung

Synkopen sind eine eher seltene Manifestation von Tachykardien mit Vorhofbeteiligung. Bis auf eine Ausnahme (Vorhofflimmern mit Überleitung über eine akzessorische Bahn) ist bei diesen Arrhythmieformen das Auftreten einer Synkope kein Zeichen einer schlechten Prognose.
Typische Klinik: plötzlicher Beginn und plötzliches Ende von Herzrasen/Palpitationen („on-off-Symptomatik")

Einteilung nach Entstehungsmechanismus und Erregungsmuster (Abb. 6.2)

1. Reentrytachykardien: AV-nodale Reentrytachykardie, AV-Reentrytachykardie (WPW-Tachykardie, permanent junktionale Reentrytachkardie [PJRT], Mahaim-Reentrytachykardie), Vorhofflattern, Sinusknoten-Reentrytachykardie
2. getriggerte Tachykardien: ektop-atriale Tachykardie, fokal junktionale und nonparoxysmale junktionale TK
3. Vorhofflimmern
4. Sinustachykardie

6.2.2 Symptomatik „paroxysmaler supraventrikulärer Tachyarrhythmien" (PSVT)

Porterfiled et al. Daily variations in the occurrence of symptomatic supraventricular tachycardia as determined by ambulatory event monitoring. J Am J Cardiol 1997; 80: 889–891
Analyse von 7891 Event-EKG-Befunden von 5869 symptomatischen Patienten (mittl. Alter 48,2 Jahre, 61,3 % weiblich); Patienten mit seltenen Arrhythmieepisoden

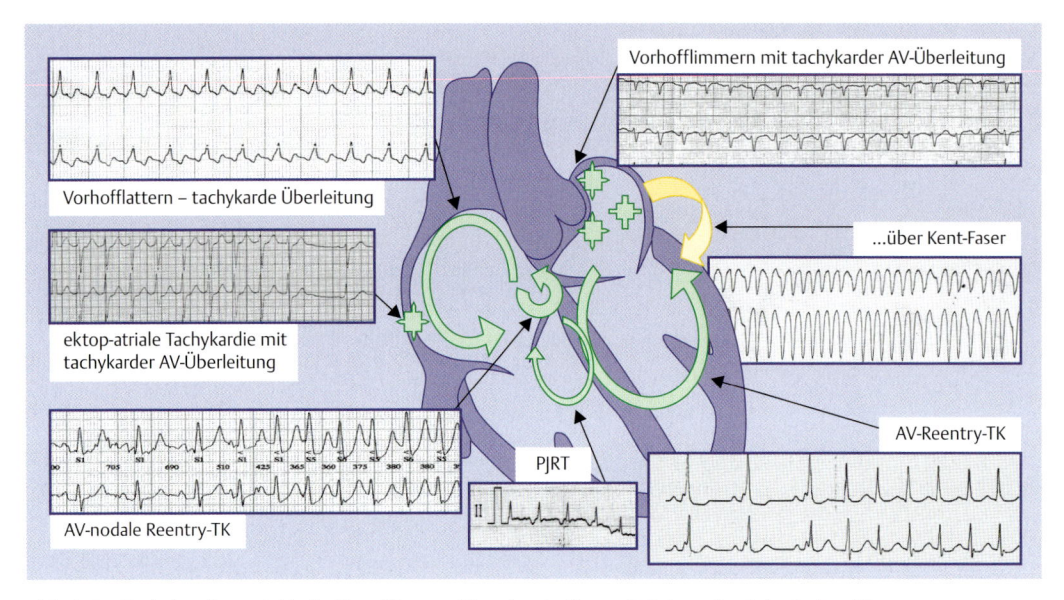

Abb. 6.2 Tachykardien mit Vorhofbeteiligung, Charakteristika und elektrophysiologisches Muster.

Tabelle 6.2 Symptome und klinische Charakteristika von Patienten mit verschiedenen Formen von Tachykardien mit Vorhofbeteiligung (mod. nach Wood et al.).

	AVNRT n = 64	AVRT/WPW n = 59	Atriale Tachy- kardie, n = 22	VH-Flattern n = 22
Alter	47 ± 19	38 ± 16	37 ± 14	61 ± 18
weiblich	46 (72%)	27 (46%)	6 (27%)	5 (23%)
Herzfrequenz/min	174 ± 32	183 ± 36	161 ± 32	129 ± 49
Palpitationen	63 (98%)	58 (98%)	21 (95%)	181 (82%)
Schwindel	50 (78%)	47 (80%)	15 (68%)	13 (59%)
Dyspnoe	30 (47%)	23 (39%)	10 (45%)	15 (68%)
Synkope	10 (16%)	16 (27%)	5 (23%)	2 (9%)

Ergebnisse:
1. Arrhythmieinzidenz: Maximum zwischen 8.00 Uhr und 20.00 Uhr
2. Arrhythmieverteilung: paroxysmale supraventrikuläre Tachykardie: 74%, paroxysmales Vorhofflimmern: 18,4%, paroxysmales Vorhofflattern: 7,6%
3. Herzfrequenz während Tachykardie: 150–199/min: 65,5%, 200–249/min: 28,6%, ≥250/min: 5,9%
4. Symptome (in absteigender Häufigkeit): schneller Herzschlag, unregelmäßiger Herzschlag, Palpitationen, Schwindel, Thoraxschmerz,
Kein Auftreten von Synkopen, obwohl bei insgesamt 6% aller Episoden eine Herzfrequenz von ≥250/min nachweisbar war!

Wood et al. Frequency of disabling symptoms in supraventricular tachycardia. Am J Cardiol 1997; 79: 145–149
Analyse von hochsymptomatischen 167 Patienten mit supraventrikulären Tachyarrhythmien und geplanter Katheterablation
Ergebnisse (Tab. 6.2):
Episodenhäufigkeit, -dauer: Männer: 1 ×/Monat, ca. 20 min; Frauen: 4 ×/Monat, ca. 60 min
Strukturelle Herzerkrankung: 22 Patienten wiesen eine strukturelle Herzerkrankung auf und hatten häufiger Vorhofflattern.
Schwerwiegende Symptome: 3 Patienten (2%) mit WPW-Syndrom erlitten einen **nicht** tödlichen Herzstillstand, in weiteren 16% war eine elektrische Ar-

rhythmieterminierung wegen Präsynkope erforderlich, Synkopen traten bei 33 Patienten (20%) auf; davon 71% Frauen.

Fazit: Supraventrikuläre Tachyarrhythmien weisen ein breites klinisches Spektrum auf. Synkopen können dabei in 0–20% registriert werden.

6.2.3 Pathophysiologische Aspekte

Herzfrequenz

In der Arbeit von Wood et al. (s. o.) zeigte sich eine Tachykardiefrequenz ≥ 170/min als einziger unabhängiger Risikofaktor für das Auftreten von Synkopen! Patienten mit HF > 170/min waren jünger (im Mittel 40 Jahre) und hatten häufiger Synkopen.

Vegetative Mechanismen

Leitch et al. Syncope associated with supraventricular tachycardia. Circulation 1992; 85: 1064–1071
Untersuchung von 22 Patienten (38 ± 3 Jahre) mit supraventrikulären Tachykardien, 11 Patienten hatten Synkopen in der Anamnese, elektrophysiologische Tachykardieinduktion im Liegen und im Stehen (Kipptischbedingungen) sowie Kipptischuntersuchung im Sinusrhythmus.
Ergebnisse:
1. Tachykardie – Zykluslänge im Stehen kürzer (297 ± 9 ms) als im Liegen (357 ± 10 ms)
2. keine Synkope im Liegen während Tachykardie
3. Auftreten von Synkopen bei 7 Patienten im Stehen, größerer RR-Abfall: 53 ± 6 mmHg vs. 24 ± 3 mmHg bei nicht synkopalen Patienten, kein signifikanter Unterschied in der Tachykardiezykluslänge: 311 ± 10 ms vs. 290 ± 11 ms (Synkopenpatienten tendenziell „langsamer")

Die Synkopen traten dabei stets zu Beginn der Tachykardie auf!

Waxman et al. Reflex mechanisms responsible for early spontaneous termination of paroxysmal supraventricular tachycardia. Am J Cardiol 1982; 49: 259–272
Untersuchung der Hämodynamik und vegetativer Einflüsse während supraventrikulärer Tachykardien sowie auf deren Terminierung an 20 konsekutiven Patienten (Abb. 6.**3**)

Fazit: Synkopen treten in der Regel in den ersten Sekunden nach Tachykardiebeginn auf. Neben der Herzfrequenz (kritisch ≥ 170/min) entscheiden v. a. vegetative Einflüsse über die Kreislaufstabilität.

6.2.4 AV-nodale Reentrytachykardie (AVNRT) und AV-Reentrytachykardie (AVRT)

Orejarena et al. Paroxysmal supraventricular tachycardia in the general population. J Am Coll Cardiol 1998; 31: 150–157
▶ Prävalenz: 2,25/1000 Personen, Inzidenz: 23–47/100 000 Personen-Jahre
▶ bei jüngeren, herzgesunden Personen (37 Jahre im Mittel): mittlere Tachykardiefrequenz = 187/min
▶ bei älteren Personen (69 Jahre im Mittel) mit struktureller Herzerkrankung: mittlere Tach.-frequenz = 155/min
▶ Synkopen: 6% (2 von 33 neu aufgetretenen Fällen)
AV-nodale Reentrytachykardie:
▶ kreisende Erregung im perinodalen Gewebe, ca. 60% aller „PSVT":

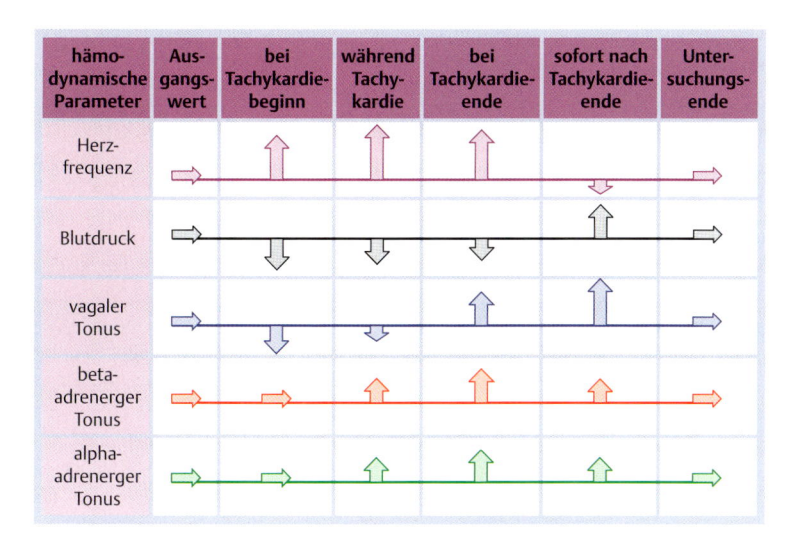

Abb. 6.**3** 1. Zu Beginn der Tachykardie deutlicher Blutdruckabfall sowie Abfall des Vagustonus, 2. nach wenigen Sekunden Stabilisierung der Kreislaufverhältnisse infolge Aktivierung des Sympathikus, 3. vor Arrhythmieterminierung plötzlicher Anstieg des Vagustonus, 4. nach Arrhythmieterminierung Normalisierung der Verhältnisse. Tachykardiedauer: 30 s (mod. nach Waxman et al.).

hämodynamische Parameter	Ausgangswert	bei Tachykardiebeginn	während Tachykardie	bei Tachykardieende	sofort nach Tachykardieende	Untersuchungsende
Herzfrequenz						
Blutdruck						
vagaler Tonus						
betaadrenerger Tonus						
alphaadrenerger Tonus						

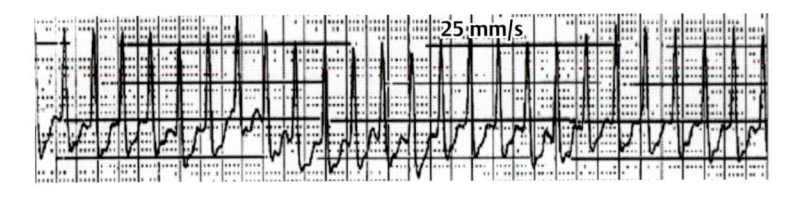

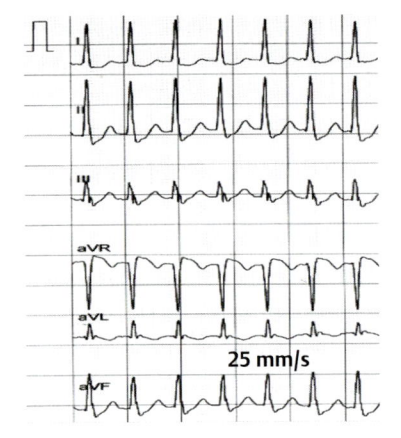

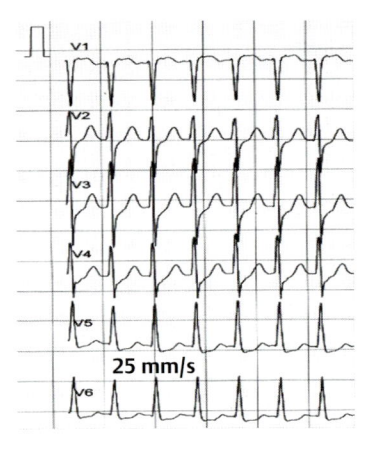

Abb. 6.4 Tachykardie mit schmalem Kammerkomplex (185/min, AV-nodale Reentrytachykardie); Dokumentation mittels Eventkarte (Rhythmusstreifen) bei Patientin mit anfallsartigem Herzrasen.

Abb. 6.5 Gleiche Patientin wie in Abb. **6.4**, 12-Kanal-EKG-Registrierung eines Tachykardieanfalls (schmale Kammerkomplextachykardie, HF 185/min), weitere Charakteristika s. Abb. **6.6**.

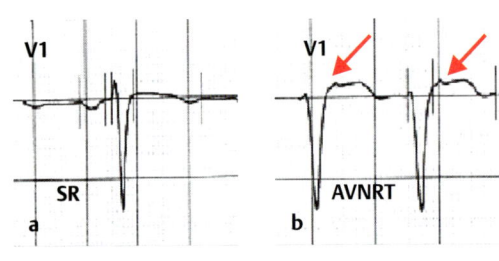

Abb. 6.6 a, b Vergleich der Ableitungen V1 während Sinusrhythmus (SR) und typischer AVNRT, Darstellung der retrograden Vorhoferregung während Tachykardie (rote Pfeile).

- typische AVNRT (ca. 90 %): retrograder Schenkel über schnelle Leitungsbahn, antegrad über langsamen Leitungsweg (Slow-fast-Muster)
- atypische AVNRT (5–10 %): retrograder Schenkel über langsame Leitungsbahn, antegrad über schnellen Leitungsweg (Fast-slow-Muster)
- seltene AVNRT: retrograde und antegrade Leitung über zwei langsam leitende Wege (Slow-slow-Muster)

AV-Reentrytachykardie:
▶ kreisende Erregung zwischen AV-Knoten und akzessorischer Bahn:
  - orthodromes WPW-Reentry: retrograder Schenkel über akzessorische Leitungsbahn, antegrad über AV-Knoten
  - PJRT: retrograder Schenkel über „langsame" akzessorische Leitungsbahn (mit AV-Knoten-Leitungseigenschaften), antegrad über AV-Knoten
  - antidromes WPW-Reentry: retrograder Schenkel über AV-Knoten, antegrad über akzessorische Leitungsbahn (Breitkammerkomplextachykardie!)
  - MAHAIM-Reentry: retrograder Schenkel über AV-Knoten, antegrad über akzessorische Leitungsbahn (Breitkammerkomplextachykardie mit stets linksschenkelblockartiger Morphologie)

Patientin mit anfallsartigem Herzrasen und Präsynkopen

Patientin: 41 Jahre, keine Erkrankungen bekannt

Synkopenanamnese: Seit vielen Jahren Herzrasen mit plötzlichem Beginn und plötzlichem Ende (typische On-off-Symptomatik), während Episoden wiederholt schwarz vor Augen.

Anfalls-EKG (Rhythmusstreifen [Abb. 6.**4**], 12-Kanal-EKG [Abb. 6.**5**]). Tachykardie mit schmalem Kammerkomplex (HF = 185/min), die retrograd geleitete P-Welle ist gut am Ende des QRS-Komplexes sichtbar (Abb. 6.**6 b**, rote Pfeile), Vergleich mit EKG im Sinusrhythmus (Abb. 6.**6 a**), somit zeigt sich der typische Befund einer AVNRT vom Slow-fast-Muster.

Verlauf: Es erfolgte die kurative Ablationsbehandlung an der „langsamen Leitungsbahn („Slow-pathway"-Ablation), die Patientin ist seitdem beschwerdefrei.

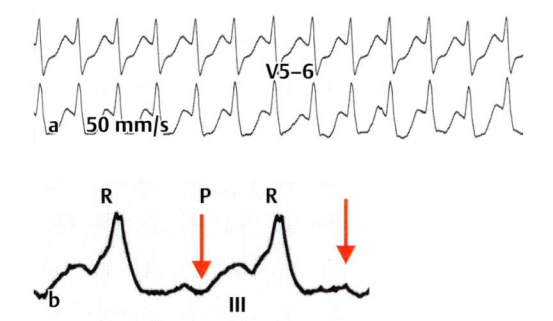

6.2 Tachykarde Herzrhythmusstörungen mit Vorhofbeteiligung

Abb. 6.7 a, b Patient mit Z. n. Synkopen infolge hochfrequenter atypischer AVNRT (Fast-slow-Muster), Tachykardiefrequenz 240/min P-Welle zu Beginn der T-Welle deutlich sichtbar (rote Pfeile), dabei RP > PR (**b**).

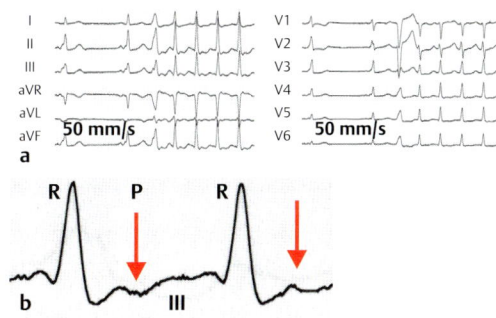

Abb. 6.8 a, b Induktion einer hochfrequenten orthodromen WPW-Reentrytachykardie (180/min) durch eine ventrikuläre Extrasystole, retrograde Vorhoferregung (P-Welle) in der ST-Strecke deutlich sichtbar (rote Pfeile), dabei RP ≤ PR (**b**).

6.2.5 Vorhoftachyarrhythmien mit tachykarder Überleitung auf die Herzkammern (s. Abb. 6.2)

Elektrische Impulse werden im kardialen Leitungssystem (z. B. TAWARA-Schenkel) mit einer Geschwindigkeit von bis zu 5 m/s transportiert. Der AV-Knoten bildet hierbei eine Ausnahme; die Impulsleitungsgeschwindigkeit beträgt nur ca. 0,2 m/s. Dies erklärt sich durch sein Aktionspotenzial, welches einem sog. „slow-response"-Aktionspotenzial (Kalziumionen-abhängig) entspricht. Die leitungsverzögernde Wirkung des AV-Knotens schützt so die Herzkammern vor einer potenziell lebensgefährlichen, zu schnellen Depolarisation, v. a. bei Auftreten einer Vorhoftachyarrhythmie wie z. B. Vorhofflimmern, Vorhofflattern u. ä.).

Unter besonderen Umständen kann es dennoch zu solchen Ereignissen kommen:
1. der AV-Knoten wird durch einen AV-Bypass-Trakt „umgangen"
2. die AV-Knotenleitungsgeschwindigkeit wird verbessert oder die Refraktärzeit des AV-Knotens verkürzt

Vorhoftachyarrhythmien (Abb. 6.9)

Vorhofflimmern

Charakterisiert durch unkoordinierte atriale Aktivierung, im EKG schnelle Oszillationen von Flimmerwellen mit unterschiedlicher Amplitude, Form und Frequenz
Prävalenz: 0,4–1 % Anteil an Gesamtbevölkerung, 8 % bei ≥ 80-Jährigen

Inzidenz (jährlich): 0,1 % bei Personen < 40 Jahre, 1,5 % bei Frauen und 2,0 % bei Männern > 80 Jahre (ca. 4,5 Mio. Menschen in der EU leiden an paroxysmalem oder permanentem Vorhofflimmern)
Synkopen:
- selten (v. a. in Kombination mit struktureller Herzerkrankung – Aortenstenose, Kardiomyopathie; akzessorischem Bypass-Trakt, Sinusknotensyndrom)
  ACC/AHA/ESC 2006 guidelines for the management of patients with atrial fibrillation – executive summary. European Heart Journal 2006; 27: 1979–2030
- jährliches Auftreten von Synkopen bei Vorhofflimmerpatienten: ca. 0,6 %
  Carlsson et al. Randomized trial of rate-control versus rhythm-control in persistent atrial fibrillation. The strategies of treatment of atrial fibrillation (STAF). J Am Coll Cardiol 2003; 41: 1690–1696
- tachykardes Vorhofflimmern ist für ca. 1 % aller Synkopen verantwortlich!
  Baron-Esquivias. Cost of diagnosis and treatment of syncope in patients admitted to a cardiology unit. Europace 2006; 27
- bei primär ungeklärten Synkopen zeigen Event-Recorder bis zu 17 % und elektrophysiologische Untersuchung bis zu 13 % ein tachykardes Vorhofflimmern als Ursache
- das Auftreten einer Synkope bei paroxysmalem Vorhofflimmern wird zu einem großen Teil durch vegetative Reflexmechanismen getriggert!
  Brignole et al. Role of autonomic reflexes in syncope associated with paroxysmal atrial fibrillation. J Am Coll Cardiol 1993; 22: 1123–1129

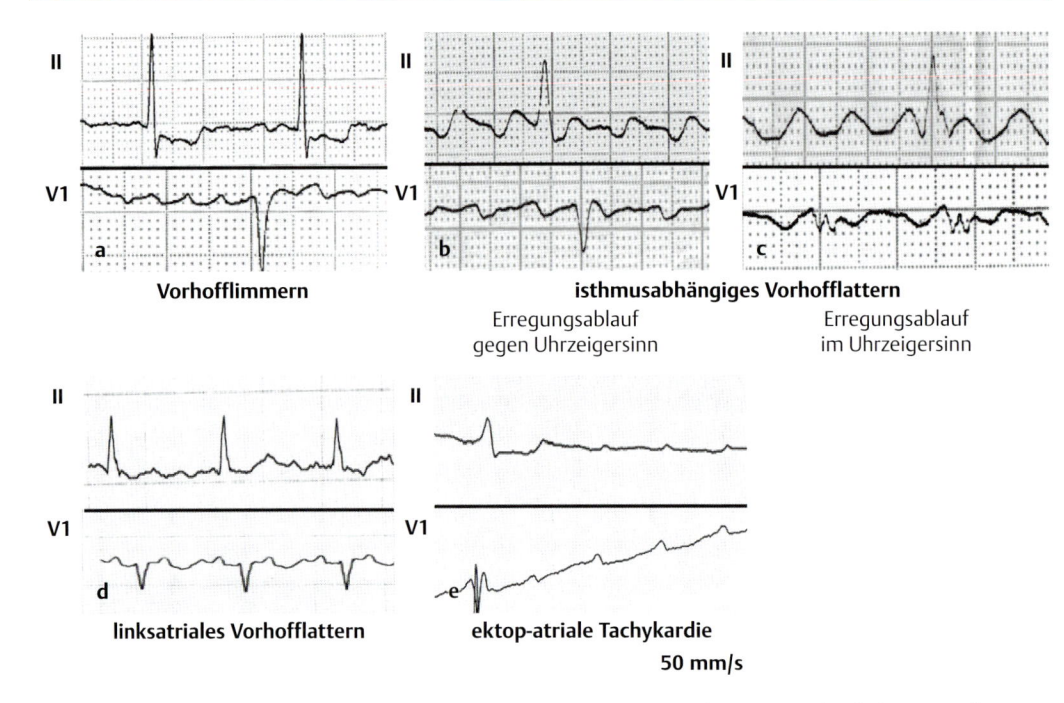

Abb. 6.9 Beispiele für einige Vorhoftachyarrhythmien, zu beachten sind die unterschiedlichen P-Wellen-Morphologien.

Vorhofflattern

Isthmusabhängiges Vorhofflattern: Makroreentrytachykardie im rechten Vorhof, die den cavo-trikuspidalen Isthmus als notwendigen Bestandteil des Reentrykreises benötigt, Frequenz 250–350/min
▶ EKG: negative, sägezahnähnliche Flatter-Wellen in II, III, aVF, positiv in V1 (bei Orientierung des Erregungsablaufes in Richtung gegen den Uhrzeigersinn; Abb. 6.9b) positive, abgerundete Flatter-Wellen in II, III, aVF, negativ in V1 (bei Orientierung des Erregungsablaufes in Richtung des Uhrzeigersinns; Abb. 6.9c)

Nichtisthmusabhängiges Vorhofflattern: Weniger seltene Reentrytachykardie, Lokalisation in beiden Vorhöfen möglich, Reentrykreis meist um Narben (u.a. nach linksatrialer Ablationsbehandlung wegen Vorhofflimmern oder Vorhofseptumverschlüsse; Abb. 6.9d).
▶ EKG: Flatterwellen können ähnlich derer bei isthmusabhängigem Flattern sein, aber auch eine komplett andere Morphologie aufweisen.

Synkopen: Vorhofflattern ist in ca. 2,5–9% in selektierten Kollektiven die Ursache einer Synkope.

Atriale Tachykardien (AT)

Charakterisiert durch eine reguläre atriale Aktivierung von einem Vorhofareal aus in zentrifugaler Richtung mit Frequenzen zwischen 100 und 250/min (selten 300/min), EKG: unterschiedlichste P-Wellen-Morphologie, zwischen den P-Wellen findet sich jedoch stets eine isoelektrische Linie (differenzialdiagnostischer Unterschied zu Vorhofflattern! (Abb. 6.9e)
Prävalenz: 0,34% bei asymptomatischen und 0,46% bei symptomatischen Personen (seltene Arrhythmie!)
Synkopen: ca. jeder 5. Patient mit einer AT erleidet Synkopen

Tachykarde Überleitung von Vorhofarrhythmien über eine akzessorische Bahn

▶ Inzidenz des plötzlichen Herztodes bei WPW-Syndrom: 0,15–0,39% über einen 3- bis 10-Jahres-Zeitraum!
▶ „Lebenszeitinzidenz" des plötzlichen Herztods: 3–4%
▶ plötzlicher Herztod kann eine Erstmanifestation darstellen und auch erst in der 2. oder 3. Dekade auftreten

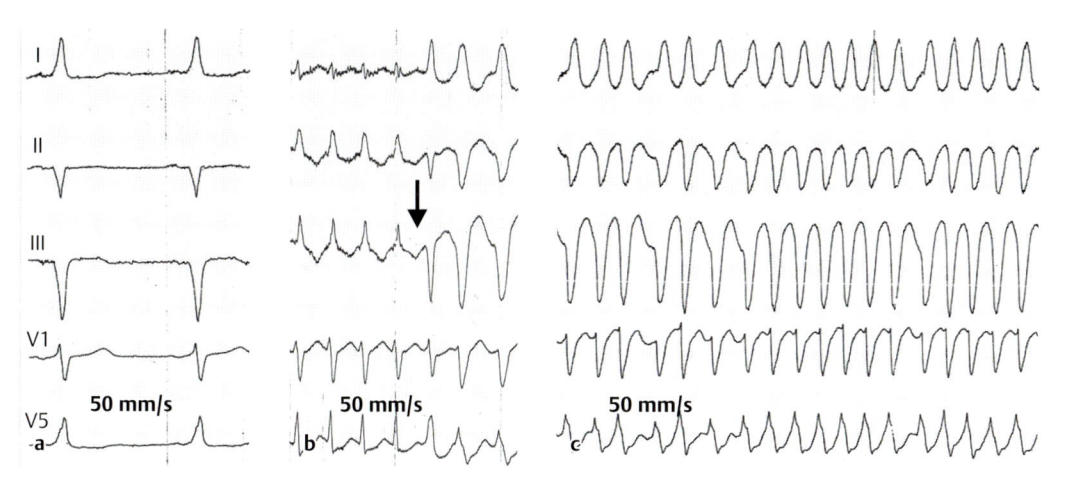

Abb. 6.10 a–c **a** Sinusrhythmus mit offenem WPW-Syndrom. **b** Orthodrome Reentrytachykardie mit Übergang in Vorhofflimmern mit Überleitung über die Kent-Faser (Pfeil). **c** Tachykarde Überleitung des Vorhofflimmerns ausschließlich über die Kent-Faser (kürzestes RR-Intervall: 240 ms).

Synkopen

Bromberg et al. Impact of clinical history and electrophysiologic characterization of accessory pathways on management strategies to reduce sudden death among children with Wolff-Parkinson-White syndrome. J Am Coll Cardiol 1996; 27: 690–695

Analyse von 60 symptomatischen Kindern mit WPW-Syndrom:
1. von 10 Kindern mit überlebtem plötzlichen Herztod (Hochrisikogruppe) hatte nur ein Kind zuvor eine Synkope, 7 jedoch klagten über Palpitationen!
2. bei den als „Intermediär-Risiko"(anamnestisch Synkopen/Vorhofflimmern) eingestuften Kindern hatten 74% während der elektrophysiologischen Untersuchung Vorhofflimmern mit einem RR-Intervall < 220 ms!; in der anamnestischen „Niedrig-Risiko"-Gruppe immerhin noch 66%!

Patienten mit erhöhtem Risiko zeigen

1. kürzestes präexzitiertes RR-Intervall < 250 ms während spontan auftretendem oder induziertem Vorhofflimmern
2. anamnestisch symptomatische Tachykardie (u. a. Synkopen)
3. multiple akzessorische Bahnen
4. Morbus Ebstein und
5. familiärer plötzlicher Herztod bei WPW

Nach Blomström-Lundqvist/Scheinman (Co-Chairs) et al. AHA/ACC/ESC guidelines for the management of patients with supraventricular arrhythmias. European Heart Journal 2003; 24: 1857–1897

Fazit: Bei Patienten mit offenem WPW-Syndrom und Synkope oder anderen Symptomen ist zwingend eine Risikostratifizierung hinsichtlich des plötzlichen Herztods erforderlich (auch asymptomatische Patienten scheinen von einer Risikoabschätzung zu profitieren).

Verapamil, offene Kent-Faser und Vorhofflimmern – „Gefährlicher geht es nicht!"

Siehe Abb. 6.11, Seite 206.

Merke: Die Gabe von Verapamil ist bei einer WPW-Tachykardie kontraindiziert, da es zwar die Impulsleitung über den AV-Knoten verzögert, gleichzeitig aber die Leitung über die akzessorische Bahn verbessert und somit bei Auftreten von Vorhofflimmern eine ausschließliche „1 : 1"-Leitung der Vorhofflimmeraktionen über die akzessorische Bahn mit nachfolgend Kammerflimmern entstehen kann!

Tachykarde Überleitung von Vorhofarrhythmien über den AV-Knoten – Mechanismen

- Sympathikusaktivierung: Verbesserung der Leitung im AV-Knoten
- Verbesserung der AV-Leitung durch Medikamente (z. B. Chinidin)

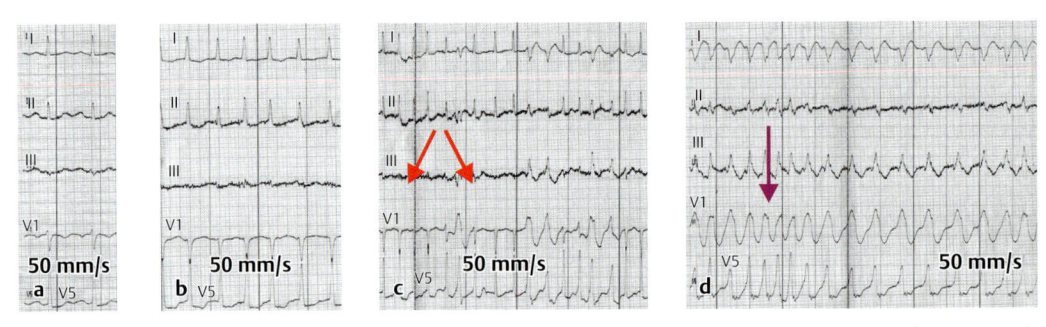

Abb. 6.**11 a–d** **a** Sinusrhythmus mit WPW-Syndrom (nur diskrete Präexzitation – in V5 sichtbar; das EKG wurde nach Arrhythmieterminierung aufgenommen); **b** Tachykardie mit schmalem Kammerkomplex, P-Wellen nicht sichtbar (retrospektiv handelte es sich um eine orthodrome AV-Reentry-Tachykardie (Zykluslänge: 330 ms; Herzfrequenz ca. 180/min); **c** „kurz" nach intravenöser Gabe von Verapamil „degeneriert" die AVRT eher zufällig in ein Vorhofflimmern (noch) mit Leitung über den AV-Knoten und selten über die Kent-Faser (rote Pfeile); **d** Verapamil ist nunmehr effektiv: die Leitung über den AV-Knoten ist komplett blockiert, gleichzeitig wurde die Refraktärzeit der Kent-Faser und des Ventrikelmyokards verkürzt, Vorhofflimmern wird phasenweise 1 : 1 übergeleitet (es entsteht kurzzeitig funktionell Kammerflimmern; kürzestes RR-Intervall 200 ms!, violetter Pfeil). Nachtrag: Die Arrhythmie sistierte spontan, sodass keine elektrische Terminierung erforderlich war (Abb. 6.11 a), mit Ausnahme von Patienten mit COPD/Asthma kann heutzutage durch die i. v. Gabe von Adenosin eine sichere Terminierung von AV- und AV-nodalen Reentrytachykardien erreicht werden (s. Kap. 6.2.6).

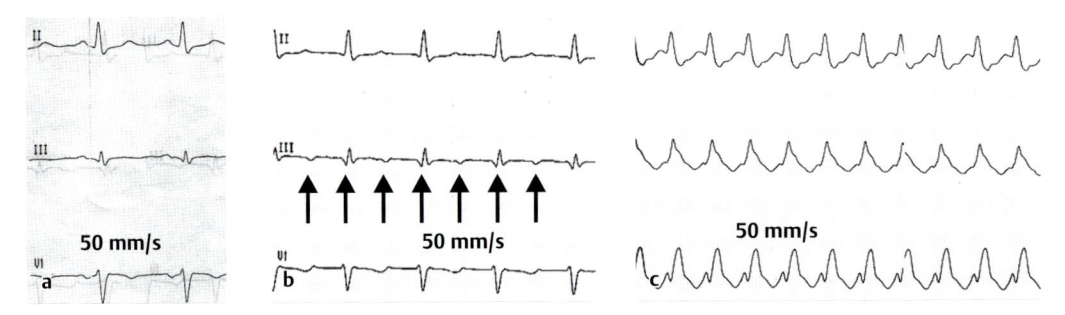

Abb. 6.**12 a–c** **a** Sinusrhythmus mit normaler AV-Überleitung; **b** Auftreten von Vorhofflattern mit 2 : 1-Leitung über den AV-Knoten; **c** nachfolgend am ehesten „stressinduziert", Übergang der 2 : 1-Leitung in eine 1 : 1-Leitung der Flatterwellen über den AV-Knoten, funktioneller Rechtsschenkelblock.

FALLBEISPIEL

Patient (69 J.) mit Synkope infolge paroxysmalem Vorhofflimmern und gleichzeitig neurokardiogenen Synkopen (NCS)

Weitere Diagnosen: arterieller Hypertonus, Hyperlipidämie, Prostatahyperplasie
Synkopen- und Arrhythmieanamnese: Der Patient klagte über plötzlich einsetzende Palpitationen seit vielen Jahren, dabei Angst und Schwindel, die Episoden besitzen eine unterschiedliche Dauer und Häufigkeit (elektrophysiologische Diagnostik bisher abgelehnt). Das letzte Arrhythmieereignis war erstmalig mit einer Synkope gekoppelt: der Patient saß am Tisch und verpürte plötzlich erneut Herzrasen, danach Verlust des Bewusstseins. Es erfolgte eine stationäre Notaufnahme mit Dokumentation eines tachykarden Vorhofflimmerns (Abb. 6.13). Ansonsten sind Synkopen seit der Kindheit regelmäßig aufgetreten (ca. 3/Jahr, u. a. bei Angstsituationen, letzte Synkope während Koloskopie – dokumentierter RR-Abfall und Asystolie)

Anfalls-EKG: tachykardes Vorhofflimmern (minmales RR-Intervall 290 ms!), mittlere Kammerfrequenz ca. 180/min (Abb. 6.13)
Therapie und weiterer Verlauf: Nach Ausschluss einer relevanten strukturellen Herzerkrankung und klinisch führenden, häufigen NCS (Kipptischuntersuchung: kardioinhibitorische Form, klinisch führend wiedererkannt!) erfolgte die Versorgung mit einem Herzschrittmacher; zusätzlich wurde der Patient zunächst auf einen Betablocker eingestellt und oral antikoaguliert. Im HSM-Speicher fanden sich im weiteren Verlauf mehrfache Frequenzabfall-Episoden in der Tagphase (Abb. 6.14 a und b), Synkopen sind seitdem nie wieder aufgetreten. Der Patient leidet jedoch weiter unter dem Auftreten von Vorhofflimmerparoxysmen; die Therapie mit Klasse-Ic-Antiarrhythmika war nicht effektiv, eine kurative Katheterablation ist geplant.

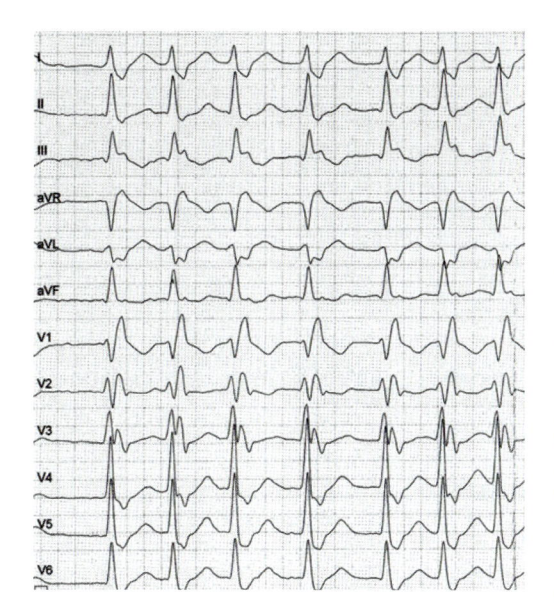

6.2 Tachykarde Herzrhythmusstörungen mit Vorhofbeteiligung

Abb. 6.13 Anfalls-EKG nach Synkope, tachykardes Vorhofflimmern (mittleres HF ca. 180/min).

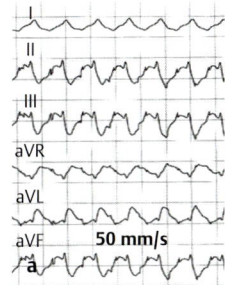

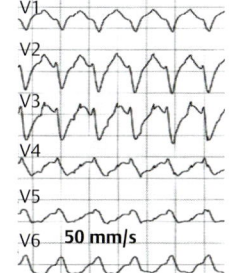

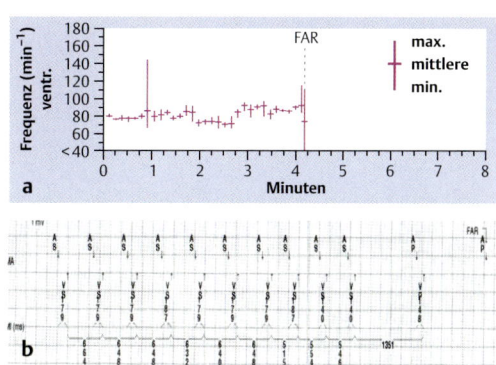

Abb. 6.14 a, b Frequenzabfallreaktion (FAR) bei Patient mit NCS (und paroxysmalem Vorhofflimmern). Ausdruck aus Herzschrittmacherspeicher (AdaptaDR, Fa. Medtronic). **a** Frequenzprofil vor FAR: dabei stetiger Anstieg der Herzfrequenz von ca. 75/min bis zu ca. 110/min. **b** Rhythmusmarker und Zykluslängen vor FAR; zunächst Sinusrhythmus mit intrinsischer Überleitung, stetige Abnahme der Zykluslänge von 664 ms auf 546 ms, danach plötzliche Asystolie, nach 1351 ms AV-sequenzielle Schrittmacherstimulation, Einsetzen der FAR nach der 2. AV-sequenziellen Schrittmacheraktion.

Tachykarde Überleitung über den AV-Knoten nach Gabe von Natriumkanalblockern

Mechanismus: Natriumkanal-Blocker (v. a. Klasse IC-Antiarrhythmika) konvertieren Vorhofflimmern in ein „langsames Vorhofflattern", dadurch 1 : 1-Leitung im AV-Knoten möglich (Abb. 6.15)!

> **Fazit:** Zur Therapie mit Klasse-I-Antiarrhythmika sollten immer zusätzlich AV-leitungsverzögernde Medikamente hinzugeben werden; am besten Betablocker! Digitalis oder Verapamil in Ausnahmefällen.

6.2.6 Therapieprinzipien bei Tachyarrhythmien mit Vorhofbeteiligung

Akuttherapie: Ziel ist die Unterbrechung des Reentrykreises bzw. Verlangsamung der Überleitung auf die Herzkammern, z.B. durch die monitorgestützte Gabe von Adenosin, Betablocker ggf. anderer Antiarrhythmika oder Overdrive-Stimulation; bei hämodynamischer Instabilität: elektrische Kardioversion

Chronische Therapie: Bei symptomatischen Tachykardien mit Vorhofbeteiligung sollte stets eine kurative Katheterablation angestrebt werden! Alternativ: antiarrhythmische Therapie möglich (s. dazu: Blomström-Lundqvist/Scheinman [Co-Chairs] et al. ACC/AHA/ESC guidelines for the management of patients with supraventricular arrhythmias. Circulation 2003; 108: 1871–1909 sowie Fuster et al. ACC/AHA/ESC 2006 guidelines for the management of patients with atrial fibrillation – executive summary. Eur Heart J 2006; 27: 1979–2030)

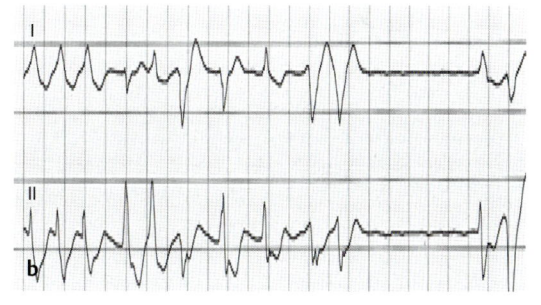

Abb. 6.15 a, b Patientin: 73 Jahre, strukturell herzgesund (ehem. Lehrerin), unter Therapie mit 3 × 150 mg Propafenon wegen bekanntem und dokumentiertem paroxys. Vorhofflimmern. **a** 12-Kanal-Registrierung eines Vorhofflatterns mit 1 : 1 AV-Leitung und Linksschenkelblock. Vorhof- und Kammerfrequenz: 230/min; Akutvorstellung nachdem die Patientin wegen eines erneuten Rezidivs zusätzlich 150 mg Profenon eingenommen hatte. **b** Unterbrechung der 1 : 1-Leitung, später Konversion in Vorhofflimmern.

6.3 Ventrikuläre Tachyarrhythmien

6.3.1 Einteilung

Einteilung nach klinischer Präsentation

▶ hämodynamisch stabil: Asymptomatisch/minimale Symptome
▶ hämodynamisch instabil: Präsynkope, Synkope, plötzlicher Herztod oder überlebter plötzlicher Herztod

Einteilung nach Krankheitsentität

Koronare Herzerkrankung, Kardiomyopathien, Herzinsuffizienz, kongenitale Herzerkrankung, strukturell gesundes Herz, plötzliches Kindstod-Syndrom, neurologische Erkrankungen

Einteilung nach elektrophysiologischen Kriterien (Beispiele s. Abb. 6.16)

Definition: Tachykardie mit Ursprung aus den Herzkammern mit Zykluslänge (ZL) < 600 ms
Nicht beständige ventrikuläre Tachykardie (nsVT): minimal 3 Schläge, maximale Dauer weniger als 30 s
▶ monomorph: gleiche QRS-Morphologie
▶ polymorph: veränderliche QRS-Morphologie, ZL zwischen 600–180 ms

Beständige ventrikuläre Tachykardie (VT): Dauer > 30 s oder erforderliche Terminierung infolge hämodynamischer Kompromittierung in weniger als 30 s
▶ monomorph: gleiche QRS-Morphologie
▶ polymorph: veränderliche QRS-Morphologie, ZL zwischen 600 und 180 ms

Bundle-branch Reentry-Tachykardie: HIS-Purkinje-System in Reentry-Kreis einbezogen, LSB-Morphologie, in der Regel bei Kardiomyopathien
Bidirektionale VT: Schlag-zu-Schlag-Alternanz der QRS-Komplexe, oft bei Digitalisintoxikation
Torsades de pointes: assoziiert mit langem QT-Intervall, Umkehr der QRS-Spitzen um die isoelektrische Linie, Initiierung: „long-short-long" (typisch) Kopplungsintervalle oder „normal-short" (atypisch)
Kammerflattern: regelmäßige Tachykardie mit Zykluslänge < 200 ms, Intervallschwankung < 30 ms, keine isoelektrische Linie sichtbar
Kammerflimmern: irreguläre Tachykardie mit wechselnder QRS-Morphologie, Amplitude und Zykluslänge (i. d. R. 180 ms oder weniger)

Zipes, Camm et al. ACC/AHA/ESC 2006 Guidelines for management of patients with ventricular arrhythmias and the prevention of sudden cardiac death. Europace 2006; 8: 746–837

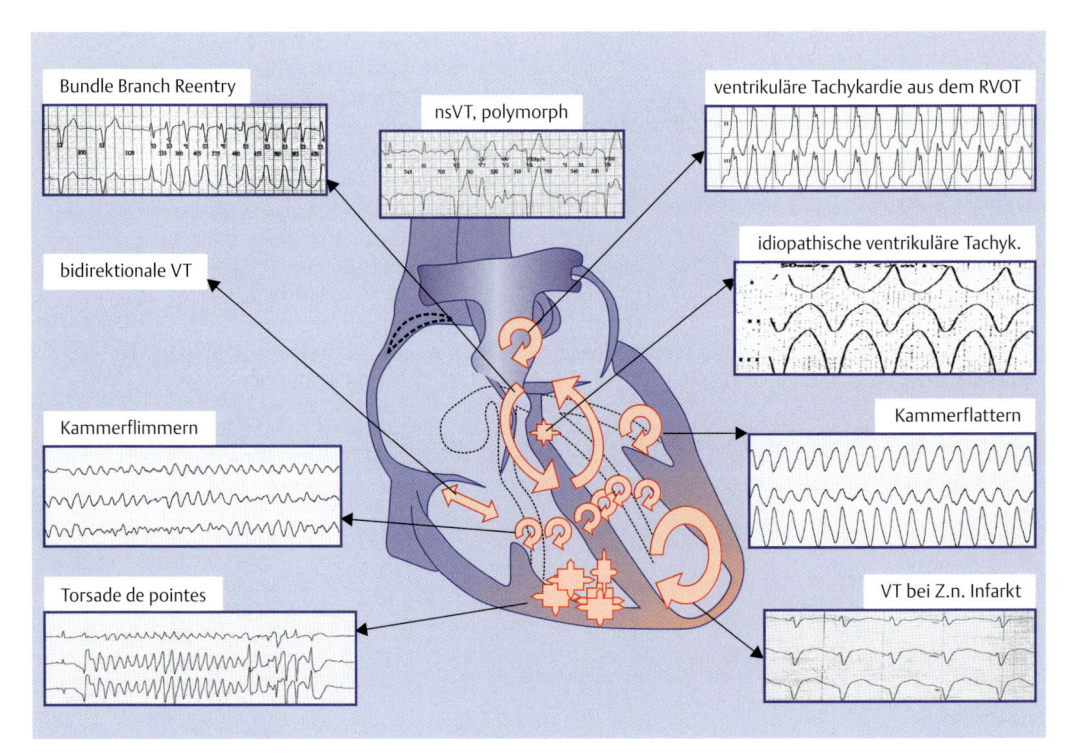

Abb. 6.16 Beispiele für ventrikuläre Tachyarrhythmien. VT: ventrikuläre Tachykardie, nsVT: nicht beständige ventrikuläre Tachykardie, RVOT: rechtsventrikulärer Ausflusstrakt.

6.3.2 Ventrikuläre Tachyarrhythmien und Synkopen – Klinische Aspekte

Morady et al. Clinical symptoms in patients with sustained ventricular tachycardia. West J Med 1985; 142: 341–344
Synkopen oder Präsynkopen finden sich in ca. 30% bei Patienten mit beständigen VT

Abello et al. Syncope following cardioverter defibrillator implantation in patients with spontaneous syncopal monomorphic ventricular tachycardia. European Heart Journal 2006; 27: 89–95
Vergleich von 26 Patienten mit synkopaler VT (syVT) und 50 Patienten mit nicht synkopaler VT (nsyVT), die mit einem ICD versorgt wurden, hinsichtlich Rezidivsynkopen

mittlere Nachbeobachtungszeit:
▶ 31/34 Monate resp.

Arrhythmierezidive gesamt:
▶ syVT-Gruppe: 69%
▶ nsyVT-Gruppe: 72% (p = n. s.)

arrhythmogene Rezidivsynkopen:
▶ syVT-Gruppe: 31%
▶ nsyVT-Gruppe: 2% (p = 0.0002)

nicht arrhythmogene Synkopen:
▶ syVT-Gruppe: 15%
▶ nsyVT-Gruppe: 0%

Kein signifikanter Unterschied zwischen den Zykluslängen der ventrikulären Tachykardien beider Gruppen. Synkopale ventrikuläre Tachykardien im Follow-up waren dabei hinsichtlich der Herzfrequenz in der Mehrzahl langsamer als die Tachykardien vor Implantation.

Fazit: Patienten mit synkopalen ventrikulären Tachykardien erleiden deutlich häufiger Synkopen während des Auftretens von Arrhythmierezidiven als nicht synkopale Patienten mit ventrikulären Tachykardien mit identischer Zykluslänge, d. h. neben der Herzfrequenz bedingen zusätzliche Faktoren das Auftreten von Synkopen bei ventrikulären Tachyarrhythmien.

6.3.3 Ventrikuläre Tachyarrhythmien – Pathophysiologische Aspekte bei Synkopen

Hämodynamische Veränderungen während ventrikulärer Tachyarrhythmien (Abb. 6.17)

Zu Beginn der Arrhythmie plötzliche Änderung der Kreislaufsituation mit prinzipiellem Problem:
▶ Abfall des arteriellen Mitteldrucks vermindert die Aktivität der arteriellen Barorezeptoren; dadurch Aktivierung des sympathischen Systems!
▶ gleichzeitig jedoch Anstieg des kardialen Füllungsdrucks mit Aktivierung der kardiopulmonalen Barorezeptoren und Reduktion des Sympathikotonus!

Zusammenspiel der verschiedenen Barorezeptoren: entscheidend für die Aufrechterhaltung des Kreislaufs!

Rolle der Herzfrequenz

Hamer et al. Factors that predict syncope during ventricular tachycardia in patients. Am Heart J 1984; 107: 997–1005
Vergleich von jeweils 20 Patienten mit und ohne Synkope während induzierter ventrikulärer Tachykardien, kein Unterschied in Alter (mittl. Alter 59 Jahre), LV-EF (27%), KHK-Inzidenz zwischen beiden Gruppen.

Positive Synkopenanamnese vor Diagnostik:
▶ 17/20 (85%) Synkopengruppe
▶ 3/20 (15%) synkopenfreie Gruppe (p < 0,05)

Abfall des arteriellen Mitteldrucks in den ersten 5 s auf:
▶ 36 ± 8 mmHg Synkopengruppe
▶ 50 ± 9 mmHg synkopenfreie Gruppe

Blutdruckverhalten nach 16 s
▶ keine Stabilisierung: 37 ± 16 mmHg Synkopengruppe
▶ Stabilisierung: 76 ± 15 mmHg synkopenfreie Gruppe

(Patienten in der synkopenfreien Gruppe blieben über mehrere Minuten hämodynamisch stabil.)

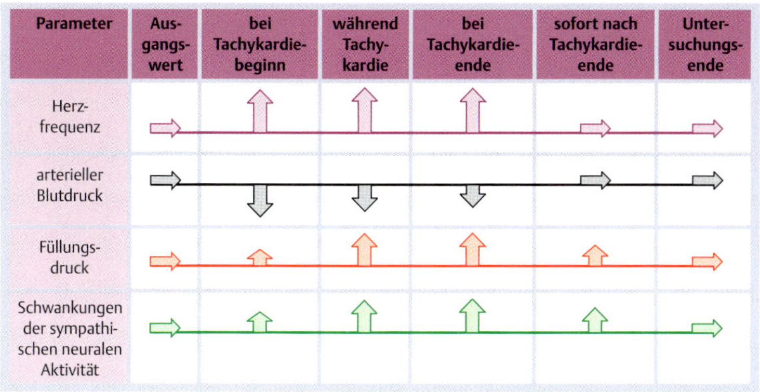

Abb. 6.17 Änderung der Hämodynamik während schneller ventrikulärer Stimulation als Beispiel für ventrikuläre Tachyarrhythmien, zu Beginn der Stimulation plötzlicher, massiver Abfall des arteriellen Blutdrucks, gleichzeitig deutlicher Anstieg des Füllungsdrucks, ausgeprägte Schwankungen der sympathischen neuralen Aktivität (nach Smith et al.).

Tachykardiefrequenz:
▶ 253/min Synkopengruppe
▶ 193/min synkopenfreie Gruppe

Fazit: Bei Beginn einer ventrikulären Tachyarrhythmie tritt eine plötzliche Änderung der hämodynamischen Verhältnisse ein, wobei in den ersten Sekunden nach Eintritt der Tachykardie eine Stabilisierung des Kreislaufs erfolgen kann oder nicht erfolgt (Synkope). Patienten mit höheren Tachykardiefrequenzen > 230/min erleiden in der Regel eine Synkope, während Frequenzen < 200/min besser toleriert werden.

Vegetative Kompensationsmechanismen

Smith et al. Reflex control of sympathetic activity during simulated ventricular tachycardia in humans. Circulation 1999; 100: 628–634
Analyse der vegetativen Kompensationsmechanismen (Barorezeptorfunktion, sympathische neurale Aktivität (SNA)) während ventrikulärer Tachyarrhythmien unter Verwendung eines Stimulationsmodells (schnelle RV-Stimulation) zur Simulation einer ventrikulären Tachykardie, Vergleich der Nativbefunde mit Befunden unter Infusion von Nitroglycerin, Phenylephrin und Kipptischbedingungen (s. a. Abb. 6.**17**).

Ergebnisse:
1. nach Beginn der Hochfrequenzstimulation (= VT): deutlicher Anstieg der sympathischen Aktivität (SNA)!
2. Ausnahme: Patienten, die bereits zuvor eine hohe SNA hatten, dann Abfall der sympathischen Aktivität
3. der Abfall des arteriellen Blutdrucks wird durch die arteriellen Barorezeptoren registriert; die SNA steigt
4. der Anstieg der SNA ist umso größer, je geringer der kardiale Füllungsdruck steigt, da die kardialen Barorezeptoren weniger gereizt werden und deren inhibitorischer Effekt geringer ausfällt

Huikuri et al. Changes in spontaneous sinus node rate as an estimate of cardiac autonomic tone during stable and unstable ventricular tachycardia. J Am Coll Cardiol 1989; 13: 646–652
Patienten mit instabiler VT (ohne retrograde Leitung) zeigen nach einem initialen Anstieg einen nachfolgenden Abfall der Sinusknotenfrequenz; Patienten mit stabiler Arrhythmie hingegen zeigen einen permanenten Anstieg der Sinusknotenfrequenz als Ausdruck einer intakten sympathischen Aktivierung.

Smith et al. Sympathetic neural responses to induced ventricular tachycardia. J Am Coll Cardiol 1991; 18: 1015–1024
Deutlicher Anstieg der sympathischen Aktivität um 92 % während der ersten 10 s bei ventrikulärer Tachykardie; hiervon verbleiben 83 % über dem Ausgangsniveau in der ersten Minute.

Faktoren, die für das Auftreten von Synkopen bei ventrikulären Tachykardien eine bedeutende Rolle spielen, wurden in Abb. 6.**18** zusammengefasst.

Fazit: Das Auftreten einer ventrikulären Tachyarrhythmie ist ein „hämodynamisches Desaster". Eine eingeschränkte linksventrikuläre Pumpfunktion, die atrioventrikuläre und intraventrikuläre Dyssynchronie verschlechtern diese Situation. Über den Erhalt der Kreislaufstabilität entscheiden nicht nur die Kammerfrequenz, sondern v. a. kompensatorische Mechanismen, insbesondere das Verhältnis zwischen Aktivierung der arteriellen und kardiopulmonalen Barorezeptoren.

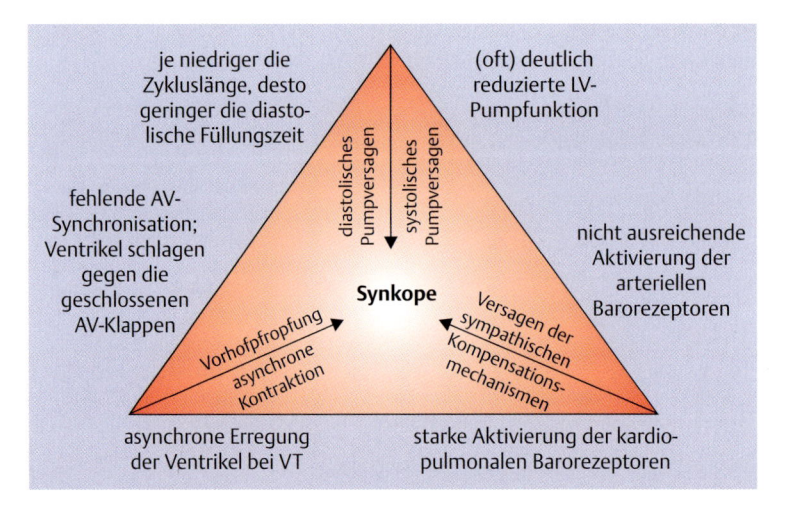

Abb. 6.**18** Faktoren, die das Auftreten einer Synkope bei ventrikulären Tachyarrhythmien bedingen.

6.4 Spezielle Erkrankungen und ventrikuläre Tachyarrhythmien

6.4.1 Brugada-Syndrom

Brugada P, Brugada J. Right bundle branch block, persistent ST segment elevation and sudden cardiac death: a distinct clinical and electrocardiographic syndrome. A multicenter report. J Am Coll Cardiol 1992; 20: 1391–1396
Beschreibung von 8 Patienten mit überlebtem plötzlichen Herztod, strukturell gesundem Herz und typischen EKG-Veränderungen (s. Abb. 2.**47**, S. 60)

Shah et al. Molecular basis of arrhythmias. Circulation 2005; 112: 2517–2529
▶ autosomal dominante Erkrankung mit mehr als 30 möglichen Mutationen des SCN5A-Gens (kodiert die Alpha-Untereinheit des Natriumkanals)
▶ Arrhythmieinduktion durch Dysbalance der Ionenströme während der Phase I der Repolarisation (Reduktion des Natriumstroms bedingt große Potenzialunterschiede in der rechtsventrikulären Wand; v. a. in den rechtsventrikulären epikardiumnahen Schichten findet dadurch eine sehr kurze Repolarisation statt, sodass diese Gebiete durch die benachbarten Myokardareale mit längerer Repolarisation wieder erregt werden können; dadurch Arrhythmieinduktion!)

Prävalenz: Europa/Amerika 0,05 %, Asien 1 %

Klinische Charakteristika des Brugada-Syndroms:
▶ häufig Männer im mittleren Alter (4. Dekade), jedoch jedes Alter möglich! (Männer/Frauen = 3 : 1)
▶ Synkopen häufiges Symptom (infolge Kammerarrhythmien), zus. Palpitationen, Schwindel, plötzlicher Herztod, 20 % Auftreten von Vorhofflimmern, aber auch Sinusknoten-Stillstände beschrieben
▶ Mehrzahl jedoch asymptomatische Familienmitglieder

Antzelevitch et al. Brugada syndrome report of the second consensus conference. Circulation 2005; 111: 659–670 und Zipes, Camm et al. ACC/AHA/ESC 2006 Guidelines for management of patients with ventricular arrhythmias and the prevention of sudden cardiac death. JACC 2006; 48 (5)

Synkopen und Risikostratifizierung bei Brugada-Syndrom:
Brugada et al. Determinants of the electrocardiographic pattern of Brugada syndrome and no previous cardiac arrest. Circulation 2003; 108: 3092–3096
Analyse der bisher größten Patientenkohorte (n = 547) mit Brugada-Syndrom.
Mittleres Alter: 41 ± 15 Jahre (2–85 Jahre), 408 (75 %) männlich
Patientenrekrutierung:
▶ n = 124 Synkope unklarer Genese,
▶ n = 170 Routine-EKG,
▶ n = 253 asymptomatische Familienmitglieder
Mittlere Nachbeobachtungszeit: 24 ± 33 Monate
Plötzlicher Herztod in der Familienanamnese: n = 302/547
Spontan abnormales EKG (Brugada-Zeichen – „BZ"): n = 391/547
Elektrophysiologische Untersuchung positiv (induzierbare Kammerarrhythmie): n = 163/408
ICD-Versorgung: n = 177
Ergebnisse: Arrhythmieereignisse: n = 45 (8,2 %); Plötzlicher Herztod n = 16, Kammerflimmern n = 29
Multivariate Analyse: Induzierbarkeit ($p < 0,0001$) und Synkope ($p < 0,01$) sind Prädiktoren für ein zukünftiges Ereignis!

Kombination der Risikofaktoren steigert die Ereigniswahrscheinlichkeit drastisch (s. Abb. 6.**19**)

> **Fazit:** Patienten mit Brugada-Zeichen im Oberflächen-EKG (Typ I) haben ein hohes Risiko für den plötzlichen Herztod. Die elektrophysiologische Induzierbarkeit sowie eine positive Synkopenanamnese sind die Marker einer schlechten Prognose!

Tabelle 6.**2** EKG-Veränderungen bei Brugada-Syndrom.

	Typ I (diagnostisch)	Typ II	Typ III
J-Wellen-Amplitude	≥ 2 mm	≥ 2 mm	≥ 2 mm
T-Welle	negativ	positiv/biphasisch	positiv
ST-Konfiguration	zeltförmig	sattelförmig	sattelförmig
ST-Segment	deszendierend	angehoben ≥ 1 mm	angehoben ≥ 1 mm

Consensus Report proposed diagnostic criteria for the Brugada syndrome. European Heart Journal 2002; 23: 1648–1654

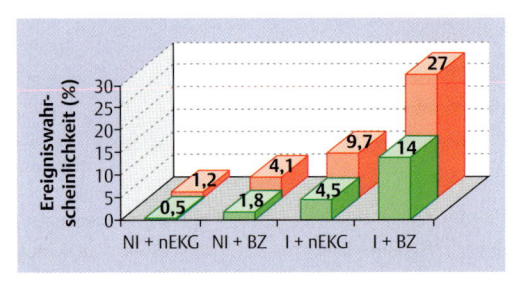

Abb. 6.**19** Regressionsanalyse für die Ereigniswahrscheinlichkeit anhand von Risikofaktoren bei Brugada-Syndrom, Differenzierung nach asymptomatischen (grün) und synkopalen (rot) Patienten, nach Brugada et al. NI: nicht induzierbar; I: induzierbar; nEKG: normales EKG; BZ: Brugada-Zeichen im EKG (das höchste Risiko besteht für einen Patienten mit 3 Risikofaktoren).

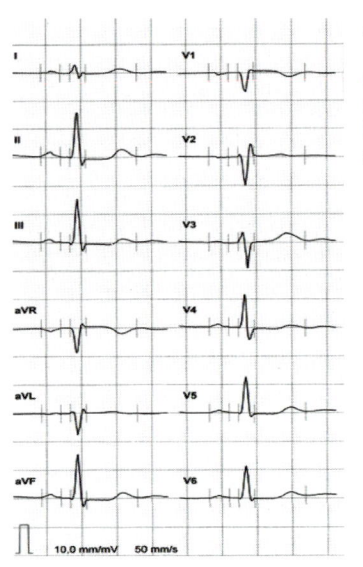

Abb. 6.**21** 12-Kanal-EKG einer Patientin mit Z. n. Synkope und Reanimation.

Empfehlungen zur ICD-Versorgung bei Patienten mit Brugada-Syndrom (Abb. 6.20) sowie weitere Therapieempfehlungen

Zipes, Camm et al. ACC/AHA/ESC 2006 guidelines for management of patients with ventricular arrhythmias and the prevention of sudden cardiac death. JACC 2006; 48 (5)

FALLBEISPIEL

Patientin: 41 Jahre, mit Z. n. Synkope und auffälligem EKG in $V_{1/2}$

Weitere Diagnosen: arterieller Hypertonus (Therapie: Metoprolol 95 mg und Ramipril 5 mg/d)
Synkopenanamnese: stationäre Einweisung via Notarzt wegen Synkope (Gesichtsverletzung), Schwindelsymptomatik seit einer Woche, am zweiten stationären Tag komplexe Reanimation

Basisdiagnostik: EKG (Abb. 6.**21**): Sinusrhythmus, am ehesten Typ-3-Muster (inkomplettes Rechtsschenkelblockmuster, sattelförmiger ST-Streckenverlauf, positive T-Welle in V1/2)
Diagnostik (auswärtiges Zentrum):
Koronarangiografie: ohne pathologischen Befund
Elektrophysiologische Untersuchung: mittels programmierter Kammerstimulation keine Arrhythmieinduktion, jedoch werden nach 85 mg Ajmalin Typ-1-EKG-Veränderungen (Brugada-Zeichen) beschrieben
Weiterer Verlauf: Aufgrund der Z. n. Reanimation erfolgte im Rahmen der Sekundärprophylaxe des plötzlichen Herztodes die ICD-Versorgung; 7 Monate später kam es zu einer regelrechten Terminierung von

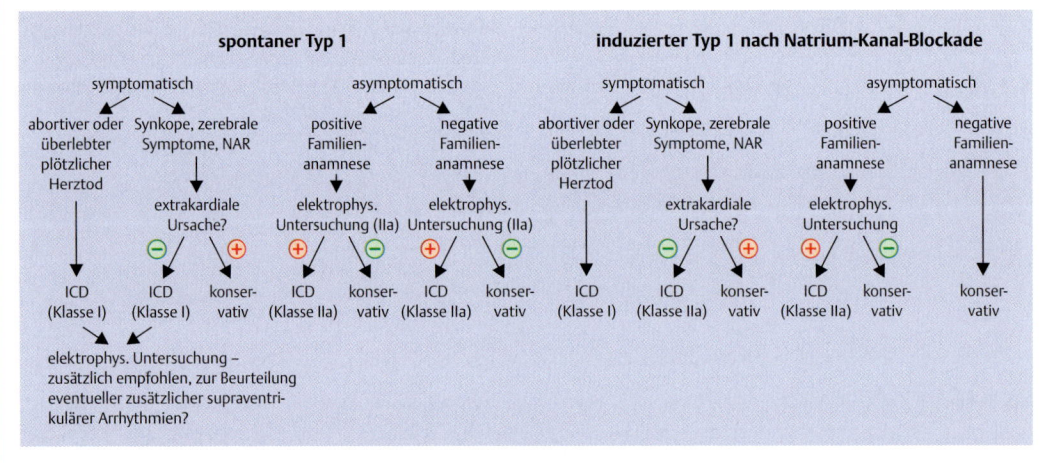

Abb. 6.**20** Empfehlungen zur ICD-Versorgung bei Patienten mit Brugada-Syndrom; positive Familienanamnese: plötzlicher Herztod bei einem Blutsverwandten mit Brugada-Syndrom (nach Antzelevitch et al.). NAR: Nocturnal agonal respiration

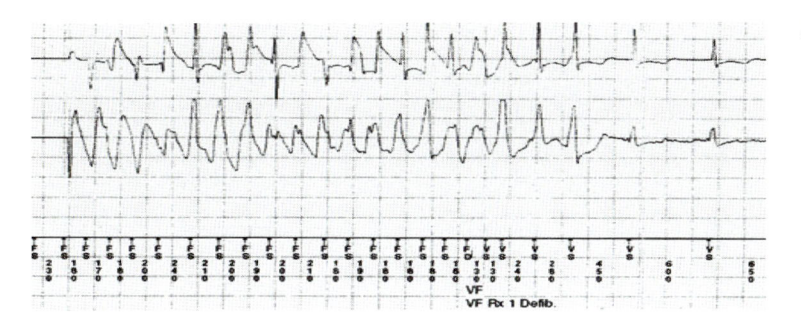

6.4 Spezielle Erkrankungen und ventrikuläre Tachyarrhythmien 213

Abb. 6.22

Kammerflimmern durch den ICD, weitere spontan terminierende Episoden zeigten sich im ICD-Speicher nach 12 Monaten (Abb. 6.22)

6.4.2 Long-QT-Syndrom (LQTS)

- charakterisiert durch eine veränderte Repolarisation mit Verlängerung der QT-Zeit, dadurch bedingt Auftreten von Torsade-de-pointes-Tachykardien mit Synkopen oder plötzlichem Herztod
- Differenzierung in angeborenes und erworbenes LQTS

Angeborenes Long-QT-Syndrom

- mehr als 200 Mutationen an 7 verschiedenen Genen bekannt (genetische Heterogenität: LQTS 1–7),

Syndrome mit QT-Zeit-Verlängerung: „Jerwell-Lange-Nielsen", „Romano-Ward", „Anderson", „Timothy")
- Veränderung des Kalium- und Natriumeinstroms während der Repolarisation
- Prävalenz: 1 in 3000 bis 5000 Personen
- breites klinisches Spektrum (asymptomatische Formen mit Borderline-QT-Zeit Verlängerung bis hin zu manifesten Formen mit Synkope und plötzlichem Herztod, Beginn der Symptomatik oft in der 2. Dekade)

Khan et al. Long QT syndrome: Diagnosis and management. Am Heart J 2002; 143: 7–l4
Schwartz et al. Diagnostic criteria for the long QT syndrome. An update. Circulation 1993; 88: 782–784

Tabelle 6.3 Übersicht über die wichtigsten LQTS und deren klinische Bedeutsamkeit hinsichtlich des plötzlichen Herztodes.

Typ	Gen und betroffener Ionenkanal	Häufigkeit	T-Welle	Arrhythmietrigger	Ereigniswahrscheinlichkeit	Tod bei Ereignis
LQT-S1	KCNQ1 langsamer K$^+$-Kanal	ca. 50%	lang, breitbasig, manchmal „normal" erscheinend mit spätem Beginn	sympatische Überaktivität (Stress, Emotionen, körp. Belastung) – belastungs-induzierte Synkopen/Tod	30–63% (bis zum 40. LJ)	4%
LQT-S2	KCNH2 schneller K$^+$-Kanal	30–40%	klein, „geknotet"	Ruhe, Emotionen, plötzliches Erschrecken (z. B. laute Musik oder morgendlicher Weckton)	46% (bis zum 40. LJ)	4%
LQT-S3	SCNA5 Na$^+$-Kanal	5–10%	hoch, spitz, biphasisch mit spätem Beginn	während Ruhe/Schlaf	18–46% (bis zum 40. LJ)	20%

Nach Zareba et al. Influence of the genotype on the clinical course of the long-QT syndrome. N Engl J Med 1998; 33: 960–965

Tabelle 6.4 Diagnostische Kriterien für ein LQTS anhand eines Punktescores (p = Punktanzahl).

QT c [ms]	p	EKG-Befunde	p	Anamnese	p	Familien-anamnese	p
> 480	3	Torsade de pointes	2	Synkope mit Stress	2	Angehörige mit definitivem LQTS	1
460–470	2	T-Wellen-Alternans	1	Synkope ohne Stress	1	unerklärter plötzlicher Herztod	0,5
450	1	geknotete T-Welle (in 3 Ableitungen)	1	angeborene Taubheit	0,5	bei unmittelb. Angehör. < 30 J	
		niedrige Herzfrequenz	0,5				

≤ 1 Punkte: niedrige Wahrscheinlichkeit für LQTS; 2–3 Punkte: intermediäre Wahrscheinlichkeit für LQTS;
≥ 4 Punkte: hohe Wahrscheinlichkeit für LQTS
Nach Schwartz et al. Diagnostic criteria for the long QT-syndrome. An update. Circulation 1993; 88: 782–784

Tabelle 6.5 Risikostratifizierung bei LQTS.

Hochrisiko ≥ 50 %ige Ereigniswahrscheinlichkeit	mittleres Risiko 30–49 %ige Ereigniswahrscheinlichkeit		geringes Risiko < 30 %ige Ereigniswahrscheinlichkeit
QTc-Zeit > 500 ms	QTc < 500 ms	QTc > 500 ms	QTc < 500 ms
LQTS 1, LQTS 2, LQTS3-Männer	LQTS 2/3 Frauen, LQTS 3 Männer	LQTS 3 Frauen	LQTS 1 LQTS 2 Männer

Nach: Priori et al. Risk stratification in the Long-QT syndrome. N Engl J Med 2003; 348: 1866–1874

Erweiterte Risikostratifizierung bei Erwachsenen > 40 Jahre

Goldenberg et al. Long-QT syndrome after age 40. Circulation 2008; 117: 2192–2201
▶ Analyse der Daten des „International LQTS registry" – 2 759 Personen (45 ± 14,5 Jahre) aus 779 Familien
▶ Einteilung in drei Subgruppen (EKG):
  1. „betroffen" (BE) = QTc ≥ 470 ms, n = 924 (72 % weiblich)
  2. „grenzwertig" (GW) = QTc 440–469 ms, n = 754 (62 % weiblich)
  3. „nicht betroffen" (NB) = QTc < 440 ms, n = 871 (45 % weiblich)
▶ Anamneseerhebung (Auftreten von Synkopen mit Einteilung nach Zeitpunkt):
  1. vor weniger als 2 Jahren
  2. vor mehr als 2 und kürzer als vor 10 Jahren
  3. länger als 10 Jahre zurück oder keine Synkope
▶ Genotypisierung in LQTS 1–3 (bei 62 % der Patienten), Nachbeobachtung 19 ± 13,5 Jahre

Ergebnisse (ACA – „aborted cardiac arrest", SCD – „suddden cardiac death")

1. betroffene Patienten (QTc > 470 ms) weisen eine signifikant höhere Rate an Synkopen und kombinierten Ereignissen (ACA/Todesfälle) im Vergleich zu den anderen Gruppen auf, ca. 2,0-fach höheres Risiko (Abb. 6.**23**)
2. betroffene Personen: „Genotyp positiv" weisen ein 4,2-fach höheres Ereignisrisiko als „genotyp-negative" Personen auf
3. Patienten mit LQTS3 haben die höchste Ereigniswahrscheinlichkeit (Abb. 6.**24**), und weisen ein 5-fach höheres Risiko gegenüber genotyp-negativen Personen auf
4. Männer haben (unabhängig von der QTc-Zeit!) eine höhere Ereignisrate als Frauen (Abb. 6.**25**)
5. **Synkopen:** Eine „kürzlich erlittene" Synkope (vor weniger als 2 Jahren) ist der dominante Risikofaktor für das Auftreten einer lebensbedrohlichen Arrhythmie bei jüngeren Patienten mit einer QTc ≥ 470 ms (Abb. 6.**26**)!

6.4 Spezielle Erkrankungen und ventrikuläre Tachyarrhythmien

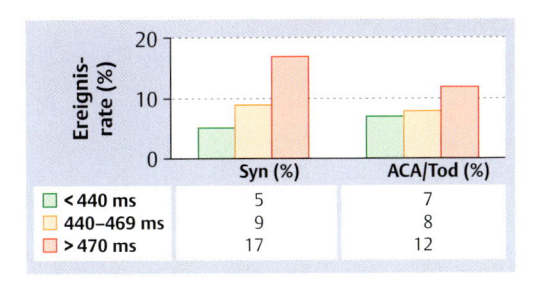

	Syn (%)	ACA/Tod (%)
< 440 ms	5	7
440–469 ms	9	8
> 470 ms	17	12

Abb. 6.23 Ereignisse in Abhängigkeit der QTc.

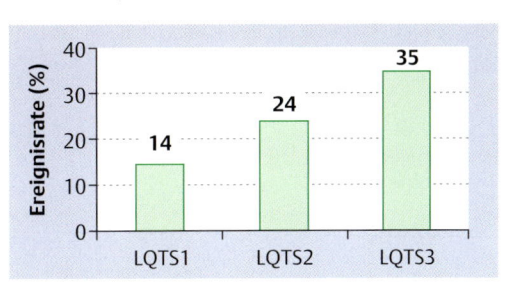

Abb. 6.24 Ereignisse in Abhängigkeit des Genotyps.

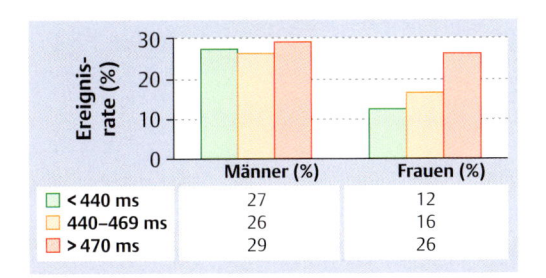

	Männer (%)	Frauen (%)
< 440 ms	27	12
440–469 ms	26	16
> 470 ms	29	26

Abb. 6.25 Ereignisse in Abhängigkeit von Geschlecht und QTc.

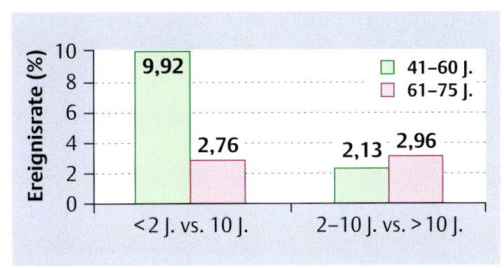

Abb. 6.26 Synkopen und Ereignisrisiko (J: Jahre).

Fazit: Bei Erwachsenen mit LQTS besteht ein hohes Risiko des Auftretens lebensbedrohlicher Arrhythmien, welches mit Zunahme der QTc-Zeit steigt. Eine kürzlich erlittene Synkope stellt neben dem männlichen Geschlecht sowie dem LTQTS3-Genotyp einen der wichtigsten Risikomarker dar.

Erweiterte Risikostratifizierung bei Kindern (Tab. 6.6)

Goldberg et al. Risk factors for aborted cardiac arrest and sudden cardiac death in children with the congenital long-OT syndrome. Circulation 2008; 117: 2184–2191

Analyse der Daten des „International LQTS registry" – 3015 Kinder (7,5 J) mit QTc-Zeit > 450 ms

Fazit: Bei Kindern mit LQTS weisen Jungen ein deutlich höheres Mortalitätsrisiko als Mädchen auf (5% vs. 1%); Risikofaktoren sind 1. QTc > 500 ms sowie 2. eine Synkope in der Anamnese!

Erworbenes Long-QT-Syndrom

Seit den 1920er-Jahren bekannt: Chinidin bedingt Synkopen! Häufiges klinisches Problem mit hoher „Dunkelziffer"

Roden et al. Drug-induced prolongation of the QT interval. N Engl J Med 2004; 350: 1013–1022

Das Auftreten von TDP unter antiarrhythmischer Therapie mit QT-Zeit-Verlängerung im EKG beträgt 1–10%! Andere Substanzen weisen eine geringe Häufigkeit auf (Tab. 6.9). Die Arrhythmieinduktion kann spontan durch Auftreten von Nachpotenzialen (s. Abb. 6.27) erfolgen, aber auch durch eine Extrasystolie mit sog. „Kurz-lang-kurz"-RR-Intervallen getriggert werden.

Klinisches Bild: von „asymptomatisch" über Palpitationen bei gehäufter Extrasystolie oder nicht beständigen ventrikulären Tachyarrhythmien bis hin zur Synkope und plötzlichem Herztod infolge TDP; z.B. unter Dofetilide (DIAMOND-Trial): 3,3% Auftreten von TDP unter Herzinsuffizienzpatienten in den ersten 72 Stunden nach Einstellung

Tabelle 6.6 Erweiterte Risikostratifizierung bei Kindern mit LQTS (HR: Hazard Ratio, CI: Confidence Interval).

Risikofaktor	Jungen HR (95% CI)	p	Mädchen HR (95%-CI)	p
QTc-Zeit > 500 ms vs. < 500 ms	2,72 (1,50–4,92)	0,001	0,95 (0,39–2,33)	0,91
Synkope kürzlich (< 2 Jahre)	6,16 (3,41–11,1)	< 0,001	27,82 (9,72–79,60)	< 0,001
Synkope früher (≥ 2 Jahre)	2,67 (1,22–5,85)	0,01	12,04 (3,79–38,26)	< 0,001

Tabelle 6.7 Therapie des angeborenen LQTS (adaptiert nach den aktuellen Richtlinien).

Empfehlung	Evidenzniveau	Empfehlung
Vermeiden von Sport, starker körperlicher Belastung	I	Beinhaltet Patienten, bei denen die Diagnose mittels genetischer Untersuchung gestellt wurde
Betablocker	I II a	Patienten mit QTc > 460 ms bei Frauen und > 440 ms bei Männern Patienten mit normalem QTc-Intervall
ICD-Therapie	I II a II b	überlebter plötzlicher Herztod Z. n. Synkope unter Betablockade Primärprävention bei asymptomatischen Hochrisikopatienten (insbesondere LQTS 2 und 3 mit QTc > 500 ms)

Nach: Roden. Long-QT Syndrome. N Engl J Med 2008; 358: 169–176

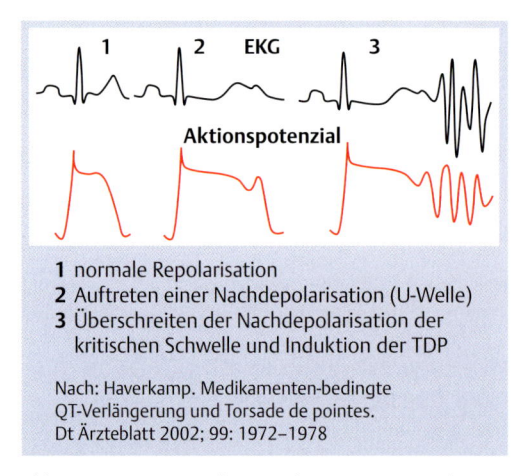

Abb. 6.27 1. Normale Repolarisation 2. Auftreten einer Nachdepolarisation (U-Welle), 3. Überschreiten der Nachdepolarisation der kritischen Schwelle und Induktion der TDP (nach Haverkamp et al. Medikamentenbedingte QT-Verlängerung und Torsade de pointes. Dt. Ärzteblatt 2002; 99: 1972–1978).

Zipes, Camm et al. ACC/AHA/ESC 2006 guidelines for management of patients with ventricular arrhythmias and the prevention of sudden cardiac death. Europace 2006; 8: 746–837

Tabelle 6.8 Risikofaktoren für medikamenteninduzierte TDP.

- weibliches Geschlecht
- Hypokaliämie (s. Abb. 6.**28 a, b** und 6.**29 a, b**)
- Bradykardie
- schwere Hypomagnesiämie
- kürzlich erfolgte Kardioversion (unter QT-Zeit-verlängerter Medikation)
- Herzinsuffizienz
- Digitalistherapie
- hohe Medikamentendosen (außer Chinidin) meist infolge Interaktion verschiedener Substanzen oder schnelles Infundieren QT-Zeit-verlängernder Medikamente
- gleichzeitige Anwendung von 2 oder mehr QT-Zeit verlängernder Medikamente oder Kombination von QT-Zeit-verlängernder Substanz und deren metabolischem Inhibitor
- nativ QT-Zeit-Verlängerung
- subklinisches oder klinisch manifestes QT-Syndrom
- Ionen-Kanal-Polymorphismus

Einfluss von Medikamenteninteraktionen auf die QT-Zeit

- oft unterschätztes Problem: durch eine Interaktion verschiedener Medikamente kann es zu einer Steigerung der Plasmaspiegel und entsprechender QT-Zeit-Verlängerung kommen
- auch reverser Effekt möglich – Reduktion der Plasmaspiegel infolge Medikamenteninteraktion mit Effektivitätsminderung einzelner Substanzen und dadurch bedingter Arrhythmieinduktion
- Überdosierung gefährlich, v. a. dann, wenn ein Medikament nur über einen einzigen metabolischen Weg abgebaut wird und dieser durch ein anderes Medikament geblockt wird

6.4 Spezielle Erkrankungen und ventrikuläre Tachyarrhythmien

Tabelle 6.9 Die Tabelle zeigt eine Zusammenfassung der Medikamente mit potenziellem Risiko einer QT-Zeit-Verlängerung (www.Torsades.org und www.azcert.org).

Medikamente mit potenziellem Torsade-de pointes-Risiko	Medikamente mit mittlerem Torsade-de-pointes-Risiko	Medikamente mit geringem Torsade-de-pointes-Risiko
Antiarrhythmika (TDP-Risiko > 1 %): Disopyramid, Dofetiljde, Ibutilide, Ajmalin, Chinidin, Sotalol	**Antiarrhythmika** (TDP-Risiko < 1 %): Amiodaron, Mexiletin	**Antiarrhythmika:** Flecainid, Propafenon
Antibiotika/Antimykotika: Clarithromycin, Erythromycin, Pentamidin, Sparfloxacin	**Antibiotika/Antimykotika:** Ciprofloxacin, Trimethoprim, Sulfa, Fluconazol, Ketoconazol, Itraconazol	**Antibiotika/Antimykotika:** Roxithromycin, Azithromycin, Telithromycin, Levofloxacin, Moxifloxacin, Ofloxacin, Gatifloxacin, Gemifloxacin, Voriconazol
Antipsychotika: Pimozide, Thioridazin, Mesoridazin, Chlorpromazin	**Antidepressiva:** Citalopram, Fluoxetin, Paroxetin, Sertralin	**Antipsychotika:** Clozapin, Paliperidone, Quetiapine, Risperidon Ziprasidon
Sedativa: Droperidol, Haloperidol	**trizyklische Antidepressiva:** Amitriptylin, Amoxapin, Clomipramin, Desipramin, Doxepin, Imipramin, Nortriptylin, Protriptylin, Trimipramin	**Antidepressiva:** Venlafaxin **Antimanika:** Lithium **Antikonvulsiva:** Fosphenytoin, Felbamat
Antimalarika: Halofantrin, Chlorochin	**Cholinesteraseinhibitor:** Galantamin, Solifenacin	**Antihypertensiva:** Indapamid, Isradipin, Nicardipin, Moexipril/HCT
Opiat-Agonisten: Methadon, Levomethadyl		**Sedativa:** Chloral hydrat **Antiemetika:** Dolasetron, Granisetron, Ondansetron
Zytostatika: Arsentrioxid		**Virostatika:** Foscarnet, Amantadin
Antihyperlipämika: Probucol		**Zytostatika:** Sunitinib, Tamoxifen
Antianginosa: Bepridil		**Immunsuppressiva:** Tacrolimus
Antihistaminika: Terfenadin, Astemizol		**endokrine Wirkung:** Octreotid
		Alphablocker: Alfuzosin
		Antianginosa: Ranolazin
		PDE-Inhibitoren: Vardenafil
		Muskelrelaxans: Tizanidine

Häufigkeit von Torsade de pointes unter QT-Zeit-verlängernder Therapie

Antiarrhythmika: Chinidin 4,0%, Sotalol 1,8–2,3%, Amiodaron 0,5%

Antibiotika: Azithromycin 0,08, Clarithromycin 0,34, Erythromycin 0,11 (Häufigkeit auf 1 Mio behandelter Patienten)

QT-Verlängerung bei M. Conn (primärer Hyperaldosteronismus) – s. Abb. 6.28 a, b

QT = 500 ms, QTc = 508 ms, QT-Disp. = 60 ms

QT = 368 ms, QTc = 432 ms, QT-Disp. = 50 ms

QT-Verlängerung bei iatrogener Hypokaliämie – s. Abb 6.29 a, b

QT = 460 ms, QTc = 559 ms, QT-Disp. = 80 ms

QT = 420 ms, QTc = 446 ms, QT-Disp. = 40 ms

Abb. 6.**28 a, b** Patientin mit milder Hypertonie, 53 Jahre, mit Z. n. Reanimation wegen Kammerflimmern **a** EKG vor Diagnostik und Therapie: deutliche QT-Zeit-Verlängerung bedingt durch schwere Hypokaliämie (Serumkalium < 3 mmol/l), tägliche Kaliumausscheidung im Urin 244 mmol (Normbereich bis 125 mmol/24 h) **b** EKG nach Adrenektomie (Nebennieren-Tumor linksseitig): Normalisierung der Repolarisation.

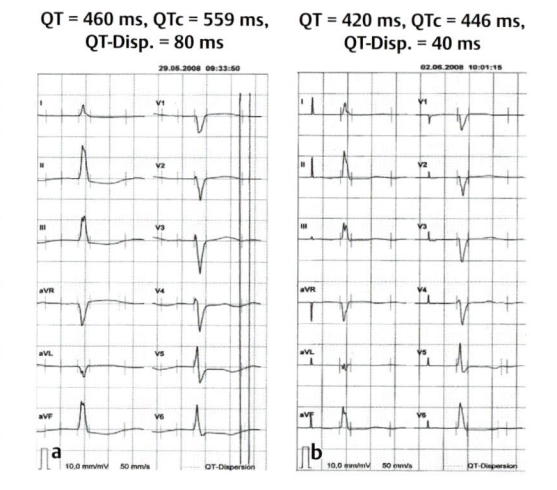

Abb. 6.**29 a, b** Asymptomatische 83-Jährige Patientin unter diuretischer Therapie mit 20 mg Torasemid und 80 mg Xipamid wegen Z. n. kardialer Dekompensation, Z. n. DDD-R-Schrittmacherimplantation wegen Bradykardie-Tachykardie-S. **a** Vorhofflimmern, mittlere Herzfrequenz 88/min, QT-Zeitverlängerung (QTc = 559 ms)! Kaliumwert zum Zeitpunkt des EKGs 2,96 mmol/l! **b** Kontroll-EKG nach Beendigung von Xipamid und Kaliumsubstitution (Serumkalium 4,15 mmol/l): regelrechte atriale Stimulation mit eigener Überleitung, QTc = 446 ms.

Konsequenzen für die Praxis

1. kritischer Umgang mit QT-Zeit verlängernden Substanzen inkl. Kenntnis der Wirkungen des jeweils verwendeten Medikaments sowie Interaktionsmöglichkeiten mit anderen Medikamenten (incl. Digitalis)
2. strenge Kontrolle der Serumkaliumspiegel bei Gabe von QT-Zeit-verlängernder Therapie, insbesondere bei zusätzlicher Therapie mit Kaliuretika
3. Patienteninformation über Situationen mit möglichem Kaliumverlust (Erbrechen, Diarrhö, Lakritzgenuss)
4. Kontrolle von Leber- und Nierenfunktion (Vermeidung von Kumulationseffekten)
5. EKG-Kontrolle vor und nach eingeleiteter Therapie, Beendigung der Therapie, wenn QT-Zeit > 500 ms oder eine deutliche Verlängerung des QTc (um 30–60 ms) erfolgt, ab einer Zunahme des QTc > 60 ms deutlicher Anstieg des proarrhythmischen Risikos
6. bei Schwindelattacken/Synkopen sofort Kalium- und EKG-Kontrolle, Therapie im Zweifelsfalle pausieren!

Mod. nach Haverkamp et al. Medikamenten-bedingte QT-Verlängerung und Torsade de pointes. Dt Ärzteblatt 2002; 99: 1972–1978

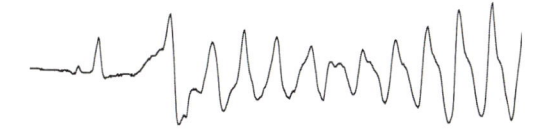

Abb. 6.**30** Induktion einer TDP bei QT-Zeit-Verlängerung.

> **Fazit:** Komplikationen einer Therapie mit QT-Zeit-verlängernden Medikamenten lassen sich durch regelmäßige EKG- und Kalium-Kontrolle oft vermeiden.

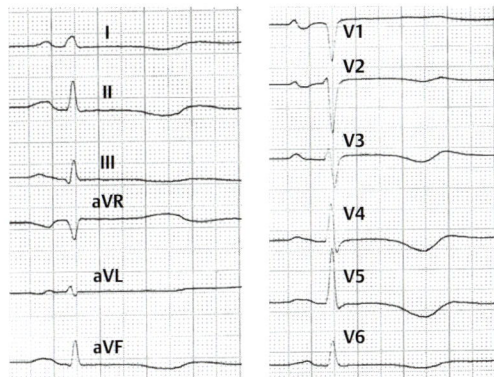

Abb. 6.**31** QT-Zeit Verlängerung unter Sotaloltherapie.

6.4.3 Short QT-Syndrom

2003 erstmals als klinische Krankheitsentität an verschiedenen Mitgliedern zweier Familien beschrieben (zuvor wiederholte Berichte von Patienten mit kurzen QT-Intervall und paroxysmalem Vorhofflimmern)
▶ Symptome: Synkope, plötzlicher Herztod, paroxysmales Vorhofflimmern
▶ QT-Zeit < 300 min Oberflächen-EKG

Gaita et al. Short QT syndrome – a familial cause of sudden death. Circulation 2003; 108: 965–970
▶ genetisch bedingte Erkrankung mit deutlich erhöhtem Kalium-Einstrom am I_{Kr}-Kanal („Gegenteil zum LQTS 2"!)); bisher zwei bekannte betroffene Gene mit autosomal dominantem Erbgang

Brugada R et al. Sudden death associated with short-QT syndrome linked to mutations in HERG. Circulation 2004; 109: 30–35

Patientin mit kurzem QT-Intervall und Synkopen nach Einstellung auf Ajmalin wegen ventrikulärer Extrasystolen

Patientin: 48 Jahre zum Zeitpunkt des Ereignisses (1994)
Weitere Diagnosen: arterieller Hypertonus
Synkopenanamnese: seit vielen Jahren Palpitationen mit Dokumentation einer singulären ventrikulären Extrasystolie (Leidensdruck hoch), Einstellung auf Ajmalin durch auswertige Einrichtung, während einer Busreise (1994) plötzlich wiederholte Synkopen und stationäre Einweisung via Notarzt, stationäre Überwachung unter Kreislaufmonitoring
Anfalls-EKG 1994 (Rhythmusstreifen): Sinusrhythmus, kurze QT-Zeit = 330 ms, QTc = 336 ms, Auftreten von ventrikulären Spontandepolarisationen im aufsteigenden Schenkel der T-Welle mit Induktion einer TDP (Abb. 6.**32**).

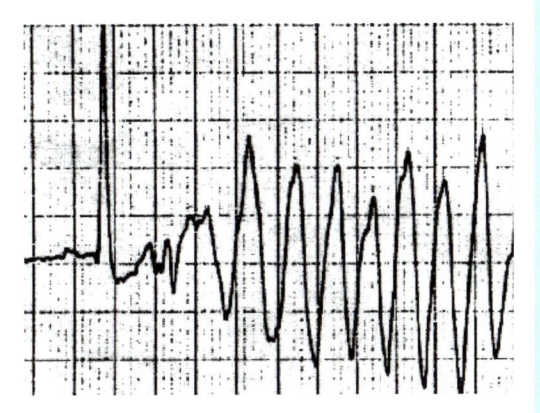

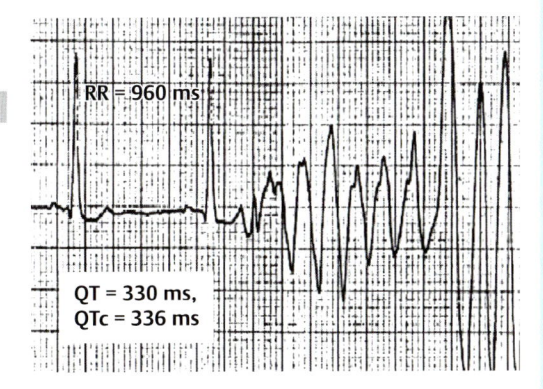

Abb. 6.**32** TDP bei Patientin mit kurzem QT-Intervall, Rhythmusstreifen (25 mm/s).

Verlauf: nach Beendigung der Medikation mit Ajmalin keine Arrhythmie mehr, problemloser Verlauf und Entlassung, keine Synkopen mehr!

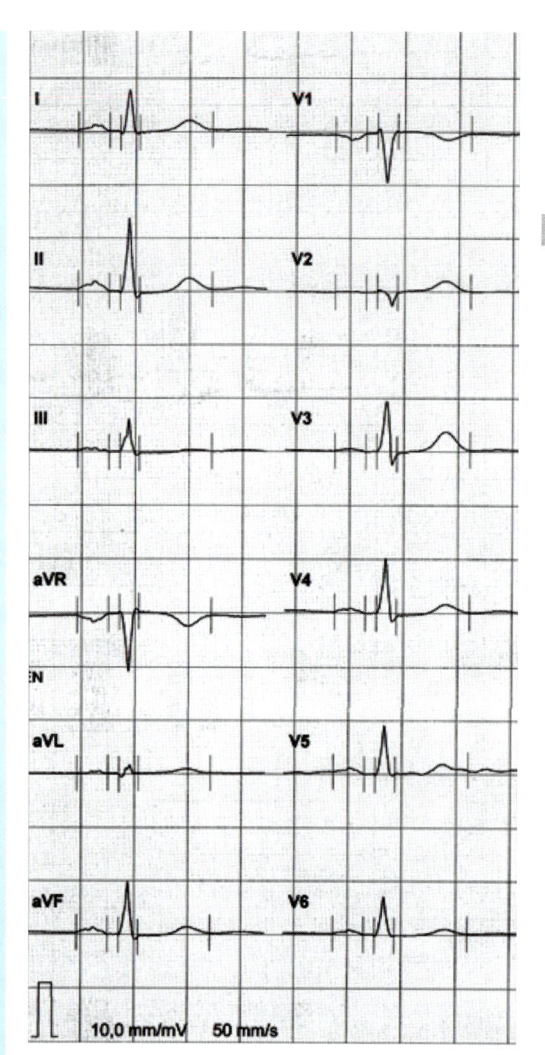

Abb. 6.33 12-Kanal-EKG; Sinusrhythmus, RR-Zykluslänge: 860 ms; QT-Zeit: 330 ms; QTc: 360 ms

Diagnostik: Vorstellung in unserer Einrichtung 2003 wegen thorakalem Druckgefühl und Palpitationen (zuvor erneute stationäre Aufnahme wegen Thoraxschmerz, Angstgefühl, dabei Ausschluss eines akuten Myokardinfarkts, Demissio) – seit dem Ereignis (1994) waren keine Synkopen mehr aufgetreten
EKG: Sinusrhythmus, normale Erregungsausbreitung, kurze QT-Zeit (330 ms) – Kriterium des Short-QT-Syndroms noch nicht erfüllt (Abb. 6.**33**)
Echokardiografie: mit Normalbefund
Ergometrie: ST-Senkung bis 0,15 mV V4–6 auf max. Belastungsstufe
Koronarangiografie: ohne pathologischen Befund
elektrophysiologische Untersuchung: Normalbefund ohne Arrhythmieinduktion

Weiterer Verlauf:
2003: Einstellung auf Betablocker und Enalapril,
2008: Synkopen sind nie wieder aufgetreten, Patientin klagt weiter über gelegentlich nächtliche Palpitationen, Thoraxschmerz, Angstgefühl; bei wiederholten Holter-Kontrollen wurden lediglich selten singuläre SVES und vereinzelt VES dokumentiert.

Therapie bei Short-QT-Syndrom

Aufgrund der sehr begrenzten Anzahl an bisher bekannten Patienten existieren derzeit keine evidenzbasierte Empfehlungen! Symptomatische Personen werden mit einem ICD versorgt. Die Therapie mit QT-Zeit-verlängernden Medikamenten ist nicht untersucht.

6.4.4 Katecholaminsensitive polymorphe ventrikuläre Tachykardie

Kanalerkrankung mit beiden Erbgängen (autosomal dominant oder rezessiv)
Ursache: intrazelluläre Überladung mit Kalziumionen, Genmutation mit Veränderung der Ryanodin-Rezeptoren, die unter Belastung die intrazelluläre Kalzium-Wiederaufnahme in das Endoplasmatische Retikulum verhindert
Familienanamnese: in 30% positiv; Familienmitglieder mit plötzlicher Herztod vor dem 40. LJ
Symptome: belastungsinduzierte Synkope oft erste Manifestation (67%), Palpitationen, Herzrasen und (überlebter) plötzlicher Herztod (33%), Beginn im Kindesalter zw. 7–9 J
Ruhe-EKG: normal
EKG bei ventrikulärer Tachykardie: Schlag-zu-Schlag Alternation des QRS-Komplexes (bidirektionale VT) oder polymorphe VT oder Kammerflimmern
Therapie: Betablocker – hohe Dosen; ICD-Versorgung bei überlebtem plötzlichen Herztod oder rezidiverenden Synkopen unter Betablockade

Napolitano et al. Diagnosis and treatment of catecholaminergic polymorphic ventricular tachycardia. Heart Rhythm 2007; 4: 675–678
Zipes, Camm et al. ACC/AHA/ESC 2006 guidelines for management of patients with ventricular arrhythmias and the prevention of sudden cardiac death. Europace 2006; 8: 746–837

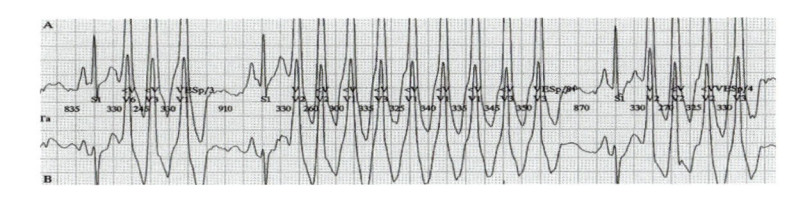

Abb. 6.34 Typische Salvenform der RVOT-Tachykardie.

6.4.5 Idiopathische ventrikuläre Tachykardien

„Ventrikuläre Ausflusstrakt"-Tachykardie

Rechtsventrikulärer Ausflusstrakt Tachykardie (RVOT-TK)

Häufigste Form der ventrikulären Tachykardie bei strukturell herzgesunden Personen, zu 69,6 % Frauen betroffen
Symptome: Palpitationen, Herzrasen in 48–80 %, Präsynkope, Schwindel 28–50 %, Synkope < 10 % Induktion in der Regel unter Belastung
EKG-Charakteristik: singuläre Extrasystolie, oft Salven einer ventrikulären Ektopie oder nicht beständige VT
EKG-Morphologie: Tachykardie oder Extrasystole – überdrehter Linkstyp („inferiore Achse" – je nach Lage des Ursprungsorts im RVOT „R"-Welle in I: positiv → posterior, negativ → anterior oder biphasisch → septal oder freie Wand), QS in V1 (linksschenkelblockartige Konfiguration)
Therapie: kurative Katheterablation, insbesondere bei ineffektiver oder nicht gewünschter medikamentöser Behandlung mit Verapamil oder Betablocker

Linksventrikulärer Ausflusstrakt Tachykardie (LVOT-TK)

Seltener als RVOT-TK, häufiger Männer betroffen, Symptomatik und Therapie wie bei rechtsventrikulärer Variante
Huang, Wood. Catheter ablation of cardiac arrhythmias. Philadelphia: Saunders Elsevier; 2006. Zipes, Camm et al. ACC/AHA/ESC 2006 guidelines for management of patients with ventricular arrhythmias and the prevention of sudden cardiac death. Europace 2006; 8: 746–837

Patientin mit Herzrasen und Präsynkope unter Belastung

Patientin: 46 Jahre, keine weiteren Erkrankungen bekannt
Synkopenanamnese: während des Skiurlaubs im Ausland plötzlich Herzrasen mit Präsynkope, stationäre Aufnahme und Dokumentation einer spontan sistierenden Breitkomplex-Tachykardie, nach Demissio Vorstellung in unserer Einrichtung zur weiteren Diagnostik, seit insgesamt 19 Jahren wiederholt Herzrasen meist unter Belastung, bisher keine Synkope
EKG:
Ruhe-EKG: Sinusrhythmus, normale Erregungsausbreitung und -rückbildung, ventrikulärer Bigeminus mit typischer QRS-Morphologie: inferiore Achse, QS-Konfiguration in V1 (Abb. 6.35 a und b)

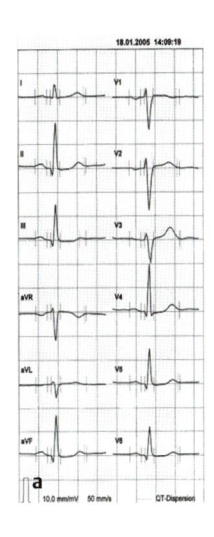

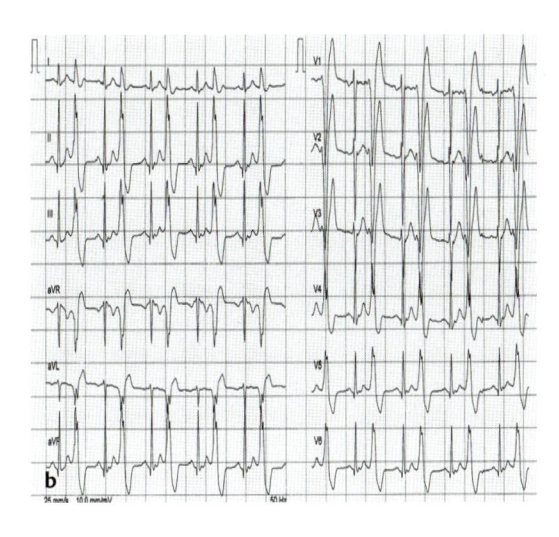

Abb. 6.35 a, b 12-Kanal-EKG, Sinusrhythmus mit ventrikulärem Bigeminus, die typische Morphologie des Kammerkomplexes weist auf den Ursprungsort der Extrasystolen aus dem RVOT hin.

FALLBEISPIEL

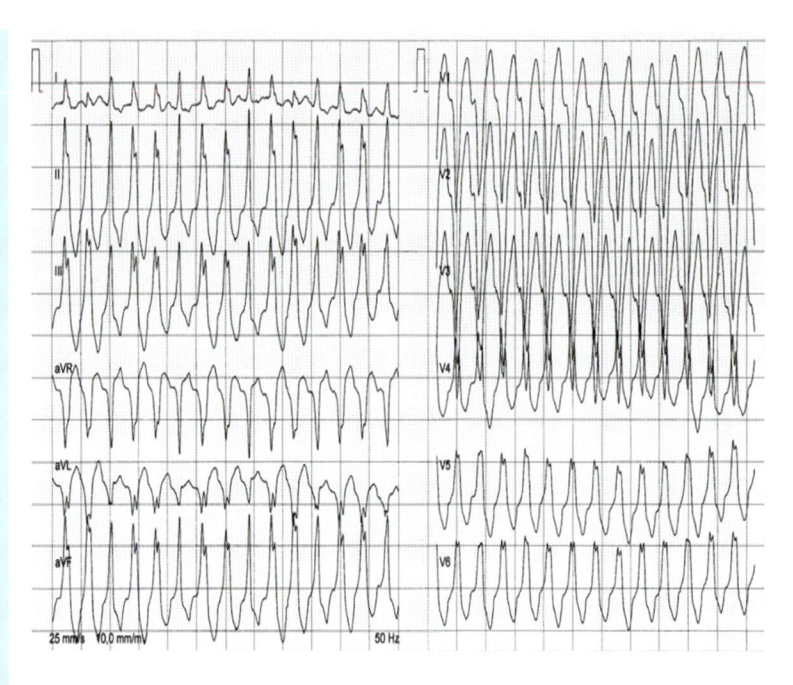

Abb. 6.36 Belastungsinduzierte ventrikuläre Tachykardie mit Ursprung aus dem rechtsventrikulären Ausflusstrakt; 12-Kanal-EKG-Registrierung.

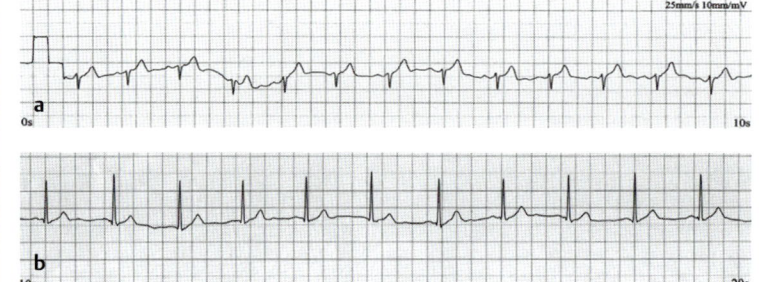

Abb. 6.37 a, b „Anfalls-EKG": Dokumentation eines Sinusrhythmus mittels Eventkarte bei einer Patientin mit Z. n. Ablation einer idiopathischen VT aus dem RVOT, die nach Ablation wiederholt über Palpationen klagte.

Belastungs-EKG: Abbruch nach 75 W wegen Auftreten einer ventrikulären Tachykardie (Abb. 6.36) mit identischer QRS-Morphologie wie die Extrasystolie
Weitere Diagnostik:
Koronarangiografisch: Ausschluss einer koronaren Herzerkrankung
Bildgebende Diagnostik: Echokardiografie und Kardio-MRT: kein Hinweis auf eine ARVC
Verlauf: erfolgreiche Ablation der Arrhythmie im RVOT, Tachykardien oder (Prä-)Synkopen sind seit 3 Jahren nicht mehr aufgetreten, klinisch bestehen weiter Palpitationen, die nach Diagnostik mit einem externen Event-Rekorder als normofrequenter Sinusrhythmus ohne Ektopien abgeklärt werden konnten (Beispiele s. Abb. 6.37 **a** und **b**).

Idiopathische linksventrikuläre Tachykardie (iLVT)

Reentrytachykardie mit Entstehungsort in den Faszikeln bei strukturell herzgesunden Personen, verapamilsensitiv.
EKG: diagnostisch bei Nachweis einer Kammertachykardie mit Rechtsschenkelblockmorphologie und: „superiorer" Achse (gewöhnliche Form), „inferiorer" Achse (ungewöhnliche Form) oder sehr schmalem Kammerkomplex und „inferiorer" Achse (sehr seltene Form).
Klinik: ähnlich wie Ausflusstrakttachykardien, insgesamt günstige Prognose
Therapie: kurative Katheterablation, insbesondere bei ineffektiver oder nicht gewünschter medikamentöser Behandlung mit Verapamil oder Betablocker

Huang, Wood. Catheter ablation of cardiac arrhythmias. Philadelphia: Saunders Elsevier; 2006. Zipes, Camm et al. ACC/AHA/ESC 2006 guidelines for management of patients with ventricular arrhythmias and the prevention of sudden cardiac death. Europace 2006; 8: 746–837

> **Fazit:** Synkopen sind bei Patienten mit idiopathischen Kammertachykardien häufig, stellen aber keinen Risikofaktor dar, da die Prognose dieser Patienten günstig ist.

6.4.6 Rechtsventrikuläre arrhythmogene Dysplasie/Kardiomyopathie

Seltene Erkrankung infolge desmosomaler Genmutationen, die zu einem fibrös-fettigem Umbau des Myokards führt; vorrangig sind Männer betroffen (Desmosomen unterstützen die strukturelle und funktionelle Integrität des Myokardgewebes und verbinden Myokardzellen mittels verschiedener Proteine [Plakoglobin, Desmoplakin, Plakophilin 2, Desmoglein] miteinander. Die Synthese fehlerhafter Proteine führt zu verschiedenen Formen der AVRD/C [z. B. Plakoglobin/Desmoplakin → rezessiv vererbte „Naxos-Disease", Plakophilin 2, Desmoglein 2, Desmoplakin → dominant vererbte AVRC ohne Syndrome]. Mutationen, die den äußeren Teil der desmosomalen Plaque betreffen, bedingen die klassische Form der ARVC/D, wo hingegen Mutationen der inneren Plaque die vorrangig linksventrikuläre Form der ARVD/C hervorrufen. Die Erkrankung schreitet typischerweise von subepikardial nach endokardial fort. Initiale Veränderungen finden sich bei der klassischen Form zunächst im „triangle of dysplasia" – RV-Ausflusstrakt, RV-Einflusstrakt und RV-Apex.
Tsatsopoulou et al. Arrhythmogenic right ventricular dysplasia, a cell adhesion cardiomyopathy: insights into disease pathogenesis from preliminary genotype-phenotype assessment. Heart 2006; 92: 1720–1723
Häufigkeit: ca. 1/10 000 Einwohner (Europa), 1/100 000 (USA), 1/1 000 (Italien – Venetien)
Mortalität: ca. 2,0–3,0 %/Jahr, plötzlicher Herztod oft „erste" Manifestation (0,08–9 %/Jahr)
Klinische Präsentation: asymptomatisch; oligosymptomatisch (Palpitationen, Extrasystolie), symptomatisch (Synkopen, Kammertachykardien, Rechtsherzinsuffizienz), hochsymptomatisch (plötzlicher Herztod, schwere Rechtsherz- oder biventrikuläre Insuffizienz)
Synkopen: häufiges Symptom: in 57 % bei Patienten mit überlebtem plötzlichen Herztod, in 27,5 % bei Patienten ohne plötzlichen Herztod, in der Regel werden die Synkopen durch eine Kammertachykardie verursacht.
Dalal et al. Arrhythmogenic right ventricular dysplasia. Circulation 2005; 112: 3823–3832
Krankheitsmuster:
1. klassisch: isolierte rechtsventrikuläre Erkrankung,
2. links-dominant: frühe, vorrangige Einbeziehung des linken Ventrikels,
3. biventrikuläre Erkrankung: parallele Schädigung beider Ventrikel (nach Sen-Chowdhry et al.).

Diagnosesicherung

Erfolgt durch Nachweis von zwei Haupt- oder einem Haupt- und zwei Neben- oder vier Nebenkriterien:
I. Globale und/oder regionale Dysfunktion oder strukturellen Veränderungen (MRT, RV-Angiografie/Echo):
► Hauptkriterium: Schwere Dilatation und Reduktion der rechtsventrikulären (RV) Ejektionsfraktion (EF) mit oder ohne linksventrikuläre Beteiligung/rechtsventrikuläre Aneurysmata/schwere rechtsventrikuläre Dilatation
► Nebenkriterium: milde RV-Dilatation und Reduktion der EF mit normalem linken Ventrikel/milde segmentale RV-Dilatation/regionale RV-Hypokinesie
II. Gewebecharakteristik der Wände (Biopsie, nicht invasiv: MRT):
► Hauptkriterium: fibrolipomatöse Myokarddegeneration (ursprünglich bioptische Sicherung)
III. Repolarisationsabnormalitäten (EKG):
► Nebenkriterium: inverse T-Wellen in V2–3 bei Menschen > 12 J., ohne Rechtsschenkelblock
IV. Depolarisations- und Leitungsabnormalitäten (EKG, s. Abb. 2.**48**, S. 61):
► Hauptkriterium: Epsilon-Wellen/lokale QRS-Verbreiterung in V1–3,
► Nebenkriterium: Spätpotenziale
V. Arrhythmien (EKG/Holter/elektrophysiologische Untersuchung):
► Nebenkriterium: Kammertachykardie mit Linksschenkelblockmuster (ähnlich RVOT-Tachykardie s. Abb. 6.**36**), häufige VES (> 1 000/24 h)

Familienanamnese:
► Hauptkriterium: histologisch gesicherte Erkrankung in der Familie
► Nebenkriterium: plötzlicher Herztod von Familienangehörigen (< 35J) bei V. a. ARVD/positive Familienanamnese
McKenna et al. Diagnosis of arrhythmogenic right ventricular dysplasia/cardiomyopathy. Br Heart J 1994; 71: 215–218

Tabelle 6.10 Risikofaktoren einer schlechten Prognose bei ARVD (nach Hulot et al.).

Risiokofaktor	ODDS Ratio/p	Risikofaktor	ODDS Ratio/p
Synkope	3,51/0,01		
Thoraxschmerz	3,06/0,02	QRS-Dispersion 40 ms	2,30/0,04
RV-Insuffizienz	10,99/0,002	LV-Insuffizienz	10,64/0,002
ventrikuläre TK	3,04/0,02	ventrik. Tachy. Rezidiv	2,69/0,04

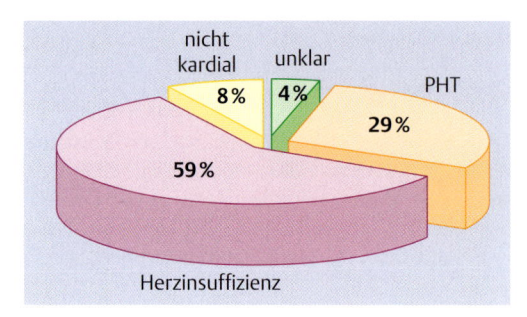

Abb. 6.38 Prozentuale Verteilung der Todesursachen bei ARVD; PHT: plötzlicher Herztod (nach Hulot et al.).

Risikostratifizierung der ARVC/D

Hulot et al. Natural history and risk stratification of arrhythmogenic right ventricular dysplasia/cardiomyopathy. Circulation 2004; 110: 1879–1884
Nachbeobachtung von 130 Patienten, (mittleres Alter bei Beginn der Symptome: 31,8 ± 14,4 Jahre) über einen Zeitraum von 8,1 ± 7,8 Jahre
Ergebnisse: 24 Todesfälle (mittleres Alter 54 + 15 Jahre), Ursachen s. Abb. 6.38

> **Fazit:** Synkopen sind bei Patienten mit ARVD/C häufig und in der Regel durch eine maligne Kammerarrhythmie bedingt; sie stellen somit einen der wichtigsten Risikofaktoren dar.

Krankheitsverlauf:
1. „versteckte" (concealed) Phase: i.d.R. asymptomatische Patienten, trotzdem Risiko des plötzlichen Herztodes (PHT)
2. offene „elektrische" Erkrankung: symptomatische Arrhythmien (u. a. Palpitationen, Synkopen, PHT)
3. isolierte rechtsventrikuläre Insuffizienz: Rechtsherzversagen (Ödemneigung etc.) 10–20% der Betroffenen
4. biventrikuläres Versagen: Finalstadium mit rechts- und linksventrikulärer Insuffizienz

Sen-Chowdhry et al. Clinical and genetic characterization of families with arrhythmogenic right ventricular dysplasia/cardiomyopathy provides novel insights into patterns of disease expression. Circulation 2007; 115: 1710–1720

Therapie: Verhinderung des plötzlichen Herztodes und Herzinsuffizienztherapie (Tab. 6.11).

Wichter et al. Implantable cardioverter/defibrillator therapy in arrhythmogenic right ventricular cardiomyopathy. Circulation 2004; 109: 1503– 1508
Nachbeobachtung (im Mittel 80 ± 43 Mon.) von 60 Patienten (49 Männer/11 Frauen, mittleres Alter 43 ± 16 Jahre) mit ARVC, die einen ICD zur Sekundärprophylaxe erhalten hatten.
Synkopen waren bei 17 Patienten (28%) in der Anamnese vorhanden und führten in 2 Fällen zur ICD-Versorgung.
Ergebnisse: nach 7 Jahren war in 56% eine potenziell fatale Arrhythmie aufgetreten (VT > 240/min)

Tabelle 6.11 Therapieempfehlungen bei ARVC (nach Zipes et al. Europace 2006; 8: 746–837).

Empfehlung	Evidenz	Empfehlung
Herzinsuffizienztherapie		Patienten mit klinisch manifester Herzinsuffizienz
Herztransplantation		terminale Herzinsuffizienz
Ablationsbehandlung	II a	hilfreiche Therapieform bei rezidivierenden Kammertachykardien trotz optimaler medikamentöser Behandlung oder bei ICD-Versorgung und wiederholten Entladungen
Amiodaron/Sotalol	II a	Behandlung von VT oder Kammerflimmern, wenn ICD nicht möglich
ICD-Therapie	I II a	überlebter plötzlicher Herztod mit dokumentierter ventrikulärer Tachykardie oder Kammerflimmern unter optimaler medikamentöser Therapie

Corrado et al. Cardioverter-defibrillator therapy for prevention of sudden death in patients with arrhythmogenic right ventricular cardiomyopathy/dysplasia. Circulation 2003; 108: 3084–3091
▶ 132 Patienten mit AVRC (93 Männer, 39 Frauen, mittleres Alter 40 + 15 Jahre); adäquate ICD-Therapie in 48 % (64 Patienten) nach 39 ± 25 Monaten
▶ Synkopen waren in 16 % der Fälle die alleinige Indikation zur ICD-Versorgung!

Fazit: Die ICD-Therapie ist eine hocheffektive Behandlung bei symptomatischen AVRD-Patienten.

Patientin mit rezidivierenden Synkopen und auffälligem EKG

Synkopenanamnese: insgesamt vier Bewusstlosigkeiten, 1-mal 2005, 3-mal 2006: stets einige Minuten nach dem Treppensteigen, dann plötzlich Flimmern vor den Augen, Wärmegefühl, wiederholt plötzlich Palpitationen und Herzrasen für wenige Sekunden, keine plötzlichen Herztode in der Familie

Diagnostik:
EKG (Abb. 6.39): Sinusrhythmus, T-Negativierung in V1–2, präterminales T in V3, lokale QRS-Verbreiterung in V3 mit Nachpotenzialen (s. Abb. 6.40, roter Pfeil), singuläre VES mit Linksschenkelblockmorphologie
Langzeit-EKG: ohne relevanten Befund
Bildgebende Diagnostik:
▶ Echo (Abb. 6.41),
▶ MRT: Dilatation des rechten Ventrikels, apikal/anterior Dyskinesie, rechtsventrikuläre EF = 51 %, keine Fibrose

Elektrophysiologische Untersuchung: keine Induktion maligner Kammerarrhythmien, Ausschluss AVRT, AVNRT, Ajmalin-Test neg.
Verlauf: nach unauffälliger elektrophysiologischer Untersuchung erfolgte die Implantation eines Event-Rekorders, bisher ohne Dokumentation von Arrhythmieepisoden; die Patientin ist bisher rezidivfrei

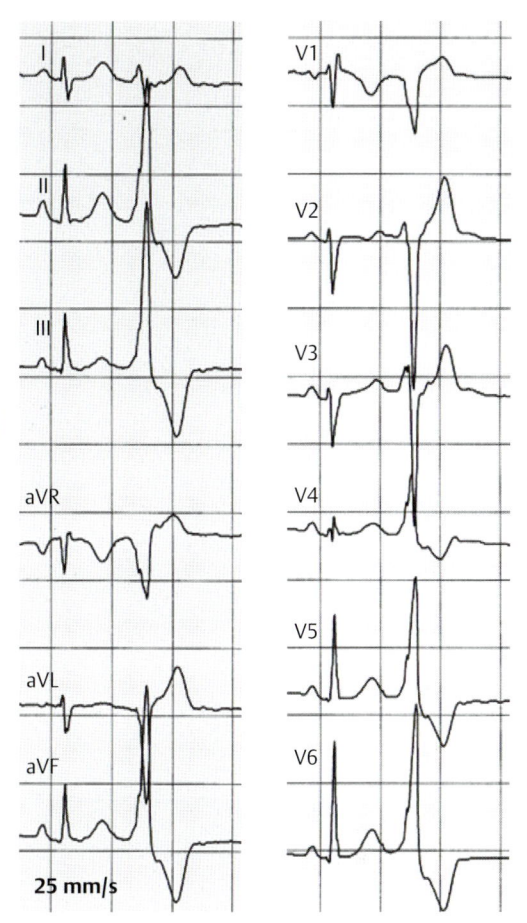

Abb. 6.39 12-Kanal-EKG bei rechtsventrikulärer Dysplasie; Sinusrhythmus, ventrikuläre Extrasystolie (Morphologie des Kammerkomplexes zeigt eine „inferiore Achse" mit Linksschenkelblockkonfiguration).

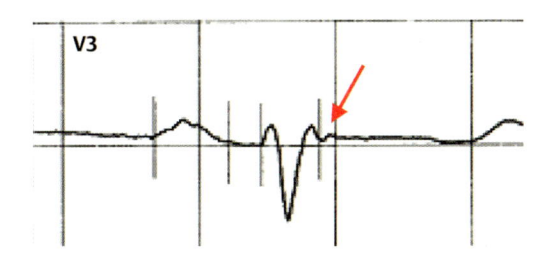

Abb. 6.40 Ableitung V3 bei rechtsventrikulärer Dysplasie; Nachweis einer lokalen QRS-Verbreiterung mit Nachpotenzial (Pfeil).

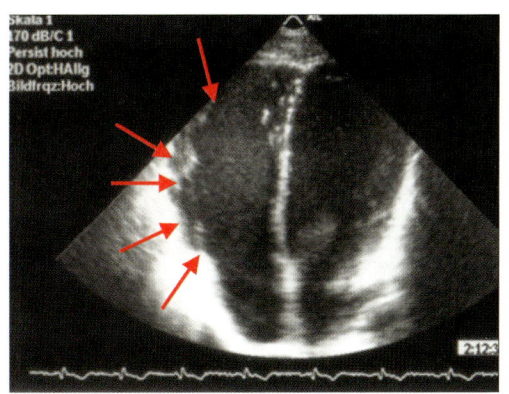

Abb. 6.41 Echokardiogramm: 4-Kammer-Blick bei rechtsventrikulärer Dysplasie; deutliche Dilatation des rechten Ventrikels (Pfeile).

7 Synkopen bei struktureller Herzerkrankung

7.1 Synkopen bei hypertropher Kardiomyopathie (HKMP)

7.1.1 Einleitung

Definition: genetisch bedingte Erkrankung mit bisher 10 bekannten Gen-Defekten (> 200 verschiedene Mutationen) und Kodierung pathologischer Myofibrillen, häufig autosomal dominanter Erbgang
Häufigkeit: ca. 1/500 Erwachsene (Prävalenz), Frauen und Männer gleichermaßen betroffen
Fananapazir/Epstein. Prevalence of hypertrophic cardiomyopathy and limitations of screening methods. Circulation 1995; 92: 700–704
Mortalität:
- ca. 1,0%/Jahr bei asymptomatischen Patienten
- ca. 3–6%/Jahr bei symptomatischen Patienten
- plötzlicher Herztod für ca. 50% der Todesfälle verantwortlich

Diagnose:
- echokardiografisch: Verdickung der linksventrikulären Muskulatur ≥ 15 mm ohne „mechanische" Ursache
- genetische Analyse

Einteilung nach Einfluss auf die Hämodynamik:
1. hypertroph-obstruktiv KMP (HOCM)
2. hypertroph-nicht obstruktiv (HNCM)

Klinische Symptome: charakterisiert durch Arrhythmien und/oder Herzinsuffizienzzeichen
Maron/McKenna et al. ACC/ESC clinical consensus document on hypertrophic cardiomyopathy. J Am Coll Cardiol 2003; 42: 1–27

7.1.2 Synkopen und deren Mechanismus bei Patienten mit HKMP

- Auftreten bei ca. 15–25% aller Patienten mit HKMP (häufiges Symptom!)
- betroffen sind oft jüngere Patienten mit kleinen Ventrikelcaven
- wiederholte Synkopen sind ein Risikomarker des plötzlichen Herztodes

Synkopenmechanismus

Arrhythmien

Supraventrikuläre Arrhythmien:
- Vorhofflimmern in ⅓ aller Synkopen bei HKMP ursächlich!
- Verlust der Vorhofkontraktion, frequenzbedingte Reduktion der diastolischen Füllung – infolge der vorbestehenden LV-Hypertrophie mit ausgeprägter Compliancestörung besonders schwerwiegende hämodynamische Wirkung

Ventrikuläre Tachyarrhythmien:
- nicht beständige ventrikuläre Tachykardien: häufiges Phänomen; aber kein Prädiktor für Synkopen! Jedoch Risikofaktor für plötzlichen Herztod (Tab. 7.1)
- Beständige ventrikuläre Tachykardien: selten!
- Induktion maligner Kammerarrhythmien möglicherweise durch lokale subendokardiale Ischämie bedingt

Bradykarde Herzrhythmusstörungen:
- AV-Block und Sinusknotensyndrom: häufiger Befund bei Synkopen und HKMP

Primär hämodynamische Mechanismen

Abnormales Blutdruckverhalten unter Belastung (ABVB):
- ist definiert als ein mangelnder systolischer Blutdruckanstieg (auf maximaler Belastungsstufe weniger als 20 mmHg im Vergleich zum Ausgangswert) oder ein plötzlicher systolischer RR-Abfall um mehr als 20 mmHg auf maximaler Belastungsstufe im Vergleich zu den vorherigen Werten
- Ca. ¼ bis ⅓ der Patienten mit HKMP haben ein ABVB

Linksventrikuläre Ausflusstraktobstruktion (LVAO):
- wichtiger Pathomechanismus bei Patienten mit HOCM, v. a. unter Belastung kann es zu einer Verstärkung der LVAO kommen, sog. dynamische LVAO
- nach Myektomie oder Alkoholablation: Besserung von Beschwerden (Synkopenreduktion zu 100%, Präsynkopenreduktion zu 86%)

Abnormale vaskuläre Kontrollmechanismen der Kreislaufreaktion:
- nachweisbarer Abfall des peripheren Gefäßwiderstandes unter Belastung bei Personen mit HKMP

(anstelle eines normalerweise vorhandenen Anstiegs)
▶ pathophysiologisch: Überaktivierung von Mechanorezeptoren im linken Ventrikel durch erhöhte Wandspannung; diese ist bedingt durch: a) Disarrangement der Myozyten bei HKMP und/oder lokale Fibrose, b) LVAO, c) subendokardiale Ischämie oder Kombination von a) – c)
▶ Nachweis von „Paroxysmen" eines plötzlichen Blutdruckabfalls infolge eines verminderten Gefäßwiderstands bei symptomatischen Patienten mit HKMP (nach Williams/Frenneaux)

Fazit: Synkopen sind bei Patienten mit HKMP häufig (15–25%) und können durch eine Arrhythmie oder eine hämodynamische Dysregulation oder mechanische Obstruktion hervorgerufen werden.

7.1.3 Diagnostisches Vorgehen bei hypertropher Kardiomyopathie (HKMP) und Synkopen

Empfohlenes Vorgehen bei V. a. Arrhythmien

1. Ruhe-EKG und 48-h-Holter (vorrangig Diagnostik bradykarder Synkopenursachen!)
2. implantierbarer Event-Rekorder in manchen Fällen
3. elektrophysiologische Untersuchung zur Diagnostik möglicher supraventrikulärer Arrhythmien, eine programmierte Kammerstimulation ist oft nicht diagnostisch

Empfohlenes Vorgehen zur Beurteilung der hämodynamischen Situation

1. Stressechokardiografie zum Ausschluss einer belastungsinduzierten LVAO
2. Ergometrie zur Beurteilung des Blutdruckverhaltens – ABVB?
3. Schlag-zu-Schlag-Blutdruckanalyse (z.B. mittels Portapress-System)

Williams/Frenneaux. Syncope in hypertrophic cardiomyopathy: mechanisms and consequences for treatment. Europace 2007; 9: 817–822

Merke: Trotz oft extensiver Diagnostik gelingt nur in der Minorität der Fälle eine eindeutige Klärung der Synkopenursache bei HKMP! Aus diesem Grund steht die prognostisch entscheidende Risikostratifizierung bei diesen Patienten im Vordergrund.

7.1.4 Risikostratifizierung von Patienten mit HKMP

Die Einteilung der Patienten erfolgt dabei nach der Anzahl und der Schwere an Risikofaktoren (Tab. 7.1):

Tabelle 7.1 Risikofaktoren einer schlechten Prognose bei Patienten mit HKMP.

Haupt-Risikofaktor
▪ überlebter Herzstillstand/Kammerflimmern und spontane beständige ventrikuläre TK
Primäre Risikofaktoren
▪ Gradient im LVOT in Ruhe > 30 mmHg
▪ linksventrikuläre Muskelstärke ≥ 30 mm
▪ positive Familienanamnese eines vorzeitigen plötzlichen Todes
▪ unerklärte Synkope (besonders jüngere Patienten, unter Belastung oder rezidivierend)
▪ abnormaler Belastungsblutdruck (ABVB) bei unter 50-Jährigen: fehlender RR-Anstieg unter Belastung (weniger als 25 mmHg auf maximaler Stufe) oder Blutdruckabfall unter Belastung um mehr als 15 mmHg nach anfänglichem Blutdruckanstieg
▪ nicht beständige ventrikuläre Tachykardie (> 3 Aktionen, > 120/min)
Sekundäre und Individuelle Risikofaktoren
▶ Koexistenz einer koronaren Herzerkrankung ▶ Vorhofflimmern
▶ mikrovaskuläre myokardiale Ischämie ▶ diffuses „late-gadolinum-enhancement"
▶ LV-Ausflusstrakt-Obstruktion in Ruhe ▶ vorangegangene septale Alkoholablation
▶ Hoch-Risiko-Mutationen (u.a. Troponin-T, Beta-Myosin-Schwerkette) ▶ intensives Betreiben körperlicher Belastung (Leistungssport u.ä.)

Mod. nach Maron/McKenna et al. ACC/ESC Clinical expert consensus document on hypertrophic cardiomyopathy. J Am Coll Cardiol 2003; 42: 1–27. Sen-Chowdhry/McKenna. Non-invasive risk stratification in hypertrophic cardiomyopathy: don't throw out the baby with the bathwater. European Heart Journal 2008; 29: 1600–1602

1. **niedriges Risiko:** Patienten ohne o. g. Risikofaktor,
2. **intermediäres Risiko:** Patienten mit einem Risikofaktor
3. **hohes Risiko:** Patienten mit zwei oder mehr Risikofaktoren

Patienten mit hohem Risiko sollten prophylaktisch einen ICD oder Amiodaron erhalten.

Die sog. Paced-electrogram-fractination-Analyse (PEFA) zeigt in neueren Untersuchungen eine bessere Vorhersage (PPV 0,38) gegenüber der konventionellen Diagnostik (PPV 0,106).

Saumarez et al. Paced ventricular electrogram fractionation predicts sudden cardiac death in hypertrophic cardiomyopathy. European Heart Journal 2008; 29: 1653–1661

7.1.5 Therapiekonzepte bei hypertropher Kardiomyopathie (HKMP)

Siehe Abb. 7.**1**.

68-jähriger Patient mit HKMP und rezidivierenden Synkopen

Weitere Diagnosen: persistierendes atypisches Vorhofflattern, chronischer Perikarderguss nach Schrittmacherimplantation, arterieller Hypertonus (2004), Diabetes mellitus II, sek. insulinpflichtig, Hyperurikämie, Hyperlipidämie

Tägl. Medikaton (4.9.2004): Fluvastatin 40 mg, Allopurinol 100 mg, Lisinopril 20 mg, ret. Metoprolol 100 mg, Insulin, Phenprocumon nach INR

Krankheitsvorgeschichte: HKMP seit 1981 bekannt, Z. n. Schrittmacherimplantation 02/1996 im Rahmen einer Studie bei HOCM (auswärtige Einrichtung, seitdem chronischer Perikarderguss), persistierendes Vorhofflattern (s. Abb. 7.**2**) (03/2004 Spontankonversion in Sinusrhythmus, Belastungsdyspnoe NYHA III (2004)

Synkopenanamnese: 25.10.04 Akutvorstellung wegen zweimaliger Synkope: EKG: Rezidiv des bekannten Vorhofflatterns mit tachykarder Überleitung, RR 90/70 mmHg, stationäre Kardioversion, Einstellung auf Amiodaron, 25.11.04 Rezidiv des Vorhofflatterns ohne Beschwerden, gleichzeitig Beendigung von Amiodaron wegen pulmonaler Nebenwirkungen; Steigerung von Metoprolol auf 200 mg. 1.11.05 erneute Synkope (im Schrittmacherspeicher fanden sich sowohl atriale als auch ventrikuläre Hochfrequenzepisoden; leider keine Datierung der Episoden da älteres Fabrikat)

Diagnostik – Risikostratifizierung:

Echokardiografie (20.7.04): asymmetrische LV-Hypertrophie (interventrikuläres Septum 21 mm, LV-Interwand 18 mm), keine relevante Obstruktion in Ruhe, chronischer Perikarderguss ohne hämodynamische Relevanz

24-h-Langzeit-EKG (10.6.05): Vorhofflattern mit AV-Überleitung, 2 nicht beständige VT (schnellste: 159/min/3 s)

Elektrophysiologische Untersuchung (12.12.2005): nicht isthmusbeteiligtes Vorhofflattern, bei programmierter Kammerstimulation „lediglich" Induktion von Kammerflattern, elektrische Terminierung (zusätzlich Konversion in Sinusrhythmus, der bis zum ggw. Zeitpunkt weiter besteht)

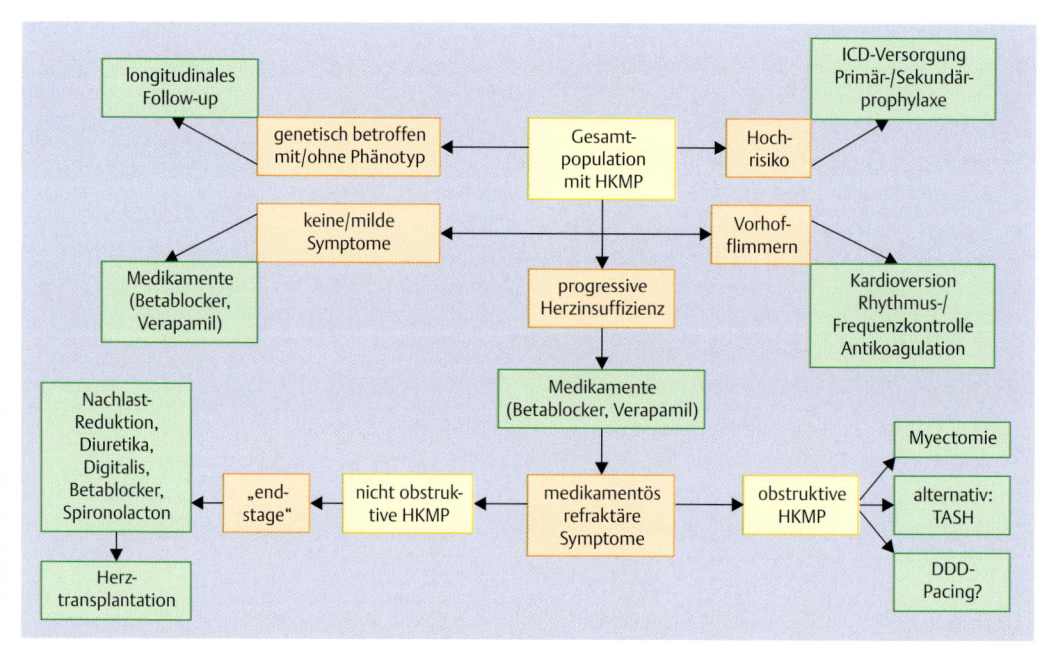

Abb. 7.**1** Therapiekonzepte bei hypertropher Kardiomyopathie (HKMP) (nach Maron u. McKenna et al. J Am Coll Cardiol 2003; 42: 1–27).

7.1 Synkopen bei hypertropher Kardiomyopathie (HKMP)

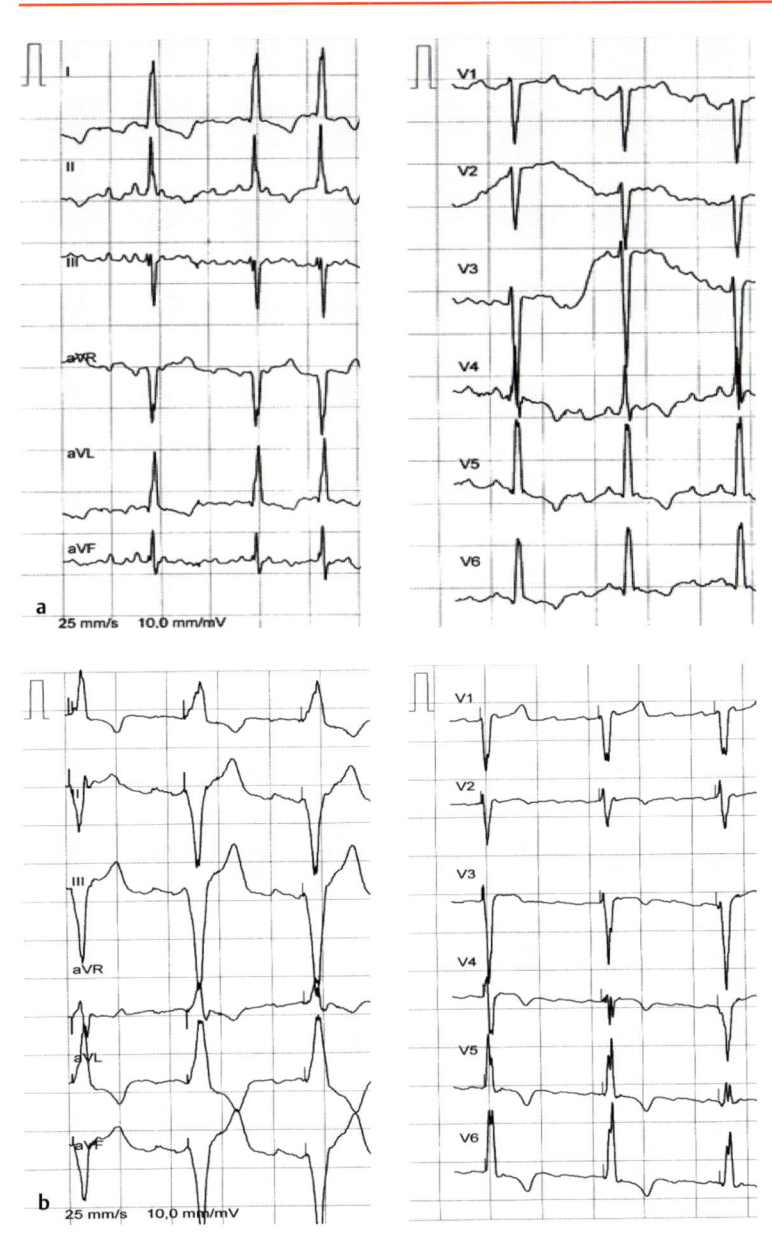

Abb. 7.2 a, b **a** 12-Kanal-EKG (1.11.2005) nicht isthmusbeteiligtes Vorhofflattern mit intrinsischer Überleitung und globaler Schrittmacherinhibierung, Patient mit HKMP, Z. n. Schrittmacherimplantation und rezidivierenden Synkopen (Akutvorstellung wegen erneuter Synkope). **b** 12-Kanal-EKG (17.1.2006), gleicher Patient wie in **a**, jetzt isthmusabhängiges Vorhofflattern mit regelrechter Ventrikelstimulation (teilweise als Fusionssystolie).

Weiterer Verlauf: aufgrund der Risikomarker: rezidivierende Synkopen, Vorhofflattern (unter Amiodaron), nicht beständige VT: prophylaktische Versorgung mit einem Einkammer-ICD (01/06), am 1.8.2006, 3.17 Uhr morgens: regelrechte Terminierung eines Kammerflimmerns (Abb. 7.3), im weiteren Verlauf Auftreten rezidivierender hochfrequenter Kammertachykardien, Terminierung mittels Schock nach ineffektivem ATP (Abb. 7.4) sowie von Vorhofflatterparoxysmen mit Isthmusbeteiligung (Abb. 7.2 b), sodass am 2.10.2007 eine Isthmusablation (auswärtiges Zentrum) erfolgte, bei progredienter Sinusbradykardie sowie erneuten Kammertachyarrhythmien, die stets aus einer Sinusbradykardie heraus begannen, erfolgte am 5.12.2007 die Aufrüstung auf einen Zweikammer-ICD; seitdem sind keine beständigen Arrhythmien oder Synkopen mehr aufgetreten

Kommentar: obwohl die ersten beiden Synkopenereignisse eindeutig dem Beginn des Vorhofflatterrezidivs mit dokumentierter Hypotonie zuzuschreiben waren, blieb die dritte Synkope ungeklärt und stellte somit einen entscheidenden Risikomarker dar

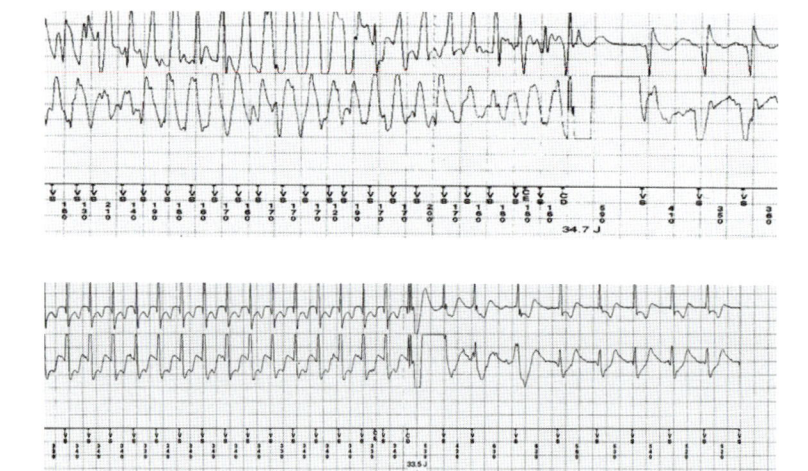

Abb. 7.3 ICD-Speicherausdruck (1.8.2006, 3.17 Uhr) regelrechte Terminierung von Kammerflimmern, ca. 7 Monate nach prophylaktischer ICD-Implantation bei einem Patienten mit HKMP und Synkopen.

Abb. 7.4 ICD-Speicherausdruck (6.9.2007), gleicher Patient wie in Abb. 7.3, regelrechte Terminierung einer hochfrequenten VT mittels Schock nach ineffektivem ATP.

7.2 Synkopen bei dilatativer Kardiomyopathie

7.2.1 Einleitung

Definition: Herzmuskelerkrankung mit Dilatation und Einschränkung der Pumpfunktion des linken oder beider Ventrikel.

Ätiologie: idiopathisch, genetisch, immunologisch, toxisch oder assoziiert mit Herzerkrankungen, deren Grad nicht das Ausmaß der linksventrikulären Pumpfunktionsminderung erklärt

Richardson et al. Report of the 1995 World Health Organization/International Society and Federation of Cardiology Task Force on the definition and classification of cardiomyopathies. Circulation 1996; 93 (5): 841–842

Häufigkeit: Prävalenz/jährliche Inzidenz pro 100 000 EW: 36/6–8

Rakar et al. Epidemiology of dilated cardiomyopathy. A prospective post-mortem study of 5252 necropsies. The Heart Muscle Disease Study Group. Eur Heart J 1997; 18: 117–123

Codd. Epidemiology of idiopathic dilated and hypertrophic cardiomyopathy. A population-based study in Olmsted County, Minnesota, 1975–1984. Circulation 1989; 80 (3): 564–572

Klinische Symptome:
- Herzinsuffizienz mit 75–85% häufigste Erstmanifestation (85% Belastungsdyspnoe, 29% periphere Ödeme, 30% Palpitationen)
- Thoraxschmerz 8–20%
- Synkope, plötzlicher Herztod: seltene Erstmanifestationen

Mortalität: 4–8% pro Jahr, symptomatische Patienten haben die schlechtere Prognose. Plötzlicher Herztod für ca. 30% aller Todesfälle verantwortlich (50% der plötzlichen Todesfälle durch ventrikuläre Tachyarrhythmie, 50% durch Asystolie, Lungenembolie oder elektromechanische Entkopplung bedingt).

Dec/Fuster. Idiopathic dilated cardiomyopathy. N Engl J Med 1995; 332 (20): 1384

Kadish et al. Prophylactic defibrillator implantation in patients with nonischemic dilated cardiomyopathy. N Engl J Med 2004; 350: 2151–2158

Zipes, Camm et al. ACC/AHA/ESC 2006 Guidelines for management of patients with ventricular arrhythmias and the prevention of sudden cardiac death. JACC 2006; 48 (5)

7.2.2 Synkopen bei DCM: Mechanismus und Beziehung zur Mortalität

Es liegt nur eine begrenzte Anzahl von Daten zur Häufigkeit von Synkopen, deren Ursachen sowie deren Einfluss auf die Mortalität bei Patienten mit DCM vor:

Middlekauff et al. Syncope in advanced heart failure: High risk of sudden death regardless of origin of syncope. J Am Coll Cardiol 1993; 21: 110–116

- von 257 Patienten mit nicht ischämischer DCM (87% idiopathisch), erlitten 33 (13%) vor Einschluss in die Nachbeobachtung mindestens eine Synkope! Häufigkeitsverteilung der Ursachen s. Abb. 7.5
- 2,6-fach erhöhte Gesamtmortalität (Gesamtkollektiv) in der Synkopengruppe vs. Nichtsynkopengruppe
- 3,8-fach erhöhtes Risiko eines plötzlichen Herztodes in der Synkopengruppe

7.2 Synkopen bei dilatativer Kardiomyopathie

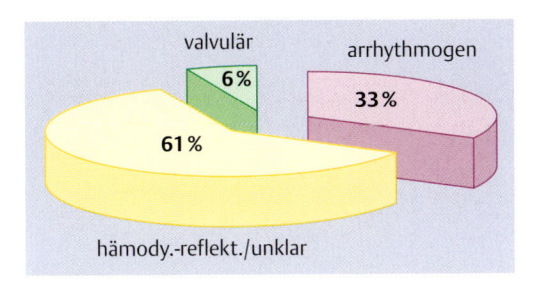

Abb. 7.5 Prozentuale Häufigkeitsverteilung von Synkopenursachen bei Patienten mit dilatativer Kardiomyopathie.

Fazit: Nahezu ⅔ aller Synkopen bei Patienten mit dilatativer Kardiomyopathie sind (wahrscheinlich) auf eine nicht arrhythmogene bzw. ungeklärte Ursache zurückzuführen! Unabhängig von der Ursache ist die Mortalität bei diesen Personen deutlich höher als bei nicht synkopalen Patienten.

Neurokardiogene Synkopen bei Patienten mit DCM

Aufgrund der in der Regel deutlich eingeschränkten linksventrikulären Pumpfunktion bei Patienten mit DCM war man lange Zeit der Meinung, dass neurokardiogene Synkopen nicht auftreten könnten. Neuere Untersuchungen zeigen das Gegenteil.

Livanis et al. Neurocardiogenic mechanisms of unexplained syncope in idiopathic dilated cardiomyopathy. Am J Cardiol 2007; 99: 558–562
Vergleich von 13 Patienten mit unklarer Synkope (mittleres Alter 58,3 ± 3 Jahre, LVEF 31,5 ± 2%, 15% weibl.), mit 13 Kontrollpatienten (mittleres Alter 60,6 ± 2 Jahre, LVEF 29,8 ± 2%, 23% weiblich) ohne Synkope
Ergebnisse: bei 84,6% positive Kipptischuntersuchung mit NCS in der Synkopengruppe vs. 0% in der Kontrollgruppe (eine Untersuchung in der Kontrollgruppe war nicht diagnostisch)
Andrea Natale et al. Does vasodepressor syncope require normal ventricular function? Abstract
Von 500 Synkopenpatienten mit positiver Kipptischuntersuchung wiesen acht (1,6%), mittleres Alter 52 ± 8 Jahre, mit 22 ± 5% eine deutlich eingeschränkte linksventrikuläre Pumpfunktion auf; 6 Patienten hatten eine dilatative Kardiomyopathie, 2 hatten einen Z. n. Myokardinfarkt.
   Nach individueller Therapie blieben alle Patienten frei von Synkopen (mittlere Nachbeobachtungszeit: 2,2 Jahre).

Kostopoulou et al. Neurocardiogenic syncope in dilated cardiomyopathy. Europace 2005; Abstract
Kipptischuntersuchung bei insgesamt 24 Patienten mit DCM, mittl. Alter 54,4 ± 15,5 Jahre, LV-EF (29,7 ± 9.8%), unklare Synkopen bei 12 Patienten in der Anamnese, 12 Patienten dienten als Kontrollgruppe.
   Positive Kipptischuntersuchung bei 11 (91,6%) von 12 der „Synkopenpatienten", negative Untersuchung bei allen Kontrollpersonen.

Fazit: Neurokardiogene Synkopen treten auch bei Patienten mit dilatativer Kardiomyopathie auf.

Arrhythmogene Ursachen

1. *Ventrikuläre Tachyarrhythmien* (häufigste Ursache einer arrhythmogenen Synkope)
Bundle-Branch-Reentry-Tachykardie (BBRT): in bis zu 41% aller induzierbaren, beständigen Kammertachykardien bei DCM-Patienten nachweisbar
   ▶ Reentry-Tachykardie im HIS-TAWARA-Faszikelsystem; in der Regel weist der linke TAWARA-Schenkel eine kürzere Refraktärzeit auf, sodass der Impuls über den linken Schenkel retrograd geleitet wird; der rechte TAWARA-Schenkel dient zur antegraden Leitung mit primärer Erregung des rechten Ventrikels, sodass sich im Oberflächen-EKG eine Tachykardie mit Linksschenkelblockmuster darstellt (Abb. 7.**6**)
   ▶ in seltenen Fällen antegrade Erregung über den linken TAWARA-Schenkel, retrograd über den rechten TAWARA-Schenkel, im Oberflächen-EKG: Rechtsschenkelblockmuster (Abb. 7.**7**)
   ▶ interfaszikuläres Reentry zwischen linksanteriorem und linksposteriorem Schenkel möglich, im Oberflächen-EKG: ebenfalls Rechtsschenkelblockmuster (Abb. 7.**8**)
2. *supraventrikuläre Tachyarrhythmien* (seltene Synkopenursache)
3. *Bradykardien* (AV-Blockierungen, Sinusknotenfunktionsstörungen)

Huang, Wood. Catheter ablation of cardiac arrhythmias. Philadelphia: Saunders Elsevier; 2006
Brembilla-Perrot B. Dilated cardiomyopathy and syncope: management. Arch Mal Coeur Vaiss 2007; 100 (9): 782–786 (Abstract)

Primär ungeklärte Ursache

▶ ca. 4% (18 von 463) Patienten mit DCM erleiden Synkopen unklarer Genese, (MACAS-Studie; Grimm et al., s. S. 233)

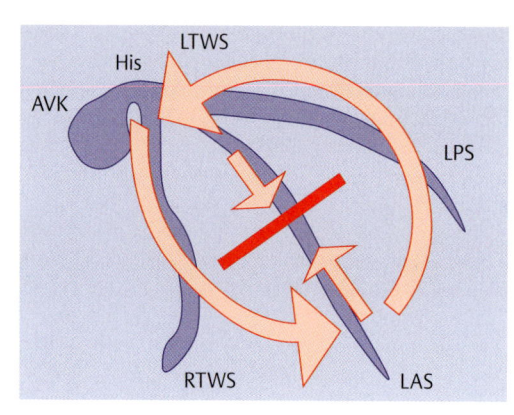

Abb. 7.6 BBRT, häufige Form.

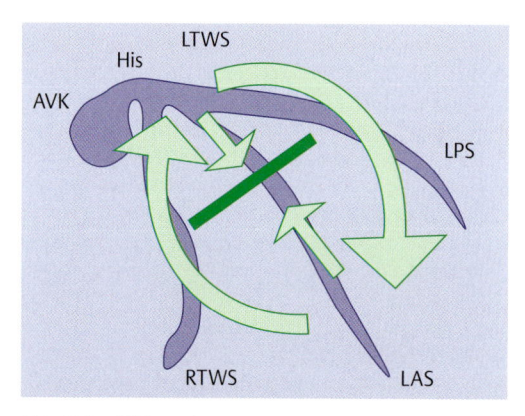

Abb. 7.7 BBRT, seltene Form.

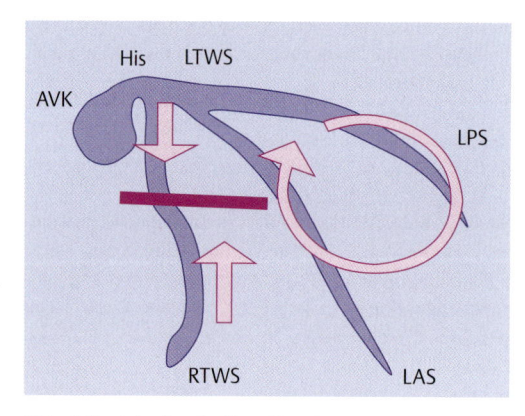

Abb. 7.8 Interfaszikuläres Reentry.

AVK: AV-Knoten; HIS: HIS-Bündel; LTWS: linker TAWARA-Schenkel; LAS: linksanteriorer Schenkel; LPS: linksposteriorer Schenkel; RTWS: rechter TAWARA-Schenkel

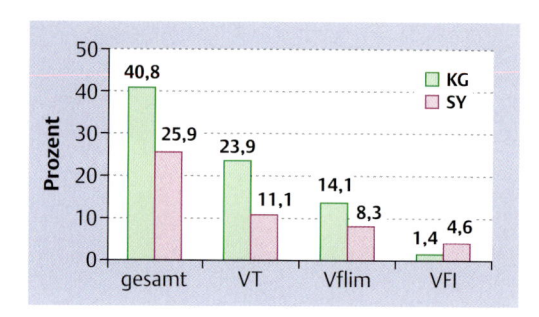

Abb. 7.9 Prozentualer Vergleich des Auftretens von malignen Kammerarrhythmien bei Patienten mit DCM und Synkope (SY) und einer Kontrollgruppe (KG) mit bereits dokumentierter Kammerarrhythmie (VT = ventrikuläre Tachykardie, Vflim = Kammerflimmern, Vfl = Kammerflattern) (nach Phang et al.).

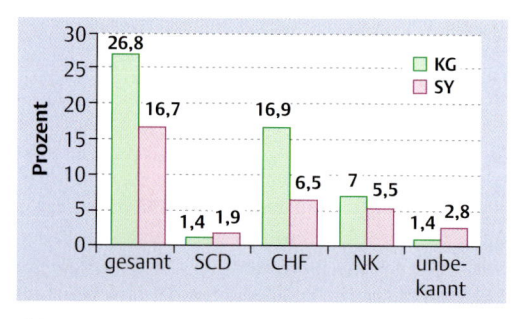

Abb. 7.10 Prozentualer Vergleich der Mortalität und deren Ursachen bei Patienten mit DCM und Synkope (SY) und einer Kontrollgruppe (KG) mit bereits dokumentierter Kammerarrhythmie (SCD = plötzlicher Herztod, CHF = chronische Herzinsuffizienz, NK = nicht kardial) (nach Phang et al.).

7.2.3 Defibrillatortherapie bei Patienten mit DCM und Synkopen unklarer Genese

Phang et al. High risk of ventricular arrhythmias in patients with nonischemic dilated cardiomyopathy presenting with syncope. Am J Cardiol 2006; 97: 416–420
Vergleich von Mortalität und Auftreten ventrikulärer Tachyarrhythmien bei 108 Patienten mit Z. n. unklarer Synkope = SY (mittl. Alter, 59 ± 15 Jahre, LVEF: 27 ± 11%) und 71 Patienten mit dokumentierten malignen Kammerarrhythmien (mittl. Alter 60 ± 14 Jahre, LVEF: 25 ± 11%)
Mittlere Nachbeobachtungszeit: 43,5 + 32,1 Mon.
Ergebnisse: kein signifikanter Unterschied im Auftreten maligner Kammerarrhythmien und in der Mortalität zwischen beiden Patientengruppen (s. Abb. 7.**9** und 7.**10**)

Knight. Outcome of patients with nonischemic dilated cardiomyopathy and unexplained syncope treated with an implantable defibrillator. J Am Coll Cardiol 1999; 33: 1964–1970
Vergleich: 14 ICD-versorgte Patienten mit Synkope (SY) und 19 Patienten mit Z.n. überlebtem Herzstillstand (HS)
Mortalität: SY 28%/HS 32%
Patienten mit adäquaten Schocks: SY: 7/14 (50%) vs. HS: 8/19 (42%)

> **Fazit:** Patienten mit dilatativer Kardiomyopathie und unklaren Synkopen, die mit einem ICD versorgt werden, erhalten nahezu gleich viele adäquate Schocks wie Patienten mit überlebtem Herzstillstand. Die Mortalität und die Todesursachen unterscheiden sich in beiden Gruppen nicht voneinander!

7.2.4 Risikostratifizierung bei Patienten mit dilatativer Kardiomyopathie

Zipes, Camm et al. ACC/AHA/ESC 2006 Guidelines for management of patients with ventricular arrhythmias and the prevention of sudden cardiac death. JACC 2006; 48 (5)
„Die Risikostratifizierung ist schwierig bei dilatativer Kardiomyopathie. ... Synkopen sind mit einem höheren Risiko des plötzlichen Herztodes assoziiert; unabhängig ihrer Ätiologie ..." „Die Induzierbarkeit ventrikulärer Tachykardien während elektrophysiologischer Untersuchungen ist prädiktiv hinsichtlich des plötzlichen Herztodes, aber unglücklicherweise trifft die Nicht-Induzierbarkeit auch jene Patienten, die bestimmt sind, plötzlich zu versterben."

Grimm et al. Noninvasive arrhythmia risk stratification in idiopathic dilated cardiomyopathy – results of the Marburg cardiomyopathy study (MACAS). Circulation 2003; 108: 2883–2891
Nachbeobachtung von 343 Patienten mit idiopathischer dilatativer Kardiomyopathie, bei denen Echokardiografie, Holter-Monitoring, Signal-Mittelungs-EKG, QTc-Dispersion, Herzfrequenzvariabilität, Baroreflex-Sensitivität, Mikrovolt-T-Wellen-Alternans hinsichtlich ihres prädiktiven Wertes für das Auftreten beständiger ventrikulärer Tachykardien, Kammerflimmern oder des plötzlichen Herztodes analysiert wurden
Mittlere Nachbeobachtungszeit: 52 ± 21 Monate
Ergebnisse: bei 46 Patienten (13%) Auftreten von o.g. Ereignissen

Risikostratifikation bei Sinusrhythmus:
▶ lediglich die linksventrikuläre Pumpfunktionsminderung zeigte mit einem relativen Risiko von 2,3 pro 10%-Pumpfunktionsminderung eine Signifikanz!
▶ nicht beständige ventrikuläre Tachykardien im Holter: Trend zur höheren Mortalität ohne Signifikanz
▶ Betablockertherapie: Trend zur Risikoreduktion
Risikostratifikation bei Vorhofflimmern: LV-Pumpfunktionsminderung und Fehlen einer Betablockertherapie = signifikante Risikomarker
Alle übrigen Untersuchungsmethoden versagten bei der Identifikation des risikogefährdeten Patienten (unabhängig des zugrundeliegenden Herzrhythmus).

> **Fazit:** Für Patienten mit dilatativer Kardiomyopathie kann kein sicheres Schema der Risikostratifizierung derzeit vorgeschlagen werden. Das Auftreten von Synkopen ist neben dem Grad der linksventrikulären Pumpfunktionsminderung unzweifelhaft ein Marker einer erhöhten Mortalität.

> **Merke:** Für Patienten mit dilatativer Kardiomyopathie unter optimaler medikamentöser Behandlung, signifikant eingeschränkter LV-Pumpfunktion und unklarer Synkope ist die ICD-Implantation von Vorteil.

7.2.5 Therapieprinzipien

1. Behandlung der Herzinsuffizienz
Hoppe UC, Böhm M, Dietz R, Hanrath P, Kroemer HK, Osterspey A, Schmaltz AA, Erdmann E. Leitlinien zur Therapie der chronischen Herzinsuffizienz. Z Kardiol 2005; 94: 488–509. Dickstein (Chairperson) et al. ESC guidelines fot the diagnosis and treatment of acute and chronic heart failure. European Heart Journal 2008; 29: 2388–2442

2. Verhinderung des plötzlichen Herztodes
Zipes, Camm et al. ACC/AHA/ESC 2006 Guidelines for management of patients with ventricular arrhythmias and the prevention of sudden cardiac death. JACC 2006; 48 (5), sowie Jung W, Andresen D, Block M, Böcker D, Hohnloser SH, Kuck K-H, Sperzel J. Leitlinien zur Implantation von Defibrillatoren. Clin Res Cardiol 2006; 95: 696–708

FALLBEISPIEL

80-jährige Patientin mit DCM und rezidivierenden Stürzen

Weitere Diagnosen: chronisches Vorhofflimmern, Arterieller Hypertonus, Hyperurikämie, chronische Niereninsuffizienz (St. d. komp. Retention), Cholecystolithiasis

Tägliche Medikation: Carvedilol 2 × 6,25 mg, Digitoxin 0,07 mg, Candesartan 8 mg, Torasemid 10 mg, Phenprocumon

Synkopenanamnese: 28.3.–4.4.06 stationäre Behandlung wegen rezidivierender Synkopen und kardialer Dekompensation; Synkopen traten plötzlich und unvorhergesehen auf, Patientin kann sich allerdings nicht an Details erinnern

Diagnostik (auswärtiges Zentrum):

Echokardiografie (3/06): deutlich eingeschränkte linksventrikuläre Pumpfunktion (25%), mittelgradige Mitralinsuffizienz

Koronarangiografie: Ausschluss hämodynamisch relevanter Stenosen

24-h-Langzeit-EKG (3/06): Vorhofflimmern, bradykarde Durchschnittsfrequenz (keine nähere Angabe), max. Asystolie 2,8 s, keine ventrikuläre Arrhythmien

Elektrophysiologische Untersuchung: nicht durchgeführt

Weiterer Verlauf: 31.3.06: Aufgrund der rezidivierenden Synkopen unklarer Genese und biologisch gutem Zustand (Lebenserwartung > 1 Jahr) Versorgung mit einem ICD (in auswärtigem Zentrum)

21.7.06: Sturz – ist über ein auf dem Boden liegendes Fahrrad gestolpert (keine Synkope), Prellung der linken Flanke, bei ICD-Kontrolle kein Hinweis auf Dysfunktion, keine ventrikulären Arrhythmien aufgetreten

16.4.07 stationäre Aufnahme wegen Synkope mit Oberschenkelkontusion und ausgeprägtem Hämatom unter oraler Antikoagulation, insgesamt 3-malige operative Hämatomausräumung und Erythrozytensubstitution erforderlich, bei ICD-Abfrage keine Kammerarrhythmien nachweisbar; Synkope am ehesten orthostatisch bedingt

30.11.07 erneute Synkope und Schockabgabe; bei ICD-Abfrage zeigen sich rezidivierende, hochfrequente nicht beständige (Abb. 7.**11**) sowie eine beständige Kammerarrhythmie (Kammerflimmern), die mittels Schock terminiert wird (Abb. 7.**12**)

Serumkalium: 4,58 mmol/l

Serum-Kreatinin: 72 µmol/l

Die Patientin ist seitdem nicht wieder gestürzt oder synkopiert.

Kommentar: Der beschriebene Fall zeigt eindrucksvoll, dass bei ein und demselben Patienten grundlegend verschiedene Ursachen zu einem Sturz führen können! Neben der altersbedingten Koordinationsstörung (die zum ersten Sturzereignis geführt hatte), kam es im weiteren Verlauf zu echten Synkopen. Die Koinzidenz von arrhythmogenen und nicht arrhythmogen bedingten Synkopen bei Patienten mit dilatativer Kardiomyopathie ist bekannt. Mittels ICD-Abfrage konnten die Ereignisse 07/2006 und 04/2007 eindeutig als nicht arrhythmogen identifiziert werden. Das letztgenannte Synkopenereignis 11/2007 veranschaulicht jedoch deutlich die prinzipielle Gefährdung hinsichtlich des plötzlichen Herztodes bei Patienten mit dilatativer Kardiomyopathie und stark eingeschränkter LV-Funktion.

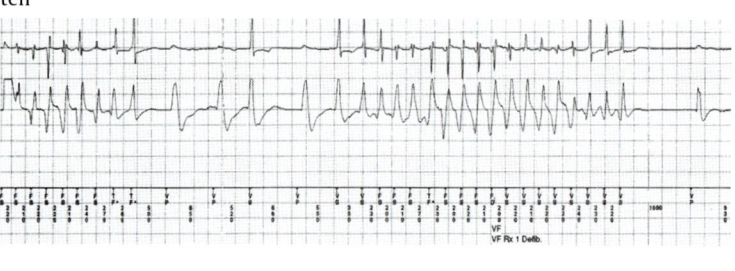

Abb. 7.**11** ICD-Speicherausdruck, TDP-ähnliche, spontan sistierende Kammertachyarrhythmie bei einer Patientin mit DCM.

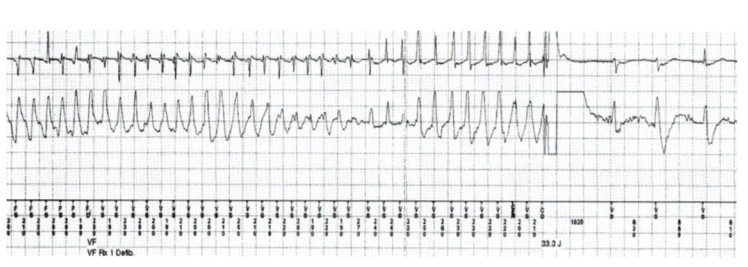

Abb. 7.**12** ICD-Speicherausdruck (gleiche Patientin wie in Abb. 7.**11**), regelrechte Terminierung von Kammerflimmern durch den ICD, die Patientin war während der Episode synkopal.

7.3 Synkopen bei koronarer Herzerkrankung (KHK) und anderer Formen der Koronarischämie

7.3.1 Einleitung

„Die koronare Herzerkrankung ist die Manifestation der Atherosklerose an den Herzkranzarterien".

Synkopen können dabei in den unterschiedlichen Stadien der Erkrankung auftreten (Abb. 7.**13**)

1. **Frühstadien:** i.d. Regel keine klinischen Symptome,
2. **Fortgeschrittenes Stadium:** zunehmende Einengung der Gefäße bedingt Unterversorgung des Herzmuskelgewebes; klinisch meist stabile Angina pectoris („Brustenge"), aber auch asymptomatische Verläufe möglich („stumme Myokardischämie").
3. **Krisenhafte akute Myokardischämien:** Folge einer Plaqueruptur bzw. Plaqueerosion, anschließend Thrombusbildung mit (in)komplettem Gefäßverschluss (akuter Myokardinfarkt) oder hochgradiger Blutflussminderung (instabile Angina pectoris)

Dietz R, Rauch B. Leitlinie zur Diagnose und Behandlung der chronischen koronaren Herzerkrankung der Deutschen Gesellschaft für Kardiologie – Herz- und Kreislaufforschung (DGK). Z Kardiol 2003; 92: 501–521

Strickberger et al. AHA/ACC Scientific statement on the evaluation of syncope. J Am Coll Cardiol 2006; 47: 473–484

> **Merke:** Das Ziel der Diagnostik bei Patienten mit KHK oder Koronarischämien ist nicht nur die Abklärung der Synkopenursache, sondern insbesondere auch die Identifikation des risikogefährdeten Patienten.

7.3.2 Synkopen bei akutem Koronarsyndrom (ACS)

Definition ACS: „Unter dem Begriff *Akutes Koronarsyndrom* (ACS) werden die Phasen der koronaren Herzerkrankung zusammengefasst, die unmittelbar lebensbedrohlich sind ... die instabile Angina pectoris, der akute Myokardinfarkt und der plötzliche Herztod."

Häufigkeit des ACS:
- BRD: ca. 350 000–400 000 ACS ohne ST-Hebung und 280 000 akute Myokardinfarkte/Jahr
- Europa: jährliche Inzidenz: 3/100 000 ACS ohne ST-Hebung
- USA: > 1,4 Mio. Patienten mit ACS ohne ST-Hebung

Ätiologie: akute Gefäßobstruktion (z.B. Plaqueruptur, Embolus o.ä.), Vasospasmus, Gefäßanomalie

Nach: Hamm et al. Leitlinien: Akutes Koronarsyndrom (ACS). Z Kardiol 2004; 93: 72–90 und 324–341

Gibler et al. Practical implementation of the guidelines for unstable angina/non-ST-segment elevation myocardial infarction in the emergency department. Circulation 2005; 111: 2699–2710

Braunwald et al. ACC/AHA Guidelines for the management of patients with unstable angina and non-ST-segment elevation myocardial infarction: executive summary and recommendations. Circulation 2000; 102: 1193–1209

Bassand et al. Guidelines for the diagnosis and treatment of Non-ST-segment elevation acute coronary syndromes. European Heart Journal 2007; 28: 1598–1660

Synkopen bei ACS

Patel et al. Symptoms in acute coronary syndromes: Does sex make a difference? Am Heart J 2004; 148: 27–33

Analyse der Häufigkeit verschiedener klinischer Symptome bei insgesamt 20 838 Patienten in 13 Studien zwischen 1989 und 2002 (Abb. 7.**14** und 7.**15**) (2 Studien mit insgesamt 739 Patienten wurden sowohl bei ACS als auch bei Myokardinfarkt zur Auswertung hinzugezogen).

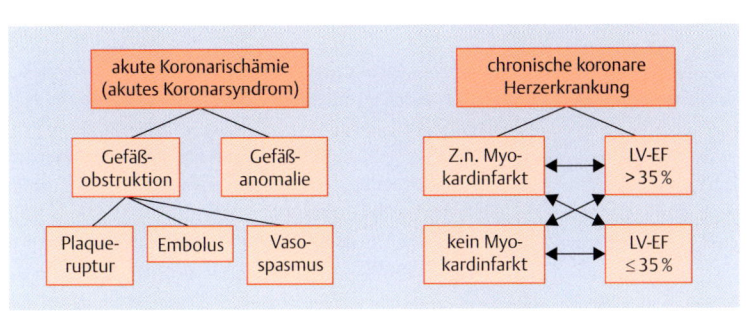

Abb. 7.13 Synkopen können bei unterschiedlichen Formen oder Stadien der KHK bzw. anderer Störungen der Koronarperfusion auftreten.

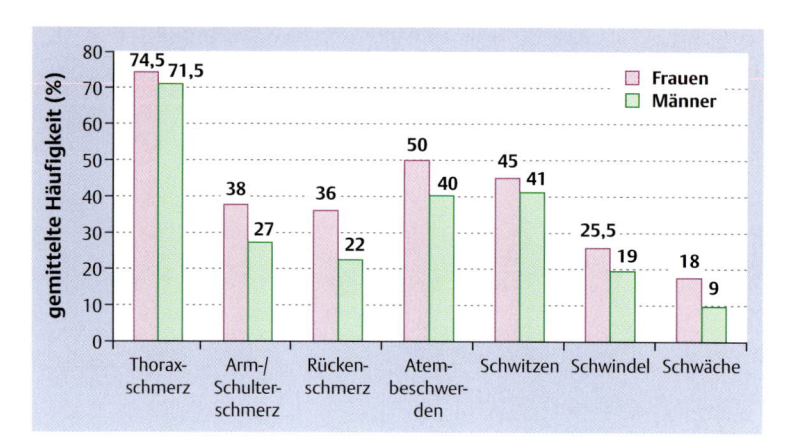

Abb. 7.14 Vergleich von Symptomen bei allen Formen des ACS bei Frauen (violett) und Männern (grün). Analyse von 4 Studien mit insgesamt 1753 Patienten (762 Frauen [43%] und 991 Männer [57%]).

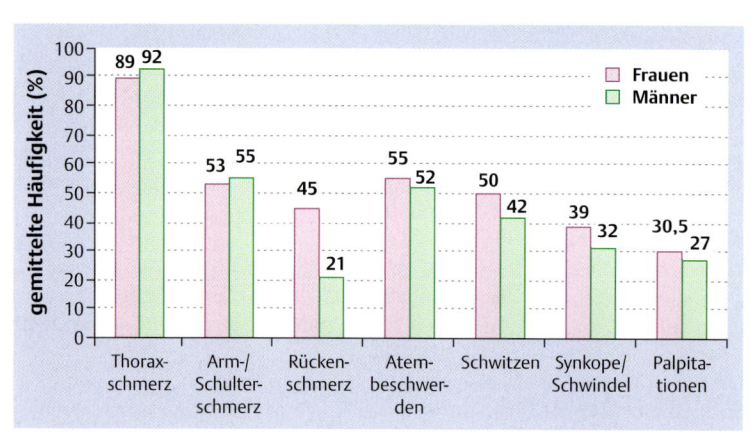

Abb. 7.15 Vergleich von Symptomen bei akutem Myokardinfarkt bei Frauen (violett) und Männern (grün). Analyse von 11 Studien mit insgesamt 19824 Patienten (8026 Frauen [40%] und 11798 Männer [60%]).

▶ Häufigkeit von Synkopen und Schwindel bei akutem Myokardinfarkt: 25–56% (Frauen) und 25–43% (Männer) (Abb. 7.15)
▶ Schwindel bei allen Formen des ACS: 21–30% (Frauen) und 18–20% (Männer) (Abb. 7.14)

Grossman. Predicting adverse outcome in syncope. J Emergency Medicine 2007; 33: 233–239
Analyse von 293 Patienten (mittl. Alter 57,8 Jahre, 58% weiblich), die mit einem Z. n. Synkope in einer Notfall-Ambulanz vorgestellt wurden: 8% schilderten Thoraxschmerz; 2% wiesen Ischämiezeichen im Oberflächen-EKG auf

Thuresson et al. Factors that influence the use of ambulance in acute coronary syndrome. Am Heart J 2008; 156: 170–176
▶ Vergleich von 1939 Patienten mit ACS (mittl. Alter 67 Jahre, 25% weiblich), die sich entweder selbst in einer Krankenhausnotfallambulanz vorgestellt hatten oder über den Notarzt stationär eingewiesen wurden

▶ Synkopen/Schwindel waren in 1,9% (Notarzt) und 3,3% (Selbsteinweisung) primärer Grund der Vorstellung

Fazit: In ca. 2–3% treten Synkopen als Erstmanifestation des akuten Koronarsyndroms auf. Zusammen mit „Schwindel" können Synkopen in ca. ⅓ aller Patienten mit akutem Koronarsyndrom (inkl. akutem Myokardinfarkt) als begleitendes Symptom vorkommen. Synkopenmechanismus bei ACS: in der überwiegenden Mehrzahl arrhythmiebedingt!

Diagnostik und Therapie bei ACS

Die Diagnostik des ACS stützt sich auf die Anamnese, 12-Kanal-EKG und Labor (insbesondere Troponin und Kreatinkinase).
Therapeutisches Ziel bei ACS ist die Revaskularisierung sowie die Behandlung assoziierter Symptome. Detaillierte Informationen s. Leitlinien
Nach Hamm et al. Leitlinien: Akutes Koronarsyndrom (ACS). Z Kardiol 2004; 93: 72–90 und 324–341

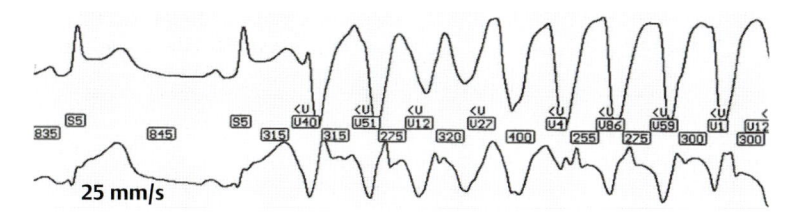

Abb. 7.16 Holter-Registrierung bei Patienten mit akutem Koronarsyndrom: Auftreten einer hochfrequenten Kammertachykardie.

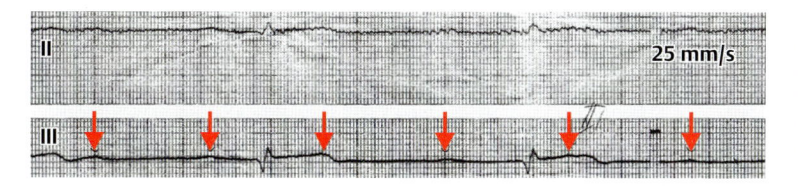

Abb. 7.17 Patient mit akutem Myokardhinterwandinfarkt und AV-Block III. Grades (Oberflächen-EKG). P-Wellen durch rote Pfeile markiert.

Gibler et al. Practical implementation of the guidelines for unstable angina/non-ST-segment elevation myocardial infarction in the emergency department. Circulation 2005; 111: 2699–2710

Braunwald et al. ACC/AHA Guidelines for the management of patients with unstable angina and non-ST-segment elevation myocardial infarction: executive summary and recommendations. Circulation 2000; 102: 1193–1209

Bassand et al. Guidelines for the diagnosis and treatment of non-ST-segment elevation acute coronary syndromes. European Heart Journal 2007; 28: 1598–1660

Van de Werf (Chairperson) et al. Management of acute myocardial infarction in patient presenting with persistent ST-segment elevation. European Heart Journal 2008; 29: 2909–2945

7.3.3 Synkopen bei kongenitalen Koronaranomalien

Basso et al. Clinical profile of congenital coronary artery anomalies with origin from wrong aortic sinus leading to sudden death in young competitive athletes. J Am Coll Cardiol 2000; 35: 1493–1501

Postmortem Analyse von 27 Athleten (16 + 5 Jahre, 19% weiblich) – Abgang des linken Hauptstammes aus dem rechten Koronarsinus (n = 23) und der rechten Koronararterie aus dem linken Koronarsinus (n = 4),

Ergebnisse (Abb. 7.**18**): Der plötzliche Herztod ereignete sich bei 25 Personen während und bei 2 Personen kurz nach Belastung!
Synkopen traten bei 4 (15%) der 27 Personen im Zeitraum von 3–24 Monaten vor dem plötzlichen Herztod auf; davon bei 3 Personen unter Belastung; in 2 Fällen waren rezidivierende Synkopen vorhanden

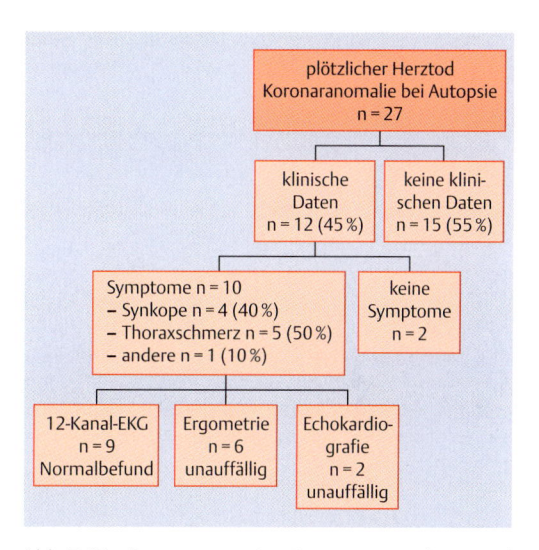

Abb. 7.18 Personen mit Koronaranomalien und plötzlichem Herztod; bei nahezu der Hälfte der Patienten waren klinische Symptome wie Synkopen und Brustschmerz führend! Bei keinem der betroffenen Patienten zeigten weder Ruhe- noch Belastungs-EKG auffällige Befunde!

Erez et al. Anomalous coronary artery with aortic origin and course between the great arteries: improved diagnosis, anatomy, findings and surgical treatment. Ann Thorac Surg 2006; 82: 973–977
▶ Fallbeschreibung von 9 Patienten (mittleres Alter 12 + 5,8 Jahre, 8 Jungen, 1 Mädchen) mit Anomalien der Koronarabgängen
▶ belastungsinduzierte Synkopen oder Thoraxschmerz: Leitsymptom in 8 (89%) der Patienten!
▶ Inzidenz von Koronaranomalien bei Autopsien/Koronarangiografie/Echokardiografie: 0,05–1,2%

▶ in der Regel operative Korrektur der Anomalien erforderlich, da hohes Risiko des plötzlichen Herztodes!

Amarasena et al. Atypical ventricular tachycardia and syncope with left coronary artery origin from the right coronary sinus. Br Heart J 1993; 70: 391–392
Fallbeschreibung: dokumentierte belastungsinduzierte Kammertachykardie und Kammerflimmern bei einem 18-jährigen Sportler mit atypischem Abgang der linken Kranzarterie aus dem rechten Koronarsinus.

Sherwood et al. Prognostic significance of clinically silent coronary artery fistulas. Am J of Cardiolog 1999; 83 (3): 407–411
Echokardiografisch dokumentierte Koronarfisteln bei 31 Kindern (mittleres Alter 7,2 ± 8,4 Jahre), Nachbeobachtungszeit 9,3 + 9,1 Jahre
Synkope: bei einem Patienten (3%)
Verlauf: Spontanverschluss bei 7 Kindern (23%) nach 2,6 ± 2,0 Jahren;
unkomplizierter Verlauf bei allen Kindern ohne Ischämienachweis im Follow-up-Zeitraum

> **Fazit:** Belastungsinduzierte Synkopen sind neben Episoden von Thoraxschmerz das Leitsymptom bei Personen mit Anomalien der Abgänge der großen Koronararterien. Die Synkopen sind in der Regel durch eine maligne Kammerarrhythmie hervorgerufen. Koronarfisteln ohne Ischämienachweis scheinen prognostisch günstiger zu sein.

Diagnostik Koronaranomalien

Casolo et al. Detection and assessment of coronary artery anomalies by three-dimensional magnetic resonance coronary angiography. International Journal Cardiology 2005; 103: 317–322
Neben der Koronarangiografie (Goldstandard) und transösophagealen Echokardiografie ist die MR-Angiografie eine neue Diagnostikoption, v.a. bei Abgangsanomalien.

Therapie

Operativ bei Anomalien der Abgänge, bei Koronarfisteln auch katheterinterventioneller Verschluss möglich.

7.3.4 Synkopen bei koronarer Herzkrankung und deutlich reduzierter linksventrikulärer Pumpfunktion

Einleitung

Patienten mit koronarer Herzkrankung und deutlich eingeschränkter linksventrikulärer Pumpfunktion ≤ 35%, insbesondere Postinfarktpatienten, weisen trotz optimaler medikamentöser eine deutlich gesteigerte Mortalität (jährlich ca. 7–12%) auf. In der chronischen Postinfarktphase kann durch eine prophylaktische ICD-Implantation eine Mortalitätssenkung erreicht werden (7,2–8,5%). Die prophylaktische Amiodarongabe hatte keinen Einfluss auf die Gesamtmortalität (s. Tab. 7.**2**).

Synkopen bei deutlich eingeschränkter linksventrikulärer Pumpfunktion und KHK

Olshansky et al. Syncope predicts the outcome of cardiomyopathy patients analysis of the SCD-HeFT Study. J Am Coll Cardiol 2008; 51: 1277–1282
Häufigkeit von Synkopen: bei Subgruppenanalyse der Patienten mit ischämischer KMP (n = 1310) fand sich eine Synkopenrate von 20,3% (nach Randomisation) in einem Zeitraum von 2,5 Jahren
Mortalität und Synkopen: Patienten, die während des Follow-ups eine oder mehrere Synkopen erlitten, wiesen eine höhere Gesamtsterblichkeit auf; unabhängig der randomisierten Gruppe, in der sich die Patienten befanden (ICD, Amiodaron oder Placebo!)
Ursachen: s. Abb. 7.**19**

> **Fazit:** Synkopen sind ein häufiges Phänomen bei Patienten mit schwerer ischämisch bedingter Pumpfunktionsminderung und stellen gleichzeitig ein Zeichen einer ungünstigen Prognose dar.

> **Fazit:** Die Ursachen für Synkopen bei sowohl ischämisch als auch nicht ischämisch bedingter Herzinsuffizienz weisen ein breites Spektrum auf wobei ca. ⅕ ungeklärt bleibt.

Nachtrag: In SCD-HEFT hatten insgesamt 162 Patienten (6%) vor Randomisation, 356 Patienten (14%) nach Randomisation sowie 46 Patienten (2%) vor und nach Randomisation mindestens eine Synkope. Die QRS-Verbreiterung ≥ 120 ms sowie das Fehlen der Betablockade waren Prädiktoren für eine Synkope im Follow-up (unabhängig der Ätiologie)

7.3 Synkopen bei koronarer Herzerkrankung (KHK) und anderer Formen der Koronarischämie

Tabelle 7.2 Jährliche Mortalität bei Patienten mit koronarer Herzerkrankung und eingeschränkter linksventrikulärer Pumpfunktion, Vergleich Placebo, Amiodaron und ICD.

Studie	Patienten unter optimaler medikamentöser Therapie	LV-EF	1-Jahres-Mortalität unter Placebo ohne ICD (N)	1-Jahres-Mortalität unter Antiarrhythmika (Amiodaron) (N)	1-Jahres-Mortalität mit ICD (N)	p
MADIT II	chronische Postinfarktphase	≤ 30%	490/11,9%	–	742/8,5%	0,016
DINAMIT	akute Postinfarktphase	≤ 35%	342/6,9%	–	332/7,5%	n. s.
SCD-HEFT	Subgruppe mit ischämischer DCM	≤ 35%	453/8,7%	426/8,3%	431/7,2%	0,05 (ICD vs. Placebo)
EMIAT	akute Postinfarktphase, Gesamtkollektiv	< 40%	743/6,9%	743/6,9%	–	n. s.
EMIAT	Subgruppe mit LVEF ≤ 30%	≤ 30%	339/ca. 10%	354/ca. 10%	–	n. s.

Moss. MADIT II: Prophylactic implantation of a defibrillator in patients with myocardial infarction and reduced ejection fraction. N Engl J Med 2002; 346: 877–883. Hohnloser et al. DINAMIT: Prophylactic use of an implantable cardioverter-defibrillator after acute myocardial infarction. N Engl J Med 2004; 351: 2481–1488. Bardy et al. SCD-HEFT: Amiodarone or an implantable cardioverter-defibrillator for congestive heart failure. N Engl J Med 2005; 352: 225–237. Julian et al. EMIAT: Randomised trial of effect of amiodarone on mortality in patients with left-ventricular dysfunction after recent myocardial infarction: EMIAT. Lancet 1997; 349: 667–674

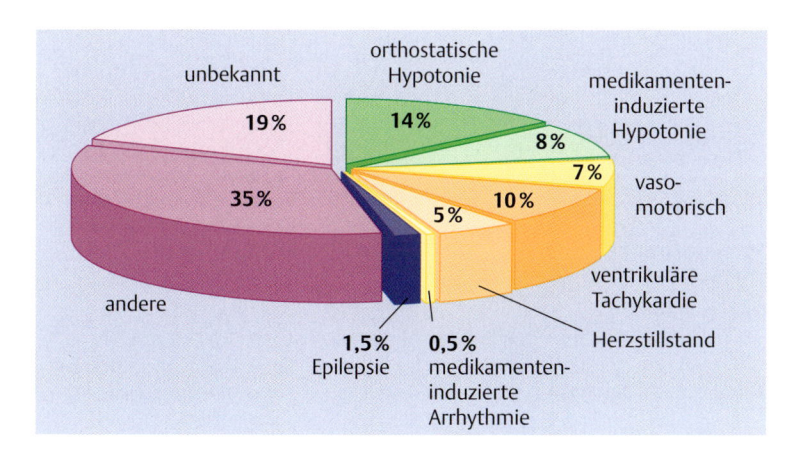

Abb. 7.19 Prozentuale Häufigkeitsverteilung von Synkopenursachen bei Patienten mit Herzinsuffizienz, SCD-Heft-Studie (nach Olshansky et al.) (Die Autoren nahmen bei ihrer Analyse leider keine weitere Differenzierung der Patienten mit Z. n. Synkope nach ihrer Grunderkrankung vor.).

77-jähriger Patient mit ischämischer Kardiomyopathie und einmaliger Synkope

Weitere Diagnosen: arterieller Hypertonus, Diabetes mellitus II, sek. insulinpflichtig, Hyperlipidämie, ACE-Hemmer-Husten

Tägliche Medikation (zum Zeitpunkt der Synkope, 29.12.2004): Losartan 100 mg, Carvedilol 6,25 mg, Torasemid 10 mg, Hydrochlorothiaziad 12,5 mg ASS 100 mg, Lovastatin 20 mg

Kardiale Krankheitsvorgeschichte: 10/1995 Z. n. Myokardhinterwandinfarkt, 1/1997 Z. n. nach Schrittmacherimplantation wegen symptomatischem AV-Block II. Grades

Koronarangiografie 9/1999: koronare 2-Gefäß-Erkrankung ohne interventionelle Therapiemöglichkeit, deutlich eingeschränkte linksventrikuläre Pumpfunktion von 33%, Hinterwandaneurysma

05/2001 Anlage einer neuen Kammersonde bei Teilfraktur der alten Ventrikelelektrode mit Reizschwellenanstieg; inzwischen kompletter AV-Block III. Grades

Patient befand sich stabil im NYHA-Stadium II mit Besserung der linksventrikulären Pumpfunktion (echokardiografisch ca. 40% – 12/2002)

09/2003 stationäre Behandlung wegen akuter Linksherzinsuffizienz bei wieder verschlechterter linksventrikulärer Pumpfunktion (koronarangiografisch unveränderter Befund)

12/2004 Stationäre Behandlung wegen Thoraxschmerz (Ausschluss ACS) und Epistaxis

Synkopenanamnese: 29.12.2004 Synkope, plötzlich aufgetreten, keine Prodromi, Anamnese-Score n. Sheldon (CSSS): –10 Punkte, somit kardiale Synkope wahrscheinlich. Patient lehnt stationäre Überwachung ab und wünscht, den Jahreswechsel zu Hause zu verbringen

Diagnostik:

Schrittmacherkontrolle (29.12.2004): regelrechte Aggregatfunktion, kein Hinweis auf Sondenfraktur, im Episodenzähler mehrere ventrikuläre Hochfrequenzepisoden

24-h-Langzeit-EKG (5.1.2005): Sinusrhythmus mit regelrechter 1 : 1 vorhofgetriggerter Ventrikelstimulation, 8 nicht beständige ventrikuläre Tachykardien (längste 25 konsekutive Aktionen, Frequenz: 230/min) s. Abb. 7.**20**

Weiterer Verlauf: Der Patient wurde aufgrund der erhobenen Befunde mit einem ICD versorgt. Ein Monat nach ICD-Implantation kam es bereits zu der ersten Arrhythmieterminierung einer ventrikulären Tachykardie durch antitachykarde Stimulation. Nach weiteren 5 Wochen trat ein „elektrischer Sturm" mit rezidivierenden, hochfrequenten Kammertachykardien auf: Bei Akutvorstellung wegen wiederholter Schockabgaben mit Synkopen in unserer Praxis erfolgt die Registrierung ventrikulärer Salven mit klinischer Präsynkope im Oberflächen-EKG (Abb. 7.**21**).

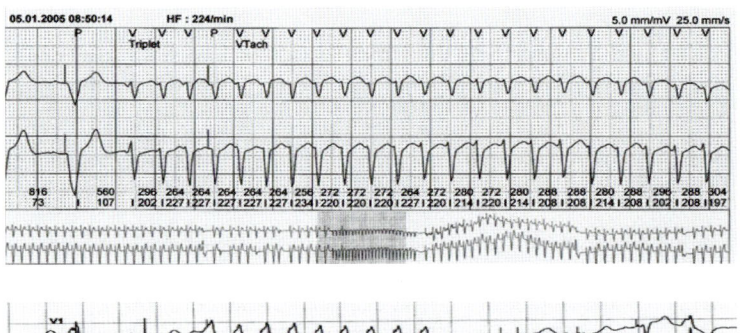

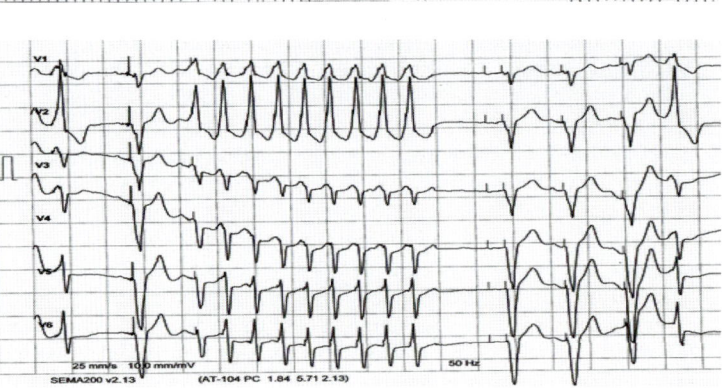

Abb. 7.**20** LZ-EKG-Ausschnitt mit Dokumentation einer nicht beständigen, hochfrequenten VT bei einem Patienten mit ischämischer Pumpfunktionsminderung, Z. n. Herzschrittmacherimplantation und Synkope.

Abb. 7.**21** Nicht beständige, hochfrequente (220/min) Kammertachykardie im EKG, dabei Präsynkope (gleicher Patient wie in Abb. 7.**20**).

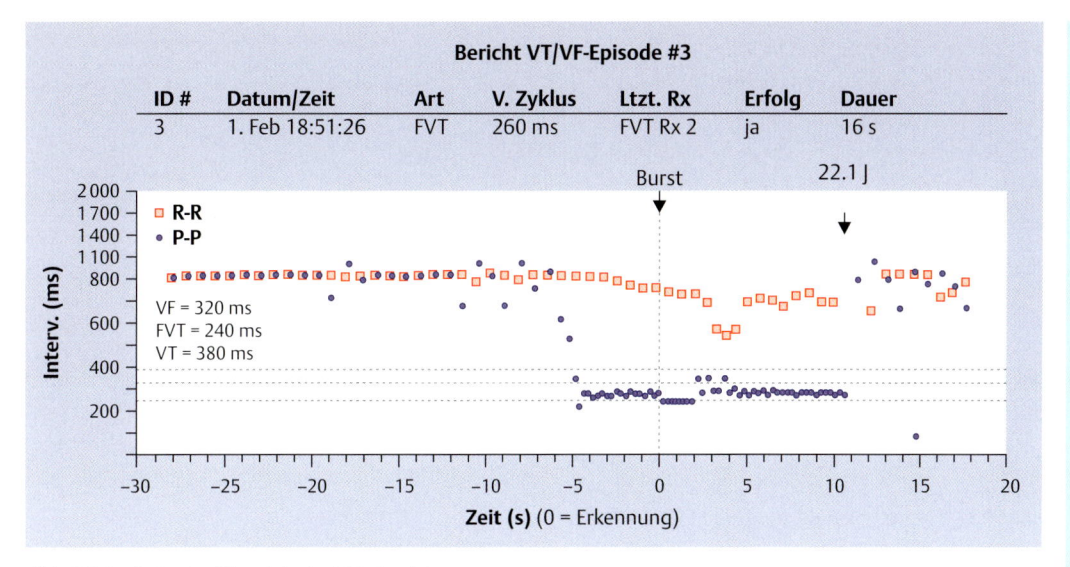

7.3 Synkopen bei koronarer Herzerkrankung (KHK) und anderer Formen der Koronarischämie

Abb. 7.22 Episodenübersicht im ICD-Speicher.

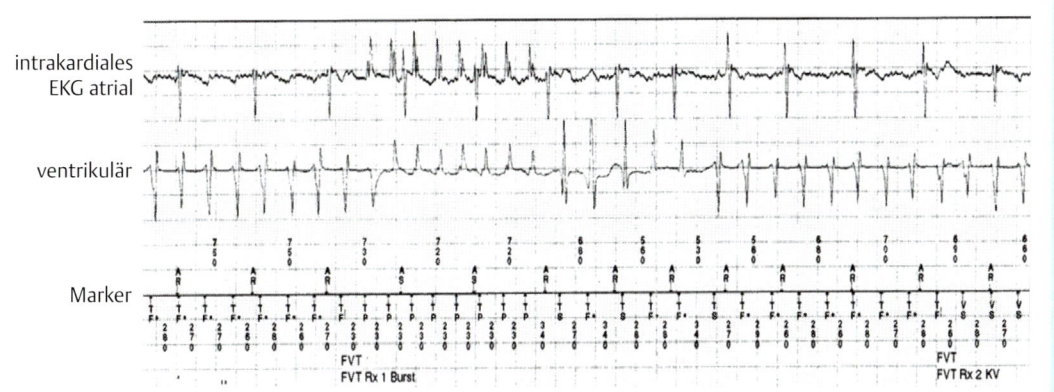

Abb. 7.23 Hochfrequente ventrikuläre Tachykardie (Zykluslänge 270 ms), antitachykarde Stimulation temporär effektiv, jedoch sofortige Tachykardiereinitiierung.

ICD-Abfrage mit Darstellung einer typischen Episode (Abb. 7.22); Episodenübersicht mit Intervallplot (Abb. 7.23); ventrikuläre Tachykardie (Zykluslänge 270 ms) mit antitachykarder Stimulationstherapie des ICD, allerdings sofortige Reinitiierung der Kammertachykardie, sodass eine effektive Schockabgabe folgt (Abb. 7.24)

Weiterer Verlauf/Fortsetzung: Der Patient wurde unter stationärem Monitoring auf Amiodaron eingestellt und blieb seitdem frei von Arrhythmien. Trotz intensivierter Herzinsuffizienzbehandlung kam es wiederholt zu schwersten kardialen Dekompensationen (inkl. Stauungshepatopathie) bei Verschlechterung der linksventrikulären Pumpfunktion auf 15–20% mit asynchronem Kontraktionsablauf. Bei 100% permanenter rechtsventrikulärer Stimulation erfolgte 09/2007 die Aufrüstung auf ein biventrikuläres ICD-System, 12-Kanal-EKG (Abb. 7.25). Der Patient befindet sich seitdem stabil im NYHA-Stadium III und kann wieder leichte Gartenarbeiten verrichten.

Kommentar: Bei dem Patienten musste im Rahmen der Synkopendifferenzialdiagnostik zunächst neben einer malignen Kammerarrhythmie auch an eine erneute Sondenfraktur und an eine orthostatisch bedingte Synkopenursache (wiederholt systolische RR-Werte unter 100 mmHg bei Herzinsuffizienztherapie) gedacht werden.

Die Anamnese (inkl. CSSS), die nachweisbaren ventrikulären Hochfrequenzepisoden im Schrittmacherspeicher und im Holter sowie nicht zuletzt die be-

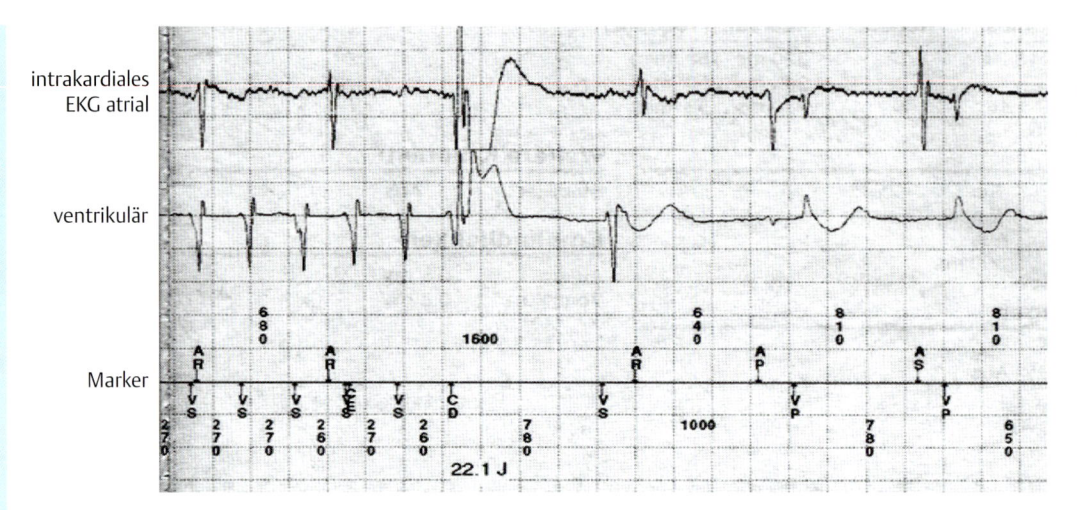

Abb. 7.24 Arrhythmieterminierung mittels Schock.

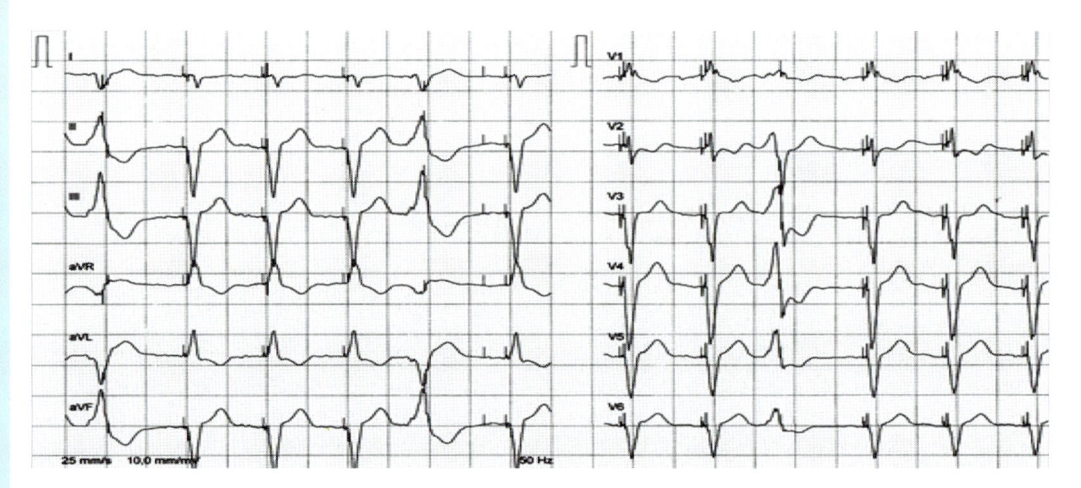

Abb. 7.25 Oberflächen-EKG nach Aufrüstung auf ein biventrikuläres System.

kannte Grunderkrankung wiesen jedoch mit sehr hoher Wahrscheinlichkeit auf eine arrhythmogen-tachykarde Ursache hin, sodass die ICD-Versorgung zwingend erfolgen musste.

Der weitere klinische Verlauf wurde einerseits durch den „elektrischen Sturm" sowie die progrediente Herzinsuffizienz kompliziert und konnte nur mittels Ausschöpfung aller zur Verfügung stehenden Mittel, inkl. Amiodaron und biventrikuläre Stimulation, beherrscht werden.

Brembilla-Perrot et al. Differences in mechanisms and outcomes of syncope in patients with coronary artery disease or idiopathic left ventricular dysfunction as assessed by electrophysiologic testing. J Am Coll Cardiol 2004; 44: 594–601

U. a. Nachbeobachtung (4 ± 2 Jahre) von 119 Patienten mit ischämischer Pumpfunktionsminderung (LVEF = 29 ± 7%) und Z. n. Synkope, bei denen eine elektrophysiologische Untersuchung durchgeführt wurde.
Ergebnisse: in 57% konnte eine maligne Kammerarrhythmie induziert werden, zu 36% war die Untersuchung negativ, weitere Befunde s. Abb. 7.**26**
Mortalität: im Gesamtkollektiv: 35%; 34 Todesfälle durch kardiale Ursache, 18 durch Herzinsuffizienz, 16 plötzlich

7.3 Synkopen bei koronarer Herzerkrankung (KHK) und anderer Formen der Koronarischämie

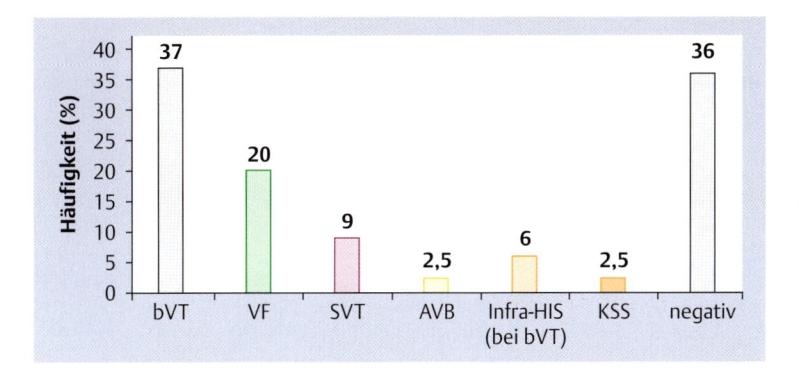

Abb. 7.26 Befunde bei elektrophysiologischer Untersuchung bei Patienten mit KHK und Synkope (Brembilla-Perrot et al.). bVT: beständige ventrikuläre Tachykardie, VF: Kammerflimmern/-flattern, SVT: supraventrikuläre Tachykardie, AVB: AV-Leitungsstörung, KSS: Karotissinussyndrom, Infra-HIS (bei bVT): gleichzeitige infrahissäre Leitungsstörung bei induzierbarer VT

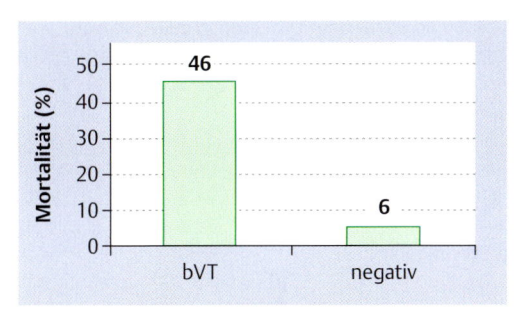

Abb. 7.27 Mortalität in Abhängigkeit des elektrophysiologischen Befundes bei Patienten mit KHK und Synkope (Brembilla-Perrot et al.).

Patienten mit induzierbarer Kammertachykardie (bVT) wiesen mit 46 % eine erwartet hohe Gesamtmortalität auf (nur 4 Patienten in dieser Gruppe wurden mit einem ICD versorgt). Patienten mit unauffälliger Kammerstimulation hatten dagegen eine sehr niedrige Mortalität (6 %) s. Abb. 7.**27**

Risikoabschätzung einer zukünftigen ICD-Entladung

Guttigoli et al. Usefulness of prolonged QRS duration to identify high-risk ischemic cardiomyopathy patients with syncope and inducible ventricular tachycardia. Am J Cardiol 2005; 95: 391–394
- prospektive Nachbeobachtung (3,0 ± 1,8 Jahre) von 61 Patienten (74 ± 10 Jahre, 13 % weiblich) mit ischämischer Pumpfunktionsminderung (29 ± 8 %), Z.n. Synkope und positiver elektrophysiologischer Untersuchung
- bei 51 % (n = 31) der Patienten fand sich ein QRS-Komplex ≥120 ms im EKG
- mittels multivariater Cox-Analyse war die QRS Breite ≥ 120 ms einziger Prädiktor für eine zukünftige ICD-Entladung und zeigte ein 3,7-fach höheres Risiko (49 % der Patienten mit QRS-Breite ≥ 120 ms hatten nach 2 Jahren eine adäquate ICD-Threapie vs. 23 % der Patienten mit QRS-Breite < 120 ms)

Fazit: Patienten mit ischämischer „Kardiomyopathie", Synkopen und induzierbarer Kammertachykardie erleiden signifikant häufiger adäquate Entladungen, wenn eine zusätzliche QRS-Verbreiterung ≥ 120 ms im EKG vorliegt.

Therapieprinzipien

- Behandlung der Grunderkrankung (Verweis auf die entsprechenden Leitlinien s. S. 235 und S. 236–237)
- Behandlung der Herzinsuffizienz. (s. Hoppe UC, Böhm M, Dietz R, Hanrath P, Kroemer HK, Osterspey A, Schmaltz AA, Erdmann E. Leitlinien zur Therapie der chronischen Herzinsuffizienz. Z Kardiol 2005; 94: 488–509)
- Verhinderung des plötzlichen Herztodes (s. Zipes, Camm et al. ACC/AHA/ESC 2006 Guidelines for management of patients with ventricular arrhythmias and the prevention of sudden cardiac death. JACC 2006; 48 (5), sowie Jung W, Andresen D, Block M, Böcker D, Hohnloser SH, Kuck K-H, Sperzel J. Leitlinien zur Implantation von Defibrillatoren. Clin Res Cardiol 2006; 95: 696–708

Merke: Für Patienten mit ischämischer „Kardiomyopathie" und LV-EF ≤ 30 % ist neben einer Behandlung der Grunderkrankung, einer optimalen Herzinsuffizienztherapie die prophylaktische Versorgung mit einem ICD indiziert (Klasse I).

7.3.5 Synkopen bei koronarer Herzkrankung und nicht hochgradig eingeschränkter linksventrikulärer Pumpfunktion

Einleitung

Synkopen bei Patienten mit koronarer Herzerkrankung und erhaltener oder nicht hochgradig eingeschränkter linksventrikulärer Pumpfunktion können durch eine akute Myokardischämie, eine tachykarde oder bradykarde Arrhythmie oder eine primär hämodynamische Ursache (orthostatisch, vasovagal etc.) ausgelöst werden. (Anmerkung zur Datenlage: Größere prospektive oder randomisierte Untersuchungen liegen bei diesen Patienten jedoch nicht vor.)

Diagnostik und Risikostratifizierung

Sofern bei der nicht invasiven Diagnostik keine Ursache der Synkope gefunden werden kann (s. Kapitel Diagnostik), ist die elektrophysiologische Untersuchung zur Risikostratifizierung indiziert.

> **Merke**: Für Patienten mit KHK (insbesondere Postinfarktpatienten), LV-EF > 30% und unklarer Synkope sollte aus diagnostischer Sicht eine elektrophysiologische Untersuchung diskutiert werden.

Mont et al. Arrhythmia recurrence in patients with a healed myocardial infarction received an implantable defibrillator: analysis according to the clinical presentation. J Am Coll Cardiol 1999; 34: 351–357
Nachbeobachtung von 88 symptomatischen Postinfarktpatienten, die bei elektrophysiologischer Untersuchung induzierbar waren und mit einem ICD versorgt wurden (klinische Charakteristika s. Tab. 7.**3**).
Ergebnisse: Im Nachbeobachtungszeitraum kam es zu häufigen Arrhythmierezidiven. Die Patienten mit unklarer Synkope und Induzierbarkeit von ventrikulären Tachykardien unterschieden sich dabei nicht von Patienten mit initial dokumentierter monomorpher Kammertachykardie oder Herzstillstand.

Link et al. Long-term outcome of patients with syncope associated with coronary artery disease and a nondiagnostic electrophysiologic evaluation. Am J Cardiol 1999; 83: 1334–1337
Nachbeobachtung von 68 Patienten (68 ± 11 Jahre) mit koronarer Herzerkrankung und Z. n. Synkope, bei denen die Diagnostik inkl. EPU unauffällig war; mittlere linksventrikuläre Pumpfunktion 42 ± 16%; mittlere Nachbeobachtungszeit: 30 ± 11 Monate
Resynkopen: n = 17 (25%), prozentuale Verteilung der Ursachen (s. Abb. 7.**28**)
Mortalität: 7 Todesfälle (10%) Ursachen (s. Abb. 7.**29**)
Maligne Kammerarrhythmien: traten bei 2 Patienten (3%) auf (trotz negativer elektrophysiologischer Untersuchung wurden diese beiden Patienten wegen LV-EF < 30% prophylaktisch mit einem ICD versorgt und erfuhren im Follow-up regelrechte ICD-Therapien)

Tabelle 7.**3** Klinische Charakteristik und Arrhythmierezidive bei Patienten mit beständigen monomorphen Kammertachykardien (BMVT), überlebtem Herzstillstand oder Synkopen, die elektrophysiologisch induzierbar waren und mit einen ICD versorgt wurden (nach Mont et al.).

Klinische Präsentation	Beständige, monomorphe ventrikuläre Tachykardie (BMVT) n = 57	Herzstillstand (Cardiac arrest) n = 16	Synkope n = 15	p
LV-EF [%]	30 ± 9	34 ± 14	37 ± 7	n.s.
Alter [Jahre]	63 ± 7	61 ± 14	65 ± 5	n.s.
Follow-up [Monate]	20 ± 11	23 ± 15	16 ± 9	n.s.
Arrhythmierezidiv [n]	34 (60%)	8 (50%)	4 (27%)	n.s.
Typ und Häufigkeit (%)	BMVT = 33 (97), VF = 1 (3)	BMVT = 8 (100)	BMVT = 4 (100)	n.s.

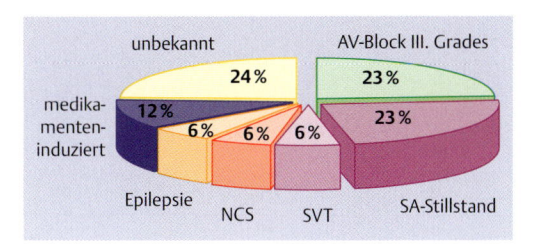

Abb. 7.28 Resynkopen und ihre Ursachen bei Patienten mit Z. n. Synkope, KHK und negativer elektrophys. Untersuchung.

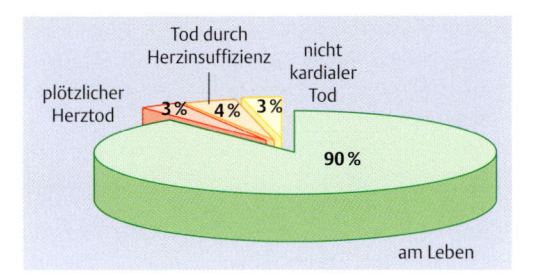

Abb. 7.29 Überleben und Todesursachen bei Patienten mit Z. n. Synkope, KHK und negativer elektrophys. Untersuchung.

Menozzi et al., for the ISSUE 1 Investigators. Mechanism of syncope in patients with heart disease and negative electrophysiological test. Circulation 2002; 105: 2741–2745 (s. S. 99)

Merke: Patienten mit KHK (insbesondere Postinfarktpatienten), LV-EF > 30% und Z. n. Synkope, die bei elektrophysiologischer Untersuchung induzierbar sind (bVT), haben ein hohes Risiko einer zukünftigen malignen Kammerarrhythmie und sollten mit einem ICD versorgt werden.
Patienten mit negativer elektrophysiologischer Untersuchung haben eine insgesamt niedrige Mortalität; die Rezidiv-Synkopenrate liegt studienabhängig zwischen 17 und 25%. Rezidivsynkopen haben dabei verschiedene Ursachen, wobei maligne Kammerarrhythmien die Ausnahme sind. Die Versorgung mit einem implantierbaren Event-Rekorder sollte insbesondere bei wiederkehrenden Bewusstlosigkeiten erwogen werden.

Therapieprinzipien

Siehe dazu S. 243 (Behandlung der Grunderkrankung, der Herzinsuffizienz, Verhinderung des plötzlichen Herztodes).

8 Synkopen bei mechanischer Obstruktion

8.1 Synkopen bei Herzklappenfehlern

8.1.1 Aortenstenose (AS)

Einleitung

Eine Stenose der Aortenklappe ist durch eine verminderte Öffnungsfähigkeit der Klappe gekennzeichnet. Aus hämodynamischer Sicht wird die linksventrikuläre Entleerung behindert, was wiederum ohne entsprechende Kompensationsmechanismen bzw. deren Versagen eine Reduktion des Herzzeitvolumens nach sich zieht. Häufigste Ursachen einer Aortenstenose (Industrieländer):
1. bikuspide Aortenklappe (bikuspide AK):
   bei ca. 2% aller Geburten nachweisbar, der durch die bikuspide Klappe veränderte (turbulente) Blutfluss hinterlässt Mikrotraumen an den Klappentaschen, nachfolgend Entwicklung einer Fibrose, Kalzifizierung und Stenosierung, Entwicklung einer AS bei ca. ⅓ aller Patienten mit bikuspider AK bis zum 70. Lebensjahr
2. senile Degeneration der AK:
   – auch hier werden in der Pathogenese Mikrotraumen als auslösendes Agens vermutet
   – milde Veränderungen im Sinne einer Aortensklerose häufig (25% der über 65-jährigen Menschen)
   – hochgradige AS selten (2% bei über 75-jährigen, 6% bei über 85-jährigen Personen)
3. rheumatisches Fieber: Heutzutage selten auftretende, autoimmun vermittelte Erkrankung nach Infektion mit betahämolysierenden Streptokokken der Gruppe A. Früher häufigste Ursache für AS, seit 1970 mit Einführung der antibiotischen Therapie und Prophylaxe starker Rückgang der Erkrankung, obwohl seit 1987 z.B. in den USA ein erneuter Anstieg zu verzeichnen ist.

(Weitere Informationen zum rheumatischen Fieber s. Dajani et al. Treatment of acute streptococcal pharyngitis and prevention of rheumatic fever: a statement for health professionals. Committee on Rheumatic Fever, Endocarditis, and Kawasaki Disease of the Council on Cardiovascular Disease in the Young, the American Heart Association. Pediatrics 1995; 96: 758)

Nach Braunwald et al. Congenital aortic stenosis, clinical and hemodynamic findings. Circulation 1963; 27: 426–462. Passik et al. Temporal changes in the causes of aortic stenosis: a surgical pathologic study of 646 cases. Mayo Clin Proc 1987; 62: 119–123

Hämodynamische Einteilung der Aortenstenose:
1. mild (Aortenöffnungsfläche $> 1,5\,cm^2$, mittlerer Druckgradient $< 25\,mmHg$, maximale Flussgeschwindigkeit $< 3,0\,m/s$)
2. moderat (Aortenöffnungsfläche $1,5–1,0\,cm^2$, mittlerer Druckgradient $25–40\,mmHg$, maximale Flussgeschwindigkeit $3,0–4,0\,m/s$)
3. schwer (Aortenöffnungsfläche $< 1,0\,cm^2$, mittlerer Druckgradient $> 40\,mmHg$, maximale Flussgeschwindigkeit $> 4,0\,m/s$)

Nach Bonow et al. (s. S. 247)

Natürlicher Verlauf der Erkrankung, Mortalität bei Synkopen

Zunächst lange **Latenzphase** mit niedriger Morbidität und Mortalität (Risiko des plötzlichen Herztodes weniger als 1%/Jahr), jedoch in der Regel stetige Progression der Erkrankung.

Klinisch manifeste Phase:
1. Synkopen stellen 15% aller Erstmanifestation dar; die Mortalität beträgt 50% in 3 Jahren bei unbehandelten Patienten
2. Angina pectoris (35% aller Erstmanifestationen mit einer Mortalität von 50% in 5 Jahren)
3. Herzinsuffizienz-Dyspnoe (50% aller Erstmanifestationen mit einer Mortalität von 50% in 2 Jahren)

Nach Carabello B. Aortic stenosis. N Engl J Med 2002; 346: 677–682

Pathophysiologische Aspekte

▶ Die AS führt zur Druckbelastung des linken Ventrikels mit resultierender Hypertrophie; so lange dabei die Wandspannung (afterload) normal bleibt, bleibt auch die LV-EF erhalten.
▶ Kommt es zu einem Missverhältnis zwischen Hypertrophie und ansteigender Wandspanung, sinkt die LVEF ab (Weiteres s. Bonow et al. Guidelines for the management of patients with valvular heart disease. J Am Coll Cardiol 2006; 48: e1–e148)

Aortenstenose und Synkopen

▸ Synkopen treten bei 15–25% der Patienten mit AS auf und sind Marker einer erhöhten Mortalität
▸ Häufigkeit belastungsinduzierter Synkopen bei AS: 13–25% (in der Regel hämodynamische Ursache, selten arrhythmogen bedingt (nach Leak D. Effort syncope in aortic stenosis. BMJ 1959; 21 [2]: 289–292)

Synkopenmechanismus:
▸ aus primär hämodynamischer Ursache treten Synkopen infolge eines reduzierten Herzzeitvolumens und einer möglicherweise zusätzlich vorhandenen reflektorischen Vasodilatation insbesondere unter stärkerer Kreislaufbelastung auf (u. a. körperliche Belastung, beim Aufstehen oder bei Situationen mit bereits vorbestehender Vasodilatation wie z. B. Sauna)
▸ ventrikuläre Tachyarrhythmien sind die häufigste Ursache arrhythmieinduzierter Synkopen; intermittierende AV-Blockierungen oder paroxysmales Vorhofflimmern mit tachykarder Überleitung wurden seltener beschrieben. Klinisch tritt diese Synkopenform oft in Ruhe auf

Nach Bonow et al. ACC/AHA 2006 Practice guidelines for the management of patients with valvular heart disease: executive summary. J Am Coll Cardiol 2006; 48: 598–675 und Bonow et al. ACC/AHA 2006 Guidelines for the management of patients with valvular heart disease. J Am Coll Cardiol 2006; 48: e1–e148

Diagnostik der Aortenstenose

Auskultationsbefund

Typisch: mindestens 2/6 Systolikum, punctum maximum über 2. Interkostalraum rechts mit Fortleitung in beide Aa. carotides, 2. Herzton ist abgeschwächt oder nicht mehr auskultierbar (Hinweis: je schwächer der 2. Herzton auskultierbar ist, desto stärker ist in der Regel die Stenose!)

Cave: Im Alter kann das Systolikum schwächer ausfallen und dessen Fortleitung in Richtung Apex erfolgen!

Echokardiografie

Entscheidende Diagnostikmethode mit Beurteilung der Klappenmorphologie (evtl. planimetrische Klappenöffnungsfläche), der Flussgeschwindigkeit über der Klappe (Bestimmung des instantalen Gradienten) sowie der linksventrikulären Pumpfunktion; bei bestimmten Befundkonstellationen (z. B. „low-flow/low-gradient AS" und eingeschränkter LV-Pumpfunktion) ist auch eine Stressechokardiografie indiziert.

Invasive Diagnostik

Vor geplantem Aortenklappenersatz (zus. Information über Koronarstatus) oder zur genauen Bestimmung des Schweregrads der AS (u. a. Messung des Peak-to-peak-Gradienten), sofern Diskrepanzen zwischen nicht invasiver Diagnostik und klinischer Symptomatik bestehen etc.

Therapie bei signifikanter AS

Bei symptomatischen Patienten sollte in der Regel ein Aortenklappenersatz erfolgen (weitere Empfehlungen zur Therapie der AS s. Bonow et al. Guidelines for the management of patients with valvular heart disease. J Am Coll Cardiol 2006; 48: e1–e148)

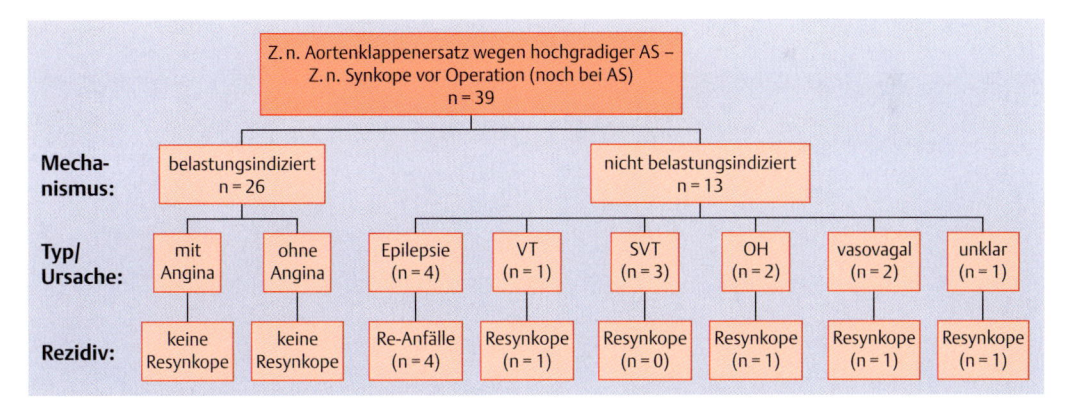

Abb. 8.1 Auftreten von Resynkopen nach AKE (nach Wilmshurst et al.). VT: ventrikuläre Tachykardie, SVT: supraventrikuläre Tachykardie, OH: orthostatische Hypotonie

8 Synkopen bei mechanischer Obstruktion

Klinischer Verlauf von Patienten mit AS und Synkope nach Aortenklappenersatz (AKE)

Wilmshurst et al. Effect of aortic valve replacement on syncope in patients with aortic stenosis. Br Heart J 1993; 70: 542–543
Analyse von 39 Patienten mit Z. n. Synkopen vor Aortenklappenersatz wegen hochgradiger Aortenstenose, Einteilung in Patienten mit belastungsinduzierter Synkope (Gruppe 1, n = 26; 13 Patienten (50%) verspürten trotz fehlender KHK zusätzlich Angina pectoris vor der Synkope) und nicht belastungsinduzierter Synkope (Gruppe 2, n = 13, Synkopenursache in Abb. 8.1 dargestellt), dabei kein signifikanter Unterschied der beiden Gruppen hinsichtlich Alter, Geschlechtsverteilung oder Klappenöffnungsfläche vor OP;
- Gruppe 1: nach AKE traten keine Synkopen mehr auf
- Gruppe 2: bei insgesamt 8 (61%) Patenten kam es erneut zu Bewusstseinsverlusten, deren Ursache in Abb. 8.1 (S. 247) dargestellt ist.

Belastungsinduzierte Synkope als Erstmanifestation einer bisher unbekannten Aortenstenose

Patient: männlich, 59 Jahre
Synkopenanamnese: vor zwei Monaten erstmalig plötzlich bewusstlos geworden, der Patient war zuvor lange intensiv geschwommen, aus dem Wasser herausgewatet und am Strand synkopiert. Da der Patient das Bewusstsein sofort wieder erlangte, hatte er das Ereignis als unbedeutende „Überanstrengung" gewertet und nicht weiter beachtet
zweite Bewusstlosigkeit beim schnellen Treppen-steigen; danach zum Hausarzt gegangen; bei Auskultation ein Herzgeräusch festgestellt

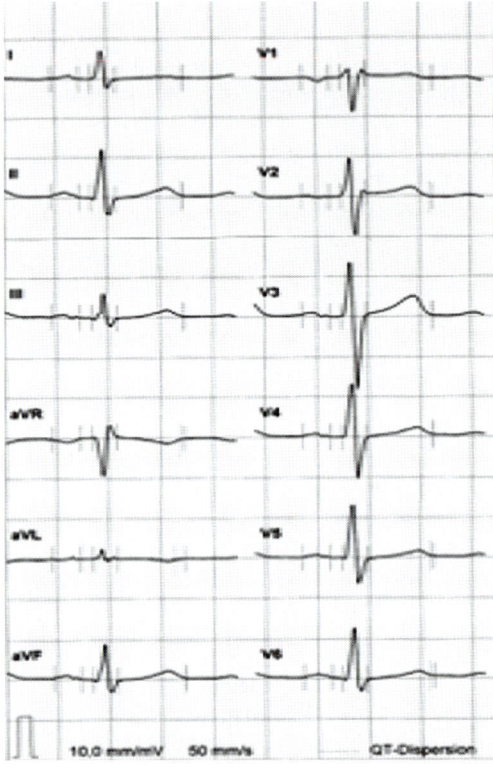

Abb. 8.2 12-Kanal-EKG bei einem Patienten mit (vorher unbekannter) Aortenstenose und Z. n. belastungsinduzierten Synkopen.

Basisdiagnostik:
Klinische Untersuchung: guter Allgemeinzustand, Auskultationsbefund: Systolisches Geräusch mit p.m. über Erb'schem Punkt mit Fortleitung in beide Aa. carotides, 2. Herzton deutlich abgeschwächt
EKG: Indifferenztyp. Sinusrhythmus, regelrechte Erregungsleitung und -rückbildung, keine Hypertrophiezeichen (s. Abb. 8.2)

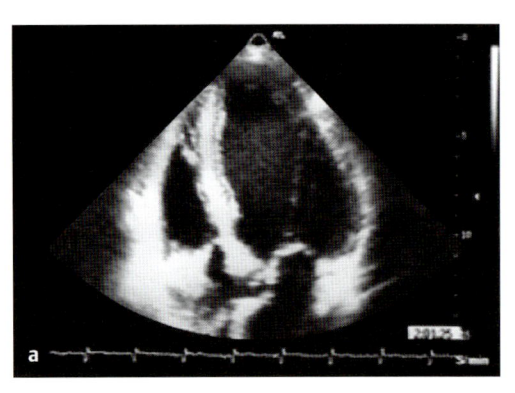

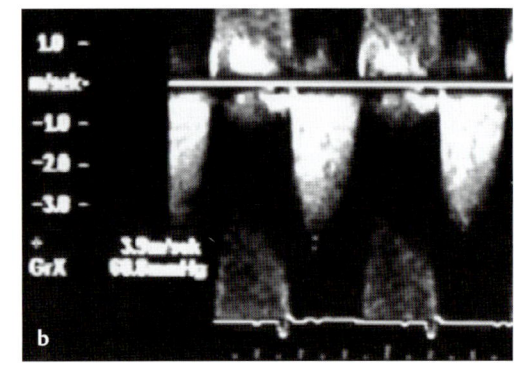

Abb. 8.3

Echokardiografie (Abb. 8.3): Nachweis eines kalzifizierten kombinierten Aortenvitiums mit führender Stenose (V_{max} 3,9 m/s, maximaler/mittlerer Druckgradient: 61/33 mmHg), geringgradige Aortenklappeninsuffizienz; linksventrikuläre Hypertrophie (14 mm Septum- und Hinterwanddicke); geringgradig eingeschränkte linksventrikuläre Pumpfunktion: 50%
Weiterer Verlauf: Bei Invasivdiagnostik Bestätigung der nicht invasiv gemessenen Befunde einer formell noch mittelgradigen Aortenstenose und koronarangiografisch Ausschluss einer hämodynamisch relevanten Koronarstenose.
Aufgrund des Befundes einer symptomatischen Aortenstenose erfolgte ein biologischer Aortenklappenersatz; der Patient ist seitdem synkopenfrei und uneingeschränkt belastbar.

> **Merke:** Die häufigste Synkopenursache bei signifikanter Aortenstenose ist die primär hämodynamische infolge eines verminderten Herzzeitvolumens, welche klinisch durch eine Belastungsinduktion charakterisiert ist. Nach Aortenklappenersatz sind diese Patienten in der Regel synkopenfrei. Tachykarde Herzrhythmusstörungen persistieren auch nach dem AKE, wobei insbesondere ventrikuläre Tachykardien zu Resynkopen führen.

8.2 Andere Klappenerkrankungen und Synkopen

8.2.1 Mitralstenose (MS)

Synkopen können bei Mitralklappenstenosen infolge eines verminderten Herzzeitvolumens, insbesondere unter Belastung oder durch das zusätzliche Vorhandensein eines linksatrialen Thrombus, der die an sich schon verminderte Mitralklappenöffnung komplett verschließt, auftreten.

8.2.2 Mitralklappenprolaps (MKP)

Erkrankung mit Verdickung der Mitralklappensegel (> 5 mm) und systolischem „Durchschlagen" (Prolabieren) mindestens eines Segels von mindestens 2 mm über den Mitralklappenanulus, eine relevante Mitralklappeninsuffizienz findet sich bei 4% der Patienten mit MKP.
  Prävalenz des MKP in der Bevölkerung: 1– 2,5%; Analyse von 3491 Echokardiografiebefunden, MKP bei 84 Patienten (2,4%) nachweisbar, Synkopen traten bei 3,6% (3/84) der Patienten mit MKP auf (u.a. nach Freed et al. Prevalence and clinical outcome of mitral valve prolaps. N Engl J Med 1999; 341: 1–7).

Synkopen sind ein eher seltenes klinisches Problem bei Patienten mit MKP; bei rezidivierenden Ereignissen mit unklarer Ursache sollte jedoch unbedingt eine elektrophysiologische Untersuchung z.A. ventrikulärer Tachykardien erfolgen. Ist diese ebenfalls nicht diagnostisch, kann ein implantierbarer Schleifenrekorder hilfreich sein.

8.2.3 Pulmonalklappenstenose

Sehr seltene Klappenerkrankung, bei der es im fortgeschrittenen Stadium zum Auftreten von Synkopen v.a. bei körperlicher Belastung kommen kann; insbesondere dann, wenn zusätzlich eine Reduktion des Preloads durch eine Dehydratation oder eine Verminderung des systemischen Gefäßwiderstands, z.B. infolge Schwangerschaft vorliegt.
Nach Bonow et al. ACC/AHA 2006 Practice guidelines for the management of patients with valvular heart disease: executive summary. J Am Coll Cardiol 2006; 48: 598–675 und Bonow et al. ACC/AHA 2006 Guidelines for the management of patients with valvular heart disease. J Am Coll Cardiol 2006; 48: e1–e148

8.2.4 Patienten mit Z.n. Klappenersatz

Sofern Synkopen bei Patienten mit (mechanischem) Klappenersatz neu auftreten, ist differenzialdiagnostisch an eine mechanische Obstruktion der Prothese durch einen Thrombus oder Pannusbildung zu denken.
Nach Hausmann et al. Valve thrombosis: diagnosis and management. In: Butchart/Bodnar. Current issues in heart valve disease: thrombosis, embolism and bleeding. London UK: ICR; 1992: 387–401

8.3 Rolle der elektrophysiologischen Untersuchung zur Diagnostik und Therapie bei Patienten mit Vitium cordis und Synkope

Martinez-Rubio et al. Patients with valvular heart disease presenting with sustained ventricular tachyarrhythmias or syncope. Circulation 1997; 96: 500–508
Prospektive Nachbeobachtung von 97 Patienten mit Klappenerkrankung oder Vitium cordis mit Z.n. ventrikulärer Tachykardie (60%), Kammerflimmern (18%) oder Synkope (22%), die „elektrophysiologisch geführt" behandelt wurden. Mittlere Nachbeobachtungszeit: 51 Monate

Ergebnisse:
1. die elektrophysiologisch geführte medikamentöse Therapie („supprimierbare" Patienten) hatte keinen Einfluss auf die Arrhythmierezidivrate (56 vs. 53% bei nicht supprimierbaren Patienten)!
2. besonders Patienten mit Volumenbelastung und induzierbarer Arrhythmie hatten eine schlechte Prognose
3. Patienten mit Induzierbarkeit nicht beständiger Kammerarrhythmien oder Kammerflimmern wiesen immer noch eine Arrhythmierezidivrate von 25 resp. 32% auf!

Fazit: Die ICD-Versorgung dieser Patienten sollte insgesamt großzügig erfolgen.

8.4 Synkopen bei anderen Erkrankungen mit Flussobstruktion im Herz

8.4.1 Synkopen bei Herztumoren

Inzidenz von Herztumoren: 0,0017 bis 0,19% in der Normalbevölkerung, 75% davon sind benigne
Myxome: bilden die Hälfte aller benignen Tumoren (prädominante Tumoren bei Erwachsenen)
Lokalisation: 75% im linken und 15–20% im rechten Atrium, je 3–4% in den Ventrikeln, 5% sind biatrial vorhanden
Seltener finden sich: Lipome, Angiosarkome, Leiomyosarkome, Rhabdomyome, Hämangiosarkome
Weitere Tumorerkrankungen sind: Metastasen (Mamma-Ca., Bronchial-Ca, Melanom), Lymphome sowie penetrierende Malignome von benachbarten Organen
Synkopen: Entstehen durch eine mechanische Obstruktion: 1. entweder auf Klappenebene, insbesondere wenn ein ausreichend großer, gut deformierbarer und mobiler gestielter Tumor vorhanden ist und durch eine Pendelbewegung in Richtung Klappenöffnung den Blutfluss intermittierend unterbricht oder 2. ein sehr großer, fixer Tumor eine Herzhöhle nahezu komplett ausfüllt. Synkopen treten dabei insbesondere bei Positionsänderung auf
Diagnostik:
a) klinische Untersuchung: auskultierbare Geräusche in 50% der Patienten (Systolikum durch Alteration auf AV-Klappenebene, Diastolikum bei Obstruktion der Ventrikelfüllung)
Bei linksatrialen Tumoren lauter und weit gespaltener 1. Herzton infolge des deutlich verzögerten Mitralklappenschlusses. Bei einem Drittel der Patienten auskultierbares Protodiastolikum (80–150 ms nach dem 2. Herzton) sog. „Tumor-plop".
b) Echokardiografie (transthorakal und transösophageal) ist diagnostisch und bietet weiterhin die Möglichkeit zur Texturbeurteilung (Kalzifikationen, Zysten, Hämorrhagien, Nekrosezonen), Insertion, Mobilität des Tumors
c) ergänzende bildgebende Diagnostik (MRT und CT) ist hilfreich bei der Beurteilung, ob Kontakt zu umgebenden Strukturen besteht etc.

Therapie: sofern möglich, kurative operative Tumorentfernung
Nach Reynen K. Cardiac myxomas. NEJM 1995; 333: 1610–1617 und Grubb/Kanjwal. Structural and obstructive causes of cardiovascular syncope. In: Grubb/Olshanski. Syncope: Mechanisms and Management. 2nd ed. Futura-Blackwell Verlag; 2006

8.4.2 Synkopen bei Lungenembolie (LE)

Definition der LE: partielle oder vollständige Verlegung der Lungenarterien durch eingeschwemmte Blutgerinnsel aus der peripheren venösen Strombahn; Lungenembolien sind für 1–2% aller Synkopen verantwortlich
Synkopen: bei 13–19% aller Lungenembolien sind Synkopen ein begleitendes, in manchen Fällen einziges Symptom
Synkopenmechanismus: Verschluss eines Teils der Lungenstrombahn mit Reduktion des Herzzeitvolumens sowie Aktivierung verschiedener Reflexbögen
Klinische Symptome/Zeichen einer LE:
▶ in 90% aller Fälle wird der Verdacht auf eine LE bei Auftreten von Dyspnoe, Thoraxschmerz und/oder Synkope geäußert
▶ Symptomprävalenz: Dyspnoe (80%), Thoraxschmerz pleuritisch (52%); substernal (12%), Husten (20%), Hämoptysen (11%), Synkope (19%)
▶ Prävalenz klinischer Zeichen: Tachypnoe ≥20/min (70%), Tachykardie > 100/min (26%), Zeichen einer tiefen Venenthrombose (15%), Fieber > 38,5 ° (7%), Zyanose (11%)
▶ Beurteilung der klinischen Wahrscheinlichkeit einer LE:
▶ erfolgt anhand von Scoringtabellen; der „Wells-Score" (s. Tab. 8.1) wurde ausführlich evaluiert; der überarbeitete „Genfer Score" (s. Tab. 8.2) ist in Europa verbreitet
▶ die Wahrscheinlichkeit für das Vorliegen einer LE kann in „niedrig" (9%), mittel (30%) und „hoch" (68%) eingeteilt werden

Merke: Das Auftreten einer Synkope ist das Zeichen einer schwer reduzierten hämodynamischen Reserve bei LE!

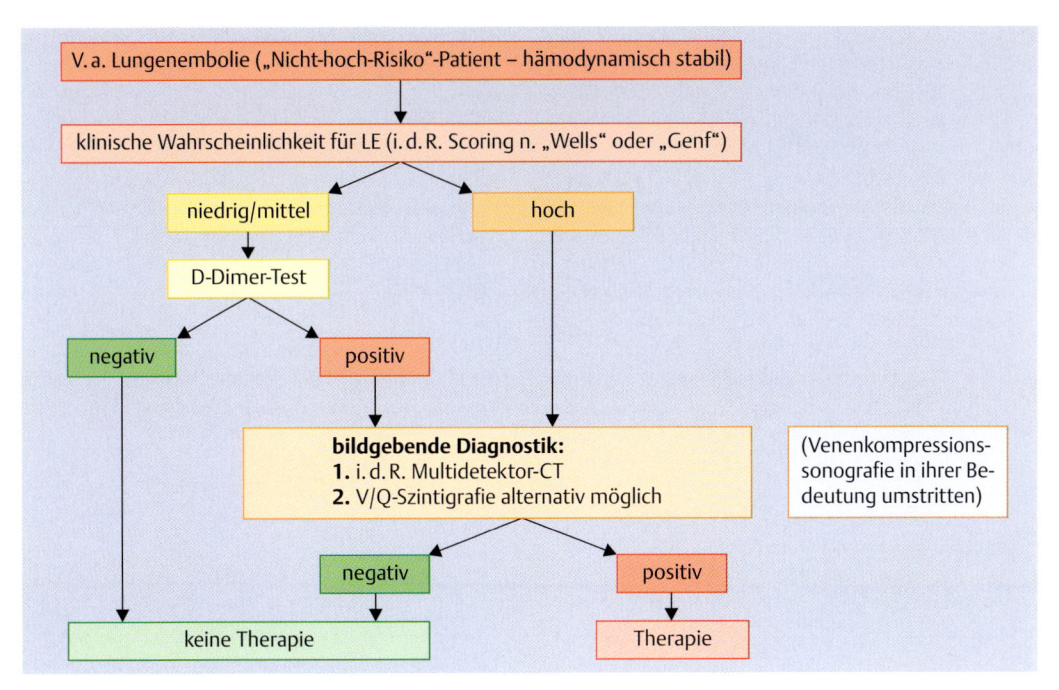

8.4 Synkopen bei anderen Erkrankungen mit Flussobstruktion im Herz

```
V.a. Lungenembolie („Nicht-hoch-Risiko"-Patient – hämodynamisch stabil)
                    ↓
klinische Wahrscheinlichkeit für LE (i.d.R. Scoring n. „Wells" oder „Genf")
        ↙                           ↘
  niedrig/mittel                    hoch
        ↓
   D-Dimer-Test
    ↙       ↘
negativ   positiv
              ↓           ↓
         bildgebende Diagnostik:          (Venenkompressions-
         1. i.d.R. Multidetektor-CT         sonografie in ihrer Be-
         2. V/Q-Szintigrafie alternativ möglich   deutung umstritten)
              ↙           ↘
          negativ        positiv
              ↓             ↓
        keine Therapie    Therapie
```

Abb. 8.4 Diagnostischer Algorithmus für Patienten mit V.a. Lungenembolie und hämodynamischer Stabilität (nach Torbicki [Chairperson] et al. Guidelines on the diagnosis and management of pulmonary embolism. European Heart Journal 2008; 29: 2276–2315; Konstantinides. Acute pulmonary embolism. NEJM 2008; 359: 2804–2813).

Tabelle 8.1 „Wells Score".

Klinische Charakteristik	Punkte
Klinische Zeichen einer Venenthrombose (TVT)	3,0
LE wahrscheinlicher als eine andere Diagnose	3,0
Herzfrequenz > 100/min	1,5
Immobilisation oder OP in den vergangenen 4 Wochen	1,5
Frühere TVT oder LE	1,5
Hämoptyse	1,0
Krebserkrankung (aktiv oder in den vergangenen 6 Monaten)	1,0

Score < 2,0:   Wahrscheinlichkeit für LE gering
Score 2,0–6,0: Wahrscheinlichkeit für LE mittel
Score > 6,0:   Wahrscheinlichkeit für LE hoch
(nach Wells et al. Derivation of a simple clinical model to categorize patients probablitiy of pulmonary embolism: increasing the models utility with the simpliRED D-dimer. Thromb Haemost 2000; 83: 416–420)

Tabelle 8.2 Überarbeiteter „Genfer Score".

Charakteristik	Punkte
Alter > 65 Jahre	1
Z.n. LE oder tiefer Venenthrombose	1
Operation oder Fraktur innerhalb des letzten Monats	2
aktives Malignom	2
unilateraler Schmerz in unterer Extremität	3
Hämoptysen	3
Herzfrequenz 75–94/min	3
Herzfrequenz ≥ 95/min	5
Palpationsschmerz einer tiefen Beinvene und unilaterales Ödem	4

Score 0–3 Punkte: geringe LE-Wahrscheinlichkeit
Score 4–10 Punkte: mittlere LE-Wahrscheinlichkeit
Score ≥ 11 Punkte: hohe LE-Wahrscheinlichkeit
(nach Torbicki [Chairperson] et al. Guidelines on the diagnosis and management of pulmonary embolism. European Heart Journal 2008; 29: 2276–2315)

Risikofaktoren: Z. n. chirurgischem Eingriff oder Beinfraktur in den letzten 3 Monaten, Bettruhe länger als 3 Tage, thrombembolisches Ereignis in der Anamnese, bekannte Thrombophilie oder maligne Erkrankung

Diagnostisches Vorgehen:
- das diagnostische Procedere bei V. a. LE richtet sich nach der hämodynamischen Stabilität des Patienten!
- es wird in „Hoch-Risiko" = hämodynamisch instabile und „Nicht-hoch-Risiko" = hämodynamisch stabile (s. Abb. 8.**4**) Patienten unterschieden
- nach initial klinischer Untersuchung wird bei instabilen Patienten und bei stabilen Patienten mit hoher Wahrscheinlichkeit einer LE die Bildgebung (i. d. R. Spiral-CT, seltener V/Q-Szintigrafie) durchgeführt
- stabile Patienten mit niedriger LE-Wahrscheinlichkeit erhalten einen D-Dimer-Test (s. Abb. 8.**4**)

8.4.3 Synkopen bei pulmonaler Hypertonie (PHT)

- Synkopen: bekanntes Symptom bei Patienten mit PHT und oft belastungsinduziert
- liegt eine Eisenmenger-Reaktion vor, sind Synkopen gleichzeitig Marker einer schlechten Prognose, Synkopenmechanismus: in der Regel Folge eines reduzierten Herzzeitvolumens, seltener arrhythmiebedingt

Nach Galie (Chairperson) et al. Guidelines on diagnosis and treatment of pulmonary arterial hypertension. European Heart Journal 2004; 25: 2243–2278

9 Synkopen bei vaskulären Erkrankungen

K. Zeleňák

9.1 Zerebrovaskuläre Ursachen für Synkopen

9.1.1 Epidemiologie

Zerebrovaskuläre Ursachen bilden eine relativ kleine Gruppe bei Synkopenursachen, deren Anteil in Tab. 9.**1** angegeben ist.

9.1.2 Klinik

Klinische Symptome und Befunde, die spezifisch für eine echte oder scheinbare Bewusstseinsstörung sind (s. Tab. 9.**2**):

9.1.3 Steal Syndrome

Definition

Ein „Steal Syndrom" tritt dann auf, wenn sich im nachgeschalteten Areal einer Stenose oder eines Gefäßverschlusses ein Gebiet mit „Niederdruck" bildet, sodass der Blutfluss aus einer anderen Arterie in das Gebiet mit niedrigem Druck umgeleitet wird.

Subclavian steal syndrome

Das Subclavian steal syndrome ist eine seltene Synkopenursache, welche durch eine Okklusion oder Stenose im proximalen Anteil der Arteria subclavia (ggf. Tr.

Tabelle 9.**1** Prozentuale Häufigkeit vaskulärer Ursachen bei Synkopen.

Autor	Anzahl an Patienten (n)	Anteil an zerebrovaskulären Synkopen
Brignole M et. al. A new management of syncope: prospective systematic guideline-based evaluation of patients referred urgently to general hospitals. European Heart Journal 2006; 27: 76–82	465	zerebrovaskulär: 0% (vertebro-basilar TIA: 1%)
Blanc JJ et al. Prospective evaluation and outcome of patients admitted for syncope over a 1-year period. Eur Heart J 2002; 23: 815–820	454	1%
Disertori M et al. Management of patients with syncope referred urgently to general hospitals. Europace 2003; 5: 283–291	980	1% je nach Krankenhaus: 0–11%
Brignole M et al. Management of syncope referred urgently to general hospitals with and without syncope units. Europace 2003; 5: 293–298	279 274	Krankenhäuser mit „Syncope units": 1% Kontrollkrankenhäuser: 2%
Sarasin F et al. Prospective evaluation of patients with syncope: a population-based study. Am J Med 2001; 111: 177–184	650	5%
Ammirati F et al. Diagnosing syncope in clinical practice. European Heart Journal 2000; 21: 935–940	195	10,8%

9 Synkopen bei vaskulären Erkrankungen

Tabelle 9.2 Klinische Symptome/Befunde und deren Ursache.

Symptome/klinischer Befund	Mögliche Ursache
bei Tätigkeiten mit einer oberen Extremität	Subclavian steal
Blutdruck- und/oder Pulsunterschied zwischen den beiden oberen Extremitäten	Subclavian steal oder Aortendissektion
assoziiert mit Vertigo, Dysarthrie, Diplopie	transitorisch ischämische Attacke (TIA) im Hirnstamm
Bei Kopfrotation, Druck auf den Sinus caroticus (bei Tumoren, Rasur, zu enger Hemdkragen)	Karotissinussyndrom

Brignole et al. Guidelines on management (diagnosis and treatment) of syncope. European Heart Journal 2001; 22: 1256–1306 und Kapoor WN. Syncope. NEJM 2000; 21: 1856–1862

brachiocephalicus) mit nachfolgendem retrograden Fluss der ipsilateralen Vertebralarterie bedingt wird. Das Blut wird aus der vertebralen Zirkulation „gestohlen", um den ipsilateralen Arm zu versorgen. Dies hat eine vertebrobasiläre Insuffizienz zur Folge; eine Synkope oder Präsynkope kann vor allem bei gesteigerter Armtätigkeit (z. B. Gardinen aufhängen) auftreten. Weitere Symptome sind Kopfschmerz, Schwindel, Diplopie oder vorübergehender Visusverlust.

Häufigste Ursache eines Subclavian steal syndrome ist die Atherosklerose, welche zu 80 % die linke Seite betrifft. Weitere Ursachen sind die Takayashu-Arteritis, Postradiationsstenosen oder kongenitale Anomalien des Aortenbogens.

www.cirse.org – Quality assurance guidelines for the endovascular treatment of occlusive lesions of the subclavian and innominate arteries

Klinische Befunde bei Subclavian steal syndrome:
- abgeschwächte Pulse der A. radialis und A. ulnaris sowie Blutdruckdifferenz von ≥ 30 mmHg (≥ 4 kPa) zwischen betroffener und gesunder Seite (Messung nach Riva-Rocci am Oberarm)
  in seltenen Fällen besteht eine beidseitige Subclaviastenose/-verschluss ohne Blutdruckdifferenz; jedoch sind die Pulse beidseits nur schwach oder gar nicht tastbar
- auskultierbares Strömungsgeräusch über der A. subclavia, welches bei komplettem Gefäßverschluss selbstverständlich fehlt

Diagnostische Strategie bei V. a. Subclavian steal syndrome:
- typische Anamnese sowie klinische Befunde (s. o.)
- Provokationstest (Belastung des betroffenen Armes)
  - „Armbelastungstest" mit Provokation einer Schwindelsymptomatik
  - Ratschow-Test mit Nachweis einer Armischämie

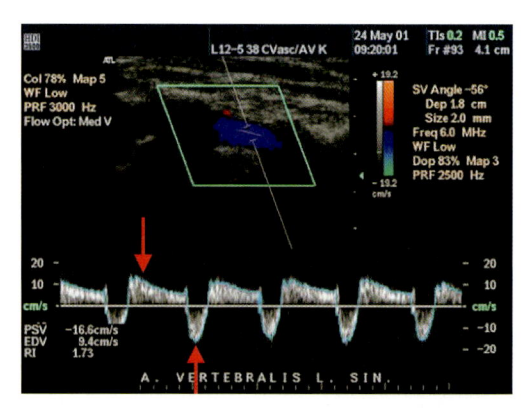

Abb. 9.1 **Inkomplettes Subclavian-steal-Phänomen.** Ultraschalldiagnostik B-Bild, Farb-Doppler und PW-Doppler: Pendelfluss (Pfeile) in der A. vertebralis sin. als Zeichen eines inkompletten Steal-Phänomens (PW-Doppler-Flusskurve).

- bildgebende Verfahren sind unverzichtbarer Bestandteil der Diagnostik und Therapieplanung; als Methode der ersten Wahl hat sich die Ultraschalluntersuchung durchgesetzt

Vergleich bildgebender Diagnostikverfahren:
1. Ultraschall (s. Abb. 9.1)
   - billig
   - weit verbreitet
   - keine ionisierenden Strahlen
   - methodisch-anatomisch bedingt keine direkte Darstellung abgangsnaher Stenosen/Verschlüsse der supraaortalen Äste möglich
   - „Vertebralis-steal" aufgrund der Flussumkehr jedoch immer nachweisbar!
2. MR-Angiografie
   - auch bei Jod-Allergie möglich, da mit Gadolin-Kontrastmittel gearbeitet werden kann
   - keine ionisierenden Strahlen

9.1 Zerebrovaskuläre Ursachen für Synkopen

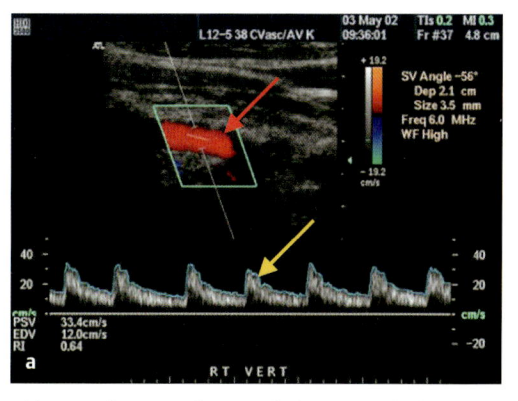

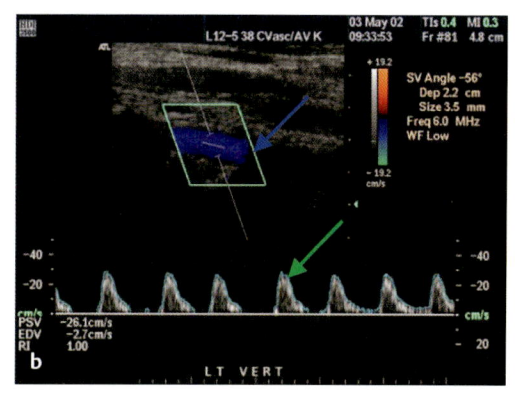

Abb. 9.2 a, b Komplettes Subclavian-steal-Phänomen. Ultraschalldiagnostik B-Bild, Farb-Doppler und PW-Doppler: **a** Antegrader Fluss in der A. vertebralis dxt. – rote Farbe (Farbdoppler, roter Pfeil) und positive Werte im PW-Doppler (gelber Pfeil) – Blutfluss in der A. vertebralis zum Gehirn hin. **b** gleicher Patient wie (**a**): retrograder Fluss in der A. vertebralis sin. wird durch die blaue Farbe im Farbdoppler (blauer Pfeil) und die negativen Werte im PW-Doppler (grüner Pfeil) gekennzeichnet – Blufluss in der A. vertebralis vom Gehirn weg!

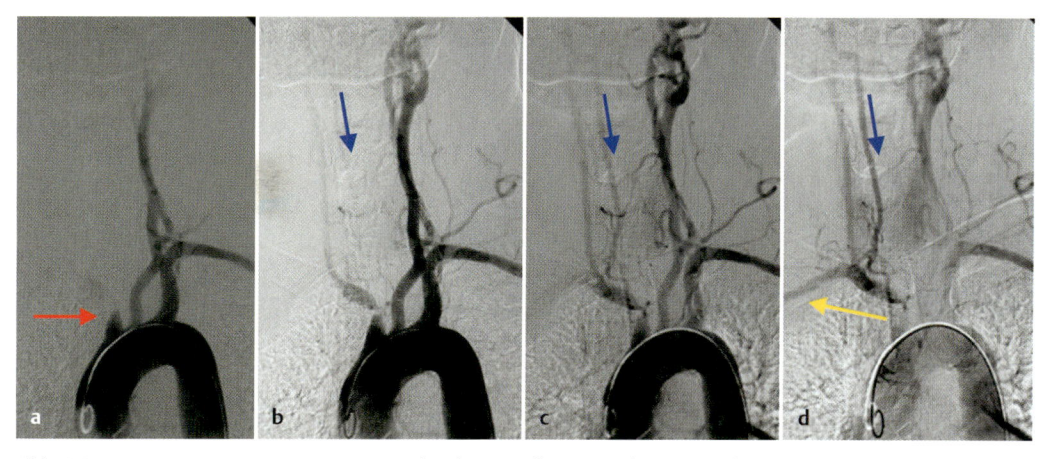

Abb. 9.3 a – e **Angiogramm:** Kontrastmittelinjektion in den Aortenbogen: Hochgradige Stenose des Tr. brachiocephalicus (roter Pfeil, **a**) und retrograder „Reserve-Fluss" (blaue Pfeile) via A. vertebralis dxt. (**b, c**), durch den sich die A. subclavia dxt. füllt (gelber Pfeil, **d**) bei einem 55-jährigen Patienten mit Synkopen bei Bewegungen des rechten Armes.

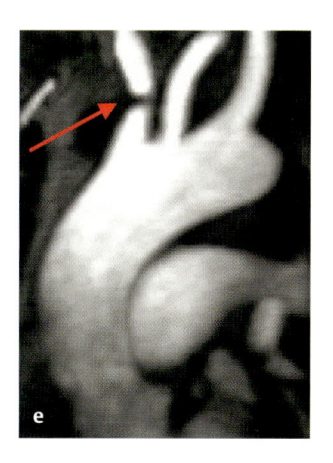

e Gleicher Patient wie in **a–d**: Magnetresonanzangiografie (sagittal-schräger Schnitt) mit Darstellung des Aortenbogens und der abgehenden Gefäße. Nachweis der hochgradigen Stenose des Truncus brachiocephilicus (roter Pfeil).

3. CT-Angiografie
   - für Patienten mit Herzschrittmacher geeignet, zusätzliche Abklärung von Aortenbogenanomalien
4. digitale Subtraktionsangiografie (DSA)
   - bei geplanten endovaskulären Eingriffen (PTA etc.)
   - Goldstandard aufgrund der hohen Sensitivität und Spezifität

Klassifikation der Läsionen der A. subclavia und des Tr. brachiocephalicus:

1. isolierte Stenosen, 3 cm oder kürzer, Plaque reicht nicht bis in die A. carotis den Abgang der A. vertebralis

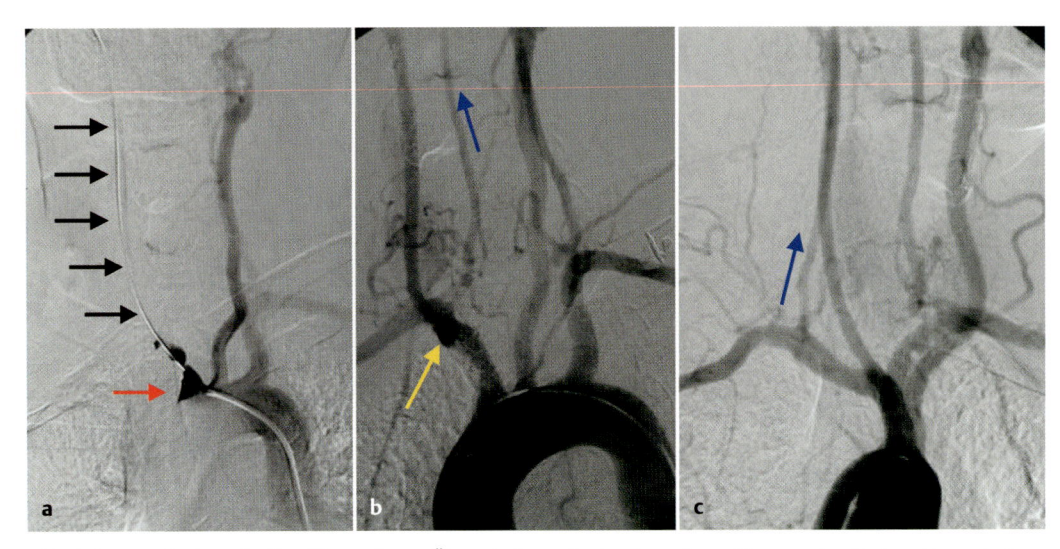

Abb. 9.**4a–c Endovaskuläre Therapie: a** Überwindung der hochgradigen Stenose des Tr. brachiocephalicus mittels Führungsdraht (schwarze Pfeile), Platzierung eines emboloprotektiven Filters in die A. carotis interna (roter Pfeil). **b** Kontrollangiogramm nach Stent-Implantation (linksanterior-seitliche Projektion) – kein Hinweis auf Reststenose (gelber Pfeil), Normalisierung des Flusses in der A. vertebralis dxt. (blauer Pfeil – markiert die Flussrichtung). **c** Kontrollangiogramm (rechtsanterior-seitliche Projektion) – antegrader Fluss (blauer Pfeil markiert die Flussrichtung) in der A. vertebralis dxt. nach Stentimplantation in den Tr. brachiocephalicus.

2. a) isolierte Stenosen, länger als 3 cm, Plaque reicht nicht bis in die A. carotis den Abgang der A. vertebralis
   b) Stenosen bei Gefäßen, in deren nachgeschaltetem Stromgebiet sich ein chirurgischer Graft befindet
   c) Stenosen in Bypass-Graft, Anastomosen mit niedrigem zerebralen Embolierisiko
3. kurze segmentale Okklusionen (weniger als 5 cm), die den Abgang der A. subclavia und des Tr. brachiocephalicus betreffen
4. Stenosen, die den Abgang der A. carotis oder der A. vertebralis betreffen, oder längere segmentale Okklusionen (länger als 5 cm)

www.cirse.org – Quality assurance guidelines for the endovascular treatment of occlusive lesions of the subclavian and innominate arteries

Therapie des Subclavian-steal-Syndroms:
1. endovaskulär (PTA oder Stentung)
2. chirurgisch (Transkutane Endarterieektomie – TEA)

www.cirse.org – Quality assurance guidelines for the endovascular treatment of occlusive lesions of the subclavian and innominate arteries

Indikation zur endovaskulären Therapie bei Stenosen des Tr. brachiocephalicus:
1. neurologische Symptome
2. Ischämie der oberen Extremität oder Embolisation in die Finger
3. vor geplanter Bypass-OP im zerebralen Stromgebiet oder im Bereich der oberen oder unteren Extremität
4. vor geplanter ipsilateraler Karotis-Endarterieektomie

www.cirse.org – Quality assurance guidelines for the endovascular treatment of occlusive lesions of the subclavian and innominate arteries

Indikationen zur endovaskulären Therapie von Stenosen der A. subclavia:
1. vertebrobasiläre Ischämie
2. Ischämie der oberen Extremität
3. Claudicatio der Hände
4. Embolisation in die Finger
5. Angina pectoris bei Patienten mit LIMA-Bypass
6. Claudicatio der unteren Extremität bei Patienten mit axillo-femoralem Bypass
7. zur Erhöhung des Flusses bei geplanten Operationen – z. B.:
   a) LIMA-Bypass
   b) axillo-femoraler Bypass
   c) Dialysefistel

www.cirse.org – Quality assurance guidelines for the endovascular treatment of occlusive lesions of the subclavian and innominate arteries

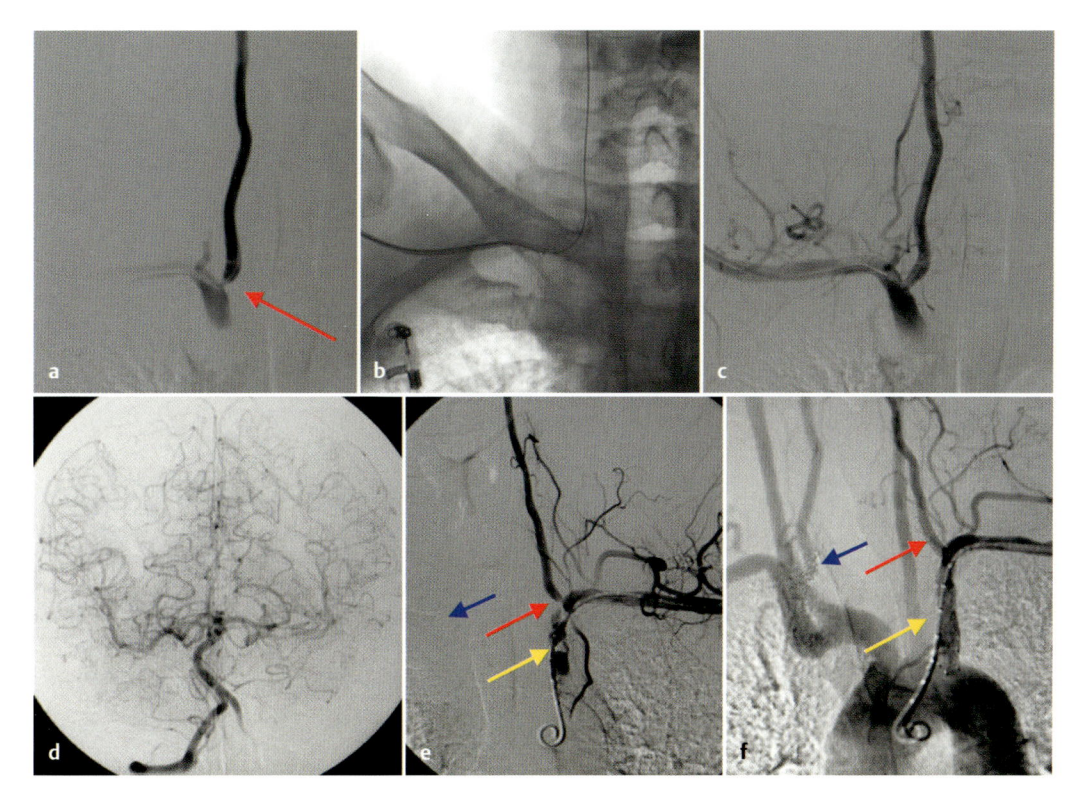

9.1 Zerebrovaskuläre Ursachen für Synkopen   257

Abb. 9.5 a – f   56-jähriger Patient mit multiplen Gefäßläsionen; inkl. Abgangsstenose der A. vertebralis bds. und Stenose der A. subclavia sin. mit Synkopen. **a** Transaxillärer Zugang rechts: Injektion in die A. subclavia dxt. Mit Darstellung einer hämodynamisch relevanten Stenose der A. vertebralis dxt. – Überwindung der Stenose (roter Pfeil) mit dem Führungsdraht. (Transaxillärer Zugang wurde aufgrund des gewundenen Gefäßverlaufes des Tr. Brachiocephalicus gewählt.) **b** Stentimplantation in den Abgang der A. vertebralis dxt. **c** Kontrollangiogramm – Injektion in die A. subclavia dxt. nach „Stentung" der A. vertebralis dxt. **d** Kontrollangiogramm des intrakraniellen Stromgebiets; komplette Füllung aller Gehirnarterien der A. vertebralis dx. **e** Zweite Sitzung: Therapie der Abgangsstenose der A. vertebralis sin. (roter Pfeil) sowie der Stenose der A. subclavia sin. (gelber Pfeil); transaxillärer Zugang links zur besseren Positionierung des Sicherungsdrahts in die A. vertebralis sin.; Vermeidung des Risikos des Vertebralarterienverschlusses während der Dilatation der A. subclavia. Der blaue Pfeil markiert den bereits implantierten Stent in der A. vertebralis dx. **f** Kontrollangiogramm nach Stentimplantation in die A. subclavia sin. (gelber Pfeil) und die A. vertebralis sin. (roter Pfeil); sichtbarer Stent in der A. vertebralis dxt. – blauer Pfeil.

9.1.4 Andere zerebrovaskuläre Erkrankungen

Bei zerebrovaskulären Erkrankungen können Synkopen im Falle einer bilateralen Läsion der Karotiden oder der Basilararterie auftreten, wobei Synkopen in diesen Fällen stets in Verbindung mit neurologischen Symptomen auftreten, isolierte Synkopen ohne neurologische Symptome sind extrem selten (Beispiel s. Abb. 9.5).
Strickberger SA et al. AHA/ACCF scientific statement on the evaluation of syncope. Circulation 2006; 113: 316–327. Strickberger SA et al. AHA/ACCF scientific statement on the evaluation of syncope. J Am Coll Cardiol 2006; 47: 473–484

Synkopen infolge einer Reaktion des Karotissinus treten häufig bei Patienten auf, die einer Angioplastie an der A. carotis unterzogen werden. Häufig synkopieren Patienten mit langen Plaques in Nähe der Karotisbifurkation, ohne die periinterventionelle Komplikationsrate zu erhöhen (klinische Beispiele s. Abb. 9.6 u. 9.7).
Martinez-Fernandez E et al. Risk factors and neurological consequences of syncopes induced by internal carotid artery angioplasty. Stroke 2008; 39: 1336–1339

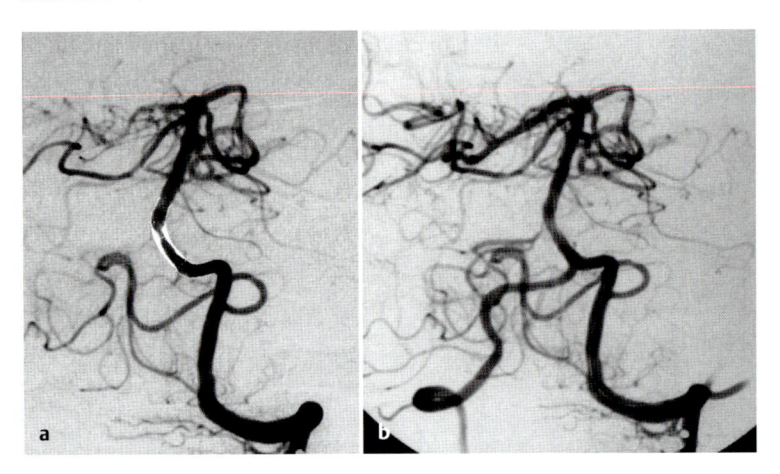

Abb. 9.6 a, b 62-jährige Patientin mit Stenose der A. basilaris proximal und Synkope. **a** Kontrastmittelinjektion in die A. vertebralis sin. – Darstellung einer hämodynamisch bedeutenden Stenose der A. basilaris im proximalen Anteil. **b** Kontrollangiogramm nach Angioplastie und Implantation eines selbstexpandierenden Stents.

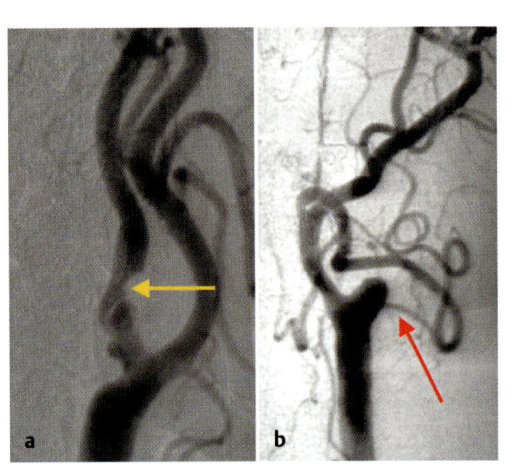

Abb. 9.7 a, b 72-jähriger Mann mit hämodynamisch relevanter symptomatischer Stenose der A. carotis interna rechts mit Indikation zur PTA und Stentversorgung; Gleichzeitig besteht ein Verschluss der A. carotis interna links. Während des Eingriffs kommt es zum Auftreten einer Synkope. **a** Kontrastmittelinjektion in die A. carotis communis dxt.; Darstellung einer exulzerierten Plaque mit hämodynamisch relevanter Stenose der A. carotis interna dx. (gelber Pfeil). **b** Kontrastmittelinjektion in die A. carotis communis sin. – Verschluss der a. carotis interna sin. kurz nach dem Abgang (roter Pfeil).

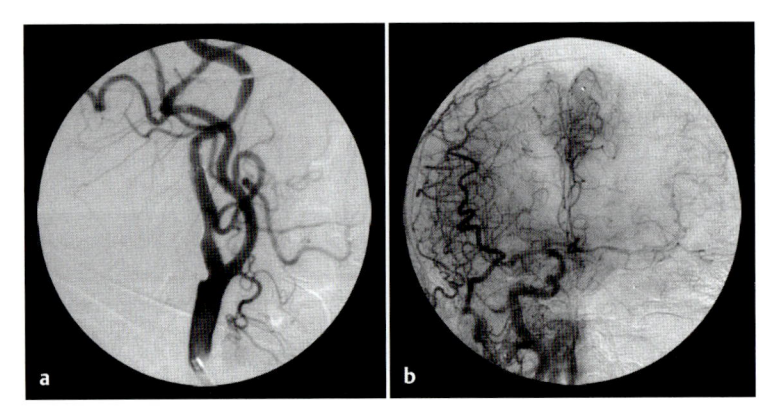

Abb. 9.8 a, b Gleicher Patient wie in Abb. 9.7, nach Therapie der Karotisstenose. **a** Kontrastmittelinjektion in die A. carotis communis dxt., erfolgreiches CAS (carotid artery stenting) der A. carotis interna dx. **b** Angiogramm des intrakraniellen Stromgebiets des gestenteten Gefäßes, regelrechte Füllung der A. cerebri media et anterior dxt. sowie auch der A. cerebri media et anterior sin. via A. communicans anterior (bei Verschluss der A. carotis interna sin.).

9.1 Zerebrovaskuläre Ursachen für Synkopen

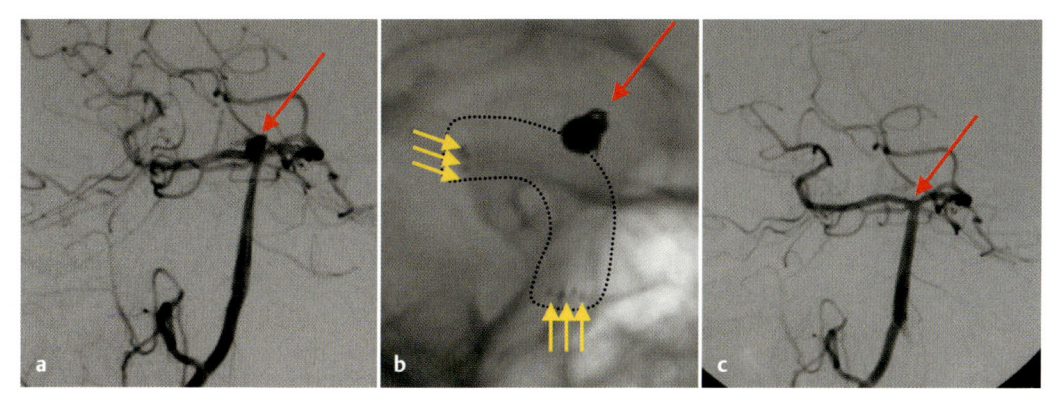

Abb. 9.9 a – c 46-jährige Patientin mit Subarachnoidalblutung aus einem Aneurysma der A. basilaris (basilar tip). **a** Kontrastmittelinjektion in die A. vertebralis dxt. – sichtbares Aneurysma der A. basilaris an der Bifurkation (basilar tip) mit breitem Hals (roter Pfeil) – endovaskulär therapiert. **b** Implantierter Stent (schwarze Linie zeigt den Verlauf) in die A. cerebri posterior dxt – A. basilaris (Marker an beiden Enden des Stents – gelbe Pfeile) und bereits mit Koagulationsspiralen ausgefülltes Aneurysma (roter Pfeil). **c** Kontrollangiogramm der A. vertebralis dxt. – komplette Embolisation des Aneurysmas (roter Pfeil).

> **Merke:** Eine Karotisstenose ist niemals die Ursache einer Synkope, solange die zerebrale Zirkulation nicht so beeinträchtigt ist, dass das Gehirn nur durch ein Gefäß versorgt wird und dieses Gefäß zusätzlich vorübergehend kompromittiert wird.

Erkrankungen, die den intrakraniellen Druck erhöhen, z. B. Subarachnoidalblutungen oder seltener Tumoren des Gehirns, können ebenfalls synkopale Zustände zur Folge haben. Stets treten sie zusammen mit anderen neurologischen Symptomen, wie z. B. Kopfschmerzen, Meningismus und oder anderen fokal-neurologischen Erscheinungen auf.

Strickberger SA et al. AHA/ACCF scientific statement on the evaluation of syncope. Circulation 2006; 113: 316–327 und Strickberger SA et al. AHA/ACCF scientific statement on the evaluation of syncope. J Am Coll Cardiol 2006; 47: 473–484

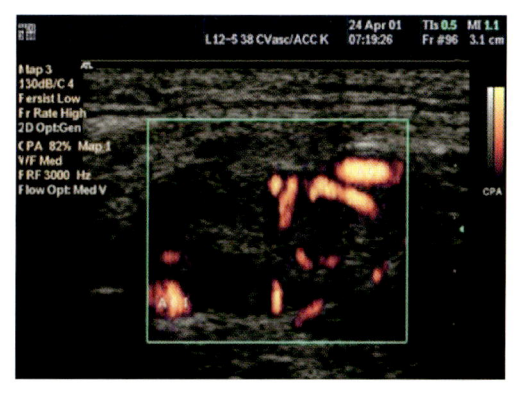

Abb. 9.10 51-jähriger Mann mit Tumor des Glomus caroticum links. Ultraschalluntersuchung: Der Tumor verdrängt die A. carotis interna (ACI) und die A. carotis externa (ACE).

Tumoren des Glomus caroticum

- Tumoren des Glomus caroticum gehören zur Gruppe der Tumoren des paraganglionären Systems (sog. Paragangliome), die ihrerseits mit 0,03 % aller Neubildungen eine sehr seltene Entität darstellen
- zusammen mit den Glomus-jugulare-Tumoren bilden Glomus-caroticum-Tumoren ca. 80 % aller Paragangliome (nach Kliewer et al. Paragangliomas: assesment of prognosis by histologic, immunohistochemical and ultrastructural techniques, Hum pathol 1998; 20: 29)
- Auftreten in der Regel im Erwachsenenalter mit einem Gipfel zw. dem 45. und 55. Lebensjahr, multizentrisch möglich
- klinisches Bild: in der Regel zunächst asymptomatisch (Zufallsbefund!), später Heiserkeit oder Schluckbeschwerden; bei weiterem Tumorwachstum können Druck auf Trachea und Ösophagus einen Stridor und eine Zungenparese oder eine Schwindelsymptomatik provozieren
- Synkopen können u. a. bei hormonsezernierenden Tumoren durch Schwankungen des Blutdruckes

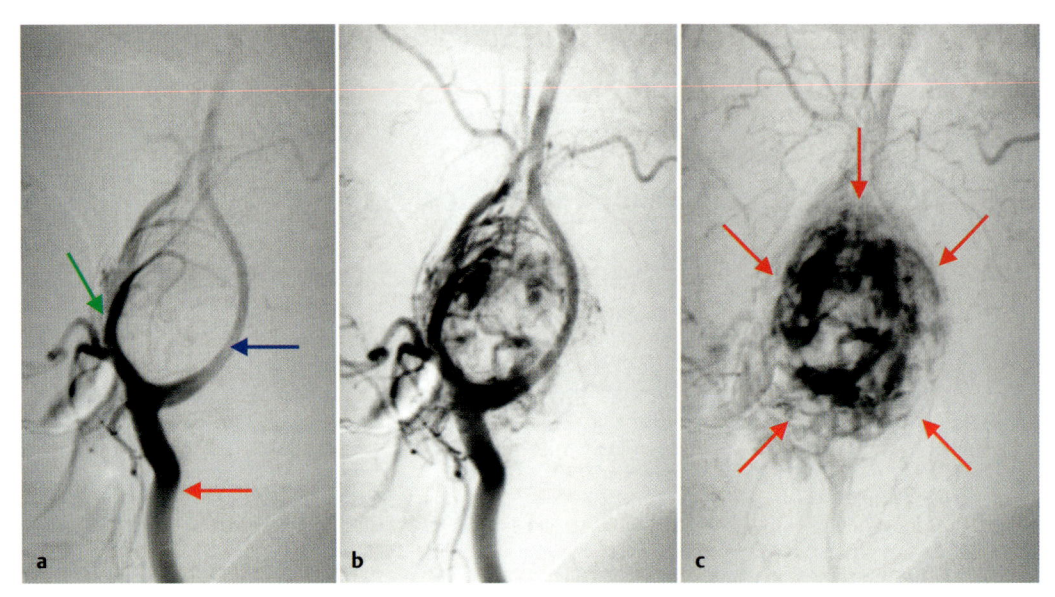

Abb. 9.**11 a–c** Gleicher Patient wie in Abb. 9.**10**. Karotisangiografie. **a** Frühe Phase der Kontrastmittelinjektion in die A. carotis communis links; Darstellung des Gefäßes (roter Pfeil), nach Bifurkation regelrechte Abbildung der A. carotis externa (grüner Pfeil) und A. carotis interna (blauer Pfeil) (zu beachten ist die deutliche Aufspreizung der Karotisbifurkation durch den Tumor!); **b** mittlere Phase der Kontrastmittelinjektion: jetzt Kontrastierung der Tumorgefäße; **c** späte Phase mit deutlicher Darstellung der Tumorgefäße, sog. Tumorblush (rote Pfeile).

auftreten (ähnlich wie bei Phäochromozytom), die infolge des krisenhaften Katecholaminausstoßes hervorgerufen werden.

Diagnostik: Ultraschall, Computertomografie, MRT (häufig sichtbares Salz- und Pfeffermuster), Angiografie mit typischem, verspätetem Tumorblush (Abb. 9.**11 c**)

Therapie: endovaskuläre Embolisation oder chirurgisch

Nach Axmann, Dorenbeck, Reith. Glomustumoren der Kopf-Hals-Region. Radiologe 2004; 44: 389–400.
Kasper et al. Multidisciplinary approach to carotid paragangliomas. Endovascular Surg 2006; 40 (6): 467–474

10 Neurologische Erkrankungen mit Bewusstseinsverlust

10.1 Einleitung

Die Diagnose „Epilepsie" wird in Großbritannien bei 30 % der Erwachsenen und bei 40 % der Kinder/Jugendlichen zu Unrecht gestellt. Synkopen treten ca. 30- bis 50-mal häufiger auf als Epilepsien.

Nach Fitzpatrick. Distiguishing seizures and pseudosyncope from syncope. In: Benditt, Brignole, Raviele, Wieling. Syncope and transient loss of conciousness. Maldon, Oxford, Carlton: Futura-Blackwell; 2007

Merke: Die Differenzierung zwischen einer echten Synkope und einer Bewusstlosigkeit infolge einer neurologischen Erkrankung kann trotz umfangreicher Diagnostik schwierig sein; insbesondere dann, wenn die Episoden nur sporadisch auftreten. In solchen Fällen sollte stets die Versorgung mit einem implantierbaren kardialen Monitorsystem-Eventrecorder in Erwägung gezogen werden, da in der Regel eine eindeutige Zuordnung von Symptomen und Herzrhythmus gelingt!

10.2 Übersicht über neurologische Erkrankungen mit Bewusstseinsverlust

Verschiedene Mechanismen an Bewusstseinsstörungen können bei neurologischen Erkrankungen unterschieden werden (Abb. 10.**1**).

10.3 Neurologische Erkrankungen mit echten Synkopen

Erkrankungen, die mit einer orthostatischen Funktionsstörung einhergehen
(s. Kap. Orthostatische Hypotonie)

Erkrankungen des Gehirns: Multisystem-Atrophie (MSA), Morbus Parkinson mit autonomer Insuffizienz, diffuse Lewy-Körperchen-Erkrankung, Wernicke-Korsakoff-Syndrom

Rückenmarkerkrankungen: Traumatische Tetraplegie (oberhalb TH5), Tumoren

Autonome Neuropathien: Autoimmune, diabetische und paraneoplastische autonome Neuropathien, Guillain-Barré-Syndrom, Porphyrie, Amyloid-Syndrom, familiäre Dysautonomie

Verlust des vasokonstriktorischen Tonus: Dopamin-beta-hydroxylase-Mangel

Medikamentös bedingte autonome Insuffizienz: Trizyklische Antidepressiva, Phenothiazine, Antihistaminika, Levodopa, MAO-Inhibitoren

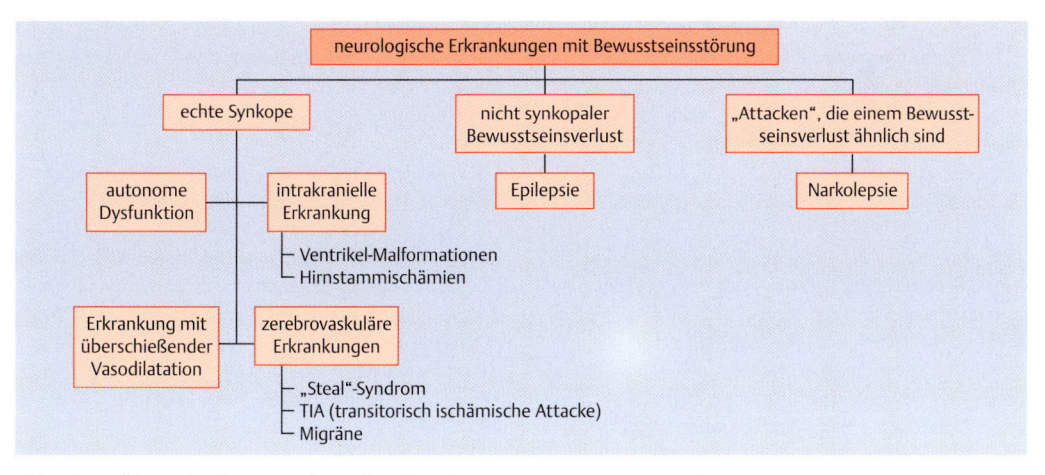

Abb. 10.**1** Übersicht über neurologische Erkrankungen mit Bewusstseinsstörung.

Partielle autonome Neuropathien

(s. Kapitel „Orthostatische Hypotonie und POTS", S. 168–170)

Hyperadrenerge Zustände und POTS (s. Kapitel)

Charakteristisch für alle hyperadrenerge Syndrome ist ein überschießender Herzfrequenzanstieg unter orthostatischem Stress und ein Anstieg des Norepinephrinspiegels > 600 pg/ml.

Intrakranielle Synkopenursachen

Kolloid-Zyste des 3. Ventrikels:
- Okklusion des intrazerebralen Ventrikelsystems mit Flüssigkeitsstagnation und nachfolgend Synkope
- Triggerung durch emotionalen Stress möglich (u. a. Schmerz)

Arnold-Chiari-Malformation: häufige Entwicklungsstörung (8/100 000) mit Verschiebung von Kleinhirnanteilen durch das Foramen magnum in den Spinalkanal, 4 verschiedene Typen

Hirnstamm-Ischämien: häufigste Ursache: vertebrobasiläre Insuffizienz
Klinische Symptome: Diplopie, Schwindel, Ataxie. Weitere Symptome können durch zusätzliche Läsionen der Hirnstammnerven und des Tr. corticospinalis entstehen.

Synkope assoziiert mit einer episodischen Vasodilatation

Mastozytosis: sehr seltene Erkrankung mit Episoden einer Überaktivierung der Mastzellen, Episodentriggerung erfolgt durch starke Anstrengung oder Emotionen, extreme Hitze, Verwendung von Narkotika
Klinische Symptome: Anfälle beginnen mit Hautrötung und Flush-Symptomatik, gefolgt von Brechreiz, Erbrechen, Durchfall sowie Kopf- und Brustschmerz, diagnostisch erhöhte Urinspiegel von Methylhistamin und Prostaglandin D2.
Therapie mit H1- und H2-Blockern sowie ASS

Phäochromozytom: seltene Tumorerkrankung der chromaffinen Zellen der Nebennieren oder der parachromaffinen Zellen der sympathischen Nerven, Inzidenz: 0,5% bei Patienten mit arterieller Hypertonie
Klinische Leitsymptome: bei der Mehrzahl der Patienten bestehen arterielle Hypertonie (100%), profuses Schwitzen (65%), Palpitationen (75%), Blässe (60%), Schmerz in Kopf, Herz, Abdomen (90%) (5 × „p": pressure, perspiration, palpitation, pallor, pain)
Weitere Symptome, z. B. Tremor (je nach Art der Katecholaminausschüttung – permanent oder stoßweise – bestehen die Symptome permanent oder anfallsartig).
Hypotonie und hypotoniebedingte Synkopen treten bei einer kleinen Zahl an Patienten auf, deren Tumoren nur Epinephrin sezernieren.
Diagnostisch ist der Nachweis erhöhter Katecholaminspiegel im Blut und Urin; Lokalisation mittels MRT (90%).

Karzinoid-Syndrom:
Klinische Symptome: Flush, Diarrhö, Hypotonie und ggf. Synkope.
Echokardiografisch finden sich Rechtsherzdilatation mit Trikuspidalklappeninsuffizienz.
Diagnostisch Nachweis erhöhter Histamin- und Prostaglandin-D2-Spiegel (weiterführende Literatur: Kulke et al. Carcinoid tumors. N Engl J Med 2003; 348: 1005–1015)

Hyperbradykininismus:
Klinische Symptome: Gesichtserythem, Tachykardie, akrale Blässe, diagnostischer Nachweis erhöhter Bradykinin-Spiegel

Intestinal-Polypeptid-sezernierender Tumor:
Klinische Symptome: Flushing, Diarrhö und schwankende Blutdruckwerte

Zerebrovaskuläre Erkrankungen

Steal-Syndrom: (s. Kap. 9 „Zerebrovaskuläre Ursachen für Synkopen")

Transitorisch-ischämische Attacke (TIA): Es ist derzeit immer noch nicht klar, ob eine TIA eine echte Bewusstlosigkeit hervorrufen kann oder nicht! In der Regel sind stets Begleitsymptome vorhanden, wie z. B. Paralysen, Schwindel, Störungen der Augenbewegung u. ä.

Migräne: Synkopen treten sowohl während als auch außerhalb von Migraineanfällen auf

Nach: Low P. Neurologic causes of syncope. In: Grubb/Olshanski. Syncope: mechanisms and management. 2nd ed. Futura-Blackwell Verlag; 2006. Brignole (Chairman) et al. Guidelines on management (diagnosis and treatment) of syncope. Eur Heart J 2001; 22: 1256–1306/update 2004 Eur Heart J 2004; 5: 2054–2072

10.4 Nicht synkopale Bewusstseinsverluste

Epilepsie

- Erkrankung, die durch unerwünschte anfallsartige neuronale Entladungen gekennzeichnet ist
- typenabhängig Auftreten eines Bewusstseinsverlusts mit entsprechender Klinik

a) Einleitung des Anfalls durch die Aura, welche repetitiven Charakter hat und von den Patienten über die Zeit wiedererkannt wird, wobei die lehrbuchmäßigen Symptome wie aufsteigende abdominelle Sensationen oder unangenehme Gerüche eher selten sind
b) eigentlicher Anfall (Grand Mal) mit Bewusstseinsverlust, immer vorhandenes tonisch-klonisches Krampfen, welches im Unterschied zu Synkopen immer bereits vor dem Stürzen auftritt („erst Krampf, dann Sturz"), ein weiteres typisches Merkmal ist der Zungenbiss
   - bei anderen Formen, z. B. Absence-Epilepsie bei Kindern oder partielle Epilepsie bei Erwachsenen, ist das Bewusstsein nicht so schwer gestört und Stürze treten nicht auf
   - Inkontinenz ist kein differenzialdiagnostisches Kriterium
c) Phase nach dem Bewusstseinsverlust; im Unterschied zu Synkopen halten Verwirrtheit und Schläfrigkeit länger als einige Minuten und Muskelschmerzen über Stunden an

Zusammenfassung der Differenzialdiagnostik s. Kapitel „Untersuchungsmethoden", S. 30)

Diagnostik der Epilepsie

Stellt sich nach sorgfältiger Anamneseerhebung (inkl. Befragung von Zeugen eines Anfalls) der Verdacht auf eine Epilepsie, sollte eine neurologisch-fachärztliche Untersuchung erfolgen (inkl. elektroenzephalografisches [EEG]-Monitoring, ggf. Schlafentzugs-EEG, wobei das EEG keine Screeningmethode bei unklaren Bewusstlosigkeiten darstellt!, ggf. sind weitere bildgebende Verfahren erforderlich)

Patientin mit Epilepsie und WPW-Syndrom, 17 Jahre zum Zeitpunkt der Erstvorstellung, ergänzende kardiale Diagnostik seitens der Eltern gewünscht

Anamnese: mehrfach plötzlich bewusstlos gewesen; seit dem 16. Lebensjahr Verdacht auf idiopathische myoklonische Epilepsie sowie Grand-Mal-Anfälle mit unterschiedlichen zeitlichen Abständen, wiederholt

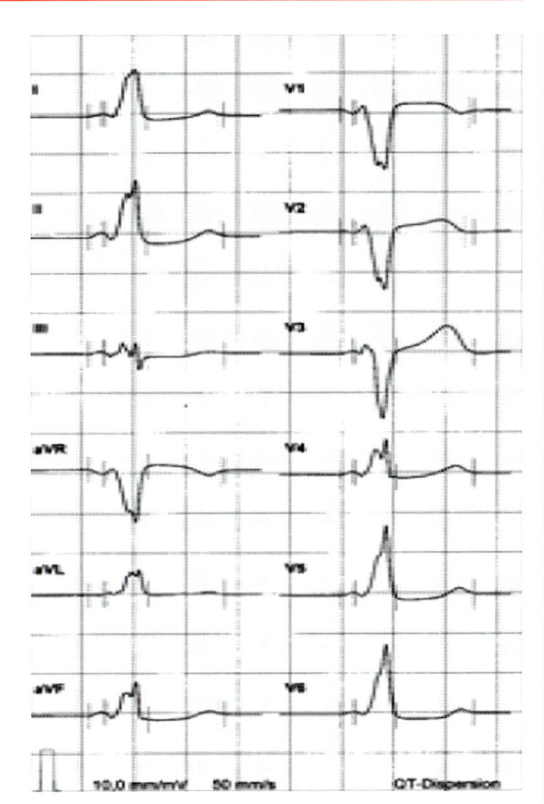

Abb. 10.2 12-Kanal-Ruhe-EKG: Sinusrhythmus mit Präexzitation.

Wechsel der antikonvulsiven Medikation; nach Einstellung auf Orifil Besserung der Symptome, aber keine komplette Freiheit von Bewusstseinsverlusten; die Patientin kann sich nach den Bewusstlosigkeiten längere Zeit an nichts erinnern, niemals sind die Episoden jedoch mit Palpitationen oder Herzrasen verbunden gewesen

Aktuell: Noch gelegentlich plötzliches Zittern der Gliedmaßen (myoklonische Zuckungen), wiederholt Störungen des Erinnerungsvermögens, letzter Bewusstseinsverlust vor ca. 1 Monat.

Zusätzlich treten selten (maximal 1 bis 2 ×/Jahr) Anfälle von Herzrasen über wenige Minuten auf (typische On-off-Symptomatik), dabei kein Schwindel oder Synkopen, im EKG einmalig Dokumentation einer orthodromen WPW-Reentrytachykardie (Abb. 10.3 a).

Basisdiagnostik:
Klinische Untersuchung: keine Auffälligkeiten, RR: 155/80 mmHg
EKG: Sinusrhythmus, Impulsleitung über Kent-Faser (Präexzitation) und AV-Knoten, entsprechende Erregungsrückbildungsstörungen (Abb. 10.2)

FALLBEISPIEL

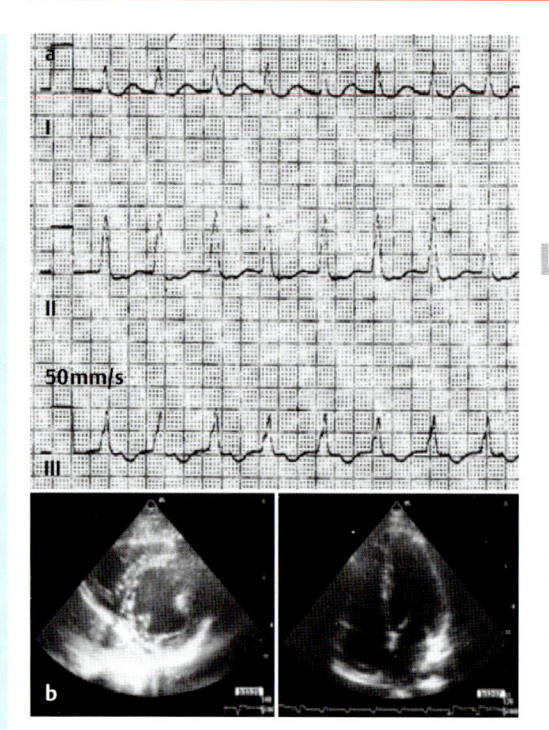

Abb. 10.**3 a, b** **a** Anfalls-EKG: orthodrome AVRT (HF ca. 180/min). **b** Echokardiogramm mit Normalbefund.

Anfang 2008 erfolgte die Wiedervorstellung zur Therapieberatung: Aktuell besteht eine Schwangerschaft und es kam vermehrt zu Tachykardieepisoden ohne Synkopen. Die Patientin wurde hinsichtlich der Anwendung von Valsalva-Manövern beraten, Metoprolol wurde als Anfallstherapeutikum verabreicht, eine elektrophysiologische Untersuchung und Ablation sind nach Geburt des Kindes vorgesehen.

Kommentar zur Synkopenanamnese und Basisdiagnostik: differenzialdiagnostisch muss neben dem Anfallsleiden auch an eine neurokardiogene Ursache mit atypischen Triggern der Bewusstlosigkeiten gedacht werden; tachykardiebedingte Synkopen sind trotz des offenen WWPW-Syndroms aufgrund der Anamnese weniger wahrscheinlich
Weiterführende Diagnostik:
Langzeit-EKG: normofrequenter Sinusrhythmus ohne relevante Arrhythmien
Echokardiogramm: normal große Herzhöhlen, LVEF 65%, Ausschluss eines Vitium cordis (Abb. 10.**4**)
Kipptischuntersuchung: unauffälliger Befund ohne Induktion neurokardiogener oder orthostatisch bedingter Synkopen, kein POTS nachweisbar
Elektrophysiologische Untersuchung: auf Wunsch der Patientin nicht durchgeführt
Therapie und weiterer Verlauf: bei (nahezu) Ausschluss einer neurokardiogenen Ursache der Bewusstlosigkeiten, wenig wahrscheinlicher tachykarder Ursache und der bekannten Epilepsie erfolgte die weitere Behandlung durch den Neurologen mit Optimierung der antikonvulsiven Therapie. Die Patientin ist seit 6 Jahren frei von Grand-Mal-Anfällen, Synkopen sind keine aufgetreten

10.5 Neurologische Erkrankungen mit Symptomen ähnlich einem Bewusstseinsverlust

Narkolepsie

- ▶ Erkrankung mit plötzlich auftretenden Schlafattacken (REM-Phasen) im Wachzustand
- ▶ Genese bisher ungeklärt
- ▶ Erstmanifestation zwischen dem 15. und 30. Lebensjahr
- ▶ klinische Symptome:
  a) Beginn der Erkrankung mit exzessiv gesteigerter Tagesschläfrigkeit (30 s bis 30 min) – Auftreten während des täglichen Lebens (z. B. während Essen, Gesprächen etc.)
  b) hypnogone Halluzinationen (Traumbilder oder Gerüche mit Schlafattacken)
  c) schlafbedingte Paralyse
  d) Kataplexie (plötzlicher Verlust des Muskeltonus ohne Bewusstseinsverlust, oft getriggert durch Emotionen [Ärger, Überraschung, Lachen], dabei fällt der Patient bewegungsunfähig hin, Verletzungen können die Folge sein)
- ▶ Diagnostik durch Neurologen/Schlafmediziner

Nach Low P. Neurologic causes of syncope. In: Grubb u. Olshansky. Syncope: mechanisms and management. 2nd ed. Maldon, Oxford, Carlton: Futura-Blackwell Verlag; 2005. Brignole (Chairman) et al. Guidelines on management (diagnosis and treatment) of syncope. Eur Heart J 2001; 22: 1256–1306/update 2004 Eur Heart J 2004; 5: 2054–2072

11 Störungen der Psyche und Synkopen

11.1 Einleitung und Übersicht über Erkrankungen der Psyche und Bewusstseinsstörungen

Verschiedene psychische Störungen werden häufig bei Patienten mit unklaren Synkopen gefunden; dabei kann die Psychopathologie sowohl Hauptursache als auch Kofaktor sein. Verschiedene Erkrankungen mit Synkopen und Schwindelsymptomatik sind in Abb. 11.1 aufgeführt.

Kapoor et al. Psychiatric illnesses in patients with syncope. Am J Cardiol 1995; 99: 505–512
Analyse von 400 Patienten mit Synkope: Patienten mit unklarer Synkope litten nahezu 4-mal häufiger (25%) an Störungen der Psyche als Patienten mit kardialer Synkope (7,3%). Dabei waren Depression, die generalisierte Angststörung und Alkoholabusus die häufigsten Erkrankungen.

Ventura et al. Psychiatric conditions in patients with recurrent unexplained syncope. Europace 2001; 3: 311–316
Psychiatrische Analyse von 26 Patienten mit unklarer Synkope (36 ± 16 Jahre, 77% weiblich).
Ergebnisse: eine psychische Störung wurde in 21 (81%) festgestellt (Abb. 11.2).
Die Patienten, die sich einer entsprechenden Therapie unterzogen, waren im Nachbeobachtungszeitraum (6 Monate) synkopenfrei!

11.2 Erkrankungen der Psyche und Bewusstseinsstörungen

Evaluierung von Patienten mit psychischen Störungen und Synkopen

- ▶ entscheidend ist die sorgfältige Anamnese, die sich nicht nur auf psychische Symptome, sondern auch auf die Familienverhältnisse, frühere Erkrankungen sowie persönliche Erlebnisse orientiert
- ▶ sofern der Verdacht auf eine psychische Erkrankung besteht (s. auch Kapitel „Untersuchungsmethoden, psychiatrisch-fachärztliche Untersuchung"), sollte eine entsprechende fachärztliche Diagnostik erfolgen

Mentale Störungen

Als **generalisierte Angststörung** bezeichnet man das Persistieren von exzessiver Angst über mehr als 6 Monate, Angst wird zum bestimmenden Faktor im täglichen Leben und verändert das Handeln des Patienten. Angststörungen finden sich zu 25% bei Patienten mit POTS und Patienten mit neurokardiogenen Synkopen (insbesondere Frauen).

Panikstörungen beschreiben rezidivierende Attacken von Panik, die die Lebensqualität einschränken, z.B. zeigen Patienten mit Blut-Phobie diphasische Reaktionen auf Stress.

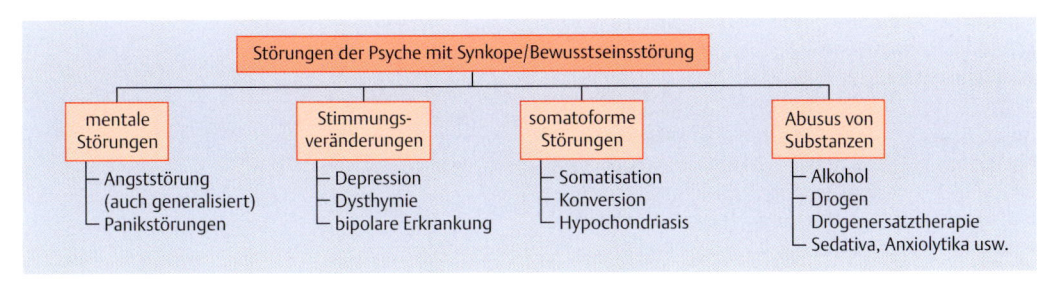

Abb. 11.1 Übersicht über psychische Störungen, die mit dem Auftreten von Synkopen in Verbindung stehen.

Stimmungsveränderungen

Depression: Häufige Erkrankung mit einer Lebensprävalenz von 17% und gesteigerter Morbidität und Mortalität; das klinische Bild ist charakterisiert durch Schwäche, Schlafstörungen, Lustlosigkeit, fehlende Begeisterungsfähigkeit und Freude, Pessimismus, Konzentrationsschwäche, Suizidgedanken sowie häufige Assoziation mit Synkopen (am ehesten hypotoniebedingt; Patienten mit Depression haben oft niedrige Blutdruckwerte).

Somatoforme Erkrankungen

Somatisationserkrankung: Unter anderem charakterisiert durch kardiale Symptome ohne organische Ursache, z. B. „Pseudosynkope" während Kipptischuntersuchung („Umfallen" ohne Bradykardie oder Hypotonie), dabei Neigung zur Katastrophisierung, wobei die Erfahrung einer echten Synkope die Angstschwelle für zukünftige Ereignisse deutlich senkt.

Das Schildern körperlicher Beschwerden kann dabei den Arzt von den psychischen Ursachen ablenken!

Patienten kommen aufgrund ihrer Beschwerden oft zu dem Schluss, dass eine schwere Krankheit vorliegen muss (bei extremen Formen Ablehnung aller medizinischen Erklärungen und Befunde).

Kinder können „Synkopen" als Weg zur Bewältigung verschiedenster Probleme benutzen; so z.B. ist das Phänomen der gehäuften Synkopen bei Mädchen im schulpflichtigen Alter bekannt, deren Ursache nur in sozialen Faktoren zu finden ist (organische und psychische Faktoren spielen dabei keine Rolle!)
Nach: McGrady/McGinnis. Psychiatric disorders in patients with syncope. In: Grubb/Olshanski. Syncope: mechanisms and management. 2nd ed. Maldon, Oxforn, Carlton: Futura-Blackwell Verlag; 2005

Abusus von Substanzen

Insbesondere die Einnahme von **Alkohol, Sedativa, Anxiolytika** und **Opiaten** bewirken neben Koordinationsstörungen auch Fallneigung; der Entzug von Alkohol und Anxiolytika wiederum eine autonome Hyperaktivität, Angst und ggf. auch Krampfanfälle mit Bewusstseinsverlust.
Stimulanzien (Amphetamine, Kokain) bewirken u. a. Angst, Arrhythmien und Blutdruckschwankungen
Nach: McGrady/McGinnis. Psychiatric disorders in patients with syncope. In: Grubb/Olshanski. Syncope: mechanisms and management. 2nd ed. Maldon, Oxforn, Carlton: Futura-Blackwell Verlag; 2005

Methadonersatztherapie bei Drogenabhängigen; Synkopen und QT-Zeit-Verlängerung
Fanoe et al. Syncope and QT prolongation among patients treated with methadone for heroin dependence in the city of Copenhagen. Heart 2007; 93: 1051–1055
Analyse von 450 Patienten mit Methadon (n = 407) – oder Buprenorphinersatztherapie (n = 43); dabei ausführliche Anamnese, Blutspiegelkontrollen und EKG-Kontrolle (QT-Zeit-Beurteilung)

Ergebnisse:
1. EKG-Veränderungen und Synkopen:
   – **Methadon:** dosisabhängige QT-Zeit-Verlängerung unter Methadon von 0,140 ms/mg, dabei signifikante QT-Zeit-Verlängerung bei 28% der Männer und 32% der Frauen
   – **Buprenorphin:** keine QT-Zeit-Verlängerung unter Buprenorphin, kein Patient hatte eine QTc-Zeit > 440 ms
2. Dosisabhängigkeit der Synkopenhäufigkeit:
   – dosisabhängige Steigerung der Synkopenhäufigkeit unter Methadon: 1,2-fach pro 50 mg (Abb. 11.3)
   – geringste Synkopenzahl unter Buprenorphin (Abb. 11.3)
3. Abhängigkeit der Synkopenhäufigkeit von der QTc-Zeit: mit Zunahme der QTc-Zeit steigt die Häufigkeit an Synkopen (Abb. 11.4)

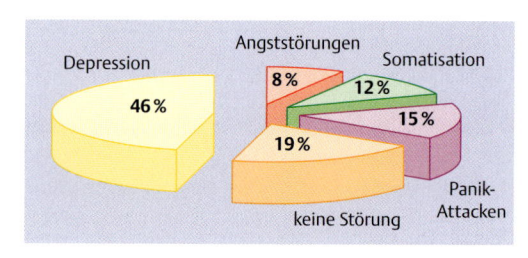

Abb. 11.2 Prozentuale Häufigkeitsverteilung von Störungen der Psyche bei Patienten mit unklarer Synkope, nach Ventura et al.

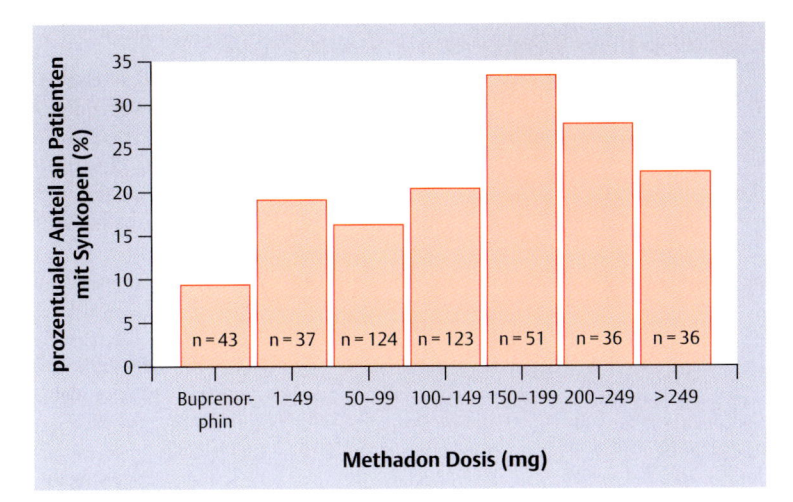

11.2 Erkrankungen der Psyche und Bewusstseinsstörungen

Abb. 11.3 Prozentuale Synkopenhäufigkeit bei Patienten unter Buprenorphin- und Methadonersatztherapie (verschiedene Dosierungen) (nach Fanoe et al.). Für jede einzelne Gruppe ist die Anzahl an untersuchten Patienten am unteren Ende der Säulen vermerkt (n).

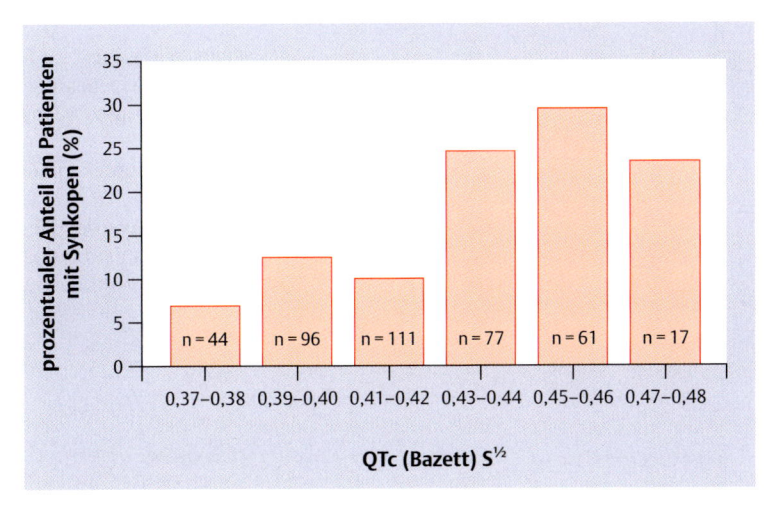

Abb. 11.4 Prozentuale Synkopenabhängigkeit in Abhängigkeit der korrigierten QT-Zeit (QTc) bei Patienten unter Buprenorphin- und Methadonersatztherapie (nach Fanoe et al.). Für jede einzelne Gruppe ist die Anzahl an untersuchten Patienten am unteren Ende der Säulen vermerkt (n).

Merke: Die Gefahr von Torsade-de-pointes-Tachykardien und des plötzlichen Herztodes bei Patienten unter Methadontherapie ist bekannt. Patienten mit entsprechender Behandlung sollten auf Synkopen befragt werden und EKG-Kontrollen zur QT-Zeit-Beurteilung erhalten. Das Auftreten einer Hypokaliämie erhöht das Arrhythmierisiko deutlich.

12 Synkopen bei speziellen klinischen Entitäten

12.1 Synkopen bei „älteren" Menschen

Einleitung

Mit zunehmendem Alter findet sich ein Anstieg der Häufigkeit von Synkopen (Synkopeninzidenz bei älteren Menschen ≤70 Jahre: 6%; 70–79 Jahre: 11%, ≥80 Jahre: 18% pro 1000 Patientenjahre; Prävalenz: 10% und 30%ige 2-Jahres-Rezidivrate) – „Dunkelziffer" deutlich höher.

Die zunehmende Komorbidität sowie die oft begleitende Pharmakotherapie spielen als aggravierende Faktoren eine große Rolle.

Im höheren Alter bestehen durch Synkopen verschiedene Probleme:
- insbesondere höhere Gefahr von Verletzungen (speziell gefürchtet sind Frakturen), häufigere Hospitalisierungen, dabei größere Einschränkung der Mobilität, des Selbstvertrauens sowie letztlich der Lebensqualität
- Anamnese oft schwieriger als bei jüngeren Patienten (kognitive Verschlechterung, Demenz), besonders schwierig ist die Differenzierung zwischen Synkope und „Sturz" oder „Fall" (ein Sturz/Fall ist ein plötzliches Ereignis, bei dem sich eine Person auf dem Boden oder einer anderen Ebene wieder findet, mit oder ohne Bewusstseinsverlust. Ursachen können extrinsisch-umgebungsbedingt oder intrinsisch-alters-krankheitsbedingt sein, jährliche Inzidenz von Stürzen 30%; ⅓ davon sind echte Synkopen)
- Synkopen oder Stürze geschehen oft ohne Augenzeugen

Veränderungen im höheren Alter, die Synkopen begünstigen können

- reduzierte Baroreflexsensitivität (u.a. geringerer Anstieg der Herzfrequenz bei Abfall des Blutdrucks) sowie weitere veränderte Kontrollmechanismen der Herzkreislauftätigkeit (Erhöhung des Norepinephrinspiegels mit „down-regulation" der sympathischen Aktivität, ebenso erniedrigte vagale Aktivität)
- reduziertes Blutvolumen (u.a. durch weniger Flüssigkeitsaufnahme und stärkeren Flüssigkeitsverlust, z.B. durch diuretische Therapie oder renale Ursachen)
- oft Vorhandensein von Stoffwechselerkrankungen, einer Hypertonie oder Atherosklerose der zerebralen, renalen und/oder kardialen Gefäße mit Endorganschäden und entsprechenden Funktionseinschränkungen

Synkopenursachen im höheren Alter
(s. Abb. 12.1)

Orthostatische Hypotonie (OH)

In 20–30% Ursache für Synkopen, dabei ist die OH in ¼ der Fälle durch „altersbedingte" Veränderungen, in den übrigen 75% durch eine sekundäre autonome Dysfunktion bei M. Parkinson, Diabetes mellitus u.a. oder seltener durch eine primäre autonome Dysfunktion hervorgerufen.

Verstärkung der OH bei Flüssigkeitsverlust (Erbrechen, Stuhlgang, Fieber), Varikosis, Hämodialyse, Nebenniereninsuffizienz, Diabetes insipidus.

Patienten mit isolierter systolischer Hypertonie weisen paradoxerweise häufig auch eine OH auf!

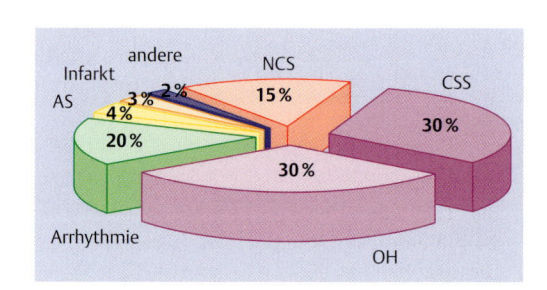

Abb. 12.1 Prozentuale Häufigkeitsverteilung von Synkopenursachen bei Patienten im höheren Alter (NCS: neurokardiogene Synkopen, CSS: Karotissinussyndrom, OH: orthostatische Hypotonie, AS: Aortenstenose), anzumerken gilt, dass es im Alter oft zu Überlappungen der einzelnen Krankheitsbilder kommt – insbesondere bei NCS/CSS/OH (nach Lipsitz et al., s. S. 269).

Karotissinussyndrom (KSS)

Kardioinhibitorische und vasodepressive Form sind jeweils bis zu 20–30% für Synkopen im Alter verantwortlich; eine hohe Koinzidenz des KSS findet sich bei Patienten mit Lewy-Körperchen-Demenz, Morbus Parkinson aber auch bei atherosklerotischen Veränderungen der Karotiden.

Neurokardiogene (vasovagale) Synkopen

Ca. 15% aller Synkopenursachen, dabei oft atypische Trigger und dysautonome Reaktionsmuster bei Kipptischuntersuchung (s. S. 119 „Gibt es eine vasovagale Erkrankung")

Kardiale Ursachen

Arrhythmien ca. 16–20% der Synkopenursachen, Sinusknotensyndrom 3–6%, AV-Blockierungen 1–3%, ca. 10% Tachykardien)
Aortenstenose: 4–5%
Myokardinfarkt: 2–6%

Merke: Diagnostik und Therapie richten sich nach den allgemein gültigen Leitlinien, wobei jedoch stets ein individuelles Vorgehen unter Berücksichtigung des allgemeinen körperlichen Zustands, Begleiterkrankungen sowie der voraussichtlichen Lebenserwartung gewählt werden sollte.

Management von Patienten mit Synkopen im höheren Alter

Diagnostisches Vorgehen

Bei sorgfältiger Basisdiagnostik kann bereits in bis zu der Hälfte aller Fälle eine Diagnose gestellt werden:
- am häufigsten findet sich das Karotissinussyndrom (dabei ist zu vermerken, dass ca. ⅓ der positiven Karotissinusdruckversuche erst in aufrechter Position erreicht werden)
- die OH kann unter Umständen erst mittels 24-h-Blutdruckmessung nachgewiesen werden (bei unauffälligem Kurzorthostasetest)
- bei mobilen, kognitiv normalen Patienten erfolgt das weitere diagnostische Vorgehen nach den Leitlinien
- bei „gebrechlichen" Patienten oder bei eingeschränkter Compliance wird die Basisdiagnostik in der Regel gut toleriert; weitere Schritte (insbesondere invasive Eingriffe) müssen abgewogen werden

Therapeutisches Vorgehen

Allgemeine Hinweise
1. Vermeiden von hypotensivem Stress (inkl. langes Stehen, besonders nach dem Essen, dabei kleine Mahlzeiten ohne Alkohol, Vermeidung von Vasodilatatoren, Vermeiden von Hitze etc.)
2. Erhöhung des venösen Rückflusses (mäßige körperliche Belastung, ausreichende Flüssigkeitszufuhr, Stützstrümpfe, Vermeiden von plötzlichem Aufstehen oder starkem Pressen beim Wasserlassen oder Stuhlgang)
3. aktive Teilnahme am Straßenverkehr sollte bei unklaren Synkopen etc. vermieden werden
4. pharmakologische Therapie sollte den veränderten Stoffwechsel (Leber- und Nierenfunktion) berücksichtigen
5. Monitoring von Medikamenten in Kombination (EKG, Blutzucker etc.)!

Spezifische Therapie: richtet sich wiederum nach den allgemein gültigen Leitlinien

Nach Strickberger (Chairman) et al. AHA/ACCF scientific statement on the evaluation of syncope. J Am Coll Cardiol 2006; 47: 473–484

Brignole (Chairman) et al. Guidelines on management [diagnosis and treatment] of syncope. Eur Heart J 2001; 22: 1256–1306/ update 2004 Eur Heart J 2004; 5: 2054–2072

Lipsitz/Grubb. Syncope in the elderly. In: Grubb/Olshanski. Syncope: mechanisms and management. 2nd ed. Maldon, Oxford, Carlton: Blackwell-Futura Verlag; 2005. Kenny RA. Transient loss of consciousness, syncope, and falls in the elderly. In: Beditt, Brignole, Raviele, Wieling. Syncope and transient loss of consciousness. Maldon, Oxford, Carlton: Blackwell-Futura; 2007

12.2 Synkopen bei Kindern und Jugendlichen

Einleitung

Es wird angenommen, dass ca. 15% aller Kinder und Jugendlichen vor dem 18. Lebensjahr mindestens einmal synkopieren.

Die Inzidenz von Synkopen bei Heranwachsenden liegt bei 72–126/100 000, mit einem Häufigkeitsgipfel zwischen dem 15.–19. Lebensjahr (s. Abb. 12.**3**), Rezidivrate 7–9% (nach Driscoll J. Syncope in children and adolescents. J Am Coll Cardiol 1997; 29: 1039).

Synkopen rufen Angst, insbesondere bei den Eltern und Angehörigen der Kinder, hervor.

Eine Synkope bei Neugeborenen oder Kindern muss zunächst als ALTE (apparent life threatening

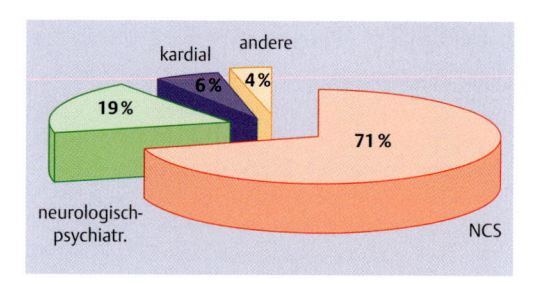

Abb. 12.2 Prozentuale Häufigkeitsverteilung von Synkopenursachen bei Kindern und Jugendlichen (NCS: Neurokardiogene Synkopen) (nach Brignole et al., s. S. 271).

event) betrachtet werden (ein ALTE ist eine Episode, die für den Betrachter furchterregend ist und charakterisiert wird durch: Apnoe, Farbänderung, Änderung des Muskeltonus). (Nach Kochilas/Tanel. Evaluation and treatment of syncope in infants. Progress in Pediatric Cardiology 2001; 13: 71–82)

Der größte Teil dieser Synkopen ist jedoch neurokardiogen und somit benigne (s. Abb. 12.2). Das Ziel der Diagnostik ist die Identifikation von Hochrisikopatienten. Insbesondere sind dies Kinder mit Kanalerkrankungen (LQTS, Brugada-Syndrom u. a.), hypertropher oder arrhythmogener rechtsventrikulärer Kardiomyopathie, seltener kongenitale kardiale Vitien.
(Baren JM. Syncope evaluation in children: different diagnosis but same approach as in adults. Journal Watch Emergency Medicine 2004; October 13 und Massin et al. Syncope in pediatric patients presenting to an emergency department. J Pediatr 2004; 145 (2): 223–228)

Risikofaktoren für das Auftreten des plötzlichen Herztodes bei Neugeborenen und Kindern (SIDS): siehe Kochilas/Tanel. Evaluation and treatment of syncope in infants. Progress in Pediatric Cardiology 2001; 13: 71–82

Kardial bedingte Synkopen

Tachykarde Herzrhythmusstörungen

Tachykarde Herzrhythmusstörungen stellen die häufigste Ursache für kardial bedingte Synkopen bei Kindern dar; besonderes Augenmerk muss dabei auf folgende Entitäten gelegt werden:
1. ventrikuläre Tachyarrhythmien bei:
   – hypertropher Kardiomyopathie, ARVC, Kanalerkrankungen, aber auch ischämisch getriggert
   – Anomalien der Koronararterien, bei kongenitalen Vitien (auch nach chirurgischer Korrektur des Vitiums), bei myokardialen Hamartomen oder Purkinje-Zell-Tumoren
   – Auftreten ventrikulärer Tachyarrhythmien auch bei Kokain-Abusus stillender Mütter
   – idiopathische ventrikuläre Tachykardien (bis zu 27% bei pediatrischen Patienten) sind in der Regel asymptomatisch
2. Supraventrikuläre Tachykardien: sind nur selten die Ursache einer Synkope; die Ausnahme bildet das offene WPW-Syndrom (Inzidenz 0,1%), bei dem das Risiko der schnellen Überleitung von Vorhofflimmern über die Kent-Faser mit Induktion von Kammerflimmern besteht, (das WPW-Syndrom ist häufig bei Morbus Ebstein, kongenital korrigierter Transposition der großen Arterien, hypertropher Kardiomyopathie zu finden)

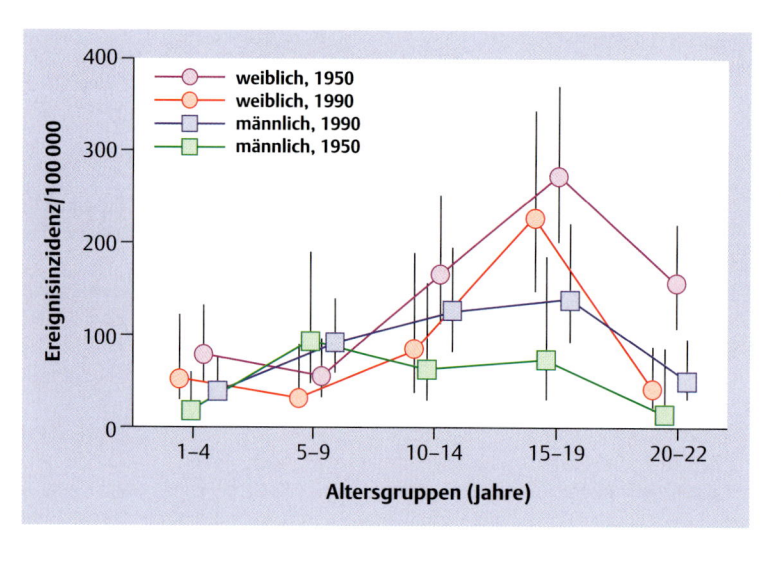

Abb. 12.3 Altersspezifische Inzidenz von Synkopen bei Kindern und Jugendlichen (nach Driscoll et al. Syncope in chidren and adolescents. J Am Coll Cardiol 1997; 29: 1039–1045).

Bradykarde Herzrhythmusstörungen

Daran sollte v.a. bei Z.n. Vitien-Operationen (u.a. Operation nach Mustard, Senning; Fontane, ASD-Verschluss oder andere) gedacht werden.
▶ kongenitaler AV-Block (1/15000–20000 Lebendgeburten), häufig bei kongenital korrigierter Transposition der großen Arterien und Vorhofseptumdefekten)
▶ Sinusknotenfunktionsstörungen: extrem selten (evtl. nach Karditis oder Vitien-Operationen)

Flussobstruktion

Eine Obstruktion des Flusses kann
1. fix oder dynamisch im links- oder rechtsventrikulären Ausflusstrakt auftreten
2. sekundär infolge einer pulmonal-vaskulären Erkrankung oder eines eingeschränkten venösen Rückflusses in den linken Vorhof erfolgen

In beiden Fällen kommt es zu Synkopen beim Schreien, Weinen oder anderer Agitation.

Myokardiale Dysfunktion

Mögliche Ursachen hierfür sind:
1. ischämisch: Koronaranomalien, Kawasaki-Erkrankung
2. entzündlich: Karditiden, Kawasaki-Erkrankung
3. generalisierte neuromuskuläre Erkrankungen
4. arrhythmiebedingt: tachykarde Kardiomyopathie – aggressive Therapie, da hohe Mortalität (35%)!

> **Merke:** Eine lebensbedrohliche Synkopenursache sollte immer dann angenommen werden, wenn eine kongenitale, strukturelle oder funktionelle Herzerkrankung vorliegt und/oder wenn eine Synkope als Antwort auf Lärm, Angst, starken emotionalen Stress, während körperlicher Belastung (u.a. Schwimmen etc.) oder im Liegen auftritt; eine positive Familienanamnese (plötzlicher Herztod < 30 Jahren) vorhanden ist oder nicht das typische Bild einer neurokardiogen vermittelten Synkope vorliegt!

Nicht kardiale Bewusstlosigkeiten

Krampfleiden – Epilepsie

Oft verwechselt mit echter Synkope. Die Beurteilung des Zustandes der Haut während des Ereignisses kann insbesondere bei kleinen Kindern zur differenzialdiagnostik zwischen Epilepsie und Synkope dienen:

▶ **bei Synkope** blass, kalt, schweißig
▶ **bei Epilepsie:** warm, gerötet bis zyanotisch

Affekt-Krampf „Breath-holding-spells"

Affektkrämpfe, infolge eines plötzlichen intensiven emotionalen Triggers treten bei ca. 4–5% aller Kinder zwischen 0,5 und 6 Jahren auf; Sistieren erfolgt spontan; im späteren Leben oft neurokardiogene Synkopen, positive Familienanamnese

Weitere Ursachen

Gastroösophagealer Reflux, Apnoe, Atemwegsobstruktionen-Hypoxie, Münchhausen-Syndrom, metabolische Defekte, orthostatische Hypotonie, Situationssynkopen

> **Merke:** Die diagnostische Beurteilung erfolgt durch detaillierte Ereignis- und Familienanamnese (inkl. Befragung der Erziehungsberechtigten), körperliche Untersuchung und EKG – danach wird in der Regel über die weitere spezielle Diagnostik entschieden. Therapeutische Entscheidungen erfolgen nach den entsprechenden Richtlinien und in enger Zusammenarbeit mit einem Kinderkardiologen bzw. anderen Fachspezialisten.

Nach: Kochilas/Tanel. Evaluation and treatment of syncope in infants. Progress in Pediatric Cardiology 2001; 13: 71–82. Strickberger et al. AHA/ACCF Scientific statement on the evaluation of syncope. J Am Coll Cardiol 2006; 47: 473–484. Brignole et al. Guidelines on management [diagnosis and treatment] of syncope. Eur Heart J 2001; 22: 1256–1306/update 2004 Eur Heart J 2004; 5: 2054–2072. Grubb/Friedmann. Syncope in the child and adolescent. In: Grubb/Olshanski. Syncope: Mechanisms and Management. 2nd ed. Maldon, Oxford, Carlton: Blackwell-Futura Verlag; 2005. Calkins H. Syncope and transient loss of consciousness in children and adolescents: congenital and aquired conditions. In: Beditt, Brignole, Raviele, Wieling. Syncope an transient loss of consciousness. Blackwell-Futura; 2007. Kothari et al. Digital implantable loop recorders in the investigation of syncope in children. Heart Rhythm 2006; 3: 1306–1312. Allan et al. Seizures, syncope, or breath-holding the pediatric neurologist – when is the etiology a life-threatening arrhythmia. Semin Pediatr Neurol 2005; 12: 2–9. Wathen et al. Accuracy of ECG interpretation in the pediatric emergency department. Ann Emerg Med 2005; 46: 507–511

12.3 Synkopen bei Sporttreibenden und Athleten

Einleitung

Synkopen können bei Sporttreibenden während oder unabhängig der sportlichen Betätigung auftreten, wobei sich hinsichtlich der Beurteilung des oder der Ereignisse folgende Fragen stellen:
1. War das Ereignis lebensgefährlich; somit der Vorbote des plötzlichen Herztodes?
2. Wie hoch ist die Rezidivrate und somit die Gefahr einer zukünftigen Gefährdung insbesondere bei Ausübung risikobehafteter Sportarten (Bergsteigen, Motorsport etc.)?
3. Kann demzufolge die Sportart weiter ausgeübt werden?

Ein weiteres Problem stellt eine ungeklärte Synkope dar, denn im Unterschied zur „Normalbevölkerung" kann dies zu einer gewissen Unsicherheit hinsichtlich der weiteren sportlichen Aktivität führen.

Stellvertretend für viele weitere Untersuchungen soll folgende Studie genannt werden:
Colivicchi et al. Epidemiology and prognostic Implications of syncope in young competing athletes. European Heart Journal 2004; 25: 1749–1753
Analyse und Nachbeobachtung von 7568 Athleten (mittleres Alter 16,2 ± 2,4 Jahre, 32 % weiblich) über 6,4 ± 3,1 Jahre,
Ergebnisse: insgesamt 474 Sportler (296 Männer, 178 Frauen) hatten in den letzten 5 Jahren eine Synkope mit unterschiedlicher Beziehung zur körperlichen Belastung bzw. sportlicher Aktivität (Abb. 12.4)

- Synkopen, die nicht im Zusammenhang mit Belastung oder erst nach Belastung auftraten, konnten als neurokardiogen definiert werden; dabei zeigten sich Rezidivraten von 20,3/1000- bzw. 19,3/1000 Patientenjahre
- von den 6 Sportlern mit Synkope während Belastung konnte bei einem Sportler eine HOCM und einem anderen eine ARVC diagnostiziert werden. Die übrigen 4 Athleten waren „Kipptisch-positiv"
- bei Sportlern mit negativer Synkopenanamnese (n = 7094) kam es bei n = 94 (1,3 %) zu einer nicht belastungsinduzierten Synkope (reflektorische Ursache in 100 %), bei n = 11 (0,2 %) zu einer Synkope nach Belastung (posturale Hypotonie in 100 %) sowie bei n = 1 (0,015 %) zu einer Synkope unter Belastung (neurokardiogene Synkopenursache)

In der gesamten Nachbeobachtungszeit traten keine lebensbedrohlichen kardialen Ereignisse auf.

Diagnostik und Therapie

Das diagnostische Vorgehen unterscheidet sich nicht von den allgemein gültigen Richtlinien; wobei eine Schlüsselrolle erneut der sorgfältigen Anamnese mit Klärung der Umstände der Synkope (Beziehung zu körperlicher Aktivität?) zukommt. Sportler mit Synkope während Belastung sollten dabei stets einer ausführlichen Diagnostik unterzogen werden, da in ca. ⅓ der Fälle eine organische Ursache zu erwarten ist.

Patienten mit belastungsinduzierter Synkope und kardialer Grunderkrankung sollte von weiterer sportlicher Aktivität (insbesondere Wettkämpfe) abgeraten werden. Die Therapie der Grunderkrankung erfolgt nach den entsprechenden Leitlinien.

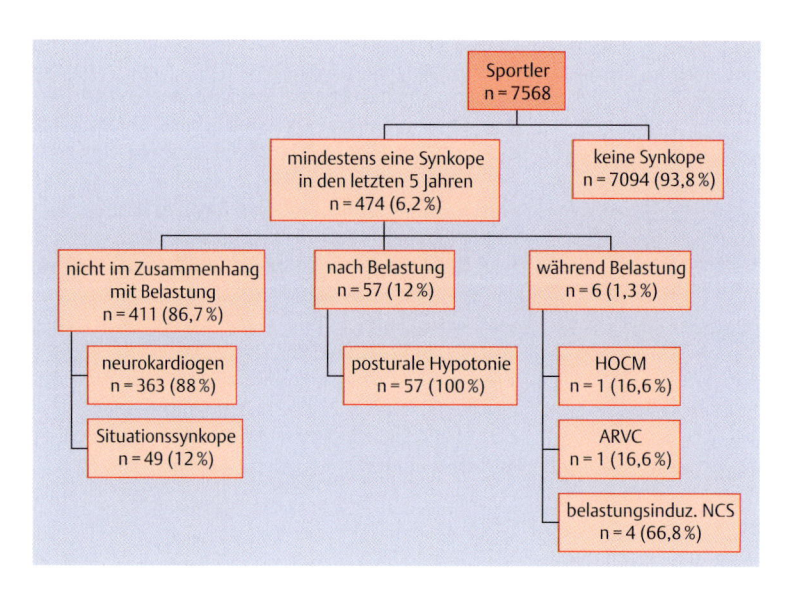

Abb. 12.4 Häufigkeit von Synkopen bei Sportlern und die Beziehung zur körperlichen bzw. sportlichen Aktivität.

Bei Patienten mit reflektorisch bedingter Synkope ist in der Regel keine Einschränkung der sportlichen Aktivität notwendig, die Therapie richtet sich v. a. auf das Vermeiden der auslösenden Faktoren.

Bei Sportlern mit unklarer Synkope sollte die Versorgung mit einem implantierbaren Event-Rekorder erwogen werden.

> **Merke:** Das Auftreten einer Synkope während sportlicher bzw. körperlicher Aktivität ist als „Warnsignal" zu werten; eine adäquate Diagnostik hinsichtlich einer zugrunde liegenden kardialen Erkrankung ist zwingend erforderlich. Sofern eine solche Erkrankung nachgewiesen wird, sollte der Verzicht auf sportliche Aktivitäten angeraten werden.

Nach Colivicchi et al. Epidemiology and prognostic implications of syncope in young competing athletes. European Heart Journal 2004; 25: 1749–1753
Giada/Raviele. Syncope and competitive athlete: Recommendations for evaluation and permission to compete. In: Beditt, Brignole, Raviele, Wieling. Syncope and transient loss of consciousness. Maldon, Oxford, Carlton: Blackwell-Futura; 2007

13 Fahrtauglichkeit und Synkopen

13.1 Einleitung

Trotz der Dramatik eines solchen Ereignisses sind Synkopen während des Führens eines Fahrzeuges eine eher seltene Ursache für Unfälle im Straßenverkehr. Es wird angenommen, dass Synkopen in ca. 0,1 % für Verkehrsunfälle ursächlich verantwortlich gemacht werden können. In Tab. 13.1 ist der prozentuale Anteil von Synkopen an verschiedenen Bewusstlosigkeiten angegeben, die zu einem Verkehrsunfall geführt haben.

Es werden 3 Gruppen von Fahrzeugführen definiert:

Gruppe 1: Motorradfahrer, Autofahrer und andere kleine Fahrzeuge mit/ohne Anhänger
Gruppe 2: Kraftfahrzeugführer von LKW (> 3,5 t) und Fahrzeugführer, die von Berufs wegen mehr als 8 Passagiere befördern.
Intermediäre Gruppe: Taxifahrer und Fahrer von Krankenwagen

Die Empfehlungen zur Fahrtauglichkeit sind in Tab. 13.2 abgebildet.

Seidel, Schuchert, Tebbenjohanns, Hartung. Kommentar zu den Leitlinien zur Diagnostik und Therapie von Synkopen – der Europäischen Gesellschaft für Kardiologie 2001 und dem Update 2004. Z Kardiol 2005; 94: 592–612 und Brignole et al. Guidelines on management (diagnosis and treatment) of syncope. Eur Heart J 2001; 22: 1256–1306 update 2004 Eur Heart J 2004; 5: 2054–2072

Tabelle 13.1 Ursachen für 2000 Verkehrsunfälle, bei denen ein Bewusstseinsverlust am Steuer auftrat.

Epilepsie	38 %
Synkope	21 %
insulinpflichtiger Diabetes	18 %
kardial	8 %
Schlaganfall	7 %
andere	7 %

Nach: Brignole (Chairman) et al. Guidelines on management (diagnosis and treatment) of syncope. Eur Heart J 2001; 22: 1256–1306

13.1 Einleitung

Tabelle 13.2 Empfehlungen zur Fahrtauglichkeit nach Synkope (nach Seidel et al. Z Kardiol 2005; 94: 592–612).

	Gruppe 1 fahruntauglich	Gruppe 2 fahruntauglich
Kardiale Arrhythmien		
a) kardiale Arrhythmien, medikamentöse Therapie	bis eine erfolgreiche Behandlung durchgeführt wurde	bis eine erfolgreiche Behandlung durchgeführt wurde
b) Schrittmacherimplantation	innerhalb einer Woche	bis die geeignete Funktion hergestellt ist
c) erfolgreiche Katheterablation		bis ein langfristiger Erfolg sichergestellt ist, gewöhnlich nach 3 Mon.
d) ICD-Implantation	niedriges Risiko, kontroverse Meinungen, Tendenz geht zur Verkürzung der Zeit des Fahrverbots; nach Implantation: a) sekundär prophylaktische Indikation: ½ Jahr, b) primär prophylaktische Indikation: keine Einschränkung	permanent fahruntauglich
Neurokardiogene Synkope		
a) vasovagal		
– erste/einfache	keine Restriktionen	keine Restriktionen, sofern die Synkope nicht in einer Hochrisikoumgebung* auftrat.
– schwerwiegend	mindestens 3 Monate, wenn keine neuen Synkopen aufgetreten sind	permanente Fahruntauglichkeit, bis eine effektive Therapie durchgeführt ist
b) Karotissinus		
– erste/einfache	keine Restriktionen	keine Restriktionen, sofern die Synkope nicht in einer Hochrisikoumgebung* auftrat.
– schwerwiegend	mindestens 3 Monate, wenn keine neuen Synkopen aufgetreten sind	permanente Fahruntauglichkeit, bis eine effektive Therapie durchgeführt ist
c) Situationssynkope		
– erste/einfache	keine Restriktionen	keine Restriktionen, sofern die Synkope nicht in einer Hochrisikoumgebung* auftrat
– schwerwiegend	bis die Diagnose gestellt und die geeignete Therapie durchgeführt wurde	permanente Fahruntauglichkeit, bis eine effektive Therapie durchgeführt ist
Ungeklärte Synkope		
▶ erste/einfache	keine Restriktionen, sofern die Synkope nicht in einer Hochrisikoumgebung** auftrat	bis die Diagnose gestellt und die geeignete Therapie durchgeführt wurde
▶ schwerwiegend	bis die Diagnose gestellt und die geeignete Therapie durchgeführt wurde	bis die Diagnose gestellt und die geeignete Therapie durchgeführt wurde

* Eine neurokardiogene Synkope wird als schwerwiegend bezeichnet, wenn sie häufig oder in einer Hochrisikoumgebung auftritt, oder bei „Hochrisiko"-Patienten rezidivierend oder unvorhersehbar auftritt (siehe auch Therapieteil neural vermittelte Synkopen).
** Keine Prodromi, während Fahrens, bei schwerer struktureller Herzerkrankung.

Sachverzeichnis

A

Abdomenuntersuchung 33
Adenosin-Triphosphat-Test (ATP-Test) 93
– – Häufigkeit bei Synkopenabklärung 95
Affekt-Krampf 271
Ajmalin-Test 93
Alkohol-Abusus 266
Allgemeinzustand 32
Alpha-Adrenergika 144f
Alpha-Rezeptor-Agonist
– Hypotonie, orthostatische 174
– Synkope, neurokardiogene 126
Angiografie 92
Antianginosa 217
Antiarrhythmika 217f
Antibiotika 217f
Antihistaminika 217
Antihyperlipämika 217
Antimykotika 217
Antipsychotika 217
Antwort, orthostatische 163f
– – Manifestation 164
Anxiolytika-Abusus 266
Aortenklappe 246
– bikuspidale 246
– Degeneration, senile 246
Aortenklappenersatz 248
– Resynkope 247
Aortenstenose (AS) 246ff
– Auskultation 247
– Diagnostik 247
– Mortalität 246
– Pathophysiologie 246f
– signifikante, Therapie 247f
– Synkope 247
– – belastungsinduzierte, Fallbeispiel 248f
Arnold-Chiari-Malformation 262
Arrhythmie
– Dokumentation mit Event-Recorder 132
– kardiale, Fahrtauglichkeit 275
– Kardiomyopathie, hypertrophe (HKMP) 226
– ventrikuläre induzierte 84f
Arrhythmierezidiv 244
Arteria basilaris-Aneurysma 259

Arteria basilaris-Stenose 257f
Arteria carotis
– Untersuchung bei Synkope 32
– Stenose 257f
Arteria subclavia
– Untersuchung bei Synkope 32
– Stenose
– – Fallbeispiel 257
– – Therapie, endovaskuläre 256
Arteria vertebralis-Abgangsstenose 257
Asystolie
– Karotissinusmassage 139f
– und Synkope 183
Athleten 272f
Attacke, transitorisch-ischämische (TIA) 262
Aufrichten 163
Augenfixation
– Auftreten 3
– Synkope 2f
Augenverdrehen 2
Ausdauertraining 173
Ausflusstrakt-Obstruktion, linksventrikuläre (LVAO) 226
Ausflusstrakt-Tachykardie
– linksventrikuläre (LVOT-TK) 221
– rechtsventrikuläre (RVOT-TK) 221
– ventrikuläre 221
AV-Block I. Grades
– – Fallbeispiel, mit komplettem Linksschenkelblock 196
– – Synkope 187f
AV-Block II. Grades
– – bifaszikulärer 48
– – Fallbeispiel 189
– – Typ Mobitz
– – – Fallbeispiel 189
– – – n:1-Blockierung
– – – – Synkope 189f
– – – EKG-Befund 48
– – Typ 2:1-Blockierung 55
– – – EKG-Befund 48
– – Typ Wenckebach
– – – EKG-Befund 55
– – – Synkope 188
– – – – und wechselnder Schenkelblock 189

AV-Block III. Grades
– – angeborener   192 f
– – erworbener   191
– – Fallbeispiel   193 f
– – intermittierender
– – – EKG-Befund   44
– – – Synkope   191
– – permanenter   191
AV-Block, höhergradiger
– – EKG-Befund   44
– – Entwicklung   195
AV-Block, kompletter
– – ohne Ersatzrhythmus   44 f
– – mit junktionalem Ersatzrhythmus   45
– – permanenter   46
– – – Vorhofflattern   47
– – bei Sinusrhythmus   46
AV-Blockierung
– unter bradykardisierender Therapie   191 f
– EKG-Befund   44 ff
– komplette, Entwicklung aus Schenkelblock   195
– und Synkope   187 ff
– – Häufigkeit   189, 191
AV-Knoten   180 f
– 1:1-Leitung bei Vorhofflattern   50
– Leitung, schnelle, bei tachykardem Vorhofflimmern   51
AV-Leitung, Testung, pharmakologische   81
AV-Leitungsstörung   186 ff
– Ätiologie   187
– Elektrophysiologische Untersuchung   81 f
– Epidemiologie   186 f
– Sinusknotensyndrom   183
AV-nodale-Reentrytachykardie (AVNRT) 201 f
AV-Reentrytachykardie (AVRT)   201 f

B

Baroreflex   164 f
Baroreflexbogen   164
Baroreflexdysfunktion   113 f
Beinschwellung   32
Belastungs-EKG   92 f
Belastungstest   95
Betablocker
– bei neurokardiogener Synkope, Therapie   125 f
Beta-Endorphin
– bei neurokardiogener Synkope   114
Bewusstlosigkeit
– nicht kardiale
– – Kinder/Jugendliche   271
– – synkopale   20
– reflektorisch bedingte   112
Bewusstseinsstörung

– und psychische Störung   265 ff
– Synkope   19
Bewusstseinsverlust
– echter   20
– Erkrankung
– – neurologische   261 ff
– – psychiatrische   94 f
– kompletter   3
– metabolischer   94
– nicht synkopaler   263 f
– plötzlicher   31
– unklarer, Fallbeispiel   103 f
– Verkehrsunfall   274
– vorübergehender   21
Bezold-Jarisch-Reflex   113
Block (s. auch AV-Block)
– bifaszikulärer   48
– infrahissärer   81
Blockade, vegetative pharmakologische   81
Blockbilder, bifaszikuläre   54
Blockierung
– faszikuläre   195 ff
– sinuatriale   42 f
Blutdruckverhalten, abnormales unter Belastung (ABVB)   226
Blutvolumen, reduziertes   114
Bradykardie
– Elektrophysiologische Untersuchung   80
– Ursache   181
Bradykardie-Tachykardie-Syndrom   185 f
– Fallbeispiel 185 f
– Pause, präautomatische   186
Bradykardisierende Medikation   191 f
Breath-holding-spells   271
Brugada-Syndrom   211 ff
– Ajmalin-Test   93
– EKG-Befund   60
– EKG-Veränderung   211
– EPU-Wertigkeit   87
– Fallbeispiel   212 f
– Flecanid-Test   93
– ICD-Versorgung   212
Bundle-Branch-Reentry-Tachykardie (BBRT)   231 f
Buprenorphin   266

C

Calgary Syncope Symptom Study (CSSS) 28 f
CHESS   9
Clonidin   179
Computertomografie   91

D

Defäkationssynkope 161
Depressor-Reflex 114
Desmopressin 174
Dihydroxyphenylserin (DOPS) 174
Distress, emotionaler 118
Dopplersonografie 92
Dysautonomie 167
– partielle 176 f
Dysfunktion, autonome 167
– – Differenzialdiagnose 170 f
– – Hypotonie, orthostatische 168
– – reine 169
– – vs. Morbus Parkinson 170
– myokardiale 271
– orthostatische 167
– primär autonome 169 ff
Dysplasie, rechtsventrikuläre arrhythmogene (ARVD) 61
Dysplasie/Kardiomyopathie, arrhythmogene rechtsventrikuläre (ARVD/C) 223 ff
– – – Fallbeispiel 225
– – – ICD-Therapie 224
– – – Risikostratifizierung 224

E

Echokardiografie 90 f
– Aortenstenose 247
EGSYS-2-Studie 15, 17
Ehlers-Danlos-Syndrom (EDS) 178
EKG-Monitoring 62 ff
– Häufigkeit bei Synkopenabklärung 95
Elektrokardiogramm (EKG) 40 ff
– Abnormalität 40
– Befund
– – diagnostischer 40 ff
– – „verdächtiger" 40, 54 ff
– Diagnostische Wertigkeit bei Synkopen-abklärung 95
Elektrophysiologie
Elektrophysiologische Untersuchung (EPU) 80 ff
– – Befundbewertung 81, 89
– – Befundverteilung 80
– – Effektivität, Verbesserung der diagnostisches Aussage 88 f
– – Diagnostische Wertigkeit bei Synkopenabklärung 95
– – Indikation 88
– – Refraktärperiode des Sinusknotens (Sinusknotenfunktionsprüfung) 81
– – Stellenwert, diagnostischer 88 f

– – Synkope 249 f
– – Vitium cordis, diagnostische Wertigkeit bei Synkopen 249 f
– – Wertigkeit, in Abhängigkeit der Grunderkrankung 87
Endothelin
bei neurokardiogener Synkope 114
Epilepsie 261
– Fallbeispiel 263 f
– Kinder/Jugendliche 271
Epinephrin 114
Ereignisrekorder, externer 66 f
– – Indikation 67
Ergometrie 92 f
Ersatzrhythmus
– fehlender 44 f
– junktionaler 45
– ventrikulärer 46
Erythropoetin 174
Etilefrin 126
Event-Recorder 66 f, 132
– externer 66 f
– implantierbarer 96
– ISSUE-II-Studie 132
External loop recorder (ELR) 66 f

F

Fahrtauglichkeit 274 f
Fieber, rheumatisches 246
Flecanid-Test 93
Fludrokortison (FDK)
– Hypotonie, orthostatische 174
– Synkope, neurokardiogene 128 f
Fluoxetoin 127 f
Flussobstruktion, Kinder/Jugendliche 271
Fokalblock, nach Infarkt 56
Frequenzlimitierung, partielle 51

G

Gefäß, extrakranielles 92
Gehirnerkrankung 261
Genfer Score 251 f
Glomus caroticum-Tumor 259 f
Glukokortikoide 145

H

Halsschlagader-Untersuchung 32
Haltung, aufrechte 163
Hämodynamik 163
– Aortenstenose 246
– Kardiomyopathie, hypertrophe (HKMP) 226 f

Sachverzeichnis

- Lungenembolie (LE)   250 f
- Tachyarrhythmie, ventrikuläre   209
Hemiblock, linksanteriorer, mit komplettem Rechtsschenkelblock   54
Herzerkrankung
- mit Flussobstruktion, nicht kardiomyopathisch   250 ff
- koronare (KHK)
- – und deutlich reduzierte linksventrikuläre Pumpfunktion   238 ff
- – Diagnostische Ziele bei Auftreten von Synkopen   235
- – EPU-Wertigkeit   87
- – Synkope bei Akutem Koronarsyndrom (ACS)   235 ff
- – – Elektrophysiologie   243 ff
- – – Mortalität   239, 243
- – – Therapieprinzip   243
- – – Überleben   245
- ohne strukturelle
- – Resynkopenrate   106
- – Synkope   4,
- – – unklare   96
- strukturelle
- – ICD-Therapie   86
- – Resynkopenrate und Korrelation zum EPU-Befund   86
- – Synkope   4, 226 ff
- – – unklare   99 f
Herzfrequenz
- Herzrhythmusstörung, tachykarde, mit Vorhofbeteiligung   200
- normale   180
- Tachyarrhythmie, ventrikuläre   209 f
Herz-Gefäß-Erkrankung, strukturelle   19
Herzinsuffizienz
- Kardiomyopathie, dilatative
- – Therapieprinzipien   233
- Synkope   11 f
Herzklappenfehler   246 ff
Herzrasen, anfallsartiges   202
Herzrhythmusstörung
- bradykarde, Kinder/Jugendliche   271
- Synkope   12
- tachykarde   198 ff
- – Diagnostik   198 f
- – Kinder/Jugendliche   270
- – mit Vorhofbeteiligung   199 ff
- – – Fallbeispiel   202
- Synkope-verursachende   180 ff
Herzschrittmachertherapie s. Schrittmachertherapie
Herzstillstand, überlebter   244
Herztod, plötzlicher (PHT)
- – Elektrophysiologische Untersuchung   82

- – Kardiomyopathie, dilatative   233
- – LZ-EKG-Registrierung   12
- – Methadontherapie   267
- – Pumpfunktion, linksventrikuläre verminderte   10
Herztumor   250
Herzuntersuchung   32 f
Hinterwandinfarkt   57
Hirnstamm-Ischämie   262
Hirnzentren, „höhere", Aktivierung   113
HIS-Bündel   181
Hyperadrenerger Zustand   262
Hyperbradykininismus   262
Hypermobilitätssyndrom   178
Hypertonie
- im Liegen   171
- pulmonale (PHT)   252
Hypotonie
- orthostatische (OH)
- – im Alter   268 f
- – Diagnostik   172
- – bei Hypertonie im Liegen   171
- – Klinik   166
- – Synkope   165 f
- – Therapie   172 ff
- – – medikamentöse   174
- – Ursache   168
- postprandiale   171

I

ICD-Therapie   85 f
Indikatorarrhythmie, asymptomatische   64
Infarkt, mit Fokalblock   56
Insuffizienz, autonome, medikamentös bedingte   261
Intestinal-Polypeptid-sezierender Tumor   262
Intoleranz, orthostatische   166
- – Synkope   168
Isoprenalintestung   73
ISSUE-1-Programm   96 ff
ISSUE-II-Studie   132 f

J

Jugendliche   269 ff

K

Kammertachykardie
- monomorphe beständige (bmVT)
- – Prognostische Bedeutung bei Induktion   84
- – – Arrhythmierezidiv   244
- – induzierbare   85 f

Kammertachykardie
- polymorphe (pVT)
- – Prognostische Bedeutung bei Induktion 84
- Kammerflimmern (Vfib)
- – Prognostische Bedeutung bei Induktion 84
12-Kanal-Oberflächen-EKG 40
Kardiomyopathie
- arrhythmogene rechtsventrikuläre 223
- – Diagnosesicherung 223
- – Krankheitsverlauf 224
- – Risikostratifizierung 224
- – Therapieempfehlung 224
- – Wertigkeit der elektrophysiologischen Untersuchung 87
- dilatative (DCM)
- – EPU-Wertigkeit 87
- – Kammerarrhythmie, maligen 232
- – Risikostratifizierung 233
- – Synkope 230 ff
- – – Defibrillatortherapie 232 f
- – – Fallbeispiel 234
- – – Mortalität 232
- – – neurokardiogene 231
- – Tachyarrhythmie, ventrikuläre 231
- – Therapieprinzip 233
- – Wertigkeit der elektrophysiologischen Untersuchung 87
- hypertrophe (HKMP)
- – Risikofaktoren 227
- – Risikostratifizierung 228 f
- – Synkope 226 ff
- – – Diagnostik 227
- – – Fallbeispiel 228 ff
- – Therapiekonzept 228
- – Wertigkeit der elektrophysiologischen Untersuchung 87
- ischämische
- – Risiko ICD-Entladung 243
- – mit Synkope, Fallbeispiel 240 ff
Karotisdenervation 145
Karotissinus, hypersensitiver 34, 38
Karotissinusmassage
- Asystolie 139 f
- diagnostische 139 f
- – Häufigkeit 141
- Karotissinussyndrom 136
Karotissinusmassage (KSM) 34 ff
- Asystolie 36
- Bewertung der Befunde bei Z.n. unklarer Synkope 39
- Durchführung 34, 35
- Häufigkeit bei Synkopenabklärung 95
- Indikation 39
- Methode 39
- pathologische, Altersabhängigkeit 141
- positive 140
- Reaktionsform 37
- Stellenwert, diagnostischer 39
- Synkope, fehlende 139 f
- Wertigkeit 139 f
Karotissinusreflex 134
- hypersensitiver 140
Karotissinussyndrom (KSS, CSS) 38, 134 ff
- bei Älteren 269
- Definition 134
- Diagnostik 137 f
- Einteilung 135 f
- Epidemiologie 139
- Fallbeispiele 145 ff
- Häufigkeit 137
- Herzschrittmacher-Differenzialtherapie 143
- Karotissinusmassage 136
- Kasuistik 145 ff
- Klinische Aspekte 138 f
- Pathophysiologie 134 f
- Schrittmachertherapie 142 ff
- Stufenplan, diagnostischer 139
- Therapie 141 ff
- – medikamentöse 144 f
- Trias, diagnostische 137 f
- Verdachtsdiagnose, klinische 138
Karzinoid-Syndrom 262
Kent-Faser, offene 205
KHK s. Herzerkrankung, koronare
Kinder 269 ff
Kipptischtraining 124 f
Kipptischuntersuchung 68 ff
- Antwort, orthostatische 163 f
- diagnostische 78
- diagnostische Wertigkeit bei Synkopenabklärung 95
- Ereignis, klinisches
- – hämodynamische Einteilung 69 f
- Indikation 78
- Komplikation 78 f
- Korrelation klinische Synkope 78
- Reaktionsmuster, pathologisches 71
- Reproduzierbarkeit 76
- Sensitivität 76
- Spezifität 76
- Synkope, neurokardiogene 77
- Wertigkeit, prognostische 77
Koffein 174
Kolloid-Zyste des 3. Ventrikels 262
Kompensationsmechanismus, vegetativer
- bei ventrikulärer Tachykardie 210
Kopf-Untersuchung 32
Koronarangiografie 92

Koronaranomalie
- Diagnostik 238
- kongenitale 237 f
Koronarischämie 235
Koronarsyndrom, akutes (ACS)
- - Diagnostik 236
- - Symptome 236
- - Synkope 235 ff
- - Therapie 236 f
Krampfanfall, 263
- Differenzialanamnese vs. Synkope 30
Krampfleiden 271
Kreislaufreaktion
- Physiologie 111
- Kardiomyopathie, hypertrophe (HKMP) 226 f
KSS s. Karotissinussyndrom
Kurzorthostasetest 34

L

Laboruntersuchung 93
Langzeit-EKG
- diagnostische Wertigkeit bei Synkopendiagnostik 95
- Indikatorarrhythmie, asymptomatische 64
- Indikation bei Synkopendiagnostik 65
- Symptom-Rhythmus-Korrelation 63
Lebensqualität
bei Synkopenpatienten 13 f
Leitungsstörung
- atrioventrikuläre 194
- bifaszikuläre/trifaszikuläre chronische 197
- intraventrikuläre 56
Leitungszeit, sinuatriale (SALZ) 81
Linksschenkelblock
- intermittierender, Fallbeispiel 105 f
- kompletter
- - EKG-Befund 54
- - Epidemiologie 195
- - Fallbeispiel 196
Long-QT-Syndrom (LQTS) 213 ff
- angeborenes 213 ff
- - Therapie 216
- EKG-Befund 59
- EPU-Wertigkeit 87
- erworbenes 215 ff
- Kriterien, diagnostische 214
- Risikostratifizierung 214 f
- Typen 213
Loop-Recorder, implantierter (ILR) 96
- - Einsatz 101
- - Implantation 108 f
- - Indikation 107
- - Synkopendiagnostik, vs. konventionelle 100

LQTS s. Long-QT-Syndrom
Lungenembolie (LE)
- Risikofaktoren 252
- Synkope 250 f

M

Magnetresonanztomografie (MRT) 91
Mastozytosis 262
Menschen, ältere 268 f
Mentale Störung 265 f
Methadon 266
Methadonersatztherapie 266
Midodrin
- Hypotonie, orthostatische 174
- Synkope, neurokardiogene 126 f
- Tachykardiesyndrom, orthostatisches posturales 179
Migräne 262
Miktionssynkope 161
Mitralklappenprolaps (MKP) 249
Mitralstenose (MS) 249
Morbus Parkinson,
- Differenzialdiagnostik, vs. autonome Dysfunktion 170
Morgagni-Adams-Stokes Syndrom 2
Mortalität
- Aortenstenose 246
- Herzerkrankung, koronare 239, 243
- - - und eingeschränkte linksventrikuläre Pumpfunktion 239
- Kardiomyopathie, dilatative (DCM) 232
- - - mit Synkope 230 ff
- Sinusknotensyndrom 184
- Synkope 4, 7 f
- - kardiale 4, 10
Myokardinfarkt
- akuter 236
- Befund, elektrophysiologischer, bei Z.n. Synkope 83
- EKG 57

N

Narkolepsie 264
Natriumkanalblocker 207
Nervensystem, autonomes (ANS) 110
- - Orthostase 163
- - Orthostasedysregulation 167
Nervus-glossopharyngeus-Neuralgie 161
Nervus-trigeminus-Reizung 161
Neurologische Beurteilung bei Synkopen 33
Neurologisch-fachärztliche Untersuchung 94
Neuropathie, autonome 261

Neuropathie, autonome
– – autoimmune (AAN) 170
– – partielle 262
Nitroglyzerin
– Synkopeninduktion 73
– Tachykardie-Syndrom, posturales (POTS) 75

O

Oberflächen-EKG
– 12-Kanal 40
– Rechtsschenkel-und Linksschenkelblock, alternierender 49
– Sinustachykardie 49
Obstruktion, mechanische 246 ff
Octreotid 174
Ödem 32
Opiat-Agonisten 217
Opiate-Abusus 266
Organbeurteilung 32
Orthostase 163 ff
Orthostasedysregulation 167
Orthostase-Intoleranz Synkopenmuster 70
Orthostaseregulation, gestörte 171
Orthostasetoleranz
– Ausdauertraining 173
– Hypotonie, orthostatische 172

P

Pandysautonomie, akute 170 f
Parästhesie 3
Paroxetin 127 f
Pause, präautomatische 183, 185 f
Phäochromozytom 262
POST-II-Studie 128 f
Postmiktionssynkope 161
POST-Studie 125
POTS s. Tachykardie-Syndrom, posturales
Präexzitationssyndrom 58
Präsynkope
– AV-Blockierung 187 ff
– EKG-Monitoring 62
– Fallbeispiel 202
– neurokardiogene 73
Press-Manöver 123 f
Propranolol 128
Provokationstest, pharmakologischer 93
Psyche und Bewusstseinsstörung 265 ff
Psychiatrisch-fachärztliche Untersuchung 94 f
Psychogene Reaktion 75
Pulmonalklappenstenose 249
Puls 32
Pumpfunktion, linksventrikuläre 10

– – deutlich eingeschränkte 238 f
– – eingeschränkte 239
– – nicht hochgradig eingeschränkte 244 f
Punkt, hydrostatisch-indifferenter (HIP) 163

Q

QT-Zeit
– Einfluss von Medikamenteninteraktion 216
QT-Zeit-Verlängerung
– Methadonersatztherapie 266 f
– potenzielle 217
Q-Zacke nach Myokardinfarkt 57

R

Rechtsschenkelblock, kompletter 195
– – bei Hemiblock, linksanteriorem 54
Rechtsschenkel-und Linksschenkelblock, alternierender 49
Reentrytachykardie 199 f
– AV-nodale (AVNRT) 201 f
– AV- (AVRT) 201 f
Refraktärperiode
– bei Sinusknotenfunktionsprüfung (SRP) 81
Reizbildungssystem, kardiales 180 f
Reizleitungssystem, kardiales 180 f
Renin 114
Resynkope 245
– Aortenklappenersatz 247
Rezidivsynkope 93
Rückenmarkerkrankung 261

S

SAFE-PACE-Studie 143 f
San Francisco Syncope Rule-Score 8
– – – – Mortalitätsvorhersage 9
Schenkelblock
– alternierender 49
– Befund, elektrophysiologischer 83
– kompletter 195
– und unklare Synkope 98
– wechselnder
– – bei AV-Block II. Grades Mobitz 48, 189
Schenkelblockierung 195 ff
– Elektrophysiologische Untersuchung 82
Schleifenrekorder s. Loop-Recorder
Schlucksynkope 161
Schrittmacherdysfunktion, mit Pausen 53
Schrittmachereffekt, VVI-Stimulation 142
Schrittmachertherapie
– AV-Block II. Grades Typ Wenckebach 188
– Karotissinussyndrom 142

– Leitungsstörung
– – atrioventrikuläre 194
– – bifaszikuläre/trifaszikuläre chronische 197
– Sinusknotensyndrom 184 f
– Stimulationsalgorithmus, spezieller bei Karotissinusyndrom 143 f
– Synkope, neurokardiogene 129 ff
Sedativa
– Abusus 266
– QT-Zeit-Verlängerung, potenzielle 217
SEEDS-Studie 17
Sehstörung 2
Serotonin-Wiederaufnahme-Hemmer
– Karotissinussyndrom 145
– Synkope, neurokardiogene 127 f
Sertalin 127
Short QT-Syndrom 219 f
Shy-Drager-Syndrom 169
Sick-Sinus-Syndrom 182 ff
Signalmittlungs-EKG 93
Sinusarrhythmie, und Kardiomyopathie, dilatative 233
Sinusbradykardie
– EKG-Befund 41, 56
– und Synkope 183
Sinusknoten 180
Sinusknotenerholungszeit (SKEZ) 81
Sinusknotenfunktion 81
– Blockade, vegetative pharmakologische 81
– Störung 41 ff
Sinusknotenstillstand 43
Sinusknotenstörung 56
Sinusknotensyndrom 182 ff
– AV-Leitungsstörung 183
– Fallbeispiel 185 f
– Klinik 182 f
– Mortalität 184
– symptomatisches 185
– und Synkope 183
– Therapie 184 f
Sinuspause 41
Sinustachykardie 199 f
– Oberflächen-EKG 49
Situationssynkope s. Synkope, situativ bedingte
Somatoforme Erkrankung 266
Sportler 272 f
Steal Syndrom 19, 253 ff, 262
Stehen, natürliches 163
Stehtest 34
Stehtraining 124 f
Stickstoffmonoxid (NO) 114
Stimmungsveränderung 266
Stimulation, atriale inkrementale 81
Stoffwechselerkrankung 178

Subarachnoidalblutung 259
Subclavian steal syndrome 253 ff
– – – Therapie 256
Subclavian-steal-Phänomen
– inkomplettes 254
– komplettes 255
SYDIT-Studie 129 f, 130
Symptom-Rhythmus-Korrelation
– Ereignisrekorder, externer 67
– Synkope 62 f
Syncope Symptom Study 28 f
   s. Calgary Syncope Symptom Study (CSSS)
Synkope
– bei Älteren 268 f
– Anamnese 26 f
– Anamnesemodell 28
– Anamnesescore
– – Calgary Syncope Symptom Study (CSSS) 29
– Aortenstenose 247
– arrhythmiebedingte 22, 28 ff
– Arrhythmierezidiv, bei Z.n. symptomatischer Kammerarrhythmie 244
– Aufnahme, stationäre 18
– AV-Block I. Grades 187 f
– AV-Block II. Grades
– – – Typ Mobitz und 2:1-Blockierung 189 f
– – – Typ Wenckebach 188
– – – und wechselnder Schenkelblock 189
– AV-Block III. Grades
– – – angeborener 192 f
– – – erworbener 191
– – – intermittierender 191
– – – permanenter 191
– AV-Blockierung 187 ff
– Bedeutung, klinische 10
– Befund, elektrophysiologischer 83
– Behandlungskosten 16
– belastungsinduzierte 220
– – Aortenstenose, Fallbeispiel 248 f
– – Koronaranomalie, kongenitale 237 f
– Beurteilung, prognostische 7 ff
– Bewusstseinsstörung 19
– Bewusstseinsverlust bei neurologischer Erkrankung 261 ff
– Blockierung, faszikuläre 196 f
– bradykardiebedingte 180 ff
– Definition 2
– Diagnostik
– – EKG-Monitoring 62 ff
– – ILR-gestützte vs. konventionelle 100
– – initiale 21, 26 ff
– – laborchemische 94
– – Langzeit-EKG 65
– – richtlinienkonforme 14 f

Synkope, Diagnostik
– – spezielle 21
– – Strategie 21 f
– – Stufenschema 25
– – weiterführende 24
– Dysplasie/Kardiomyopathie, arrhythmogene rechtsventrikuläre 224
– Echokardiografie 90
– Einjahres-Mortalität 7 f
– Elektrophysiologie 249 f
– Epidemiologie 3 f
– Ereignisrekorder, externer 66 f
– Erholungsphase 3
– Erkrankung, neurologische mit Bewusstseinsverlust 261 ff
– – psychiatrische 95
– – zerebrovaskuläre 257 f
– Fahrtauglichkeit 274 f
– nach gastrointestinalen Reizen 161
– durch gesteigerten intrathorakalen Druck 161
– Häufigkeit bei Abusus 266 f
– Herzerkrankung
– – mit nicht-myokardialer Flussobstruktion 250 ff
– – koronare 235 ff
– – – und eingeschränkte linksventrikuläre Pumpfunktion 238 f
– – strukturelle 226 ff
– Herzinsuffizienz 11 f
– Herzrhythmusstörung 12
– – tachykarde 198 ff
– Herztumor 250
– Hypertonie, pulmonale 252
– Hypotonie, orthostatische 165 f
– ICD-Therapie 86
– Intoleranz, orthostatische 168
– Inzidenz, altersabhängige 3, 4
– isolierte 97
– kardiale
– – Anamnese 30
– – ischämiegetriggerte 22
– – Kinder/Jugendliche 270 f
– – Mortalität 4, 10
– kardioinhibitorische, neurokariogene 72
– Kardiomyopathie
– – dilatative (DCM) 230 ff
– – hypertrophe (HKMP) 226 ff
– – ischämischer 240 ff
– bei Kindern/Jugendliche 269 ff
– kipptischpositive 97
– Kipptischuntersuchung 70
– klinische
– – Korrelation zum Kipptischbefund 78
– Koronaranomalie, kongenitale 237 f
– Koronarischämie 235

– Koronarsyndrom, akutes 235 ff
– Kosten 16
– Kostenanalyse 14
– Kostenreduktion 14 f
– Lebensqualität 13 f
– Linksschenkelblock, kompletter und AV-Block I. Grades 196
– Lungenembolie 250 f
– maligne 10
– Methadonersatztherapie 266 f
– Mitralklappenprolaps 249
– Mitralstenose 249
– Monitoring, intrahospitales 65
– Mortalität 4
– – nach Risikoprofil 9
– neural vermittelte 110 f
– neural-reflektorisch bedingte 110 ff
– neurokardiogene (NCS) 19, 112 ff
– – Anamnese 30
– – belastungsinduzierte 121 f
– – Diagnostik 122
– – Ein-Jahres-Rezidivrate 117
– – Erkrankung, vasovagale 119
– – Erstmanifestation, Altersabhängigkeit 119
– – Fahrtauglichkeit 275
– – Fallbeispiel 112 f, 115 f, 119 ff
– – Kardiomyopathie, dilatative 231
– – Kipptischuntersuchung 69 f
– – klassische 112
– – – Reaktionsmuster, pathologisches 71
– – Klinisches Bild 115
– – Pathophysiologie 113 f
– – Press-Manöver im Akutfall 123 f
– – psychische Faktoren 118
– – Reaktionsmuster bei Kipptischuntersuchung 70
– – Rezidiv 125
– – – Häufigkeit bei Kipptischuntersuchung 77
– – – Rate 116 f
– – Schlaf-unterbrechende 122
– – Sonderform 121 ff
– – bei starken emotionalen Ereignissen 121
– – Therapie 123 ff
– – – medikamentöse 125 ff
– – Therapieempfehlung 133
– – VASIS-Klassifikation 69 f
– – (vasovagale), bei Älteren 269
– – Verlauf, natürlicher 116 f
– – vs. reflektorisch bedingte 111
– Obstruktion, mechanische 246 ff
– Organbeurteilung 32
– orthostatisch-dysautonome 74
– orthostatische 19
– – Diagnostik 22

– – Fallbeispiel   174 f
– primär ungeklärte
– – – Fallbeispiel   103 ff
– – – Häufigkeit   96
– – – Prognose   102
– – – Rezidivwahrscheinlichkeit   102
– Prävalenz   4
– Pulmonalklappenstenose   249
– Pumpfunktion, linksventrikuläre   10
– reflektorisch bedingte   110 f
– – – vs. neurokardiogene   111
– Resynkopenrate nach EPU-Befund   86
– Rezidiv
– – nach Therapie bei Sinusknotensyndrom   184 f
– rezidivierende
– – Fallbeispiel   105 f
– – Lebensqualität   13 f
– – Symptom-Rhythmus-Korrelation   62 f
– rhythmogene   19
– Risikofaktor, als eigenständiger   6
– Risikoprofil   8
– Risikostratifizierung   7
– Schenkelblockierung   196 f
– seltene   139
– singuläre   139
– Sinusknotenerholungszeit, verlängerte   81
– und Sinusknotensyndrom   183
– situativ bedingte   22, 160 ff
– – – Fallbeispiel   162
– – – Form   161
– – – Mechanismus   160
– bei Sporttreibenden/Athleten   272 f
– Störung, psychische   265 ff
– Tachyarrhythmie, ventrikuläre   209
– tachykardiebedingte   198
– Überleben, kumulatives   5
– Überlebenswahrscheinlichkeit   6
– ungeklärte
– – Fahrtauglichkeit   275
– unklare
– – Altersverteilung
– – – bei induziertem Karotissinussyndrom   38
– – Diagnostikoption   96 ff
– – Elektrophysiologische Untersuchung   85 f
– – mit Herzerkrankung, strukturelle   99
– – ohne Herzerkrankung, strukturelle   96 f
– – Karotissinusmassage   39
– – Loop-Recorder, implantierter   96
– – Routineechokardiografie   90
– – mit Schenkelblock   98
– – Untersuchung, klinische   32 ff
– – neurologisch-fachärztliche   94
– – psychiatrisch-fachärztliche   94
– – Untersuchungsmethode   20 ff
– Ursache   5, 16
– – bei Aortenstenose   249
– – Häufigkeitsverteilung   16, 18
– – intrakranielle   262
– – Jugendliche   112
– – mechanische   19
– – Schlüsselfrage   20
– – bei ventrikulärer Tachyarrhythmie   210
– – zerebrovaskuläre   253 ff
– Ursachenverteilung
– – bei Älteren   268
– – altersabhängige   137
– – Herzinsuffizienz   239
– – Kardiomyopathie, dilatative   231
– – Kindern/Jugendlichen   270
– Vasodilatation, episodische   262
– vasovagale
– – Anamnese   28 ff
– – klassische   22
– Verdachtsdiagnose   23
– Verletzung   17
– Vorhofarrhythmie, Überleitung, tachykarde   205
– Vorhofflimmern, paroxysmales, Fallbeispiel   206 f
– vs. Krampfanfall,   30
– Zerebrovaskuläre Erkrankung   19
Synkopenabklärung, Testhäufigkeit   95
Synkopen-Mechanismus   2 f
Synkopenmuster
– dysautonomes vasovagales   70
– klassisch vasovagales   70
– Orthostase-Intoleranz   70
SYNPACE-Studie   130 f, 131
Synukleinopathie   169 ff
Systematrophie, multiple   169

T

Tachyarrhythmie
– ventrikuläre   208 ff
– – bedingende Faktoren   210
– – Erkrankung, spezielle   211 ff
– – Induktionsfähigkeit   85
– – Kardiomyopathie, dilatative   231
– – Kinder/Jugendliche   270
– – Pathophysiologie bei Synkopen   209 f
– – Synkope   209
– – supraventrikuläre paroxysmale (PSVT)   199 ff
– – mit Vorhofbeteiligung   203 f
– – – Therapieprinzipien   207
Tachykardie
– atriale (AT)   204
– Elektrophysiologische Untersuchung   80

Tachykardie
- getriggerte 199 f
- linksventrikuläre, idiopathische (iLVT) 222 f
- supraventrikuläre (SVTK) 199 ff
- – Elektrophysiologische Untersuchung 83 f
- – Kinder/Jugendliche 270
- – schnelle 50
- – Synkope 200
- supraventrikuläre paroxysmale (PSVT) 199 ff
- mit Vorhofbeteiligung 203 f
- – Klinik 200
- – Therapieprinzipien 207
- – Symptome 200
- ventrikuläre (VT) 84 f
- – Fallbeispiel 103 f
- – hochfrequente, bei intrahospitalem Monitoring 65
- – idiopathische 221 ff
- – – Fallbeispiel 221 f
- – monomorphe schnelle 52
- – polymorphe, katecholaminsensitive 220

Tachykardiesyndrom, orthostatisches posturales (POTS) 74, 176 ff, 262
- – – Diagnostik 178
- – – Form 176 ff
- – – hyperadrenerges 177
- – – Hypotonie, orthostatische 168
- – – Nitroglyzerin-provoziertes 75
- – – Symptome 176
- – – Therapie 178 f
- – – Ursache 177
- – – Verlauf, klinischer 178

Theophyllin 184
Tonusverlust, vasokonstriktorischer 261
Torsade de pointes (TDP)
- EKG-Befund 52
- medikamenteninduzierte
- – Risikofaktoren 216
- – Therapie, QT-Zeit-verlängernde 218
Torsade-de-pointes-Tachykardie 52
- nach Methadontherapie 267
Transitorisch-ischämische Attacke (TIA) 262
Truncus brachiocephalicus
- Läsion 255 f
- Stenose 256
Tumor, Intestinal-Polypeptid-sezierender 262

U

Überleitung, tachykarde
- – über akzessorische Bahn 204 f
- – über AV-Knoten 205 f
- – – nach Natriumkanalblocker 207
- – von Vorhoftachyarrhythmie 203 f

V

VASIS Typ I-Synkope 71
VASIS Typ II-Synkope 71
VASIS Typ III-Synkope 72
VASIS-Klassifikation
- klassische 69
- modifizierte 70
VASIS-Studie 126, 129 ff
Vaskuläre Erkrankung 253 ff
Vasodilatation
- episodische 262
- Synkope, neurokardiogene 114
Vasodilatator 145
Vasokonstriktor 126 f
Vasopressin 114
Vasovagale Erkrankung 119
Verapamil
- Gabe bei offener Kent-Faser und Vorhofflimmern 205
Verdachtsdiagnose 23
Verkehrsunfallursache 274
Vitium cordis 246 f
Volumenverminderung, intravaskuläre 168
Vorderwandinfarkt, ausgedehnter 57
Vorhofarrhythmie 204 ff
Vorhofflattern
- AV-Block, kompletter permanenter 47
- mit 1:1-Leitung im AV-Knoten 50
- Vorhoftachyarrhythmie 204
Vorhofflimmern 199 f
- paroxysmales 206 f
- tachykardes
- – Frequenzlimitierung, partielle 51
- – mit schneller Leitung im AV-Knoten 51
- Verapamil, Gabe bei offener Kentfaser 205
VPS-I-Studie 129
VPS-II-Studie 130 f
VVI-Stimulation
- hämodynamischer Effekt bei Karotissinussyndrom 142

W

Well Score 250 f
Wolff-Parkinson-White-(WPW)-Syndrom 263 f
Wolff-Parkinson-White-(WPW)-Tachykardie 199, 205

Z

Zerebrovaskuläre Erkrankung 19
Zytostatika 217